BEST シグマベスト

理解しやすい
世界史

杉本淑彦　監修

JN063831

文英堂

はじめに

国際人として，
人類全体の幸福な未来を設計しよう。

● 歴史学とは，「未来」の設計のために，「現在」の時点において，「過去」を確かめることを目的にした学問です。とくに，民主主義が発達し，私たち一般大衆が時代の中心，すなわち歴史を動かす原動力となっている今日において，現代をよく理解し，それをよりよいものにしていくためには，歴史を学ぶことが欠かせないといえます。高等学校で「歴史総合」が必修科目となっているのは，そのためです。

● 古代文明から現代までを，そして日本を含む地球各地域を学ぶ「世界史探究」は，学習範囲が広いことから，「世界史はとてもおぼえきれない」などと考えている人も少なくないと思います。しかし，歴史は，むやみに暗記するものではありません。もちろん学問である以上，「おぼえる」ことも大切な1つの要素です。しかし，それ以上に大切なのは，「理解する」ことであり，つねに「なぜか」という問いを用意し，それについて「考える」ことです。

● 歴史上のできごとは，前の時代の何かが原因となっておこり，それはまた，次の時代の新しいできごとを生む原因ともなっています。こうしたつながり，すなわち「時の流れ」を十分に把握し，「時の流れ」にそって，先人たちがどのように生き，どのような考えをもって社会や文化をすすめてきたかを，正しく「理解する」ことが何よりも大切です。こうした「理解」のなかにあってこそ，「暗記」した知識も生きてきます。

● 本書は，時代・地域ごとに学習項目を整理することで世界史理解に役立つだけでなく，能動的(アクティブ)に学修(ラーニング)することで理解力がさらに高まるように，探究学習に資する史料を多数掲載しました。本書を活用し，人類全体が幸福になる「未来」の設計士になってください。

監修者　杉本淑彦

本書の特長と活用法

1 日常学習のための参考書として最適

本書は，高校での「世界史探究」の教科書にあうように，教科書の学習内容を多くの小項目に細分して編集しています。したがって，学校での授業の進行にあわせて，しっかりと予習や復習をすることができます。さらに，本文の重要用語を集めた「要点チェック」も用意しているので，定期テストの準備に使うこともできます。

2 学習内容の要点がハッキリわかる編集

時代の俯瞰図　「時代の俯瞰図」は，各チャプターのはじめにあって，そのチャプターで学ぶできごとを年表形式でまとめています。

POINT!　「ポイント」は，絶対に理解して覚えなければならない重要ポイントを示しています。

要点チェック　「要点チェック」は，そのチャプターに出てきた重要用語のチェックをします。

3 見やすく豊富な図表や写真

ゴッホ（⤷ p.326）　本文では，重要な用語や人物名を太字で示しています。また，⤷ のさし示す参照ページも目を通しましょう。

補説　参考　注意　「補説」はより詳しい解説が必要な重要事項を取りあげています。「参考」は本文中の重要用語の定義を，「注意」は学習上注意すべき点を示しています。

4 世界史がより深く理解できる

\ TOPICS /　「トピックス」は，本文を深く理解するために，ほりさげた解説をしています。

📄 史料　「史料」は，近代史上の重要史料をとりあげ，その意義や背景などを解説しています。

もくじ CONTENTS

世界史へのまなざし

第1編 諸地域の歴史的特質の形成

CHAPTER 1 古代文明の成立

CHAPTER 2 西アジアと地中海世界

CHAPTER 3 南アジアと東南アジア世界

CHAPTER 4 東アジアと中央ユーラシア

世界史へのまなざし

. . . . .

- ● 世界史のなかの時間
- ● 世界史のなかの空間
- ● 茶と世界史
- ● 日本と世界をつなぐもの
- ● 自然環境と人類のかかわり

世界史のなかの時間

◎時間とは？

現代に生きる私たちは，つねに時間を気にしています。時間に追われるばかりで，きゅうくつだと感じることも多いでしょう。しかし，時間や年月日は，歴史を学ぶ手助けをしてくれます。それだけでなく，時と暦は人々の生活と深く結びついてきました。季節の変化に応じた農作業や年中行事，祭礼などを組みこんだ生活暦もつくられました。私たちは昔から，時間に基づいて，起床し，食事をしたり，働いたり，祈ったりしてきたのです。

◎西暦

現在，日本で使われている暦は，ヨーロッパの西暦(太陽暦)を導入し，明治5(1872)年12月3日を明治6(1873)年1月1日と改めていらいのものです。

古代エジプトでは，太陽の動きをもとに，1年を365日とする太陽暦がつくられ，ローマのユリウス＝カエサル(⇨p.74)は，これを修正したユリウス暦を制定しました。現在，世界の多くの地域で使われている西暦は，このユリウス暦をさらに改良して1582年につくられたグレゴリウス暦です。西暦では，イエス＝キリスト(⇨p.81)が生まれたといわれる年を紀元1年(元年)とし，それ以前を紀元前，それ以後を紀元後，紀元1年から紀元100年までを1世紀としています。ですから，21世紀は，2001年から2100年までということになります。

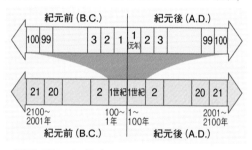
▲西暦と世紀のかぞえ方

◎イスラーム暦

イスラーム世界では，現在もヒジュラ暦が使われています。これはムハンマド(⇨p.120)が迫害を逃れてメッカをはなれた(ヒジュラ)年を紀元としたものです。この暦では，月が地球をまわる周期を基準としているため(太陰暦)，1年が354日となり，奇数月を30日，偶数月を29日としています。ヒジュラ元年の元旦は，西暦622年7月16日にあたり，西暦とは約600年もの年代の差があります。

イスラームのヒジュラカレンダー▶
ヒジュラ暦1445年1月1日は，西暦2023年7月19日。

○世界の時間

　現代の私たちは，世界中のできごとを，ほとんどおこったと同時に知ることができます。それは，時差をともないつつ各国共通で「時間(time)」が定められたことにくわえて，ラジオやテレビ，インターネットなどの情報手段が発達したからです。人々がこのような共通の時間に基づいて，遠い地域の情報を生活にいかすようになったのは，20世紀になってからのことです。

○1日は24時間

　古代の人々は，太陽の高さをはかって1年の周期を知り，月の満ち欠けによって1か月の長さをきめました。**古代エジプト人**は，日中10時間，日の出・日の入り2時間，夜間12時間として，1日を24時間で数える方法を知っていました。そこで**日時計**が使われ，

樹木や柱，オベリスクの影の長さや方向で時間がはかられました。しかし，これでは1時間の長さが昼と夜，季節によって違うことになります。そのため，**水時計**や**砂時計**が併用されるようになりました。こうして，時間の数え方がひろまっていったのです。

▲日時計

　時間を小さく分ける「分・秒」の単位は，メソポタミアで発達した**六十進法**(⇨p.30)に基づいています。人々が「時・分・秒」を正確に知ることができるようになったのは，オスマン帝国(⇨p.215)で天文時計が開発された16世紀以降のことです。

○「時は金なり」

　ヨーロッパで時計が使われるようになったのは，祈りの時間を正確に知る必要のある**教会**や**修道院**が，機械時計をとりいれてからだといわれます。やがて，貨幣経済が発達し，金融業者があらわれると，商取引や利子の計算のために，互いに共通の時間を確認できる，正確な時計が必要になり，市庁舎や広場に時計台がおかれるようになりました。

▲修道院の時計台(スイス)

　産業革命の時代には，工場や事務所にも時計が設置され，労働時間がはかられ，その時間に応じて賃金が支払われるようになりました(⇨p.266)。こうして，時計は単に時間をはかるだけでなく，社会を動かし，管理する歯車となっていったのです。

世界史のなかの空間

❏ ランドサットと地図

　現在ではさまざまな地図がつくられ，私たちの生活に欠かせないだけでなく，世界中の特定の場所を正確に知ることができます。とくに，1972年から現在（2024年時）まで9度にわたって打ち上げられているアメリカのランドサット地球観測衛星は，高解像度探査機（こうかいぞうど）を搭載し（とうさい），その画像データをコンピュータによって解析（かいせき）することで，地表のようすを，より具体的に表現することができるようになりました。現在では，ドローンを使った3D地図も作製されるようになりました。

❏ 古代の地図

　最古の世界地図は，メソポタミアで粘土板（ねんど）に描かれたもので，世界を円盤状（えんばん）と考えたも

▲プトレマイオスの世界地図

のでした。その後，ギリシア人は地球が球体であることを知り，これを平面上の地図にあらわすことを考案しました。ローマ時代の2世紀ごろにヨーロッパ人に知られていた地域は，全世界のほぼ4分の1程度であったので，プトレマイオス（☞p.80）の描いた世界地図は，地中海周辺についてはおおむね正確なものでしたが，アフリカと東南アジアは陸続きであるとするものでした。

❏ 宗教からみた世界

　仏教の経典をもとにした地図も，つくられています。「五天竺図（てんじく）」とよばれる地図は，中国の唐代の僧玄奘（げんじょう）（☞p.112）がインドを訪れたときの旅程を朱の線で描いており，仏教の世界観とインドへのあこがれをあらわしたものと考えられています。

　中世ヨーロッパでつくられた世界地図は，キリスト教の世界観を示したものでした。地球は平たいもので，その周囲を海がとりまいていると考えられていたため，世界の中心に聖地イェルサレムをあらわし，東方の楽園とされたアジアが上

▲ TOマップ　Tはアジア・ヨーロッパ・アフリカの三大陸をわける地中海・ナイル川・ドン川，Oは周囲をとりまく大洋をあらわす。

半分を占め，下半分にヨーロッパとアフリカを配する地図（TOマップ）がつくられています。また，12世紀のアラブ人ムスリム地理学者イドリーシーが作製した円形の世界地図は，メッカを中央に置き，その三方にアジア，アフリカ，ヨーロッパを配するものでした。

●大航海時代の地図

　人々が宗教的な世界観をぬけだすきっかけとなったのは，**マルコ=ポーロ**や**イブン=バットゥータ**（⤷p.186）といった，商人や旅行家がもたらした地理情報でした。こうしてギリシアの地理学も受けついでいたイスラーム世界でくわしい世界地図が作製され，さらにそれらが元代の中国にもたらされ，この影響をうけて，朝鮮（李朝）では，西はアフリカ，東は日本，北はロシア，南はインド洋をふくむ世界地図がつくられました。

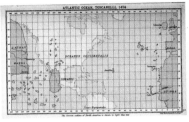

▲コロンブスが使ったといわれる地図　右側にアフリカ・ヨーロッパが，左側に日本・中国が描かれている。白色の陸地は現在の地図を重ね合わせたもので，現在のメキシコ付近に日本があるとされていたのがわかる。

　15世紀になると，**ポルトラーノ**（「港に関するもの」という意味のイタリア語）とよばれる，海岸線の状態を伝える海図や，**ベハイム**（ポルトガル王に仕えたドイツ人）などの精度の高い地球儀がつくられ，アジアの物産を手にいれようとするヨーロッパ人が，**大航海**をおこなうようになりました。ヨーロッパの商人や探検家などがアフリカやアジアを訪れるようになり，15世紀末には，**コロンブス**（⤷p.199）のアメリカ大陸到達によって，それまでヨーロッパ人には知られていなかった大陸の存在が認められました。

　17世紀はじめに，中国に滞在していたイエズス会宣教師**マテオ=リッチ**（⤷p.197）が，中国を中心にすえた「**坤輿万国全図**」を刊行しました。これは，ヨーロッパの地図作成技術を用いて，東アジアの部分をくわしくしたものでした。

　そののち，ヨーロッパ人の航海や探検によって，グリーンランド・ニュージーランド・オーストラリア・南極大陸などが世界地図に加えられて，正確に世界が認識されるようになりました。1884年には，国際会議で本初子午線が承認され，経度や緯度によって，地球上の特定の位置が，正確にあらわせるようになりました。

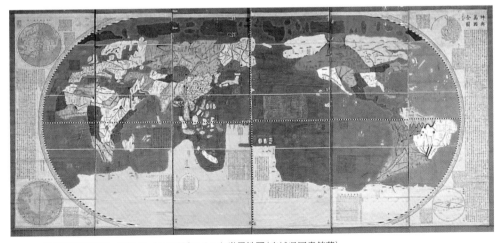

▲「**坤輿万国全図**」　マテオ=リッチがつくった**世界地図**（宮城県図書館蔵）

茶と世界史

●茶は中国原産

　茶の原産地は，中国の雲南あたりだといわれています。もともとは薬として飲まれていたもので，3世紀ごろに長江流域，8世紀ごろには中国全土にひろまって，日常生活に深くとけこんでいきました。

　茶は茶葉の発酵度の違いにより，緑茶（発酵させない）と，紅茶（半発酵），ウーロン茶（発酵させる）の3つに大別されます。

　日本には緑茶が遣隋使・遣唐使によってもたらされましたが，高価だったことから当時は貴族の間だけでしか飲まれませんでした。12世紀に禅宗の僧侶である栄西が中国（宋）からあらためて茶の種を持

▲茶の栽培（スリランカ）

ち帰り，緑茶の一種である抹茶を製造し，座禅時の眠気覚ましとして修行僧に服用をすすめたことで，禅僧の質実な生活様式を尊ぶ武士階層を中心に茶を飲む習慣が広がりました。江戸時代に煎茶（これも緑茶の一種）が製造されるようになり，大量生産で価格も下がったことから，緑茶は日本人の暮らしに不可欠な商品となったのでした。

　現在，「チャ」を意味することばは，大きく2つの系統に分かれます。中国の広東語のCH'Aの系統のものが，日本語の茶（CHA），ポルトガル語・ヒンディー語・ペルシア語のCHA，アラビア語・ロシア語のCHAI，トルコ語のCHAYなどです。もう1つの福建語のTAYの系統のものが，オランダ語のTHEE，ドイツ語のTEE・英語のTEA・フランス語のTHÉなどです。このことは，茶の伝わり方と，おおいに関係がありそうです。

●ヨーロッパ人による茶の発見

　茶は，オアシスの道の交易品ではなかったようで，中世ヨーロッパの文献にはでてきません。茶がヨーロッパにもたらされたのは大航海時代以後のことで，16世紀のヴェネツィア人ラムージオの『航海記集成』にでてくる記事が，ヨーロッパで茶について書かれた最初の文献だと考えられています。「中国では，国中いたるところで茶を飲んでいる。空腹のとき，この煎汁を1，2杯飲めば，熱病・頭痛・胃痛・横腹関節の痛みがとれるという効きめがある」とあります。また，中国に滞在したイエズス会宣教師マテオ=リッチは，「日本人は茶の葉を粉にしてスプーンに2，3杯茶碗にいれて熱湯を注ぎ，かきまぜたうえ飲みほす」と，日本では抹茶が好まれていたことを記しています。こうした記述から好奇心をかきたてられ，ヨーロッパでも，茶を輸入して飲むようになったのです。

●砂糖いり紅茶

　ヨーロッパに最初にもたらされた茶は，1610年に**オランダ東インド会社**(⇨p.336)の船が運んだ日本茶だといわれています。まず，オランダで喫茶の習慣がはじまり，イギリスをはじめ，周辺の国々にひろまりました。その飲み方もさまざまだったようですが，17世紀末ごろには，緑茶に砂糖とミルクをいれて飲むようになり，高価でめずらしい飲み物として，貴族や富裕な市民のあいだに定着していきました。

　砂糖の多くは，サトウキビからつくられます。サトウキビは，インドや中国で古くから栽培されていたものが，17世紀以後は，イギリス領やフランス領のカリブ海の島々での**プランテーション**で，大規模な生産がおこなわれるようになりました。ここでは，アフリカから連れてこられた**奴隷**の労働によって砂糖生産がおこなわれ，イギリスに巨万の富をもたらしました。こうして，アジアとヨー

▲ティー＝パーティーのようす

ロッパ，アメリカが結びついた茶の文化ができあがったのです。18世紀のイギリスでは，ティー＝パーティー(**茶会**)がさかんにおこなわれるようになり，それとともに，朝食も，紅茶とバタートーストにかわっていきました。イギリスと中国(**清**)の間で起きたアヘン戦争(⇨p.340)の背景には，砂糖とならぶ世界商品となった茶の消費拡大があったのでした。

●現代のお茶文化

　19世紀なかばには，イギリスはインドでの茶の栽培に成功し，中国産の茶よりも安価なアッサム茶が，ヨーロッパにもたらされるようになりました。こうして**産業革命**(⇨p.266)後，きびしい労働条件のもとで働かされ，劣悪な住居と粗末な食生活で暮らしていた労働者たちにも，「砂糖入り紅茶とパン」の朝食や，ティー＝ブレイクが貴重なカロリー源となりました。

▲抹茶を使ったパフェ

　こののち紅茶文化は，庶民の日常生活に定着し，チェーン店で紅茶を大量販売する，**トマス＝リプトン**のような業者もあらわれました。日本では，21世紀に入って抹茶が洋菓子に使われるようになりました。そして，海外からの旅行客がそのような洋菓子のおいしさを発見することで，海外でもMatcha Cafe店が展開されるようになりました。

日本と世界をつなぐもの

●アジア産の品々

　正倉院に残る宝物は，**オアシスの道**を通じてヨーロッパから渡ってきたとされるガラス器などもありますが，多くはアジア製です。16世紀中ごろまでの日本は，朝鮮・中国をはじめとするアジアの国々との貿易で外国の品々を手にいれていました。朝鮮から朝鮮人参・綿布，中国から銅銭・陶磁器・絹織物，琉球を通じて東南アジアから香木や薬の材料などを輸入しました。

●南蛮文化

▲南蛮屏風(部分)のポルトガル船*(狩野内膳)

　1543年，**ポルトガル人**が乗った船が**種子島**に漂着して，ヨーロッパ人がはじめて日本の地を踏みました。そのときもたらされた鉄砲と火薬が，**信長・秀吉**の「天下統一」につながったのです。また，キリスト教の布教にきた宣教師たちが，**南蛮文化**とよばれるヨーロッパ文化を伝えました。天文学，地理学，医学や活字印刷術の知識・技術のほか，めがねや西洋式の時計なども伝わりました。テンプラ・カステラ・パン・ボタンなどのことばも，ポルトガルから伝わった外来語です。

●4つの窓

　鎖国時代も，「4つの窓」を通じて外国との交流はつづけられました。長崎の**出島**には，オランダ・中国の船が来航し，薩摩の島津氏を介して琉球と，対馬の宗氏を仲立ちとして朝鮮と，当時蝦夷地とよばれた北海道では松前氏を介してアイヌと，さまざまな交渉がもたれていました。明治時代になってからは「文明開化」政策によって，欧米の文化や技術が積極的にとりいれられました。このような外国との交流によって，今日の日本文化がきずかれていったのです。

▲「タンギーじいさん」
(ゴッホ)

●ジャポニズム

　16世紀の中ごろまでは，日本からの輸出品には，刀剣や扇，屏風などの工芸品もあったにせよ，多くは銀や金，硫黄などの鉱産物でした。17世紀にはいると，オランダ東インド会社を通じて**日本茶や陶磁器**などがさかんに輸出されるようになり，とくに陶磁器は，「**イマリ(伊万里)**」の名で，ヨーロッパの王侯貴族にもてはやされました。19世紀後半になると，日本趣味(ジャポニズム)の流行によって，浮世絵を中心とした日本美術が愛好され，**印象派のモネ**やその後の**ゴッホ**(⤷p.326)などの作品にも，大きな影響を与えました。

自然環境と人類のかかわり —地球温暖化—

▶地球環境は，休むことなく変化しています。近年では，異常気象によって，干ばつや洪水などの自然災害が世界各地でおこっていることは，みなさんもよく知っているでしょう。
　気候変動の原因は，いろいろあります。自然現象としては，地球の公転面の変化や太陽の活動の強弱，地球上の造山活動や海流の変化などがあります。そのほか，人為的な問題として，化石燃料の消費量や二酸化炭素の排出量増加などによる，地球温暖化があげられます。2015年に国際連合で**SDGs**(Sustainable Development Goals，持続可能な開発目標)が制定され，その第13目標が「気候変動に具体的な対策を」となりました。

●原始～古代の気候変動

　紀元前1万年ごろの地球の気温は，現在より7℃近く低く，逆に紀元前4500年ごろには，現在より1℃ほど高かったと推定されています。寒冷な時期には海氷がふえ，海面が低くなって多くの陸地がつながり，人類は，新たな島や大陸に住む場所をひろげることができました。その一方，安定的に食料を得るのが困難になったことが，**農耕**や**牧畜**のはじまったきっかけではないかと考えられています。温暖な気候がつづいた時期には，農耕や牧畜の生産活動が安定し，はなれた地域との交流もさかんになって，人類は，より豊かな生活を送れるようになりました。しかし，**海面上昇**によって海岸や島が水没するという，マイナス面の影響が生まれた事実も，見逃すことはできません。

●近世ヨーロッパと寒冷期

　14～19世紀なかばごろは，地球全体の気温が低下した時期でした。とくに1645年からの約70年間は，太陽の活動がきわめて弱く，さらに火山活動も活発で，大気中に放出された火山灰が太陽光線をさえぎって寒冷化が加速したため，バルト海などが流氷におおわれ，漁業や海運は大きな打撃をうけました。ヨー

▲凍結したイギリスのテムズ川(ホンディウス，1677)

ロッパでは，飢饉がひんぱんにおこり，病気などへの不安がひろがりました。しかし人々はやがて，作物の品種改良や農業技術を進歩させることによって，この危機に立ち向かうようになります。たとえば，南アメリカからもたらされた**ジャガイモ**が，荒れ地でも育つ栄養の豊富な作物として，ヨーロッパでひろく栽培されるようになったのは，飢饉のつづいた18世紀ごろのことです。

◉現代の地球温暖化

　現在では，人類の活動によって**地球温暖化**が急激にすすみ，その影響はさまざまなところにあらわれてきています。「気候変動に関する政府間パネル（IPCC）」の予測では，このまま何の対策もとらなければ，地球温暖化によって極地の氷がとけだし，2100年までに海面が15〜95cmも上昇するといわれています。そうなれば，海抜ゼロメートル地帯に

位置する地域は，例外なく水没してしまうでしょう。日本の場合も，水面が20cmほど上昇すれば，東京や大阪の沿岸部をはじめ，ひろい地域が水没するといわれています。

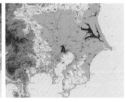
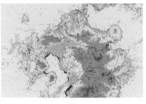

▲関東・東海・近畿・九州北部の標高1m以下の地域と水域（湖など）を青であらわした地図（地理院地図）　海面が上昇すると，沿岸部の埋め立て地や砂浜などの多くが水没する。

　氷河の溶解は世界中ですすんでおり，アルプスのローヌ氷河では，標高2500mのところがむきだしの地面になって，崖（がけ）の上にかろうじて氷河の先端が見える状況になっています。極地をおおう氷も年々へり，1980年代には平均700万平方kmあった北極海の氷が，1年ごとに北海道の面積ほど減少し，2023年の最小値は420万平方kmになってしまいました。

◉ツバルの危機と対策

　南太平洋のエリス諸島に位置する**ツバル**は，9つのサンゴ礁（しょう）の島からなり，約1万人が暮らしています。海抜が平均2m，最大でも4.5mと低いため，**サイクロン（暴風）**や**キング＝タイド（異常高潮）**によって地面がけずられたり，浸食（しんしょく）の被害をうけています。

▲水没の危機にあるツバル

　ツバルのおもな産業は漁業と観光業ですが，他国と遠くはなれているため，観光客も多くはありません。しかも，飲み水に適した水はほとんどなく，自給のためのタロイモやバナナなどの栽培も，塩害によって，ふるいません。食べ物がなくなるのが先か，島が沈むのが先か，という，きわめて深刻な状況におかれているといえます。

　ツバルは，**気候変動枠組条約（UNFCCC）**のもと，海面上昇に対する海岸と集落の復元力の強化，塩害に強いタロイモの導入，水の確保などからなる行動計画を2007年に定め，外国からの資金援助をうけてすすめようとしています。

　人類はこのように，自然環境の変化を，さまざまな工夫と努力によって乗りこえようとしてきました。その努力の足跡を具体的に調べ，学習することも大切です。

第 **1** 編

諸地域の歴史的特質の形成

· · · · ·

1 » 古代文明の成立

時代の俯瞰図

地質年代	鮮新世	更新世					完新世(現代)
氷期	氷期と間氷期						後氷期
実年代	700万年前	240万	150万	50万	10万	1万	6000
文化区分	旧石器時代				中石器時代	新石器時代	金属器時代
人類	猿人		原人	旧人		新人(現生人類)	
頭骨(側面)	●アウストラロピテクス		●ジャワ原人 ●北京原人 ●ホモ゠ハビリス	●ネアンデルタール人		●グリマルディ人 ●周口店上洞人 ●クロマニョン人	
脳頭骨容量	約500〜600cc		約1,000cc	約1,500〜1,600cc		約1,600cc	

SECTION 1 人類の出現

1 人類の進化

❶人類の誕生

1. **人類の出現**　人類は，約**700万年前**に**アフリカ**で出現した。
2. **人類の特徴**　人類が他の動物と異なる基本的な点は，**直立二足歩行**を通常の前進姿勢とすることである。

　　直立二足歩行ができると，**前肢(手)が自由**になるので，**道具を製作・使用**することができ，また，**頭脳の発達**[★1]がうながされる。人類はその手と頭脳によって**労働**することを知り，自然にはたらきかけて文化を高めることができるのである。

❷人類の進化　**猿人→原人→旧人→新人**の順に出現。

1. **猿人**　約**700万年前**にあらわれた，直立二足歩行が認められる最初の人類。その代表は，アフリカ南部や東部で頭蓋骨が発見された**アウストラロピテクス**などである。**礫石器**[★2]を使用し，**簡単な言語**も用いていたと思われるが，火を使用した痕跡は認められていない。

★1　**ふくらむ脳**　ゴリラは頭骨が前方にぶらさがっているので，頭骨を強い筋肉でおおって首からひっぱらねばならない。人間は，首と背骨で頭骨の中央をささえるので，頭骨を筋肉でおおう必要がなく，脳がふくらみ，発達する。

★2　川原の石ころを打ちかいただけの簡単な石器。自然の石とまぎらわしい場合が多い。

② **原人**　更新世前期(約240万年前)にあらわれた人類。原人の一種である**ホモ＝エレクトゥス**は，打製石器を製作して，狩猟・採集をおこなった。また，**火を使用**したことも確認される。その代表は，ジャワ島で発見され直立二足歩行が確認されたジャワ原人や中国の北京近郊の周口店で発見された北京原人などである。

③ **旧人**　更新世後期(約60万年前)にあらわれた人類。脳容量は現代人とほぼ同じ大きさになり，打製石器の製作技術が進歩し，死者を埋葬した(宗教儀礼のはじまり)。ドイツで発見されたネアンデルタール人(学名**ホモ＝ネアンデルターレンシス**)がその代表である。

④ **新人**　更新世末期(約20万年前)にあらわれた人類。現代人と同じ種に属し，**現代人の直接の祖先**と考えられ，**現生人類**(学名ホモ＝サピエンス＝サピエンス)ともいわれる。弓矢や打製石器・骨角器(動物の骨や角を加工した道具)を用いて，狩猟や漁労を発達させた。南フランスで発見されたクロマニョン人やイタリアのグリマルディ人，中国の周口店上洞人，南アフリカのボスコップ人などが知られる。

参考 **ホモ＝ハビリス**
1964年に，タンザニアで化石が発見された。約240万年前に出現したと考えられ，原人の一種(猿人にふくめる説もある)とされている。

参考 ホモ＝サピエンスは，「知恵のある人」の意。旧人は，いったん絶滅したという説と，新人に進化したという説とがあるが，近年は前者が有力で，旧人は現生人類とは別種の人類ではないかと考えられている。

POINT!

人類は { およそ700万年前ごろに出現
猿人→原人→旧人→新人(現生人類の直接の祖先)の順に出現

\ **TOPICS** /

人類最初の芸術 ― 洞穴絵画

　1879年，スペイン北部のアルタミラの洞窟で，考古学好きの領主親子が，洞窟の壁に描かれた彩色動物画を発見した。その後，ラスコーなどフランス南西部にかけて，同様の洞穴絵画が発見された。これらはクロマニョン人など新人の手になるもので，躍動感あふれる描写は人類最初の芸術作品といわれている。かれらはまた，狩猟の成功や多産を祈ったと思われる石づくりの**女性裸像**も残している。

　なお，北アフリカや西アジアの新人も，狩猟・戦闘・舞踏を描いた岩絵を残している。

▲ラスコーの洞穴絵画

2 狩猟・採集の生活

❶**旧石器時代**　人類が狩猟・採集・漁労を生業とし，打製石器(旧石器)をおもな道具としていた時期。人類が出現してから約1万年前までの長い期間である。この時代は，地質学でいう更新世(氷河時代)で，人類は洞窟や岩かげに住み，いくつかの家族が**ホルド(群)**を形成していた。

> 補説　**石器**　自然石をうちかいて，磨かないままのものが**打製石器**，砂や砥石で磨いたものが**磨製石器**。製作上，石をうちかいて芯の部分(核)を使う**石核石器**，はがした部分(剝片)を使う**剝片石器**がある。石核石器では**ハンドアックス(握斧)**が代表的で，剝片石器はナイフ類が多い。おもに剝片石器の小型のものは**細石器**とよばれ，鏃・皮はぎ・肉切りなどに使用されたが，細石器は旧石器時代末以降にあらわれる。

❷**中石器時代**　約1万年前から，地球上は更新世から完新世に移行し，気候が温暖となりはじめた。この新しい環境に対応して人類の生活も大きく変化しはじめ，**磨製石器(新石器)**の製作や犬の家畜化がはじまり，道具としては細石器がひろく用いられるようになった。この時代を中石器時代ともいい，**旧石器時代から新石器時代への過渡期**である。

★3　年数でいえば，人類の歴史約700万年のうち，その99%以上を占める長い期間である。猿人や原人のころの**前期旧石器時代**，旧人のころの**中期旧石器時代**，新人のころの**後期旧石器時代**に区分される。

石核石器　　剝片石器

▲**中期旧石器時代の石器**

POINT!　更新世の人類は，打製石器を使用
　　　　　→約1万年前から細石器の中石器時代
　　　　　旧石器時代から新石器時代への過渡期←

SECTION 2 農耕・牧畜の開始と社会の発達

1 農耕・牧畜の開始

❶**最初の農耕・牧畜地域**　最初に農耕・牧畜がはじまったのは，紀元前9000年ごろ，西アジアの「肥沃な三日月地帯」の外側の丘陵・高原地域であった。イラクの**ジャルモ**や死海北西岸の**イェリコ**などは，最古の農耕遺跡の例である。

　西アジアの丘陵・高原地域は乾燥した気候で樹木・雑草が少なく，しかも最低限必要な自然の降雨(天水)があるので，土地の肥料分がなくなるまで，何年かにわたり，大麦・小麦などを栽培した(**乾地農法**)。また，ヤギ・羊・牛などの家畜の飼育もはじまった。

★1　**ジャルモ遺跡**　泥壁づくりの家が集まった人口150人くらいの初期農耕集落。栽培された3種の麦類などの穀物，石皿・石鎌などの道具のほか，犬・やぎ・羊や豚などの骨が発見されている。

❷原始農耕文化　農耕・牧畜がはじまると，人類の生活の各部面に次のような新しい事象（文化要素）があらわれた。

[1] 磨製石斧の使用　磨製石器の製作技術が進歩し，開墾や伐採などに便利な石斧がさかんに用いられた。

[2] 土器の発明　穀物などの煮たきや保存のために土器が発明された。西アジアでは前5000年ごろから美しい彩色をほどこした彩文土器（彩陶）★3もつくられた。

[3] 定住の生活　農耕のために，一定期間，同一場所に定住するようになり，泥・石や日乾煉瓦で家を建てるようになった。

[4] 氏族社会の形成　定住生活がはじまると，血縁意識で結びついた集団（氏族）が小さな農耕村落を形成し，土地・道具を共有し，共同で農耕をおこなうようになった。

❸新石器時代　考古学では，原始農耕文化が出現した段階を新石器時代といい，石器の種類に注目したうえで，その時代の文化全体を新石器文化という。西アジアではじまった農耕（麦作）と牧畜は，前5000年ごろから，西は地中海沿岸からバルカン半島をへてヨーロッパ中部へ，東はインダス川流域や中央アジア，中国北部にまで伝播した。

[1] 農耕民の新石器文化　磨製石斧と彩文土器を特色とする原始農耕文化。前3000年ごろまでに，地中海・黒海沿岸から中央アジアのオアシスをへて黄河流域にいたる地域に成立。

[2] 遊牧民の新石器文化　細石器を特色とする。モンゴル高原から中央アジアをへてアフリカにいたる乾燥地帯に成立。

★2　今日でも乾燥地域では，降雨のあと水分の蒸発をふせぐために表土を細かく耕し，雨水だけに頼って作物を栽培しているところもある。

★3　中央アジアや中国の黄河流域にも分布し，農耕の波及と関連のあることが知られている（⇨p.36）。

▲彩文土器（彩陶）

1
古代文明の成立

\ TOPICS /

食料生産革命

　イギリスの考古学者チャイルドは，人類が自然にあるものをとって食料とする生活（獲得経済）から，農耕・牧畜によって食料を生産する生活（生産経済）へと移ったことを「食料生産革命（新石器革命）」とよんだ。これを革命というのは，食料生産のはじまりから，人類の生活のあらゆる面に大きな変化があらわれたからである。人々は何年にもわたって同じ土地に定住し，農耕村落のなかでより高度な社会生活を営むようになった。食料が確保されたことは，生活を安定させ，労働の余暇を生み，文化の進展と多様化を可能にした。

　「食料生産革命」は，100万年以上のあいだ，ゆるやかに進歩してきた人類の文化を，文明の段階へと急速に発展させた，人類の歴史上，画期的な事件であった。アメリカの考古学者ブレイドウッドは，この「食料生産革命」を近代の産業革命と同じくらい重要なものであると指摘した。

▲古代エジプトの粉ひき

3　**狩猟・漁労民の新石器文化**　土器・磨製石器や多くの骨角器[★4]を使用し、北方ユーラシアの寒冷な森林地帯に成立。

補説　**巨石記念物**　ヨーロッパで、新石器時代後半から青銅器時代にかけてつくられた大きな石の造物。その建造には多くの労働力が必要なので、氏族のかなり大きい社会集団の存在が考えられる。有力者の墓とか宗教的儀礼の場とかいわれるが、確実ではない。その種類は次のものがある。
①**ドルメン(卓石)**…いくつかの支えの石をおいて、その上に巨大な偏平石をテーブル状にのせたもの。
②**メンヒル(長石・立石)**…長い巨石を垂直に立てたもの。
③**アリニュマン(列石)**…多数のメンヒルのような柱状の巨石を列状に並べたもの。
④**クロムレヒ(ストーン=サークル,環状列石)**…多数の巨石を環状に立てて並べたもの。

★4　表面に櫛の目のような文様をつけた**櫛目文土器**を特徴とする。わが国の**縄文土器**などにもみられる。

▲ストーンヘンジ(Rupert Jones撮影)
イギリスにあるクロムレヒの一種。

農耕・牧畜の開始：紀元前9000年ごろ、西アジアで…生産経済のはじまり
└──────→ 定住生活→生活の安定→文化の創造・普及

2　社会の発達

❶**灌漑農業のおこり**　西アジアでは、前4000年ごろからティグリス・ユーフラテス川流域の低地帯(メソポタミア南部)に人々が定住して、大河を利用する灌漑農業をおこなうようになった。その結果、①人口が増加し、**大規模な農耕村落が各地**にあらわれてきた。②氏族社会の内部で家族[★6]が生産の単位となり、土地・道具や生産物を家族が私有するようになった(**私有財産の発生**)。③治水・灌漑には流域の多数の村落の協力が必要であり、氏族間の交易もさかんになって、せまい血縁的な結びつきよりも、ひろい地域の地縁的な結びつきが強まってきた。

❷**農耕村落から都市国家へ**

1　**都市国家の形成**　大河の流域では、いくつかの氏族が地縁的な結びつきによって、有力な氏族を中心により大きな単位としての**部族**へとまとめられ、**政治組織**が発達してきた。とくに前3500年ごろ以後、西アジアで**青銅器**[★7]が発明されると、生産力が高まり、交易や征服がさかんになり、部族的な統一が進展して、各地に**神殿**[★8]を中心とした**都市国家**が形成された。

2　**階級の成立**　都市国家では貴族(支配階級)[★9]・平民・奴隷という**階級**が生まれた。また、宗教・交易などのことを記録

★5　初期の略奪農法(肥料を用いない農法)では、土地の肥料分がなくなると移動しなければならず、生産力も低かったので、農耕村落は大きくならなかった。

★6　初期の農耕では女性が大きな役割をはたしたが、農業が重労働化すると男性の役割が大きくなり、家族を統率して財産を管理する**家父長の権威**が高まった。

★7　青銅器も西アジアから世界各地に伝播した。

★8　農耕は自然の力に頼るので、**自然の力を神格化**した神々をまつることが重視され、神殿が建てられた。

★9　祭祀を司る**神官**、都市を守る**戦士**が貴族階級。

する必要から，支配階級によって**文字**が発明・使用された。

❸**古代文明の成立**　文明の要素としては，青銅器・文字・階級・都市などがあげられるが，人類は前3000年ごろから，世界各地でつぎつぎに文明を生みだした。最も早く文明の段階にはいったのは，西アジアの**ティグリス川・ユーフラテス川流域（メソポタミア）**，エジプトの**ナイル川流域**，ついで，インドの**インダス川流域**および中国の**黄河中流域と長江中・下流域**であった。これよりはかなりおくれて，南北アメリカ大陸でも古代文明が成立した。★10

❹**民族・語族の分化**

１　**言語の成立**　金属器時代にはいるころまでに，現在使われている世界のおもな言語ができた。

２　**民族と語族**　言語・習慣・宗教などに基づき，共通の帰属意識をもつ集団を**民族**といい，とくに言語系統で分類したものを**語族**という。

★10　マヤ・アステカ文明，インカ文明（➩p.42〜43）。

参考　**金属器時代**　考古学では，銅と錫の合金である青銅器が用いられるようになった段階を**青銅器時代**といい，古代文明の成立した段階にほぼ一致する。ついで，前1500年ごろから西アジア方面で鉄器があらわれたが，これ以後を**鉄器時代**という。

参考　**人種**　人類を身長・頭の形・皮膚の色・毛髪・目の色など外見的特徴で分けたもの。**白色人種・黄色人種・黒色人種**に大別。

▼世界のおもな語族と言語

シナ＝チベット語族……漢語・タイ語・チベット語・ビルマ語

ウラル語族……ハンガリー語・フィンランド語・エストニア語・モルドヴィン語

アルタイ語族……トルコ語・モンゴル語・ツングース語

オーストロネシア語族……マレーシア語・インドネシア語・タガログ語・マオリ語・タヒチ語

オーストロアジア語族……ベトナム語・クメール語・モン語

ドラヴィダ語族……タミル語・マラヤーラム語・カンナダ語・テルグ語

アフロ＝アジア語族

　セム派……アッカド語・バビロニア語・アラム語・フェニキア語・ヘブライ語・アラビア語

　エジプト語派……古代エジプト語

インド＝ヨーロッパ語族

　ゲルマン語派……英語・ドイツ語・オランダ語・ノルウェー語・スウェーデン語・デンマーク語

　イタリック語派……ラテン語・フランス語・イタリア語・スペイン語・ポルトガル語・ルーマニア語

　スラヴ語派……ロシア語・ウクライナ語・ポーランド語・チェコ語・ブルガリア語・セルビア語

　ヘレニック語派……古代ギリシア語・現代ギリシア語

　ケルト語派……アイルランド語・ウェールズ語・ブルトン語

　バルト語派……リトアニア語・ラトヴィア語

　インド＝イラン語派…ヒンディー語・ペルシア語・ソグド語・サンスクリット語・ウルドゥー語

アフリカ諸語……スワヒリ語・フルフルデ語・バントゥー諸語・コイサン諸語

アメリカ諸語……イヌイット語・アサバスカ諸語・マヤ諸語・ケチュア語

注意　同系統の言語を話す人間集団をさすときは，「〜語系」とよぶ場合が多い。なお日本語・朝鮮（韓国）語の系統については，定説がない。

1　古代文明の成立

時代の俯瞰図

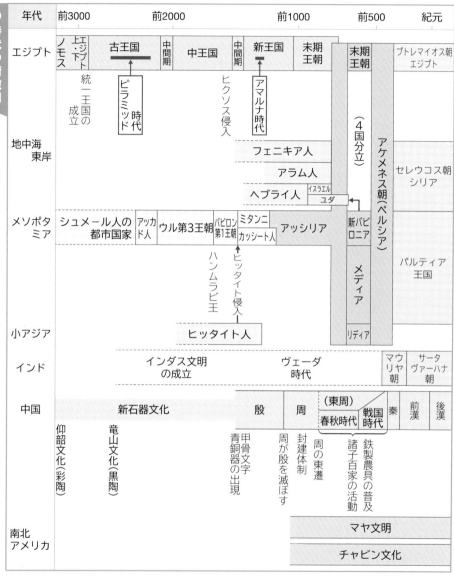

年代	前3000	前2000	前1000	前500	紀元
エジプト	ノモス / 上エジプト・下エジプト	古王国	中間期 / 中王国	中間期 / 新王国	末期王朝 / 末期王朝 / (4国分立) / アケメネス朝（ペルシア）	プトレマイオス朝エジプト

統一王国の成立

ピラミッド時代

ヒクソス侵入

アマルナ時代

| 地中海東岸 | | | フェニキア人 / アラム人 / ヘブライ人 / イスラエル / ユダ | | セレウコス朝シリア |

| メソポタミア | シュメール人の都市国家 | アッカド人 / ウル第3王朝 | バビロン第1王朝 / ミタンニ / カッシート人 / アッシリア | 新バビロニア / メディア | パルティア王国 |

ハンムラビ王

ヒッタイト侵入

| 小アジア | | ヒッタイト人 | | リディア | |

| インド | | インダス文明の成立 | ヴェーダ時代 | マウリヤ朝 | サータヴァーハナ朝 |

| 中国 | 新石器文化 | | 殷 | 周 | (東周) / 春秋時代 / 戦国時代 | 秦 / 前漢 / 後漢 |

仰韶文化（彩陶）

竜山文化（黒陶）

甲骨文字 / 青銅器の出現

周が殷を滅ぼす

封建体制

周の東遷

鉄製農具の普及

諸子百家の活動

| 南北アメリカ | | | | マヤ文明 | |
| | | | | チャビン文化 | |

③ オリエント世界

❶ オリエントの風土

❶オリエント世界

1 **オリエントとは**　古代ローマ人がイタリア半島から東方の地域をOriens(**太陽が昇る地方**)とよんだことに由来し，その後ヨーロッパ人は西アジア・地中海東岸地域の東方世界をオリエントとよんだ。東はインダス川や中央アジア南部から，西は小アジア・エジプトをふくむ，西アジア中心のひろい範囲である。

2 **オリエントの自然**　気候は温暖であるが，大部分が砂漠または草原の乾燥地帯。しかし，**ナイル川やティグリス川・ユーフラテス川**などの大河が豊かな沖積平野をつくり，これら大河の流域や点在するオアシスを中心に農耕が発達。

3 **肥沃な三日月地帯**　ナイル川流域からパレスチナ・シリアをへてティグリス川・ユーフラテス川流域にいたる地域で，古代文明を生んだ豊かな農耕地帯である。

❷オリエントの諸民族
①古代エジプトのナイル川流域には**エジプト語系**民族が定着。②西アジアのティグリス川・ユーフラテス川流域やシリア・パレスチナでは，主として**セム語系**民族が活動。③前2000年ごろ以後，南ロシア・中央アジアから**インド=ヨーロッパ語族**が侵入した。

❷ 古代オリエント世界の特質

❶政治・社会の特徴

1 **官僚制度の発達**　大規模な工事に流域の人々を協力させて管理・統制するために，絶大な権力をもつ**君主**のもとに**官僚制度**が発達し，専制国家が形成された。

2 **神権政治**　君主は神または神の代理者とされ，宗教的な権威をもって土地・人民を支配し，**専制的な神権政治**をおこなった。人民の大部分は，君主や**貴族**(神官・官僚)に隷属する**不自由な農民**で，重い貢納(租税)と無償労働を課せられた。

参考 **先史時代と歴史時代**
メソポタミアでは，人類最古の文字が発明された。文字によって記録が残されるようになって以降を歴史時代，それ以前を先史時代とよんで区別する。

★1　この地帯を「肥沃な三日月地帯」と命名したのは，20世紀はじめのアメリカのエジプト学者ブレステッド(J.H.Breasted)である。
　次ページの地図では，三日月形がはっきりするように，ブレステッドのいう地域よりも範囲をひろくとってある。

★2　ハム語系ともいう。

★3　神権政治とは，神の意志による政治。祭政一致ともいう。自然に頼る農耕社会では，自然の力が神格化され，最高の神官が君主となって，神への祭りと政治とが同一原理でおこなわれた。

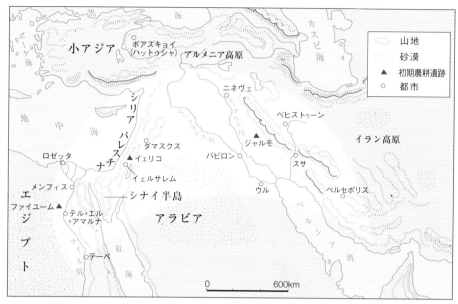

▲肥沃な三日月地帯

❷文化の特徴　天文や暦法・測量などの実用的な知識・技術
が発達し，エジプトの**太陽暦**，メソポタミアの**六十進法**，
フェニキアの**表音文字**といったオリエントの文化は，周辺地
域に大きな影響をおよぼした。

★4　河川の定期的な氾濫
の時期を知ったり，大規模
な土木事業をすすめるのに
必要な知識であった。

① 西アジア・地中海東部の地域(オリエント)が古代世界の先進地域
② 肥沃な三日月地帯に，エジプト・メソポタミア文明が発達
③ 専制的な神権政治と，天文・地理などの実用的学問の発達

4 エジプト

1 エジプトの自然

❶エジプトの地形　ナイル川の細長い河谷(かこく)とそのデルタ(河口
の三角州(さんかくす))には，はやくから**エジプト語系**民族が定住したが，
そのまわりは砂漠(さばく)と海にかこまれた**閉鎖的な地形**。そのため
異民族の侵入・征服をうけることが少なく，おおむね統一と
独立を維持することができた。

★1　イスラーム教流入以
後のエジプトでは，セム語
系のアラビア語が主流。

❷**ナイル川のめぐみ** 次の点から「エジプトはナイルのたまもの」★2といわれる，①雨が少ないため，ナイル川の水が人々の生命をささえた。②毎年7〜10月の定期的な増水による氾濫が，上流から沃土を運び，自然の灌漑と施肥になった。③治水・灌漑事業のために，よりひろい範囲の人々の協力と統制が必要となり，統一国家の形成を促進した。④交通の大動脈として統一の維持を容易にした。

2 古代エジプト王国

❶**ノモスの形成** 上エジプト(ナイル中域)，下エジプト(ナイル河口・デルタ)には，はやい時期から多数の**ノモス**★3ができた。

★2 ギリシアの歴史家ヘロドトスのことばである。

参考 **ナイルの河谷** 南北が約1,000km，東西約10〜20kmの細長い地域で，西アジアから伝わった農業は下流域から上流域へひろまった。流域は木材は少ないが，花崗岩などの石材が豊かで，石造建築がさかん。

★3 地域の政治的単位。県と訳される。

古代文明の成立 1

\ TOPICS /

古代エジプト王国の遺跡

　エジプト゠アラブ共和国の首都カイロの西方ギザに，有名な**三大ピラミッド**がある。とくにクフ王のそれは巨大で，底面積約5ha，一辺約230m，現在の高さは約137mあり，平均2.5tの石200〜300万個を高度な技術で積みあげたものである。このギザのピラミッド群から南方のメンフィス遺跡付近にかけて，20以上のピラミッドが並ぶ。大部分は，古王国時代のものである。

　中王国・新王国の首都テーベは，現在のルクソールの付近にあった。ナイル川をはさみ，東岸には**ルクソール神殿**や**カルナック神殿**(アメン神)などが，西岸には丘や山に掘りこまれた王家の谷などの墓地群がある。おもに新王国時代のものである。王墓は古くから墓泥棒によって荒らされてきたが，若くして亡くなった少年王ツタンカーメンの墓だけは未盗掘のまま1922年に発見され，豪華な副葬品は世界の人々を驚嘆させた。

　地中海岸からナイル上流への鉄道の終着駅はアスワンである。1960〜70年のアスワン＝ハイダムの建設時には，上流で水没する多くの遺跡を救うため，エジプト・スーダン両政府はユネスコに援助を求め，国際的な協力によってアブ゠シンベル神殿などの遺跡が解体・移動・復元された。

▲アマルナ時代のオリエント

❷統一国家の形成　前3000年ごろ下エジプトのメンフィスを首都として統一国家が成立した。これ以後，古代エジプトの王はファラオとよばれ，神の子として全国土を所有し，貴族(神官・官僚)を従えて人民を支配する，神権的な専制君主となった。

① 古王国時代　前27〜前26世紀には，メンフィスの北方のギザにクフ王・カフラー王・メンカウラー王のピラミッドが建造された。王の権力は絶大となり，古王国の最盛期であって，ピラミッド時代とよばれる。やがて古王国は各地の地方貴族勢力の進出によって衰退した。

② 中王国時代　前21世紀ごろ新王朝(第11王朝)がテーベを首都として統一を回復し，中王国時代となった。中王国時代末期(前1700年ごろ)，西アジア系の遊牧民ヒクソスが馬と戦車を用いてシリアから侵入，一時エジプトを支配した。

③ 新王国時代　前16世紀，新王朝(第18王朝)がヒクソスを追放して独立を回復，首都はテーベ。前15世紀，トトメス3世はパレスチナ・シリアを征服，ミタンニ王国・ヒッタイト王国と国境を接するまでに領土を拡大し，エジプトの帝国時代を現出した。前14世紀，アメンヘテプ4世はアメン=ラーを中心とする多神教を廃し，新たな国家神アテンを奉じて新首都テル=エル=アマルナを造営し，同時に自身の名をアクエンアテンと改めた。そこでは旧来の伝統にとらわれない写実的なアマルナ美術が発展した。しかし，この改革は王の死によって終わり，つぎのツタンカーメン王は首都をテーベにもどした。

補説　アマルナ文書　テル=エル=アマルナで，19世紀末にあいついで発掘された，楔形文字の外交文書(粘土板)。当時のエジプトは国際交流がさかんで，たとえばアメンヘテプ4世は，父3世とミタンニ王国出身の母とのあいだに生まれた。

❸衰退と滅亡　前14〜前13世紀のラメス(ラメセス)2世のころが最後の繁栄期で，その後は衰退に向かい，前7世紀前半に一時アッシリアに征服され，やがて前525年にアケメネス朝(ペルシア)により滅ぼされて，その属州となった。

3 古代エジプト文化

❶宗教　①太陽神ラーを主神とする多神教。②霊魂の不滅を信じ，死者をミイラとして保存，オシリス神話がつくられた。

★4 「大きな家」の意味で，世襲の専制君主。エジプトの主神であるラー(太陽神)の子として神格化され，崇拝された。

参考　古代エジプト王国の区分
初期王朝期…第1・2王朝
古王国時代…第3〜6王朝
第1中間期…第7〜10王朝
中王国時代…第11〜12王朝
第2中間期…第13〜17王朝
新王国時代…第18〜20王朝
末期王朝期…第21〜31王朝
　末期王朝期にはアケメネス朝(ペルシア)に支配され(第27〜30王朝)，ついでヘレニズム時代にプトレマイオス朝が成立(⇨p.66)。

★5 このころ，ヒッタイトから鉄器が伝わる。前14世紀のアメンヘテプ3世の時代が新王国時代の最盛期。

★6 アメンとアテン
アメンはテーベの守護神であったが，エジプトの主神ラーと結びついてアメン=ラーが国家神となり，アメン神官団の勢力が強まった。これに対抗してアメンヘテプ4世は，ラーと同じ太陽神アテンを唯一神として，その一神教的な信仰を強制し，自らの名をアクエンアテン(「アテンを喜ばせる者」の意)と改めた。

★7 王墓には死後の生活のための副葬品を大量に埋蔵。

▲「死者の書」

補説 「死者の書」　死後の世界の案内書で，新王国時代に死者とともに墓におさめられたパピルス文書の総称。生前に善行を重ねた者が，死後の世界を司る冥界の神オシリスの審判によって死後の幸福な生活と復活・再生を約束されるというもので，いろいろな呪文も記されている。

❷美術　ピラミッド(王などの墓といわれる)・スフィンクス(人頭獅子身像)・オベリスク(方尖塔)・神殿・宮殿などの**巨大な石造建築**がさかんにつくられた。

❸知識・技術　①1年を365日6時間，12か月とする太陽暦を使用。②ナイル川の氾濫後の土地を復元するために**測地術**が発達。**十進法**を創始。③実用医術も発達。

❹文字　絵文字から発達した**象形文字**(表意文字)がつくられ，表音文字としても使われた。書体は，碑文などに刻む神聖文字(ヒエログリフ)，神聖文字を簡略化した**神官文字**や**民用文字**(デモティック)があった。ナイル川のカヤツリ草の一種パピルス(英語paperの語源)でつくった紙が用いられた。

★8　象形文字の解読
ナポレオンのエジプト遠征のとき(⤳p.287)，ナイル河口のロゼッタでギリシア文字と2種のエジプト文字(神聖文字・民用文字)で記された石碑が発見され，ロゼッタ＝ストーンとよばれた。フランス人シャンポリオンは，1822年，これを手がかりのひとつにして，神聖文字を解読した。

[エジプト]
①紀元前3000年ごろ世界最古の統一王国が成立
②ファラオ(王)による専制的な神権政治がつづいた
③ピラミッドなどの巨大石造建築。神聖文字などを使用

SECTION 5　メソポタミア

1 メソポタミアの自然

❶メソポタミアとは　ギリシア語で「川のあいだの地域」を意味し，**ティグリス川・ユーフラテス川のあいだの地域**のこと。ほぼ現在のイラクにあたる。両川とも定期的に増水し，たびたび洪水をおこしたが，その沖積平野では早くから灌漑農耕が発達し，やがて都市国家が形成された。北部・西部の山地，南部のアラビアの砂漠には，おもにセム語系民族が分布していた。

❷エジプトとの比較　メソポタミア地方は開放的な地形で，周囲から遊牧民などがあいついで侵入してきたため，統一と分裂がくりかえされ，その歴史は流動的であった。

★1　シュメール人の「ギルガメシュ叙事詩」などには洪水伝説があり，その伝説は『旧約聖書』のノアの洪水の原型といわれる。

★2　セム語系民族の原住地はアラビアの砂漠といわれている。

注意 自然・政治過程・文化などをエジプトと比較しながら理解しよう。

2 都市国家と統一王国の成立

❶都市国家の発達　前2700年ごろまでにメソポタミアの南部に，シュメール人(民族系統不明)が**ウル・ウルク・ラガシュ**など多くの都市国家を形成し，互いに覇権を争った。都市国家の王は，最高の**神官**として神権政治をおこなった。

❷アッカド人の王国　前24世紀ごろ，メソポタミアに定着しつつあったセム語系のアッカド人が，シュメール人の都市国家を支配するようになった。かれらはメソポタミア全域をふくむ統一国家をつくり，シュメール人の文化をうけついで発展させた。しかし，この統一はまもなく破れ，ふたたびウルなどの都市国家が覇権を争った。

❸バビロン第1王朝　セム語系の遊牧民**アムル人**が，バビロンを都として統一国家を樹立。6代目のハンムラビ王(在位前18世紀ごろ)は，西北部のアッシリアをふくむメソポタミアの主要部分を統一し，運河の建設，ハンムラビ法典の編纂，官僚組織の整備をおこなって中央集権をすすめた。この王国は，前16世紀ごろに小アジアからのヒッタイト人の攻撃によって滅亡。その後，バビロニアはカッシート人(民族系統不明)の支配をうけ，前8世紀にはアッシリアに征服された。

★3 各都市国家では，守護神をまつる神殿が政治・経済の中心であり，王は神殿を管理し，神の代理者として神格化された。

★4 **サルゴン1世**　アッカド人の王。四方に征服活動をひろげ，「四方世界(四界)の王」と称した。

★5 一時，ウルが覇権をにぎり，法典を発布。

★6 バビロン第1王朝は，古バビロニア王国やバビロニア王国などともよばれる。

★7 シュメール人の法典を継承して完備した成文法。「目には目を，歯には歯を」の復讐法の原則で名高い。

3 古代メソポタミアの文化

❶宗教　①**多神教**であり，多くの都市神・部族神があった。②死後の世界よりも現世への関心が強く，呪術がさかん。

❷知識・技術　①**天文学**が発達し，**太陰暦**(のちに閏年を加えた太陰太陽暦)・七曜制がおこなわれた。②天文上の円周分割から**六十進法**を発明。1日を24時間，1時間を60分，円周を360度に区分。

❸美術　①**煉瓦**で神殿・宮殿などを建設。②動物の彫刻・浮き彫りに写実的で清新なものがある。

❹文字　シュメール人が，絵文字から発達させた象形・表音文字は，粘土板などに刻まれて**楔形文字**とよばれる。アッカド語などのセム語，ヒッタイト語・ペルシア語などのインド＝ヨーロッパ系の言語の表記にも用いられた国際的な文字である。

★8 太陰暦は，今日ではイスラーム世界でのみ用いられている。

★9 **ジッグラト(聖塔)** 神殿に建てられた数層の塔。神の住居，あるいは神の降臨するところとされたようである。

★10 イランのベヒストゥーンにアケメネス朝(ペルシア)の王ダレイオス1世が彫らせた楔形文字の碑文があり，19世紀にイギリスのローリンソンがこれを研究して解読につとめた。

［メソポタミア］
①ティグリス川・ユーフラテス川のあいだの地域
②紀元前2700年ごろ，ウルなどシュメール人の都市国家が成立
③バビロン第1王朝のハンムラビ王は，ハンムラビ法典発布

古代文明の成立　1

6 東地中海世界での諸民族の活動

1 ヒッタイト人

❶**ヒッタイト**　インド＝ヨーロッパ語系のヒッタイト人が，前18世紀ごろ先住民を支配して小アジアに王国を樹立した（前17世紀に，首都ボアズキョイを建設）。前16世紀にバビロン第1王朝を滅ぼした後，一時は弱体化したが，前14世紀には，①バビロニアを支配するカッシート人，②北メソポタミアのミタンニ王国，③エジプトの新王国などと勢力を争った。前1200年ごろ民族移動の波をうけて衰退し，滅亡した。

補説　**ミタンニ王国**　インド＝ヨーロッパ語系の王のもとに，フルリ人（民族系統不明）が北メソポタミアに形成した王国。前15世紀に繁栄したが，前14世紀にヒッタイトに従属。やがてミタンニ王国の支配下からアッシリアが独立する。

❷**ヒッタイト人の歴史的役割**
①インド＝ヨーロッパ語族のなかで最古の文明をきずく。②早くから**鉄製武器を使用**，また，馬にひかせた戦車も使用した。③法律や文字をバビロニア・エジプトから学び，シリアやエーゲ海方面に伝えた。

▲二輪戦車のレリーフ

★1　20世紀はじめ，ここからヒッタイト語を記した楔形文字の粘土板が発掘された。このボアズキョイ文書の解読がすすんで，ヒッタイトの歴史がしだいに解明されたのである。

★2　前12世紀ごろ，エーゲ海方面から東地中海一帯にかけて「海の民」とよばれる集団が来襲したことが，ヒッタイト滅亡の原因だといわれる。

★3　鉄鉱石を製錬して鉄器を製造する方法を，秘密にした。ヒッタイト滅亡後，製鉄技術はオリエント世界全体に拡散した。

2 フェニキア人・アラム人

❶**地中海東岸の位置的特色**　シリア・パレスチナは，エジプト・メソポタミア・エーゲ海を結ぶ陸上・海上交通の要衝。多くの民族があいついで侵入したが，オリエントの諸文化が交流するところとなり，セム語系の民族が活動した。

❷フェニキア人の活動

1 **都市国家の建設**　前12世紀ごろからセム語系
のフェニキア人が，現在のレバノン海岸にシ
ドン・ティルスなど多くの都市国家を建設。
良港と造船の木材(レバノン杉)にめぐまれ，
海上に進出して**地中海貿易**に活躍，カルタゴ
などの植民市を建設した。

　　フェニキア本国の活動は，前8世紀ごろにギ
リシア人の進出やアッシリアの侵入によってお
とろえたが，その後は植民市カルタゴが繁栄し
た。

2 **フェニキア人の功績**　商業・貿易のために，
いろいろな民族の文字を学んで改良し，**22字
の表音文字**をつくった。これがギリシアに伝わり，今日の
アルファベットの成立に寄与した。[★4]

❸アラム人の活動　セム語系のアラム人は，前12世紀ごろか
らダマスクスを中心に王国を樹立し，オリエント全域の**内陸
貿易**に活躍した。アラム語は国際商業語となり，アラム文字
は西アジア・中央アジアなどの多くの文字の母体となった。

注意　フェニキア→ギリシア系のアルファベットとは別に，アラム系のア
ルファベットがある。
　中央アジアのソグド人(⇨p.102)の文字もアラム系で，ウイグル文字・モ
ンゴル文字・満洲文字などに影響を与えた。

▲古代の地中海東岸

★4　フェニキア人の文字
は子音だけの22字であっ
たが，ギリシア人が母音を
あらわす文字を加え，これ
が変化して**ラテン文字
(ローマ字)**ができた。

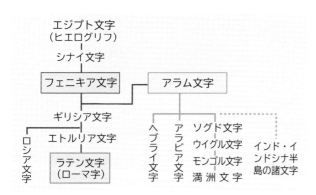

▲アルファベットの系譜

3 ヘブライ人

❶統一王国の成立

1 **カナーン定着**　ヘブライ人[★5]はセム語系の遊牧民で，前1500年ごろカナーン(パレスチナの古名)にはいった。このとき，一部はエジプトに移住したが，エジプト新王国に迫害され，前13世紀ごろモーセに率いられてカナーンへ移った。[★6]

2 **統一王国の繁栄**　前1000年ごろヘブライ人の統一王国が成立。前10世紀のダヴィデ王とその子ソロモン王の時代に繁栄をきわめた。とくにソロモン王は，首都イェルサレムにヤハウェの神殿を建造するなど「ソロモンの栄華」をほこった。

3 **分裂と滅亡**　ソロモン王の死後，前922年ごろに王国は南北に分裂した。①北のイスラエル王国は前722年アッシリアに征服された。②南のユダ王国はかろうじて独立を保ったが，前586年に新バビロニア王国に滅ぼされ(⇨p.51)，いわゆるバビロン捕囚の苦難をあじわった。[★7]

❷ユダヤ教の成立

1 **ユダヤ教のおこり**　出エジプト・バビロン捕囚などの民族的苦難のもとで，唯一神ヤハウェへの信仰を強めた。バビロン捕囚から解放されて帰国後，イェルサレムにヤハウェの神殿を再建，儀式・祭祀の規則を定め，ユダヤ教が成立した。ユダヤ教の経典が『旧約聖書』である。

2 **ユダヤ教の特色**　①古代オリエントの諸民族の宗教のうち，ユダヤ教だけが一神教である。②排他的な**選民思想**と強烈な**メシア(救世主)**待望の観念をもつ。[★8]③神の教えである律法を厳守する**戒律主義**の傾向が強い。④聖像崇拝を否定する。

補説　**最後の審判**　この世の終わりに，神が悪神(悪魔)を追放して不義なる者(悪人)を滅ぼし，正義なる者(善人)を救って神の国(天国・楽園)に復活させるという審判。この考え方はペルシア人のゾロアスター教に発して(⇨p.52)，ユダヤ教にはいり，さらにキリスト教やイスラーム教にも継承されている。

★5　ヘブライ人は他民族からの呼称で，自称は**イスラエル人**。バビロン捕囚後はユダヤ人とよばれることが多い。

★6　**出エジプト**という。モーセはエジプトからの帰途，シナイ山の神ヤハウェを唯一神として律法(モーセの十戒)を説いたとされる。その後，多くの預言者が律法を補充し，その信仰を深めていった。

★7　前586～前538年。ユダ王国の住民が新バビロニアによってバビロンに移住させられ，強制労働に服した事件。アケメネス朝(ペルシア)が新バビロニアを滅ぼしたとき解放されて帰国した。

★8　この世の終わりに，他民族の不義が裁かれ，メシアの統率のもとにユダヤ人が世界を征服し，地上に神の国が実現すると考える。

①ヒッタイト人が鉄製武器を使用し，小アジア・メソポタミアを支配
②アルファベットのもとをつくったフェニキア人は，地中海貿易で活躍
③ヘブライ人はユダヤ教を信仰…選民思想・メシアの出現待望

⑦ インド古代文明の起源

1 インダス文明

❶インドの風土　北にヒマラヤなどの山脈,
他の三方は海にかこまれており,雨季と乾
季の差がはっきりした**モンスーン気候帯**に
属している。さまざまな民族が,インダス
川上流のパンジャーブ(**五河**)地方にいたる
通路から侵入し,また,仏教をはじめイン
ドの文化がこの通路から中央アジアをへて
各地に伝わった。

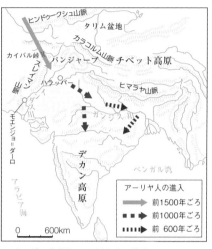
▲インダス文明とアーリヤ人の進入

　　インドは,地形的にガンジス川・インダ
ス川流域の北部と,**デカン高原**以南の南部
とに分かれるが,インドの南北両地域を支
配した王朝は北部を中心に形成されたもの
が多い。

❷インダス文明

①**インダス文明の成立**　インダス川流域では,
新石器文化が発達したが,前2600年ごろに
下流域のモエンジョ゠ダーロと上流域のハ
ラッパーの遺跡によって知られる**都市文明**が
成立した。

②**インダス文明の特徴**　住民は麦類を栽培,水
牛・羊・象などを飼育し,青銅器や綿織物な
どをつくった。沐浴場や排水設備・穀物倉を
そなえた煉瓦づくりの都市がきずかれた。一
種の象形文字をきざんだ石製の印章を用いた
が,その文字(インダス文字)は未解読である。

▲モエンジョ゠ダーロの遺跡
古代遺跡にはめずらしく,大規模な神殿や王
墓がみられないことも大きな特色である。

　　インダス文明をきずいたのは,今日インドの南部・東部
に住むドラヴィダ系の人々とされる。

2 ヴェーダ時代

❶アーリヤ人の進入　前1500年ごろから,インド゠ヨーロッ
パ語系のアーリヤ人の一部が,中央アジア方面からインダス
川上流の**パンジャーブ地方**に進入し,ドラヴィダ人などの先
住民を征服して,半農半牧の定住生活にはいった。前1000

年ごろからはさらに東方の**ガンジス川流域**に進出し，先住民と混血しながら農耕生活を発展させ，多くの都市国家を形成した。

❷**ヴェーダの成立**　アーリヤ人は**自然現象を神格化**した多神教をもち，神々への賛歌などを記した**ヴェーダ**（知識の意味）をつくった。最古のヴェーダが『**リグ＝ヴェーダ**』で，定住生活にはいったころのアーリヤ人社会のようすを伝えている。

❸**ヴァルナの形成**　定住農耕生活のもとで，職業の世襲（せしゅう）が一般化し，身分が生まれ，カースト制度の原型ができた。

1 バラモン　**司祭**。最上位の支配者。

2 クシャトリヤ　**王侯・武士**。政治・軍事の担当者。

3 ヴァイシャ　**一般庶民**。農民・牧畜民・商工業者。

4 シュードラ　**隷属民**（れいぞく）。おもに被征服民。

❹**バラモン教**　バラモンは最高の知識階級として祭祀（さいし）を独占し，ヴェーダを根本聖典として，その宗教的権威によって社会の支配層となった。かれらの宗教がバラモン教である。

　　バラモンは特権的地位を維持するため，**祭祀儀式を複雑化**したので，バラモン教は形式化し，祭式万能主義の傾向を生んだ。

❺**ウパニシャッド**（奥義書）（おうぎしょ）　前7世紀ごろ，バラモンの内部

★1　前1000〜前800年ごろ鉄器の使用がはじまり，農業生産とともに商工業が発達して，商人の活動がさかんになった。

★2　前1000〜前700年ごろ祭祀儀式が複雑化するのに対応して『アタルヴァ＝ヴェーダ』『サーマ＝ヴェーダ』『ヤジュール＝ヴェーダ』がつくられた。

★3　カーストは，ヨーロッパ人がつけた名で，ポルトガル語のカスタ（血統，家柄）に由来。**種姓**と訳されるが，古代インドの文献ではヴァルナという。また，ヴァルナの外におかれて差別される被差別民（不可触民）（ふかしょく）も存在する。

注意　アーリヤ人の社会は，宗教的要素が強いが，この傾向はインドの歴史の特徴ともなっている。

\ **TOPICS** /

カースト制度

　インド特有の社会制度であるカースト制度は，1950年のインド憲法で廃止が明記され，政府も下層カーストの優遇政策をおこなうなど，差別の解消につとめているが，長い伝統は消えず，今なおインド社会に根を張り，その近代化をさまたげている。

　カースト制度の原型は，アーリヤ人がパンジャーブ地方からガンジス川流域に移動し，定着したころから形成されたもので，『リグ＝ヴェーダ』には，諸神が原人（プルシャ，原初の存在）を犠牲（ぎせい）に供えたとき，口からバラモン，両腕から**クシャトリヤ**，両腿か

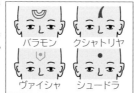

▲カーストの標識

らヴァイシャ，両足から**シュードラ**が生まれたとうたわれている。この4つの基本身分を**ヴァルナ**といったが，これは「色」の意味で，皮膚（ひふ）の白いアーリヤ人と黒い先住民とが区別されたことに由来する。

　カースト制度は，やがて**ヒンドゥー教**の普及とともに確立し，その身分は細分化されて約3,000の**ジャーティ**（カースト制度の基礎となる共同体の単位）に達したという。各ジャーティの職業は世襲で，異なるジャーティ間の結婚・同席なども制限された。このような社会の最高位を占めるのが**バラモン**で，ヒンドゥー教の司祭として民衆に大きな影響を与えてきた。

から，祭式万能主義に反対し，内面的な思索によって宇宙や人生の本質を探究しようとしておこった哲学(書)。宇宙の根源ブラフマン(梵)と人間の本体アートマン(我)との合一によって輪廻から解脱できると説いたもので，インド思想の根源となり，仏教やジャイナ教にうけつがれた。

★4　輪廻転生　生類は行為の結果にしたがって，つぎの世に形をかえて生まれかわりつづけるという考え。輪廻から自由になることが解脱である。

インドの古代文明
① インダス川流域のモエンジョ=ダーロなどに都市文明
② アーリヤ人がガンジス川流域まで進入し，バラモン教創始

⑧ 東アジアの古代文明

1 東アジアの風土

①東アジアの自然　東アジアとは，現在の中国を中心に，北はモンゴル高原，西はゴビ砂漠，南はインドシナ半島の山岳地帯，東は日本列島にいたる**ユーラシア大陸の東部地域**をいう。この地域で最も早く**農耕社会**の段階にはいったのは，中国である。

　内陸アジアは，東にはモンゴル高原・ゴビ砂漠・チベット高原，西にはキルギス草原があり，そのなかに高い山脈や大草原・大砂漠がひろがり，草原地帯を中心に**遊牧社会**が営まれた。山脈のふもとには，オアシス都市が形成され，それらを結んだ道が，**東西貿易路**として発達した。

▲黄土地帯の段々畑

②中国の黄土地帯　更新世の末期，強い北西の風が中国北部をおそい，ゴビ砂漠の黄色い砂塵が華北に運ばれて堆積し，数万年のうちに**黄土**の平原が形成された。氷河期が終わると河川が流れ，黄河とその支流は深い谷をけずり，下流には沖積平野をつくった。この谷ぞいの段丘上に原始農耕文化が生まれた。

★1　レスともいう。粒の細かい黄色または黄褐色の砂質土壌で，人類の長期の努力によって，豊かな農耕地帯につくりかえられた。

2 中国文明の発生

①仰韶文化　前5千年紀，黄河中流域を中心とする黄土地帯におこった文化。仰韶の遺跡に代表されるので，**仰韶文化**という。淡紅色の地に朱・白・黒などの文様をつけた**彩陶**をはじめ，灰陶や磨製石斧などの精巧な石器がみられる。

　文化の担い手は現代中国人の直接の祖先とされる原中国人で，かれらは台地上に竪穴住居の集落をつくって住み，ア

★2　河南省にあり，1921年スウェーデン人アンダーソンが発見。

★3　西アジアにおこった**彩文土器文化**の影響をうけている(⇒p.21)。

ワ・キビの栽培や豚・犬の飼育をおこなっていた。

❷ 竜山文化　前3千年紀ごろ，黄河下流域を中心におこった
ロンシャン　★4
文化。竜山の遺跡に代表されるので，竜山文化という。使用

された土器は灰陶と黒陶で，形では三足土器に特徴がある。黄河流域を中心にして長江流域まで，ひろい範囲に分布している。彩陶文化から発展したものと考えられ，集落の人口がふえ，牛・馬の飼育がはじまり，一部では獣骨による占いがおこなわれた。

★4　山東省竜山鎮にあり，遺跡名としては城子崖遺跡という。

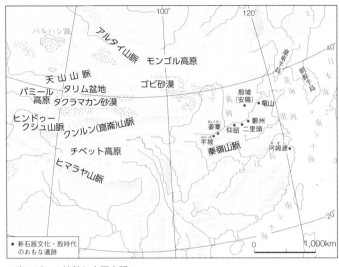
▲東アジアの地勢と中国文明

[中国文明の発生]
① 黄河中・下流域の黄土地帯に，原始農耕社会が生まれる
② 黄河流域：仰韶文化…彩陶に特色。竜山文化…黒陶に特色

▲彩陶

▲灰陶

▲黒陶

参考 灰陶・黒陶　灰陶は，灰黒色で厚手の土器で，黄土地帯を中心に，彩陶・黒陶と共存している。黒陶は，薄手で精巧な黒色土器で，山東省を中心に分布。灰陶・黒陶には鬲・鼎などの三足土器があり，殷の青銅器につながっている。

SECTION
❾ 殷・周と春秋・戦国時代

1 殷王朝
いん

❶ 伝説上の中国　伝説によると，黄河流域を最初に支配したのは黄帝であり，やがて聖天子尭・舜・禹があらわれ，禹が最古の王朝である夏を建てたという。

★1　近年，夏王朝のものとされる二里頭遺跡などが発掘されている。

❷**殷王朝の成立**　竜山文化の末期，黄河中・下流域には有力な氏族集団を中心に邑とよばれる多くの小規模な都市国家が形成されていた。前16世紀ごろ，商という有力な都市国家が，他の都市国家を従えて，殷を建てた。

20世紀はじめ，河南省安陽市で殷墟が発掘され，出土した多数の青銅器や甲骨文字を刻んだ獣骨から，ここが殷王朝後期の都であったことがわかり，その実在が確認された。

❸**殷の政治と社会**

[1]**神権政治**　殷の王は，祖先を「天」としてまつるとともに，農事や軍事などの主要な国事を神意をうらなってきめる祭政一致の**神権政治**をおこなった。占いの内容は甲骨文字で記録されている。

補説　**甲骨文字**　亀甲や獣骨に穴をあけて火であぶり，生じたひびをみて占い，その占いの結果を亀甲や獣骨にきざんで記録したので，甲骨文字の名がある。卜った事項を書いたので卜辞ともよばれ，約3000字ある。のちの漢字の原形となった。

[2]**氏族制社会**　このころは**氏族制社会**で，王のもとに王族や貴族の氏族集団があり，その支配下に農業・牧畜・狩猟や手工業を営んで貢納する氏族的な集団があった。さらに多数の奴隷も存在した。

[3]**青銅器文化**　殷墟からは，高度な技術によってつくられた銅器・青銅器が多数発掘されている。とくに精密な**獣面文様**の祭器は，他に例をみない芸術品である。

2　周王朝

❶**周の勃興**　周は西方の**渭水盆地**におこった。はじめは殷の支配をうけていたが，西北方の異民族との交流などで徐々に力をたくわえ，前11世紀ごろ殷を滅ぼした。周は**鎬京**を都とし，**洛邑**を東方支配の拠点として，華北一帯を支配した。

❷**周の政治と社会**

[1]**封建**　周の支配体制。周の王室は，一族や功臣・土着の豪族を**中原**に配置して領地（封土）を与え，世襲の諸侯として**貢納・軍役**の義務を負わせた。周王や諸侯のもとに卿・大夫・士とよばれる世襲の臣下があり，**采邑**とよばれる領地を与えられて，農民を支配していた。

この封建体制は，殷いらいの**氏族制社会の秩序**によりなが

★2　殷という名は周代につけられたもので，殷の人々は自分の国を商とよび，他の国より大きいという意味で大邑商などとよんだ。都市（邑）名がそのまま国名になっていたのである。

★3　殷の都の跡という意味。宮殿・住居のあとや巨大な王墓が発掘された。

▲殷・周（西周）の時代

★4　殷王朝は，青銅器・文字をもつ都市文明として開花したものといえる。

★5　この地域を関中といい，今の陝西省中部。交通の要地で，多くの王朝がここに都をおくことになる。

★6　渭水盆地の中央にあり，現在の西安付近。

★7　現在の洛陽付近。

★8　高度な中国文化が流布した地域の意で，古くは黄河中流域の平原地帯をさしたが，のちには下流域もふくめるようになった。中原の支配は中国統一の前提条件ともなった。

ら，周王室を頂点とした本家・分家の血縁関係（けつえん）が主従（君臣）関係の中心になっていたことに特徴がある。

╲ TOPICS ╱

天の思想と革命

　殷では，氏族の祖先神を天（天帝）（てんてい）としてあがめ，何事も占いによって天帝の意志を問い，それに基づいて決定した。

　ところが周代になると，天帝は祖先神ではなく正義の神と考えられるようになった。すなわち，天帝は特定の氏族を保護するのではなく，有徳者に命令をくだし，天帝の義子として民衆をおさめることを託（たく）すのである。中国で君主（王・皇帝）を天子とよぶのはそのためで，も

▲占いを記した甲骨文字

し天子が暴政をおこなえば，天帝は他の有徳者に命じて新たな天子とする。これを「天子の姓を易（か）え，天命を革（あらた）める」という意味で易姓革命（えきせいかくめい）という。日本語の「革命」は英語 revolution の訳語として用いられてきているが，中国では本来，天子の家系の変更が革命であったのである。

　易姓革命では，天子（王朝）の交替が平和におこなわれるものを禅譲（ぜんじょう），武力によるものを放伐（ほうばつ）という。しかし，実際には天子（王朝）の交替が平和におこなわれることはないわけで，禅譲はあくまで理想であり，建て前であったが，王莽（おうもう）が前漢をうばい，さらに魏の曹丕（そうひ）（文帝）（ぶんてい）が後漢をうばっていらい，禅譲は王朝の交替にさいしての無血革命方式となった。なお，革命を正当化するために，天帝の命令すなわち天命は民衆の意志である，という理屈（りくつ）づけもおこなわれた。

2 **周の社会（しゅう）**　①王から士までの支配階層は，宗族（そうぞく）という父系の同祖・同姓の集団を形成し，本家の家長を中心に祖先を祭り，宗法（そうほう）という規範によって宗族の団結を維持した。②農民は，土地神の社（社稷）（しゃ・しゃしょく）を中心に**農村共同体**[★9]をつくり，奴隷（どれい）とともに石器・木器を用いて農業などに従事した。土地制度としては井田制（せいでん）がおこなわれたとされるが，実態は不明である。

補説　**井田制**　1里四方の田を井の字型に9等分し，周囲の8区分を8家の私田とし，中央の1区分を公田として共同耕作させ，その収穫を国におさめさせた。戦国時代に著された『孟子（もうし）』に記されている。

❸ **周の東遷（とうせん）**　諸侯（しょこう）がしだいに勢力を強めるにつれて周の支配力は弱まり，諸侯の反抗や西・北方の異民族の侵入に苦しんだ。前770年，異民族に鎬京（こうけい）を攻略され，周は東方の**洛邑（らくゆう）**に都を移した。これ以前を西周（せいしゅう），以後を東周（とうしゅう）とよんで区別する。

注意　周の封建体制は氏族的（ほうけん）・血縁的（けつえん）な性格が強く，ヨーロッパや日本の封建制とは本質的に異なる。

★9　支配者は農民を1家ごとに支配したのではなく，共同体の集団のまま支配した。

参考　**青銅器文化**は，周代にも引きつづいて発達し，多くの銅器・青銅器がつくられた。なかでも銘文を鋳（い）こんだものは**金文（きんぶん）**といい，殷代の卜辞（ぼくじ）とともに貴重な史料となっている。

③ 春秋・戦国時代の政治と社会

❶春秋時代 東周時代の前半(前770〜前403)を**春秋時代**[★10]と
いう。周はおとろえたが，なお洛邑を中心に領土をもち，王
として尊ばれていた。しかし，有力諸侯は他の諸侯を攻略し
たり辺境を開拓したりして，勢力の拡大につとめた。これは，
都市国家から領域国家への展開を示している。

❷覇者 春秋時代の有力諸侯のうち，**尊王攘夷のスローガン**[★11]
をかかげ，他の諸侯との同盟(会
盟)を指導して天下に号令しよう
とした者を**覇者**といった。

補説 **春秋の五覇** 覇者の代表的なもの
をいい，斉の桓公や晋の文公のほか
に，楚の荘王，呉王闔閭，秦の穆公，
宋の襄公，越王勾践などが数えられ，
一定しない。

❸戦国時代 東周時代の後半(前
403〜前221)を**戦国時代**という。
前403年，春秋時代の有力諸侯
であった晋が，臣下の手で韓・
魏・趙に分割され，周王はこれ
らを諸侯として認めた。周の封建
体制は解体し，周王の権威は完全
に失われて，戦乱の時代となった。

▲春秋・戦国時代

❹戦国の七雄 戦国時代の7つの[★12]
強国，韓・魏・趙・秦・斉・燕・楚。いずれも王を称し，**富
国強兵**につとめて領土の拡大をはかり，統一王朝の樹立を
めざして抗争をくりかえした。はじめは魏と斉が有力であっ
たが，やがて西方の秦が有力となり，他の6国と対立する形
勢となった。

❺社会・経済の発展 春秋時代中期以降，鉄製農具の使用が
一般化し，鉄製の犂を用いた**牛耕**の発達，治水・灌漑の進歩
などで農業生産力は飛躍的に増大した。個々の農家が土地を
私有し，**大土地所有者**があらわれる一方で没落する農民もで
た。

各国の富国策によって手工業が発達し，商業・交通がさか
んとなって大都市が繁栄し，貝貨とともに**刀銭・布銭・円
銭・蟻鼻銭**などの青銅貨幣が流通した。

★10 春秋時代という名は，
魯の年代記『春秋』(孔子の
編とされる)に由来。

★11 周王室を尊び，夷狄
(異民族)をうちはらうとい
う意味。

★12 戦国時代という名
称は，『戦国策』という書
物に由来する。

参考 **華夷思想** 中華思想
ともいう。中国(中華)を文
明の中心とし，周辺地域の
人々を「夷狄」として野蛮
視する考え方。春秋・戦国
時代に，諸国間の交流を通
じて中国文化圏が拡大し，
同一文化をもつ者同士とし
ての一体感が生まれるなか
で形成されていったと考え
られる。

4 諸子百家の活動

❶ **諸子百家**　春秋時代末から戦国時代にかけて輩出した学派や書物の総称。これらが出現したのは，①封建体制や氏族制社会がくずれ，新しい秩序が求められたこと，②戦国の諸君主が人材を登用して富国強兵をはかったこと，などによる。

❷ **儒家**　周王朝初期の社会を理想とし，封建体制の復活を主張。当時は実際の政治のうえではほとんど用いられなかったが，のちに中国での正統的な思想としての役割をはたした。

[1] **孔子**　儒家の祖。家族道徳の実践によって最高の徳である「仁」に到達することを説き，このような道徳に基づいて政治をおこなうことを理想とした。言行録に『論語』がある。★13

[2] **孟子**　人間の本性は善であるとする**性善説**を主張，仁義の徳による王道政治を説いた。言行録『孟子』。

[3] **荀子**　人の本性は悪であるから礼によって矯正しなければならないという**性悪説**・礼学を説いた。著書『荀子』。

❸ **墨家**　墨子を祖とする一派。儒家の「仁」は差別愛であると批判して無差別愛（兼愛）と相互扶助（交利）を主張。また節約・勤倹を説いて戦争を否定（非攻）した。戦国時代には儒家とならぶ大学派であったが，秦代以後おとろえた。

❹ **道家**　儒家の道徳を人為的なものとして退け，宇宙の原理である「道」を求め，**無為自然**を説いた。**老荘思想**ともいう。

[1] **老子**　道家の祖。自給自足の小国を理想とした。

[2] **荘子**　無為自然の道に従って，自由に生きることを説いた。

❺ **法家**　君主の法と権力によって，新しい秩序をきずくことを説き，君主権の絶対と官僚制度の確立を主張。秦に仕えた**商鞅**・**李斯**により実践されて秦の天下統一に寄与し，**韓非子**によって大成された（著書『韓非子』）。★14

補説　**兵家**……兵法（用兵・戦略）を研究，「戦わずして勝つ」ことをめざす政治論・人生論を展開。孫子・呉子ら。
　　　名家……論理学を考究したが，詭弁におちいった。公孫竜ら。
　　　農家……農民の立場から農業至上主義をとなえた。許行ら。
　　　陰陽家…自然と社会の現象を陰陽五行説で説明。鄒衍ら。
　　　縦横家…外交術を説いた。合従策の蘇秦，連衡策の張儀ら。

★13　春秋時代の末期，魯の大夫の子として生まれた。魯に伝わる周王朝初期いらいの伝承を，人間としての自覚に基づいて探究し，人生や政治の理想を説いた。かれは周王朝初期いらいの伝承を整理して，支配者が学ぶべき古典としたが，かれの死後さらに手が加えられ，儒教の正式の教本というべき**経書**が成立した。『詩経』『書経』『易経』『礼記』『春秋』を**五経**という。

▲曲阜市の孔子廟　曲阜は魯の都で，孔子の出身地である。

★14　儒家の**荀子**は性悪説の立場から礼を重視したが，礼に強制力をもたせて法律とし，権力による信賞必罰を説いたのが法家である。
　商鞅は荀子以前の人であるが，**李斯**と**韓非子**は荀子の弟子であった。

参考　春秋・戦国時代の詩や歌謡を集めたものに『詩経』（経書の１つ）や『楚辞』がある。

POINT!
①殷は，氏族制社会。神権政治・甲骨文字・青銅器文化が特徴
②周の政治は，封建とよばれる血縁関係を中心にした統治制度
③春秋時代・戦国時代には鉄製農具が普及し，諸子百家が活躍

SECTION 10 南北アメリカ文明

1 アメリカの風土と人々

❶アメリカの自然　南北アメリカ
大陸は，北極海から南極圏の近く
まで，南北1万5,000kmにおよ
ぶ細長い大陸である。西側に険し
い山脈，東側には高原などがひろ
がっている。そのあいだに平原や
低湿地(ていしっち)がひろがっており，気候も
ツンドラから熱帯雨林まで多様で
ある。

❷アメリカの先住民　先住民は，
モンゴロイド系とされ，約3万年
前，ベーリング海峡が陸続きで
あったころにユーラシア大陸から
移住し，前8000年ころまでに南
アメリカの南端にまで達した。の
ち，ヨーロッパ人からインディオ

▲南北アメリカ文明

またはインディアンとよばれるこの先住民は，中・南アメリ
カでは，トウモロコシやジャガイモの栽培を中心とする農耕
社会をきずいた。鉄器・馬などはなかった。

補説　西インド諸島　はじめてアメリカに到達したコロンブス(⤴p.199)
　　　は，これがヨーロッパ人にとっての「新大陸」であることを知らず，
　　　インドの一部と信じて疑わなかった。そのため，この地を西インド
　　　諸島，先住民をインディオ(インディアン)とよんだ。

2 アメリカの諸文明

❶メソアメリカ文明　①メキシコ高原に，前1～後6世紀にピ
ラミッド型神殿で知られるテオティワカン文明が栄えた。②
ユカタン半島では4～9世紀ごろに神殿，二十進法，絵文字
や独自の暦(こよみ)をもつマヤ文明が発達した。③この文明はメキ
シコのアステカ人が継承し，テノチティトランを都に15世
紀に強大な王国(アステカ王国。アステカ帝国ともよばれる)
をつくった。

★1　メキシコ高原から中
央アメリカ一帯におこった
文明の総称。中央アメリカ
文明。

★2　石造大ピラミッド状
の神殿を中心に壁画や石彫
で飾られた建築物がならび，
中心は「太陽のピラミッ
ド」とよばれる。

★3　アステカ王国は，16
世紀にスペイン人に征服さ
れた。

❷アンデス文明　①アンデス山中に**ケチュア族**が前1000年ごろ，美しい土器をもつ**チャビン文明**[★4]をきずいた。紀元前後には宗教的な色彩の濃い都市文明に発展し，各地に神殿がつくられた。②13世紀以後，**クスコ**を中心にインカ帝国が繁栄。太陽を崇拝(すうはい)し，国王は「太陽の子(インカ)」として専制支配をおこなった。インカの文明は，巨石を使った神殿建築や土木事業にすぐれ，青銅器も使用。文字はなかったが，**キープ**(結縄)(けつじょう)とよばれる記録や情報伝達の手段があった。[★5]

★4　ペルー北部のチャビン゠デ゠ワンタル遺跡が代表的で，土器のほか動物や神人像の石彫が特徴。

★5　インカ帝国も16世紀にスペイン人征服者に滅ぼされた。

▲テオティワカンの太陽のピラミッド

▼インカのマチュ゠ピチュ遺跡

▼メソアメリカ文明とアンデス文明

	地域	アメリカ古代文明の展開		
メソアメリカ文明	中央高原	テオティワカン文明 →トルテカ文明　太陽と月のピラミッド　冶金術	アステカ文明	都テノチティトラン　太陽神崇拝　人身御供(ひとみごくう)(生贄の儀式)(いけにえ　ぎしき)　ピラミッド	コルテスに滅ぼされる
	メキシコ湾岸	オルメカ文明　ジャガー神崇拝，トウモロコシ栽培			
	ユカタン半島	マヤ文明　二十進法，神聖文字，暦法発達			
アンデス文明	ペルー北岸	ビクス文明　モチーカ文明　ワリ文明　ピラミッド	インカ文明	都クスコ　石造建築　キープ　道路発達	ピサロに滅ぼされる
	ペルー中央高地	チャビン文明　ジャガー神崇拝　パラカス文明→ナスカ文明　彩色土器　地上絵			
	ボリビア	ティアワナコ文明			

1　古代文明の成立

1 オセアニアの風土と人々

❶オセアニアの自然　オセアニアは，ハワイ諸島な
どをふくむポリネシア，ミクロネシア，メラネシア
とオーストラリア大陸の4地域からなる。オースト
ラリアの大部分は乾燥帯で，南東部に温帯の気候が
ひろがっているのに対し，火山島や珊瑚礁からな
るその他の島々の大部分は，湿潤な熱帯性の気候
となっている。

❷オセアニアの先住民　オーストラリアの先住民ア
ボリジニー(アボリジナル)は，約4万年前に東南ア
ジアからわたってきたと推定され，海岸や内陸河川
沿いで狩猟や漁労をしてくらしていた。言語区分に
おいては，オーストラリアとパプアニューギニアの
大部分を除いたほぼ全域が，オーストロネシア語系である。

▲オセアニアの位置と区分

2 オセアニアの文明

❶オセアニアの文化　オーストラリアのブーメラン，ポリネ
シアのダブル=カヌー(船体を2隻横に連結する)，ミクロネ
シアの三角帆(風向きの変化に対応しやすい)，メラネシアの
土器文化など，それぞれ独自の文化を生みだした。オースト
ラリアでは，狩猟・採集，その他の島々ではヤムイモ・タロ
イモなどのイモ類やバナナ，ヤシ類の栽培がおこなわれた。

❷オセアニアの国家形成　トンガ王国を除けば，国家の形成
はおそく，18世紀後半のクックの探検以降にようやくタヒ
チやハワイなどで統一王国が成立した。

❸オーストラリアの開発　オーストラリア大陸の存在は，す
でに17世紀中ごろのオランダ人のタスマンの探検によって
ヨーロッパに知られていたが，18世紀後半のクックの航海
によりイギリスの植民地となって，本格的なヨーロッパ人の
移住がすすんだ。

★1 ヨーロッパ人の探検
1520年にマゼランがこの
地域を横断して「太平洋」
と命名し，以後ヨーロッパ
人の探検がつづいた。
　17世紀に，オランダの
探検家タスマンが，タスマ
ニア・ニュージーランドに
到達した。
　1768〜79年には，イギ
リスの探検家クックが，タ
ヒチ・ニュージーランド・
オーストラリアなどを探検
(⇨p.337)したが，ハワイ
で先住民に殺された。

POINT!
①アボリジニー：約4万年前，東南アジアから渡来
②早い時期にトンガ王国が成立。18世紀にタヒチやハワイで国家形成

☑ 要点チェック

	CHAPTER 1 古代文明の成立	答
☐ 1	約700万年前に出現した，アウストラロピテクスなどに代表される最初の人類を何というか。	1 猿人
☐ 2	北京郊外の周口店で発見された，火を利用していたことで知られる原人類を何というか。	2 北京原人
☐ 3	旧石器時代の文化としてよく知られているスペイン北部の洞穴絵画を何というか。	3 アルタミラの壁画
☐ 4	旧石器時代後期からトナカイなどの動物の骨や角などでつくられた，もり・針などの道具や装身具の総称を何というか。	4 骨角器
☐ 5	都がメンフィスにおかれ，大ピラミッドがつくられたのは，古代エジプト史上，何とよばれる時代のことか。	5 古王国時代
☐ 6	中王国時代末期に侵入し，一時エジプトを支配した西アジア系の遊牧民を何というか。	6 ヒクソス
☐ 7	エジプト新王国時代の王で，都をテーベからテル＝エル＝アマルナに移した人物は誰か。	7 アメンヘテプ4世（アクエンアテン）
☐ 8	ロゼッタ＝ストーンに刻まれた象形文字を解読した，19世紀のフランス人は誰か。	8 シャンポリオン
☐ 9	メソポタミア南部に都市国家をつくり，絵文字から楔形文字に発達させた民族を何というか。	9 シュメール人
☐ 10	メソポタミア南部の都市国家群を征服したアッカド人の王で，「四方世界の王」と称した人物は誰か。	10 サルゴン1世
☐ 11	バビロン第1王朝の王が制定した成文法典を何というか。	11 ハンムラビ法典
☐ 12	すぐれた製鉄技術をもち，バビロン第1王朝を滅ぼしたのは何という民族か。	12 ヒッタイト人
☐ 13	オリエント全域の内陸都市を結ぶ中継貿易で活躍したアラム人が，その活動の中心とした都市は何というか。	13 ダマスクス
☐ 14	地中海東岸に都市国家を建設し，海上貿易で活躍し，アルファベットのもとになる表音文字をつくったのは何という民族か。	14 フェニキア人
☐ 15	ヘブライ人の王国が分裂してできた2つの王国を，それぞれ何というか。	15 イスラエル王国，ユダ王国
☐ 16	ヘブライ人をエジプトから救出した人物で，神から十戒を授けられたといわれるのは誰か。	16 モーセ
☐ 17	新バビロニアによるユダ王国の征服後，住民の多くがバビロンに連れ去られた出来事を何というか。	17 バビロン捕囚
☐ 18	ヤハウェを唯一神とするヘブライ人の宗教を何というか。	18 ユダヤ教
☐ 19	インダス川下流域にある，インダス文明の代表的遺跡は何か。	19 モエンジョ＝ダーロ

☐ 20	アーリヤ人のつくった最古のヴェーダを何というか。		20	リグ=ヴェーダ
☐ 21	バラモン・クシャトリヤ・ヴァイシャ・シュードラからなり、のちのカースト制度の元となったアーリヤ人の身分制度を何というか。		21	ヴァルナ制
☐ 22	上問の身分制度の第2の身分で、王侯・武士にあたるのは何か。		22	クシャトリヤ
☐ 23	バラモン教の祭式万能主義への反省から生まれた哲学(書)は何か。		23	ウパニシャッド
☐ 24	前5千年紀、黄河中流域を中心に発展した、彩陶という土器で知られる文化を何というか。		24	仰韶文化（ヤンシャオ）
☐ 25	黄河流域の文明は黒陶・灰陶などの土器文化で知られるが、これらの土器は、その形状から何とよばれるか。		25	三足土器
☐ 26	殷の時代、亀甲や獣骨などに占いの結果などを刻んだ文字を何というか。		26	甲骨文字
☐ 27	周代の支配階層に形成された、宗族の規則を何というか。		27	宗法
☐ 28	中国史において、紀元前770〜前221年までの時代を何というか。		28	春秋・戦国時代
☐ 29	諸子百家のうち、儒家の始祖は誰か。		29	孔子
☐ 30	儒家のうちで、性善説を唱えたのは誰か。		30	孟子
☐ 31	諸子百家のうち、人為を否定して天の道に従うこと(無為自然)をとなえた学派を何というか。		31	道家
☐ 32	前1〜後6世紀ごろにメキシコ高原で栄え、ピラミッド型神殿で知られる文明を何というか。		32	テオティワカン文明
☐ 33	4〜9世紀ごろにユカタン半島で栄え、神殿の建築や独自の暦などで知られる文明を何というか。		33	マヤ文明
☐ 34	上問の文明を継承し、15世紀にテノチティトランを都として、強大な王国をきずいた民族を何というか。		34	アステカ人
☐ 35	インカ帝国の都はどこか。		35	クスコ
☐ 36	インカ帝国の遺跡として名高い、ペルーの高地にある遺跡を何というか。		36	マチュ=ピチュ遺跡
☐ 37	インカ帝国でおこなわれた、縄の結び方で情報を伝える方法を何というか。		37	キープ(結縄)
☐ 38	オーストラリアの先住民を何というか。		38	アボリジニー
☐ 39	1520年にオセアニア地域を横断し、「太平洋」と名づけたヨーロッパ人は誰か。		39	マゼラン
☐ 40	17世紀中ごろに、オーストラリアを探検したオランダ人は誰か。		40	タスマン
☐ 41	18世紀後半に、タヒチ・ニュージーランド・オーストラリアなどを探検したイギリス人は誰か。		41	クック

47

時間軸からみる諸地域世界

仏教の発展と伝播

　日本人は，宗教に対して比較的ゆるやかな気持ちで接することが多いといわれ，若い人たちの宗教ばなれもすすんでいる。

　宗教の歴史はたいへん古いが，なかでも世界宗教といわれる仏教・キリスト教・イスラーム教はいつごろ成立したのか，また，それらはどのようにして世界中にひろがっていったのだろうか。ここでは，世界宗教のうち最も早く成立した仏教について，時間的経過にしたがって見直し，その時代の社会のようすについても考えてみよう。

◯仏教の誕生

　仏教は，紀元前6世紀ごろに，インドで生まれた。そのころのインドでは，バラモン教を中心とする独自の文化が形成されていた。バラモン教はヴェーダを根本聖典として，祭祀儀式を重視し，バラモンが宗教的権威によって統治していた。前7世紀ごろ，バラモンの内部から，祭式万能主義に反発し，内面的な思索によって宇宙や人生の本質を探求しようとするウパニシャッド哲学が生まれた。この思想をもとに，ジャイナ教や仏教が生まれたのである。

　仏教は，クシャトリヤやヴァイシャの勢力が強まり，バラモンの支配に抵抗するようになったマガダ国で成立した。開祖ガウタマ＝シッダールタ（尊称ブッダ）は，心の内面から人々の悩みを解くことを重視し，正しい精神的修行によって，誰でも人生の苦から解脱することができると説いた。仏教はクシャトリヤに歓迎され，ガンジス川流域を統一したマガダ国の保護をうけて，各地にひろまった。

◯仏教の発展

　マガダ国のマウリヤ朝は，前3世紀なかば，3代目のアショーカ王のときに最盛期をむかえた。王は，武力による征服活動によって多くの犠牲者をだしたことを悔いて仏教に帰依し，ダルマ（法）による統治と平穏な社会をめざして，各地に施政方針を刻んだ石柱碑や磨崖碑をつくった。また，各地にストゥーパ（仏塔）を建て，仏典の結集（編纂）や国外への布教もおこなった。

　このころ，仏教教団は保守的な上座部と，より革新的な大衆部に分裂した。以後両派は

▲ブッダの誕生（ガンダーラ様式）
ガウタマはシャカ族の王子で，中央にいる母・摩耶夫人の右脇から生まれているのは，この世のはじめにクシャトリヤは原人の腕から生まれたという『リグ＝ヴェーダ』の記述に基づく。

▲アショーカ王のストゥーパ（インド・サンチ）

48

分派を重ね，約20の部派が並立することになった。これを，**部派仏教**とよぶ。部派仏教のうち，上座部仏教は，おもに東南アジア方面にひろまった。

◎大乗仏教とガンダーラ美術

　紀元前後には，仏教のなかから新しい動きがみられた。出家者が，きびしい修行によって自らの救済を求めるよりも，人々を救済することが重要であるという考え方から，出家しないまま修行をおこなう意義を説く**菩薩信仰**がひろまったのである。この動きを**大乗**（人々を救う大きな乗り物のような教えという意味）とよび，従来の仏教と区別するようになった。また，ブッダは恐れ多いものとされ，このころまで尊像はつくられていなかったが，ヘレニズム美術の影響をうけ，クシャーナ朝の首都プルシャプラを中心とした**ガンダーラ地方**で，仏像の製作がはじまった。大乗仏教は，ガンダーラ美術とともに各地に伝えられ，中央アジアから中国・日本にまで影響を与えた。

▲**ガンダーラ様式（左）・グプタ様式（右）の仏像**
ガンダーラ様式には，鼻筋の通った顔立ちや立体的な衣装の表現などに，ヘレニズム様式の影響がよくあらわれている。グプタ様式は，柔らかな表情や衣装を密着させる表現に特徴があるとされる。

◎グプタ朝時代の仏教

　4世紀におこった**グプタ朝**では，仏教やジャイナ教がさかんとなり，中国（東晋）から**法顕**がインドを訪れた。この時代には，ガンダーラ様式の影響をうけつつも，純インド的な表情をもつ**グプタ様式**が成立した。アジャンター石窟寺院の壁画・浮き彫りが代表的で，中国の敦煌や日本の飛鳥時代の仏教美術に影響を与えた。教義研究もさかんで，5世紀に設立された**ナーランダー僧院**は，その最高学府である。唐からインドに旅した**玄奘**は，ナーランダー僧院で仏教を学び，帰国して『**大唐西域記**』を著した。しかし，インドでの仏教はグプタ朝衰退後の商業活動の不振によって，商人たちからの支持を失い，しだいにおとろえていった。

　一方，グプタ朝時代には，バラモン教に民間の信仰や習慣・仏教・ジャイナ教がとりいれられた**ヒンドゥー教**が成立した。ヒンドゥー教は，シヴァ神やヴィシュヌ神など，多くの神々を信仰する多神教である。開祖も，特定の教義や聖典もなく，日々の生活や思考の全体に関わる宗教として，インドの宗教の主流となり，複雑化した**ヴァルナ・ジャーティ**（⇨p.35）と一体となってインド世界の独自性をつくりあげる土台の1つとなった。

◎東南アジアにひろまった仏教

　東南アジアでは，4世紀末から5世紀になると，ひろい地域でインドの影響がみられるようになった。

　7世紀なかばにスマトラ島のパレンバンを中心に成立した**シュリーヴィジャヤ**や，8世紀なかばに中部ジャワで成立した**シャイレンドラ朝**では，仏教がさかんになった。大乗仏教の世界観（人々を救済しつつ上位の悟りをめざして修行する菩薩）を三層の壇構成から表現したジャワの**ボロブドゥール寺院**は，シャイレンドラ時代の遺跡である。メコン川中流域のカンボジアでは，大乗仏教とヒンドゥー教が栄え，12世紀には**アンコール＝**

ワットが造営された。タイのチャオプラヤ川
下流域では，7世紀から11世紀ころにかけて
ドヴァーラヴァティー王国が発展し，イラワ
ディ川下流域では，ビルマ（ミャンマー）系の
ピュー人が11世紀に**パガン朝**を建て，上座
部仏教がさかんになった。

○中国・朝鮮・日本の仏教

魏晋南北朝の動乱時代は，政治・社会の混
乱を反映して，多様な思想・文化が花開いた。
仏教はすでに1世紀ころには西域から伝えら
れていたが，中国でひろまったのは4世紀後
半からである。五胡十六国時代には，西域の
亀茲出身の**仏図澄**（ブドチンガ）や**鳩摩羅什**（ク
マーラジーヴァ）が布教や仏典の翻訳に活躍し，
東晋の法顕は，前述のように仏典を求めてイン
ドを訪れた。仏教の普及に伴い，**敦煌，雲
崗，竜門**などに石窟寺院がつくられ，ガン
ダーラ美術やグプタ式仏教美術の影響をうけ
た石仏や壁画で，仏教世界が表現された。

朝鮮半島では，4世紀はじめ以後統一がす
すみ，北部を支配する**高句麗**とともに，**新羅・
百済**が成立した。三国は仏教を保護し，新羅
の首都慶州を中心に，仏教文化が栄えた。日
本には，6世紀に中国や朝鮮半島からやって
きた**渡来人**によって，仏教が伝えられた。

▲**雲崗の石仏**（中華人民共和国・山西省）
雲崗には，北魏時代の5世紀後半から6世紀前半
にかけ，大規模な石窟が造営された。石仏には，
ガンダーラ様式・グプタ様式の影響がみられる。

▲**仏国寺の多宝塔**（大韓民国・慶州市）
仏国寺は，新羅時代の8世紀に創建され
た。戦乱によって破壊されたが，多宝塔
は創建当時のものと考えられている。

▲**仏教の伝播**

飛鳥大仏（奈良県・飛鳥寺）▶
現存する日本最古の仏像とされる。

2 » 西アジアと地中海世界

時代の俯瞰図

年代	前2000	前1000	前400	前200	紀元	200	400
オリエント	バビロニア エジプト	アッシリア / 4国分立	アケメネス朝（ペルシア）	セレウコス朝 / プトレマイオス朝		パルティア	ササン朝（ペルシア）
ギリシア	エーゲ文明	ギリシア（ポリス）	マケドニア（ギリシア）	ローマ地中海帝国の成立	ローマ領土最大となる		（ビザンツ帝国）東ローマ帝国
ローマ		王政	共和政	元首政（プリンキパトゥス）		専制君主政	

オリエント関連：クレタ文明／ミケーネ文明／暗黒時代／ポリスの形成／ソロンの改革／ペルシア戦争／ペリクレス時代／アレクサンドロス大王の東方遠征／アクティウムの海戦

ローマ関連：ローマの建国／十二表法の成立／ホルテンシウス法／イタリア統一／ポエニ戦争／グラックス兄弟の改革／三頭政治／帝政となる／五賢帝時代／軍人皇帝時代／キリスト教公認／ローマ帝国分裂／西ローマ帝国

SECTION 1 オリエントの統一

1 アッシリアと4国分立時代

❶アッシリアのオリエント統一

1 **アッシリアの興起** セム語系のアッシリア人は，古くから北部メソポタミアにアッシュルなどの都市国家をつくっていた。かれらはバビロニアの文化を吸収し，すぐれた鉄製武器，馬にひかせた戦車のほかに騎兵隊を戦闘に導入するなどして，強力な軍事力をもつ王国を形成した。[★1]

2 **オリエントの統一** 前8世紀後半，サルゴン2世のとき大発展をとげ，前7世紀前半のアッシュルバニパル王のときエジプトを征服，初めてオリエントの大部分を統合した。また，首都ニネヴェには世界最古の図書館も建設された。[★2]

3 **アッシリアの滅亡** アッシリアの王は神の権威をもって人民を支配し，重税や圧政で被征服民族を抑圧した。そのため諸民族の反抗をまねき，前612年メディアや新バビロニアに攻撃され，首都ニネヴェが陥落して滅亡した。

★1 アッシリアは前15世紀にはミタンニ王国（⊃p.31）に服属したが，やがて独立した。その戦闘的な気風は，狩猟・戦闘などを描いた王宮の浮き彫りからうかがわれる。

★2 アッシュルバニパル王の命で建設。ここから多量の粘土板文書が発掘され，貴重な資料となった。

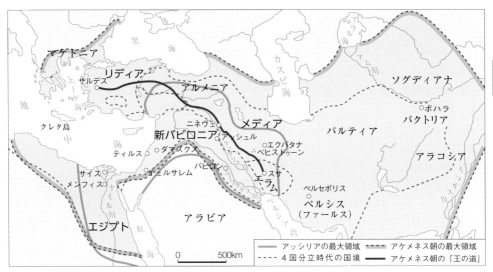

▲オリエントの統一

❷**4国分立時代**　アッシリア滅亡後，次の4国が分立した。
1 **新バビロニア**　セム語系の**カルデア人**の国。
2 **メディア**　インド=ヨーロッパ語系の**イラン人**の国。
3 **リディア**　小アジアの民族（民族系統不明）の国。
4 **エジプト**　新王国のあとの末期王朝にあたる。
❸**新バビロニアの繁栄**　メソポタミアからシリア・パレスチ
ナを征服，ユダ王国を滅ぼした（**バビロン捕囚**）。バビロニア
の文化を復興し，首都バビロンでは宮殿・神殿・ジッグラ
ト（神を祭る聖塔）・空中庭園などの大建設事業がおこなわれ
た。

★3　カルデアともいう。
★4　鋳造貨幣の出現
　リディアでは前7世紀ご
ろ，世界初の鋳造貨幣がつ
くられた。
★5　2代目の王ネブカド
ネザル2世（在位前604〜
前562）のときのことであ
る。
参考　バビロンのジッグラ
トは，『旧約聖書』創世記
にでてくるバベルの塔のモ
デルといわれる。

2 アケメネス朝（ペルシア）

❶**アケメネス朝のオリエント統一**
1 **イラン人の興起**　イラン高原にもインド=ヨーロッパ語系
の民族がはいっていた。そのイラン人の最初の有力な王国
が**メディア**であるが，前550年，ペルシア人の王**キュロス
2世**（在位前559〜前530）が，メディアを倒して**アケメネ
ス朝**をおこした。
2 **オリエントの統一**　アケメネス朝は，リディア・新バビロ
ニアを滅ぼし，前525年に**エジプトを征服して属州**とした。
第3代**ダレイオス1世**（在位前522〜前486）は，**西はエー
ゲ海北岸から東はインダス川**におよぶ大帝国を建設した。

★6　イランのペルシス
（ファールス）地方を中心に
アケメネス朝を樹立したイ
ラン人（インド=ヨーロッ
パ語系）。ペルシアはイラ
ンとほぼ同じ意味に用いら
れることもある。

❷ダレイオス１世の統治

① **中央集権策**　全土を約20の州に分け，各州にペルシア人の
サトラップ★7をおいておさめさせ，これを監視するために
「王の目」「王の耳」とよばれる王直属の監察官を派遣した。

② **貨幣の鋳造**　リディアの貨幣にならって金貨・銀貨を鋳造，
税制を確立し，アラム人・フェニキア人らの商業活動を保護。

③ **交通路の整備**　スサからサルデスにいたる「王の道」を建
設し，駅伝制★8をしいた。

④ **被征服民族対策**　各民族の宗教や風習を尊重した。

❸ **アケメネス朝の文化**　①オリエント諸民族の先進文化を総
合し，イラン文化の独自性もめばえた。スサやペルセポリス
の王宮は，装飾化・様式化された浮き彫りが特色。②前7世
紀，イラン人の宗教であるゾロアスター教★9がおこり，歴代の
王に尊崇された。③ペルシア語・アラム語などが公用語で，
楔形文字を表音文字化してペルシア文字をつくった。

補説　**アケメネス朝の支配**　被征服民族に対するアケメネス朝の寛大
な政策は，アッシリアが被征服民族の反抗をまねいて短期間に滅亡
したのと対照的である。ユダヤ人がバビロン捕囚を解かれてユダヤ
教を育てることができたのも，このような政策に負うところが大きい。

❹ **アケメネス朝の滅亡**　前5世紀前半，ギリシア遠征に失敗
（ペルシア戦争）。サトラップの反乱やエジプトの離反に悩ま
され，前330年，アレクサンドロス大王によって滅ぼされ
た（⇨p.64）。

POINT!　アケメネス朝のダレイオス1世の政治：中央集権政治。サトラップ，
　　　　「王の目」「王の耳」の派遣。王の道・駅伝制の整備など
　　　　　　　　　　　　　　└──→ スサ～サルデス間を結ぶ交通路

★7　知事（総督，太守）と
訳される。徴税と治安維持
がおもな職務。

★8　交通路の一定距離ご
とに宿舎と馬を用意してお
く制度。「王の道」は約
2,500kmで，111の宿駅
があったという。

▲ペルセポリスの王宮跡

★9　火を神聖なものとす
るので拝火教ともいう。世
界は最高神アフラ＝マズダ
（光明・善の神）とアーリマ
ン（暗黒・悪の神）の闘争の
場であるという二元論にた
ち，善人は最後の審判で永
遠の生命を得ると説く。

\ TOPICS /

世界帝国の時代

　古代においては，都市国家はしだいに民族
地域ごとの領域国家の段階へと移り，やがて
多くの民族を支配する大帝国が成立する。

　オリエントでは鉄器の普及が早く，軍事力
や生産力が急速に高まって，前7世紀ごろか
ら，各地の富を集め，精強な軍隊をもつ強力
な権力が成立し，1人の君主が一元的に広大
な領域を支配する世界帝国の時代が到来し
た。こののち，東ではインド・中国，西では
ギリシア（ヘレニズム）・地中海に，あいつい

で世界帝国が形成され，それぞれ独自の歴史
的世界（文化圏）がつくられていく。

　名実ともに最初の世界帝国は，アケメネス
朝（ペルシア）といえるだろう。ダレイオス1
世はその墳墓の碑文に「余はダレイオス。大
王，諸王の王，あらゆる種類の人間をふくん
だ諸国の王，遠くそしてひろいこの大地の王」
と刻ませた専制君主であったが，その中央集
権的な統一政策と，被征服民族たちを「友人」
とする寛大な政策とを巧妙に組み合わせ，「ペ
ルシアの平和」を実現した。

② ギリシア世界の形成

1 エーゲ文明

❶エーゲ海周辺の自然　典型的な地中海性気候で，雨量が少なく，河川は航行(交通)にも灌漑にも役立たない。山がちで耕地が少なく，穀物栽培よりもオリーブ・ブドウなどの果樹栽培に適している。海岸線が複雑なため良港にめぐまれ，多くの島々があり，海上交通が容易で，**海上貿易**によって富が蓄積され，世界最古の海洋文明である**エーゲ文明**が成立した。

▲エーゲ海の景観

❷エーゲ文明

1 **クレタ文明**　前2000年ごろから栄えた，**クレタ島**のクノッソスに代表される文明。この文明をきずいた民族の系統は不明。**複雑な構造をもつ石造の宮殿建築**が特徴で，宮殿の壁や壺に人物や海生動物を描いている。城壁がなく，開放的で明るく平和な文明。

2 **ミケーネ文明**　北方から移住したギリシア人が，前1600年ごろ，ギリシア本土のミケーネやティリンスにクレタやオリエント文明の影響をうけてきずいた。巨石による城塞とそれを中心とする小王国を建てた。戦闘的で軍事に関心が高く，前15世紀にはクレタに侵入して支配するようになり，勢力は小アジアのトロイア(トロヤ)にもおよんだ。粘土板に書かれた**線文字B**文書の解読で，王が役人を従え，農民から農作物を徴収していたことがわかった(**貢納王政**)。この文明の諸王国は，前1200年ごろ滅亡した。

補説　**トロイア(トロヤ)文明**　小アジアの西北岸に生まれた文明で，その遺跡はドイツのシュリーマンによって発掘された。9層の遺跡からなり，まずクレタ文明の影響下に栄え，ついでミケーネ文明をきずいたギリシア人の支配下にはいったものと考えられている。

★1　イギリスの考古学者エヴァンズが発見。伝説上の王ミノスにちなんで，ミノア文明ともよばれる。

★2　クノッソスの宮殿は，ギリシア神話に登場する迷宮ラビリントスのモデルといわれる。

★3　クレタ文明では城壁はみられないが，ミケーネ城塞の獅子門は有名。

★4　**エーゲ文字**　クレタ文明ではエジプトの影響下に絵文字から線文字Aができたが，未解読。ミケーネ文明の線文字Bは，1953年イギリスのヴェントリスによって解読された。

★5　支配体制のいきづまりや気候変動，外敵の侵入など，複数の原因によるものと考えられている。

2 ギリシア人の南下

❶ギリシア人の南下

1 **第1次南下**　紀元前2000年ごろから**ギリシア人の一派(東方言群)**である**アカイア人**が南下して定住，ミケーネ文明をきずいた。ついで前12世紀ごろからの第2次南下の影響をうけて，エーゲ海の島々や小アジア西岸に移住し，その居住地によって**イオニア人・アイオリス人**の方言群に分かれた。

★6　アイオリス人はエオリア人ともいう。これらの名称は小アジアへの定着後にうまれたものである。イオニア人はギリシア本土にも残り，アテネはイオニア系のポリスである。

2 **第2次南下**　前12世紀ごろから，西方方言群に属する**ドーリア人**が南下，ペロポネソス半島から，さらにクレタ島や小アジア西岸南部にもはいった。ドーリア人は鉄器をギリシアにもたらし，ギリシアは鉄器時代にはいった。

▲ギリシア人の移動

❷暗黒時代
ミケーネ文明の滅亡から約4世紀間は混乱の時代がつづいた。史料に乏しく，詳細がわからないことから暗黒時代とよばれるが，鉄器の普及，社会の階層分化の進行など，新しい秩序と文化がはぐくまれた転換期であった。

3 ポリスの成立と植民活動

❶ポリスの成立

1 **集住(シノイキスモス)**　混乱の時代には，多数の部族がそれぞれ王のもとに**村落共同体**を形成し，その自由民には土地が平等に分配された。しかし，鉄器の使用などで**生産力が増大**すると，土地・家畜の私有に差が生まれ，貴族と平民との分化がすすんだ。

　　貴族は大土地所有者・**重装騎兵(戦士)**として政治・軍事を担当し，防衛に適する要害の地を中心に集まり住み，その周囲に平民(商工業者・農民)を居住させた。この集住をもとに前8世紀ごろギリシア各地に多くのポリス(**都市国家**)が形成された。

★7　王といっても「同等者のうちの第一人者」にすぎず，オリエントのような専制君主ではなかった。

★8　ドーリア人の南下後，それまでの馬にひかせる戦車にかわって，騎馬戦士が戦闘の主役になった。馬も武具も高価で，貴族でなければ自費でととのえることができなかった。

2 **ポリスの形態**　ポリスは，城壁にかこまれた都市部と周辺の農村部★9からなる。都市部の中心にアクロポリス(城山)という小高い丘があり，守護神をまつる神殿が建設され，防衛の拠点ともなった。その麓にはアゴラ(広場)があり，市場・会議・裁判・社交など市民の公共生活の中心となった。

3 **ポリスの独自性**　ポリスはそれぞれ主権を有し，独自の守護神・法・貨幣・度量衡をもつ独立国家である。ギリシア人は最後までポリスに分立したままで，**古代オリエントのような統一国家をつくらなかった。**★10

4 **市民と奴隷**　ポリスの住民は，自由人の市民(成年男性に限定)と，これに隷属する奴隷などからなり，市民には貴族と平民の区別があった。

5 **ギリシア人の同胞意識**　ギリシア人はポリスごとに分立しつつも，共通の言語や宗教・神話，ホメロスの詩，デルフォイのアポロン神の神託，**オリンピアの祭典**(オリンピア競技会など)，ポリス間の宗教的な同盟(**隣保同盟**)などによって，同一民族としての自覚をもっていた。

　ギリシア人は，自分たちを**ヘレネス**(ギリシア人)，その国土を**ヘラス**とよび，異民族を**バルバロイ**とよんで区別した。★11

❷ **ギリシア人の植民活動**★12　ギリシア人は，ポリスの形成後，前8〜前6世紀にさかんに黒海・地中海の沿岸に植民活動をおこない，フェニキア人にかわって東地中海の商業権をにぎった。ギリシア人の植民市ビザンティオン(イスタンブル)・ネアポリス(ナポリ)・マッサリア(マルセイユ)などは現代につながる海港都市である。

補説　**本国と植民市の関係**　ギリシア本土のポリスは母市，ここから市民が移住した植民市は娘市とよばれた。植民市は母市から宗教・法律・慣習などをうけついだが，政治的には独立したポリスであった。ギリシア人はその植民活動によって，大ギリシア世界ともいうべき広域経済圏を形成したのである。

★9 **ポリスの大きさ**　ポリスは海外植民地を加えると1,000以上もできたが，その大部分は人口1万以下で，例外的に大きいアテネでも，人口は20〜30万程度であったといわれる。

★10 **ポリス分立の理由**　ギリシアが山がちで，小地域ごとに分断された地形であること，灌漑農業がおこなわれず，広域支配の必要がなかったことなどが考えられる。

★11　「わけのわからぬことばを話す者」の意。野蛮人を意味する英語barbarianの語源。

★12　**植民活動の要因**　①各ポリスの人口増加と食料不足による土地獲得の要求。②ポリス内部の政争に敗れた者の亡命。③貴族の支配下で生活が苦しくなった平民の移住。④貿易の拡大や金属資源の獲得。

参考　**ヘレネス**　古代ギリシア人の自称で，英雄ヘレンの子孫という意味。

POINT!
①エーゲ文明(クレタ文明とミケーネ文明)→ギリシア世界の形成に寄与
②暗黒時代後，前8世紀ごろから集住してポリスを形成
　：各ポリスは独自の守護神・法などをもつ独立国家。同胞意識は強い

③ アテネとスパルタ

1 ポリス社会の変動

❶**平民勢力の増大**　植民活動や貿易がさかんになるとともに貨幣経済が普及し，**商工業がめざましく発展**した。そのため，商工業者のなかに富裕な者があらわれた。

　手工業が発達し，武器・武具が安価になったので，小土地所有者である**中小農民が重装歩兵**として軍事の主力となってきた。こうして商工業者・中小農民などの平民は，ポリスの形成いらい政権を独占してきた貴族に対し，**政治への参加を要求**するようになった。

❷**奴隷制の進展**　ギリシアの奴隷は，個人所有がふつうで，その数は総人口の3分の1ほどにものぼった。奴隷には，①ギリシア人に征服された先住民，②戦争捕虜，③貨幣経済の進展により窮乏して債務が返済できず奴隷に転落したもの，④海外から異民族を奴隷として購入したものなどがあった。ポリスの市民は，家事から生産にいたるまで労働を奴隷にまかせ，自身は政治・軍事などの公共生活や文化の活動に専念しようとする傾向が強かった。

2 アテネとスパルタ

❶**アテネの政治**

1 **貴族政治**　イオニア系のポリスであるアテネは，はじめ王政であったが，前7世紀に大土地所有者の貴族から選ばれた9人の**アルコン(執政官)**が政治・軍事・祭祀を掌握した。

2 **ドラコンの成文法**　前7世紀後半，アルコンであるドラコンが，従来の慣習を成文化し，貴族による法の勝手な解釈・運用を規制しようとした。

3 **ソロンの改革**　平民のなかで貧富の差が大きくなり，貴族政治に対する平民の不満が強まった。前6世紀はじめ，アルコンに選ばれたソロンが改革を断行した。①中小農民の没落と奴隷化を防止するため，**いっさいの債務を帳消しにし，身体を抵当とする借財を禁止**。②市民を財産に応じて4階級に分け，それぞれに応じて参政権や軍務を課した。

★1　貨幣の鋳造はリディアではじまったが，これが小アジアのイオニア植民市を通じてギリシアにも伝わった。

★2　武器・武具は各人の自費であった。平民の重装歩兵は密集隊形(ファランクス)を組んで威力を発揮し，それまでの一騎打ち的な貴族の重装騎兵(⊃p.54)は無力となった。

注意　貨幣経済の普及から富裕な平民がでる反面，土地を抵当に取られて没落する者もでたことに注意しよう。

★3　アテネの名は女神アテナに由来。アテネは外港ピレウスをもち，海上に活躍した。

★4　財産政治(ティモクラシー)とよばれる。しかし，貴族にも平民にも満足を与えず，両者の対立はつづいた。

★5　武力などの非合法手段で政権をにぎり，独裁政治をおこなう者。暴君の意味の英語tyrantの語源。ペイシストラトスは僭主ではあったが，中小農民の保護や文化事業に力を注ぎ，アテネの政治を安定させた。

4 **僭主政治**　前6世紀中ごろ，中小農民に支持されたペイシストラトスが，武力で貴族の政権を倒して**僭主**(ティランノス)となり，農民の保護や商工業の振興をはかるなど，平民層の力を充実させた。

5 **クレイステネスの改革**　前6世紀末，貴族出身のクレイステネスが改革をおこない，アテネの民主政の基礎をきずいた。

①貴族政治の基盤を一掃するため，旧来の血縁に基づく4部族制からなる行政区分を解体し，新たに多数の区(デーモス)から構成される地域的な10部族制を編成して政治・軍事の基盤とし，民会などの組織をととのえた。

②僭主の出現を防止するため，オストラコン(陶片)に危険人物の名を記して投票させ，6,000票以上集まったときに最多得票者を10年間国外へ追放する陶片追放(オストラキスモス)の制度を定めた。

❷ **スパルタの国制**

1 **スパルタの成立**　ドーリア人が先住民を征服してポリスを形成。伝説では，立法者リュクルゴスが国制の基本を定めた。

2 **社会の構成**　少数のドーリア人が多数の被征服民を支配するため，きびしい身分制度がしかれていた。

①ドーリア系の**完全市民**(スパルタ市民)★6が支配層をなし，強力な**重装歩兵軍**を形成して，政治・軍事に専念した。生活の基盤は「**持ち分地(クレーロス)**」で，奴隷に耕作させた。

②周辺部に住む人々(ペリオイコイ)は，商工業などに従事した。自由身分だが，参政権はなく，従軍の義務を負った。

③征服された先住民は**国有の奴隷**(ヘイロータイまたはヘロット)とよばれる)とされ，市民の持ち分地を耕作して収穫の半分を貢納した。

❸ **貴族政治**　王政であったが，実質的には市民が政治・軍事を担当し，**民会**などの組織があって，市民のあいだでは民主政が実現した。しかし，市民は支配者の地位にたち，被支配層の反乱をおさえるために**軍国主義**の体制をとった。

▼アテネの民主政治への歩み

貴族政	前683ごろ　アルコン制度ができる
	前621ごろ　ドラコンの成文法
	前594　ソロンの改革
僭主政	前561ごろ　ペイシストラトスが政権をにぎる
	前508　クレイステネスの改革(陶片追放など)
民主政	前500～前449　ペルシア戦争
	前443～前429　ペリクレス時代(民主政治の完成)

▲オストラコン(陶片)

★6　スパルタでは，多数を占める被支配層の反乱を防ぐため，貨幣の使用を禁止して貧富の差がひろがらないようにするなど，市民間の徹底した平等をはかって結束を高めた。また，外国からの影響を排除するために鎖国政策をとった。

参考 **スパルタ教育**
多数の被征服民を支配するため，スパルタ市民は幼児期から共同生活のなかで厳格な軍国主義教育をうけた。また女性も，丈夫な子を生むため，はげしい体育訓練をうけた。

2

西アジアと地中海世界

▼アテネとスパルタの比較

	アテネ	スパルタ
民族系統	イオニア系	ドーリア系
ポリスの形成	集住による	先住民を支配
政治	王政から民主政へ発展	王政(実質は貴族政治)
産業	商工業，植民活動さかん	内陸部の農業国
奴隷	私有で，市民より少数	国有で，市民より多数
文化	ギリシア文化の中心	あまり発達せず
軍事	海軍中心	陸軍中心

◀『テルモピレーの戦いでのレオニダス』(ダヴィド)
ペルシア戦争においてスパルタ王レオニダスは，少人数の部隊でもってペルシアの大軍にたちむかい，奮戦のすえに全滅した。

[ポリスの政治]
① 植民活動・貿易がさかんになり，平民(商工業者)が台頭
② ポリスの市民は，家事から生産までを，奴隷の労働に頼った
③ アテネの政治改革：王政→貴族政治→僭主政治→民主政

SECTION
4　ペルシア戦争と民主政の完成

1 ペルシア戦争

❶戦争の原因　アケメネス朝(ペルシア)は，前6世紀なかば，小アジアのイオニアのギリシア人植民市を支配下にいれた。これに対し，前500年からイオニア植民諸市はミレトス市を中心として反乱をおこし，アテネなどがこれを支援した(イオニアの反乱)。アケメネス朝のダレイオス1世は，これを鎮圧，さらにギリシア本土に遠征軍を送った。

❷戦争の経過　ペルシア軍は3回にわたってギリシアに遠征したが，結局，失敗に終わった。

参考 ペルシア戦争とギリシア人　ペルシア戦争の勝利について，ギリシア人は，ポリスの独立と自由をオリエントの専制支配から守ったと考えた。

1 **第1回**（前492）　ペルシア軍は、トラキア・マケドニアを征服したが、アトス岬沖で嵐のため海軍が壊滅し、引きあげた。

2 **第2回**（前490）　ペルシア軍は海上からギリシアに上陸したが、アテネの**重装歩兵軍**がマラトンの戦いで撃退した。

3 **第3回**（前480～前479）　ダレイオス1世の王位をついだ**クセルクセス1世**がギリシアに侵攻。テルモピレーの戦いでスパルタ軍を破り、アテネを奪取したが、アテネのテミ

▲ペルシア戦争

ストクレスは市民を率いてサラミスの海戦でペルシア軍を破った。翌年、スパルタ・アテネ連合軍が**プラタイアの戦い**でペルシア軍を撃退した。

❸**戦争の結果**　①ギリシア人の自由と独立が確保され、ギリシア文化が開花した。②無産市民の参戦と活躍によって、ポリスの民主政がさらに進展した。③戦勝に功労のあった**アテネ**が他のポリスに対して優位にたつようになった。

2 アテネの民主政の完成

❶**デロス同盟**　前478年ごろ、ペルシアの報復にそなえ、エーゲ海一帯の諸ポリスが**アテネを盟主として**結成した軍事同盟。加盟市は兵船や資金をだした。アテネはギリシア最大の経済力をほこり、同盟諸市に支配力をおよぼしたので、**デロス同盟**は**アテネ帝国**といえるものとなった。

❷**民主政が進展した理由**　①ペルシア戦争全体で重装歩兵として活躍した中小農民はもちろん、サラミスの海戦で軍船の漕ぎ手となった無産市民も発言力を強めた。②デロス同盟の盟主として富強になり、民主政の財政的基盤ができた。

❸**民主政の完成**　ペルシア戦争後、**無産市民が政治に参加**できるようになるなど、民主政が進展した。①成年市民の直接参加する**民会**が、政治の最高決定機関となった。②将軍職などの特別なもの以外、**官職は市民に開放**された。③裁判は抽選で選ばれた陪審員で構成する民衆裁判所がおこなった。

★1　テミストクレスはアテネの女性や老人を避難させ、海上で戦う戦術をとり、ペルシア艦隊をサラミス湾に誘いこんで破った。

★2　土地などの財産をもたない市民。

★3　同盟の金庫がデロス島におかれたのでデロス同盟というが、のち金庫はアテネに移された。アテネはその資金を流用して、ペルシア軍に破壊された町を再建。パルテノン神殿もこのとき建てられたものである。

★4　民会の出席者や官職についた者には日当が支給されるようになったので、無産市民も仕事を休んで政治に参加することができ、民主政が徹底した。

★5　希望者のなかから抽選で任命され、任期は1年、再任禁止が原則。

\ TOPICS /

重装歩兵民主政の出現

　過去の多くの時代において，戦術と軍制は経済や社会の変化に対応しつつ，また逆に政治や社会のありかたを規定してきた。

　ポリス社会で貴族支配が成立した理由の1つは，貴族が自費で重装騎兵としてポリス防衛の主役をはたしたからである。ついで前7世紀以後，豊かになった平民が，安価になってきた長槍，金属製の小型の楯をもち，かぶと・胸当て・すね当てをつけた重装歩兵となり，密集隊形をつくって集団戦の主役となってきた。ポリスはかれらの自発的な参加がなければ，防衛することも対外進出をはかることもできない。こうして軍事力の担い手となった平民は，自分たちの活躍にみあった権利を要求し，国政の担い手となっていった。

　このような平民の地位向上の過程は，ギリシアだけでなく，次代のローマにおいてもみられ，重装歩兵となりうる市民のあいだの民主政という意味で，重装歩兵民主政とよばれている。

　重装歩兵制を基礎として，アテネではさらに民主政が促進された。土地をもたず，武器・武具を調達できない無産市民も，ペルシア戦争に軍船の漕ぎ手として参戦し，自らの発言力を高めていったからである。

▲ギリシアの
重装歩兵

❹アテネ民主政の特徴　①市民権を有する者がすべて直接に政治に参加する直接民主政。②奴隷制に立脚し，女性・在留外人・奴隷には市民権(参政権)がなかった。③専門の役人・軍人・神官などをつくらず「治者と被治者は同一」が原則。④重装歩兵民主政などとよばれるように軍事組織と関連して発達。

❺ペリクレス時代　前443〜前429年，将軍職についたペリクレスが，民衆を指導し，民主政治を徹底して，これを運用した。この時代，アテネはデロス同盟に君臨し(「アテネ帝国」)，対外発展をとげ，ギリシア文化の最盛期となった。

3 ポリスの没落

❶ペロポネソス戦争　デロス同盟を背景とするアテネの強圧的支配に対し，スパルタを盟主とするペロポネソス同盟の諸市が反抗，前431〜前404年のあいだ，ギリシア世界を二分する戦争がつづいた。戦争中，アテネではペストが流行してペリクレスも病没，民衆は煽動政治家(デマゴーゴス，デマゴーグ)にあやつられて衆愚政治におちいり，スパルタに敗れた。

★6　市民権は，両親ともアテネ人である18歳以上の男性のみに与えられた。人口の約1割ほどであった。

★7　アリストテレスのことば。

★8　歴史家トゥキディデスはこの時代について「名目上は民主政だが，現実は第一人者(ペリクレス)の独裁である」と述べている。

★9　前6世紀末に，スパルタを軍事指導者として結成された攻守同盟。

★10　デマ(独語demagogie)の語源。

❷覇権の争奪戦　ペロポネソス戦争後も，多くのポリスはギ
リシアの覇権をめぐって抗争をつづけた。①まず**スパルタ**が
覇権をにぎったが，ペルシアと結んだテーベ・コリントス
（コリント）・アテネなどと対立，ペルシア王の仲裁で和約。
②ついで前371年，**テーベ**がスパルタを破り，覇権を確立
したが長もちせず，ポリス相互の小ぜりあいがつづいた。

❸ポリスの変質

１　ポリス社会の衰退　①慢性的な戦争のため軍事費が増大す
る一方，国土は荒れて農業が荒廃し，人口も減少した。②
貨幣経済や奴隷制が進展して貧富の差が拡大し，**社会的な
対立**が激化して，ポリスの市民意識がうすれた。③社会の
中核であった市民層に没落する者が多く，**傭兵**が一般化し
て市民皆兵の原則がくずれ，軍事力が低下した。④**衆愚政
治**がひろがり，ポリス内部の政争がはげしくなって政治が
混乱した。

２　ポリスの没落　前4世紀後半，最後までポリスに分立して
いたギリシアは，マケドニアの支配下にはいった（⊃p.64）。

POINT!

①前5世紀，ギリシアはアケメネス朝（ペルシア）の侵入を撃退
②デロス同盟の盟主・アテネでは，ペリクレスの時代に民主政が完成
③ペロポネソス戦争後，ギリシアのポリス社会が衰退

１　宗教・文学・美術

❶宗教と神話　自然崇拝に基づく**多神教**で，オリ
ンポス12神などが信仰された。神々は**不老不死**
であるが，人間と同じ姿や心情をもつとされ，特
定の経典や特権的な神官などはなかった。人間的
な神々についての芸術性豊かな伝承はギリシア神
話として，後世の西洋の文芸に大きな影響をおよ
ぼした。

❷文学

１　叙事詩　①前8世紀の盲目の詩人ホメロスの作
といわれる二大叙事詩『イリアス』『オデュッセ
イア』は，ギリシア人をはじめ後世の西洋の

参考　ペルシアの策動
ペロポネソス戦争のとき，
ペルシアはスパルタに資金
をだしたが，スパルタが覇
権をにぎると，今度はテー
ベ・アテネ・コリントスな
どを支援してスパルタと戦
わせた（コリントス戦争）。
スパルタはペルシア王に戦
争終結の仲裁をたのみ，ペ
ルシア王がギリシアの諸市
に命令するかたちで和約が
結ばれた。これを大王の和
約（アンタルキダスの和
約）というが，ポリスの分立と
抗争というギリシア世界の
弱点を露呈したといえる。

2

西アジアと地中海世界

▼オリンポス12神
〔　〕は，ローマ神話中で対応する神名の
英語読み。

ゼウス〔ジュピター〕　主神
ヘラ〔ジュノー〕　ゼウスの妻
アポロン〔アポロ〕　太陽神
ポセイドン〔ネプチューン〕　海神
ヘファイストス〔ヴァルカン〕　火神
アレス〔マース〕　軍神
ヘルメス〔マーキュリー〕　商業神
ヘスティア〔ヴェスタ〕　かまどの女神
アテナ〔ミネルヴァ〕　知恵の女神
アフロディテ〔ヴィーナス〕　美の女神
アルテミス〔ダイアナ〕　狩猟の女神
デメテル〔セレス〕　大地の女神

人々の心の糧となった。

②前700年ごろヘシオドスが神々についての伝承を『神統記』に整理，また『労働と日々』で労働の尊さをうたった。

2 **抒情詩**　前7〜前6世紀，貴族制が動揺して個人の自覚が高まり，女性詩人**サッフォー**は恋愛を，**アナクレオン**は酒と恋と青春を，**ピンダロス**はオリンピアの競技会の優勝者への賛歌などをうたった作品を残す。

❸ **演劇**　前5世紀，アテネでは民主政の進展にともなって，演劇が国家的行事として野外劇場で競演された。

1 **三大悲劇詩人**　{ アイスキュロス　代表作『アガメムノン』
ソフォクレス　代表作『オイディプス王』
エウリピデス　代表作『メディア』

2 **喜劇作家**　アリストファネス　『女の議会』『女の平和』

❹ **美術**　大理石を材料とした彫刻・建築が主で，調和と均整のとれた写実的な作風が特色。

1 **彫刻**　人間の**肉体の理想美**を神々を題材として追求。パルテノン神殿の「アテナ女神像」をつくった**フェイディアス**ら。

2 **建築**　円柱を連ねた神殿建築にすぐれ，円柱の様式によって，重厚な**ドーリア式**，優美な**イオニア式**，繊細で華麗な**コリント式**に分類。パルテノン神殿はドーリア式。

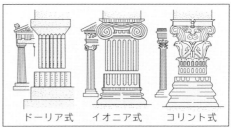
ドーリア式　イオニア式　コリント式
▲ギリシア建築の円柱の3様式

2 歴史学・哲学

❶ **歴史記述**　個性的な歴史記述がおこなわれた。

1 **ヘロドトス**　ペルシア**戦争史**を物語風に描写し，「歴史の父」といわれる。

2 **トゥキディデス**　ペロポネソス**戦争史**や諸民族のようすを教訓的・批判的に記述し，「科学的歴史記述の祖」といわれる。

❷ **自然哲学**　前6世紀ごろ，小アジアの**イオニア地方**[1]のギリシア植民市（ミレトスが中心）で，全宇宙を合理的に説明しようとしておこった。哲学・自然科学の萌芽期といえる。

1 **タレス**　「自然哲学の祖」。前7〜前6世紀。万物の根源を水とし，科学的な一元論で宇宙を説明。日食を予言。

2 **ピタゴラス**[2]　前6世紀。数が万物を構成するとした。

参考　**オリンポス12神**は人間的性格が強く，現世肯定的であるが，農民の原始的な信仰に由来するディオニュソス（酒神。英名バッカス）信仰は，霊魂の不滅を信じる神秘的な宗教で，この信仰はアテネにおける悲劇の発達と関係が深い。

参考　**ホメロス**の叙事詩はトロイア戦争の英雄をうたい，貴族的な要素が強い。ヘシオドスは農民の気持ちをうたったが，ギリシア人は奴隷に労働をまかせたので，労働を蔑視する傾向が強かった。

★1　イオニア地方は東西交通の要衝で，先進文化地域であるオリエントにも近く，ギリシア本土のポリスよりも開放的であった。

★2　数学の「ピタゴラスの定理」でも知られる。なお，自然科学では，前5〜前4世紀に生きた「医学の父」ヒッポクラテスも有名。

③ ヘラクレイトス　前5世紀はじめ。火を万物の原質とし，「万物は流転する」として生成変化の概念を樹立。

④ デモクリトス　前4世紀前半。万物の根元を微小で同質の原子(アトム)に求め，世界はその運動によって生成変化するとした。イオニアの自然哲学の完成者，唯物論哲学の祖。

❸ **ソフィスト**　民主政治の発展に伴い，市民に**弁論術**などを教えた職業教師。自然よりも人間を考察の対象とし，人間や社会のありかたを追究したが，**主観主義・相対主義**の傾向を強め，客観的真理の存在を否定，懐疑論におちいった。その代表は「人間が万物の尺度」としたプロタゴラス。

❹ **ギリシア哲学の完成**　ソフィストに対して客観的真理の存在を主張する人々があらわれ，本格的な哲学が樹立された。

① ソクラテス　前5世紀後半。「汝自身を知れ」と自分の無知の自覚から出発し，客観的真理を求めることによって正しい思索と行動ができるという**知徳合一**を唱えた。★3

② プラトン　前4世紀前半。ソクラテスの弟子。真理・実在は理性によって認識される**イデア**(観念)であり，感覚でと

参考 ソフィストと詭弁家
民主政治には討論が必要であったため，弁論の能力が求められ，ソフィストが活躍した。かれらは従来の道徳・法律・制度などを自由に批判し，啓蒙的な役割をはたしたが，しだいに詭弁(相手をいいくるめるためのこじつけ)を用いるようになり，衆愚政治を助長した。そのため，ソフィストは詭弁家の意味をもつようになった。

★3　ソクラテスは**問答法**という，対話によって「**無知の知**」を自覚させる方法を実践した。その思想はプラトンの著『**クリトン**』『**ソクラテスの弁明**』などにみえる。

\ TOPICS /

ヨーロッパ人の「古典古代」

　地中海の東部に開花したギリシア文化は，オリエントの文化の刺激をうけつつ成立したが，宗教的権威や専制権力を背景とするオリエントの文化とは異質の，人間的・合理的な特徴をもつ文化となった。

　ギリシア，ついでローマに開花した文明は，ローマ帝国の分裂後はビザンツ帝国にうけつがれ，西ヨーロッパではあまり顧みられなかった。しかしその後，ビザンツ帝国のギリシア文明は，イスラーム世界にうけいれられ，イスラーム文明の発達をうながした。中世の西ヨーロッパは，イスラーム勢力とは敵対したが，イスラーム圏からもたらされたギリシア文明が，のちのヨーロッパ文明の基調をなしたのである。

　近代のヨーロッパ人が新しい社会と文化をきずこうとしたとき，過去をふりかえり，そのよりどころとしたのが，ギリシア・ローマの文明だった。市民が主体的に国政を担ったギリシア・ローマの政治理念は，ヨーロッパの近代市民にとって有力な規範であった。また，古代の人間的・合理的な文化は，近代のヨーロッパ人の精神的故郷となり，あこがれの対象となった。

　このように近代のヨーロッパ人は，自らの模範をギリシア・ローマの文明に求めた。ヨーロッパ人がギリシア・ローマ時代を「古典古代」とよぶのはそのためである。

▲アテネのアクロポリスとパルテノン神殿

らえられる現実世界はその影であるとして観念論を樹立。また，イデアを追究する哲人王の統治する**理想国家論**[4]を展開した。

③ アリストテレス　前4世紀。プラトンの弟子。イデアを認めつつも感覚や経験による現実世界の探究をめざし，この時代の全知識を集成して体系化，**諸学の基礎**をきずいた。その成果は，のちの**イスラーム哲学**や中世の**スコラ学**に影響。

★4　この主張は，堕落したポリス市民の衆愚政治への批判が背景になっている。プラトンは理想政治を実現するため，シチリア島のギリシア植民市シラクサに渡ったが，成功しなかった。

[古代ギリシア文化の特色]
① 自由な市民の公共生活から生まれた文化
② 人間に最高の価値をおく，現世的な文化
③ 自然や人間を合理的に理解しようとする，学問的精神に裏づけられた文化

SECTION 6　ヘレニズム時代

1　アレクサンドロスの大帝国

❶ **マケドニアの興起**　ギリシア人の一派ドーリア人の部族がギリシア北方の**マケドニア**に建国し，ポリスをつくらず**王政**[1]をつづけた。前4世紀なかばに即位したフィリッポス2世(在位前359～前336)は，金山を獲得し，軍制を改革するなどして国を富強とし，ギリシアの混乱したポリス世界に重圧を加えた。

❷ **ギリシアの征服**　アテネの政治家デモステネスは，「ポリスの自由を守る」ためにマケドニアとの決戦を主張。フィリッポス2世は前338年，アテネとテーベなどの連合軍をカイロネイアの戦いで破り，ついでスパルタを除く全ギリシア諸市と**コリントス同盟(ヘラス同盟)**を結成，その盟主としてギリシアの覇権をにぎった。

❸ **アレクサンドロスの東方遠征**　フィリッポス2世の子アレクサンドロス大王(在位前336～前323)は，父の遺志をついで[2]，前334年ペルシア遠征に出発，前333年イッソスの戦いでペルシア王**ダレイオス3世**[3]の軍を破ってシリア・パレスチナ・エジプトを征服，前331年アルベラ(ガウガメラ)の戦いで勝利して，**アケメネス朝(ペルシア)**を滅ぼした。さらに中央アジアやインダス川流域まで遠征したのちペルシアに帰還，前324年，バビロンに入城してここを首都とした。

★1　マケドニア人は，南方のギリシア人からはバルバロイとみなされていた。首都はペラ。

|参考|東方遠征の決定
アテネの修辞家イソクラテスは，ギリシアの諸ポリスが一致団結して，ギリシアに干渉するペルシアを討つべしと主張し，フィリッポス2世にも訴えた。この主張はコリントス同盟の結成によって実現し，マケドニア王を最高指揮官とする**マケドニア・ギリシア諸市同盟軍**がペルシアと戦うことが決議された。

★2　フィリッポス2世は，ペルシア征服のための遠征の準備中に暗殺された。

★3　前330年，臣下によって暗殺され，アケメネス朝は滅びた。

❹アレクサンドロスの政策

1. **世界支配**　世界のはて^{★4}まで支配しようと，世界帝国を建設。
2. **オリエント的専制支配の継承**　自身の神格化やペルシア風^{★5}の礼拝を強要，サトラップ制度（⇨p.52）などのペルシアの政治制度を採用し，専制君主として君臨した。
3. **東西の融合の試み**　ペルシア人をギリシア人と対等にあつかい，官吏・軍人に任用。自らペルシア王女と結婚，マケドニア人男性とイラン人女性とを通婚させた。エジプトをはじめ各地に**アレクサンドリア市**を建設，ギリシア人を移住させ，経済・文化の交流を促進。**ギリシア語を公用語**とし，**コイネー**（共通語）が生まれた。このような試みによって，ヘレニズム文化はのちのビザンツ帝国やイスラーム帝国にうけつがれた。

2 ヘレニズム諸国

❶**ヘレニズム時代**　前330年アケメネス朝が滅んでから，前30年ローマがプトレマイオス朝エジプトを滅ぼして地中海世界を統一するまでの，約300年間をいう。ヘレニズムとは「ギリシア風」の意味（⇨p.55 参考 ）で，アレクサンドロスの遠征以後，その広大な領域にギリシア文化が拡大し，**旧来のオリエント文化と融合して生まれた新しい傾向**をいう。

❷**アレクサンドロスの帝国の分裂**　大王が32歳で急死後，その部将たちが「**ディアドコイ（後継者）**」を称して抗争，前3世紀前半ようやく3国分立の形勢となった。

★4　インダス川流域は東の世界のはてと考えられた。

★5　**君主崇拝**　アレクサンドロスは，自分を神として崇拝するよう強要したが，マケドニア人はこれに反発した。しかし，ヘレニズム時代のエジプト・シリアでは君主崇拝がおこなわれ，これはローマ帝政期の**皇帝崇拝**へとつながり，やがてキリスト教と結びついて，ヨーロッパ的な皇帝の概念が成立する。

★6　ヘレニズム時代の開始年代については諸説がある。「ヘレニズム」という概念は，19世紀のドイツの歴史家ドロイゼンによる。

参考 ヘレニズム時代のアテネ　マケドニア王国の支配下にはいったが，学芸の古都として尊重され，ヘレニズム時代の哲学の諸派もここで生まれた。

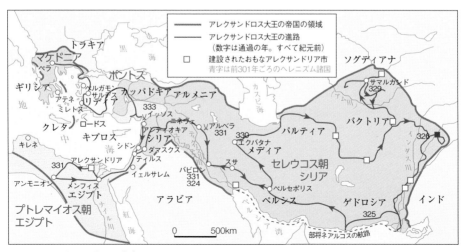

▲アレクサンドロス大王の大帝国

1　アンティゴノス朝マケドニア　ギリシアを支配したが，ローマとの抗争（マケドニア戦争）に敗れ，前168年に滅亡。

2　セレウコス朝シリア　首都アンティオキア[*7]はヘレニズム世界の一中心地。西アジアの全域にわたる広大な領土に多様な民族をかかえ，前3世紀には東部領域からパルティアとバクトリアが独立（⇨p.84），前64年ローマに滅ぼされた。

3　プトレマイオス朝エジプト　3国のうち最も繁栄し，首都アレクサンドリアはヘレニズム世界の中心[*8]であった。

補説　ペルガモン王国（アッタロス朝）　前263年セレコウス朝から独立した小アジア西部の王国。首都ペルガモンはヘレニズム文化の一中心となった。前133年，王がその領土をローマに遺贈して消滅した。

3　ヘレニズム文化

❶ヘレニズム文化の特色　ヘレニズム時代，文化の中心はギリシアから東方のエジプト・西アジアに移り，次のような特色をもったヘレニズム文化が展開された。①ギリシア文化が東方に拡大し，オリエントの文化と融合して形成された世界的な文化。②市民共同体としてのポリス社会がくずれ[*9]，広大な専制王国のもとで個人主義と世界市民主義（コスモポリタ

参考　後継者諸国はいずれも王の専制国家であった。

★7　初期の首都は，ティグリス川流域に建設されたセレウキア。また，セレウコス朝は東方でインドのマウリヤ朝と国境を接した。

★8　アレクサンドリアには大規模な図書館や王立研究所（ムセイオン）が建設され，多くのギリシア人学者が集まり，王室の保護のもとに学芸が発達した。

★9　ポリス社会がくずれ，世界帝国が建設されると，ポリス社会の規範は無意味となり，人々の関心は個人あるいは人類共通の問題に向けられ，個人主義と世界市民主義（コスモポリタニズム）の思潮があらわれた。

\ TOPICS /

世界帝国とギリシア人

　アレクサンドロスはその師アリストテレスから，「ギリシア人は友として，バルバロイ（アジア人など）は奴隷として」あつかうように忠告されたと伝えられる。ポリスの生活しか念頭にないアリストテレスのようなギリシア人にとって，オリエントのアジア人はまったく異質の人間であったわけである。

　しかし，アレクサンドロスは師の忠告のとおりにはしなかった。ギリシア世界（ヘラス）の宿敵ペルシアを倒した後，アレクサンドロスはペルシア人貴族との融和をはかり，アケメネス朝の統治形式を継承し，オリエントの宗教を認めるなど，オリエント風の専制君主となった。アリストテレスのようなポリス的発想では，とても多民族をふくむ広大な世界帝国を統治することはできなかったであろう。こうして，ポリスの生活しか理解できず，最後まで多数のポリスに分立しつづけてきたギリシア人も，アレクサンドロスとその後継者がオリエントに専制王国を建設したのを契機として，オリエントという異質の世界に足をふみいれ，ギリシア文化を普及させ，さらに新しい文化の形成者のひとりとして活動することになった。これにより，それまでの民族的・地方的といえるヘラスのギリシア文化は，より普遍的・世界的な文化——ヘレニズム文化へと発展した。

▲アレクサンドロス大王

ニズム)の傾向が強まった。③ポリスの理想主義が失われ，自然科学などの現実的・実用的な分野が発達した。

❷哲学　個人の生き方などを探求する**実践哲学**が発達。

1 **ストア派**　アテネの哲学者ゼノンが創始。理性に従った厳格な禁欲によって個人の心の平静を求めようとした。

2 **エピクロス派**　アテネの哲学者**エピクロス**が創始。**心の平静**こそ最高の快楽であるとし，苦痛から身を守るために政治生活からの隠遁を説いた。

❸宗教　オリエントとギリシアの神々の混合(習合)がみられ，オリエントのさまざまな**密儀宗教**が普及した。

❹自然科学　ギリシア人の合理的な考え方とオリエントの実用的技術とが合流し，プトレマイオス朝の保護のもとに，アレクサンドリアの王立研究所(ムセイオン)を中心にギリシア人がすぐれた業績をあげた。

1 **エウクレイデス**　平面幾何学を大成。『幾何学原本』。

2 **エラトステネス**　地球球体説をとなえ，地球の子午線の長さを測定。ヘレニズム世界の地理的知識も集成。

3 **アリスタルコス**　地球が自転しつつ太陽のまわりを回るという太陽中心説を主張。

4 **アルキメデス**　この時代最高の数学・物理学者。

補説 **ポリビオスの『歴史』**　ポリビオスはギリシア出身の軍人で，人質としてローマへ連行された。ローマの発展を論じた著書『歴史』は，歴史の発展とともに君主政・貴族政・民主政の3政体が循環するが，ローマはこの3つの混合政体を実現した理想的な歴史をもつとする，政体循環史観によって記述されている。

❺美術

1 **建築**　装飾的なコリント式の宮殿や神殿が多い。

2 **彫刻**　調和・均整よりも感情の動きを技巧的・官能的に表現する傾向が強い。「ミロのヴィーナス」「ラオコーン」「瀕死のガリア人」などが代表作。

❻ヘレニズム文化の流れ　ローマ人に継承されただけでなく，西アジア一帯にひろがり，**イラン文化**の一要素となった。また，イスラーム教徒によってイスラーム文化の基礎となった。仏教美術にもとりいれられ，**インド・中国・日本**にも影響がおよんだ。

参考 エピクロスが政治からの隠遁を説いたのに対し，ゼノンは理性にしたがって公共につくすことを教えたので，ローマの政治家のあいだでストア派が流行した(⇨p.79)。

★10 秘密の祭儀によって信者に神との融合を体験させる宗教。のちのローマ帝政期に流行したミトラ教などが代表的。

★11 英語読み⇨ユークリッド。「学問に王道なし」のことばは有名。

★12 この**地動説**に近い考え方は，近代にいたるまで長いあいだ無視されていた。

▲「ラオコーン」
トロイアの神官ラオコーンが，女神アテナの怒りにふれて海蛇の怪物に殺される場面を表現している。

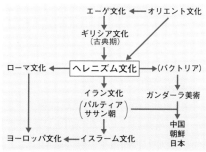
▲ヘレニズム文化の流れ

[ヘレニズム文化] ①前4世紀，マケドニアが全ギリシアを制圧
②アレクサンドロス大王がペルシアを倒し，インダス川までを支配
③ヘレニズム文化：ギリシア文化と東方文化が融合

⑦ 共和政ローマの成立

1 都市国家ローマの形成

❶**イタリアの自然**　山地や丘陵の多い地形であるが，ギリシアよりも平野が多く，果樹・穀物を中心とした**農業**と**牧畜**が主産業。地中海のかなめに位置しており，南部の海岸は良港にめぐまれている。

❷**ローマの形成**

1 **諸民族の移住**　前1000年ごろまでにインド＝ヨーロッパ語族に属する**イタリア人**の諸族が，鉄器をたずさえて中部イタリアを中心に定住した。その後，エトルリア人（民族系統不明）が北部・中部イタリアに来住。南部イタリア・シチリアにはフェニキア（カルタゴ）人，ついでギリシア人が植民市を建設。

2 **ローマの建国**　ローマはイタリア人の一派ラテン人が，前8世紀ごろ，ティベル河畔に建てた小都市国家。はじめはエトルリア人の王に支配されたが，前6世紀末ごろ，この王を追放して共和政を実現した。

3 **貴族による共和政**　多くの土地・家畜を所有する名門のパトリキ（**貴族**）が，政治・社会上の権利をにぎり，政権を独占した。中小農民を主体とするプレブス（**平民**）には参政権がなく，貴族との通婚もできなかった。

2 共和政の発展

❶**平民の台頭**　前5世紀以後，平民は重装歩兵として国防や対外発展に大きな役割をはたすようになった。かれらは，貴族の政権独占や借財の過重などを不満として，**貴族との身分闘争**をおこない，権利を拡大していった。

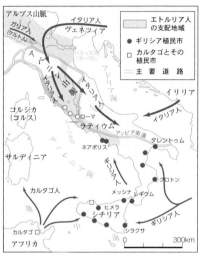

▲イタリアにはいった諸民族

★1　ウェルギリウスの詩『アエネイス』などによると，狼に育てられたロムルスとレムスという双生児がローマを建国したという伝説が知られる。

★2　平民は大土地所有者の貴族から借財し，その返済に困って奴隷になることもあった。

❷**護民官の設置**　前5世紀前半，**元老院**や**コンスル**に対して拒否権を行使できる護民官と，平民だけの**民会**である**平民会**が設けられた。

❸**十二表法**　前450年ごろ制定された。**ローマ最初の成文法**。[★3] 法律が平民にも公表され，貴族による法の独占が破られた。

補説　**共和政の主要機関**
　　①**コンスル(執政官)**…統領とも訳す。政治・軍事の最高の行政官。貴族から2名選ばれ，任期は1年。非常時には1名が半年の任期で**独裁官(ディクタトル)**として全権を委託された。
　　②**元老院(セナトゥス)**…最高の決定機関。貴族出身の議員で構成され，任期は終身。
　　③**民会(コミティア)**…はじめ貴族会(クリア会)だけだったが，前5世紀ごろには兵員会(ケントゥリア会)，ついで**平民会(トリブス会)**が成立。

補説　**兵員会(ケントゥリア会)**　市民を財産により騎兵・重装歩兵・軽歩兵などの等級に分け，各等級を百人組に区分して投票の単位とした。参政権と軍役義務を財産によって等級づけたもので，アテネの財産政治と似ており，軍制がローマ共和政と深くつながっていることを示す。兵員会は共和政の重要な民会で，コンスルなどが選挙された。

補説　**護民官の立場**　護民官の役割は平民の生命・財産を守ることにあり，そのために，コンスルの命令や，民会によってつくられた法律，元老院の議決などを拒否する権限が与えられた。また，その身体は神聖不可侵とされた。

❹**リキニウス・セクスティウス法**　前367年，護民官リキニウスとセクスティウスが制定。コンスルのうち1名は平民から選出することなどを定めた。[★4]

補説　**公有地占有の制限**　リキニウス・セクスティウス法では，公有地の占有面積を制限することも定められた。ローマは征服地の一部を公有地とし，これを希望者に開発させたが，富裕な有力者がこれにあたるようになり，大土地所有者があらわれて，平民を圧迫した。

❺**ホルテンシウス法**　前287年，ディクタトルのホルテンシウスが制定。平民会の決議は元老院の承認がなくても国法と認められることになった。ここに平民は政治上ほとんど貴族と平等の権利をもつことになり，**身分闘争は終結**した。

❻**ローマ共和政の特色**　①貴族を中心に終身議員で構成された元老院が，実質的な支

参考　**聖山事件**　前494年，ローマの平民が貴族に対抗して郊外にある丘(聖山)に立てこもった。伝承では，このときに貴族が譲歩し，護民官が設置されたと伝わる。

★3　従来の慣習法を成文化し，12枚の板に記して公開したのでこの名がある。復讐法の原則や，貴族と平民との通婚禁止，借財の返済不能者は奴隷として売却されるなどの規定がある。

参考　ローマ人は，その国家を市民全体のものという意味でRes Publica「**公共体**」とよんだ。英語のrepublic(共和国，共和政)はこれに由来し，今日の共和政体の原型もローマにみることができる。

★4　その後，前300年までに独裁官などの**全官職が平民に開放**された。

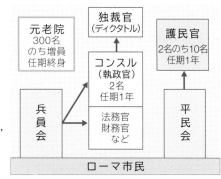

▲ローマ共和政の組織

配権をにぎっていた。保守的ではあったが妥協性もそなえ，国政に指導力を発揮した。

②平民会の権威がしだいに高まり，その決定が元老院の許可なしに全ローマ人の法となることが定められた。

③官職は，各機関の選挙で選ばれたが，貴族や特定の家柄の平民が高位の官職を占める傾向が強かった。
★5

★5　官職が抽選できめられたギリシアと違い，高位の官職につくには名声と財力が必要であったため，平民のうちでも限られた人々が選ばれることになった。

[ローマの成立と発展]
① 前8世紀ごろ，ラテン人がティベル河畔に都市国家ローマを建国
② 貴族による共和政→身分闘争によって，平民の権利拡大

⑧ ローマの地中海統一

1 イタリア半島の統一

❶統一の過程　**重装歩兵**を用いて，北方の**エトルリア人**や，近隣の**ラテン人**，中部イタリアの**サムニウム人**などの諸都市を征服。前3世紀には南部イタリアの**ギリシア人植民市**をつぎつぎに支配下にいれ，前272年**タレントゥム（タラント）**を屈服させて，**イタリア半島の統一**を完成した。

❷イタリア半島の統治　征服地の要所にローマ市民を移住させ，軍事上の拠点として**植民市**を建設。「**分割して統治せよ**」の原則に基づき，征服した諸都市と個別的な条約を結び，待遇に差を設けて，それらが団結してローマに反抗するのを防いだ。征服した諸都市には自治権を認め，課税もしなかったが，外交権はローマがにぎり，軍隊を提供する義務を負わせた。

★1　このころからアッピア街道などの軍用道路を整備。

★2　ローマ支配下の都市は，市民が参政権以外のローマ市民権を与えられる**自治市**と，ローマ市民権を与えられない**同盟市**とに大別される。なお，ローマ植民市の市民は，完全なローマ市民権を与えられていた。

2 ポエニ戦争

❶戦争の原因　フェニキア人の植民市カルタゴは，本国やギリシアの衰退後，地中海の西部を中心に勢力を張り，巨大な富と海軍力をもってイタリアを封鎖する勢いであった。ローマは南イタリアのギリシア人植民市を支配下にいれ，その貿易上の利益を守る立場におかれたため，カルタゴと衝突した。

参考　ポエニとは，ラテン語でフェニキア人を意味する。

❷戦争の経過

1 **第1回ポエニ戦争**　前264～前241年。シチリアの支配を
めぐって開戦。ローマははじめ苦戦したが，農民出身の市
民が海軍を急造して勝ち，**シチリア島をローマ最初の属州**
とした。[★3]

2 **第2回ポエニ戦争**　前218～前201年。カルタゴはスペイ
ンの開発と精兵の養成につとめ，将軍ハンニバルがカルタ
ゴ軍を率いてアルプスをこえ，イタリアに侵入，前216年
ローマ軍を**カンネーの戦い**にお
いて破った。ローマは態勢をた
てなおし，将軍**スキピオ（大スキ
ピオ）**がスペインから本国カルタ
ゴをおそい，前202年いそいで
帰国したハンニバルの軍を**ザマ
の戦い**で破った。この結果，カ
ルタゴはヒスパニア・ヌミディ
アなどの海外の全領土を失った。

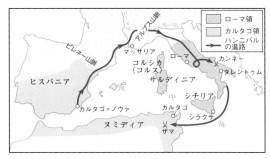
▲第2回ポエニ戦争

3 **第3回ポエニ戦争**　前149～前146年。ローマがカルタゴ
に宣戦布告し，市民が籠城して抗戦するカルタゴを滅ぼし
た。

❸**ポエニ戦争の意義**　ポエニ戦争での勝利によって，ローマ
はカルタゴを属州**アフリカ**とし，**西地中海に覇権を確立**した。

---

3 ヘレニズム諸国の征服

❶**マケドニア・ギリシア**　ローマは第2回ポエニ戦争のとき
から3回にわたってマケドニア王国と戦い，前168年**ピュド
ナの戦い**に勝ってこれを滅ぼし，前148年その地を属州と[★4]
した。ギリシアでは，ローマへの反抗の中心となった**コリン
トス（コリント）**を前146年，徹底的に破壊した。[★5]

❷**シリア**　コンスル（執政官）を歴任したポンペイウスが，東
地中海の海賊を討ち，さらに，セレウコス朝を滅ぼした。[★6]

❸**エジプト**　プトレマイオス朝の女王クレオパトラ（在位前
51～前30）がアントニウスと結んで領土を拡大しようとし
たので，前31年オクタウィアヌスがアクティウムの海戦で
これを破り，翌年プトレマイオス朝は滅亡。ここにローマは
地中海世界の統一を完成した。

★3　ローマはイタリア半
島内部の諸都市には自治を
認めたが，海外の新領土は
戦利品と考え，総督を派遣
して統治させ，重税を課し
た。これが**属州（プロヴィ
ンキア）**で，ローマの重要
な財源となった。プロヴィ
ンキアは英語province
（州）の語源。

参考 カルタゴの運命
前146年，カルタゴはロー
マ軍によって破壊された。
ローマの将軍小スキピオ
（大スキピオの孫）は，炎上
する市街をみながら「ロー
マもいずれこのように滅び
るのか」と嘆いたという。

★4　この戦いを機に，
ローマは東地中海へ積極的
に乗りだすようになった。

★5　コリントスはギリシ
ア都市のうちで商業によっ
て繁栄し，「ヘラスの星」
とうたわれていた。

★6　前64～前63年，セ
レウコス朝の王が廃位され，
シリアはローマの属州と
なった。

注意 コリントスが破壊さ
れた**前146年**，西方では
カルタゴが滅亡した。

2

西アジアと地中海世界

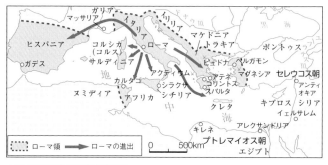

▲前133年ごろの地中海世界

参考 クレオパトラ(7世)
プトレマイオス朝最後の女王。知性と美しさにより，カエサルやアントニウスを魅了した。

ローマの地中海統一
① 前3世紀にイタリア半島を統一
② ローマは分割統治により，植民市の団結を防ぐ
③ カルタゴとのポエニ戦争に勝利し，西地中海を制覇
④ 前1世紀，エジプトを破り，地中海世界を統一

SECTION 9 ローマ社会の変質

1 ローマ社会の変質

❶閥族・騎士の支配　貴族や有力な平民で家柄のよい者が高位の官職や元老院議員を独占し，閥族とよばれた。共和政はかれら少数者による支配(寡頭政治)となり，平民会は有名無実となってきた。
　地主として富裕な市民は，土木事業・徴税などの請負や貿易・金融業などによって巨利を得，騎士(エクイテス)とよばれた。かれらの一部は政界にも進出した。

❷大土地所有の進展　閥族や騎士などの富裕な市民は公有地を占有し(⤴p.69)，中小農民の土地も兼併していった。その結果，おもに商品作物の栽培を目的として，**奴隷を使っての大土地所有**(ラティフンディア)がおこなわれるようになり，ローマ市民のあいだに貧富の差がはげしくなってきた。

❸奴隷制の拡大　借財を返済できずに奴隷となる下層市民(農民)が増大していたが，たびたびの戦争で大量の捕虜が奴隷としてローマに供給され，ラティフンディアの農業奴隷などに使われた。前2～前1世紀が奴隷制の最盛期である。しかし，一方で奴隷反乱も頻発した。シチリアの奴隷反乱(前2世紀後半)，スパルタクスの反乱(前1世紀前半)などが有名。

★1　かれらは属州の知事にもなれるようになり，私腹を肥やす者もでてきた。

★2　ローマでは公共事業を民間に請け負わせるのが慣例で，属州などでの徴税の仕事も，一部は入札による請負制であった。

★3　高価な馬(equus)を所有して騎兵になれる富裕者という意味からでたことば。

★4　ラテン語のlatus(広い)とfundus(土地)との合成語。**ラティフンディウム**はその単数形である。

★5　剣奴の反乱ともいう。**剣奴(剣闘士)**は，見せ物として生死をかけた決闘をおこなう奴隷。

❹中小農民の没落　第2回ポエニ戦争のころから，①連年の従軍による負担，②従軍や戦争による農地の荒廃，③富裕者による土地兼併，④奴隷制大農場経営との競争，⑤属州からの安価な穀物の流入などによって，市民共同体の中核であった中小農民の没落がめだつようになった。その多くは**無産市民**(プロレタリイ)として都市に流入し，社会不安をかもしだした。
★6

★6　無産市民もローマ市民であり有権者であったため，政界の野心家たちはその財力で無産市民に食物や娯楽を与え(「パンと見世物」)，かれらをあやつって政治を左右した。

2 共和政から帝政へ

❶グラックス兄弟の改革　前133年に護民官となったティベリウス=グラックスは，**リキニウス・セクスティウス法**(⤷p.69)を復活，公有地の占有を制限し，回収した土地を貧民に分配して中小農民の力を強めようとした。前123年に護民官となった弟のガイウス=グラックスも，兄の遺志をついで種々の改革を試みた。しかし，いずれも**閥族**に反対されて失敗した。
★8

★7　重装歩兵市民軍は中小農民の没落によって弱体化し，職業的な傭兵軍が軍隊の主力となってきた。

★8　兄は殺害され，弟は自殺した。

╲ TOPICS ╱

奴隷制と市民共同体

　ギリシアの哲学者アリストテレスが，奴隷は生まれながらに奴隷であり，「**生命ある道具**」であるといっているように，古代ギリシア・ローマでは奴隷制が自明のこととされていた。当時の奴隷は，家事から生産や事務にいたるまでの労働，さらに家庭教師といった仕事にも従事しており，市民にとっては不可欠の存在であった。ギリシア・ローマの市民が政治的・社会的・文化的な活動をすることができたのも，奴隷による労働があったからであり，**市民共同体の発展と奴隷制の存在**とは表裏の関係にあるといえる。

　アテネのソロンの改革やローマの十二表法にみられるように，市民(中小農民)が借財のために**債務奴隷**になる場合もあるが，最も多かったのは異民族や戦争捕虜を奴隷としたも

ので，これは**購買奴隷**として奴隷市場で売買され供給された。しかし，奴隷が増大すると，その労働力によって，商工業が発展し，また，ローマのラティフンディアのような大農場経営が出現して，市民のあいだの貧富の差が大きくなり，市民共同体を解体にみちびくようになる。ギリシアにおけるポリス社会の衰退(⤷p.61)，ローマにおける**共和政の崩壊**は，このような奴隷制の進展ともかかわりをもっているのである。

▲剣闘士が戦ったコロッセウム

❷内乱の1世紀　前2世紀末からの1世紀。この間，イタリアや地中海周辺で反乱や戦争があいつぎ，私兵をたくわえた有力者(将軍)がそれらを鎮圧して名声をあげ，政治を左右した。かれらは閥族派(オプティマテス)と平民派(ポプラレス)とに分かれて抗争をくりかえし，前1世紀はじめ，まずマリウス(平民派)が，ついでスラ(閥族派)が政権をにぎった。[★9]

❸第1回三頭政治　前60年，閥族派のポンペイウス[★10]は，平民派の首領ユリウス＝カエサル[★11]，騎士出身の富豪クラッススと妥協し，私的な盟約を結んで政権をにぎり，元老院に対抗した。この時期，カエサルは約8年をかけてガリア(今のフランスを中心とする地域)を征服，ブリタニア(今のイギリス本国南部の古称)へも遠征し，名声をあげた。

❹カエサルの独裁　カエサルは，元老院と結んで政敵となったポンペイウスを倒し，前45年までに元老院派を破って権力基盤をかためた。独裁官として事実上の独裁政治をおこなったが，前44年に共和政を擁護しようとする元老院派によって暗殺された。カエサルが断行した改革は，ローマが都市国家から領域国家へ転換するうえで重要な意味をもった。

❺第2回三頭政治　前43年，カエサルの養子オクタウィアヌス，カエサルの部将アントニウスとレピドゥスが三頭政治を開始。オクタウィアヌスはまずレピドゥスを失脚させ，前31年プトレマイオス朝の女王クレオパトラと結んだアントニウスをアクティウムの海戦に破り(⇨p.71)，翌年エジプトをローマの属州として，全地中海域を手中におさめた。

❻帝政のはじまり　オクタウィアヌスは，プリンケプス(市民の「第一人者」)と自称し，前27年には元老院からアウグストゥス(尊厳者)の称号を贈られ，軍隊命令権などをにぎって，事実上の帝政をはじめた。[★12]しかし，かれは独裁政治に反感をもつローマの人心を察して，共和政の伝統や元老院を尊重し

★9　閥族派が元老院を足場としたのに対し，平民派は民会を利用して政権をにぎろうとした。平民派は民衆派ともいう。

★10　東地中海の海賊の鎮圧などに功績をあげたが，しだいに元老院と対立した。

★11　英語読み⇨ジュリアス＝シーザー。第1回三頭政治のとき，ガリアなどの属州の統治権を得て，ガリアの征服と開発につとめ，ギリシア・ローマ文化がヨーロッパの各地に普及する端緒をつくった。前46年から独裁官に就任し，前44年には終身の独裁官となった。著書『ガリア戦記』やユリウス暦(太陽暦)の採用でも知られる。

★12　ローマの帝政は，前期の元首政，後期の専制君主政に二分される。

★13　「プリンケプスの統治」という意味。

▲内乱の一世紀

たので，その帝政はプリンキパトゥス(元首政)★13とよばれる。古代の大きな領土国家はいずれも専制君主が支配したが，領土国家となったローマにもまず元首政が成立し，やがて専制国家に変化することになるのである。

注意　古代ギリシアも，マケドニアに統一されてから東方に拡大し，専制国家になったことを思いだそう。

2
西アジアと地中海世界

POINT!

ローマ社会の変質
① 奴隷制の拡大とラティフンディアにより貧富の差が拡大
② 中小農民が没落し，無産市民となって都市に流入
③ 前1世紀，三頭政治をへてプリンキパトゥス(元首政)成立

10 ローマ帝国の繁栄と解体

1 ローマ帝国の繁栄

❶「ローマの平和」　アウグストゥスから約200年間，「ローマの平和(パクス=ロマーナ)」がつづき，とくにネルウァ・トラヤヌス・ハドリアヌス・アントニヌス=ピウス・マルクス=アウレリウス=アントニヌスの五賢帝時代(96〜180)が，ローマ帝国の最盛期。

★1 パリ・ロンドン・ウィーンなどの都市の基礎がつくられた(⊃ p.76地図)。

この時代には，官僚制による行政機構が整備されて，皇帝権が強化された。外征もさかんで，2世紀初頭のトラヤヌス帝のときに領土が最大となった。

❷地中海世界の一体化　ローマを中心に属州のすみずみまで道路網がつくられた。その沿線にローマ人が移住して多くのローマ風都市★1が建設され，属州の都市化・ローマ化がすんだ。212年カラカラ帝の時代に，ローマ市民権が全属州の自由民に与えられ，属州のローマ化と帝国の統一が完成した。

▼都市国家ローマから地中海帝国ローマへ

共和政の民主化	B.C. 5世紀前半　護民官を設置 450ごろ　十二表法 367　リキニウス・ 　　　セクスティウス法 287　ホルテンシウス法	B.C. 4〜3世紀 　　　エトルリア人・ラテン 　　　人・サムニウム人を従える 272　タレントゥムを支配し， 　　　イタリア半島の統一完成	イタリア半島の統一
(内乱の1世紀)	133〜121 　　　グラックス兄弟の改革 91〜88　同盟市戦争 89　全イタリアにローマ市民 　　　権を与える 82〜78　スラの独裁 73〜71　スパルタクスの反乱 60　第1回三頭政治 46〜44　カエサルの独裁 43　第2回三頭政治 27　アウグストゥスによる 　　　元首政の開始	264　ポエニ戦争(〜146) 148　マケドニアを属州とする 146　カルタゴを滅ぼす 　　　コリントスを破壊 63　シリアを属州とする 58〜51　カエサルのガリア 　　　征服 31　アクティウムの海戦 30　エジプトを属州とする	地中海世界の統一
帝政	A.D. 64　ローマ大火，ネロ帝がキ 　　　リスト教徒を迫害 96〜180　五賢帝時代 212　全属州の自由民にローマ 　　　市民権を与える	A.D. 43　ブリタニアを属州とする 117ごろ　ローマ帝国の領土が 　　　最大となる(トラヤヌス 　　　帝)	地中海帝国の発展

❸産業・貿易の発達　イタリアのほか属州でも農業・手工業
が発達し，交通路の整備や貨幣・度量衡の統一などもあって，
帝国の全域で経済活動がさかんになった。インド・中国など
との貿易も活発になり，東方から香辛料・宝石・絹などが
★2
もたらされた。他方，経済的な繁栄は，ローマ人のあいだに
ぜいたくな生活，退廃的・享楽的な風潮をひろげ，ローマ
衰退の一因となった。

★2　オアシスの道による
ものや，季節風を利用した
インド洋方面への南海貿易
などがあり，ローマからは
織物・ぶどう酒・金銀など
を輸出。

補説　ローマ市民権の拡大　はじめはローマ人だけが市民権をもって
いたが，前１世紀はじめの同盟市戦争の結果，ほぼ全イタリアの自
由民にローマ市民権が与えられた。その後，領土国家となったロー
マの統一をはかるため，カエサルや歴代の皇帝がしだいに属州民に
も市民権を拡大していった。それにつれて，ローマ市民権は，市民
共同体の自治という内容を失い，ローマ帝国の統治に協力する支配
層の特権をあらわすものになった。

参考　1世紀なかばの皇帝
ネロは，キリスト教徒を迫
害した暴君として知られる
が，元老院に公敵と宣言さ
れ，自殺した。

2 ローマ帝国の解体

❶軍人皇帝時代　２世紀後半になると，北方からゲルマン人，
東方からパルティア，ついでササン朝(⇨p.84)の侵入がは
げしくなった。これに対し，ローマ帝国の軍隊では属州民の
傭兵が主力をなすようになった。３世紀には帝国各地の軍隊
が勝手に皇帝を擁立しあうという軍人皇帝時代となり，ロー
マ帝国は内乱と異民族の侵入で無政府状態となった。

★3　235～284年のあい
だに26人の皇帝が擁立さ
れ，その大部分は暗殺され
たり戦死したりした。

▲ローマ帝国の最大領域

❷**専制君主政の成立**　軍人皇帝時代の混乱をおさめたのは，一兵卒から身をおこしたディオクレティアヌス帝(在位284~305)である。ペルシアの制度にならって皇帝崇拝を強要し，巨大な軍隊と官僚制度をもつ専制君主政(ドミナトゥス)をはじめた。広大な帝国を4分して統治したが，かれの死後，帝国はふたたび内乱におちいった。

❸**コンスタンティヌス帝の政治**　①内乱を平定し，帝国の統一を維持するために官僚制と専制君主政を確立→ローマ帝国の専制化が決定的となる。②都を東方のビザンティウムに移し，コンスタンティノープルと改名。③人民の職業・身分を世襲化するなど社会の固定化をはかり，帝国の秩序を保とうとした。④皇帝崇拝の強要がキリスト教徒との摩擦を激化させていたので，キリスト教を公認して(⮕p.82)，帝国統一の維持に役立たせようとした。

❹**帝国の分裂**

1 **テオドシウス帝の政治**　コンスタンティヌス帝以後，帝国は内乱と分裂におちいったが，テオドシウス帝(在位379~395)によって統一がなされ，キリスト教が国教とされた。

2 **帝国の分裂**　395年，帝の死とともに2子が帝国を東西に分割したので，ここにローマ帝国は西ローマ帝国(476年滅亡)と東ローマ(ビザンツ)帝国(1453年滅亡)とに分裂した。

3 ローマ帝国没落の原因

❶**地方分権の進展**　政治・経済の中心が中央のイタリアから周辺の属州へ移るという傾向がはなはだしくなった。とくに軍隊には属州出身者やゲルマン人の傭兵が増加し，軍隊をにぎる有力者が属州などで自立化した。

❷**小作制の普及**　有力者による大土地所有はますます発展したが，奴隷を使っての経営が困難になったため，解放奴隷や没落した中小農民などをコロヌス(小作人)として土地にしばりつける小作制がひろまった。コロヌスは封建社会の農奴のさきがけであり，大所領はそれぞれ自給自足の傾向を強めた。

❸**都市・商業の衰退**　有力な大土地所有者は，その所領で独立化して納税しないことが多くなったが，帝国は巨大な軍隊と官僚制を維持するために多額の費用を必要としたから，都市に重税をかけるようになり，そのため都市が没落して，都市間を結ぶ商業もおとろえた。これに加えて貨幣改悪もあっ

★4　帝国を東西に2分し，東西をおのおの正帝と副帝とで2分しておさめる四帝分治制をしいた。自らは東方の正帝となり，小アジアのニコメディアに都した。

★5　在位306~337。はじめ副帝で，324年内乱を平定して単独支配者となった。

★6　東方遷都の理由
①共和政の伝統の残るローマをさけた。②ローマのキリスト教化が困難であった。③経済の中心が東方に移りつつあった。

★7　これによってギリシアいらいの市民的自由は失われた。

★8　首都の旧名ビザンティウムが語源。7世紀以後，公用語がラテン語からギリシア語になるなどギリシア化がすすんだ。本書では6世紀後半~7世紀以降をビザンツ帝国と表記。

★9　五賢帝のひとりトラヤヌス帝は属州ヒスパニア(現在のスペイン)出身で，それ以後，要職にも属州出身者が多くなっていった。

★10　コロヌスは，もともと農民の意味。専制君主政の時代には，移転が禁じられ，その身分が世襲とされるなど，土地にしばりつけられた隷属的な小作人をさすようになった。コロヌスを使う生産体制をコロナトゥス(小作制)とよぶ。

て貨幣経済が後退し，現物経済がおこなわれるようになった。[★11]

❹**帝国のゲルマン化**　ゲルマン人は傭兵やコロヌスとして帝
国の各地に移住するようになっていたが，このゲルマン人の
大移動による混乱のなかで，西ローマ帝国は滅んだ。

補説　**奴隷制の衰退**　①帝政中期以後，征服戦争がへって捕虜奴隷が減
少したこと，②奴隷労働の非生産性などが衰退の原因。②は奴隷の
反乱や逃亡を防止し，その労働を管理する煩雑さ，奴隷の労働意欲
の低さや仕事の粗放さから考えて理解できよう。その結果，帝政期
には解放奴隷が増大し，そのなかには高い社会的地位についたり，
私財をたくわえたりする者もでるようになった。

★11 国家は租税を現物で
徴収し，官吏や軍隊へも現
物給与をおこなうことが多
くなった。コロヌスからの
地代（小作料）も現物である
場合が多かった。

参考　ローマ世界の変化
①元首政→専制君主政
②イタリア中心→属州中心
③奴隷→コロヌス
④都市中心の生活
　　→大所領の農村中心
⑤貨幣経済→現物経済

POINT!

① アウグストゥス～五賢帝時代の約200年間がローマの最盛期
② コンスタンティヌス帝が官僚制と専制君主政を確立し，東方遷都
③ 395年，ローマ帝国は西ローマ帝国と東ローマ帝国に分裂
④ 属州の自立化・コロナトゥスの進展・都市の衰退→ローマ帝国の衰退

\ TOPICS /

西洋古代の終末と「永遠のローマ」

　これまで学んだように，古代ギリシア・
ローマの歴史は，古代世界に類のない**市民共
同体の諸原理**によって色どられている。それは，
自由な市民の共同体国家の形成，市民の平等
性，中小農民が市民の中核をなし，市民が同
時に重装歩兵などの戦士である市民皆兵の原
則，市民共同体の生産をささえる奴隷制の発
展，商工業・貨幣経済の発達を基礎とする都
市中心の文明，人間的かつ合理的な文化の創
造など，さまざまな分野にあらわれている。

　ローマは，このような市民共同体の諸原理
のもとに地中海世界を統一し，約200年間
の「ローマの平和 “Pax
Romana”」を実現した。
そして，カラカラ帝が
ローマ市民権を全属州に
拡大したとき，この地中
海帝国は巨大な1つの市
民共同体となった。しか

◀カラカラ帝

し，いかに現実に対処する能力にすぐれた
ローマ人でも，多様な地域と民族をふくむ地
中海帝国で，都市国家ローマいらいの市民共
同体の諸原理を生かしつづけることは困難で
あった。ローマの国制や社会経済体制はしだ
いに変化し，ローマ帝国は，オリエントその
他に形成された古代世界帝国と同様の，**官僚
的専制国家**と変わり，同時に帝国の解体へと
向かう。近代ヨーロッパ人にとっての「**古典
古代**」は，ローマ帝国の解体・分裂によって
終末をむかえる。

　しかし，ローマ帝国は分裂後も**東ローマ（ビ
ザンツ）帝国**として生きつづけ，地中海世界
を再統一する気運さえ生まれた。また，西
ローマ帝国のあとに形成されたヨーロッパ世
界にも，**ローマ帝国の理念**と制度的・精神的
遺産（➡ p.132，西ローマ帝国の復興など）が
継承され，ローマは生きつづける。こうして，
ヨーロッパ人にとってローマは，「**永遠の都
“The Eternal City”**」となるのである。

SECTION 11 ローマ文化とキリスト教

1 ローマ文化

❶ローマ文化の特色

1 **ギリシア文化の継承**　ギリシア文化の継承という性格が強く，独創性には乏しい。

2 **実務面を重視**　法律や土木建築などの実務的な分野に能力を発揮し，すぐれた業績を残した。

❷宗教
ローマ古来の農業社会から生まれた多神教と，ギリシアのオリンポス12神とが融合した。★1 ヘレニズム世界から**密儀宗教**が流入して民間に流布し，ヘレニズム諸国の君主崇拝の伝統はローマの**皇帝崇拝**に影響をおよぼした。

❸文学
ギリシア語が教養語として普及したが，ローマ人のラテン語もととのい，★2 アウグストゥス時代には**ラテン文学の黄金時代**となった。

1 **キケロ**　前1世紀。ローマ最大の散文家・雄弁家。ギリシア思想を，ラテン語のすぐれた散文でローマ人に普及させた。

2 **ウェルギリウス**　前1世紀。ローマ第一の詩人。ローマ建国の叙事詩『アエネイス』はラテン語の詩の美しさを誇る。★3

❹哲学
ヘレニズムの哲学を継承し，とくに実践倫理としてストア派(**ストア派哲学**)がさかんになった。★4

1 **セネカ**　1世紀。皇帝ネロの師で，『幸福論』などを著す。

2 **エピクテトス**　1世紀。ギリシア奴隷出身。『語録』など。

3 **マルクス＝アウレリウス＝アントニヌス**　五賢帝のひとり。ギリシア語で『**自省録**』を著し，「哲人皇帝」として有名。『後漢書』の**大秦王安敦**とされる。

❺歴史・地理

1 **リウィウス**　アウグストゥス時代，『**ローマ史(ローマ建国史)**』を著し，ローマ発展の理由を究明。

2 **タキトゥス**　1世紀。ゲルマン人の質実な社会を『**ゲルマニア**』で賛美し，★5 ローマ人の堕落を批判した。

参考　風刺と機知に富んだ詩で名高いローマの詩人ホラティウスは，「ローマ人は，政治的に征服したギリシア人によって，文化的に征服された」といっている。

★1　オリンポス12神のラテン名化(⇒p.61)。

★2　ラテン語をあらわす文字は，ギリシア文字をもとにしてできたローマ字で，これはヨーロッパ諸国の文字の源となった。ラテン語は，今日のラテン系の言語につながっている。

★3　英語読み⇒ヴァージル。

★4　エピクロス派では哲学詩人ルクレティウス(前1世紀)がでた。

★5　『ゲルマニア』やカエサルの『ガリア戦記』は，当時のゲルマン人のようすを知る重要な史料である。

▼**フォロ＝ロマーノ(ローマの公共広場の遺跡)**
ローマにおける政治・宗教の中心地。

③ プルタルコス　1世紀。ギリシア人で，ギリシア・ローマの人物を比較した『対比列伝(英雄伝)』を著す。

④ ストラボン　前1世紀。ギリシア系の地理学者。『地理誌』。

❻ **自然科学**　アレクサンドリアのギリシア人が中心的。①2世紀の地理学者**プトレマイオス**は，球形の地球が宇宙の中心にあるという地球中心の天動説を唱え，**コペルニクス**の地動説までヨーロッパの支配的な学説となった。②前46年，カエサルはエジプトの**太陽暦**をもとにしたユリウス暦を実施した。

❼ **法律**　ローマ人の最大の業績。

1 ローマ市民にだけ適用される市民法は，最初の成文法(**十二表法**)いらい，元老院や民会の決議，裁判官の判決例，法律家の解釈などを加えて発達。

2 帝政時代には，多様な民族を統治するため，市民法のうち非ローマ市民にも適用できる部分を発展させた**万民法**も成立。

3 ローマ市民権が全属州に拡大された結果，両者の区別はなくなり，万民法こそ自然の理にかなった唯一の法(**自然法**)であるとされるようになった。ローマ法は，6世紀にビザンツ皇帝**ユスティニアヌス**によって『ローマ法大全』に集大成され(⤷p.141)，後世の法律に大きな影響を残した。

❽ **公共建築物**　首都ローマの**パンテオン(万神殿)**や**コロッセウム(円形闘技場)**をはじめ，市場・円形劇場・**公共浴場・凱旋門**・記念柱などが，アーチや円天井を用いて建造された。全土に道路や水道がつくられ，辺境の防備のために**長城**もきずかれた

［ローマ文化の特色］
①ギリシア文化を継承した学問・思想
②法律や土木建築など，実用的な文化が発達

★6　英語読み⇨プルターク。

★7　英語読み⇨トレミー。

★8　1582年，教皇グレゴリウス13世がユリウス暦を改良し，現行のグレゴリウス暦を制定した。

参考 プリニウス　1世紀のローマ人で，当時の自然科学の知識を集大成した『博物誌』を著した。

★9　ストア派の哲学は，すべての人間は理性をもつから，自然の理性的法則にそって生きようと主張した。これは民族や身分の違いをこえた**人間の平等**や，世界には自然の理にかなった1つの法しかないという**自然法**の考え方を生み，万民法の発達に影響をおよぼした。

★10　神々をまつる神殿。

★11　剣闘士の試合などがおこなわれた。

★12　カラカラ帝建設のものが有名。ラテン語で浴場をテルマエとよび，当時の娯楽センターでもあった。

★13　ハドリアヌス帝らが建設(⤷p.76地図)。

▼ローマ時代の水道橋(スペイン)

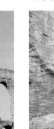

▼カラカラ帝建造の公共浴場跡(ローマ)

補説　**ポンペイ**　後79年，ヴェスヴィオ火山の噴火で埋没したナポリ近郊の都市遺跡。現在も発掘がつづけられ，当時のローマ人の市民生活を知る貴重な遺跡である。

2 キリスト教の成立

❶**ユダヤ教徒のメシア待望**　ユダヤ教徒(ヘブライ人，ユダヤ人)は，前2世紀なかばセレウコス朝シリアから独立したが，前63年にローマのポンペイウスによって征服され，アウグストゥス時代にその地はローマの属州となった。

　　ユダヤ教徒は，ユダヤ教を周囲にひろめつつ，メシア(**救世主**)が自分たちをローマの支配から解放して世界を支配する日のくることを，以前にもまして強く待ち望んでいた。

❷**イエスの教え**

　イエスは前4(/前7)年ごろパレスチナ北部に生まれた。

①人は誰でも民族や貧富の差別をこえた**神の愛**にすがることによって救われること。

②人間は神の前で平等であり，たがいに隣人を愛すべきこと。

③律法を形式的に守ればよいのではなく，律法をささえる神への信仰を回復すること。

④神の国の実現はユダヤ人の王国再興という政治的・現世的な問題ではなく，神を信ずる人々の心のなかで最後の審判によって完成されること，などを説いた。

　　イエスに従う人々は，かれをメシア(**キリスト**)としてあがめるようになった。

❸**ユダヤ教徒との対立**　イエスの教えは，ユダヤ教の民族主義(選民思想)・律法主義・現世主義を克服して**世界宗教**に脱皮するものであっただけに，ユダヤ人の指導層の反発をまねき，現世的な救済を願っていた民衆には失望を与えた。そのため，イエスはローマの官憲に反逆者として訴えられ，イェルサレム郊外で**十字架の刑**に処せられた。

❹**キリスト教の成立**　その後，イエスが復活するとの信仰が生まれ，キリスト教が成立。イエスの第一の弟子ペテロやパウロらの使徒は，イェルサレムなどに教会をつくり，ユダヤ教徒の圧迫をうけながらもイエスの説いた**福音**を各地に伝えた。イエスの言行や使徒の書簡などを集めて『**新約聖書**』がつくられ，『**旧約聖書**』とともに**キリスト教の経典**となった。

★14　ポンペイウスの征服後，ローマ元老院により任命されたヘロデ王がパレスチナを支配。後6年からユダヤはローマの直轄地となり，総督が派遣された。

★15　前4/前7?～後30?年。養父はナザレのヨセフ，母はマリア。ガリラヤの村ナザレで育ち，洗礼者ヨハネから洗礼をうけたという。イエスの宣教活動は2～3年間であったと推定される。

★16　当時，ユダヤ教の指導層は，大祭司や貴族として上層を占めたサドカイ派や，律法学者が多く民衆への影響力をもつパリサイ派が主流派で，とくにパリサイ派は律法を厳格に守ることに自負心をもち，無学な民衆を軽蔑した。

★17　メシア(ヘブライ語)はギリシア語でキリスト。

★18　小アジアのタルソスの人で，熱心なパリサイ派だったが，イエスの死後，回心して小アジア・ギリシアなどに伝道し，「異邦人(非ユダヤ人)の使徒」とよばれた。キリスト教が世界宗教としての教義を確立するうえでも，大きな役割をはたした。

3 キリスト教の発展

❶キリスト教の普及

　キリスト教は、ローマ帝国の下層民からしだいに上層社会にもひろまっていった。普及の前提として、①ヘレニズム時代いらい、民族の違いをこえた**世界市民主義**の風潮があったこと、②民衆に流布した**密儀宗教**や上層社会に流行した**ストア派**

▲キリスト教徒の分布（325年ごろ）

哲学に、個人の魂の救済や平安を求める宗教的傾向が強まっていたこと、などが考えられる。

❷ローマ帝国による迫害

　ローマ帝国は一般に外来宗教に対して寛大であったが、キリスト教に対しては**ネロ帝**のときからしばしば大規模な迫害を加えた。その理由は、①キリスト教がローマの**皇帝崇拝**を認めなかったこと、②下層民を中心とした信者の急増と結束がローマの支配層に不安感を与えたこと、などがあげられる。しかし、残酷な迫害にもかかわらず、信者は**カタコンベ**（**カタコーム**）とよばれる地下墓所を集会所として信仰を守りつづけ、キリスト教はますます拡大していった。

❸キリスト教の公認

　ディオクレティアヌス帝による大迫害の後、**コンスタンティヌス帝**はキリスト教を国家統一に役立たせようとして、313年**ミラノ勅令**を発して信教の自由を認め、**キリスト教を公認**した。

❹教義の統一

　キリスト教会内部で教義の対立が激化し、国家統一に役立たせるのに障害となったので、325年、コンスタンティヌス帝は小アジアのニコメディアで**ニケーア公会議**（**宗教会議**）を招集し、**三位一体説**（**アタナシウス派**）を正統教義とした。**異端**とされたアリウス派は、帝国の北方のゲルマン人の間に布教されていくことになった（⊃p.129）。

❺キリスト教の国教化

　ゲルマン民族の大移動がはじまるなかで、**テオドシウス帝**は三位一体説の正統派信仰をすすめ、392年にはキリスト教以外の宗教行事を全面的に禁止した。ここに**キリスト教は帝国における唯一の宗教、国教**となった。

★19 後64年、ネロ帝はローマの大火をキリスト教徒のせいだとして、最初の大迫害を加えた。パウロやペテロは、このとき殉教したという。4世紀はじめ、ディオクレティアヌス帝の迫害が最後・最大のものである。

★20 この後、ローマ皇帝も熱心なキリスト教徒となったが、東方系の密儀宗教を復興して「背教者」とよばれたユリアヌス帝のような例外もある

★21 三位一体説とは、父なる神・子なるキリスト・神の霊である聖霊の三者は、唯一なる神と本質上同一であるという説。アレクサンドリアの司教アタナシウスがこの説を擁護したので、かれの名がある。
　アリウス派はキリストに人間性を認め、父なる神とは同一ではないとした。

❻カトリック教会の成立　6〜8世紀に，キリスト教会の組織がととのえられ，司教をはじめとする聖職者(僧侶)の階層制もできて，カトリック教会が成立した。

この間，教父とよばれる多くの学者が，正統派信仰の教義を研究。とくに北アフリカの司教アウグスティヌスは，大著『神の国』★22などによってカトリック教義の確立に貢献し，中世神学の基礎をつくった。

★22　5世紀前半の著作。世界は神の国(天上の国)と悪魔の国(地上の国)との対立にあり，最後の審判により神の国のキリスト教徒に神の栄光が輝くというキリスト教的世界観を展開。

[キリスト教の成立と発展]
① イエスがキリスト教を創始。ペテロ・パウロが布教
② ローマ皇帝による迫害をうけたが，313年ミラノ勅令で公認
③ ニケーア公会議で，三位一体説が正統教義となる
④ 392年，テオドシウス帝により，ローマの国教となる

╲ TOPICS ╱

ヘレニズムとヘブライズム

ギリシア人は，人間が無限の可能性をもつことを認め，理想に対して限りなく努力することによって自己を完成できるとし，また，世界の秩序と調和を理性によってくもりなく認識しようとした。このような人間的・合理的・現世的なギリシア精神一般を，ヨーロッパ思想史上，ヘレニズムという。ここでのヘレニズムは，アレクサンドロスの東方遠征にはじまる時代に用いられるヘレニズムとは異なり，よりひろい意味をもつ用語である。

一方，ユダヤ教とこれを基礎に成立したキリスト教では，唯一絶対の神の立場から世界をみようとする。人間はいかに努力しても神のように完全にはなりえないのであって，罪の意識からただ神への無限の献身と服従をもって生き，神による最後の審判を待つほかない。しかし，このような自己否定を通じて，神によってつくられた人間の尊重，神の前における人間の平等が実現されるとした。ユダヤ教・キリスト教のこのような考え方をヘブライズムという。

ヘレニズムとヘブライズムは，いずれも古代の東地中海世界で成立したが，その考え方や価値観はまったく反対である。

この立場の異なる二大思潮がローマ帝国につつみこまれ，やがて，たがいにからみあいながらヨーロッパ世界の精神的基調となる。「ローマは3度世界を征服した。最初は政治的統一(地中海世界の統一)によって，ついでローマ教皇(キリスト教)およびローマ法によって」といわれ，また，近代ドイツの歴史家ランケは「いっさいの古代史は，いわば1つの湖に注ぐ流れとなってローマ史のうちに注ぎ，近世史の全体は，ローマ史からふたたび流れでる」と述べた。ローマ帝国の役割は，まことに大きかったといえよう。

▼カタコンベの内部(ナポリ)

2
西アジアと地中海世界

⑫ イラン人国家の繁栄

1 バクトリア・パルティア

❶ヘレニズム時代　アケメネス朝(ペルシア)がアレクサンド
ロス大王の遠征軍によって倒された後，西アジア・中央アジ
アはギリシア系のセレウコス朝の支配下にはいった(⊃p.66)。
セレウコス朝はアケメネス朝の統治方式をほぼ継承し，イラ
ン人の社会には根本的な変化はなかったが，各地の都市を中
心にギリシア文化が普及した。

❷バクトリアの独立　前3世紀なかば，アム川上流のギリシ
ア人がセレウコス朝から独立してバクトリアを建てた。前2
世紀にはインダス川流域にまで進出して，この地域にギリシ
ア文化を移植した。

❸遊牧イラン人の独立　前3世紀なかば，イラン高原北部の
遊牧イラン人の族長であるアルサケスが，セレウコス朝から
独立してパルティアを樹立。ミトラダテス2世(在位前123
～前88／前87)のときには，メソポタミアからインダス川
におよぶ領域を確保し，東西交通路の要地をおさえた。

　　前64年にセレウコス朝がロー
マに滅ぼされると，ローマと国境
を接して争いながらも，中国の絹
をローマに運ぶ中継貿易によって
栄えた。

❹パルティアの文化　ギリシア語
の文化を保護するなど，ヘレニズ
ム文化を継承した。前1世紀にな
るとアラム文字で表記するペルシ
ア語を公用語とするなど，イラン
文化の復興をめざすようになった。

▲前200年ごろの西アジア

参考 インド=ヨーロッパ
語族のうち，中央アジア方
面からインド・イランに定
住したものをアーリヤ人と
いい，イラン人はその一派
である。アッシリア滅亡後
に樹立されたメディアは，
最初のイラン人の国家。

★1　首都バクトラは，現
在のアフガニスタン北部の
バルフにあたる。

★2　中国では安息(あんそく)とよば
れた(⊃p.98，100)。

2 ササン朝(ペルシア)

❶農耕イラン人の再起　イラン高原南部のペルシス地方で農
耕をおこなっていたイラン(ペルシア)人はササン朝をおこし，
224年，ローマとの抗争で衰退(すいたい)したパルティアを滅ぼした。

❷ササン朝の繁栄　2代シャープール1世(在位241頃～272
頃)は，東はクシャーナ朝の領土をうばい，西はローマ帝国

★3　アケメネス朝もこの
地方からおこった(⊃p.51)。

を退けて西アジア一帯を支配。6世紀なかばのホスロー1世
（在位531～579）のときが全盛期で，西は**東ローマ（ビザン
ツ）帝国**と戦い，東は西突厥と結んで遊牧民エフタルを滅ぼ
した。ササン朝は銀貨を用い，東西の中継貿易を独占して繁
栄した。

▲6世紀のササン朝

❸**イラン文化の復興**　イラン人の民族的自覚が高まり，アケ
メネス朝いらいの伝統的なイラン文化が復興し，これに**ヘレ
ニズム・インド・中国**などの東西の諸文化をとりいれて，**国
際性豊かな文化**を創造し，のちのイスラーム文化の重要な基
礎となった。**ガラスや金属製の美術工芸品**の製作にすぐれ，
ササン朝美術が生まれた。それらは東西の貿易路にそって西
は東ローマ帝国，東は中央アジアから中国，日本にも伝わっ
た。

❹**宗教文化の発達**　ササン朝は，**ゾロアスター教**（⇨p.52）を
国教とし，シャープール1世のとき経典『**アヴェスター**』が
編纂された。ほかにユダヤ教，仏教，**ネストリウス派**のキリ
スト教，諸宗教を融合して成立した**マニ教**などがさかんで
あった。

❺**ササン朝の衰退**　7世紀にはいって，東ローマ帝国とのはげ
しい抗争や国内の政治的・宗教的内紛によって衰退し，651
年イスラーム教徒の侵入をうけて滅亡した。

注意 パルティアは遊牧イラン人，ササン朝は農耕（定住）イラン人が樹立したことに注目せよ。

★4　ローマ皇帝ウァレリアヌスを捕虜とし，多くのローマ兵をイランに連行して定住させた。

★5　トルコ系もしくはイラン系の遊牧民で，白匈奴ともいう。5世紀にアム川上流域を中心に勢力をのばし，中央アジアから北西インドにおよぶひろい地域を支配し，東西貿易の利益をおさめた。6世紀にササン朝と西突厥にはさみうちされて滅びた。

★6　**法隆寺**や**正倉院**には，ササン朝からの輸入品あるいは模造品の銀器（水さしなど）や織物が残されている。

★7　キリストの人間性を強調して，アタナシウス派（三位一体説）に反対したので，5世紀に東ローマ帝国のエフェソス公会議で異端とされ，イランにはいってきた。

★8　ササン朝の初期，バビロニアのマニによってゾロアスター教を中心に仏教・キリスト教などを融合して開かれた混合宗教。

①遊牧イラン人がパルティアを建て，ローマと抗争
②ササン朝はイラン文化を復興し，ゾロアスター教を国教化

☑ 要点チェック

CHAPTER 2　西アジアと地中海世界	答
☐ 1　アッシリアの首都で，大図書館などが建設された都市はどこか。	1　ニネヴェ
☐ 2　アッシリア滅亡後，イラン人がイラン高原に建てた国は何か。	2　メディア
☐ 3　アケメネス朝（ペルシア）の全盛期を現出した，第3代の王は誰か。	3　ダレイオス1世
☐ 4　古代ペルシアの各州に配属された地方長官（知事）で，徴税をおこない，軍事権をにぎっていた者の官職名を何というか。	4　サトラップ
☐ 5　古代ペルシアの地方長官を監察した官職は，通称何とよばれたか。	5　王の目，王の耳
☐ 6　前7世紀ごろにペルシアで創始された，善の神アフラ＝マズダなどを崇拝する宗教を何というか。	6　ゾロアスター教（拝火教）
☐ 7　ミケーネ文明をきずいたのは，ギリシア人のうち，何とよばれる一派か。	7　アカイア人
☐ 8　ドイツ出身で，トロイアの遺跡を発掘し，ホメロスの叙事詩の史実性を明らかにしたのは誰か。	8　シュリーマン
☐ 9　ポリスのギリシア人は，自分たちのことを何とよんだか。	9　ヘレネス
☐ 10　ポリスのギリシア人は，異民族のことを何とよんだか。	10　バルバロイ
☐ 11　自費で武具を調達した平民は，何とよばれる兵士になったか。	11　重装歩兵
☐ 12　ポリスの中心に位置し，国家の祭祀場や防衛の拠点の役割を担った場所を何というか。	12　アクロポリス
☐ 13　アテネの政治機構で，当初は9人の貴族が就任した官職を何というか。	13　アルコン（執政官）
☐ 14　前6世紀はじめに財産政治の開始や債務奴隷の禁止などの改革を断行したアテネの人物は誰か。	14　ソロン
☐ 15　代表的な僭主で，中小農民を保護するなどして平民から支持を得た人物は誰か。	15　ペイシストラトス
☐ 16　クレイステネスが，より民主的な政治をおこなうために創設した制度を何というか。	16　陶片追放（オストラキスモス）
☐ 17　第3回ペルシア戦争において，テミストクレス率いる海軍の活躍によりアテネが勝利した戦いを何というか。	17　サラミスの海戦
☐ 18　ペルシア戦争後に結成されたアテネを盟主とする都市同盟は何か。	18　デロス同盟
☐ 19　前431～前404年の，アテネ対スパルタを中心とする戦争は何か。	19　ペロポネソス戦争
☐ 20　三大悲劇詩人のひとりで，『メディア』の作者は誰か。	20　エウリピデス
☐ 21　ペルシア戦争を物語風に記述した『歴史』を著し，「歴史の父」と呼ばれるアテネの歴史家は誰か。	21　ヘロドトス
☐ 22　イデアの存在を主張し，哲人政治の理想を説いた哲学者は誰か。	22　プラトン
☐ 23　ヘレニズム時代の幕開けをはたしたマケドニアの王は誰か。	23　アレクサンドロス大王

□ 24	前問23の王の死後，アンティオキアを首都にした王朝を何というか。	24	セレウコス朝シリア
□ 25	地球が自転しつつ太陽のまわりを回るという太陽中心説をとなえたヘレニズム時代の科学者は誰か。	25	アリスタルコス
□ 26	ローマの建国以前よりイタリア半島に定住し，前6世紀末までローマを支配した民族を何というか。	26	エトルリア人
□ 27	ローマの貴族共和政期に，国政の実権をにぎっていた機関は何か。	27	元老院
□ 28	前5世紀前半に設置された，平民を保護するローマの官職は何か。	28	護民官
□ 29	貴族中心の政治体制に対して，平民会の決定が法となると定めたローマの法律を何というか。	29	ホルテンシウス法
□ 30	前367年に制定された，コンスルのうち1名は平民から選出することなどを定めた法律を何というか。	30	リキニウス・セクスティウス法
□ 31	前後3回おこなわれ，ローマがカルタゴを滅ぼした戦争は何か。	31	ポエニ戦争
□ 32	上問31の戦争によってローマがはじめて獲得した海外領土はどこか。	32	シチリア島
□ 33	奴隷制に基づく，ローマ時代の大土地所有制を何というか。	33	ラティフンディア
□ 34	前60年に第1回三頭政治をはじめ，やがてポンペイウスを倒した有力な政治家は誰か。	34	カエサル
□ 35	前31年，オクタウィアヌスがアントニウスを破り，内乱を終結させた戦いを何というか。	35	アクティウムの海戦
□ 36	前27年，元老院からオクタウィアヌスに与えられた称号は何か。	36	アウグストゥス
□ 37	ローマの最大領土を実現した，五賢帝時代の皇帝は誰か。	37	トラヤヌス帝
□ 38	ディオクレティアヌス帝以降のローマの専制君主政は何とよばれるか。	38	ドミナトゥス
□ 39	313年の勅令でキリスト教を公認し，ニケーア公会議を開いた皇帝は誰か。また，その勅令を何というか。	39	コンスタンティヌス帝，ミラノ勅令
□ 40	キリスト教を国教化し，ローマ帝国を二分した皇帝は誰か。	40	テオドシウス帝
□ 41	ローマの建国叙事詩『アエネイス』を著した詩人は誰か。	41	ウェルギリウス
□ 42	五賢帝のひとりに数えられるマルクス゠アウレリウス゠アントニヌスが著した哲学書を何というか。	42	『自省録』
□ 43	その著書『ゲルマニア』において，ゲルマン人の質実な社会を賛美し，ローマ人の堕落を批判した人物は誰か。	43	タキトゥス
□ 44	325年に開かれたニケーア公会議において異端とされた教派を何というか。	44	アリウス派
□ 45	パルティアは，何という王朝から独立して建国されたか。	45	セレウコス朝シリア
□ 46	アケメネス朝の古都ペルセポリス付近に建国し，パルティアを倒した王朝を何というか。	46	ササン朝

CHAPTER

3 » 南アジアと東南アジア世界

時代の俯瞰図

年代	前1000	前400	前200	紀元	200	400	600

ギリシア・東地中海: ギリシア｜マケドニア｜ローマ｜ローマ帝国｜ビザンツ帝国（ネストリウス派）

西アジア: メディア｜アケメネス朝｜ゾロアスター教｜アレクサンドロスの東征｜セレウコス朝シリア｜パルティア｜ササン朝｜マニ教｜エフタル｜西突厥｜イスラーム・唐

中央アジア: バクトリア｜大月氏国｜クシャーナ朝｜ガンダーラ美術｜中国｜ヴァルダナ朝

インド: アーリヤ人のガンジス川流域進出｜仏教｜マガダ国｜マウリヤ朝｜サカ王朝｜サータヴァーハナ朝｜グプタ朝｜ヒンドゥー教

東南アジア: ドンソン文化｜スリランカ・東南アジア諸国｜扶南｜カンボジア｜シュリーヴィジャヤ

SECTION 1 インド統一国家の成立

1 仏教の成立

❶領域国家の出現 ガンジス川流域の多くの都市国家は，互いに抗争し，前5世紀にはマガダ国を中心に統一がすすんだ。このような情勢のもとに，**クシャトリヤやヴァイシャの勢力**が強まり，バラモンの支配に対抗するようになった。

❷新宗教の成立

1 **仏教** クシャトリヤ出身のガウタマ゠シッダールタ（**釈迦**，尊称は**ブッダ**）は，バラモンの権威を否定しヴァルナによる身分制度に反対して，徹底した無常観にたち，誰でも正しい精神的修行によって人生の苦から解脱することができると教え，**仏教**を創始した。

▲仏塔（インド）

★1 ガンジス川中流域南部におこった国。ナンダ朝とマウリヤ朝は，この国の王室であった。

★2 釈迦（シャカ）は釈迦牟尼（シャークヤムニ）の略で，「シャカ族出身の賢者」という意味。また，ブッダ（仏陀）は「真理を悟った人」という意味である。今のネパールの首都カトマンズ近郊のカピラ城の王子として生まれ，仏教を開いたのは前6世紀後半ごろといわれる。

2 **ジャイナ教**　同じクシャトリヤ出身のヴァルダマーナも人生を苦とみなし，解脱のために苦行と禁欲を重視し，徹底した不殺生主義を唱え，**ジャイナ教**をはじめた。

3 **新宗教の特色**　バラモンの権威やカースト制度を否定し，**バラモン教とその社会に対する宗教改革運動**となった。両宗教は，台頭してきたクシャトリヤ・ヴァイシャに支持された。とくに仏教はクシャトリヤに歓迎され，ガンジス川流域を統一した**マガダ国**の保護をうけてひろまった。

❸ **二大叙事詩**　クシャトリヤの台頭を背景に，王侯や武士の活躍を描いたサンスクリット語の二大叙事詩『マハーバーラタ』『ラーマーヤナ』の原型がつくられた。

2 マウリヤ朝と仏教の発展

❶ **マウリヤ朝の統一**　ガンジス川流域はナンダ朝を王室とするマガダ国が支配していたが，前4世紀末ナンダ朝の部将チャンドラグプタがマウリヤ朝を樹立，マガダ国の支配者となった。マウリヤ朝は**パータリプトラ**を都とし，インダス川流域からギリシア勢力を一掃，インド史上はじめて**ガンジス・インダス両川流域**を統一した。

注意 インダス川流域は，前6世紀にアケメネス朝(ペルシア)の属州となった。前4世紀後半にはアレクサンドロス大王に征服され，その後，セレウコス朝シリアに支配されていた。

❷ **マウリヤ朝の全盛**　前3世紀なかば，第3代アショーカ王のときに最盛期をむかえ，次のような統治がなされた。
①南端部をのぞくインドの大部分を統一。
②統治組織や軍備をととのえ，産業の発達につとめた。
③武断政治にかえて，**ダルマ(法)**による徳治政治を理想とし，施政方針をきざんだ**石柱碑・磨崖碑**などを各地につくった。

❸ **仏教の発展**　アショーカ王は**仏教を厚く保護**したので，仏教が，**世界宗教としてひろまる**こととなった。①各地にストゥーパ(仏塔)を建てた。②仏典の結集(編纂)をおこなった。③スリランカ(セイロン島)や西アジア方面に仏教の布教使を派遣。スリランカの仏教は，のちに東南アジアにひろまることになった。

★3 **マハーヴィーラ**(偉大な英雄)ともジナ(勝者)とも尊称される。ジャイナ教はおもにヴァイシャに支持され，今日でも商工業者に信徒が多い。

★4 **サンスクリット語**　インド=ヨーロッパ系の言語。中国では梵語ともよばれる。のちに世俗のことばとしても使用されるようになった。

★5 現在の形に大成されたのはグプタ朝時代。これらの叙事詩は東南アジアにもひろまった。

★6 今日のパトナ。すでにナンダ朝以前からマガダ国の首都で，現在はビハール州の州都である。

★7 マウリヤ朝はセレウコス朝の軍を破ってアフガニスタン方面にも領土を拡大し，セレウコス朝と和して国境を安定させた。

★8 人間が守るべき普遍的な生活規範・道徳。仏教の本質に通ずるものがあるが，仏教独自のものではない。アショーカ王は仏教以外の宗教も保護した。

★9 アショーカ王の用いた文字はインド本土やスリランカ・東南アジアの文字のもととなった。

補説　**仏典の結集（けつじゅう）**　口頭で伝えられていたブッダの教えを経典として収集・整理すること。最初の結集はブッダの死後まもなくで，アショーカ王のときは第3回目にあたり，当時の日用語であったパーリ語が用いられ，スリランカや東南アジアの上座部仏教の経典はこれをもとにしている。第4回目はクシャーナ朝のカニシカ王のときで，サンスクリット語で総合的な結集をおこなったといわれる。

仏教は多くの部派に分かれていたので，それらは部派仏教と総称されたが，そのうちの1つが上座部仏教と呼ばれていた。

▲前250年ごろのマウリヤ朝

3 クシャーナ朝と仏教の革新

❶クシャーナ朝

1 **マウリヤ朝の解体**　アショーカ王の死後，マウリヤ朝は解体し，北インドはふたたび**ガンジス川流域とインダス川流域に分裂**した。★10

★10　マウリヤ朝解体後，ガンジス川流域は分裂抗争をくりかえした。

2 **クシャーナ朝の成立**　前2世紀後半，アム川上流のバクトリアは遊牧民の侵入によって滅び，そのあとを**大月氏国（だいげっし）**（⇨p.102）が支配した。ついで紀元1世紀には，イラン系の**クシャーン人**が大月氏の支配から独立，バクトリア地方に**クシャーナ朝**を建て，インダス川流域にも進出した。

★11　タリム盆地（西域諸国）の支配をめぐって，後漢の西域都護であった班超（はんちょう）と戦った（⇨p.100）。

3 **クシャーナ朝の全盛**　2世紀の**カニシカ王**のとき，インダス川上流域のプルシャプラ（現ペシャワル）を都とし，西は**パルティア**，東は**後漢（ごかん）**と境を接し，東西貿易路の要衝（ようしょう）をおさえて富強をほこった。★11

注意　クシャーナ朝の中心はインドの外にあった。

❷ガンダーラ美術　紀元前後から，首都プルシャプラを中心とした**ガンダーラ地方で発達した仏教美術**。バクトリアからこの地にはいった**ギリシア（ヘレニズム）文化**と仏教文化とが融合したもので，ギリシア彫刻の手法によってはじめて**仏像**が製作された。

❸仏教の革新　カニシカ王は仏教に帰依（きえ）し，仏典の結集をおこない，各地に寺院や仏塔を建てた。

このころ，**菩薩信仰（ぼさつ）**を中心に，ひろく大衆の救済を説く**大乗仏教（だいじょう）**がひろまり，2世紀ごろ**ナーガールジュナ（竜樹）（りゅうじゅ）**がその理論的基礎を確立した。

▲**クシャーナ朝**（2世紀）

❹仏教の伝播　①大乗仏教とガンダーラ美術は，中央アジアから中国・朝鮮・日本などに伝えられた。②シュリーヴィジャヤ王国やシャイレンドラ朝のもとで大乗仏教が保護された。③上座部仏教[★12]はおもに，スリランカから東南アジア方面にひろまった。

❺南インド　マウリヤ朝の崩壊後，前1〜後3世紀にデカン高原を中心にドラヴィダ系のサータヴァーハナ朝が強盛となり，ローマ人との貿易で繁栄，仏教・バラモン教を保護した。

★12 大乗仏教の側からは，**小乗仏教**と蔑称された。

参考 **チョーラ朝**　前3世紀〜後4世紀の前期チョーラ朝，9〜13世紀の後期チョーラ朝があり，南インドに栄えた。農業技術にすぐれ，「海の道(⇨p.93)」での交易活動もさかんにおこなった。

POINT!
① ガウタマ=シッダールタが仏教，ヴァルダマーナがジャイナ教を創始
② マウリヤ朝の3代目のアショーカ王が仏教を保護，仏典を結集
③ クシャーナ朝のプルシャプラを中心にガンダーラ美術が生まれる
④ 大乗仏教が中国・日本などに，上座部仏教が東南アジアなどに伝播

4 グプタ朝とヒンドゥー教の成立

❶グプタ朝の統一　クシャーナ朝の衰退後，4世紀前半にチャンドラグプタ1世が，ガンジス川中流域にグプタ朝をおこし，パータリプトラを都としてインドの大部分を統一。4世紀後半からのチャンドラグプタ2世のときに最盛期となった。[★13]

❷ヒンドゥー教の成立　バラモン教に民間信仰や仏教などが融合してヒンドゥー教が成立した。ヒンドゥー教は開祖も特定の教義もなく，インド人独特の思考・生活様式・社会慣習の総合であり，この後インドの宗教の主流となり，**複雑化したカースト制度と一体となってインド社会を規制**した。ヒンドゥー教ではシヴァ神やヴィシュヌ神などが崇拝され，生活の規範を定めた『マヌ法典』が大成された。[★14]

❸バラモン文化の復興　クシャーナ朝の外来文化の影響がうすれ，アーリヤ的なヴェーダ文学が復興して，サンスクリット文学が黄金期をむかえた。カーリダーサが戯曲『シャクンタラー』を著したほか，医学・天文学・数学なども発達。[★15]

❹グプタ様式の仏教美術　純インド風の仏教美術がおこった。アジャンター石窟寺院などの壁画・浮き彫りが代表的で，中国の敦煌や日本の飛鳥時代の仏教美術に影響を与えた。

★13 中国の僧**法顕**がインドを旅行したのもこの時代である(⇨p.107)。

★14 6世紀なかばから，仏教やジャイナ教を攻撃するバクティ運動がさかんになり，ヒンドゥー教の優位が確定する一因となった。

★15 インドの数字はアラビア数字のもととなり，また，十進法やゼロの概念も生まれた。

3

南アジアと東南アジア世界

❺仏教の研究　仏教では教義の研究がさかんで，5世
紀に設立されたナーランダー僧院はその最高学府
であった。

❻古代インドの終末　5世紀末，グプタ朝は遊牧民エ
フタルの侵入などによって衰退した。7世紀には
ヴァルダナ朝のハルシャ王が北インドを統一，仏
教を保護した。唐の僧玄奘も仏典を求めて訪れた。
その後，インドは分裂の時代にはいり，ヒンドゥー
教はさかんになったが，仏教は衰退した。

▲グプタ朝とヴァルダナ朝

補説　ハルシャ王(ハルシャ=ヴァルダナ)　官僚に土地を
支給し，封建的な主従関係がめばえた。しかし，王の死
後，ヴァルダナ朝は急速に崩壊し，結局，古代北インド
における最後の統一者となった。

POINT!

① グプタ朝が4世紀にインドの主要部分を統一
② バラモン教に民間信仰や仏教が融合し，ヒンドゥー教が成立
③ バラモン文化の復興と，グプタ様式の仏教美術がおこる

SECTION 2　東南アジア世界の形成

1　東南アジアの風土と社会

❶東南アジアの風土　東南アジアは，イ
ンドシナ半島を中心とする大陸部と，マ
レー半島をふくむ島嶼部からなる。ほと
んどは熱帯に属し，赤道直下の地域は，
一年中雨が多い熱帯雨林気候に属する。
大陸部など赤道からはなれた地域では，
モンスーン(季節風)の影響をうけ，雨季
と乾季が交替するサバナ気候が多い。き
びしい気候や複雑な地形のため，長いあ
いだ，全域を支配する国家はあらわれな
かった。

▲2～3世紀の東南アジア

❷水上交通網の発達　東南アジアでは，海や川を利用した水
上交通網が発達し，早くから商業と人の移動が活発だった。
これらの水上交通網は，東アジア地域とインド洋や南シナ海
を結びつける役割をはたし，各地の商人がこの地を訪れて，

外来の文化や宗教も伝わった。前千年紀までに，稲作や金属器文化がひろまり，紀元前後には，「海の道」による東西貿易の中継地，豊かな産物の宝庫として注目されるようになった。

❸**都市と国家の出現**　前4世紀ごろ，北部ベトナムでドンソン文化(青銅器・鉄器文化)が発展した。紀元前後には，貿易による富の蓄積や外来文明との接触を通じて，**マレー半島や大陸部沿岸に都市と国家が出現**した。

★1　地中海からアラビア半島・インドをへて東南アジア・中国にいたる交通路。ローマ帝国の衰退後には，とりわけ東南アジアや中国の重要性が高まった。扶南，チャンパー，シュリーヴィジャヤなどは，港町を中心に建設され，交易によって栄えた**港市国家**の盟主であった。

2　東南アジア諸地域の国家形成

❶**カンボジア**　1世紀末ごろ扶南が成立した。ついで，6世紀にクメール人のカンボジアが勢力を強めて扶南を併合し，インドシナ半島の中心的国家となった。この国ではヒンドゥー教・仏教が栄え，12世紀には，石造寺院アンコール＝ワットや首都アンコール＝トムがつくられた。

▲アンコール＝ワット(当初はヒンドゥー教寺院。16世紀から仏教寺院)

❷**タイ・ビルマ(ミャンマー)**　7世紀ごろに，モン人がチャオプラヤ(メナム)川下流域に**ドヴァーラヴァティー王国**を建てた。ビルマのイラワディ川流域では，南下したビルマ人が，11世紀に**パガン朝**を建てた。

❸**ベトナム**　北部では，10世紀に中国から独立した**大越(ダイベト)**国で，**李朝**(1009~1225)，つづいて**陳朝**(1225~1400)が統治をおこなった。中~南部には，マレー系のチャム人が建てた**チャンパー**があり，大越国と争った。

❹**インドネシア**　7世紀以降，いくつかの王国が成立した。まずマラッカ海峡を支配した**シュリーヴィジャヤ**(7~14世紀)，ついで8~9世紀ごろには，ジャワ島中部で**シャイレンドラ朝**が繁栄した。10世紀以後には，ジャワ島東部の王朝が，香辛料(胡椒)などの輸出によって力をのばした。なかでも**マジャパヒト王国**は，14世紀にマラッカ海峡周辺をふくむインドネシア諸島のほぼ全域を影響下においた。

[補説]　**東南アジアのインド化**　4世紀末ごろから，インド船の活動を通じて，ヒンドゥー教や大乗仏教，サンスクリット語などが東南アジア各地でうけいれられた。この現象は「インド化」とよばれる。

★2　13世紀以降，モンゴル軍の侵入を3回撃退した。また，陳朝の時代に漢字を元にして**字喃(チュノム)**がつくられた。

★3　192年ごろに後漢から独立し，17世紀まで存続した。中国名は**林邑・環王・占城**。

★4　中国では**室利仏逝**とよぶ。唐の僧**義浄**も，インドからの帰途にこの国を訪れた。

[参考]　**ボロブドゥール寺院**　ジャワ島中部にある，シャイレンドラ朝時代の建築。大乗仏教の宇宙(世界)観をあらわしている。

3

南アジアと東南アジア世界

☑ 要点チェック

CHAPTER 3　南アジアと東南アジア世界	答
☐ 1　バラモン教を批判して，ヴァルダマーナが創始した宗教は何か。	1　ジャイナ教
☐ 2　バラモン教を批判し，仏教を開いたブッダの本名を何というか。	2　ガウタマ＝シッダールタ
☐ 3　パータリプトラを都に，南アジアで最初の統一王朝であるマウリヤ朝を創始した人物は誰か。	3　チャンドラグプタ王
☐ 4　マウリヤ朝第3代の王で，仏典の結集をおこなったのは誰か。	4　アショーカ王
☐ 5　クシャーナ朝の王で，仏典の結集をおこない，ヘレニズム文化を導入した人物は誰か。	5　カニシカ王
☐ 6　プルシャプラを中心に発達したギリシア式仏教美術を何というか。	6　ガンダーラ美術
☐ 7　ひろく大衆の救済をめざす大乗仏教の中心思想を何というか。	7　菩薩信仰
☐ 8　大乗仏教の理論の完成者は誰か。	8　ナーガールジュナ（竜樹）
☐ 9　4世紀前半，パータリプトラを都としてグプタ朝を建国したのは誰か。	9　チャンドラグプタ1世
☐ 10　グプタ朝のころに完成した，古代インドの慣習法を集大成し，生活の規範を定めた法典を何というか。	10　マヌ法典
☐ 11　バラモン教に民間信仰や仏教などが融合して成立した，シヴァ神やヴィシュヌ神の信仰を特徴とする宗教を何というか。	11　ヒンドゥー教
☐ 12　前1世紀に，デカン高原を中心にドラヴィダ人が建てた国は何か。	12　サータヴァーハナ朝
☐ 13　グプタ朝で仏教美術が全盛期をむかえ，グプタ様式の美術が発達した。その代表的な石窟寺院を1つあげよ。	13　アジャンター石窟寺院
☐ 14　バラモンの言葉が世俗化したもので，グプタ朝の時代に公用語化され，さまざまな文学作品を生み出した言語を何というか。	14　サンスクリット語
☐ 15　戯曲『シャクンタラー』を著した，サンスクリット文学の代表的な詩人は誰か。	15　カーリダーサ
☐ 16　5世紀に設立された，仏教の教義研究の最高学府を何というか。	16　ナーランダー僧院
☐ 17　7世紀に北インドを統一してヴァルダナ朝を建て，仏教を保護したのは誰か。	17　ハルシャ王（ハルシャ＝ヴァルダナ）
☐ 18　ヴァルダナ朝を訪れた，唐の僧は誰か。	18　玄奘
☐ 19　インドシナ半島ではヒンドゥー教・仏教が栄えたが，カンボジアで12世紀につくられた代表的な石造寺院を何というか。	19　アンコール＝ワット
☐ 20　7世紀ごろからスマトラ島東部に建国され，マラッカ海峡を支配して中継貿易で栄えた都市国家を何というか。	20　シュリーヴィジャヤ
☐ 21　ビルマ（ミャンマー）最初の統一王朝を何というか。	21　パガン朝
☐ 22　ジャワ島にボロブドゥール寺院を建てた王朝を何というか。	22　シャイレンドラ朝
☐ 23　2世紀ごろ，ベトナム中南部にチャム人が建てた国を何というか。	23　チャンパー
☐ 24　大越（ダイベト）の陳朝のときに，ベトナム語を書くために漢字を利用した文字を何というか。	24　チュノム（字喃）

- CHAPTER

4 » 東アジアと中央ユーラシア

時代の俯瞰図

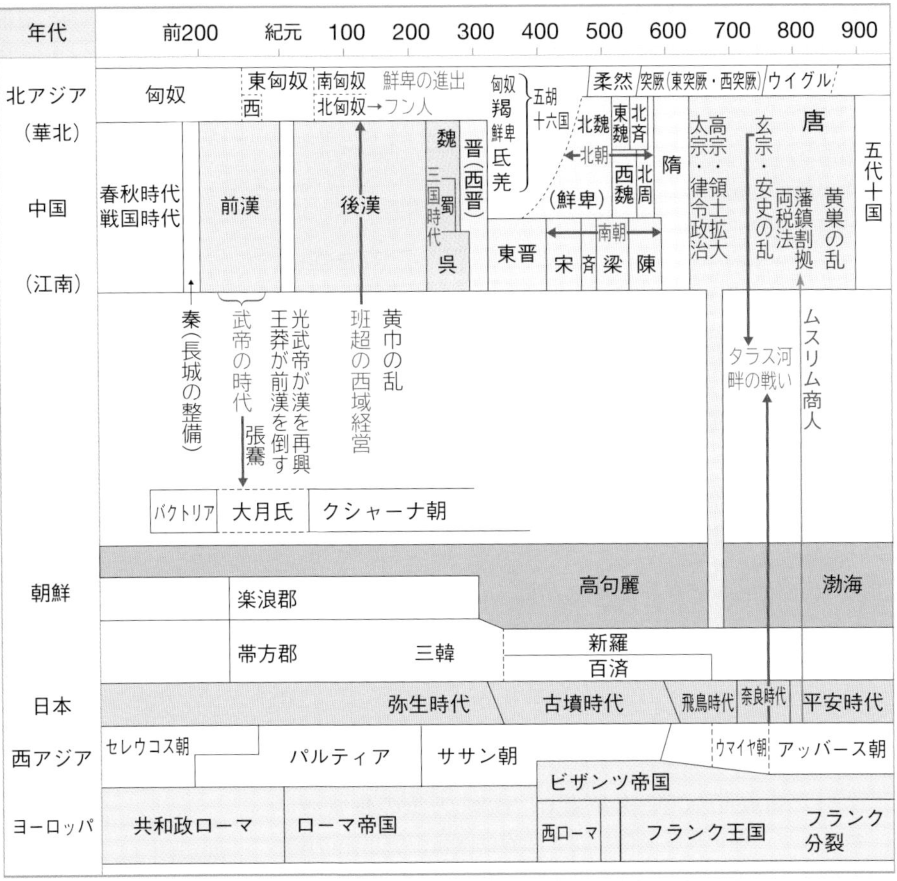

年代	前200 紀元 100 200 300 400 500 600 700 800 900

北アジア（華北）：匈奴／東匈奴・西／南匈奴・北匈奴→フン人／鮮卑の進出／匈奴 羯 鮮卑 氐 羌／五胡十六国／柔然／突厥（東突厥・西突厥）／ウイグル／北魏 東魏 北斉／西魏 北周／北朝／太宗・律令政治／高宗・領土拡大／玄宗／安史の乱／藩鎮割拠／両税法／黄巣の乱／唐／五代十国

中国（江南）：春秋時代 戦国時代／前漢／後漢／魏／三国時代 蜀／呉／晋（西晋）／東晋／宋 斉 梁 陳／南朝／隋／（鮮卑）

秦（長城の整備）／武帝の時代／張騫／光武帝が漢を再興 王莽が前漢を倒す／班超の西域経営／黄巾の乱

バクトリア 大月氏 クシャーナ朝

朝鮮：楽浪郡／帯方郡／三韓／高句麗／新羅／百済／渤海

日本：弥生時代／古墳時代／飛鳥時代／奈良時代／平安時代

西アジア：セレウコス朝／パルティア／ササン朝／ウマイヤ朝／アッバース朝／ビザンツ帝国

ヨーロッパ：共和政ローマ／ローマ帝国／西ローマ／フランク王国／フランク分裂

ムスリム商人／タラス河畔の戦い

4

東アジアと中央ユーラシア

SECTION

1 中国の統一国家

1 秦の統一

❶統一以前の秦 周の東遷後，その故地の渭水盆地に秦がおこった。前4世紀の孝公は，都を咸陽に移し，法家の商鞅を登用して富国強兵をすすめ，以後の発展の基礎をつくった。

★1 渭水盆地の中央，現在の陝西省西安市の西北にある。

補説 **商鞅の変法(改革)**　商鞅が，法家の学説によって秦の富国強兵を
はかった改革。①5家・10家単位の隣組をつくって連帯責任を負
わせ，治安・納税・兵役を強化する(什伍の制)，②農地の区画を改
革・整理する，③従来の封建制をくずし，郡県制による中央集権に
よって国力強化をはかる，などがおもな内容であった。

❷秦の統一

1 **始皇帝**　前3世紀後半，秦王の政は，東方の強大な6国を
つぎつぎに滅ぼし，前221年，全国を統一し，自ら皇帝(在
位前221～前210)と称した。かれは法家の李斯を登用し，
中央集権支配をめざした。

2 **始皇帝の統一政策**

①封建制を廃止し，全国を皇帝の直轄下において郡県制を
実施。すなわち，全国を36(のち48)の郡に分け，郡は
いくつかの県を管轄する。郡・県は皇帝が任命した官吏
によって統治された。

②**度量衡・貨幣を統一**し，地方の封鎖性を一掃した。

③**文字を統一**し，言論・思想を統制した。

④民間の武器を没収して治安の維持をはかった。

⑤全国の富豪を国都である咸陽に移住させ，国都の繁栄と
地方の弱体化をはかった。

補説 **焚書・坑儒**　始皇帝による言論・思想統制策。秦の政治は法家思
想によるところが多く，儒者などはこれを批判した。そこで，丞相
李斯の意見により，民間にある医薬・占い・農業関係以外の書物を
焼き捨て(焚書)，儒者など460余人の学者を坑埋めにした(坑儒)。
ただし，この事件は後世の儒者が誇張したものとする説もある。

3 **対外政策**　①始皇帝は，戦国時代いらい北辺をおびやかし
ていた匈奴(⇨p.102)を撃退し，長城(万里の長城)を大
修築して，その侵入を防いだ。②南は南嶺山脈以南の南越
を討ち，ベトナム北部までを支配して，南海郡(現在の広東
省付近)など3郡をおいた。この広大な領域はのちの中国の
原形となり，また秦の名は遠く西方にも伝わった。

❸秦の滅亡
秦の急激な改革は新旧諸勢力の反感をかい，また，
外征や大土木工事などの負担は民衆を苦しめた。始皇帝の死
後，陳勝・呉広の乱をはじめ各地に反乱がおこって，前206
年に秦は滅亡した。

2 漢王朝の成立

❶漢(前漢)の成立

1 **項羽と劉邦**　秦の滅亡後，楚の武将項羽と，農民出身の劉

★2 戦国の七雄から秦を
除いた諸国。

★3 統一者の権威を示す
ため，王にかえて新たに皇
帝の称号を制定した。皇に
は「光り輝く」，帝には
「天の支配者」の意味があ
り，始皇帝とは第1代皇帝
を意味する。

★4 県という地方行政単
位は，こののち2,000年
以上も存続し，現在にい
たっている。

★5 半両銭という穴あき
銅銭を制定した。

★6 文字は李斯がつくっ
たという小篆に統一され，
これより隷書・楷書ができ
ることになる。

参考 **秦の官僚機構**

⟨都⟩			
皇帝	┌	丞相	(行政)
	├	太尉	(軍事)
	└	御史大夫	(監察)
⟨郡⟩	┌	守	(行政)
	├	尉	(軍事)
	└	監御史	(監察)
⟨県⟩		令または長	

★7 戦国時代に秦・燕・
趙などがつくっていた長城
を補修・増築した。現在の
長城より北方にある。

★8 中国をあらわすChina
は，秦から転訛した。

★9 陳勝のことば「王侯
将相いずくんぞ種(家柄)あ
らんや」は有名。

邦との争いがつづいたが，前202年，劉邦は項羽を垓下の戦いに破り，漢を樹立，都を長安(現在の陝西省西安市付近)に定めた。劉邦は漢の高祖(在位前202〜前195)として初代皇帝となった。

② **高祖の統治**　高祖は，秦の画一的な郡県制が旧勢力の反感をまねいたことから，長安を中心とする地域は皇帝の直轄として郡県制をしいたが，遠隔地では，一族や功臣を諸侯とする封建制を実施し，郡県制と封建制とを併用する郡国制をおこなった。

▲秦・前漢時代の中国

西域の勢力範囲はページ下部の地図参照

秦の領域
秦の長城
前漢の領域
おもな封建諸侯(前2世紀なかば)

❷**呉楚七国の乱**　高祖は功臣の諸侯を取りつぶし，一族で諸侯をかためたが，その後の皇帝は諸侯の実権をうばおうとしたので，呉・楚など7諸侯が前154年に反乱をおこした。しかし反乱はすぐ平定され，漢の中央集権体制がほぼかたまった。

注意　漢王朝は，後8年にいったん滅んだので，前漢と後漢に区別される。

なお，漢の名は「漢字」「漢人」など中国を意味する語となっている。

3 武帝の時代

❶**国内政治**　7代皇帝武帝(在位前141〜前87)の時代は前漢の最盛期であった。

① **中央集権体制**　推恩の令とよばれる政策で諸侯の勢力を弱め，名目上は郡国制でも実質的には郡県制とかわらない中央集権体制を確立した。

★10「皇帝の恩徳を諸侯の子弟に等しく推しおよぼす」という名目で，諸侯の領土を分割して相続させ，諸侯の力を弱めた。

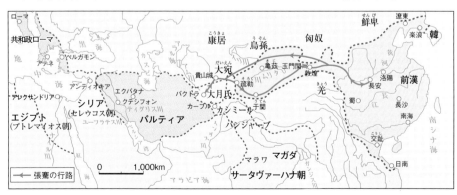

▲前2世紀後半のアジア

張騫の行路

② 元(年)号　権威を示すため，はじめて元号を制定した。[★11]

③ 思想統一　董仲舒の意見によって儒学を官学として採用し（⇨p.101），思想統一と社会秩序の維持をはかるとともに，郷挙里選によってひろく官吏となる人材を求めた。[★12]

補説　郷挙里選　漢代の官吏採用法。前漢では地方長官が，地方の有力者と合議して有能・有徳の者を中央に推薦した。後漢になると，豪族の発言権がますとともに，人物評価に儒教的教養を重視した。

❷対外政策　武帝は，高祖いらい蓄積してきた国力の充実を背景に，積極的な対外政策をおこない，領土を拡大した。

① 匈奴に対し，高祖いらいの和親策をやめ，衛青や霍去病らを派遣して征討し，北西辺の甘粛に敦煌など4郡をおいた。[★13]

② 匈奴挟撃の同盟を結ぶため，張騫を大月氏（⇨p.102）に派遣し，目的は達しなかったが，西域経営の端緒が開かれた。[★14]

③ 秦末に独立していた南越を討ってベトナム北部まで征服し，南海・日南など9郡をおいた。

④ 衛氏朝鮮を倒し，楽浪（現在の平壌付近）など4郡をおく。

補説　張騫の遠征　武帝は，匈奴との対戦中，匈奴に追われて西方に移動した大月氏と攻守同盟を結んではさみうちにしようと考え，前139年張騫を大月氏に派遣した。張騫は途中で匈奴に捕らえられたりした末，大月氏国に到着して同盟を提議した。しかし，大月氏は新しい領土に安住して同盟に応じなかった。張騫は大宛（フェルガナ）や安息（パルティア）など西方の事情を調査し，前126年に帰国した。武帝は張騫の報告をうけて，かれをふたたびイリ川流域の烏孫に派遣してこれと同盟し，さらに大宛にも遠征軍を送った。

❸経済政策　たび重なる外征は財政難をまねいた。そこで桑弘羊の意見により，塩・鉄・酒の専売，均輸・平準[★15][★16]などをおこない，商工業者を中心に増税した。

補説　塩の専売　中国では，塩の生産地が限られ，政府にとって管理しやすい条件にあったので，生産地をおさえて専売をおこなえば，いくら高い値段をつけても人民は買わざるをえず，容易に巨利をあげることができた。塩の専売は武帝以後断続的におこなわれたが，唐中期以後は常法となって人民を苦しめ，また密売商人の暗躍をまねいた。

★11　最初の元号は建元。

★12　このころから，儒教が王朝国家の精神的支柱となってきた。

★13　対匈奴政策　秦の始皇帝は将軍蒙恬らに匈奴を討たせたが，漢の高祖は強大化した匈奴と戦って敗れ，その後は財宝を贈ったり一族の娘（公主）を匈奴の単于（王）に嫁がせたりして和親につとめていた。

★14　西域　中国西方の総称であるが，西域経営という場合にはタリム盆地周辺のオアシス都市国家をさす。中国から西域への出入口が敦煌付近にある玉門関と陽関。前1世紀なかばにはタリム盆地周辺の西域諸国は漢に服し，漢は西域都護を派遣して経営につとめた。

★15　各地の特産物を税としておさめさせ，政府がこれを不足している地方へ転売して利益を得，商人の中間利潤を防止した。

★16　物価がさがると政府が買いあげ，あがると売りだして物価の安定をはかる。

参考　五銖銭　武帝が制定した銅銭。秦の半両銭以後の貨幣制度の混乱をおさめるため，形状を統一し，中央官庁で鋳造を独占させた。

POINT!

① 秦の始皇帝が，前221年に中国を統一，郡県制をしく
② 漢の高祖（劉邦）は郡国制を採用→呉楚七国の乱鎮圧後，中央集権化
③ 武帝の政治：儒学の官学化・郷挙里選の官吏登用・張騫の西域派遣

② 後漢の時代と漢代の文化

1 前漢の滅亡と新

❶豪族の進出　戦国時代いらいの大土地所有は，前漢時代にも進展した。とくに武帝のころからの外征や重税のため，多くの農民が没落し，**大土地所有者**は没落農民の土地をあわせ，多くの奴婢を使って，豪族とよばれる支配層として勢力を地方に確立した。政府は**限田法**によって大土地所有を制限しようとしたが，失敗した。

❷王莽と新　武帝以後，宮廷では外戚や宦官★2が実権をにぎって中央の政治を左右し，政争をくりかえした。後8年，外戚の王莽(在位8〜23)は幼少の皇帝を廃して自ら皇帝となり，国号を新と称した。王莽は儒家が理想とする周代の政治を手本とし，大土地所有の制限，商工業の統制などをはかったが，豪族や農民の反抗★3をまねいて約15年で滅ぼされた。

2 後漢

❶漢の再興　後25年，漢の一族劉秀は，豪族勢力に推されて漢王朝を再興し，都を**洛陽**においた。これが**後漢の光武帝**(在位25〜57)である。光武帝は，対外的には消極策をとって民力を回復し，儒教主義に基づき国内の整備につとめた。

参考　農民の負担　漢代には田租のほか人頭税・財産税などがあり，力役や兵役などの徭役も課せられた。

★1　奴婢の多くは没落農民で，財産の所有や結婚は認められていた。

★2　外戚は皇后や妃，皇太后などの一族。宦官は去勢された男性の官吏で，皇帝の側近として，しばしば政治の実権をにぎった。

★3　漢の一族の劉氏の挙兵，農民の赤眉の乱など。

★4　河南省にあり，東周の都洛邑もこの近くであった。のち魏や西晋・北魏などの都となった。

＼ TOPICS ／

班超の西域経営と班固の歴史書

　西域経営は前漢の武帝時代に開始されたが王莽の時代にはとだえた。後漢初期も国内の整備に追われ，光武帝は西域諸国に助けを請われても「勝手に匈奴なり何なりに服従するがよかろう」と拒絶したほどであった。

　このような対外消極策を180度転回させたのが，後漢の**班超**であった。かれは「虎穴に入らずんば，いずくんぞ虎子を得ん」と，タリム盆地の鄯善国を攻め，匈奴の勢力に勝利した。そののち，西域都護に任命され，亀茲を基地として西域の支配をおこなった。

　班超は晩年にいたって洛陽に帰り，その後，後漢による西域経営はふたたび後退した。この地はその後も騎馬遊牧民と中国王朝との抗争の場であったが，ガンダーラを経由して仏教が伝えられ，仏教文化が開花した。

　班超の兄が**班固**である。班固は父班彪の遺志をついで，前漢一代の歴史書『漢書』を著したことで名高い(死後，妹班昭により完成)。また，詔を奉じて儒学者の議論を集めた『白虎通義』を著し，詩賦にも有名な『両都賦』を残している。『漢書』は，前漢の司馬遷の『史記』とともに，のちの中国歴史書に大きな影響を与えた。

❷対外政策　1世紀後半は後漢の全盛期で，対外的にも積極策がとられた。①匈奴（きょうど）が南北に分裂し，南匈奴（みなみ）が服属してきたので，これに乗じて北匈奴（きた）を討った（⇨p.102）。②西域都護（ごいき と）となった班超（はんちょう）が西域経営に活躍し，カスピ海東岸の地にまで後漢の勢力をおよぼした。

補説　**大秦国**（たいしん）　ローマ帝国，またはその東方領をさす。97年，班超の命で大秦国への使者となった甘英（かんえい）は，安息（パルティア）をへて条支国（シリア）にいたったが，西海（地中海？）に到達して引き返した。また，166年には，**大秦王安敦**（あんとん）の使者と名のる者が海路でベトナム沿岸に来航しているが，安敦はローマ皇帝で五賢帝のひとりマルクス＝アウレリウス＝アントニヌスにあたると考えられる。

❸後漢の滅亡

1 **政治の混乱**　2世紀になると，外戚や宦官がふたたび勢力をふるい，儒教的教養をつんだ豪族出身の**官僚**と対立して，外戚・宦官・官僚の政争が激化した。2世紀後半には，宦官は宮廷と結んで，宦官の横暴を非難した官僚を弾圧した。[★5]

2 **黄巾の乱**（こうきん）　農民は政治の混乱と豪族の圧迫に苦しみ，184年には**黄巾の乱**という大規模な民衆反乱がおこった。こののち，有力な豪族が各地に割拠（かっきょ）し，やがて220年，後漢は豪族曹操（そうそう）の子の曹丕（そうひ）によって滅ぼされた。

補説　**黄巾の乱**　2世紀末，民間信仰の宗教結社太平道（たいへいどう）の教祖張角（ちょうかく）が，悪政と天災に苦しむ貧農などを率いておこした反乱。陰陽五行説（いんようごぎょう）により火を徳とした後漢に対し，土の徳を示す黄巾（黄色の頭巾（ずきん））を目印としたために，この名でよばれる。

POINT!
①前漢末に地方で豪族の有力化・中央で外戚や宦官が実権→新の成立
②劉秀（光武帝）が漢を再興（後漢）→民力の回復
③後漢では班超の西域経営→部下の甘英をローマ帝国に派遣
④後漢は，党錮の禁・黄巾の乱により衰退→220年滅亡

3 漢代の文化

❶漢代の文化の特色　①秦（しん）・漢の約400年にわたる統一の実現により，中国古来の文物が集大成され，**中国文化の基礎が確立**された。②その反面，国家による思想統一などにより，思想や学問の固定化・形式化をもたらした。

参考　前漢の武帝が設けた朝鮮の楽浪郡（ぜんかん らくろう）は後漢のときも存続し，朝鮮北部に勢力をのばしてきた高句麗（こうくり）と対立するようになった。また，当時の日本は倭とよばれ，倭の奴国（なのくに）の王が使者を光武帝に送って金印（きんいん）を授けられたのはこのころである。

注意　後漢時代，西方にどんな国々があったか確かめておこう（⇨p.103地図）。

★5 **党錮の禁**（とうこ）または党錮の禍（か）という。儒教的教養をつけて正式の推挙により官吏となった者を清流，宦官に頼って不正手段で官吏になった者を濁流（だくりゅう）とよんだ。

注意　中国の民衆反乱には，赤眉・黄巾・紅巾・白蓮教（こうきん びゃくれん）徒など，色の名がついたものが多い。混同しないように，その時代（王朝）と関連させて整理しておこう。

参考　儒学と儒教　しばしば同じ意味で用いられるが，儒学は儒家の学問の意味で，儒教といった場合は思想的な意味合いが強い。

❷儒学　前漢の武帝のとき官学とされ[★6]，こののち中国の学問や思想の主流となった。後漢では古典の字句解釈を主とする訓詁学[★7]が発達した。

❸歴史学　統一国家の実現によって民族意識が高まり，後世の歴史記述の模範となる歴史書が著された。①前漢の司馬遷の著『史記』は，太古より武帝時代までの歴史を記述し，②後漢の班固の著『漢書』は，前漢一代の歴史を記述した。

補説　歴史記述の形式　皇帝の事績の年代記である本紀と，個人の伝記である列伝とを主体とする歴史記述を紀伝体という。『史記』『漢書』をはじめ，各王朝の正式の歴史書(正史という)は，すべて紀伝体である。これに対し，年代順に記述していったものを編年体という。なお，『史記』のようにいくつかの年代を通して記述したものを通史，『漢書』のように1つの王朝の歴史を記述したものを断代史という。

❹美術・工芸　商工業が発達したので，工芸技術がいちじるしく向上し，すぐれた絹織物・漆器・銅器などがつくられた。後漢の宦官蔡倫は，製紙技術を改良した[★8]。

❺宗教　仏教は，前1世紀末～後1世紀なかばに西域より伝わったが，一般には普及しなかった。また，不安な世相を反映して，現世の利益をねがう民間信仰がさかんになり，張陵が組織した五斗米道，張角が組織して黄巾の乱の主力となった太平道など，道家の思想などが加わった宗教結社が組織化された。

★6　このとき武帝は五経を教授させるために五経博士をおいた。しかし，儒教が正式に政治思想として採用されたのは前1世紀後半からとする説が有力である。

★7　後漢の訓詁学者としては馬融や鄭玄が有名。

参考　1972年，長沙市郊外の馬王堆漢墓が発掘され，前漢初期の女性の遺体をはじめ絹織物・漆器・竹木器・陶器，さらに絹地に書かれた文書(帛書)も発見された。

★8　紙の発明まで，文字は木簡(木片)・竹簡(竹片)や絹布などに記していた。蔡倫の製紙技術は，751年のタラス河畔の戦いをきっかけに西伝したといわれる。

参考　製紙法は，火薬・羅針盤・印刷技術とともに中国の四大発明といわれる。

SECTION 3　内陸アジアの諸民族

1　騎馬遊牧民の登場

❶草原地帯　内陸アジアの北方，モンゴル高原からアルタイ山脈をへてキルギス草原におよぶ地域は，大部分が雨量の少ない草原地帯で，多くの遊牧民が活躍した。家畜をつれて移動する遊牧生活では，定住の農耕生活のような富の蓄積は困難であったから，かれらは農耕社会との交易によって安定をはかり，ときには農耕社会へ侵入して略奪をおこなった。

❷スキタイ　前6世紀ごろ黒海北岸を中心に活動したイラン系の遊牧民。イラン・ギリシアの文化をうけいれ，騎馬の風習をもつようになり，動物文様に特色のある武器・馬具など，遊牧民らしい金属器文化を形成した(スキタイ文化)。

参考　遊牧国家　遊牧民の国家は，複数の部族集団による連合体である場合が多い。そのため，連合をかさねて急速に拡大したり，逆に，指導者の死をきっかけに急速に縮小するといった例がみられる。またオアシス地域の定住民とのあいだには，農産物などの提供をうけ，交易に際して騎馬での移動に協力するなどの共生関係があった。さらに，能力があれば出自の別なく登用する実力主義も，大きな特色といえる。

❸匈奴

1 **匈奴の発展**　匈奴はトルコ系またはモンゴル系の遊牧民。
スキタイ文化の影響をうけて戦闘的な騎馬遊牧民となった。
①前4世紀ごろからモンゴル高原を中心に活動し，中国の
戦国時代末にはその北辺に侵入したが，始皇帝のとき一
時後退。
②前2世紀前半，冒頓単于のもとで強大な遊牧国家を形成。
中国の北西辺(甘粛地方)から月氏を追い，漢の高祖の軍
を破る。**オアシスの道**の中心であるタリム盆地などの都
市国家群を支配し，貿易の利益を独占して全盛をほこった。

2 **匈奴の分裂**　匈奴は武帝の攻撃をうけて北方に退いてから
おとろえ，前1世紀なかば内紛によって**東西に分裂**した。
東匈奴は前漢と結んで**西匈奴**を滅ぼし，匈奴を再統一した
が，後1世紀なかばに**南北に分裂**した。南匈奴は後漢に
従い，北匈奴は南匈奴・後漢の連合軍に追われて西方に
移った。★2

補説　**ノイン゠ウラ**　バイカル湖の南方にある山地で，1924年に匈奴
の古墳群が発掘された。紀元前後のもので，スキタイ文化をはじめ
中国文化や西域文化の影響を示す遺物が多数発見され，匈奴がきわ
めてひろい範囲の地域と交渉をもっていたことが証明された。

2 中央アジアのオアシス都市国家

❶**オアシス都市国家**　内陸アジアの南半分，中国の北西辺か
ら**タリム盆地**周辺をへてイランにおよぶ地域には，インド゠
ヨーロッパ語系の住民がオアシスごとに都市をつくり，**農牧
業**や**中継貿易**を営んでいた。ここは東西貿易路の幹線である
オアシスの道(絹の道，シルク゠ロード)が通じていたから，
この地域の支配をめぐって諸民族の抗争がくりかえされた。

❷**パミール高原以東**　タリム盆地と周辺の**オアシス都市国
家群**は，はじめ**月氏**(イラン系とされる)に支配されたが，前
2世紀に**匈奴**によって西方に追われた。ついで前漢が**武帝**以
後この地域を支配し，**中国の王朝国家による西域経営**がはじ
まった。

❸**パミール高原以西**　アレクサンドロスの遠征後，前3世紀
にギリシア人がバクトリアを建設した。前2世紀なかば，匈
奴に追われた月氏(**大月氏**)がバクトリアを支配して建国した。
この大月氏からクシャーナ朝が独立した(⤴p.90)。

★1　単于とは匈奴の君主
の称号。語源や意味は不明。

▲スキタイの黄金製の櫛

★2　南匈奴の子孫は，4
世紀はじめ晋(西晋)を滅ぼ
して五胡十六国時代の端緒
となった。また，フン人
(⤴p.129)は，西に移った
北匈奴の一派であるともい
う。

★3　ソグド人　中央アジ
アのソグディアナの原住民
(イラン系)。オアシス都市
国家を中心に東西の中継貿
易の実権をにぎり，商業民
として有名。アラム文字系
のソグド文字を用いた。

★4　タリム盆地北部の焉
耆・亀茲・疏勒など，南部
の鄯善(楼蘭)・于闐など。
中国ではこれらを**西域諸国**
とよび，前漢の武帝のとき
服属した西域諸国は36国
におよんだという。

★5　西方に移った月氏を
大月氏，東方に残った月氏
を小月氏という。

① 南ロシアでスキタイが金属器文化，モンゴルで匈奴が遊牧国家形成
② 中央アジアのオアシスでソグド人・月氏らが中継貿易の利益を独占

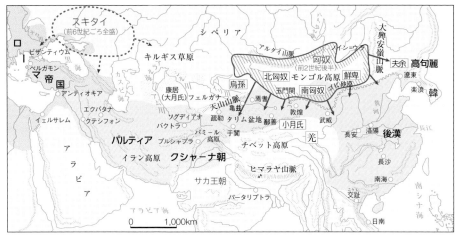

▲2世紀の内陸アジア

4 三国時代と晋

1 三国時代と晋

❶三国の分立　後漢末の豪族のひとり**曹操**は，後漢の王室を
利用して華北を統一したが，208年**赤壁の戦い**で劉備・孫
権の連合軍に敗れ，全国の統一には失敗した。220年曹操の
子曹丕が後漢の帝位をうばうと，[★1]劉備・孫権もそれぞれ皇帝
と称し，60年間にわたって魏・蜀・呉の分立する三国時代
（220〜280）となった。

1 **魏**　曹丕（**文帝**）が建国（220〜265）。**洛陽**に都して**華北**を
支配し，3国のうち最も有力であった。蜀を滅ぼしたが，
晋にとってかわられた。貴族の専横を防ぐため，官吏登用
に**九品中正**（**九品官人法**）を定め，**屯田制**をしいた（⇨p.105）。

2 **蜀**　[★2]**劉備**が建国（221〜263）。都を**成都**におき，現在の四
川省を中心とする領域を支配した。

3 **呉**　**孫権**が建国（222〜280）。**建業**[★3]を都として長江中・下
流域の**江南**を中心に支配した。豪族の争いでおとろえ，晋
に滅ぼされた。

★1　実際は曹丕が献帝に
せまって帝位を譲らせたの
だが，平和的に帝位を譲る
という**禅譲**の形式をとった。
960年の宋の成立まで，王
朝の交代時には禅譲の形式
がとられた。

★2　3国中最も勢力が弱
かったが，漢王朝の復興を
悲願として漢と自称し（**蜀
漢**），名臣**諸葛亮**（**孔明**）ら
の尽力で国を維持した。

★3　現在の**南京**。東晋以
後は**建康**といい，江南の政
治・経済・文化の中心地。

4 東アジアと中央ユーラシア

❷晋の成立　魏の将軍司馬炎(武帝。
在位265〜290)が帝位をうばっ
て、晋(265〜316)を建国し、洛陽
に都した。280年には呉を滅ぼして
中国を統一した。占田・課田法(⇨
p.105)を実施し、一族を王として要
地に配置した。
❸西晋の滅亡　一族の諸王が争い、西
晋の国勢は衰退。このとき、諸王が
周辺異民族の軍事力を利用したため
五胡の侵入をまねき、316年匈奴の
攻撃により西晋は滅亡した。
❹東晋の成立　江南にいた晋の一族の司馬睿(在位317〜322)
が、晋の遺臣や江南の豪族の支持を得て、東晋(317〜420)
を建て、建康に都した。江南の開発がすすみ、文化が栄えた。
❺五胡十六国時代　五胡とは、北方系の匈奴・羯・鮮卑と、
チベット系の氐・羌をさす。いずれも4世紀はじめから華北
に侵入した。匈奴が漢を建ててから、鮮卑の北魏が華北を統
一するまで、華北では16の国々が興亡した。

補説　前秦　十六国の1つで、氐が建国。苻堅のもとに強勢となり、4世
紀後半に華北を統一した。さらに江南を征服しようとしたが、383
年淝水の戦いで東晋軍に敗退した。これにより前秦は急速におとろ
え、華北はふたたび分裂状態におちいった。

▲分裂時代の中国

★4　これを西晋といい、
のちに江南で再興された晋
を東晋といって区別する。

★5　封王の制などといい、
封建制の一種である。

★6　8人の王がつぎつぎ
に実権をにぎったので八王
の乱(290〜306)という。

★7　304年、匈奴の劉淵
が漢(のち前趙)を建てた。
以後、五胡十六国時代と
いう。

2 門閥貴族

❶門閥貴族の形成　後漢末期より土地・農民を支配して強大
化した豪族は、やがて政治権力をにぎって門閥化し、官吏と
して中央政界に進出し、貴族階層を形成した。
❷門閥貴族と各王朝　門閥貴族は、土地を兼併して農民を使
役したため、国家が直接に支配する土地・農民は減少した。
それは国家収入の減少につながったので、各王朝は、貴族の
官職独占をふせぎ、土地所有対策をたてることにつとめた。
❸官吏の登用法　魏では、ひろく有能な官吏を選ぶため、九
品中正(九品官人法)を採用。地方に中正官をおき、人物を9
等級に分けて推薦させ、政府はその等級にみあった官職を与
えた。地方の有力豪族が中正官になったため、その子弟が上
級官職を独占するようになった。

★8　とくに江南では、東
晋以後、華北から移住した
貴族が中心となり、どの王
朝のときも政治の実権をに
ぎった。
　門閥貴族の勢力は、南北
朝時代に増大し、つぎの
隋・唐朝にひきつがれ、唐
末五代の大変動期に没落し
た。

❹**土地政策と徴税法**　大土地所有の進行による貴族の強大化に対し，各王朝はさまざまな対策を試み，徴税につとめた。

① **屯田制**　**魏**で最も大規模におこなわれた。流民を一定地域に集団で定住させ，官有地や所有者のいない土地を耕作させた。その収穫は，魏の場合，重要な財源となった。★10

② **占田・課田法**　**晋(西晋)**の土地政策で，**占田法**は土地所有の制限，**課田法**は農民への田地の割り当てといわれる。

③ **土断法**　**東晋**にはじまり，**南朝**でおこなわれた戸籍整理法。貴族の私有民の増加をふせぎ，現住地での戸籍登録をはかった。

★9　「**上品に寒門なく，下品に勢族なし**」ということばは，当時の状況を示す。「高い官職に低い家柄の者はおらず，低い官職に有力貴族はいない」という意味。この弊害をふせぐため，隋代より，試験制(**科挙**)が実施された(⇨p.108)。

★10　屯田制は秦・漢でもおこなわれたが，辺境の防衛を主目的としていた。

POINT!

① 三国時代：魏(都は洛陽)・蜀(都は成都)・呉(都は建業)に分立

② 司馬炎が建てた晋が中国統一→江南に東晋，華北は五胡十六国時代

③ 門閥貴族の官職独占・大土地所有→官吏登用法・土地政策で対処

SECTION

⑤ 南北朝の分立と六朝文化

① **南北朝時代**

❶**南北朝の対立**　439年，北魏(386～534)が五胡十六国の混乱を収拾して華北を統一し，中国は**南北朝時代(439～589)**となった。①北魏は6世紀前半に東西に分裂し，やがて**東魏**は**北斉**に，**西魏**は**北周**にかわった。この5王朝を，北朝という。②江南では，東晋にかわり**宋**(420～479)が成立し，ついで**斉・梁・陳**と交替した。この4王朝を南朝という。

❷**北魏の均田制**　北魏は鮮卑の**拓跋氏**が建国。孝文帝(在位471～499)は，大土地所有を制限し，戦乱で荒廃した農村

★1　孝文帝は，**平城**(現在の山西省大同)から南の洛陽に遷都し，鮮卑語の禁止，官制・服装を中国風に改めるなどの**漢化政策**を強くすすめた。この時代から，北朝でも貴族制が強化された。

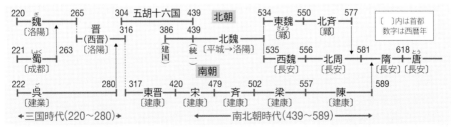

▲魏晋南北朝のおもな王朝

東アジアと中央ユーラシア

4

\ TOPICS /

貴族制社会と皇帝

　南北朝時代の中国社会を特徴づけるものとして，門閥貴族がある。門閥とは，後漢末以後新たに形成されてきた豪族のなかで，とくに代々高い官職についた名門の家柄をいう。

　かれら門閥貴族は，晋の再興（東晋）以後ぞくぞくと江南に移住し，江南の土着豪族と融合しながら社会的地位を安定させ，強固な貴族社会を形成した。そのため，南朝は一般に皇帝権力が弱体で，貴族が政治を左右し，皇帝になるにも門閥貴族を中心とする豪族の支持が必要であった。豪族たちに見限られた皇帝は滅び，多くの豪族の支持を集めた者が新しい皇帝となった。その際の儀式が禅譲で，豪族たちが新しい皇帝（王朝）を認めるための認証式のようなものであった。

　これに対し，異民族王朝の北朝では，皇帝の権力が比較的強く，北魏の均田制や西魏の府兵制のような清新な政策が断行された。それでも，華北に残留した豪族を無視することはできず，貴族の特権を認めながら華北を支配しなければならなかった。

　門閥貴族を中心とする豪族の基盤は，大土地所有にあった。各王朝は大土地所有を抑制し，土地・人民を直接掌握しようとするが，これには貴族・豪族の抵抗がある。そこで皇帝は貴族・豪族と妥協し，かれらの特権を認めながら皇帝権力を強めることに苦心した。北魏から隋・唐にいたる均田制は土地国有策として画期的であったが，同時に貴族・豪族に有利な仕組みでもあった。

を再建して国家の税収をはかるため，485年均田制を実施した。①土地は原則として国有とし，農民には年齢・性別・身分に応じて一定の土地を支給して耕作させた。②その施行に伴い，郷村組織として三長制をしいた。均田制は，北朝をへて隋・唐にうけつがれた（⇨p.108）。

❸**西魏の府兵制**　均田制を基礎に，漢人農民層から兵士を徴発した。これが府兵制のおこりで，以後，北周から隋・唐にうけつがれ，中国全土の統一に役立った。

2 六朝文化

❶**文化の特色**　六朝時代の江南では，①華北から移された伝統文化がさらに発展し，詩文や書・画を中心に華麗な貴族文化が生まれた。②儒教はふるわず，老荘思想がうけいれられ，貴族たちは世事をはなれて清談にふけった。

補説　**六朝**　呉いらい江南の建康に都した東晋・宋・斉・梁・陳の6王朝を六朝という。「六朝時代」の語は，おもに文化史で使われる。

❷**六朝文化**

① **文学**　①詩文では，東晋の自然詩人陶淵明（陶潜），宋の山水詩人謝霊運がでた。梁の昭明太子は，古代の詩文を集めて『文選』を編纂した。②散文では，四字句・六字句を中心に対句を多用する，華麗で典雅な四六駢儷体が流行した。

★2　5戸を1隣，5隣を1里，5里を1党として，隣長・里長・党長をおいた。各長は，戸籍調査，田の収授，徴税などにあたった。

参考　**魏晋南北朝時代**
220年の魏の建国から，三国時代，晋の時代をへて，南北朝時代にいたる期間の総称。

★3　漢の清議（儒家的立場の人物評）からでたが，清談は老荘思想を中心とする談論であった。阮籍らの竹林の七賢は，その代表である。

★4　官職をやめるときに書いた「帰去来辞」は，六朝第一の名文といわれる。

2 **書・画**　絵画では,「女史箴図」などを描いたといわれる東晋の顧愷之が有名。書は,筆・墨・紙の発達を背景として芸術性が高まり,東晋の王羲之,その子王献之らがでた。

3 **学術**　『三国志』(晋の陳寿著)や『後漢書』などの史書。地理書『水経注』★6や農業技術書『斉民要術』が北魏でつくられ,西晋では漢代の医学書『傷寒論』が整理された。

3 仏教と道教

❶**仏教の普及**　魏晋南北朝時代には,**政治・社会の混乱**を反映して,仏教が社会一般にひろまった。五胡十六国時代には西域の亀茲(クチャ)出身の僧仏図澄や鳩摩羅什★7が布教や訳経に活動し,東晋の僧法顕は,仏典を求めて**陸路**でインドを訪れ(⊃p.91),『仏国記』を著した。

❷**仏教美術**　皇帝や貴族の保護をうけ,中国最初の仏教美術が開花した。甘粛省の敦煌,山西省の雲崗,洛陽付近の竜門などの石窟寺院には,インドの**ガンダーラ美術**や**グプタ様式仏教美術**(⊃p.90, 91)の影響をうけた石仏・壁画が残される。

❸**道教の大成**　民間信仰・老荘思想を中心に形成された道教★8は,仏教の組織に刺激されて宗教としての形をととのえ,北魏のころ寇謙之が仏教に対抗して,教団の組織を確立した。

POINT!
①南北朝時代：華北では北魏,江南では東晋のあと4王朝が交代
②六朝文化：江南で発達した貴族文化で,陶淵明・王羲之らが活躍
③中国最初の仏教文化が,敦煌・雲崗・竜門などで開花

SECTION 6 隋の統一

1 隋の成立と統一

❶**隋の成立**　581年,北周の外戚の楊堅が隋(581〜618)を建国し,**大興城(長安)**を都とした。これが**文帝**(在位581〜604)で,589年には南朝の陳を滅ぼして,全中国を統一した。

★5　魏志・蜀志・呉志からなる。魏志のうちの東夷伝・倭人の条には,日本(倭)の邪馬台国と女王(卑弥呼)のことが記されている。

★6　北魏の酈道元が著した地理書。諸河川と流域の都市・古跡・山水などを記している。

★7　かれの漢訳仏典は,唐の玄奘の新訳に対して旧訳といわれ,中国仏教の発展に貢献した。

参考　敦煌には4〜14世紀にかけて,莫高窟(千仏洞)とよばれる石窟寺院が建造された。雲崗・竜門の石窟寺院は,おもに北魏が,それぞれ前期の都平城(大同),後期の都洛陽の近くにつくったものである。

★8　中国固有の宗教である。その寺院を道観という。

4
東アジアと中央ユーラシア

❷隋の統一政策　中央集権化をめざす諸政策がとられた。

① 科挙　九品中正をやめて，**学科試験によって官吏を登用する方法**がはじめられた。

② 均田制　北魏いらいの**均田制**を継承し，大土地所有を制限して国家財政の確立をはかった。

③ 府兵制　西魏いらいの**府兵制**を継承した。均田制に基づき民戸全般から徴兵し，皇帝の軍事権を強化した。

❸大運河の建設　政治の中心華北と，米作地で経済の発展した江南とを結ぶ大運河の建設がはじめられた。★1

2 隋の外征と滅亡

❶対外政策　文帝の子煬帝(在位604～618)は，積極的に外征をおこなった。①突厥(➡p.116)の分裂に乗じ，モンゴルの**東突厥**をおさえた。②青海方面の**吐谷渾**を服属させた。③ベトナム中部の**チャンパー**(➡p.93)にも侵入した。④610年代前半，3回にわたって**高句麗に遠征**したが，いずれも失敗した。

❷隋の滅亡　大規模な**土木事業**や**外征**のため，民衆は過重な負担に苦しみ，貴族にも不満が高まった。高句麗遠征の失敗を機に全国に反乱がおこり，618年，隋は滅んだ。

POINT!
① 581年，楊堅(文帝)が隋を建国。科挙採用，均田制・府兵制を継承
② 煬帝が大運河建設，積極的な外征→高句麗遠征の失敗後，滅亡

参考 隋で採用された官吏登用試験が科挙とよばれるようになったのは，10世紀以後。西洋の官吏登用試験にも影響を与えた。

★1 文帝のとき，長安から広通渠が開かれた。煬帝のときに，江南へ通済渠・山陽瀆・江南河，今の北京付近へ永済渠ができた。永済渠の建設は，高句麗遠征の便のためでもあった。

注意 中国の皇帝のうち，隋の煬帝だけは，慣用として「ようだい」と読み，「ようてい」とは読まない。

★2 4～7世紀に青海方面に栄えた。チベット系住民を支配した鮮卑系の王国といわれる。

\ TOPICS /

隋の煬帝と大運河

　煬帝は，605年から610年にかけ，北は涿郡(現在の北京付近)から南は余杭(杭州)にいたる水路を整備して大運河を完成させた。さらに，船や船着き場や離宮までも建設し，河底の泥をさらうなどの維持管理もかかせなかったので，動員した人民の数は莫大であった。しかし，煬帝は暗愚な暴君ではなく，長期にわたる見通しで，**華北と江南の統一**が中国の統一に不可欠であることをよく理解していたのである。大運河は当初あまり利用され

なかったが，8世紀中ごろ，唐の水路修復以後，利用量は激増し，**江南の生産力の高まり**とともに，大運河で運ばれる物資の量も増加の一途をたどった。

▲隋代の運河

7 唐の成立と発展

1 唐の成立

❶唐の建国　山西の豪族で、北周と隋の将軍であった李淵は、618年長安を占領し、帝位をうけて唐(618〜907)を建てた。これが唐の高祖(在位618〜626)である。

❷中国の統一　2代皇帝の太宗(李世民、在位626〜649)は、628年に中国を統一し、魏晋南北朝いらいの諸制度を整備して、支配体制を確立した。

★1　挙兵から中国統一にいたるまで、次子李世民(のち太宗として即位)の功績が大きかった。

★2　太宗の治世は、その元号をとって貞観の治といわれる。

2 唐の政治

❶律令国家体制　唐の支配体制の基本は律令政治であった。律・令・格・式の法体系により、三省・六部の中央官制が整備された。

[1] 中央官制　三省・六部・一台・九寺・五監の体制がとられた。三省では中書省・門下省が詔勅を起草・審議し、尚書省が六部を統轄して施行にあたった。

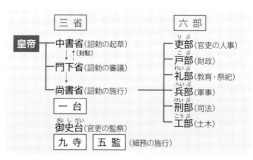

▲唐代の中央官制

[2] 地方制度　州県制を採用した。また、村落組織として県のもとに郷、郷のもとに里を設けた(郷里制)。監察には按察使をおいた。首都長安、副都洛陽、帝室発祥の地である山西の太原には、府をおいた。

[補説]　律・令・格・式　南北朝時代に形成され、隋・唐にいたって整備・大成された。律は刑法、令は行政法・民法で、格は律令の補正改正、式は施行細則を定めた。新羅・日本などにも影響を与えた。

❷律令政治の基礎

[1] 均田制　隋の制度をつぎ、大土地所有をふせぐため、成年男性に口分田(一代限り)と永業田(世襲)を支給して耕作させた。しかし、高級官僚には職分田などが支給されたので、貴族・豪族による大土地所有はなお存続した。

[2] 租調庸制　田地を支給した農民から、租として粟(穀物)2石、調として絹布などを徴収し、さらに庸として年20日の中央での労役(または絹布などで代納)を課した。また、地方での労役として雑徭があった。

★3　門下省は詔勅案に修正を加えたり、拒否権を行使すること(封駁)もでき、貴族勢力の大きさが認められる。このような権限は、宋代にはなくなった。

★4　原則どおりに実施されたかどうかは不明。

★5　貴族の所有地は、荘園、別業などとよばれ、おもに半奴隷的な隷属民に耕作させた。

4

東アジアと中央ユーラシア

③ 府兵制　均田制に基づく兵農一致の軍制。全国各地に折衝府★6をおき，その管内の均田農民から徴兵して，首都や辺境の警備にあたらせた。★7

❸官吏の登用　隋の制度をつぎ，学科試験による科挙をおこなった。★8 しかし，科挙の試験ののち，貴族が実権をにぎる吏部の採用試験があったので，結局，貴族の子弟に有利であった。

★6　兵士の訓練や徴集などをおこなう，唐の軍政上の官庁。折衝とは，敵の衝きを折きとめるという意味。

★7　軍務についた者は，租調庸の義務を免除された。

★8　秀才(時事論文)・明経(五経)・進士(文学)などの科目があり，とりわけ進士が重んじられた。

3 唐の対外政策

❶大帝国の形成　太宗と次代の高宗(在位649～683)の時代には，
①北方では東突厥を滅ぼして外モンゴルをおさめ，
②西方の西突厥を倒して中央アジアに勢力をのばし，
③西南方ではチベットの吐蕃を勢力下におき，
④東方では朝鮮に出兵して百済・高句麗を滅ぼし，
⑤南はベトナム北部を支配した。

▲唐の領域

凡例
　高祖時代の領域
　高宗時代の勢力範囲
　6都護府(----・その移動)
　法顕の行路(399～412)
　玄奘の行路(629～645)
　義浄の行路(671～695)
0　1,200km

❷異民族政策　唐は，辺境の地に都護府をおいて官吏と軍隊を派遣し，服属した異民族を支配した。

補説　羈縻政策　羈縻とはつなぎとめるという意味で，都護府の監督下で，服属した異民族にそれぞれ自治を認め，対外戦争にはそれらの異民族をおもに用いた。

参考　6都護府　唐初に，安西・北庭・安北・単于・安東・安南の6都護府がおかれた。

POINT!
　①618年，李淵(高祖)が唐を建国し，都を長安に定める
　②律令国家として均田制・租調庸制・府兵制を基礎とし，科挙を実施
　③突厥・吐蕃・百済・高句麗を征服，ベトナムを支配

⑧ 唐の社会と文化

1 産業と貿易の発展

❶産業の発達

1 農業の発達　江南の開発がさらにすすみ，稲の品種改良などによって生産力が向上した。飲茶の普及につれて**茶の栽培**がさかんになり，さらに綿花の栽培もおこった。

2 手工業の発達　手工業が発達し，織物・紙・漆器・陶器などの特産物が生まれた。★1

3 都市の繁栄　唐代には，長安・洛陽・揚州・成都・広州などの大都市が繁栄した。とくに長安は人口100万，当時世界最大の都市として栄えた。

4 商業の発達　生産力の向上や都市の発展に伴って，商業も発達した。①都市内の**市**とよばれる商業地区では，管理を容易にするため同業者が一定区域に集められた。こうした同業者の区域は，**行**とよばれた。★2②農村には，**草市**という小規模な商業地域もできた。③貨幣は，**開元通宝**などの銅銭のほか，**飛銭**★3という送金手形制度がはじまった。

❷東西貿易の発展
唐は東アジアから中央アジアにかけての広大な地域を支配したので，★4東西貿易がさかんとなった。①オアシスの道による陸上交通路では，サマルカンド地方の**ソグド人**★5が中継貿易に活躍した。②海上からはイスラーム教徒の**アラブ人**★6が広州・泉州・揚州などの華南・華中の港町に往来し，これらの港市には居留地が設けられ，イスラーム寺院も建てられた。玄宗のとき**広州**に**市舶司**がおかれて海上貿易を統轄し，その税収入は唐の重要な財源となった。

2 唐の文化

❶唐文化の特色
①南朝(江南)の華麗な貴族文化を基調に，北朝(華北)の素朴・剛健な文化を融合して，新たな**貴族文化**が発達した。②西アジア・中央アジア・インドなどの**外国文化**が移入されて国際的性格を強めた。③唐の高度な文化や制度は，周辺諸民族に大きな影響を与え，唐とそれら諸民族が共通の文化をもつことによって**東アジア文化圏**が形成された。

★1 **唐三彩**　複数のうわぐすりをかけた唐代の陶器。意匠に西域の影響がみられる。

★2 長安の肉行(肉屋街)や金行(金物屋街)は有名。宋代から同業組合に変質した(⇨p.176)。

★3 経済の拡大に伴って，遠方にまで銅銭を送る不便をはぶくために用いられた。実際に使用された地域は限られていたが，宋代以後に発達する紙幣の先駆的形態である。

★4 唐の領土は中央アジアにおいて，最初はササン朝(ペルシア)(⇨p.84)，のちにはウマイヤ朝やアッバース朝(⇨p.123)の領土と接していた。

★5 ソグド人(⇨p.102)は，唐へも多数往来し，西方の文物や宗教をもたらした。

★6 アラブ人は，**大食**(タージー)とよばれた。

[注意] 東アジア文化圏の形成については，(⇨p.115)の「唐と隣接諸国」によって理解を深めよう。

4

東アジアと中央ユーラシア

❷唐代の文化

1️⃣ **学問**　儒学は科挙の学科に採用され，後漢いらいの訓詁学（⤴p.101）がさかんであった。太宗は孔穎達らに『五経正義』を編纂させ，五経の解釈を統一した。そのため，学問の固定化をまねいた。唐中期に，韓愈らが訓詁学の枠をぬけだす傾向を示し，宋学（⤴p.176）の源流となった。

2️⃣ **文学**　とくに詩が発達し，律詩・絶句などの形式が完成した。自然詩人王維，放浪詩人李白★8・杜甫★9，庶民の喜怒哀楽をうたった白居易らがでた。文では六朝いらいの四六駢儷体が主流であったが，唐中期に韓愈・柳宗元★11らがこれを批判し，簡潔で力強い**古文（漢代の文章）**の復興を唱えた。

3️⃣ **書・画**　書道では，欧陽詢・褚遂良・顔真卿が黄金時代をきずいた。絵画では，閻立本が人物画，呉道玄が仏画にすぐれていた。李思訓は写実的であざやかな山水画を描いた。王維は水墨単彩の山水画を創始し，南宗画★12の祖とされる。

4️⃣ **仏教の流行**　仏教は，帝室・貴族の保護をうけて興隆し，教理の研究がすすみ，また禅宗★13・浄土宗などの中国的な諸宗が発達した。①7世紀前半，玄奘は陸路インドに往復して，仏典などをもたらし，漢訳した。その旅行記『大唐西域記』は有名。②義浄（⤴p.93）は7世紀末，海路インドに往復して仏典をもたらし，旅行記『南海寄帰内法伝』を著した。

5️⃣ **道教の流行**　六朝時代に成立した道教は，唐の帝室にあつく信仰され，その保護をうけてひろく流行した。道教を崇拝するあまり，仏教の大弾圧（廃仏）を実行した皇帝もあった。

6️⃣ **その他の宗教の伝来**　西方から，ゾロアスター教（祆教）・マニ教（摩尼教）・ネストリウス派キリスト教（景教）★14などが伝わり，長安など各地に寺院も建てられたが，9世紀なかば仏教とともに弾圧され，衰亡した。イスラーム教（回教）も広州などの港市に居留するムスリム（イスラーム教徒のこと）商人のあいだで信仰された。

POINT!

① 稲の品種改良，茶・綿花の栽培→紙・漆器・陶器などの生産
② 商業の発達：市・行・草市，飛銭，広州の市舶司が貿易を統轄
③ 国際色豊かな貴族文化が形成され，東アジア文化圏を形成
④ 仏教の隆盛→玄奘の『大唐西域記』・義浄の『南海寄帰内法伝』

★7　中国の各時代の代表的な文学形式を称して，漢文・唐詩・宋詞・元曲といわれる。

★8　詩仙と称される。

★9　詩聖と称される。

★10　白居易（白楽天）の「長恨歌」は，玄宗と楊貴妃の恋愛をうたったものとして有名である。詩文集『白氏文集』は日本文学にも大きな影響を与えた。

★11　韓愈・柳宗元は，文学者としてともに唐宋八大家にかぞえられる（⤴p.177）。

★12　南宗画は，唐・宋の文人画からおこり，元代に確立された。

★13　禅宗は6世紀にインドからきた達磨が開いたとされる。

★14　長安に大秦寺（キリスト教会）が建てられ，そこに大秦景教流行中国碑が建立された。漢字とシリア文字を使用し，教義の大略や伝来の由来を記している。

★15　ゾロアスター教・マニ教・ネストリウス派キリスト教の外来3宗教の寺を総称して，三夷寺とよんだ。夷とは異民族のことである。

1 律令体制の動揺

❶唐の動揺

① **周の成立**　7世紀末，高宗の皇后則天武后(武則天)(在位
690～705)は，中国史上ただひとりの女性皇帝として帝位
につき，国号を**周**と称した。次の中宗の皇后韋后も政治を
おこない，のちに帝位を望んで中宗を殺害したが，皇族の
クーデタにより殺された。[★1]

② **均田制の崩壊**　玄宗(在位712～756)の治世の前半は，政
治の引き締めがなされ，文化面でも唐の絶頂期となった。[★2]
しかし，その背後では，**没落する均田農民が増加**し，貴
族・官僚・豪商らが没落した農民を私有地(**荘園**)の小作人
として大土地所有をすすめたので，均田制が維持できなく
なった。

③ **府兵制から募兵制へ**　均田農民が没落すると府兵制はゆき
づまり，軍事力が低下して異民族支配もゆらいできた。こ[★3]
のため，辺境の防衛には，都護府にかえて新たに**節度使**を[★4]
おき，募兵制による軍隊を統率させた。玄宗のときには，
辺境に10節度使がおかれ，府兵制はまもなく廃止された。

④ **安史の乱**　755年，華北の節度使安禄山とその部将史思明
が反乱をおこし，洛陽，ついで長安を占領した。唐はトル
コ系の**ウイグル**の援助などで，763年ようやく鎮圧した。
安史の乱後，均田制は完全に崩壊した。また，その鎮圧の
ため内地にもおかれた節度使は，軍事・民政上の権力をに
ぎり，地方分権的な勢力となって，各地に割拠した。この
ような勢力を**藩鎮**という。

❷両税法の実施
安史の乱後，均田制の崩壊と藩鎮の自立化
で国庫収入は激減した。このため，宰相**楊炎**の建議で，780
年**両税法**が施行された。両税法は，所有する土地に対する累
進課税であり，銭納が原則で，現住地で夏・秋の2回徴収し[★5]
た。しかし，税の負担者は現金収入のない農民であったから，
実際には，布や穀物での代納が多かった。

補説　**両税法とその影響**　両税法の施行は，玄宗時代いらいの貨幣経済
のひろがりにあわせて採用されたものである。この税法によって，
農村のすみずみにまで貨幣の使用が普及した。

★1　女性が政治にかかわ
ることを否定する考え方か
ら，のちに，「武韋の禍(災
い)」といわれたが，当時
は夫婦共同統治が原則で
あった。また，武后の治世
には比較的政治が安定し，
改革がすすんだ。

★2　**玄宗**治世の前半は，
その元号により**開元の治**と
たたえられた。しかし，晩
年の玄宗は政治にあき，**楊
貴妃**を寵愛してその一族を
高官につけたりした。こう
した政治の乱れから，**安史
の乱**がおこり，玄宗は長安
から脱出して退位した。

★3　751年**タラス河畔の
戦い**でイスラーム勢力
(アッバース朝)に敗れた。
このとき製紙法が西方に伝
わったとされる(⇨p.123)。

★4　節度使には異民族出
身者が多く，**安禄山**も，父
はソグド人，母は突厥人で
あった。

★5　本籍によらず住民を
現住地で登録する**現地主義**
をとったこと，労役が除外
されて**財産税主義**となった
ことなどにより，**大土地所
有は合法化**された。この税
法は，その後，明代までお
こなわれた。

4

東アジアと中央ユーラシア

2 唐の滅亡

❶唐の衰退　安史の乱後，①節度使(藩鎮)が各地で独立化して割拠し，②モンゴル高原のウイグル，チベットの吐蕃などの異民族が侵入し，③中央での内部抗争なども重なって，唐の衰退はおおうべくもなくなった。[6]

★6　唐が安史の乱後なお140年の命脈を保ったのは，江南などの豊かな財源地をその手に残していたからである。

❷黄巣の乱　875年，塩の密売商人王仙芝が蜂起すると，同じ密売商人の黄巣もこれに加わって反乱軍を指揮した。これが黄巣の乱で，2年余にわたって長安を占領して強勢となり，884年にようやく鎮圧された。[7]

★7　反乱軍は，秘密結社的な塩の密売商人を中心に，多くの農民をふくんでいた。

❸唐の滅亡　黄巣の乱以後，唐の帝室は完全な地方政権に転落し，藩鎮の勢力はますます増大して，互いに抗争した。そのなかから有力となった節度使の朱全忠[8]が，907年帝位をうばって唐を滅ぼした。

★8　もとは朱温といい，黄巣軍の部将であった。情勢をみて唐側に寝返り，乱の鎮圧に活躍して，名を全忠と賜った。

POINT!

①均田制の崩壊→大土地所有。募兵制・両税法へ
②安史の乱→節度使の割拠→黄巣の乱→朱全忠が唐を滅ぼす

\ TOPICS /

塩の専売制と密売組織

　8世紀後半になると，均田制の崩壊による収入減と，募兵制の採用による軍事費の増加のために，唐の財政は危機に瀕していた。

　そこで，財源確保のために採用されたのが，塩の専売であった。塩は生活に絶対欠かせないものであるから，その生産地を支配下におさめてしまえば，どのような値段をつけても必ず売れる。これほど簡単で確実な税収はない。そこで，1斗10銭の原価に100銭の塩税をかけて110銭で売りはじめたところ，当然のことながら，たいへんな収益があがった。その後，財政が苦しくなるたびに税率をあげ，ひどいときには，1斗370銭，原価の37倍という値までつけたりした。こうして，塩税収入は，唐末には歳入の半分を占めるほどになっていた。

　塩税は，貧富の区別なく一律にかかる。そこで苦しんだのは，貧しい農民であった。かれらは少しでも安い塩を買おうとしたから，塩の密売がおこなわれるようになった。密売の塩を私塩というが，これは官塩(専売の塩)より数割安かったので，農民はこれにとびついた。密売業者にとってみれば，官塩より安くしても利益は莫大であった。

　こうして私塩がでまわると官塩は売れなくなり，国家財政に打撃を与えた。そこで，唐朝は塩法を定めて，私塩を厳重にとりしまった。これに対し，密売業者は武装化・組織化して身を守ろうとした。農民も，安い私塩を手にいれるため，密売業者を助けることが少なくなかった。こうして成立した塩の密売組織は，団結をかためるために秘密結社の性格を強め，武装を強化し，情報網を整備して，隠然たる勢力となっていった。唐末の大反乱である黄巣の乱は，このような組織が中心で，多くの農民をまきこんでいった。

⑩ 唐と隣接諸国

1 東方諸国

❶**朝鮮半島**　①4世紀はじめ，中国東北部では高句麗が強盛となり，朝鮮半島北部に進出して楽浪郡を滅ぼした。②4世紀なかばには南部に新羅・百済がおこった。③7世紀後半，新羅は唐と連合して，百済を滅ぼし，ついで高句麗をも倒した。

❷**新羅**　676年，新羅は唐の勢力を退けて**朝鮮半島を統一**し，

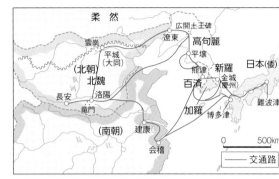

▲4〜5世紀の東アジア

その後，唐文化の輸入につとめた。①唐の律令制をとりいれ，②首都慶州を中心に**仏教文化**が栄えたが，③その社会の基盤を**骨品制**といわれる氏族的身分制度であり，貴族の力が強かった。

❸**中国東北部**　高句麗が滅んだのち，その一族の大祚栄(在位698〜719)は中国東北地方に渤海(698〜926)を建てた。渤海は沿海州から朝鮮北部までを支配した。唐の文化をとりいれて仏教が栄え，日本ともさかんに通交した。

❹**日本**　①日本(倭)では，4〜5世紀にヤマト政権による国内統一がすすんだ。②4世紀後半には，朝鮮半島へ勢力をのばそうとして高句麗と戦ったが敗れ，③5世紀には中国(南朝)の諸王朝に朝貢した。④7世紀以後，遣隋使や遣唐使を派遣して中国文化の輸入につとめ，唐にならって律令制をととのえ，8世紀には**平城京**を中心に**唐風文化**が栄えた。

❺**ベトナム**　①ベトナム北部は，秦・漢いらい1000年以上，中国の支配下にあり，唐は**安南都護府**をおいて支配した。②しかし，唐が滅んだのち10世紀に独立し，③11世紀はじめには李朝の**大越(ダイベト)**国がおこり，④13世紀には陳朝がこれにかわった。ベトナム中部のチャンパー(⇨p.93)は，インド文化の影響をうけていたが，唐に朝貢した。

★1　**仏国寺**　751年に，新羅の首都慶州に建てられた代表的な仏教寺院である。現存する石造多宝塔は，世界的傑作といわれる。

★2　新羅社会の身分制度。骨(王族)と品(非王族)の二大身分からなり，全体では5段階に区分された。官職・婚姻をはじめ，服の色から住居まで規制するなど，差別が強かった。

★3　奈良時代の天平文化。

★4　同様にインド文化の影響をうけていたカンボジア(真臘)・シュリーヴィジャヤ(室利仏逝)などの諸国も，おもに貿易を目的として唐と通交した(⇨p.93)。

2 北方・西方の諸民族

❶**鮮卑**　4世紀ごろ**五胡**の1つである**鮮卑**が華北に侵入し(⇨p.105)、いくつかの王朝を建てた。**北魏**は、鮮卑の拓跋氏が建国したものである。鮮卑はやがて漢族に同化した。

❷**柔然**　5～6世紀に**柔然**がモンゴル高原で強勢となり、タリム盆地の東西交通路をおさえて北朝をおびやかした。

❸**突厥**　①6世紀なかば、**トルコ系**の突厥が柔然を破って強大となり、大遊牧国家を形成して、中国の**北朝**や**ササン朝**(ペルシア)を威圧した。②6世紀末、モンゴルの**東突厥**と中央アジアの**西突厥**に分裂し、東突厥は一時唐に服属したのち復興して和平関係を保ち、西突厥は唐の攻撃をうけて衰亡した。

❹**ウイグル(回紇)**　8世紀なかば、**トルコ系騎馬遊牧民のウイグル**が東突厥を滅ぼして大遊牧国家をつくった。安史の乱では唐を援助するなど唐と密接に交渉したが、9世紀中ごろトルコ系の**キルギス**の侵入をうけて滅亡。このときウイグル人の多くが中央アジアに移住したので、その地域がトルコ人の住地、すなわち**トルキスタン**とよばれるようになった(⇨p.147)。

補説　**突厥文字とウイグル文字**　突厥文字は、西アジア諸文字の母体となっていたアラム文字(⇨p.32)に由来し、北アジア騎馬遊牧民の、現在知られる最古の文字である。これは、8世紀はじめ東突厥が一時復興したとき、その歴史を記してオルホン河畔に建てたオルホン碑文(突厥碑文)にみられる。また、ウイグルも、アラム文字に由来するソグド文字(⇨p.102)をとりいれてウイグル文字をつくった。ウイグル文字は、その後モンゴル文字・満洲文字の原型となった。

❺**チベット(吐蕃)**　唐・インドの両文化の刺激をうけ、7世紀はじめにラサを都とする統一王国が成立。一時は中央アジア東部を圧し、長安に侵入したが、9世紀中ごろからおとろえた。仏教をとりいれて独自のチベット仏教(**ラマ教**)が生まれた。また、インド文字をもとに**チベット文字**をつくった。

❻**雲南**　南詔が唐文化の影響をうけて栄え、10世紀には**大理**がこれにかわった。

★5　蠕蠕・茹茹などとも。6世紀中ごろに滅びた。

★6　遊牧民の君主は、匈奴にならって単于を称していたが、柔然のころから可汗と称した。これが略され汗・ハンと記された。

★7　ウイグルは、バイカル湖に注ぐセレンゲ川流域に王国をつくり、ソグド人を通じて伝わったマニ教を信仰するようになった。

★8　トルコ系騎馬遊牧民で、古来イェニセイ川の上流域にいた。匈奴・突厥・ウイグルの支配をうけたが、ウイグルの分裂に乗じてこれを滅ぼした。13世紀はじめモンゴルに服属した。

★9　ソンツェン=ガンポがチベット諸族を征服して建てた国。吐蕃というのは中国人による呼称。

★10　チベット仏教は、仏教が民俗信仰と合したものである。なお、ラマとは、もともとはチベット仏僧の呼称であった。

★11　南詔では、唐文化をとりいれ、漢字を公用化し、仏教を奨励した。

★12　大理は、13世紀にモンゴルのクビライに征服されるまで存続した。

POINT!
①朝鮮北部で高句麗が強盛→新羅が朝鮮半島統一→中国東北に渤海
②日本でヤマト政権による統一がすすむ→唐にならい、律令制を整備
③ベトナムに李朝大越国→陳朝、中部にチャンパー
④鮮卑→柔然→突厥→ウイグルなどの遊牧民が中央アジアで興亡

☑ 要点チェック

CHAPTER 4　東アジアと中央ユーラシア	答

☐	1	秦の始皇帝が中央集権化のためにおこなった，全国を行政区に分けて中央から官吏を派遣した制度を何というか。	1　郡県制
☐	2	始皇帝が丞相の李斯の進言をいれ，周を賛美する儒家をおさえるためにおこなったといわれる弾圧を何というか。	2　焚書・坑儒
☐	3	前202年に漢王朝を建てたのは誰か。	3　劉邦（漢の高祖）
☐	4	秦の都咸陽の近くに建設された，現在の西安にあたる前漢の都は何か。	4　長安
☐	5	呉・楚などの7諸侯が，前154年におこした反乱を何というか。	5　呉楚七国の乱
☐	6	武帝に，儒学を官学とするよう進言した人物は誰か。	6　董仲舒
☐	7	武帝が匈奴挟撃のために大月氏に派遣した人物は誰か。	7　張騫
☐	8	武帝が衛氏朝鮮を征服しておいた4郡のうち，現在の平壌付近におかれたものを何というか。	8　楽浪郡
☐	9	武帝がおこなった，各地の特産物を税としておさめさせ，不足している地方に転売する経済政策を何というか。	9　均輸
☐	10	中国で，去勢されて宮廷に仕えた官吏を何というか。	10　宦官
☐	11	後8年，前漢を滅ぼして新を建てたのは誰か。	11　王莽
☐	12	後25年，豪族勢力に推されて漢王朝を再興したのは誰か。	12　劉秀（光武帝）
☐	13	西域都護の班超に派遣されて，大秦国に向かったのは誰か。	13　甘英
☐	14	後漢に宦官と官僚の争いが激化し，宦官が官僚や学者を弾圧したできごとを何というか。	14　党錮の禁
☐	15	後184年におこった，後漢の滅亡を促進した民衆反乱を何というか。	15　黄巾の乱
☐	16	張角が組織し，上問の反乱の主力となった宗教結社を何というか。	16　太平道
☐	17	司馬遷が紀伝体で著し，のちの正史の模範となった歴史書は何か。	17　史記
☐	18	後漢に仕え，製紙技術を改良した人物は誰か。	18　蔡倫
☐	19	前6世紀ごろ，黒海北岸を中心に活動した遊牧民で，動物文様に特色のある金属器文化をきずいた民族を何というか。	19　スキタイ
☐	20	前2世紀前半，強大な遊牧国家を形成し，前漢の軍を破った匈奴の王は誰か。	20　冒頓単于
☐	21	中央アジアのソグディアナ地方出身で，オアシス都市国家を中心に東西の中継貿易の実権をにぎった民族を何というか。	21　ソグド人
☐	22	中国の三国時代の国は，魏・蜀ともう1つは何というか。	22　呉
☐	23	魏で施行された，人物を9等級に分けて推薦させる官吏登用法を何というか。	23　九品中正（九品官人法）

☐ 24	魏から帝位をうばって，洛陽に都をおき，晋を建てた人物は誰か。	24 司馬炎(武帝)
☐ 25	都を平城から洛陽に移し，鮮卑の制度や習俗を中国風に改める改革を行った北魏の皇帝は誰か。	25 孝文帝
☐ 26	北魏ではじまり，隋・唐にひきつがれた土地制度を何というか。	26 均田制
☐ 27	西魏ではじまった，上問の制度を基礎に，農民層から兵士を徴発した兵制を何というか。	27 府兵制
☐ 28	東晋の僧侶で，仏典を求めて陸路インドにおもむき，旅行記『仏国記』を著したのは誰か。	28 法顕
☐ 29	民間信仰・老荘思想・仏教などが融合して成立し，寇謙之が大成した宗教を何というか。	29 道教
☐ 30	581年，北周からでて全国を統一し，隋を建てたのは誰か。	30 楊堅(文帝)
☐ 31	隋ではじめられた，学科試験による官吏登用制度を何というか。	31 科挙
☐ 32	大運河の建設などをおこなった，隋の2代皇帝は誰か。	32 煬帝
☐ 33	北周と隋の将軍で，618年に唐を建てた人物は誰か。	33 李淵
☐ 34	唐の2代皇帝太宗の政治を，その元号をとって何とよぶか。	34 貞観の治
☐ 35	都市内の市とよばれる商業地区では，同業者が一定区域に集められたが，その地域は何とよばれたか。	35 行
☐ 36	7世紀前半，インドにおもむいた唐の僧で，『大唐西域記』を著した人物は誰か。	36 玄奘
☐ 37	7世紀末，海路インドに往復した唐の僧侶で，旅行記『南海寄帰内法伝』を著した人物は誰か。	37 義浄
☐ 38	唐代の詩人で，玄宗と楊貴妃の恋愛をうたった「長恨歌」の作者は誰か。	38 白居易(白楽天)
☐ 39	唐代の詩人・画家で，水墨単彩の山水画を創始し，南宗画の祖とよばれるのは誰か。	39 王維
☐ 40	8世紀初めに，武韋の禍によって混乱した政治体制の建て直しをはかり，開元の治とよばれた政治を行った唐の皇帝は誰か。	40 玄宗
☐ 41	安史の乱をおこした安禄山は，唐の何という役職についていたか。	41 節度使
☐ 42	780年に施行された，土地と資産に応じて課税する税法は何か。	42 両税法
☐ 43	前1世紀ごろ，中国東北部におこり，楽浪郡を滅ぼした国はどこか。	43 高句麗
☐ 44	676年，唐の勢力を退けて，朝鮮半島を統一した王朝は何か。	44 新羅
☐ 45	上問43の国が滅んだのち，その一族が中国東北地方に建て，日本ともさかんに通交した国はどこか。	45 渤海
☐ 46	唐がベトナム北部においた都護府を何というか。	46 安南都護府
☐ 47	8世紀なかばに，東突厥を滅ぼして建国したトルコ系騎馬遊牧民の国を何というか。	47 ウイグル(回紇)

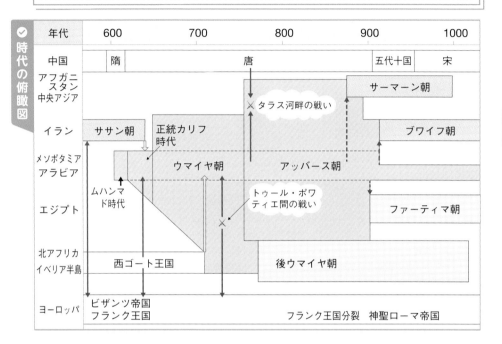

SECTION
① イスラーム世界の形成

1 イスラーム教成立の背景

❶ アラビア半島の風土と人々　アラビア半島の砂漠地帯では，
セム語系のアラブ(アラビア)人が部族ごとに遊牧生活をお
くっていた。点在するオアシスでは農耕もおこな
われ，都市が発達し，隊商による商業活動もさか
んであった。

❷ イスラーム以前のアラビア半島

① 東西貿易路の変化　6世紀後半，ビザンツ(東ロー
マ)帝国とイランのササン朝(ペルシア)との抗争
(⇨p.85)で，オアシスの道はとだえ，ビザンツ帝
国が支配していた紅海貿易もおとろえた。その結
果，アラビア半島西海岸の陸上路をへてエジプ

▲アラビア半島の砂漠

ト・地中海にいたる路線の利用が
さかんになった。

2 **メッカの繁栄**　アラビア半島西海
岸のメッカが**中継商業都市として**
繁栄しはじめた。そして，一部の
商人が利益を独占して**商業貴族と**
なり，アラブ人のあいだの貧富の
差が拡大した。

3 **社会矛盾の激化**　メッカはアラブ
人の**多神教**と**偶像崇拝**の中心カー
バの所在地であり，メッカの商業
貴族はその司祭として権力と富を
にぎり，一般民衆を苦しめたとい
われる。

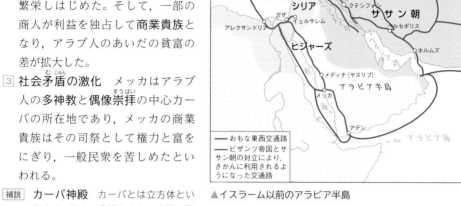

▲イスラーム以前のアラビア半島

（凡例）
── おもな東西交通路
── ビザンツ帝国とサ
サン朝の対立により，
さかんに利用されるよ
うになった交通路

補説 **カーバ神殿**　カーバとは立方体とい
う意味。神々の象徴とされる多数の聖
石や偶像がまつられていた。ムハンマドは，630年メッカに入城し，
カーバの黒石以外の聖石や偶像を除き，イスラーム教信仰の中心と
した。イスラーム教徒の礼拝は，カーバの方向に向かっておこなわ
れる（⇨p.121 TOPICS）。

2 イスラーム教の成立

❶ムハンマドとイスラーム教

1 **ムハンマドの出現**　**クライシュ族**の名門に生まれたメッカ
の商人**ムハンマド（マホメット）**は，隊商に加わり各地を往
来して**キリスト教**や**ユダヤ教**に接触し，商業貴族の堕落や
民衆の貧困を救うため，7世紀はじめ，神の啓示をうけた
預言者であるとの信念から，**イスラーム教**を創始した。[*1]

2 **イスラーム教の特徴**　①**アッラー**を唯一神とする**一神教で，**
偶像崇拝を禁止した。②人間はアッラーの前ですべて平等
であるとし，**司祭制を否定**。③信徒（**ムスリム**）は，**六信**
（神・天使・啓典・預言者・来世・天命を信じること）と**五**
行（信仰告白・礼拝・断食・喜捨・巡礼を実践すること）の
義務がある。④**『コーラン（クルアーン）』**[*2]が経典。

❷ウンマの建設

①ムハンマドはメッカの商業貴族の迫害を
うけ，622年メディナに移住した（**ヒジュラ**）。[*3]ムハンマドは
メディナで信仰上・政治上の指導者として**ウンマ**（ムスリム
の共同体）を建設した。②630年**メッカを無血征服**してイス

参考 **イスラーム**　イス
ラームとは，アラビア語で
アッラーに絶対的帰依（絶
対服従）することを意味す
る。イスラームは，社会の
あらゆる面について守るべ
き規程を定めており，宗教
の枠をこえているという点
から，「教」をつけずにあ
らわされることも多い。

★1　ムハンマドは多神教
と偶像崇拝を排撃し，人間
の平等を説き，商業貴族の
腐敗を批判したので，イス
ラーム教の創始は政治・社
会上の改革運動ともなった。

★2　ムハンマドが神（アッ
ラー）からうけた啓示を死
後まとめたもの。

★3　**ヒジュラ（ヘジラ）**は
聖遷の意。イスラーム暦は，
このヒジュラのおこなわれ
た年の年初を紀元とする太
陰暦（1年が354日）である。

ラーム教の聖地とした。③ムハンマドは632年ごろまでに
アラビア半島の大部分を征服し，アラブ人をイスラーム教の
もとに統一した。

[イスラーム教の成立と発展]
① メッカの商人ムハンマドがイスラーム教を創始
② イスラーム教はアッラーを唯一神とする一神教。偶像崇拝を禁止
③ メディナにヒジュラ→ウンマ建設→7世紀前半アラビア半島統一

② アラブ帝国の形成

1 正統カリフ時代

❶正統カリフ　ムハンマドの死後，アラブ人たちは部族時代
の名残の選挙によってカリフ(ムハンマドの後継者)を選んだ。
ムハンマドの死後の約30年間(632〜661)に，選挙によっ
て選ばれた4代のカリフを正統カリフという。

❷イスラーム国家の成立　正統カリフ時代には，都をメディ
ナとし，大規模なジハード(聖戦)をすすめ，西アジアを中心
に政教一致の教団国家を形成した。ビザンツ帝国からシリ
ア・パレスチナ・エジプトをうばい，642年ニハーヴァンド
の戦いでササン朝を破って，イラン・中央アジアをおさめた。

❸アラブ人の征服地支配　アラブ人は征服地に移住し，支配
者としてのぞんだ。しかし，異教徒には比較的寛大で，ハ

★1　カリフはムハンマド
の預言者以外の役割，つま
り政治的な権限だけを継承。
教義上の問題の決定は，学
者集団の合議によった。

★2　アブー=バクル・ウ
マル・ウスマーン・アリー
の4人。

★3　異教徒との戦いのこ
とである。

★4　アラブ人が特権的な
支配層として他民族を支配
していた正統カリフ時代と

\ TOPICS /

ムスリム社会の特色

　イスラーム教では，精神面だけでなく，日
常の生活面にまでわたる細かい規制がある。
たとえば断食月(ラマダーン)になるとイス
ラーム教徒は日中に食事をしてはならないの
で，日の出前に食事をすませたら，日没まで
いっさいの飲食物を口にしない。また，病気
や妊娠中などでないかぎり，1日5回の礼拝
を実行しなければならない。どんなに重要な
仕事をしている途中でも，礼拝の時刻には礼
拝をする。このような戒律を厳格に守るため

には，全員がこの戒律を当然としている社会
集団に属していなければならない。

　イスラーム教
の発展とは，こ
のような社会の
拡大であり，宗
教と政治・文化・
生活のすべてが
一体となってい
ることが特色で
ある。

▲メッカのカーバ神殿

ラージュ(土地税)とジズヤ(人頭税)を貢納すれば旧来の信仰を許した。とくにユダヤ教徒・キリスト教徒は，イスラーム以前に預言者をもった「啓典の民」として信仰を保障された。

ウマイヤ朝をアラブ帝国，アッバース朝をイスラーム帝国と区別する場合がある。

2 ウマイヤ朝

❶ウマイヤ朝の成立　メッカの商業貴族ウマイヤ家出身のシリア総督ムアーウィヤ(在位661〜680)は，敵対していた4代カリフのアリーが暗殺された後，カリフを称して，都をシリアのダマスクスに定めた。これが**ウマイヤ朝(661〜750)**で，**カリフは世襲制**となった。

❷アラブ帝国の実現

1 **領土の拡大**　ウマイヤ朝は，ジハードの名のもとに積極的に征服をすすめ，中央アジアのソグディアナ・インダス川流域・北アフリカ・イベリア半島を支配して，アジア・ヨーロッパ・アフリカにまたがる**世界的なアラブ帝国**を実現した。

2 **アラブ人中心主義**　被征服民に対しては，アラブ人中心の統治を強め，イスラーム教への**改宗者(マワーリー)にも地租などを課税**するなど，被征服民を冷遇したので，被征服民の不満が強まった。

注意　正統カリフとウマイヤ朝を正統とするスンナ(スンニ)派に対し，アリーとその子孫のみを正統とするシーア派がおこった。シーア派は少数派であるが，とくにイラン人に支持された。

★5　イベリア半島ではゲルマン人の西ゴート王国を滅ぼしたが，732年トゥール・ポワティエ間の戦いでフランク王国に敗れた(⇨ p.131)。

POINT!　正統カリフ時代・ウマイヤ朝→ジハード(聖戦)により支配地を拡大。異教徒にはハラージュ(土地税)とジズヤ(人頭税)の貢納を要求

TOPICS

改宗と貢納

　イスラームの征服を「コーランか，剣か」と表現することがあるが，実際には「改宗か，税か，剣か」という3択で，ほとんどは税を選んだ。大征服時代のアラブ・イスラーム教徒は，異教徒に比較的寛大で，ハラージュとジズヤをおさめさえすれば，生命・財産の安全を保証し，信仰の維持を認めた。

　ハラージュとジズヤはアラブ帝国の重要な財源であり，イスラーム教への改宗者(マワーリー)に対しても課されていた。漸増するかれらの不満をおさえ，同時に税収入を確保するために，ウマイヤ朝のウマル2世(在位717〜720)は，イスラーム教徒にはジズヤを課さず，征服地に土地を所有する場合にのみハラージュを課すという方針を定めた。この規定は，アッバース朝にいたって原則として確立され，イスラーム教徒であればジズヤは課せられず，他方，土地を所有する者は信仰する宗教の如何を問わず，たとえアラブ人であろうとも，ハラージュが課せられるようになった。その結果，ジズヤは非改宗者がおさめる不信仰税と考えられるようになった。

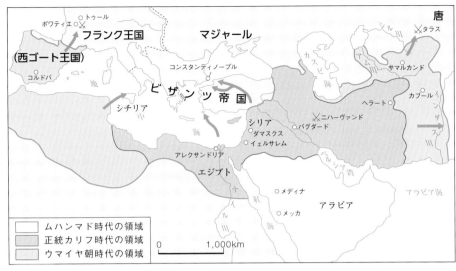

▲イスラーム帝国の領域拡大

SECTION

③ イスラーム帝国の展開

1 アッバース朝

❶アッバース朝の成立　750年，ムハンマドの叔父の子孫アル=アッバースがウマイヤ朝を倒し，バグダードを首都としてアッバース朝(750〜1258)を開いた。

❷タラス河畔の戦い　アッバース朝は建国直後の751年，中央アジアのタラス川付近で唐軍を破り，パミール以西の支配権と東西交通の覇権をにぎった。

❸バグダードの繁栄　バグダードは，肥沃なイラク平野の中心にきずかれ，5代カリフハールーン=アッラシード(在位786〜809)のころには国家体制もととのい，イスラーム帝国の中心として，また，東西貿易の中心として繁栄した。

❹イスラーム教徒の平等　アラブ人の特権をしだいに廃止し，イスラーム教徒はアラブ人も被征服民も等しくジズヤ(人頭税)を免除され，征服地に土地を所有する場合にかぎってハラージュ(土地税)が課されるという原則が確立された。

❺支配体制の整備　カリフは神格化されて専制君主となり，宰相の率いる官僚制度を整備して，中央集権化をすすめた。

★1　アッバース朝成立の背景には，イラン人・シーア派の反発があった。

★2　捕虜となった唐兵のなかに紙すき工がいて，中国で改良された製紙法がイスラーム世界に伝わったといわれる(⊃ p.101)。

★3　カリフの政治はイスラーム法(シャリーア)に基づいておこなわれた。

★4　10世紀ごろには，領内各地でイラン人やトルコ人が独立しはじめ，アッバース朝は実権を失っていった。そして，フレグの率いるモンゴル軍に，1258年に滅ぼされて(⊃ p.148)，イスラーム帝国は崩壊した。

2 後ウマイヤ朝

❶ 後ウマイヤ朝の成立　アッバース朝が成立すると，ウマイヤ家の一族はイベリア半島に逃れ，756年に**後ウマイヤ朝**（756〜1031）を開き，コルドバを都とした。

❷ コルドバの繁栄　アブド＝アッラフマーン3世（在位912〜961）の時代に最盛期をむかえ，イスラーム文化が発達した。

補説　**イベリア半島のイスラーム王朝**　後ウマイヤ朝の滅亡でアラブ人によるイベリア半島の統一支配は終わるが，その後も北アフリカを拠点とするイスラーム王朝がつづいた。これに対してキリスト教徒の国土回復運動がおこり，1492年スペインはナスル朝の拠点グラナダをおとしいれ，半島からイスラーム教徒を一掃した（⤵p.164）。

★5 後ウマイヤ朝の君主も10世紀以後カリフを称したので，アッバース朝を**東カリフ国**，後ウマイヤ朝を**西カリフ国**ともいう。

★6 後ウマイヤ朝のあと，イベリア半島を支配したのは，モロッコを中心とするベルベル人の**ムラービト朝**と**ムワッヒド朝**であった（⤵p.149）。

3 ファーティマ朝

❶ ファーティマ朝の成立　シーア派の一派は，チュニジアで**ファーティマ朝**（909〜1171）を樹立，969年エジプトを，ついでシリアを征服し，カイロ（⤵p.149）を建設して首都とした。

❷ 地中海への進出　北アフリカのイスラーム勢力は，シチリア・マルタなどを支配し，**地中海貿易に活躍**したが，11〜12世紀に**ノルマン人の侵入**によって地中海から後退した（⤵p.134）。

★7 ファーティマ朝・後ウマイヤ朝・アッバース朝の君主はそれぞれカリフを称し，3人のカリフが並立したので，イスラーム世界の分裂は決定的になった。

［イスラーム世界の展開］
8世紀にアッバース朝と後ウマイヤ朝，10世紀にファーティマ朝成立。
→3カリフ国がイスラーム国家として体制をととのえ，繁栄した

SECTION 4 **イスラーム文明**

1 イスラーム文明の特徴

❶ 豊かな国際性　イスラーム世界の発展で，**古代オリエント・ヘレニズム・イラン・インド**などの先進文明が融合された。

❷ 都市文明　アラビア語とイスラーム教を基礎に先進文明が加味され，**バグダード**や**カイロ**などの大都市に栄えた。

❸ 普遍的文明　イスラーム世界各地で受容され，地域的・民族的特徴が加えられて，**イラン＝イスラーム文化・トルコ＝イスラーム文化・インド＝イスラーム文化**が形成された。

▲アラベスクの模様

❹**ギリシア文化の保存**★1　ギリシア文化を保存して，これをヨーロッパに伝える役割をはたした。

2 学問

❶**固有の学問**　①『コーラン』の研究から**神学**★2**・法学・文法学**などが，ムハンマドの事績研究や東西貿易から**歴史学**★3**・地理学**が発達。②チュニジアのイブン゠ハルドゥーンは『**世界史序説**』を著し，遊牧民と定住民の関係を中心に独自の歴史理論を展開した。モロッコのイブン゠バットゥータ(⤵p.186)は各地を旅行して『**大旅行記(三大陸周遊記)**』を口述した。

❷**外来の学問**　ギリシアの学問，とくに哲学や自然科学の文献がアラビア語に**翻訳**され，「外来の学問」とよばれておおいに発達した。①哲学ではおもに**アリストテレス**の哲学を学び，イスラーム神学に摂取した。②自然科学では**数学・錬金術・天文学・医学・薬学・光学**★4などが導入された。

❸**イスラーム諸学の影響**　アラビア語訳のギリシア・ローマの古典は，南イタリアやイベリア半島でラテン語に翻訳され，**イスラームの学問とともに中世のヨーロッパに伝わった。**

[補説]　**イスラーム哲学者**　中央アジア出身のイブン゠シーナー(11世紀，ラテン名アヴィケンナ)は，アリストテレス哲学によるイスラーム神学・哲学を確立。医学者としても名高く，著書『医学典範』はラテン語に訳されてヨーロッパでも権威をもった。スペイン出身のイブン゠ルシュド(12世紀，ラテン名アヴェロエス)はイスラーム哲学を集大成し，ヨーロッパではアリストテレスの注釈者として知られた。

★1　バグダードの図書館「知恵の館(バイト゠アルヒクマ)」が中心となった。

★2　11世紀のガザーリーの神学は，中世ヨーロッパのスコラ学に影響を与えたが(⤵p.168)，イスラーム神学はしだいに神秘主義的な傾向を強めた。

★3　ハディース(伝承)の収集も，歴史学の発達につながった。9〜10世紀のタバリーは，年代記形式の世界史『預言者たちと諸王の歴史』を編纂した。

★4　インドからゼロの概念や数字，十進法などを導入して，アラビア数字をつくり，代数学や三角法を開拓した。9世紀の数学者でアラビア数学を確立したフワーリズミーは有名。

[参考]　人名のイブンは「〜の息子」の意味。本人の名前に父・祖父の名をつけた。

5

イスラーム世界の形成と拡大

\ **TOPICS** /

スペインのイスラーム文化

　後ウマイヤ朝の都コルドバは，バグダード・カイロとならぶ商業・文化の中心地であった。コルドバの皮革はフランスの市場で重要な商品となり，絹織物はキリスト教会の装飾品として多数製作された。キリスト教徒による国土回復運動(レコンキスタ)がすすむと，キリスト教徒とイスラーム教徒の対立が激化したが，ギリシア・ローマの古典が，アラビア語からラテン語に翻訳されるなど，スペインのイスラーム文化は中世ヨーロッパに大きな影響を与えた。

　スペインは北アフリカから北上したイスラーム勢力に支配され，その時代の遺跡は，グラナダのアルハンブラ宮殿をはじめ多く残っている。このため，西ヨーロッパでは，「ピレネーをこえるとアフリカがはじまる」といわれる。

▲アルハンブラ宮殿(グラナダ)

3 文学・美術

❶文学　説話文学と詩が発達。アラビア文学を代表する『千夜一夜物語(アラビアン=ナイト)』は，イラン古来の説話にアラビア的要素などを加え，さらに各地の説話を集大成したもの。詩の分野ではイラン人のフィルドゥシーが古代英雄叙事詩『シャー=ナーメ(王の書)』を，ウマル=ハイヤーム(セルジューク朝時代)が四行詩集『ルバイヤート』を著した。

❷美術　①イスラーム教の礼拝堂はモスクとよばれ，ドーム(丸屋根)やミナレット(尖塔)に特色がある。スペインのアルハンブラ宮殿はイスラーム建築の傑作。②アラベスクとよばれる幾何学的な装飾文様や，ミニアチュール(細密画)も発達。

4 文化の交流

❶東西貿易の発達　①陸上では，アフリカ北部へも交通路がのび，また，中央アジアから中国へのオアシスの道も栄えた。②海上では，紅海沿岸やペルシア湾からアフリカ東岸にいたる航路，インド沿岸から中国南部への航路が発達した。ムスリム商人はこれらの隊商貿易と商船貿易の担い手となり，世界各地の物産がイスラーム世界を通じて流通した。

❷東西文化の交流　中国の製紙法・火薬・羅針盤が西方へ伝わり，中国の絵画がイランの細密画に影響を与えた。

参考 イスラーム諸学をおさめた知識人をウラマーとよぶ。また，10世紀以降，イスラーム社会に神秘主義(スーフィズム)が流行し，多くの教団が結成された。

★5　16世紀はじめまでに，カイロでほぼ現在の形にまとめられたといわれる。

参考 イスラーム教では偶像崇拝が禁止されているため，絵画や彫刻はあまり発達しなかった。

★6　香辛料・砂糖・薬品・金・銀・象牙・絹織物・陶磁器・ガラスなどが流通した。

★7　モンゴル軍の西征によりイスラーム世界に伝わり(⊃p.186)，14世紀後半，ヨーロッパに伝わった。

★8　アラビア人が羅針盤を改良し中国へ逆輸出した。

\ TOPICS /

アラビア語と英語

　イスラーム世界で自然科学が発達し，それがヨーロッパ世界に影響を与えたことは，英語をはじめ今日のヨーロッパ語にアラビア語訳のものが多いことによっても知られる。英語のalkali(アルカリ)・alcohol(アルコール)・algebra(代数)などの語源はアラビア語である。また，sugar(砂糖)・sofa(ソファ)・cotton(木綿)・coffee(コーヒー)や，火薬・フィルムの容器という意味のあるmagazine(マガジン)などもアラビア語に起源がある。

　このようにヨーロッパ人の日用の諸物資にはイスラーム教徒(ムスリム)によってもたらされたものがかなり多い。イスラーム教徒の活動は，政治的・文化的にヨーロッパにさまざまな影響をおよぼしたのである。

◀イスラーム教のモスク(トルコ)

☑ 要点チェック

CHAPTER 5　イスラーム世界の形成と拡大	答
□ 1　ムハンマドが創始したイスラーム教の唯一神を，何というか。	1　アッラー
□ 2　ムハンマドとその支持者が，622年に商業貴族らの迫害をさけてメッカからメディナに移った事件を何というか。	2　ヒジュラ(聖遷)
□ 3　ムハンマドが受けた神の啓示をアラビア語でまとめた，イスラーム教の経典を何というか。	3　コーラン(クルアーン)
□ 4　ムハンマドの死後，選挙によって選ばれた4代のムハンマドの後継者のことを何というか。	4　正統カリフ
□ 5　メッカの商業貴族出身のシリア総督で，ウマイヤ朝を創始したのは誰か。	5　ムアーウィヤ
□ 6　ムハンマド時代，正統カリフ時代，ウマイヤ朝のうちで，最もひろい領土を得たのは，どの時代か。	6　ウマイヤ朝
□ 7　アラブ帝国は異民族・異教徒にたいして比較的寛大であったが，何を支払えば旧来の信仰を許したか(2種類)。	7　ハラージュ(土地税)，ジズヤ(人頭税)
□ 8　732年に，ピレネー山脈を越えて西ヨーロッパに侵入したイスラーム軍が，フランク王国軍に敗れた戦いを何というか。	8　トゥール・ポワティエ間の戦い
□ 9　ムハンマドの叔父の子孫アッバース家が創始した王朝の首都は，何という都市におかれたか。	9　バグダード
□ 10　アッバース朝が，建国直後の751年，進攻してきた唐軍と戦い勝利した戦闘を何というか。	10　タラス河畔の戦い
□ 11　アッバース朝の最盛期を築いた5代カリフは誰か。	11　ハールーン＝アッラシード
□ 12　756年，イベリア半島に建てられたイスラーム王朝を何というか。	12　後ウマイヤ朝
□ 13　建国者がカリフを自称し，チュニジアからエジプトを支配して，カイロを建設した王朝を何というか。	13　ファーティマ朝
□ 14　11世紀にイスラーム神学・哲学を大成し，かつ『医学典範』を著したのは誰か。	14　イブン＝シーナー
□ 15　9～10世紀にかけて，『預言者たちと諸王の歴史』とよばれる年代記を編纂した歴史家は誰か。	15　タバリー
□ 16　『大旅行記』を口述したモロッコの大旅行家は誰か。	16　イブン＝バットゥータ
□ 17　イラン古来の説話にアラビア的要素を加えてまとめられ，16世紀はじめにほぼ現在の形にまとめあげられた文学作品を何というか。	17　千夜一夜物語(アラビアン＝ナイト)
□ 18　スペインのグラナダにあり，イスラーム建築の傑作といわれる宮殿を何というか。	18　アルハンブラ宮殿

6 》ヨーロッパ世界の形成

時代の俯瞰図

年代	400	500	600	700	800	900	1000	1100
イギリス		アングロ=サクソン七王国（ヘプターキー）						ノルマン朝
フランス ドイツ イタリア	ローマ帝国 / 西ローマ帝国	クローヴィスの改宗 / ブルグンド / 東ゴート	フランク王国 / ランゴバルド王国	教皇領の成立 / トゥール・ポワティエ間の戦い	カール大帝 / 教皇領	西フランク / 東フランク / イタリア	カペー朝 / 神聖ローマ帝国	第一回十字軍 ノルマン=コンクェスト / 両シチリア王国
イベリア アフリカ	西ゴート王国 / ヴァンダル			後ウマイヤ朝	ウマイヤ朝 / アッバース朝		ファーティマ朝	
東ヨーロッパ	ビザンツ帝国（東ローマ帝国）ユスティニアヌス帝				ロシア / ノヴゴロド国	バシレイオス2世 / キエフ公国		
西アジア イスラーム	ササン朝（ペルシア）			ウマイヤ朝	アッバース朝		ブワイフ朝 / セルジューク朝	

（ノルマン人の移動 / ノルマンディー公国）

SECTION 1 ゲルマン人の大移動

1 原始ゲルマン人

❶ ヨーロッパの原住民　ローマ帝国のもとに統一された地中海世界は，アルプス山脈以南のヨーロッパの南端部にすぎず，北方には東はウラル山脈にいたる広大な土地がひろがっていた。そこには新石器時代いらいインド=ヨーロッパ語系のゲルマン人・ケルト人[★1]・スラヴ人などが居住し，ケルト人の居住地域の大部分は，ローマ帝国の支配下にはいっていた。

❷ 原始ゲルマン人と社会

① **原始ゲルマン人**　大移動以前のゲルマン人をいい，スカンディナヴィア半島南部からバルト海沿岸付近が原住地。ケルト人を圧迫しながらしだいに勢力を拡大し，紀元前後にはライン川・ドナウ川の線でローマ帝国と接した[★2]。かれら

★1　ケルト人はライン川流域やドナウ川上流域が原住地で，そこから四方に拡大した。ローマ共和政時代に北イタリアに侵入し，ローマ市を占領したこともある。ゲルマン人などに圧迫されて融合したが，一部は現在のイギリスに渡り，アイルランドなどにその文化が残る。

の社会については，カエサルの『ガリア戦記』やタキトゥスの『ゲルマニア』など，ローマ人の著作によって知られる。

[2] **原始ゲルマン人の社会**　①**牧畜・狩猟**が主で，原始的な農業もおこない，土地は氏族共同体の共有。②いくつもの氏族が集まって**部族国家(キヴィタス)**を形成し，これを王または数人の首長が統率した。③王・首長は**貴族の代表**にすぎず，重要問題は全自由民(貴族・平民)の成年男子が出席する**民会**できめられた。④自由民はすべて**戦士**であり，貴族は自由民の子弟を従士として養うという**従士制**がおこなわれた。

[3] **ゲルマン人の平和的移住**　ゲルマン人のなかには，とくに3世紀ごろから**ローマ帝国内に傭兵・下級役人やコロヌス**などとして平和的に移住する者がふえた(⇨p.77～78)。

2 ゲルマン人の大移動と建国

❶ゲルマン人の大移動

[1] **大移動の原因**　①土地の私有や階層の分化がすすみ，人口の増加によって**耕地が不足**してきたこと。②**4世紀の寒冷化**による天候不順などで穀物が不足したこと。

[2] **大移動の開始**　アジア系の**フン人**がドン川を渡って西進し，黒海北岸の東ゴート人を征服し，西ゴート人を圧迫したことが契機となって，**375年，西ゴート人が移動を開始**し，翌年ドナウ川をこえてローマ帝国の領内に移住した。

❷西ローマ帝国の滅亡

ゲルマン人の大移動は4世紀後半から約2世紀つづき，西ローマ帝国の領内各地にゲルマン人の部族国家が樹立された。この混乱のなかで，ゲルマン人の傭兵隊長オドアケルは，**476年に西ローマ帝国を滅ぼした**。

❸ゲルマン諸族の建国

[1] **東ゲルマン諸族**　ヴァンダル・東ゴート・西ゴート・ブルグンドなど。①牧畜に依存し，定着性は弱い。原住地から遠くはなれ，西ローマ帝国の中心イタリアやイベリア半島・北アフリカなどに移動して建国。②建国地ではローマ人などの原住民に対して少数であり，ローマ帝国で異端とされた**アリウス派**のキリスト教を信仰していたこともあって，新しい国土に支配権を樹立できず，おおむね短命に終わった。

[2] **西ゲルマン諸族**　アングロ＝サクソン・フランクなどの諸族。

★2　ゲルマン人の一派キンブリ族・テウトニ族は，前2世紀末にガリア・北イタリアに侵入したが，兵制改革をおこなったマリウスがこれを退けた。前1世紀にはカエサルがガリアからゲルマン人を撃退して封じこめ，アウグストゥス時代にはライン川以東に属州ゲルマニアを設けたが，後9年トイトブルク森の戦いに敗れてこの属州を放棄した(⇨p.76地図)。

★3　部族国家は，4世紀後半までに10余りの新部族(シュタム)に統合された。

★4　フン人は匈奴の一部といわれる(⇨p.102)。5世紀にはアッティラ王に率いられてガリアに侵入，451年にカタラウヌムの戦いで西ローマ帝国に敗れたが，北イタリアにも進出。ハンガリーを中心に大帝国をきずいたが，大王の死後崩壊。

★5　568年，ランゴバルド人がイタリアに侵入して王国を建てたころまで。なおランゴバルド人は東ゲルマン系といわれるが，はっきりしない。

★6　東ゴート人のテオドリック大王はオドアケルの王国を滅ぼし，イタリアに建国してローマ文化を保護した。

★7　アリウス派は早くからローマ帝国の領域外のゲルマン人に布教されていた。

6　ヨーロッパ世界の形成

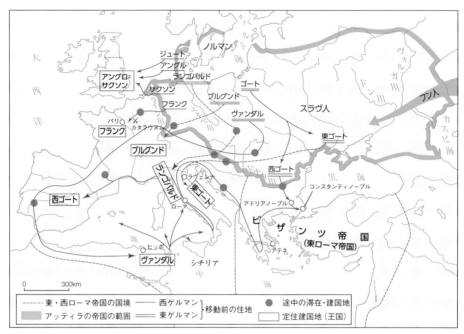

▲ゲルマン人の大移動

フランク人は，原住地を確保しながら膨張・発展するかたちで移動。小土地所有自由民（戦士）を軍隊の中核としてゲルマン的伝統を保持し，ローマ系住民との融和にも成功して，最も有力となった。

❹大移動の意義　①地中海を中心とするギリシア・ローマの古代が終わり，アルプス以北の**西ヨーロッパに重心**が移りはじめた。②西ヨーロッパを中心にローマ・ゲルマン両方の制度・文化と**キリスト教**という3つの要素が融合して，**近代ヨーロッパの原型**とされる「**ローマ的・ゲルマン的諸民族**」の形成がはじまった。③これに対して**ビザンツ（東ローマ）帝国**は大移動の影響をあまりうけず，オリエント化しながらもローマ帝国の伝統を維持し，**独自の東ヨーロッパ世界**を形成した。

参考　**大移動の性格**　多くは部族（キヴィタス）単位での移住。諸族の王も，ローマ人などには帝国の高官（地方武官）としての立場をとり，ローマ人と妥協して支配を維持しようとした。

★8　西ローマ帝国滅亡後の約10世紀間を，ヨーロッパの**中世**という。

★9　19世紀のドイツの歴史家ランケのことばだが，現在では，ケルト文化を無視するなどの問題点が指摘されている。

[ゲルマン人の大移動]
① 原始ゲルマン → 紀元前後，ライン川・ドナウ川線以東に拡大
② フン人の圧迫 → 375年に大移動開始 → ローマ帝国領内に部族国家

2 フランク王国と西ヨーロッパ世界の基礎の成立

1 メロヴィング朝の時代

❶ フランク王国の建国と発展

1 **フランク王国の成立**　5世紀末，**メロヴィング家のクローヴィス**(在位481〜511)が小国に分立していたフランク人を統一し，パリを中心にフランク王国を建てた。クローヴィスは南方に進出してブルグンド王国・西ゴート王国を破り，ピレネー山脈にまで達して現在の**ベルギー・フランス**にあたる一帯を領土とした。

2 **フランク王国発展の理由**　①フランク族は原住地を保持しつつガリアに膨張したので，ゲルマン的特性を残しながらローマ文化を摂取できたこと。②クローヴィスが，496年ローマ＝カトリック(アタナシウス派)に改宗し，**ローマ教会と提携**して，ローマ人の支持をうけることに成功したこと。

❷ 宮宰の台頭　フランク人は慣習によって**分割相続**をおこなったので，王族の内紛がたえず，地方豪族が荘園(⇨p.137)を領有して勢力をふるったため，フランク王国はしばしば分裂した。このあいだに荘園領主の有力な貴族が宮宰(**マヨル＝ドムス**，宮廷の最高官職)として実権をにぎるようになった。

❸ キリスト教世界の防衛　8世紀前半，イベリア半島から**ウマイヤ朝**のイスラーム軍がガリア(現在のフランス・ベルギー)に侵入した。732年，宮宰の**カール＝マルテル**はフランク貴族を動員して，**トゥール・ポワティエ間の戦い**でこれを破り，フランク王国と西ヨーロッパのキリスト教世界を守った。

2 カロリング朝の時代

❶ カロリング朝の成立

1 **ピピンの寄進**　カール＝マルテルの子ピピンは，751年フランク王位をうばって**カロリング朝**(751〜987)を開いた。ローマ教皇はピピンの王位を承認し，ピピンは北イタリアのランゴバルド人を討って**ラヴェンナ付近の土地を教皇に寄進**した。これがローマ教皇領の起源である。

2 **カール大帝の業績**　ピピンの子**カール大帝**(在位768〜814)は，ランゴバルド王国を征服し，北の**ザクセン人**や，東のアジア系アヴァール人を討って，西ヨーロッパの重要

★1　フランク人は，10余りの諸族に分かれてライン川東岸からガリア北部に拡大していた。

★2　ブルグンド王国は534年にフランク王国に併合され，西ゴート王国はイベリア半島にその中心を移した。

★3　クローヴィスの改宗　他のゲルマン諸族がキリスト教(アリウス派)を早くから受容していたのに対し，フランク族は古来の自然神崇拝(多神教)を奉じ，このとき正統派のアタナシウス派に改宗した。いらい，フランク王国の領土拡大の戦いは，異教や異端を信じる他の諸族を倒す聖戦として，ローマ人に支持された。

★4　ウマイヤ朝は711年に西ゴート王国を滅ぼして北上してきた(⇨p.122)。

★5　ローマ教皇は，使者を送って「力のない者が王であるより，力のある者が王であるべきである」と伝え，祝福したという。

★6　ローマ教皇とフランク王権との提携のはじまり。

★7　英語では**チャールズ大帝**，フランス語では**シャルルマーニュ**とよばれる。

6

ヨーロッパ世界の形成

重要部分を統一した。内政では，全国を多くの州に分け，伯(地方官)と司教を配置し，巡察使を派遣して伯を監督させ，中央集権につとめた。アーヘンに華麗な王宮をつくり，イングランドの神学者アルクインなど多くの学者を集めて，ギリシア・ローマの学芸の復活をはかった。教会や修道院に学校を併設するなど，教育の振興にもつとめた。このような文化の興隆をカロリング＝ルネサンス[8]とよぶ。

▲フランク王国の発展

❷**西ローマ帝国の復興**　ローマ教皇レオ3世は，**800年**，カールにローマ皇帝の帝冠を授けた。これにより，ゲルマン人を皇帝として**西ローマ帝国が復興**された。その結果，①ゲルマン人の大移動いらい混乱していた西ヨーロッパが1つの政治勢力にまとまった。②ローマ教会がビザンツ皇帝から独立し，やがて，キリスト教世界が東西

★8　聖職者中心の文化であった。

参考　カール＝マルテルの子ピピンは，ピピン3世，小ピピンともよばれる。

\ TOPICS /

カール戴冠の背景

　イタリアでは，6世紀中ごろ東ゲルマンの一派ランゴバルド人が侵入して，イタリアの大半を支配した。当時，ローマ教会はビザンツ帝国と**聖像禁止問題**から対立し(⇨p.138)，ローマ教会はランゴバルド人とビザンツ帝国に対抗できる有力な政治勢力を求めた。

　ローマ教皇はビザンツ帝国による圧迫を前に，フランク王国と結ぶ決意をかためた。751年ローマ教皇はピピンのフランク王位を認め，ピピンはこれに応じてランゴバルド人を討ち，ラヴェンナ付近を教皇に寄進し，ローマ教会とフランク王国は，かたく結ばれた。

　しかし，なお当時，ビザンツ皇帝だけが唯一のローマ皇帝であり，形式上，フランク王はビザンツ皇帝の臣下にすぎなかった。ローマ教会がビザンツ皇帝から独立するためには

ローマ教会側に皇帝をつくらなければならなかった。

　こうして**800年**，**カール戴冠**の日がやってきた。クリスマスの日，サン＝ピエトロ大聖堂で教皇レオ3世から頭上に皇帝の冠を授けられたカールは「ローマ帝国の統治者」の称号を帯びた。人々は「気高きカール，神に加護され，偉大で平和的なるローマ人の皇帝万歳！」と叫んだ。

　ここに東・西ヨーロッパに，ローマ皇帝を自認する「皇帝」が並立し，西ヨーロッパ世界は，皇帝と教皇を中心として，独自の道を歩みはじめたのである。

▲カール大帝像(デューラー)

に二分されることになった[9]（⇨p.138）。③ローマ・キリスト教・ゲルマンの３つの要素が融合した**西ヨーロッパ世界の基礎**が成立した。

① ローマ教会と提携したフランク王国発展→カール大帝が西ローマ帝国復興
② カール戴冠：ローマ・キリスト教・ゲルマンの融合→西欧世界の成立

SECTION ③ ヨーロッパ諸国の誕生

① フランク王国の分裂

❶ フランク王国の分裂

1 **分裂の理由**　①中央集権的な官僚制・軍制を維持する手段や人材を欠き，地方豪族の封建領主化を阻止できなかった。②ノルマン人などの外敵の侵入が，中央の権力を弱めた。③フランク人の分割相続の制度が分裂を助長した。

2 **分裂の経過**　カール大帝の死後，843年のヴェルダン条約によって王国は３分され，ついで870年のメルセン条約で再分割[1]。カールの帝国は，**東・西フランクとイタリアに３分裂**し，のちの**ドイツ・フランス・イタリア**に発展した。

❷ 分裂後の各国のようす

1 **ドイツ**　東フランク王国は，911年カロリング朝が断絶し，各地の豪族が**王を選挙**するようになり，まもなく**ザクセン朝**[2]が成立。オットー1世（在位936～973）はウラル語系のマジャール人を討って領土を拡大した。また，イタリアに遠征してローマ教皇をたすけ，962年教皇ヨハネス12世から**ローマ皇帝の帝冠**を授けられ，これが**神聖ローマ帝国**の起源とされるようになった。しかし，歴代の皇帝はローマ教会の保護者として**イタリアを支配**しつづけようとし，ドイツ本国をおろそかにしたので，ドイツでは封建諸侯などが分立して分権的傾向が強まった。

2 **フランス**　西フランク王国では，987年にカロリング朝が断絶し，**パリ伯ユーグ＝カペー**が王に選ばれ，**カペー朝**[3]（987～1328）を開いた。しかし，カペー家も有力な封建貴族の１つにすぎず，王権はふるわなかった。

★9　教皇を首長とする**ローマ＝カトリック教会**とビザンツ皇帝を首長とする**ギリシア正教会**に分裂（1054）。

★1　ローマ皇帝の帝冠は分裂した３国のうちの１国の王に授けられたが，東フランク王**オットー1世**以後，**神聖ローマ皇帝**に継承。

★2　ザクセン人が，エルベ・ライン両川間に樹立した部族公領に由来。神聖ローマ皇帝は，15世紀に事実上ハプスブルク家の世襲となるまではしばしば王家がかわった。

参考　ドイツはゲルマン人の原住地とその付近にあり，ザクセン（サクソン）・フランケン（フランク）・バイエルン（バヴァリア）などの部族が定着し，今日もゲルマン系住民が多い。フランスなどのゲルマン人がラテン系住民に同化されていったのに対し，ドイツはゲルマン人の祖国として今日にいたっている。

★3　**カペー家**は，ドイツとは異なり，王位を世襲化。

6
ヨーロッパ世界の形成

▲フランク王国の分裂

③ **イタリア**　古代ローマの伝統をうけつぎ，文化水準は高かったが，875年カロリング朝が断絶すると，小君主や都市が分立し，ローマ教皇・神聖ローマ帝国・ビザンツ帝国などの諸勢力が抗争し，分裂状態がつづいた。[★4]

★4　さらに，イタリア南部には，まずイスラーム教徒が侵入し，ついでノルマン人が建国した。イタリアが統一国家になるのは1861年である。

2 ノルマン人の活動

❶**ノルマン人とは**　スカンディナヴィア半島南部・ユトランド(デンマーク)半島に居住した**北ゲルマン人**の一派。**漁業**や**通商**を生業として造船・航海術にすぐれ，しばしば略奪をおこなって**ヴァイキング**[★5]と恐れられた。8世紀後半から11世紀ごろにかけ**ヨーロッパ各地に進出**し，進出先で建国した。[★6]

❷**フランスへの侵入**　ノルマン人の一派は，西フランク王国の沿岸部からセーヌ川流域に侵入。西フランク王はこれを懐柔するため，10世紀はじめ首領□□にキリスト教の洗礼をうけさせて**ノルマンディー公**に封じた(**ノルマンディー公国**)。[★8]

❸**イングランド征服**　①ブリタニア南部に**アングロ゠サクソン人**が**七王国(ヘプターキー)**を建て，9世紀前半ウェセックス王**エグバート**がこれを統一。②このころからノルマン人の一派**デーン人**が侵入したが，9世紀後半ウェセックスの**アルフレッド大王**がこれを撃退した。③11世紀前半デーン人の**クヌート(カヌート)王**が全イングランドを征服，デンマーク・ノルウェーも支配し，大帝国を形成。④クヌート死後，ノルマン人を撃退して，アングロ゠サクソン王家が復活したが，1066年フランスから**ノルマンディー公ウィリアム**が侵入，**ヘースティングズの戦い**に勝利し，**ノルマン朝(1066〜1154)**を開いた。[★9]⑤ノルマン朝は反抗した貴族の土地を没収し，全国的な検地や行政組織の整備など，中央集権的な封建制度を進展させた。

❹**地中海への進出**　ノルマン人は**南イタリアのビザンツ帝国**

参考　ノルマンは「北方の人」の意味。デーン(デンマーク)系・スウェード(スウェーデン)系・ノルウェー系の3つに大別。

★5　「入り江の人」を意味すると考えられる。

★6　**第2次民族移動**ともよぶ。

★7　このころパリを死守したのが**カペー朝**の祖先。

★8　**公・伯**などはフランク王国の官職を示すものであったが，封建貴族の等級をあらわす**爵位**となった。

参考　アングル人・ザクセン人　ジュート人とともにイングランドで融合し，まとめてアングロ゠サクソン人とよばれる。ノルマン人もこれに同化し，独自の英語が生まれた。

★9　**ノルマンの征服(ノルマン゠コンクェスト)**。フランス王の臣下であるノルマンディー公がイングランド王を兼ねたわけである。

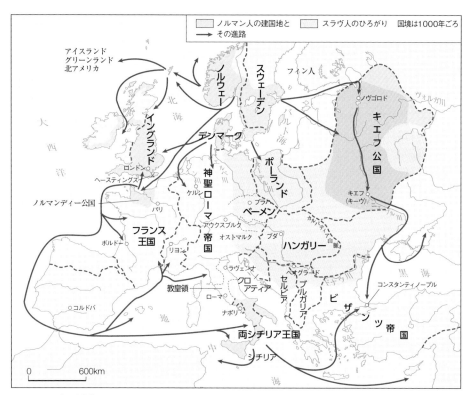

凡例: □ ノルマン人の建国地と → その進路　□ スラヴ人のひろがり　国境は1000年ごろ

▲ノルマン人の活動

などの勢力を退け，さらに**シチリア島のイスラーム教徒を駆**
逐して，**12世紀前半に両者をあわせ両シチリア王国を建て**た。

❺**ロシアの起源**　ノルマン人の一派**ルーシ（ルス）**は，**9世紀に**
首長**リューリク（ルーリック）**のもとにロシアにはいって**ノヴ**
ゴロド国を建てた。その一族**オレーグ**はドニエプル川を南下
し，**キエフ公国**を建てた。これがロシアの起源であるが，ノ
ルマン人はスラヴ人に同化されていった（⇨p.143）。

❻**北欧諸国の形成**　ノルマン諸部族の原住地でも統合がすすみ，
10世紀ごろまでに**ノルウェー・スウェーデン・デンマーク**
の3王国が成立した。

❼**北大西洋への進出**　ノルマン人は**アイスランド・グリーン**
ランド，大西洋を渡って**北アメリカ大陸**にまで到達した。

★10 のち神聖ローマ帝
国・フランス・スペインな
どの支配下にはいるが，
19世紀のイタリア統一ま
で存続。シチリア王国とナ
ポリ王国に分裂した時代も
ある。

★11 ルーシは「ロシア」
の語源ともいわれる。

参考 フン人につづいて，
東方からアヴァール人・マ
ジャール人がヨーロッパに
侵入した。

[西ヨーロッパ諸国の誕生]

① カール大帝死後，フランク王国分裂→ドイツ・フランス・イタリア

② 8〜11世紀の西ヨーロッパはノルマン人の活動などで混乱

4 西ヨーロッパ封建社会の成立

1 封建社会のなりたち

❶**封建制(フューダリズム)とは**　せまい意味では，支配層(貴族層)のあいだに成立した主従関係，いわゆるレーン制(家臣制または知行制)をさす。ひろい意味では，社会の土台である荘園制に立脚して支配層のあいだに主従関係が成立する社会全体をいう。

❷**封建制の形成**　封建制は，**ローマ・ゲルマンの諸要素が結合して形成された。①原始ゲルマン人社会の従士制**(⤷p.129)と，主君が奉仕を要求するかわりに土地を貸与するというローマ帝国末期の**恩貸地制度**とが結合。②8世紀ごろからフランク王国では，恩貸地は家臣の忠誠義務・軍事的義務の代価として主君が与える**封土(知行)**となり，この封土の授受を仲立ちとする主従関係が成立していた。③8～9世紀いらい，イスラーム教徒・マジャール人・ノルマン人の侵入があり，人々は自衛のために有力者と政治的結びつきを求めるようになり，**封土の授受を仲立ちとする主従関係(封建制)が成立した。[*2]**

❸**封建国家の特質**　封建国家は，支配層(領主層)の**国王・諸侯・騎士・聖職者(大司教・司教)が封建的ピラミッドを形成する連鎖的な階層構造**をもっている。しかし，それは中央集権的な階層組織ではなく，諸侯・騎士がそれぞれ独立した封建領主で，主君が行政・徴税・司法面で領内に立ちいることを拒否できる**不輸不入権(インムニテート，インムニタス)**

注意　本項では，「封建制」をせまい意味で用い，ひろい意味の場合は「封建社会」という用語を使う。

参考　ローマ末期，ガリアでローマ人に同化したケルト人のあいだにも，主君の保護に対する家士(従僕)の服従という慣習があった。

[*1]　8世紀，カール=マルテルが教会の土地を没収して騎兵に貸与したことが，両制度結合の契機となった。

[*2]　主従関係の特徴
①双務的な契約関係で，主君が契約に違反すれば臣下は反抗してもよかった。
②臣下は複数の主君に仕えてもよかった。
③個人的・私的な関係であったから，当事者のどちらかが死亡すれば消滅した(封土はやがて世襲化した)。

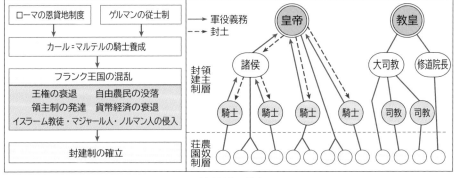

▲封建制のなりたち　　　　　▲封建社会の構造

を確保し，いわば「国のなかの国」をつくっていたので，**一国の住民には国民としての意識がうすく，地方分権的国家で**あった。

★3　この点で近代の国民国家とは異なる。

補説　**騎士道**　騎士とはひろく「戦う人」である封建貴族全体をさすが，ふつう最下層の小領主貴族をいう。かれらは武勇・信仰・礼節・仁愛・弱者(女性など)保護などの倫理を理想とした。このような騎士道精神は，当時の文学・芸術の重要な主題となった。

2 荘園制の発達

❶**荘園制の成立**　外敵侵入の混乱期に，国王・諸侯・教会や有力者などが大土地所有をすすめ，所領をもつ領主として，解放奴隷・コロヌスや没落した小地主・農民などを農奴として支配するようになった。こうして形成された封建領主の所領の単位が荘園で，封建社会をささえる生産の場であった。

❷**荘園の構造**　荘園は，領主館や教会・修道院を中心に，領主の**直営地**，農民の**保有地**，森林・牧地・沼沢などの共有地(入会地)に分かれ，**自給自足・現物経済の小世界**であった。

❸**農奴の立場**　荘園の農民の大部分は農奴で，①人格的に領主に従属して**領主裁判権**などに服し，移転や職業選択の自由がなく，重い負担に苦しんだので，後代の小作農とは異なるが，②農地を保有し，財産や家族をもつ点で，古代の奴隷とは区別される。農奴は保有地の代償として，(a)賦役(領主直営地の耕作などの労役=**労働地代**)，(b)貢納(保有地の年貢

参考　**村落共同体の形成**　荘園制は，フランク王国のカロリング朝のころ成立した。その初期には，農家や耕地が散在していたが，三圃制などの進展により，耕地・牧地などを1か所に集める交換分合や，農民の住居を1か所にまとめる集村化がすすみ，農民は共同体の規制を強くうけるようになった。このような村落共同体を基礎として，封建領主の農民支配が確立した。

★4　このような経済的負担以外の身分的束縛を，**経済外強制**という。

\ TOPICS /

飢える西ヨーロッパ

　10世紀ごろまでの西ヨーロッパは，イスラーム教徒の侵入，アジア系諸民族の西進，ノルマン人の活動などによって内陸にとじこめられ，国際貿易の主導権は，ビザンツ帝国・イスラーム教徒・ノルマン人らにうばわれた。しかも，西ヨーロッパの農業生産力は，麦などの収穫量が種に使用した量の2倍程度というありさまで，農民たちは慢性的に飢えていた。この「耕す人」農民に，「戦う人」騎士や「祈る人」聖職者を養わせなければならない。こうして有力者は地方に割拠して自活をはかり，封建領主として土地と農民を支配する。それは封建社会が形成されるコースであった。

　西ヨーロッパ世界は，このような惨たんたる「前史」ののちに，封建社会を確立して安定していくが，その重要な要素が，気候温暖化と**三圃制**をはじめとする農業の技術革新(**農業革命**)であった。温暖化によって可耕地が増大し，**有輪犂**(重量犂)の普及は，深耕を可能にして土地生産力を上昇させた。また，三圃制は耕地利用の効率を倍加させた。その結果，農業生産力が飛躍的に高まり，このことは封建領主の支配を強めるとともに，都市の勃興をうながしたのである。

6　ヨーロッパ世界の形成

=生産物地代)，(c)結婚税・死亡税(相続税)などを負担した。★5

❹**農業の発達**　10〜12世紀には，開墾がすすみ，耕地を春耕地・秋耕地・休耕地に3分して，3年で一巡する三圃制や，深耕を可能にする鉄製の**有輪犂**の使用(牛馬にひかせる)，水車の利用などがはじまって，農業生産力が大きく高まった。★6

① 混乱期に封建制と荘園制を基礎とする封建社会が成立
② 商業・都市の衰退，土地・現物が価値をもつ自給自足経済

★5　そのほか，教会への十分の一税や，パン焼きかまどや水車などの使用料も徴収された。

★6　人口も飛躍的に増加した。

SECTION 5 ローマ=カトリック教会の発展

1 キリスト教会の分裂

❶ローマ教会の権威

1 **五大教会**　帝政末期のローマ帝国内にキリスト教がひろがるにつれて，キリスト教の**教会**は司教を中心に各地に多数成立したが，これらを**ローマ・コンスタンティノープル・アレクサンドリア・イェルサレム・アンティオキア**の五大教会(**五本山**)が統轄した。そのうち，ローマ教会とコンスタンティノープル教会が有力となり，権威を高めていった。

2 **ローマ教会の発展**　西ローマ帝国が滅びると，ローマ教会は政治的にはビザンツ(東ローマ)皇帝に従属させられた。しかしローマ教会は，フランク王国との**提携**や，教皇グレゴリウス1世(在位590〜604)いらいのゲルマン人への熱心な布教の結果，勢力を増大し，しだいにビザンツ皇帝から独立するようになった。

❷東西教会の分裂
726年ビザンツ皇帝レオン3世がだした聖像禁止令にローマ教会は反対し，フランク王国という政治勢力との**提携**をいっそう強めた。こうしてローマ教会はビザンツ皇帝から独立し，1054年ヨーロッパの教会は**ローマ教皇**を首長とする**ローマ=カトリック教会(西方教会)**と，ビザンツ皇帝を首長とする**ギリシア正教会(東方教会)**に分裂した。

❸教会の世俗化
ローマ=カトリック教会は，**教皇**のもとに**大司教・司教・修道院長・司祭**などの階層制組織をつくり，イベリア半島を除く西ヨーロッパに精神的権威を確立した。

★1　教会を監督する最上級の聖職者(僧侶)。一定の教会区域を管轄。司教座のある教会を**司教座**という。

★2　ローマとコンスタンティノープル以外の大教会は，7世紀にイスラーム勢力の支配下にはいった。

★3　レオ3世ともよぶ。

参考 ローマ教会の首位権
ローマ教会は，①「永遠の都」ローマにあり，②第一の使徒ペテロの創建といわれ，③迫害で多くの殉教の血が流されたことなどを理由に，全教会に対する優位を主張した。5世紀なかばのローマ司教レオ1世はローマ教会首位権の確立者であるが，侵入してきたフン人のアッティラ王を説得して立ち去らせ，ローマを破壊から救った。この時代以降，ローマ司教は「ペテロの後継者」として別格の地位にたち，自らを**教皇(法王)**と位置づけた。

▲11世紀末の宗教分布

地図凡例：
- 分離前の五大教会
- ギリシア正教徒
- ローマ=カトリック教徒
- イスラーム教徒

有力な教会・修道院は国王や諸侯から広大な土地の寄進をうけたり，また開墾によって，土地と人民を支配する**封建領主**となり，高位の聖職者は世俗の国王や諸侯とともに**封建社会の支配階層**を構成した。これは同時に，俗人の聖職就任や**聖職売買**などをまねいた。

2 教会の勢力と教皇の権威

❶ 修道院運動

[1] **西欧型修道院の成立**　6世紀前半，ベネディクトゥスはイタリアの**モンテ=カシノ**に新しい修道院を開き，服従・清貧・純潔の3つの誓いと，「**祈り，働け**」の精神のもとに，祈り・勉学・勤労・布教・貧民救済などの実践を重んずる規律をつくった。その後，この**ベネディクトゥス戒律**は西ヨーロッパに普及し，西欧の修道院の規範となった。

[2] **修道院の意義**　修道院は，聖職者の粛正と世俗権力からの教会の解放をめざす**教会改革運動**の中心となり，異教徒の教化や異端との戦いにも活躍した。修道院は宗教的な活動以外に，開墾・写本・学問など**社会的・文化的な活動**もおこない，中世ヨーロッパ文化の創造に重要な役割をはたした。

[3] **クリュニー改革運動**　10世紀には修道院も封建領主となって世俗化したのに対し，フランス東部の**クリュニー修道院**

★4　キリストや聖母マリアなどの像を礼拝することを禁じたもの。キリスト教はもともと聖像(偶像)崇拝を禁ずる宗教であったが，ローマ教会はゲルマン人に布教する手段として，聖像崇拝の風習を重んじた。これに対してビザンツ帝国では，偶像崇拝を否定するイスラーム教徒の進出を前に，聖像崇拝の可否をめぐる論争がおこった。ビザンツ皇帝レオン3世は聖像崇拝を禁止したが，結局はビザンツ帝国でも聖像崇拝派が勝利をおさめ，禁止令も843年に解除された。

参考　ローマ教会の布教範囲　フランク王国や神聖ローマ帝国の対外発展にともなって拡大し，ポーランド・ハンガリーから北欧にまでおよんだ。

参考　修道院の起源　修道院は3世紀ごろエジプト・シリアなどの東方に生まれ，山野に隠遁して禁欲・苦行・瞑想の修道生活をおくる個人的・非社会的なものであった。ベネディクトゥス以後，西欧の修道院は，社会的・文化的な活動もおこなう集団となった。さらに13世紀に成立した**托鉢修道会**は，学問の進歩に貢献した。

★5　シトー修道会は**大開墾時代**の先頭に立ち，12～13世紀のヨーロッパ農地の拡大に貢献した。

6　ヨーロッパ世界の形成

を中心に修道院自身の粛正（しゅくせい）運動がおこった。これは11世紀には**全教会の改革運動に発展**し，聖職売買や聖職者の妻帯（さいたい）を禁止するなど教会・修道院の改革がすすんだ。

❷叙任権闘争（じょにんけん）

1　聖職叙任権問題　神聖ローマ皇帝は，帝国を統治する手段として帝国内の司教・修道院長などの聖職者の叙任権（任命権）を行使していた。ローマ教皇はこうした世俗権力の教会支配が教会を堕落（だらく）させるとし，**聖職叙任権**を教皇の手におさめ，世俗権力の支配から教会を解放しようとした。

2　叙任権闘争　クリュニー修道院出身の教皇グレゴリウス7世（在位1073〜85）は，教皇は聖界（教会）・俗界の両方に支配権をもつとして**教皇の至上性（しじょう）を主張**し，神聖ローマ皇帝ハインリヒ4世と**叙任権闘争**を開始して，これを屈服させた。その後，叙任権闘争は一進一退をくりかえしたが，1122年に**ヴォルムス協約**で教皇と皇帝の妥協（だきょう）が成立した。[★7]

補説　カノッサの屈辱（くつじょく）　教皇グレゴリウス7世は，教皇を罷免（ひめん）しようとした皇帝ハインリヒ4世を教会から**破門（はもん）**した。ドイツ諸侯はこれを皇帝権をおさえる絶好の機会とし，破門が解かれなければハインリヒを皇帝とは認めないと決議した。これに驚いたハインリヒは厳寒のアルプスをこえ，1077年，北イタリアのカノッサに教皇を訪れ，謝罪してようやく許された。これを**カノッサの屈辱**というが，叙任権闘争の背後には，皇帝とドイツ諸侯との対立があったのである。

❸教皇権の絶頂

教皇の権威は叙任権闘争などによっていちじるしく高まり，十字軍を提唱した**ウルバヌス2世**の時代をへて，13世紀の**インノケンティウス3世**（在位1198〜1216）のときには，教皇権は絶頂期に達した。[★8]

★6　**クリュニー修道院**は西欧各地に2,000以上の分院を擁するまでになり，**グレゴリウス7世・ウルバヌス2世**らの教皇をだした。

参考　**教皇の選挙制**　教皇は神聖ローマ皇帝やイタリアの諸侯などの世俗権力によって左右されていたが，11世紀なかば司教・枢機卿（すうき）による選挙（指名）制となって現在にいたっている。

★7　教皇は司教・修道院長の叙任権を確保し，皇帝は形式的に司教・修道院長を授封する（封臣（ほうしん）とする）だけになった。これによりドイツ（神聖ローマ帝国）は，聖俗の諸侯による権力の分立・割拠（かっきょ）がいちじるしくなった。

★8　イギリス王ジョンをカンタベリ大司教任命問題で破門して臣従させるとともに（⊂▷p.162），フランス王フィリップ2世に威圧を加えた。「教皇は太陽，皇帝は月」と言って，教皇権の優位を主張した。

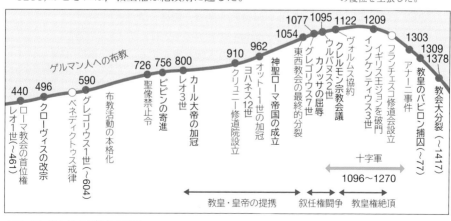

▲ローマ＝カトリック教会の発展

補説　**托鉢修道会**（たくはつ）　13世紀には，修道院が土地寄進（きしん）をうけて世俗化し腐敗したことを反省して，特定の修道院（共同生活所）をもたず，教皇の指導下に都市を中心に布教や学究などで活動した**托鉢修道会**が生まれた。イタリアの**フランチェスコ修道会**，スペインの**ドミニコ修道会**などがあり，**トマス＝アクィナス**らのスコラ学者をだした。

参考　**ドイツ以外の叙任権闘争**　フランスでは国王に従属する司教領が少なく，国王が叙任権を放棄した。イギリスでは王権が強く教皇と対立したが，形式的には国王が叙任権を確保した。

［ローマ＝カトリック教会の発展］

① ローマ教会はフランク王国と提携して発展→ビザンツ皇帝から独立

② ローマ教皇を頂点とする教会組織成立→西ヨーロッパ世界の権威

③ 教会が土地や人民を支配する封建領主となる→聖職者の腐敗・堕落

④ 修道院などの改革運動→聖職叙任権闘争→13世紀初，教皇権の絶頂

6 東ヨーロッパ世界の成立

1 ビザンツ帝国の盛衰

❶**地中海帝国の再現**　西ローマ帝国滅亡後，ビザンツ帝国はローマ帝国の唯一の後継者として西ヨーロッパのゲルマン諸国やローマ教会に，その権威を認めさせた。

　6世紀中ごろ**ユスティニアヌス大帝**（在位527～565）は，ローマ帝国の復活をめざして各地に遠征軍をおくり，**地中海世界を再統一**し，ローマ帝国を復活させた。国内では，皇帝権と官僚制を強化し，それまでのローマ法を『**ローマ法大全**』（ぜん）に集大成し，首都コンスタンティノープルに**ハギア＝ソフィア聖堂**を建設して帝国の威容を示した。

❷**ビザンツ世界の形成**　①6世紀後半，ランゴバルドやフランクにイタリアをうばわれ，②7世紀にアヴァール人やスラヴ人が侵入，③東方からササン朝（ペルシア），ついで**イスラーム教徒**のアラブ人にシリア・北アフリカ・イベリア半島をうばわれ，④北方ではトルコ系の**ブルガール人**がブルガリア帝国を建てるなど**帝国の領土はバルカン半島と小アジアに縮小**。

　また，西ヨーロッパへの影響力も失われていったが，7世紀，公用語がラテン語から**ギリシア語**にかわり，**帝国のギリシア化**がすすんで，独自のビザンツ世界が形成されることとなった。

注意　ビザンツ帝国にも西ゴート人やフン人が侵入したが，被害は少なかった。

★1　①北アフリカの**ヴァンダル王国**，②イタリアの**東ゴート王国**を滅ぼし，③**西ゴート王国**からイベリア半島の一部をうばい，④**ササン朝**と戦って地中海の制海権をにぎった。

★2　法学者トリボニアヌスに命じて集大成させ，近代の法律や政治学説に大きな影響を残した。

★3　8世紀の皇帝レオン3世の聖像禁止令から11世紀の東西教会の分裂，カール大帝による西ローマ帝国の復興などを想起しよう。

❸ビザンツ帝国の盛期　縮小したビザンツ帝国では，①7世紀以降，**屯田兵制**を基礎として全国に**軍管区制**(テマ制)をしき，中央集権と軍事力の強化をはかった。②9世紀のバシレイオス1世はイスラーム勢力を撃退し，バシレイオス2世(在位963～1025)のとき皇帝権は全盛となった。③皇帝が**ギリシア正教会**の首長(総主教)を管轄下におき(**皇帝教皇主義**)，官僚制を整備して**専制政治**をおこなった。④帝国の保護・統制のもとに商工業と貨幣経済が発達し，**コンスタンティノープル**は世界商業の中心として繁栄した。

★5　ビザンツ皇帝は，ギリシア正教会の首長であるコンスタンティノープル総主教の任免権をもっていた。

❹ビザンツ帝国の衰亡　①11世紀以降，中央集権と軍事力強化のためにプロノイア制を実施したが，その後，大土地所有が拡大し，各地に有力な豪族が割拠して皇帝権が衰退。②バルカン半島の**スラヴ人**(セルビア人や，スラヴに同化したブルガール人など)が独立。③**ノルマン人**が南イタリアな

▲ビザンツ帝国

(地図中)
スラヴ人
フランク王国
アヴァール人
イタリア
ローマ
西ゴート王国
コルシカ
コンスタンティノープル
サルデーニャ
小アジア
サルデーニャ
コルドバ
カルタゴ
シチリア
アテネ
エフェソス
サン朝
シリア
イェルサレム
アレクサンドリア
エジプト

凡例：
ユスティニアヌス大帝のときの領土
9世紀ごろの領土
0　　1,000km

どの地中海に進出。④東方からは**セルジューク朝**のトルコが侵入(⤴p.148)。⑤西方から**十字軍**の圧迫(⤴p.155)。⑥14世紀以後，**オスマン帝国**が侵入，1453年にコンスタンティノープルが占領され，**ビザンツ帝国は滅亡**した(⤴p.215)。

|補説|　**プロノイア制**　ビザンツ帝国後期に実施された土地制度。地方豪族に軍役奉仕の代償として国有地を貸与し，そこからあがる利益の運用を許可した。地方豪族の強勢と社会の封建化をもたらした。

★6　南イタリアを征服したノルマン人に対抗するため，帝国はヴェネツィア商人に帝国内での関税免除などの特権を与えた。これは，イタリア諸都市が**東地中海貿易**で繁栄するきっかけとなった。

2　ビザンツ帝国の文化と役割

❶ビザンツ文化　ギリシア(ヘレニズム)文化とギリシア正教を基礎に，東西の文化を融合して形成された。

1　**美術の発達**　ドームと内部の**モザイク壁画**とを特色とする**ビザンツ様式**の教会建築，聖母子像などを描いた**イコン美術**などが代表的。

2　**学問**　7世紀以後，公用語はラテン語からギリシア語になり，**ギリシア古典の研究**がさかんであった。

❷ビザンツ帝国の役割

1　**西ヨーロッパ世界の防波堤**　アラブ人やトルコ人の西進を

★7　ヘレニズム時代いらい古代ローマで発達。はじめは色大理石を用いたが，ビザンツ時代には色ガラスが多く使われた。

★8　コンスタンティノープルのハギア＝ソフィア聖堂，ラヴェンナのサン＝ヴィターレ聖堂，ヴェネツィアのサン＝マルコ聖堂など。

はばみ，形成途上にあった西ヨーロッパ世界を防衛した。

2 **ギリシア古典文化の継承・保存**　ギリシア古典文化を西ヨーロッパに伝え，イタリア＝ルネサンスに刺激を与えた。

3 **ビザンツ＝東ヨーロッパ文化圏の形成**　ビザンツ文化とギリシア正教を，バルカンやロシアのスラヴ人にひろめた。

3 東ヨーロッパの諸民族

❶ **アジア系諸族の侵入と建国**

1 **ハンガリー王国**　フン人の活動につづいて，6世紀以降アヴァール人が西進したが，カール大帝に撃破された。9世紀末には，ウラル語系のマジャール人が侵入したが，オットー1世に撃退された。マジャール人はドナウ川中流域に定着し，10世紀に**ハンガリー王国**をつくった。[9]

2 **ブルガリア帝国**[10]　トルコ系のブルガール人は，スラヴ人を支配して建国した。11世紀にビザンツ帝国に征服されたが，12世紀末に独立を回復した。

❷ **スラヴ人の自立**　カルパティア山脈一帯を原住地とするスラヴ人は，ゲルマン人移動後，東ヨーロッパにひろがった。

1 **西スラヴ人**　西方にひろがった**西スラヴ人はローマ＝カトリックに改宗**し，西欧文化の影響をうけた。10世紀にポーランド人は王国を建てたが，14世紀にリトアニア人と結んで**ヤゲウォ朝**[11](リトアニア＝ポーランド王国)をつくり，15世紀東ヨーロッパ最強となった。チェック人は，ベーメン(ボヘミア)王国を建てたが，11世紀に神聖ローマ帝国に編入された。

2 **南スラヴ人**　バルカン半島に南下した**南スラヴ人**のなかで，最大勢力のセルビア人は，はじめビザンツ帝国の支配をうけ，**ギリシア正教に改宗**したが，12世紀に独立し，14世紀には強国になった。クロアティア人・スロヴェニア人は，フランク王国の影響下で**カトリックをうけいれ**，10世紀に建国したが，14世紀以降オスマン帝国の支配下にはいった。

3 **東スラヴ人**[12]　東方のロシアにひろがった**東スラヴ人**の地には，9世紀にノルマン人が**ノヴゴロド国**，ついで**キエフ公国**[13]を建てた。かれらは間もなくスラヴ化し，ビザンツ帝国バシレイオス2世のとき，キエフ公国のウラディミル1世が**ギリシア正教に改宗**し，ビザンツ文化をとりいれた。以後，ロシア人もギリシア正教を信仰するようになった。[14]

参考 ビザンツ美術は，ササン朝やイスラームの美術と相互に影響し，西ヨーロッパの中世美術に影響をおよぼしている。

★9　神聖ローマ帝国がハンガリーとの境に設けたオストマルク(辺境領)がオーストリアの起源である。

★10　7世紀の建国後，スラヴ化がすすんだ。9世紀にギリシア正教をうけいれ，王が皇帝の称号を得て帝国を称した(第1次ブルガリア帝国)。ビザンツ帝国の支配をうけたのち，これと和解して，12世紀に第2次ブルガリア帝国を樹立した。

★11　ヤゲロー朝ともいう。

★12　ロシア人・ウクライナ人など。

★13　ロシアでは統治者の一族を公(クニャージ)といい，上位の者を大公という。

★14　ビザンツ帝国滅亡後，ロシア皇帝がビザンツ皇帝権を継承し，ギリシア正教の擁護者を自認した。しかしその後，東ヨーロッパでは国ごとの正教会が成立。

参考 **東ヨーロッパ世界の形成**　ビザンツ帝国，スラヴ人諸王国，アジア系のハンガリー王国やトルコ系のブルガリア帝国が建てられ，西ヨーロッパとは異なる世界が形成された。

6

ヨーロッパ世界の形成

☑ 要点チェック

CHAPTER **6** ヨーロッパ世界の形成	答
☐ 1　原始ゲルマン人の社会や風俗・習慣を知ることのできるカエサルおよびタキトゥスの著書を，それぞれ何というか。	1　ガリア戦記，ゲルマニア
☐ 2　ゲルマン人の移動のきっかけをつくったアジア系の騎馬遊牧民を何というか。また 5 世紀中ごろに大帝国をつくった王は誰か。	2　フン人，アッティラ王
☐ 3　フランク諸族を統一し，パリを中心にフランク王国を建てたのは，何という家系の誰か。	3　メロヴィング家のクローヴィス
☐ 4　フランク王国の宮廷における行政・財政の最高官職を何というか。	4　宮宰（きゅうさい）
☐ 5　732年，フランク王国のカール=マルテルが，イベリア半島から侵入したイスラーム軍を破った戦いを何というか。	5　トゥール・ポワティエ間の戦い
☐ 6　751年，フランク王位をうばって新しく王朝を開いたのは誰か。	6　ピピン
☐ 7　フランク王国の最盛期の王で，800年に教皇からローマ皇帝の帝冠を授けられたのは誰か。	7　カール大帝
☐ 8　フランク王国は 9 世紀，2 つの条約により3分割され，ドイツ・フランス・イタリアのもとができた。その条約を2つとも答えよ。	8　ヴェルダン条約，メルセン条約
☐ 9　10世紀にイタリアを制圧し，教皇からローマ帝冠を授けられて，初代神聖ローマ皇帝となったのは誰か。	9　オットー1世
☐ 10　西フランク王国で，カロリング朝断絶後に王位についたのは誰か。また，かれが創始した王朝を何というか。	10　ユーグ=カペー，カペー朝
☐ 11　9 世紀末，イングランドに侵入したノルマン人の一派デーン人を撃退したウェセックス王は誰か。	11　アルフレッド大王
☐ 12　封建社会で，王・諸侯（しょこう）・騎士（きし）などが領主として所有する土地を何というか。また，そこで領主に支配される農民を何というか。	12　荘園，農奴
☐ 13　上問12の農民の負担のおもなものは，領主の直営地の耕作などの労役と，保有地の年貢であった。それぞれ何というか。	13　賦役（ふえき），貢納（こうのう）
☐ 14　耕地を春耕地・秋耕地・休耕地に 3 分割し，3 年で一巡する農法を何というか。	14　三圃制（さんぽせい）
☐ 15　キリスト教会が東のギリシア正教会と西のローマ=カトリック教会に分裂するきっかけとなったのは，誰の何という発令か。	15　ビザンツ皇帝レオン3世の聖像禁止令
☐ 16　10世紀はじめにフランス東部に設立され，キリスト教会刷新運動の中心となった修道院はどこか。	16　クリュニー修道院
☐ 17　1077年，神聖ローマ皇帝ハインリヒ 4 世が，教皇グレゴリウス7世に，破門の解除を願った事件を何というか。	17　カノッサの屈辱（くつじょく）
☐ 18　1122年，聖職叙任権（じょにんけん）問題に，一応の妥協を成立させた協約は何か。	18　ヴォルムス協約
☐ 19　13世紀はじめ，教皇権が最も強大になったときの教皇は誰か。	19　インノケンティウス3世
☐ 20　9 世紀ごろ，ドナウ川中流域に定着し，10世紀にハンガリー王国を建て，カトリックに改宗した民族を何というか。	20　マジャール人

第2編

諸地域世界の交流と再編

• • • • •

1 》 イスラーム世界の拡大と西アジアの動向

時代の俯瞰図

年代	800	900	1000	1100	1200	1300	1400	1500	1600
中国			五代十国	宋	南宋 / 金	元		明	清
北アジア	ウイグル		遼(契丹)	西夏	モンゴル				
東南アジア		トルコ人の西遷イスラーム化			マジャパヒト王国 / マラッカ王国		アチェ王国 / マタラム王国		
インド アフガニスタン 中央アジア		サーマーン朝	ガズナ朝	ゴール朝 / 西遼	デリー=スルタン朝			ムガル帝国 / ブハラ=ハン国
イラン	アッバース朝	カラハン朝	ブワイフ朝 / セルジューク朝	ホラズム=シャー朝	モンゴル / チャガタイ=ハン国	ティムール朝		ヒヴァ=ハン国 / サファヴィー朝
メソポタミア アラビア					イル=ハン国			オスマン帝国
北アフリカ イベリア半島	後ウマイヤ朝	ファーティマ朝	ムラービト朝 / ムワッヒド朝	アイユーブ朝	マムルーク朝 / ナスル朝			
西アフリカ	ガーナ王国				マリ王国		ソンガイ王国		
ヨーロッパ	フランク王国分裂 神聖ローマ帝国 十字軍時代								

SECTION 1 東方イスラーム世界

1 イラン勢力の復興

❶ サーマーン朝 ①中央アジアのソグディアナ[★1]からおこり，首都をブハラにおいたイラン人の王朝(875～999)。②アラビア語とともにペルシア語を使用し，伝統的な**イラン文化**を尊重した。③中央アジアのトルコ人をイスラーム教(スンナ派)に改宗させ，トルコ人がイスラーム化する端緒をつくったが，そのトルコ人の建てたカラハン朝に滅ぼされた。

★1 サマルカンドを中心としたソグド人(⇨p.102)の居住地で西トルキスタンの中心地。サーマーン朝の支配下にはいると，ゾロアスター教やマニ教からイスラーム教への改宗がすすんだ。

❷ブワイフ朝　①カスピ海南岸におこってイラン西部に領土を拡大し、ササン朝の再興をめざしたイラン系シーア派の軍事政権(932～1062)。②946年バグダードに入城してカリフから実権をうばい、アッバース朝の事実上の支配者となった。これ以後、イラン・イラクに対するアラブ人の支配権は失われた。③11世紀なかば、トルコ人のセルジューク朝(⊂▷p.148)に滅ぼされた。

補説　大アミール　カリフによってイスラーム世界の軍事指導権や統治権を与えられた者の称号。ブワイフ朝はバグダード入城後に任命され、アッバース朝のカリフは名目的な宗教上の権限だけになった。

★2　ブワイフ朝はシーア派であったが、カリフ(スンナ派)の権威を認めた。

参考　イラン勢力の復興
アッバース朝はイラン勢力の支持で成立したので、イラン文化を尊重した。また、各地の総督は政治・軍事の実権をにぎり、独立政権化しやすかった。

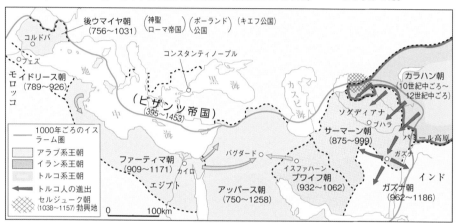

▲10世紀中ごろのイスラーム諸王朝

2 トルコ人の進出

❶トルコ人のイスラーム化　8世紀以後、北アジアの草原地帯を中心に活動したトルコ系のウイグル(⊂▷p.116)は、9世紀後半、中央アジアの草原・オアシス地帯に定着した。トルコ人はイスラーム帝国の領内に移住、イスラーム教に改宗して、アラブ人・イラン人支配のもとで奴隷兵として採用された。

補説　トルキスタンの成立　中央アジアの草原・オアシス地帯は、イラン系民族の居住地であったが、ウイグルの定着後、トルコ人が増加し、トルコ人の住地(トルキスタン)とよばれるようになった。パミール高原を境に、ブハラやサマルカンドを中心とする地方を西トルキスタン、タリム盆地などの地方を東トルキスタンという。

❷カラハン朝　サーマーン朝領域の東方に定着したトルコ系部族が樹立(10世紀中ごろ～12世紀中ごろ)。①トルコ人による最初のイスラーム王朝。②サーマーン朝の影響下に君主

★3　もともと騎馬遊牧民であるトルコ人は武勇にすぐれ、アッバース朝のカリフや他の軍事政権に奴隷兵として採用されてマムルークとよばれた。ガズナ朝・マムルーク朝・奴隷王朝などは、マムルークの出身者が建てた王朝である。

★4　カラハン朝は東トルキスタンのタリム盆地の西端をも支配し、こののちイスラーム教は東トルキスタンにも拡大する。

以下多数のトルコ人がイスラーム教に改宗し，トルコ人のイスラーム化を促進。③一時，中央アジア全域を支配したが，分裂して衰退。ホラズム＝シャー朝(1077〜1231)に滅ぼされた。

❸ガズナ朝[★5]　サーマーン朝のマムルークがアフガニスタンで樹立した軍事政権(977〜1187)。①北インドに遠征して，ガズナ朝から独立したゴール朝[★6](1148ごろ〜1215)とともにインドのイスラーム化の基礎を開いた(⤳p.150)。②ブワイフ朝と争って，トルコ人が西方に発展する態勢をつくった。

3 セルジューク朝

❶トルコ人の覇権　11世紀前半，トルコ系スンナ派のセルジューク家がシル川下流域から東部イランに進出し，セルジューク朝(1038〜1194)を建てた。1055年，トゥグリル＝ベクがバグダードに入城してブワイフ朝を滅ぼし，アッバース朝のカリフからスルタン[★7](支配者)の称号を授けられて，ブワイフ朝につづいてアッバース朝の実質的な支配者となった。

❷領土の拡大　ビザンツ帝国と戦って小アジアを征服し，ファーティマ朝からシリア・パレスチナをうばって，ヨーロッパ人が十字軍をおこす契機をつくった(⤳p.154)。中央アジアではカラハン朝の西部を従えた。

❸文化と社会　サーマーン朝以来のイラン文化の復興は成熟期をむかえ，すぐれた文人・学者が輩出した。一時的にではあったが西アジアの統一が回復し，土地を軍人に分与して直接徴税させるイクター制[★8]が整備され，社会を安定させた。

4 十字軍とモンゴル人の侵入

❶アイユーブ朝　十字軍防衛に活躍したサラーフ＝アッディーン(サラディン)[★9]が建てた王朝(1169〜1250)で，ファーティマ朝を倒してシリア・エジプトにスンナ派の支配を復活させた。1187年十字軍のイェルサレム王国を滅ぼすなど，十字軍に猛烈な反撃を加えた[★10]。

❷モンゴル人の支配　13世紀前半，モンゴル軍が中央アジアを征服してチャガタイ＝ハン国を樹立。1258年，チンギス＝カン(ハン)の孫フレグがバグダードをおとしいれ，アッバース朝は滅亡してカリフ制度とイスラーム帝国は消滅した。フレグはイラン・イラクを領有してイル＝ハン国を開いた。当

★5　ガズナ朝の君主はトルコ人であったが，サーマーン朝の伝統をついで，イラン文化の復興につとめた。この時代にイランの詩人フィルドゥシーの長編叙事詩『シャー＝ナーメ』が完成。

★6　イラン系といわれる。

★7　イスラーム世界の世俗君主の称号。スンナ派王朝で用いられた。

★8　11世紀のイラン人の宰相ニザーム＝アルムルクは行政制度・軍隊・イクター制などを整備。各地にニザーミーヤ学院を設立し，文人・学者を育成した。

参考 ホラズム＝シャー朝
中央アジアのトルコ系王朝で，セルジューク朝からイランをうばい，その君主はスルタンを称した。しかし，その全盛後まもなく，モンゴル軍によって滅ぼされた(⤳p.181)。

★9　ヨーロッパでは，サラディンとよばれる。

★10　第1回十字軍に際し，セルジューク朝には防戦する力がなく，ファーティマ朝も手出しをしなかったので，十字軍は1099年イェルサレムを占領した(⤳p.154)。サラディンは，このような情勢に奮起して反撃にたちあがったのである。

初はイスラーム教を敵視したが，のちイスラーム教に改宗した。

❸**マムルーク朝**　アイユーブ朝のマムルーク軍団がエジプト・シリアに樹立した王朝(1250～1517)で，①シリアに進出したモンゴル軍を撃退し，シリアの十字軍を追いはらった。②東西貿易の利益をおさめ，首都**カイロ**はバグダードにかわってイスラーム世界の中心となった。

補説 **カーリミー商人**　アイユーブ朝やマムルーク朝の保護をうけたムスリム商人たちを，カーリミー商人とよぶ。カイロやアレキサンドリアを拠点とし，インド商人とイタリア商人を仲介して活躍した。

[東方イスラーム世界]
①9世紀，アッバース朝領に独立王朝→9世紀後半，イラン人政権→10世紀以後，トルコ人優勢→カラハン朝・セルジューク朝
②ガズナ朝・ゴール朝→インドのイスラーム化の基礎
③13世紀にモンゴル人の侵入→イル＝ハン国。イスラーム教の国教化

★11　おもにトルコ人の奴隷・軍人奴隷。

参考 イル＝ハン国の13世紀末の君主ガザン＝ハンはイスラーム教を国教とし，イクター制や地租中心のイスラーム的税制を採用した。

SECTION 2 アフリカ・インド・東南アジアのイスラーム化

1 アフリカのイスラーム化

❶**北アフリカ・イベリア半島のイスラーム王国**
①北アフリカでは，11世紀にエジプト語系のベルベル人のイスラーム化がすすみ，モロッコを中心にムラービト朝(1056～1147)とムワッヒド朝(1130～1269)を建て，ともに**マラケシュ**を都とした。②イベリア半島では**国土回復運動**(レコンキスタ)がさかんになり(⇨p.164)，両王朝はイベリア半島に派兵したが，結局敗退した。③ナスル朝(1232～1492)は，アラブ人のムハンマド1世が建国した**イベリア半島最後のイスラーム王朝**。首都グラナダは繁栄し，アルハンブラ宮殿はイスラーム文化の至宝とされる。1492年グラナダが陥落し，王朝も滅亡した。

❷**サハラ以南・西アフリカ(西スーダン)の黒人王国**
[1] **ガーナ王国**(7世紀ごろ～13世紀なかばごろ)　黒人王国。象牙・金・塩などの交易で繁栄し，イスラーム商人が多数往来。ムラービト朝の攻撃で衰退したが，イスラーム化が進行。
[2] **マリ王国**(1240～1473)　マンディンゴ人のイスラーム教黒人王国。トンブクトゥを中心に，**金と塩の交易**で繁栄。

▲トンブクトゥのモスク

★1　他に**カネム＝ボルヌー王国**など。

★2　最盛期の王**マンサ＝ムーサ**(カンカン＝ムーサ)はメッカ巡礼の途中エジプトで大量の黄金を喜捨したため，カイロの金相場が暴落するほどであった。14世紀にはイブン＝バットゥータもマリ王国を訪れた。

③ ソンガイ王国(1464〜1591)　マリ王国を滅ぼし建国。15世紀末に中央集権的な体制を整え最盛期をむかえた。首都ガオとともにトンブクトゥは北アフリカの交易の中心として栄え，内陸アフリカにおける学問の中心でもあった。[*3]

❸東アフリカの王国と交易都市

1 エチオピア　前8世紀ごろクシュ王国が製鉄と商業で繁栄した。4世紀にこれを滅ぼした[*4]のがアクスム王国でエチオピア王国に発展していった。[*5]

2 アフリカ北東岸　アフリカ東岸の港モガディシュなどでは，紀元前後からアラビア・インドとの交易がおこなわれていた。

3 アフリカ南東岸　マリンディ・モンバサ・ザンジバル・キルワなどの海港都市にイスラーム商人が住みつき，インド洋貿易の西の拠点として繁栄した。また，この地域ではスワヒリ語がひろく用いられた。

4 アフリカ南部　アフリカ南部では，15世紀にジンバブエを中心にモノモタパ王国が建てられ，鉱物資源とインド洋貿易で最盛期をむかえた。

★3　トンブクトゥには大学が設立され，イスラーム法学や語学の研究・教育がおこなわれた。
★4　メロエに遷都し，メロエ文字(未解読)を用いた。
★5　コプト派キリスト教がひろまった。

▲アフリカの諸王国

ガーナ王国 7〜13世紀
●黒人とベルベル人が融合し,イスラーム化

ソンガイ王国
15〜16世紀
●イスラーム法を施行

アクスム王国
紀元前後〜12世紀
●クシュ王国を征服
●アラビア・インド交易

ベニン王国
13〜19世紀
●奴隷貿易

クシュ王国
前10〜後4世紀
●最古の黒人王国
●メロエで製鉄業

マリ王国
13〜15世紀
●イスラーム王国
●イブン=バットゥータが来訪

モノモタパ王国
15〜17世紀
●ジンバブエ遺跡

補説　ジンバブエ遺跡　「石の家」の意味で，11〜18世紀にかけて建造されたとされる壮大な石造遺跡。インドのガラス玉や中国の陶器が見つかっており，イスラーム商人による交易を物語る。

2 インドのイスラーム化

❶イスラーム化の進行　ガズナ朝(トルコ系)とゴール朝(イラン系)のイスラーム勢力の侵入で，10世紀末からインドのイスラーム化が進行した。

❷インドのイスラーム王朝　①奴隷王朝(1206〜90)は，ゴール朝のトルコ人奴隷兵出身の将軍アイバクがデリーに建てた王朝で，インド最初のイスラーム王朝である。その後約300年間，デリーを都に5つのイスラーム王朝が興亡し，デリー

=スルタン朝と総称される。14世紀に
は南部を除きインドのイスラーム化が
進行した。②ハルジー朝は地租の金納
化などの経済改革を実施し，ムガル帝
国へ継承された。また，インド＝イス
ラーム文化が形成された。

補説 **イスラーム教のひろまり**　初期には仏
　　教やヒンドゥー教の寺院が破壊されるこ
　　ともあったが，イスラーム教の信仰が強
　　要されることはなかった。イスラーム教は，
　　都市住民やヴァルナによる差別(⇨p.35)
　　に苦しむ人々のあいだにひろまった。

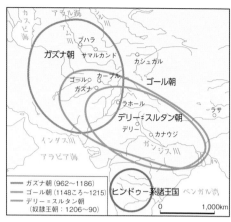

▲インドのイスラーム化

参考 **デリー＝スルタン朝**
奴隷王朝をはじめ，ハル
ジー朝・トゥグルク朝・サ
イイド朝(以上，トルコ
系)・ロディー朝(アフガン
系)の5王朝。

3 東南アジアの繁栄とイスラーム教のひろまり

❶**マジャパヒト王国**　東南アジアの島
嶼部では，シュリーヴィジャヤにか
わって，モンゴル軍(元)の侵攻を退
けたマジャパヒト王国(1293～1527
ごろ)がジャワ島を中心に勢力をのば
し，ヒンドゥー教がさかんであった。

❷**東南アジアのイスラーム王朝**　イス
ラーム商人が東南アジアに進出する
と，各地にイスラーム教がひろまっ
た。①13世紀末にスマトラ島にイス
ラーム王国が成立。②14世紀末に成
立したマラッカ王国では，15世紀に
王がイスラーム教に改宗。③交易
ルートにのって，イスラーム教は
ジャワ島にひろがり，16世紀末に
ジャワ中部にイスラーム教国のマタ
ラム王国(16世紀末～1755)が成立。

▲東南アジアへのイスラーム教のひろまり
　＊マラッカ王国は，スマトラ島の一部にも進出した。

☑ 要点チェック

CHAPTER 1　イスラーム世界の拡大と西アジアの動向	答
☐ 1　9世紀後半に，中央アジアからイラン東北部にかけて，アッバース朝の地方政権として成立したイラン系の王朝を何というか。	1　サーマーン朝
☐ 2　946年にバグダードに入城し，大アミールに任じられてアッバース朝のカリフから実権を奪ったシーア派の王朝を何というか。	2　ブワイフ朝
☐ 3　10世紀半ばにトルコ系遊牧集団によって建てられ，トルコ人がイスラーム化する端緒をつくった王朝を何というか。	3　カラハン朝
☐ 4　1055年にトゥグリル゠ベクがバグダードに入城して前問2の王朝を滅ぼし，スルタン（支配者）の称号を得て開いた王朝を何というか。	4　セルジューク朝
☐ 5　セルジューク朝のもとで整備された，軍人に一定地域の徴税権を授与するイスラーム社会の土地分与制度を何というか。	5　イクター制
☐ 6　1055年，セルジューク朝のトゥグリル゠ベクは，アッバース朝のカリフから何という称号を与えられたか。	6　スルタン
☐ 7　1169年にアイユーブ朝を開き，十字軍のイェルサレム王国を滅ぼしたのは誰か。	7　サラーフ゠アッディーン（サラディン）
☐ 8　アイユーブ朝のトルコ人の軍人奴隷が，前王朝を廃してエジプトに建国した王朝を何というか。	8　マムルーク朝
☐ 9　カイロやアレクサンドリアを拠点とし，インド洋交易と地中海交易を仲介して活躍したムスリム商人を何というか。	9　カーリミー商人
☐ 10　ベルベル人にイスラーム教がひろまったのは，何世紀以降か。	10　11世紀
☐ 11　西アフリカのマリ王国やソンガイ王国の中心地として栄え，アフリカ内陸部のイスラームの学問的中心でもあった都を何というか。	11　トンブクトゥ
☐ 12　スペインのグラナダを中心とした，イベリア半島最後のイスラーム政権として知られる王朝を何というか。	12　ナスル朝
☐ 13　962年，サーマーン朝のマムルークが建てた，インドにイスラーム教がひろまるきっかけになった王朝を何というか。	13　ガズナ朝
☐ 14　奴隷王朝にはじまる，インドのデリーを中心に興亡した5つのイスラーム王朝の総称を何というか。	14　デリー゠スルタン朝
☐ 15　14世紀末に東南アジアに成立し，15世紀に王がイスラーム教に改宗して，海上貿易で活躍した国はどこか。	15　マラッカ王国

CHAPTER

2 》 ヨーロッパ世界の変動

時代の俯瞰図

年代	1100	1200	1300	1400	1500
教会関係	クレルモン宗教会議　←──────　十字軍　──────→	インノケンティウス3世	教皇のバビロン捕囚　　　教会大分裂	コンスタンツ公会議	
イギリス	ノルマン朝	大憲章　　プランタジネット朝 　　　　　下院のはじめ ジョン王　ヘンリ3世　エドワード1世	エドワード3世	ヨーク家　バラ戦争 ランカスター家	テューダー朝
フランス	カペー朝	三部会のはじめ フィリップ2世　ルイ9世　フィリップ4世	←──百　年　戦　争──→ ヴァロワ朝 ジャックリーの乱	シャルル7世　シャルル8世	
ドイツ イタリア	神聖ローマ帝国 北イタリアの諸都市（都市共和国）・教皇領	大空位時代	金印勅書	ハプスブルク家 の帝位世襲 →	
	ノルマン人　両シチリア王国	ハンザ同盟			
イベリア	国土回復運動　ポルトガル 　　　カスティリャ・アラゴン ↑イスラーム教徒　　↑ナスル朝		モスクワ大公国	スペイン	
東欧	キエフ公国の分裂	キプチャク＝ハン国		オスマン帝国	
	ビザンツ帝国　ラテン帝国　ビザンツ帝国				
	イェルサレム王国				
イスラーム	ファーティマ朝　アイユーブ朝　マムルーク朝				
	セルジューク朝（アッバース朝）　イル＝ハン国		オスマン帝国		

SECTION 1 十字軍

1 十字軍の背景と契機

❶十字軍の背景　西ヨーロッパでは**封建制**と**ローマ＝カトリッ**

ク教会の権威のもとに社会が安定するとともに，農業
生産が上昇し，商工業・都市が発達してきた。こうし
て社会が成長し充実してくると，それまでイスラーム
教徒やビザンツ（東ローマ）帝国・ノルマン人などに包
囲されて内陸部におしこめられていた西ヨーロッパ世
界は，外に向かって膨張をはじめた。その最大のあら
われが十字軍である。

シリア地方のアンティオキア（ローマ帝国期キリスト
教五本山のひとつ ⇨ p.82）を攻撃する十字軍（第1回）▶

❷十字軍の原因

1　**宗教的側面**　11世紀にはキリスト教がひろく浸透し，人々の宗教的情熱が高まり，ローマ教皇の権威が確立していた。

2　**世俗的側面**　①ローマ教皇は東西教会の統合という野心をもち，②諸侯・騎士は領土と戦利品を期待し，③ヴェネツィア・ジェノヴァなどのイタリア諸都市は東方貿易の拡大を望み，④農民などは負債の帳消しや土地の確保を求めた。

❸**直接的契機**　①11世紀後半，イスラーム系のセルジューク朝が，キリスト教の聖地イェルサレムを支配下におき，小アジアに進出してビザンツ帝国を脅かし，ビザンツ帝国がローマ教皇に救援を求めた。②教皇ウルバヌス2世は，1095年のクレルモン宗教会議で，聖地回復の聖戦をおこすことを提唱した。翌1096年に第1回十字軍をおこし，1270年までの約200年間に7回の十字軍がおこなわれた。

★1　ユダヤ教・イスラーム教の聖地でもある。7世紀にイスラーム教徒が支配し，キリスト教の聖墓に対抗するため，岩のドームとよばれるモスクを建てた。

★2　聖地回復は異教徒に対する正義の戦い（聖戦）であると説き，戦いに倒れた者の罪は許されて天国にむかえられることを宣言した。感激した参集者は，胸に十字のしるしをつけて十字軍の誓いをしたという。

★3　回数には異説もある。

2 十字軍の経過と影響

❶**十字軍の経過**　①イェルサレム奪回は第1回・第5回のみ。②第4回からは世俗的な動機が強まった。③1291年，キリスト教徒の最後の根拠地アッコンがマムルーク朝（⇨p.149）に占領されて，十字軍は失敗に終わった。

注意　十字軍と同時代のイスラーム世界のようすをよく復習しておこう。

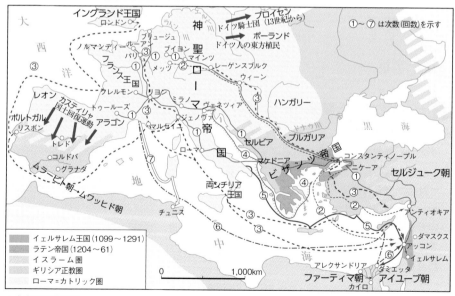

▲十字軍の遠征路

補説　**おもな十字軍**
　　第1回(1096〜99)…フランス諸侯軍が中心。**セルジューク朝**のイスラーム軍を破り，**イェルサレム王国(1099〜1291)**などのキリスト教国を地中海東岸に建てた。
　　第3回(1189〜92)…1187年アイユーブ朝の**サラーフ=アッディーン(サラディン)**(➪p.148)がイェルサレム市を占領したので，神聖ローマ皇帝・イングランド王・フランス王らが遠征したが失敗。イングランド王リチャード1世はサラディンと講和して帰国。
　　第4回(1202〜04)…教皇インノケンティウス3世がよびかけたが，ヴェネツィア商人にあやつられてコンスタンティノープルに侵攻し，一時ビザンツ帝国を倒して**ラテン帝国(1204〜61)**を樹立。
　　第6回(1248〜54)・第7回(1270)…フランス王ルイ9世が地中海貿易の支配権をにぎろうとしてエジプト・チュニスを攻めたが失敗。

補説　**少年十字軍**　1212年，神の啓示をうけたとする少年のよびかけで，多くの少年・少女や貧しい人々が聖地に向かったが，船が難破したり，奴隷に売られたりして悲惨な結果となった。

❷**十字軍の意義**　十字軍は，ヨーロッパ人の最初の**対外進出**，**西ヨーロッパ世界の外への膨張**とみることができ，15〜16世紀の大航海時代につながる。[★4]

❸**十字軍の影響**　十字軍そのものは失敗したが，西ヨーロッパ社会に大きな影響を与えた。

1 **教皇の権威の失墜**　教皇の権威はインノケンティウス3世のとき絶頂に達したが，十字軍の失敗によって威信を傷つけられ，**反教的・世俗的な風潮**がひろまった。

2 **王権の強化**　諸侯・騎士は戦死や財産の消耗によって没落する者が多く，他方，**国王は王権を強化**した。

3 **都市の発達と貨幣経済の浸透**　東方貿易・遠隔地貿易の発達により，**都市が急速に発展**。貨幣経済の進展は荘園制を崩壊させることになった。

4 **新しい文化の創造**　西ヨーロッパ人がイスラーム文化やビザンツ文化に接触して，視野をひろげ，**新しい文化を生み**だす刺激を与えられた。

［十字軍とその影響］
①西ヨーロッパの膨張運動→宗教的情熱と世俗的欲求が原動力
②セルジューク朝が聖地イェルサレム占領→教皇よびかけの聖戦
③1096年の第1回十字軍以降，約200年間に7回→聖地回復できず
④西ヨーロッパ封建社会を崩壊させるきっかけになった

参考　第2回(1147〜49)はセルジューク朝とシリアで戦ったが失敗。第5回(1228〜29)のときイェルサレムを奪回するが，1244年にふたたびイスラーム教徒に占領され，その後，20世紀までその支配下におかれる。

参考　**宗教騎士団**　巡礼者の保護や異教徒との戦いのために，修道士と騎士の使命をあわせて結成された。12世紀に成立した**ヨハネ騎士団・テンプル騎士団**および**ドイツ騎士団**が有名。

★4　①十字軍はイェルサレム王国のほか，シリア・小アジアに西ヨーロッパ諸侯の支配する植民地を建設し，封建制を移植したが，長つづきしなかった。
②イベリア半島ではイスラーム教徒に対する**国土回復運動(レコンキスタ)**が進展した。
③エルベ川以東のスラヴ人の地域に**ドイツ人の東方植民運動**がすすみ，13世紀以後，ドイツ騎士団がプロイセンをはじめバルト海沿岸の開拓と植民に貢献した。

2　ヨーロッパ世界の変動

②西ヨーロッパ封建社会の動揺

1 商業と都市の発展

❶**中世都市の成立**　10～11世紀に封建社会が安定して農業生産力が高まると，余剰生産物を交換する定期市が生まれ，商業がさかんになり，それまでの自給自足の**現物経済**にかわって，貨幣を用いる**貨幣経済（商品経済）**が普及し，やがて商人や手工業者が定住して，**中世都市**[★1]がヨーロッパ各地に成立した。

❷**遠隔地貿易の発達**　都市の取引の範囲は，十字軍の時代から，**ヨーロッパ内外の遠隔地との取引**にまでひろがった。それにより，①地中海商業圏，②北ヨーロッパ商業圏の２つの商業圏と，③これらを結ぶ**内陸の通商路**からなるヨーロッパ国際貿易体制が成立した。

⓵　**地中海商業圏**　イタリア諸都市の**東方貿易（レヴァント貿易）**が中心で，ヴェネツィア・ジェノヴァ・ピサなどの**港市**は，エジプトのアレクサンドリアなどでイスラーム商人からアジアの**香辛料**[★2]・絹織物・陶磁器・染料などの**奢侈品**を輸入し，銀や毛織物を輸出した。ミラノ・フィレンツェなどの内陸都市も，**毛織物業**などの手工業と商業・金融業などによって繁栄した。

⓶　**北ヨーロッパ商業圏（北海・バルト海貿易）**
　①**北ドイツ**　ハンブルク・リューベック・ブレーメンなどのハンザ同盟諸都市は海産物・塩・木材・毛皮・穀物などの生活物資の取引で栄えた。
　②**フランドル地方**[★3]　ブリュージュ・ガン（ヘント）などが毛織物の交易で繁栄した。
　③**イングランド**　ロンドンが中心で，フランドル地方に羊毛を輸出した。

⓷　**内陸の通商路**　地中海商業圏と北ヨーロッパ商業圏を結びつける中間地帯。
　①**南ドイツ**は**銀の主産地**。イタリアとドイツを結ぶ線上にあり，アウクスブルク・ニュルンベルクなどが繁栄した。

▲遠隔地貿易の発達

★1　中世都市はローマ時代の都市のあとに成立したものが多いが，司教座の教会がおかれた**司教座都市**，国王や領主の居城が発端となった**領主都市**，領主が新たに建設した**建設都市**，交通の要地や商品の集散地の**交易都市**などが形成された。

★2　熱帯アジアに産する胡椒がその代表。ヨーロッパでは薬として用いられたほか，食肉の保存や味つけの必需品となった。

★3　早くから牧羊がさかんで，西欧で最大の毛織物産地となり，のちにはイギリスやドイツから羊毛を輸入した。現在のベルギーを中心とする地域。

②フランスのシャンパーニュ地方[★4]には大規模な定期市が開かれ，南北の産物が交換された。

③ドイツのライン川に沿う**ケルン**や**マインツ**が繁栄した。

▲中世都市と交通路

凡例：
● ハンザ同盟の主要都市
▲ ハンザ同盟の支店の所在地
----- ハンザ同盟の海路
…… ヴェネツィア・ジェノヴァの海路
〔網かけ〕 毛織物工業地
※ おもな金または銀の産地

2 都市の自治権獲得

❶**自治都市の成立**　①都市の市民(商人・手工業者)は国王・諸侯・司教などの領主に保護・支配されていた。商業がさかんになると，領主は都市への課税を重くしたため，市民は抵抗し，やがて領主から自治権を獲得して，自治都市になった。封建的束縛から解放された都市では，市政を自主的に運営するようになった。[★5]

②11～12世紀に成立したこのような自治都市のうち，イタリアの諸都市は周囲の農村部を併合した**一種の都市国家(都市共和国)**[★6]として，完全に独立した。ドイツの有力な諸都市は，皇帝直属の**自由都市(帝国都市)**として諸侯と同地位にたった。**イギリス・フランス**の諸都市は国王との結びつきが強かった。

★4 パリ東南にひろがる地域で，シャンパーニュ伯領の首都トロワがその中心。現在はシャンパン(発泡ワイン)の産地として有名。

〔参考〕**ハンザ同盟** 13世紀ごろからバルト海沿岸の北ドイツ諸都市が結成した通商同盟で，共同の武力をもち，封建諸侯に対抗して共通の利益を守った。リューベックを盟主とし，最大時には100以上の加盟市をもち，ロンドン・ブリュージュ・ベルゲン・ノヴゴロドに在外商館を設けて北欧商業の拠点とし，14～15世紀に全盛をほこった。

〔参考〕北イタリア諸市は12世紀後半にロンバルディア同盟を結成して神聖ローマ皇帝軍と戦い，これを破って自由都市となり，都市共和国へと成長した。13世紀なかばには，マインツ・ケルンなどのドイツ諸都市が，ライン都市同盟を結成し，諸侯の勢力に対抗した。

〔参考〕「都市の空気は(人を)自由にする」 中世末期，ドイツでできた諺。農奴が都市に逃れて1年と1日住めば，農奴身分から解放されて自由になれるという意味。

★5 都市は領主からの特許状を得て都市法を定め，城壁にかこまれた自由な領域となった。

★6 ヴェネツィア・ピサ・ジェノヴァ・フィレンツェなど。

❷**市民の自治**　都市では，大商人を中心にギルドという同業組合が生まれ，商工業者の相互扶助と統制をはかった。これを商人ギルドといい，大商人がギルドの運営や市政を独占した。やがて手工業者が業種別の同職ギルド(ツンフト)をつくって独立し，大商人の市政独占に抗して参政権を要求した。

❸**都市貴族の出現**　自由都市は，遠隔地貿易によって発展し，商人ギルドを支配する大商人はさらに富裕となって，フィレンツェのメディチ家(⇨p.225)やアウクスブルクのフッガー家のように，都市貴族として市政を独占する者もあらわれた。

③　荘園制の崩壊

❶**貨幣経済の浸透**　貨幣経済が農村に浸透すると，農産物も商品経済にまきこまれてきた。領主層は商品経済のもとで貨幣を必要とするようになり，荘園の直営地での非効率な賦役(労役)をやめ，直営地を農奴に分割・貸与して，その地代を一定率の生産物，さらに定額の貨幣でおさめさせるようになった。

❷**農民の地位の向上**　①それまで負担の中心であった賦役が軽減・廃止され，農民の領主に対する隷属関係がうすれた。②地代を生産物や貨幣でおさめるようになると，農民は貨幣をたくわえる機会がふえた。③都市や新開墾地に逃げこむ農民が多く，14世紀にはいると気候が寒冷化し，凶作・飢饉，さらに黒死病(ペスト)の大流行で人口が激減したので，領主層は農民を確保するために，待遇を改善しなければならなかった。

❸**自営農民の出現**　経済的に向上した農民のなかには，領主に解放金を支払い，農奴身分から解放されて独立自営農民になる者がふえた。この間，領主は地主として農民に土地を貸与し，農民は貸与された土地の地代を支払うという関係ができてきた。他方，経済的に向上できず，先祖伝来の保有地を手ばなして農業労働者になる者もあった。

❹**農民一揆**　領主層は，物価の上昇や黒死病・戦争などによって経済的な危機におちいり，農民の負担を重くしてきりぬけようとした。これに対し，農奴身分からの解放にめざめた農民は，しばしば農民一揆をおこした。

① ジャックリーの乱　1358年，百年戦争(⇨p.163)による重税に対して北フランスでおこった(ジャックは農民の蔑称)。

★7　ギルド会員になれるのは親方のみであり，その下に職人・徒弟のきびしい身分秩序があった。

★8　大商人と手工業ギルドとの抗争をツンフト闘争といい，13世紀中ごろから各都市で展開され，手工業者も都市行政に参加していった。ツンフトはドイツ語で組合の意味。

★9　封建地代　賦役は領主に労働を提供するものであるから労働地代といい，これが生産物地代，さらには貨幣地代へとかわった。

★10　賦役(労働地代)はその成果がすべて領主のものになるが，生産物地代になると，農民が耕作にはげんで収穫をふやせば，地代としておさめた残り(余剰農産物)も多くなり，それを売って貨幣を得ることができる。貨幣地代になると，農民は次第に経済的に向上していった。

★11　イギリスではとくにこの現象がはっきりとあらわれた。ヨーマンとよばれるイギリスの独立自営農民の富裕な者は，農村で毛織物業などの手工業を営み，有産階層を構成した(⇨p.249)。

★12　これに対する農民の反抗は，他の要素も加わり，15世紀のフス戦争(⇨p.161)，16世紀のドイツ農民戦争(⇨p.229)にもつながる。

2　**ワット=タイラーの乱**　イギリスの領主層が農民や農業労働者に対する束縛を強め，人頭税を賦課したのに対し，1381年，宗教改革の先駆者ウィクリフ(⇨p.161)の教説に影響をうけた農民が，ワット=タイラーを首領としておこした。
★13

★13　ウィクリフを支持した聖職者ジョン=ボールは「アダムが耕しイヴが紡いだとき，だれが貴族であったか」と社会的平等を説き，一揆を思想的に指導した。

5　**西欧と東欧の違い**　エルベ川以西の西ヨーロッパでは，前述のような農民の地位の向上が一般的にみられ，とくにイギリスでは多くの独立自営農民があらわれた。エルベ川以東の東ヨーロッパでは，領主がスラヴ人や植民したドイツ人農民を農奴化し，その賦役労働によって大農場を経営し，農産物を西ヨーロッパの市場に売って貨幣を獲得するようになった。
★14

★14　この大農場経営をグーツヘルシャフトといい，その領主はユンカーとよばれる。土地貴族としてプロイセン王国の支配階層を構成した(⇨p.244)。

4　中央集権化への道

1　**諸侯・騎士の没落**　諸侯・騎士は，①十字軍や相互の争いなどで打撃をうけ，②荘園制の崩壊によっていっそう経済的基盤を弱め，③新しく弓や鉄砲を用いる歩兵の集団戦へと戦術が変化したことから重装騎兵としての役割が低下した。

2　**王権の伸長**　国王は，諸侯・騎士をおさえてかれらを廷臣とし，全国的に租税を課したりして都市の貨幣経済を掌握し，傭兵による常備軍を育成するなど，その権力を強めて，国内の統一と中央集権化につとめた。
★15

3　**大商人の協力**　国王は中央集権をすすめるために多くの費用を必要とした。遠隔地商業をおこなう都市の大商人も，いっそうひろい範囲での自由な商業活動を望み，ひろい領域を政治的に統合しようとする国王に，経済上の援助を与えた。

参考　ドイツ(神聖ローマ帝国)は，諸侯が強大で，封建的分裂が固定化し，ドイツ国王(神聖ローマ皇帝)による中央集権化はすすまなかった。大諸侯がそれぞれドイツ国内の国家としての領邦を形成し，領邦君主として領邦の中央集権化をすすめた(⇨p.165)。

★15　この中央集権化は，絶対王政とよばれる国家体制へと向かう(⇨p.234)。

SECTION 3　教会勢力の衰退

1　ローマ教皇権の衰退

1　**教皇権の衰退**　13世紀末，ローマ教皇ボニファティウス8世(在位1294〜1303)は，国内の聖職者に課税しようとしたフランス王フィリップ4世(在位1285〜1314)と対立し，教皇の国王に対する優越を主張した。フィリップ4世は，全国三部会(⇨p.163)を招集して国内の各身分の支持をうけ，1303年教皇を捕らえて憤死させた。
★1

★1　ローマ郊外のアナーニで捕えたので，アナーニ事件という。教皇はまもなく解放されたが，屈辱のあまり病死した。

❷**教皇庁のアヴィニョン移転**　フィリップ4世は，1309年教皇庁を南フランスのアヴィニョンに移した。これにより1377年までの約70年間，教皇庁はここにおかれ，**教皇はフランス国王に従属**してその独立的地位を失った。

★2　古代のヘブライ人のバビロン捕囚(⇨p.33)になぞらえて「教皇のバビロン捕囚」という。

❸**教会の大分裂**　1378年からは，神聖ローマ皇帝に支配されるローマと，フランス王に支持されたアヴィニョンにそれぞれ教皇がたち，たがいに正統を主張して対立した。この教会大分裂(**大シスマ**)は1417年までつづき，教皇の権威はいちじるしく失墜し，教会はますます腐敗・堕落していった。

★3　コンスタンツ公会議で分裂に終止符がうたれた。

2　教会改革の動き

❶**異端派の続出**　十字軍の時代から，キリスト教徒に，ローマ゠カトリック教会の教義をこばむ異端派が続出するようになった。とくに南フランスを中心としたアルビジョワ派や，

★4　**カタリ派**ともいう。教皇インノケンティウス3世のよびかけでアルビジョワ十字軍もおこされた。

\ TOPICS /

教皇権と皇帝権の衰退

　西ヨーロッパの封建社会には，2つの権威が存在した。1つは精神界の最高権威である**ローマ教皇**，他の1つは世俗界の中心である**神聖ローマ皇帝**である。この2つの権威は，**叙任権闘争**などで対立し，優位にたった教皇が「諸王のなかの王」として西ヨーロッパに君臨した。しかし，教皇の支配は皇帝を足場とし，これを屈服させることによって実現したものであるから，皇帝が没落すれば，教皇は世俗界に対する足場を失うことになる。

　神聖ローマ皇帝は，ドイツ王になった者が教皇から帝冠を授けられてなるのが原則である。しかし，歴代の皇帝は，**ドイツ王**として国内の経営に意を用いるよりも，皇帝として**ローマ帝国の再現**を夢み，古代ローマ帝国の中心イタリアの支配に力をそそいだ。そのため，イギリス・フラン

▲アヴィニョン教皇庁

スなどで国王が諸侯をおさえて王権を強化してきたのに対し，ドイツ・イタリアでは封建諸侯や都市などの勢力が増大し，13世紀なかばには**皇帝権の没落**が決定的となった。

　皇帝を失った教皇は，新しい世俗界の中心を求めなければならない。そこで，教皇の新しい相手となったのが，王権の強化と中央集権をすすめていたフランスであった。しかし，**フランス王権**は，かつての皇帝ハインリヒ4世のように，国内諸侯に足元をすくわれて教皇に屈服するほど弱体ではなかった。西ヨーロッパは，もはや，教皇や皇帝が**国家や民族をこえた支配権**をふるうことのできる封建的な地方分権の時代ではなくなっていたのである。

　1302年，教皇ボニファティウス8世は，大教書『唯一の聖なる教会』を発し，世俗界についても教皇が国王に優越することを主張した。これに対し，フランス王フィリップ4世は，なんのおそれもなく，教皇を急襲して憤死させた。『唯一の聖なる教会』は，超国家的存在として君臨してきた教皇の最後の絶叫であった。

ワルド派が有力で，教会の世俗化と聖職者の堕落を批判し，聖書に基づく信仰を主張したので，教会から弾圧をうけた。

❷**宗教改革の先駆**　14世紀に教会の伝統的な制度や教義をはげしく攻撃し，**聖書に基づく信仰**を唱える者があらわれた。

①　**ウィクリフ**　14世紀，イギリスのオクスフォード大学神学教授。はじめてラテン語の**聖書を英訳**して民衆のものとし，イギリスが教皇の支配からはなれるべきであると主張し，かれの教えは**ワット＝タイラーの乱**と結びついた（⇨p.159）。

②　**フス**　14～15世紀，ベーメン（ボヘミア）のプラハ大学神学教授。ウィクリフの説に共鳴，教会の権威を否定した。かれの教えはベーメンのチェック人のあいだにひろまり，ドイツ人の支配に対する民族的抵抗運動にもつながった。[5]

❸**教会改革の動き**　教会が大分裂や異端運動[6]などによって混乱すると，指導力を失った教皇にかわって，各国の**国王**や**司教**らが混乱を収拾するため**公会議**[7]を開いて教会の改革をはかろうとしたが，教会そのものの改革は実現しなかった。

★5　チェック人の民族運動と結んだフス派の反乱を**フス戦争**(1419～36)というが，チェック人の民族国家は実現しなかった（⇨p.167）。

★6　14世紀にはいると，教会の異端への攻撃ははげしさをまし，各地で**異端審問**がおこなわれた。

★7　1414～18年，神聖ローマ皇帝の主宰でコンスタンツ公会議が開かれ，①ローマの教皇を正統として教会大分裂に終止符をうち，②ウィクリフ・フスを異端とし，フスを火刑に処した。

［西ヨーロッパ封建社会の動揺，教会勢力の衰退］
① 十字軍時代に商業復活→都市が自治権を獲得
② 市民自治の中心は商人ギルド→ツンフト闘争をへて手工業者も参加
③ 貨幣経済の普及→賦役から生産物・貨幣地代へ→農民の地位向上
④ 14世紀以降カトリック教会と封建制が崩壊しはじめ，農民一揆続発

4 イギリス・フランスの中央集権化

1 イギリス・フランスの封建王政

❶**イギリス王権の特徴**　**ノルマン朝**(1066～1154)はノルマンディー公ウィリアムがイングランドを征服して樹立したもので，イギリスは当初から王権の強い中央集権国家として出発。

❷**プランタジネット朝**　ノルマン朝の断絶後，フランスの大諸侯アンジュー伯がヘンリ2世としてイギリス王位をつぎ，**プランタジネット朝**(1154～1399)を開いた。ヘンリ2世はフランスの西半分も領有して，英・仏にまたがる勢力をもった。

注意　イギリス王は同時にフランスの封建諸侯であったことに注意しよう。

❸ジョン王の失政

1️⃣ **ジョン王の失政**　ジョン王(在位1199〜1216)は，①フランス王フィリップ2世と戦ってフランスにある領土の大部分を失い[★1]，②教皇インノケンティウス3世(在位1198〜1216)と大司教叙任問題で争って破門され[★2]，③争いのための戦費をまかなうために不当な課税を貴族・都市などに要求した。

2️⃣ **大憲章**　ジョン王の不当な課税に貴族は一致して反抗，1215年**大憲章(マグナ＝カルタ)** を認めさせた。これは，①新たな課税には大貴族や高位聖職者の封臣会議の承認が必要であること，②諸侯の裁判権に対する国王の不当な干渉の禁止，③自由民の身体・財産など自由の保障，④都市の特権の確認，などの条項をふくんでいた[★3]。

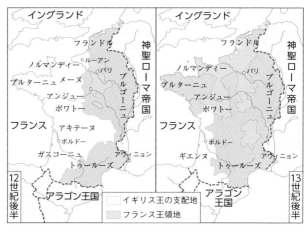

▲フランスにおけるイギリス領

3️⃣ **イギリス議会の起源**　ジョン王の子ヘンリ3世は大憲章を無視したので，大貴族シモン＝ド＝モンフォールは王の軍を破り，1265年，封臣会議に**州の代表**(騎士＝地主)と**都市の代表**(市民＝大商人)を参加させた。これがイギリス議会の起源である。

4️⃣ **二院制の成立**　エドワード1世(在位1272〜1307)時代の1295年に模範議会[★5]が招集された。ついでエドワード3世(在位1327〜77)のとき，議会が定期的に招集されるようになり，14世紀なかばには大貴族・高位聖職者からなる**上院(貴族院)** と，州のジェントリや都市の市民の代表からなる**下院(庶民院)** とに分かれ，課税協賛権のほか立法発議権をも獲得して，しだいに立法府として確立していった。このように，**イギリス議会は「下から」王権の抑制をする**ことになった。

❹ **フランス王権の伸長**　フランスの**カペー朝**は王権が弱体であったが(🔁p.133)，①**フィリップ2世**(在位1180〜1223)がイギリス王ジョンを破り，②**ルイ9世**(在位1226〜70)

★1　ボルドーを中心とするギエンヌ地方などは，イギリス領として残された。

★2　ジョン王は領土を教皇に献じ，それを改めて封土としてうけ，教皇の封建臣下となることによってゆるしを得た。

★3　**大憲章の意義**　大憲章はおもに貴族の**封建的特権**を国王に確認させたもので，臣下によって**王権が制限された意味**は大きい。

★4　イギリスでは騎士が軍事的性格を失って地主化し，都市の大商人と結びつきながら，州の自治の担い手(ジェントリ)となった。

★5　聖職者・貴族・大商人(平民)の3身分からなる**身分制議会の一典型**である。

はアルビジョワ（カタリ）派を平定して王権を南仏に拡大，
③フィリップ4世（在位1285〜1314）は教皇ボニファティウ
ス8世との争いに際し（⇨p.159），1302年，身分制議会で
ある全国三部会を招集して国内の結束をはかり，教皇を屈服
させるとともに，1305年，フランドル地方を屈服させ，王
権を伸長させた。フランスは「上から」議会をつくり，王権
強化・国内統一を図った。

★6　聖職者（僧侶）・貴族・
平民（都市代表）の3身分の
代表からなる議会。国王は
国内の統一や対外戦争のた
めに臨時の課税を必要とし，
地方の領主や自由都市の同
意を得るための交渉の場と
して身分制議会を設けた。
13〜14世紀のフランス三
部会やイギリス模範議会が
その典型。

2 百年戦争

❶ 百年戦争の原因

1 経済上の原因　イギリスは，①羊毛の輸出
先である毛織物工業地フランドル地方がフ
ランス王の直接支配下にはいったことに反
発し，②イギリス領であるワインの生産地
ギエンヌに対するフランスの干渉を排除し
ようとした。

2 政治上の原因　1328年カペー朝が断絶，
ヴァロワ朝（1328〜1589）が成立すると，
イギリス王エドワード3世がフランス王位
の継承を主張して侵入し，百年戦争（1339
〜1453）がはじまった。

❷ 百年戦争の経過　①エドワード3世の長子エ

▲百年戦争

ドワード黒太子が，自営農民の長弓兵を率
いてフランスの重装騎士軍を破った。②敗戦のフランスで
ジャックリーの乱（1358）などの農民一揆がおこった。③フ
ランス諸侯の内紛に乗じ，イギリスはフランス国土の征服を
すすめた。④フランスはシャルル7世（在位1422〜61）が要
衝オルレアンに包囲されて滅亡の危機に直面したが，1429
年，農民の少女ジャンヌ＝ダルクが神の託宣を信じて反撃に
転じ，オルレアン包囲を破った。⑤シャルル7世は大商人
ジャック＝クールを財務官として戦費を調達させ，カレーを
除くフランス全土からイギリス軍を撃退した。

❸ 百年戦争の意義　①長期の戦争によって諸侯・騎士が没落し，

英・仏両国とも中央集権がすすむことになった。②イギリス
王がフランスに領土をもつという関係が清算されて，英・仏
はそれぞれ明確な領土・国民をもつ統一国家として出発する
ことになり，両国とも国民意識が高まった。

★7　フランスのフランド
ル伯が領有したが，住民は
イギリスに好意的であった。

★8　1356年のポワティ
エの戦いなど。戦術の変化
に注意せよ。

★9　イギリスでは1381
年ワット＝タイラーの乱が
おこっている。

★10　カレーは16世紀な
かば英女王メアリ1世のと
きフランスにうばわれた。

③ 中央集権化の進展

❶フランスの中央集権化　百年戦争末期，シャルル7世は常備軍を創設，官僚制を整備し，さらに国王が教皇からの独立を宣言して国内の教会を王権の支配下においた。シャルル8世(在位1483〜98)は，大商人と結んでその財力によって諸侯をおさえ，王権のもとに**フランス全土の統一を完成**して，大陸で最初の中央集権国家を確立した。

❷イギリスの中央集権化

1 **バラ戦争**　イギリスは百年戦争中に**プランタジネット朝**が断絶し，戦後，ランカスター家とヨーク家との王位争いが激化して**バラ戦争**(1455〜85)がおこった。多くの諸侯や騎士がこの内乱にまきこまれて没落していった。

2 **中央集権の強化**　1485年，ヘンリ7世が即位して，テューダー朝(1485〜1603)を開いた。**星室庁裁判所**を創設し，王権に反抗する貴族を処罰して，貴族の束縛をうけない強力な王権を樹立し，イギリス絶対王政の基礎をきずいた。

^{SECTION}
⑤ その他のヨーロッパ各国の動き

① スペイン・ポルトガル

❶国土回復運動(レコンキスタ)　①イベリア半島は8世紀いらいイスラーム教徒が支配していたが，11世紀以後，キリスト教徒による**国土回復運動**が進展。②12世紀には，北部に**カスティリャ・アラゴン・ポルトガル**などのキリスト教王国が発展して，国土回復運動を推進した。

❷スペインの成立　カスティリャ王女**イサベル**とアラゴン王子**フェルナンド**が結婚した後，両国は1479年に統合して**スペイン(イスパニア)王国**が成立。①**1492年**，スペインはイスラーム教徒の最後の拠点グラナダを攻略，イベリア半島の**国土回復を完成**。②スペインは**熱烈なカトリック国家**となり，王室は宗教裁判を大貴族の抑圧にも利用し，大商人と結んで王権を強化し，積極的な海外進出にのりだした。

❸ポルトガルの発展　12世紀，カスティリャから分かれてポルトガル王国が成立。ジョアン2世(在位1481〜95)のときには大諸侯をおさえて中央集権化に成功し，**インド航路開拓**の援助をするなど，**大航海時代**を準備した。

★11 ルイ11世(在位1461〜83)はフランスと神聖ローマ帝国にまたがる大諸侯ブルゴーニュ公を倒し，シャルル8世は残された唯一の封建所領ブルターニュを併合した。

★12 ヨーク家が白バラ，ランカスター家が紅バラを家章としていたとする後世の想像から，このようによばれる。

★13 ウェストミンスター宮殿の星の間で開かれた，国王直属の特別裁判所。

★1 教皇グレゴリウス7世やインノケンティウス3世も募兵や資金援助で支援。

★2 13世紀前半，カスティリャは**コルドバ**をふくむ南部に進出。

★3 スペイン女王イサベル，国王フェルナンド5世として共同統治をおこなう。

★4 1492年は女王イサベルの援助によって航海した**コロンブス**がアメリカに到達した年でもある。

★5 ジョアン1世の王子エンリケ(「**航海王子**」)の海外探検によりポルトガルのアフリカ進出がはじまった(⊂ゝp.198)。

2 ドイツ・スイス

❶ドイツ

2

ヨーロッパ世界の変動

1 **皇帝権の弱体化**　ドイツは，封建諸侯や自由都市の勢力が強く，しかも歴代の神聖ローマ皇帝は**イタリアの経営(イタリア政策)** に没頭して本国の政治を軽視する者が多かった。そのため，封建諸侯はますます独立性を強め，皇帝の支配権はしだいに有名無実となり，13世紀後半には皇帝が実質的に存在しない大空位時代(1256～73)を現出した。

2 **領邦国家の形成**　大空位時代のあと，皇帝は有力な聖界・世俗諸侯によって選挙されるようになり，1356年，皇帝カール4世(在位1347～78)は**金印勅書(黄金文書)** を発布して皇帝選挙の制度などを確定した。これは，有力諸侯に独立国の君主と同様な地位を与えることを意味し，有力諸侯は領内の中小貴族をおさえて自領の中央集権化をすすめ，領邦とよばれるドイツ国内の国家を形成することになった。

3 **ドイツの分裂**　①1438年以後，**オーストリア**の支配者ハプスブルク家が皇帝位を事実上世襲するようになったが，ドイツの統一よりも自家勢力をのばすことに力をそそぎ，16世紀には領邦オーストリアとともに大発展をとげること

参考　ドイツ国王(神聖ローマ皇帝)は有力諸侯の選挙によって選出されることが多かったので，1つの世襲王朝が長く存続することはなかった。

★6　マインツ大司教ら3聖界諸侯とブランデンブルク辺境伯ら4世俗諸侯の7諸侯が，**選帝侯**として皇帝を選挙することが確定。

★7　1648年に，ウェストファリア条約で領邦主権が国際的に認められた。

★8　オーストリアは10世紀に設けられた辺境伯領オストマルクから発展した。ハプスブルク家は1806年に神聖ローマ帝国が解体した後も，オーストリア帝室として存続した。

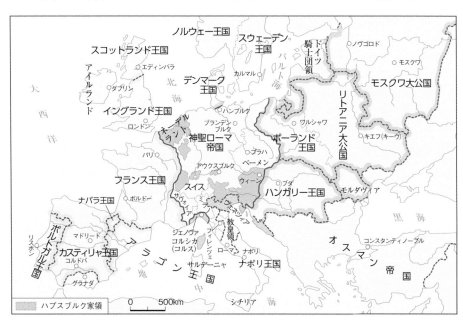

▲15世紀末のヨーロッパ

になる。②ブランデンブルクの支配者ホーエンツォレルン家も，ドイツ騎士団が開拓したプロイセンを16世紀に領有して興隆することになる。こうしてドイツは，皇帝直轄領・諸侯領・自由都市(帝国都市)など約300の領邦が分立する状態がつづいた。西南ドイツを除くドイツ領邦内では，15世紀以降，領主が農奴への身分的束縛を強め，大農場経営をおこなった。

★9　12世紀にドイツ北東部に設けられた辺境伯領。

★10　近世以降，西欧諸国で商工業が発達すると，エルベ川以東の地域では西欧への穀物輸出を担うことになったため，このような農場領主制(グーツヘルシャフト)が発展した。

❷ スイスの独立　スイスはハプスブルク家の所領であったが，住民は自主・独立の精神に富み，数度の戦いをへて，1499年には事実上独立した。この独立が国際的に承認されるのは1648年のウェストファリア条約によってである(⇨p.244)。

★11　独立戦争のなかから，ヴィルヘルム(ウィリアム)=テル伝説が生まれた。

3 イタリア

❶ 外国勢力の干渉　①イタリアはローマ帝国の再現を夢みる歴代の神聖ローマ皇帝の干渉をうけ，政治的混乱がつづいた。②教皇と皇帝の叙任権闘争以来，イタリア内部でも教皇党(ゲルフ)と皇帝党(ギベリン)の対立を生んだ。③皇帝権が衰退すると，教皇と結びついたフランスがイタリアへの干渉者となり，アラゴン(スペイン)がこれにつづいた。

❷ イタリアの分裂　15世紀，北部にはいくつもの都市国家(自治都市)や諸侯が分立し，中部には教皇領，南部には両シチリア王国の後身ナポリ王国があった。都市国家フィレンツェでは，市政を独占する大商人らの上層市民(都市貴族)に対して下層市民が反抗したが，メディチ家(⇨p.225)が下層市民を指導して政敵をおさえ，事実上の専制君主となった。メディチ家の支配下にルネサンスが開花するのである。

★12　12世紀末，ノルマン人の建てた両シチリア王国(⇨p.135)を神聖ローマ皇帝が支配したが，13世紀後半にはフランスが進出した。その後，アラゴン王家(スペイン)が両シチリア王国の後身ナポリ王国を支配し，1504年にはナポリとシチリアを手中におさめた。

★13　毛織物業などの下層の手工業労働者は，上層市民の賃金引き下げに対し，14世紀後半，チョンピの乱をおこした。

4 北欧・東欧

❶ 北ヨーロッパ諸国　①1397年にデンマーク女王マルグレーテの主導によるカルマル同盟が結ばれ，デンマーク・スウェーデン・ノルウェーの同君連合王国が成立。②ウラル語系フィン人が建国したフィンランドは13世紀にスウェーデンに征服・併合されたが，独自性をもちつづけた。

❷ ロシア

1 キエフ公国　9世紀に樹立されたキエフ公国は，ウラディミル1世(在位980ごろ～1015)のとき最盛期に達した。かれはビザンツ皇帝の妹と結婚してギリシア正教に改宗し，

★14　即位はしていないが，実質的には女王であった。

▲聖ワシーリー寺院(モスクワ)

ビザンツ文化の吸収につとめた。しかし，13世紀，バトゥの率いる**モンゴル軍**が侵入し，ロシアのスラヴ人はキプチャク＝ハン国（⊃ p.182）の支配下におかれた。

2 **モスクワ大公国**　15世紀，モンゴル人の支配下で**モスクワ大公国**が有力となった。大公イヴァン3世（在位1462～1505）は，1480年モンゴル人の支配から独立し，ビザンツ帝国最後の皇帝の姪と結婚して**ツァーリ**（**皇帝**）と称し，**ギリシア正教会の首長**の地位もうけついだ。また，**自由農民の農奴化**をすすめ，貴族を抑圧して専制政治をおこなった。

❸ **ポーランド**　ポーランド人は10世紀に建国し，①**ローマ＝カトリック**に改宗，②ドイツ人の植民に対抗して，14世紀末，東隣の**リトアニア大公国**と連合して**ヤゲウォ朝**（1386～1572）を形成し，15～16世紀に東欧最大の勢力となった。

❹ **ドイツ騎士団領**　ドイツ騎士団は，13世紀以後，バルト海沿岸の開拓につとめ，ドイツ人の植民をすすめた。15世紀にはヤゲウォ朝のポーランドに敗れたが，のちの**プロイセン王国**のもとをきずくなど大きな役割をはたした。

❺ **ベーメン王国**　チェック人が建国したが，11世紀に**神聖ローマ帝国**に編入。ドイツ人の植民がさかんで，ドイツの影響下に経済・文化が発達したが，ドイツ人進出に対する不満などからチェック人は**フス戦争**（⊃ p.161）をおこした。しかし，16世紀には**オーストリアのハプスブルク家の支配下**にはいった。

❻ **ハンガリー**　ハンガリーのマジャール人は，**ローマ＝カトリック**を採用し，ドイツ人の植民をうけいれ，14世紀後半には東欧の強国となったが，オスマン帝国に圧迫され（⊃ p.216），17世紀にはハプスブルク家に帰属した。

❼ **ブルガリア・セルビア**　ビザンツ帝国の影響で**ギリシア正教**を採用した。ブルガリアは13世紀前半，**セルビア**は14世紀に最盛期をむかえたが，ともに**オスマン帝国**に服属した。

★15　モンゴル人の支配をのちに「**タタールのくびき**」とよんだが，実際には国家体制など大きな影響をうけた。

★16　モスクワはバルト海や黒海を通じての西欧やビザンツ帝国との貿易の要地であり，ヴォルガ川を利用する河川貿易が発達し，キエフにかわり商業の中心地となった。

★17　「カエサル」のロシア語形。

★18　1241年，ポーランドはレグニツァ（リーグニッツ）東南のワールシュタットの戦いで，バトゥの率いるモンゴル軍と戦った。

★19　リトアニア人はバルト語系。

★20　ベーメン北部のズデーテン地方や，ポーランドに近いシュレジエン地方は，ドイツ人の居住地となった。

★21　チェック人はチェコスロヴァキアの樹立までオーストリアにふくまれた。

★22　ハンガリーが独立するのは第一次世界大戦後。

★23　ブルガリア・セルビアの独立は19～20世紀。

① イギリス・フランス・スペイン・ポルトガル→**中央集権化が進展**
② **身分制議会**が成立→イギリスは**王権の抑制**，フランスは**王権の強化**
③ ドイツ・イタリア→**諸侯や都市勢力が強大**→国家が分裂状態
④ 北欧・東欧・ロシアでも，**民族国家が成立**

^{SECTION}
⑥ 西ヨーロッパの中世文化

1 中世文化の特色

❶キリスト教中心の文化　ローマ＝カトリック教会の権威が
人々の精神生活・社会生活を支配したため，**キリスト教中心
の文化**である。また，**教会中心の普遍的・統一的性格**をもっ
ていた。

❷諸文化の融合　ラテン語が共通語として用いられ，**ギリシ
ア・ローマとゲルマン諸要素が融合**された文化である。4～
11世紀は文化の暗黒時代といわれるが，カール大帝の宮廷
中心の**カロリング＝ルネサンス**もおこった。十字軍をきっか
けに，**イスラーム・ビザンツ文化が流入**し，キリスト教中心
ではあるものの，学問や文芸が発展した（**12世紀ルネサンス**）。

▲ケルン大聖堂（ドイツ）

2 学問と大学

❶神学　中世の哲学と神学は**スコラ学**[★1]と総称され，キリスト
教の教義を理論的に究明して信仰を深めようとするものであ
る。教父**アウグスティヌス**の思想（⇨p.83）が基礎となった。

1 **初期神学**　11世紀後半「スコラ学の父」とよばれたイギリ
スの**アンセルムス**は**実在論**によって神学を体系づけた。こ
れに対し，12世紀フランスの**アベラール**らが**唯名論（名目
論）**を展開して，**普遍論争**[★2]がおこった。

2 **スコラ学と最盛期**　12世紀以後，**イスラーム世界を通じて
アリストテレスの哲学**がとりいれられ，13世紀後半，ドミ
ニコ修道会の**トマス＝アクィナス**が『**神学大全**』を著して，
実在論（信仰）と唯名論（理性）を統合し，**スコラ学を大成**した。

3 **ウィリアム＝オブ＝オッカム**[★3]　唯名論を発展させ，信仰を理
性によっては説明できないとして，人間理性の真理と神の
真理，**哲学と神学の分離**を主張した。

❷自然科学　神学の隆盛で，合理的な学問は長くはふるわな
かったが，①イスラーム世界から**ギリシア・アラビアの科学**
が伝わり，12世紀以降ようやく自然科学が復活した。②信
仰（神学）と理性（知識）との分離を主張する唯名論が優勢と
なったことは，**科学的精神の発達**をうながした。13世紀，
イギリスのフランチェスコ修道会士**ロジャー＝ベーコン**は，

★1　**スコラ哲学**ともいう。
スコラは教会や修道院の付
属学校のこと。

参考　**神学と哲学**　中世の
哲学は，信仰を理論づける
ことを課題とし，神学に奉
仕するものとされ，「**哲学
は神学の婢**」といわれた。

★2　普遍者（神）は，万物
（個物）に先だって存在する
というのが**実在論**。普遍
（概念）は理性によって個物
から抽象された名目にすぎ
ないというのが**唯名論**。

★3　14世紀のイギリスの
スコラ学者。

参考　**大学の学科**　教養科
目に**文法**（ラテン語）・修
辞・論理・算術・天文・幾
何・音楽の自由7科，専門
課程に神学（のち哲学が独
立）・法学・医学があった。

実験・経験による自然観察をよびかけ，近代科学への道を開いた。

❸大学　教会や修道院の付属施設であった学校だが，11〜12世紀，教皇や皇帝の特許によって学問の教授者・研究者・学生がギルド的な組合[★4]をつくり，これが**大学**の起源となった。最古の大学はイタリアで成立し，法学で有名な**ボローニャ大学**，医学で有名な**サレルノ大学**[★5]が代表的である。

3　文学と美術

❶**ラテン語と口語**　ラテン語は西ヨーロッパの聖職者らの知識階級の国際語，学問の言語として生きつづけた[★6]。これに対し，王侯・騎士や民衆のあいだには，それぞれの民族の日常語である口語(俗語)[★7]が発達してきた。

❷**口語文学**

1　**民族叙事詩**　ゲルマン人の神話や英雄伝説に起源。ドイツの『**ニーベルンゲンの歌**』[★8]，イギリスの『**ベーオウルフ**』など。

2　**騎士道物語**　騎士の活躍を理想化した歌謡物語。フランスの武勲詩『**ローランの歌**』[★9]，イギリスの騎士物語『**アーサー王物語**』など。

3　**吟遊詩人**　[★10]上記のような物語は，はじめ口誦で伝えられ，**吟遊詩人**によって語りひろめられた。やがて文字で書かれ，口語(俗語)文学として発展した。

❸**美術**　キリスト教の教会建築が中心で，絵画・彫刻も教会の装飾として発達した。中世の建築様式は次のとおり。

1　**ビザンツ様式**　中世初期(⇨p.142)。

2　**ロマネスク様式**　11〜12世紀。石造の半円筒形の天井をささえるために柱や壁を厚くし，**窓が小さく，重厚感がある**。内部は壁画などの装飾が多い。イタリアの**ピサ大聖堂**などがその代表例。

3　**ゴシック様式**　12世紀後半以降。ルネサンス期までに全ヨーロッパにひろまった。尖頭アーチと高い天井，細長く大きい窓をステンドグラスで飾った。ロマネスク様式が重厚で水平感があるのに対し，**軽快で明るく垂直感が強い**。パリの**ノートルダム大聖堂**，北フランスの**アミアン大聖堂**，ドイツの**ケルン大聖堂**などが代表的。

★4　英語のuniversityはラテン語のウニヴェルシタス(組合)に由来する。

★5　フランスの**パリ大学**，イギリスの**オクスフォード大学・ケンブリッジ大学**は神学で有名。

★6　アベラールが愛人エロイーズにあてた書簡集は，中世ラテン語文学の代表。

★7　ゲルマン語を中心にドイツ語・オランダ語・英語などが，ラテン語を母体にフランス語・イタリア語・スペイン語などが発達。

★8　英雄ジークフリートの伝説をうたう。騎士道物語としての側面ももつとされる。

★9　カール大帝とその騎士たちの英雄伝説がテーマ。

★10　**吟遊詩人**は騎士階層の出身者が多く，自ら抒情詩や恋愛詩をつくり，各地の王侯の宮廷や城館をめぐり歩いた。南フランスでは**トルバドゥール**，ドイツでは**ミンネジンガー**とよぶ。

参考　**教会堂の平面プラン**　ビザンツ様式は正十字形(ギリシア十字形)，ロマネスク・ゴシック様式は長十字形(ラテン十字形)が基本。

2　ヨーロッパ世界の変動

☑ 要点チェック

CHAPTER 2 ヨーロッパ世界の変動	答
☐ 1 1095年，宗教会議を招集して十字軍の結成を提唱した教皇は誰か。また，その宗教会議が開かれた都市はどこか。	1 ウルバヌス2世，クレルモン
☐ 2 十字軍が奪回をめざした聖地とは，どこか。	2 イェルサレム
☐ 3 第4回十字軍がコンスタンティノープルを占領して建てた国を何というか。	3 ラテン帝国
☐ 4 14〜15世紀に繁栄した，北ドイツ諸都市の同盟を何というか。	4 ハンザ同盟
☐ 5 中世都市の商工業者間に結成された，同業組合を何というか。	5 ギルド
☐ 6 貨幣経済が進展すると，領主も商品経済のもとで貨幣を必要とするようになった。これに伴って，荘園の農奴に対する地代の支払い形態は，どのように変化したか	6 賦役（労働地代）→生産物地代→貨幣地代
☐ 7 荘園の崩壊期のイギリスで成長した，貨幣地代の普及により農奴身分から解放された自由農民を何というか。	7 独立自営農民（ヨーマン）
☐ 8 1381年，イギリスの東南部におこった農民一揆の指導者は誰か。また，この一揆に影響をおよぼした聖職者は誰か。	8 ワット＝タイラー，ジョン＝ボール
☐ 9 国内の聖職者に対する課税問題で教皇と対立したので，各身分の代表を集めた議会の支持を得て教皇を捕らえ，憤死させたフランスの国王は誰か。また，この事件は何年の何という事件か。	9 フィリップ4世，1303年のアナーニ事件
☐ 10 12世紀なかば，ノルマン朝の断絶後，フランスの大諸侯がイギリスの王位についた。この王朝と初代の王の名を答えよ。	10 プランタジネット朝，ヘンリ2世
☐ 11 イギリスでは，大憲章を無視した国王に対して貴族が反乱をおこし，国王軍を破った。この反乱の指導者は誰か。	11 シモン＝ド＝モンフォール
☐ 12 フランスのカペー朝断絶に際し，イギリス国王が王位継承を主張したためにおこった，長期にわたる戦争を何というか。	12 百年戦争
☐ 13 イスラーム教徒に占領されていたイベリア半島を，キリスト教徒が再征服していった運動を何というか。	13 国土回復運動（レコンキスタ）
☐ 14 上問の運動の中心となった国を2つあげよ。この両国は，1479年合併して強大なスペイン王国となった。	14 カスティリャ，アラゴン
☐ 15 イベリア半島のイスラーム教徒の最後の拠点はどこか（都市名）。	15 グラナダ
☐ 16 1356年，皇帝選出権を，7人の聖俗諸侯に認める勅書をだした神聖ローマ皇帝は誰か。またその勅書を何というか。	16 カール4世，金印勅書（黄金文書）
☐ 17 1480年，キプチャク＝ハン国から独立したモスクワ大公国の君主は誰か。またビザンツ帝国の後継者（皇帝）として用いた称号は何か。	17 イヴァン3世，ツァーリ
☐ 18 スコラ学の大成者で，『神学大全』を著したのは誰か。	18 トマス＝アクィナス
☐ 19 各地の宮廷をめぐり，騎士の恋愛などを歌った詩人を何というか。	19 吟遊詩人
☐ 20 中世の教会建築で，高い天井，尖頭アーチ，細長い窓といった垂直感と，ステンドグラスを特色とする様式を何というか。	20 ゴシック様式

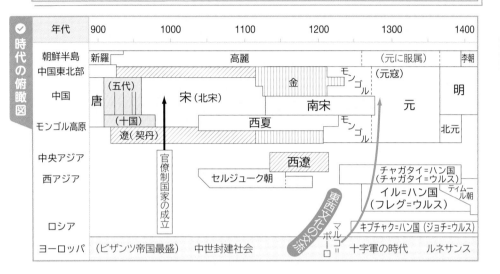

SECTION

1 五代十国と宋の統一

1 五代十国

❶ **五代十国** 唐滅亡（907年）後の約70年間を，五代十国の時代という。

1 **五代** 唐を滅ぼした節度使の朱全忠が建てた後梁から，後唐・後晋・後漢・後周まで，華北に興亡した5王朝をいう。

2 **十国** 唐滅亡後，華中から華南にかけては，軍閥政権が次つぎと成立し，抗争した。それらは，山西に建てられた北漢とあわせて，十国という。

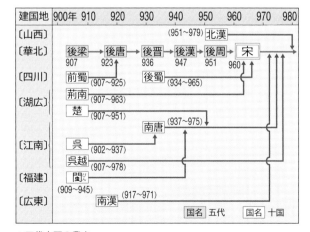

▲五代十国の興亡

❷北方民族の進出　五代のうち，後唐・後晋・後漢の支配者は北方系の沙陀突厥（6～7世紀に活躍した突厥の直系ではない）の出身であり，宋を苦しめたキタイ（契丹）もモンゴル系の北方民族である。これら北方民族の進出もふくめて，東アジアの諸勢力が独自の国家をつくっていく時期であった。

❸新興地主階層の台頭　唐の後半から五代十国にかけての戦乱のなかで，古くからの門閥貴族は没落し，地方の豪族や商工業者が進出してきた。かれらは農村では地主であり，宋代には科挙を受験して官僚となり，支配階層を形成した。★1

参考　唐末からの律令体制の崩壊から荘園の発達，武断政治にいたる流れは，朝鮮半島や，平安から鎌倉時代にかけての日本でもみられた。

★1　かれらを士大夫という。なお官僚とは上級の官人のことで，官吏一般とは区別することが多い。

POINT!

　　　［五代十国］
　　　① 華北に5王朝，華中～華南に10王朝
　　　② 節度使出身者の武断政治
　　　③ 軍閥政権の乱立・抗争→門閥貴族が没落し，新興の地主階層が台頭

2 宋の支配体制

❶宋の成立　960年，後周の武将趙匡胤が開封を都として宋（北宋）を建てた。これが宋の太祖（在位960～976）である。次の太宗（在位976～997）のとき，中国の統一が達成された。★2

❷宋の政治

1 文治主義の採用　宋は節度使が過去に何度も王朝を危機に追いこんだことを考え，節度使の権力をうばって五代の武断主義を清算し，学識のある文人官僚による統治をおこなった。★3

2 中央集権の確立　おもな政治機関はすべて皇帝直属とし，皇帝直属の禁軍を強化するなど，皇帝権をいちじるしく強め，最終的な決定はすべて皇帝がおこなうようになった。★4

3 科挙の整備　隋・唐で発達してきた科挙をさらにととのえ，進士科を重視して，その合格者だけを官僚として重用。以後，清代までつづく中国の官僚制の基礎をつくった。科挙は誰でも受験できたが，むずかしい試験に合格するには，受験勉強に多くの時間と費用を必要としたから，合格者の多くは新興地主の子弟であった。★5

補説　科挙の充実　以前は，地方の州試と中央の礼部による省試との2段階の試験であったが，宋の太祖のとき殿試が設けられ，皇帝自らが試験官となって面接した。これによって，合格者は皇帝の門下生として忠誠を誓い，その忠実な官僚となった

★2　現在の河南省の都市で，江南と華北を結ぶ運河が黄河と交わる交通の要衝

★3　文人政治ともいう。軍人による武断主義（武人政治）に対する語。文人とは，儒学や詩文を身につけた知識人のことである。

★4　宋の正規軍。後周より継承した強力な軍隊であった。しかし，文治主義の採用で，軍隊の上層部にも文官が任命されるようになり，軍隊そのものは弱体化した。なお禁軍とは，本来は近衛軍の意。

★5　宋代以降，科挙に合格して官僚となった者の家は官戸として，労役の減免など特権を与えられた。宋代に台頭した新興地主などは形勢戸といわれ，官僚を輩出したので，官戸形勢戸ともよばれた

③ 北方民族の圧迫と宋の財政危機

❶**キタイ（遼）の侵攻**　宋は，建国当初から，五代の後晋がキタイに割譲した燕雲十六州（⇨p.178）を奪回しようとした。しかし，文治主義のために軍隊が弱体化して成功せず，逆に澶州まで攻めこまれたため，やむなく澶淵の盟を結んだ。

補説　**澶淵の盟**　1004年，宋の真宗と遼の聖宗とのあいだで結ばれた和議。宋から遼へ毎年絹20万匹，銀10万両の**歳幣**を贈ること，両国は宋を兄，遼を弟とする兄弟関係とすることなどを条件に，国境の現状維持をはかるというもの。**宋にとって屈辱的な内容**であったが，これによって以後120年間にわたって両国は平和的関係をつづけた。

❷**西夏の侵攻**　宋の西北辺からは**タングート**系の西夏が侵攻してきた（⇨p.179）。宋は1044年に西夏と和議を結び，西夏に対し臣下の礼をとらせるかわりに，歳幣を贈ることになった。

❸**宋の財政危機**　遼・西夏に対する多額の歳幣や軍事費の膨張，および官吏の増加による人件費の増大のために，宋は財政危機におちいった。

★6　太祖・太宗とも出兵したがいずれも失敗。太宗の大敗後，和平論が台頭。

★7　澶州は，現在の河南省にある。澶淵はその別名。

★8　中国の王朝が，和平のため北方民族に毎年贈った銀や絹のこと。

★9　そのため税収の増加がはかられたが，これは民衆の生活を脅かし，各地で反乱が続発した。このような状況のなかで**王安石の新法**がおこなわれるのである。

SECTION 2　宋の盛衰と中国社会の発展

① 王安石の新法

❶**王安石登場の背景**　11世紀後半になると，宋の財政難はますます深刻化した。神宗（在位1067～85）は，遼・西夏の圧迫と国家財政の破綻という難局をきりぬけるために王安石を宰相に登用し，積極的な改革にあたらせた。

富国策	均輸法	物資調達の合理化策。政府が必要な物資を安い場所で買いあげ，それを不足地に運んで売る。物価安定策。
	青苗法	高利貸に苦しむ農民の救済策。政府が農民に低利で資金や穀物を貸しつけ，収穫時に穀物で返済させる。
	市易法	物価調節と小商人保護策。小商人の物資が売れないとき，政府が買いあげたり，商品を抵当に貸しつける。
	募役法	労役のかわりに免役銭をださせ，官戸・寺院などからも助役銭をとって，その金で希望者を雇って使役する。
強兵策	保甲法	兵農一致の民兵制。農民を保（10戸）・大保（50戸）・都保（500戸）に組織し，成年男子を徴発して軍事訓練する。
	保馬法	民間に奨励金をだして馬を購入させ，または官馬を貸して飼育させ，戦時に軍馬として徴発する。

◀王安石の新法

★1　文学にもすぐれ，**唐宋八大家**の1人（⇨p.177）。

参考　もともと富裕農民にわりあてられていた租税徴収・治安維持などの職務を**差役**というが，その差役が過重となって没落する者もでてきた。そこで，財産に応じて**免役銭**をださせ，それを財源とし希望者をつのってその職務にあたらせるようにしたのが，**募役法**である。

❷王安石の改革　財政再建と経済の安定，農民・中小商工業者などの貧民の救済，軍事力の強化などを目的とする富国強兵策で，その諸改革を総称して新法(⤳p.173)という。

❸新法の成果　新法は，当時の社会の実情に即したものであったので，成果をあげた。しかし，急激な改革であったため，司馬光らの保守派官僚の反対にあい，王安石は引退した。

★2　財政は赤字から黒字へ好転し，下層民の負担も軽減されて失業者がへった。また，反乱もほとんどおきなかった。

２ 北宋の滅亡と南宋

❶党争の激化　王安石が引退し，神宗が没すると，司馬光を中心とする旧法党が政権を担当し，新法を次つぎと廃止した。その後，新法党と旧法党の対立(党争)が激化して政治が混乱し，宋の国力を弱めることになった。

❷靖康の変　1126年，金の攻撃をうけて都の開封を占領され，翌年，欽宗をはじめその父徽宗や皇族・重臣が東北地方へ連れ去られた事件。これにより宋(北宋)は滅んだ。

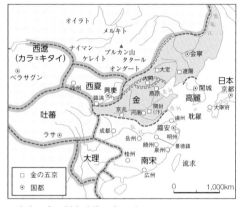

▲南宋と金の対立時代の東アジア

補説　靖康の変の原因　燕雲十六州の奪回をはかる宋は，徽宗(在位1100〜25)のとき，金と結んで遼を滅ぼした。しかし，金との約束を守らなかったという理由で金の攻撃をうけた。

❸南宋の成立　欽宗の弟の高宗は，江南に逃れて都を浙江の臨安(現在の杭州)に定め，宋を再興した。これを南宋(1127〜1276)といい，それ以前の宋を北宋として区別する。

❹南宋の対金政策　南宋は和平策をとって，1142年に金と和議を結んだ。その内容は，①淮河をもって宋・金の国境とする。②宋は金に対し臣下の礼をとり，歳幣を贈るという，宋にとって屈辱的なものであった。

❺南宋の滅亡　13世紀にはいると，歳幣などによる財政の破綻や党争によって国力がおとろえ，1276年，元のクビライに滅ぼされた。

★3　新法に反対する官僚群で，華北出身者が多い。新法党には江南出身者が多かった。

★4　南宋内部は金に対する和平派と主戦派に分かれ，秦檜を中心とする和平派が主戦派の岳飛を殺して金と和議を結んだが，この和議の内容が屈辱的であったので，後世，岳飛は民族的英雄とされ，秦檜は人々の憎しみをうけた。

３ 宋代の社会・経済

❶宋代社会の支配層　唐までの門閥貴族にかわって，唐末五代の変革期いらい新興の地主層が台頭。かれらは，佃戸を使って広大な所有地を荘園として経営し，その経済力を地

注意　宋の南遷いらい，江南の開発がすすんだ。

盤にして科挙に応じ，多くの官僚をだして宋朝の支配層となった。

❷佃戸　地主の土地を耕作した**小作農**。法的には身分上の拘束をうけない自由民であったが，地方によっては，労役奉仕を強いられ，収穫の半分をおさめ，土地をはなれるのが困難な場合もあった。大土地所有の増加とともに，佃戸も増加した。

★5　佃戸は，唐代の奴婢が解放された者や，没落した均田農民などからなると考えられるが，その身分・性格については学者によって見解が異なる。

3

❸産業の発達

1 **農業の発達**　①干害に強い**占城稲**の導入や，南宋での新田の開発などによって，長江下流域の米の生産が飛躍的に増大した。②**喫茶の習慣が普及**するにつれ，江西・福建・四川などの各地で茶の栽培がさかんになった。

★6　北宋のはじめ，ベトナムのチャンパー（占城）から伝来した。

補説 「**蘇湖（江浙）熟すれば天下足る**」　宋代，長江下流域が稲作の中心となったことを示すことば。蘇は蘇州，湖は湖州の略。

2 **手工業の発達**　①**陶磁器の生産**がさかんとなり，官営工場もでき，江西省の**景徳鎮**が代表的生産地となった。②桑の栽培が普及し，**絹織物の技術が発達**した。

★7　白磁・青磁の製作がさかんになった。

\ TOPICS /

貴族の都市から商人の都市へ

　長安・洛陽に代表される唐中期までの都市は，いわば**貴族中心の政治都市**であり，全体が城壁でかこまれ，夜になるとすべての門が閉じられ，いっさいの通行が禁止された。商業も特定の場所で昼間しか許されないなど，全体として管理的な性格が強かった。

　ところが，唐中期以降，上記のような制約をうけない城壁の門外に店ができはじめ，閉めだされた人々のために旅館が開業し，しだいに大きな町となるとともに，城壁内にも，あちこちに店ができはじめた。交通の要地では定期市が開かれたが，ここにもしだいに常設の店ができ，都市へと成長していった。

　北宋の**開封**もまた，こうした庶民の商工業の発達の中心地であった。その開封のありさまは，『東京夢華録』という本で知ることができる。それによると，それまでなかった明るい夜の店が出現し，あかあかと灯火をとも

した大料亭や政府直営の酒楼もあり，盛り場には芝居小屋・見世物やさまざまな店が並んでいた。没落した農民が流れこんだこともあって，当時の開封の人口は60〜70万，官吏や兵士もふくめると100万人にのぼったといわれる。ここで消費される物資の多くは大運河で江南から運ばれてきたものであった。ここに**商業が空前の発達をとげ，都市の庶民文化が花開いた**。

▲開封のにぎわい（「清明上河図」より）

東アジア・内陸アジアの変動

③ **商業の発達**　物資が豊富となって商業も発達し，**開封・臨安**など各地の大都市は政治都市から商業都市へ脱皮した。**草市・鎮・市**とよばれる地方の商業都市も生まれた。

④ **行と作**　商人の同業組合である行や，手工業者の同業組合である作が結成され，利益の独占や相互扶助をはかった。

❹ **貿易の発達**　ムスリム商人との海上貿易がさかんで，**広州・泉州・明州**（明代以後は**寧波**とよばれた）**・臨安**が貿易港として栄えた。貿易港には貿易を監督する**市舶司**がおかれた。

❺ **貨幣経済の発達**　商業・貿易の発展にともなって発達。主として銅銭が使われたが，金融業者が発行した**交子・会子**などの手形が，政府によって紙幣として発行されるようになった。貨幣経済が発達し，富裕となった大商人は土地を買い集めて地主となり，小作料をとって**佃戸**に耕作させるようになった。

★8　塩・米・茶・絹をあつかう商人が繁栄した。

★9　都城の外や交通の要地に生まれた商業の中心地が**草市**，それから発達した小都市が**鎮**や**市**で，景徳鎮がその代表。

★10　市舶司は唐代に広州に設置されたが（⤵p.111），宋代には各港に設けられた。

★11　鋳造量は多くなったが，需要が多く，海外流出も多かったので，やがて銅銭不足をまねいた。

① 武断政治を終わらせ，文治主義・禁軍・科挙による中央集権
② 遼・西夏への歳幣・軍事費のため財政危機→王安石の新法
③ 新興地主の形勢戸が支配層→佃戸による荘園経営→科挙官僚をだす
④ 江南の開発→農業生産の上昇・商品作物の栽培→商工業の発展

③ 宋代の文化

1 文化の特色

❶ **理知的な文化**　宋文化の担い手は，**士大夫**など新興地主層に属する知識人で，**理知的で，ものごとの本質に直接せまろうとする傾向**がある。

❷ **民族主義的傾向**　異民族の圧迫に苦しんだ時代を反映。

❸ **庶民文化**　貨幣経済の発達で，都市の庶民に余裕ができ，**庶民文化**の性格が強まった。

2 学問と宗教

❶ **儒学の新展開**　唐代までの**訓詁学**（⤵p.101）から脱し，人間的な自覚と実践の立場を重視する**宋学**がおこった。これは，仏教とくに**禅宗**の影響がみられ，以後の儒教の正統派となった。

▲「**桃鳩図**」（徽宗）
院体画の傑作である。

★1　**朱子学**または理学，性理学などともよばれる。日本や朝鮮でも，官学として採用された。

❷おもな儒学者

1　**周敦頤**　北宋の人で『太極図説』を著し，**宋学の祖**といわれる。

2　**程顥・程頤**　北宋の兄弟で，あわせて二程という。周敦頤に学び，宇宙の根本原理を「理」と名づけ，宋学を発展させた。

3　**朱熹**　12世紀後半の南宋の人で，**宋学の大成者・朱子**ともよばれる。存在論として理気二元論を，道徳上の命題として性即理★3を主張した。また，四書を重視し，五経以上に重要な根本経典とした。主著に『四書集注』がある。

4　**陸九淵(陸象山)**　南宋で唯心論的な心即理の説を主張して朱熹と対立し，明代の**陽明学**に影響を与えた。

❸歴史学
儒学で**大義名分論★6**が強調されたことと関連して歴史学が重んじられ，北宋の司馬光は戦国時代から五代末までを記した編年体の歴史書『資治通鑑★7』を著した。

補説　**中華思想と攘夷論**　漢族は，古くから自己の文化を理想のものとし，異民族を夷狄として軽蔑してきた。中国の皇帝は唯一絶対の存在であった。ところが，唐末より北方民族の勢力が強くなり，北宋は遼の皇帝の存在を認め，南宋の皇帝は金の皇帝に対して臣下の礼をとったため，宋の知識人のあいだにナショナリズムの傾向を生み，異民族を中国からうちはらうべしという攘夷論がおこった。

❹宗教
仏教では，個人的なものが流行し，禅宗と浄土宗とがさかんになった。**道教**では，経典を集大成して『道蔵』がつくられ，金朝支配下の華北では**全真教**がおこった(⤴ p.180)。

❺文学の新傾向
古典への関心が深まり，唐の韓愈・柳宗元につづいて，宋では欧陽脩・王安石・蘇洵・蘇軾(蘇東坡)・蘇轍・曾鞏らの文章家がでて，**古文の復興**につとめた。★8

3　芸術と科学技術

❶庶民文芸の発達
韻文では唐代につづいて**詩**がさかんであったが，また**詞**もおおいに流行した。このほか，**小説**や，**雑劇**とよばれる戯曲があらわれた。

❷美術
絵画がめざましく発達し，次の2系統がさかえた。

1　**院体画**　宮廷の画院に集まった専門画家を中心とする画風で，写実的・装飾的で伝統を重んじた。北宋末の**徽宗**や，南宋の画院からでた**馬遠・夏珪**などが有名である。

★2　理(太極)は宇宙の根本原理であって万物に内在し，気は変化して万物に形を与え，存在界を構成するものであるとする。

★3　人間の性は，宇宙の根本である理であるから，私欲を去ってこれを発揮するよう努力せよ，とする。

★4　『論語』『孟子』『大学』『中庸』をいう。

★5　朱子学が学問・知識を重視することに反対し，徳性を高めることを強調して，一派をなした。

★6　支配者の正統性と臣下の守るべき本分を示し，君臣関係を正そうという論。君主独裁を正当化した。

★7　書名は，「皇帝が政治をおこなう際に役立つかがみ」という意味。

参考　その他の歴史書には，北宋の欧陽脩の紀伝体『新唐書』『新五代史』，朱熹の『資治通鑑綱目』がある。

★8　以上8人を唐宋八大家という。とくに蘇軾の作風は豪快で，詩文とも宋代随一といわれた。

★9　歌謡曲の歌詞に相当。

参考　**北宗画(北画)**…山水画の1つの描法で，硬い線で正確に外形を把握する。画院で流行したが，元以後は南宗画に圧倒された。
南宗画(南画)…文人画で，やわらかい描線を重ねて描く方法が用いられた。

2 文人画　士大夫などの知識人が水墨や淡彩で自由に描いた。
山水を多く題材とし，理想主義的で，北宋の米芾が有名。

3 工芸　白磁・青磁などの陶芸がさかんとなった。

❸ 三大発明　①唐で発達した木版印刷が普及し，②11世紀に ★10
火薬の製法が知られ，③11世紀には羅針盤が発明された。
これらを宋代の三大発明といい，これに漢代に改良された製
紙法を加えて四大発明という。イスラーム世界やヨーロッパ
に伝わり，ルネサンスなどに影響を与えた。

★10　11世紀には，膠と泥をまぜた膠泥活字による活版印刷術が発明されたが，実用化されなかった。なお，金属活字は，13世紀の高麗の銅活字が最古。

[宋代の文化]
① 文化の担い手は，士大夫などの新興地主層の知識人
② 宋学(朱子学)は朱熹が大成，四書重視。歴史学に司馬光の『資治通鑑』
③ 宮廷で院体画・士大夫は文人画。庶民文芸が発達。三大発明

SECTION 4　北・東アジア諸民族の自立

1 キタイ(契丹)の遼

❶ キタイ(契丹)の興起　モンゴル系のキタイ(契丹)★1は，唐末
五代のあいだにウイグルが後退すると，急速に勢力をのばし
た。はじめは遼河上流で半農・半牧生活を営み，部族連合
を形成していたが，916年耶律阿保機(遼の太祖，在位916
〜926)が諸部族を統合して建国した。926年東方の強国渤
海を滅ぼして中国東北地方を服属させ，936年には，五代の
後晋の建国をたすけて燕雲十六州を割譲させた。

★1　kitaiの複数形kitanの音写。4世紀以降，遼河上流で遊牧を営んでいた。なお，キタイの名は西方に伝わり，中国を意味するロシア語のKitaiや英語のCathayはいずれもこれに由来する。

[補説]　燕雲十六州　現在の北京(燕)・大同(雲)を結ぶ華北
の長城以南にあり，漢族の居住地であった。宋にとっ
て，この失地回復は長く課題として残った。

❷ 征服王朝の成立　947年，国号を遼とあらためた。
遼は，遊牧民を主とする本拠地を確保しながら，
燕雲十六州を領有することで農耕民の住む中国の
一部をも支配することとなった。

[補説]　二重統治体制の意義　遼は，北方民族としてその
本拠地を保ったまま，中国をも支配した最初の国家で
あり，その領域には，遊牧民・農耕民など，さまざま
な生業の諸民族がくらしていた。遼が二重統治体制
(⤴p.179)をとった理由の１つは，こうした諸民族
それぞれにみあう統治の必要があったためである。

▲11世紀の東アジア

❸ 遼の社会と文化

1　遼の統治体制　遊牧民と農耕民とをきりはなし，**部族制に基づく北面官**で遊牧民を，**州県制に基づく南面官**で農耕民を，それぞれ固有の部族制度や伝統・法令で支配した（二重統治体制）。

2　遼の文化　**民族文化の保存**につとめ，独自の契丹文字をつくるなど民族意識の高揚につとめたが，高度な中国文化に接して，その影響をまぬがれなかった。儒学を保護し，仏教を受容して各地に仏教遺跡を残した。

補説　慶陵　遼の聖宗以下3代の陵墓。中国・内モンゴル自治区のワール・イン・マンハにある。契丹文字の碑文（生前の事蹟をたたえた哀冊）のほか，中国的要素の強い壁画も有名である。

4　遼の滅亡　11世紀よりしだいにおとろえ，1125年，宋と同盟を結んだ金の攻撃をうけて滅亡した。このとき王族の**耶律大石**は，中央アジアのトルコ系のカラハン朝（⇨p.147）を滅ぼし，1132年**西遼（カラ＝キタイ）**を建国した。

2 タングートの西夏

❶ 西夏の興起　宋の西北ではチベット系の**タングート**が勢力をのばし，1038年には**李元昊**（在位1038〜48）が諸部族を統合して**西夏（大夏）**を建てた。

❷ 西夏の社会と文化

1　西夏の経済的繁栄　西夏は，宋から多額の歳幣を得たうえ，内陸交通の要地を勢力下におさめたため陸上貿易に活躍し，中継貿易で利益をあげた。

2　西夏の文化　中国や西方の文化を受容する一方，漢字をもとに西夏文字をつくるなど，自民族尊重の傾向も示した。

3 女真の金

❶ 女真の興起　中国の東北地方は，10世紀以後渤海を滅ぼした**遼**が支配していたが，11世紀末ごろからツングース系の女真が強大となり，1115年には**完顔阿骨打**（金の太祖，在位1115〜23）が帝位について金を建国した。

❷ 金の中国進出　宋と結んで遼を滅ぼしたあと，宋の都開封を占領して徽宗・欽宗らを北方に連れ去り，宋（北宋）を倒した。以後，金は淮河を境に南宋と接し，**華北を支配する征服王朝**となった。

★2　建国のころつくりだされた。契丹の民族的自覚と中国文化への対抗意識を示すが，むしろ漢字の系統に近い。1922年，慶陵ではじめてこの文字で書かれた碑文がいくつか発見されたが，まだ完全には解読されていない。

★3　東西トルキスタン・ジュンガル盆地を支配する大帝国に発展し，東西文化の交流に貢献したが，1211年にトルコ系遊牧民のナイマンに滅ぼされた。カラ＝キタイとは，黒契丹の意。

★4　甘粛・陝西地方で勢力をもっていた吐蕃・ウイグルを破った。

★5　大夏が国号で，西夏は中国側でのよび名。

★6　李元昊の作ともいわれる。これによって中国やチベットの書物が翻訳され，文化の向上に寄与した。

★7　女直とも記し，ジュルチンの音訳。完顔部は，その一部族。

★8　靖康の変（⇨p.174）。

❸金の文化と社会

1 **金の統治体制**　遼にならって**二重統治体制**を採用した。華北では中国風の州県制をとった一方，部族制を再編成した**猛安・謀克**による統治体制も維持した。

補説　**猛安・謀克**　完顔阿骨打が女真固有の部族組織を基礎にしてつくった軍事・行政組織。300戸を1謀克，10謀克を1猛安に編成し，1謀克から約100人を徴兵して軍隊を組織した。

2 **金の文化**　民族文化を重視し，漢字などをもとに**女真文字**がつくられたが，中国文化の影響もうけた。仏教もさかんであったが，道教の一派**全真教**がおこり，華北にひろまった。

参考　女真の民族的・軍事的中核を形成していた猛安・謀克が中国化したこと，そのうえ貧困化により国軍の用をなさなくなったことが，のちに金の弱体化をまねき，モンゴルによって滅ぼされる一因となった。

★9　道教に仏教・儒教，とくに禅宗をとりいれて旧道教の刷新をはかったもの。

4 朝鮮・日本とベトナム

❶**朝鮮**　10世紀のはじめ，**王建**が**高麗**（918～1392）をおこし，935年新羅を滅ぼし，半島を統一した（都は**開城**）。①新羅と同じく唐や宋の制度をとりいれ，官僚を科挙で採用する**両班制**をしき，官僚には**田柴科制**により土地を配分した。②仏教を保護し，経典を集成した「**高麗版大蔵経**」を木版印刷し，多くの寺院を建立した。③北宋・遼・元に服属した。

❷**日本**　9世紀末，**遣唐使**の廃止以後**国風文化**が開花。律令体制の崩壊がすすみ，**武士**勢力が台頭し，12世紀末に**鎌倉幕府**が成立。12世紀後半，平氏政権によって**日宋貿易**がはじまり，鎌倉時代にも宋との交易はさかんであったが，やがて**元寇**がおこった。

❸**ベトナム**　1000年以上中国の支配をうけてきたが，10世紀後半に独立国家がつくられ，11世紀はじめ**李氏**が**大越国**（**李朝**）を建国し，宋軍を撃退。13世紀からの大越国（**陳朝**）は，元の侵入を撃退して**字喃（チュノム）**という国字を作成。**チャンパー（占城）**も元軍と戦ったが，平時には朝貢した。

★10　新羅と同じく唐の制度をとりいれ，仏教を保護した。また，高麗青磁とよばれるすぐれた陶磁器をつくり，金属活字で仏典などの印刷をした。

★11　**文班**と**武班**からなる官僚身分制度。

★12　耕作地（田地）と燃料採取地（柴地）とを地位に応じて配分する制度。

★13　**蒙古襲来**。1274年の**文永の役**，1281年の**弘安の役**。

[北・東アジアのようす]
①唐末五代以後，東・北アジアの諸民族が次つぎと建国
②キタイは遼，タングートは西夏，女真は金を建国→中国に侵攻
③朝鮮に高麗建国，日本では武士が台頭，ベトナムに独立国

モンゴル帝国の建設

1 チンギス＝カン（ハン）の出現

❶チンギス＝カン以前のモンゴル高原　9世紀なかごろにウイグルが滅亡したあと，トルコ系・モンゴル系諸部族が分裂割拠していた。

❷チンギス＝カンの統一

1 **モンゴル高原の統一**　13世紀のはじめ，モンゴル部族のなかからチンギス＝カン^{★1}が出現し，これらの諸部族を統一し，大モンゴル国（モンゴル帝国）を形成した。1206年にオノン河畔^{★2}での**クリルタイ**でカン（汗）に選出され（在位1206～27），名実ともに全モンゴルの支配者となった。

補説　**クリルタイ**　モンゴル語で集会の意味。遊牧国家では，国家の重要事項を**有力者の合議**によって決定する習慣があり，モンゴルの場合も各部族の有力者によるクリルタイで，ハンの選出や外征・法令の発布などを決定した。カン（ハン，汗）は遊牧国家の君主の称号。

2 **西アジア遠征**　1219年，チンギス＝カンは**東西貿易路**をねらって遠征をおこなった。まず西遼の王位をうばっていた**ナイマン**を滅ぼし，ついでその西の**ホラズム＝シャー朝**^{★3}（⇒p.148）を征服し，さらに西北インドや南ロシアにも侵入した。

3 **西夏征討**　西アジア遠征の後，チンギス＝カンは東方に方向を転じ，1227年に**西夏**^{★4}を滅ぼした。

2 大帝国の建設

❶オゴデイの即位　チンギス＝カンの第3子オゴデイが，クリルタイによって後継者に指名された。オゴデイは，父の遺志をついで，1234年**金**を滅ぼして^{★5}中国に進出した。翌年，カラコルムに都を定め，遼の遺臣**耶律楚材**^{★6}を登用して内政を整備した。

❷バトゥの西征　1236年，バトゥを総司令官とするモンゴル軍は**西征**に出発した。南ロシアを征服したのちポーランド・ドイツ・ハンガリーに侵入し，1241年には**ワールシュタットの戦い**^{★7}（⇒p.167）にドイツ・ポーランド連合軍を破ってヨーロッパ世界を脅かした。

❸フレグの西アジア遠征　モンケ＝ハン（在位1251～59）の命をうけたフレグは西アジアに侵入し，1258年バグダードを

▲チンギス＝カン

★1　1162？～1227年。漢字では成吉思汗と書く。本名は，テムジン。元朝では**太祖**と称した。

★2　現在のモンゴルの首都ウランバートルの北東を流れる川で，アムール川の支流。流域は遊牧に適し，モンゴル人の本拠地となっていた。

★3　アラビア語読み⇨フワーリズム。

★4　さらに金を攻めようとしたが，その途上病死した。

★5　そのころ金は，紙幣の濫発などで経済が混乱し，国力がおとろえていた。

★6　漢人政策などについて進言し，チンギス＝カンにも重用された。

★7　ワールシュタットは，ドイツ語で「死体の山」という意味。ポーランドのレグニツァ（リーグニッツ）東南の地。

3

東アジア・内陸アジアの変動

占領してアッバース朝（⇨
p.123）を滅ぼした。

❹**モンゴル帝国の成立**　ク
ビライの時代までに、東は
中国東北部、南は南宋・チ
ベット・ビルマ、西は南ロ
シアからメソポタミアにい
たる大帝国を建設した。

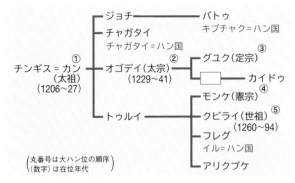

▲モンゴル帝国の系図

3 諸ハン国の形成

❶**帝国分裂の原因**　①領土が広大で、**生活習慣の異なる民族**
が生活していたので、これを画一的に支配するのは困難で
あった。②モンゴル人の習慣である**分割相続制**にしたがって、
チンギス゠カンは諸子に各地をおさめさせた。

❷**諸ハン国の形成**[8]　諸ハン国は、しばらくは帝国内のまとま
りをみせたが、相続争いののちクビライが大ハン位につくと、
カイドゥの乱[9]などがおこり、諸ハン国は宗主権をもつクビラ
イの命令に従わなくなった。

⬚1 **オゴデイ系の勢力**　2代皇帝オゴデイの子孫が、ジュンガ
ル盆地のエミール[10]を中心に勢力をもった。のちにチャガタ
イ゠ハン国に吸収されていった。

⬚2 **チャガタイ゠ハン国**（1306〜46）　チャガタイが**中央アジア**
のアルマリク[11]を都として建国した。14世紀にイスラーム化
し、東西に分裂した（⇨p.213）。**チャガタイ゠ウルス**[12]ともい
う。

⬚3 **キプチャク゠ハン国**（1243〜1502）　バトゥが**南ロシアに
建国**し、都は**サライ**[13]においた。イスラーム化して14世紀に
全盛となったが、モスクワ大公国が強力になるにつれて崩
壊した（⇨p.167）。ジョチ゠ウルスともいう。

⬚4 **イル゠ハン国**（1258〜1353）　フレグが**イランを中心に建
国**し、都は**タブリーズ**においた。のち、イスラーム化した。
文化的水準の高い農耕国家で、主として海上交通路によっ
て元と通交した。**フレグ゠ウルス**ともいう。

★8 モンゴル帝国では一
族の紛争がしばしばおこっ
たが、諸ハン国は完全に独
立したわけではなく、ゆる
やかなまとまりを保った。

★9 オゴデイの孫にあた
るカイドゥは、かねてから
トゥルイ家のモンケ・クビ
ライの即位に反対しており、
1266年キプチャク・チャ
ガタイ両ハン国と同盟して
クビライと争った。戦いは
約40年におよび、元の勢
力はおとろえた。

★10 新疆のイリ付近。

★11 イリ川流域で、新疆
ウイグル自治区北西部の
イーニン（クルジャ）付近。

★12 ウルスは「くに、く
にたみ」の意。

★13 ヴォルガ川沿岸。

参考　イル゠ハン国の宰相
ラシード゠ア（ゥ）ッディー
ンが著した『集史』は、モ
ンゴル帝国史の重要史料。

6 元の中国支配

1 元の中国支配

❶元朝の成立　クビライ(元の世祖, 在位1260～94)は, 1264年に都をカラコルムから大都へ移し, 1271年には国号も中国風に元と定めた。クビライの帝国を大元ウルスという。

❷中国の統一　クビライは, チベット・大理を征服したあと, 1276年には南宋を滅ぼし, 全中国を支配下にいれた。

❸遠征軍の派遣　朝鮮の高麗を服属させ, さらに日本・ベトナム(陳朝の大越国)・ビルマ(パガン朝)・ジャワへ遠征軍を送った。元の南方進出は東南アジアに大きな変動をもたらした。日本やジャワへの遠征は失敗に終わったが, 中国・モンゴル高原を中心に東の朝鮮, 西のチベットを属国とする大帝国となった。

❹元の国家体制

[1] **元の支配体制**　農耕社会である中国の統治にあたって, 伝統的な官僚制による中央集権体制を採用した。しかし, 政策の決定をおこなう**中央政府の首脳部はモンゴル人で占められ, 色目人と総称される中央アジア・西アジア出身の人々**が, 財務官僚として重用された。一方, 金の支配下にあった人々は漢人, 南宋の支配下にあった人々は南人とよばれた。これらの人々とモンゴル人・色目人とのあいだに明確な差別はなかったとされるが, 科挙や儒教は軽視されたので, 南人の士大夫が官界・政界で活躍する機会は少なかった。

	種別	ふくまれる民族	服属時期
重用	モンゴル人	モンゴル人	
	色目人	中央アジア・西アジア出身者 (ウイグル, イラン人など)	チンギス=カン
不利	漢人	金の支配下にあった人々 (契丹, 女真, 高麗, 漢族など)	オゴデイ
	南人	南宋の支配下にあった人々	クビライ

[2] **農業政策**　きびしい徴税をおこなう一方で, 農耕民の社会の内部には干渉せず, 農村に自治的な運営をおこなわせた。そのため, 農耕社会はあまり変化しなかった。

★1　現在の北京。カンバリクともよばれた。このほかに, 元は避暑地として上都をも都とした。

★2　10世紀に, 雲南に建国(⤷p.116)。

★3　クビライの中国進出は, 豊かな農耕地帯に着目したからである。

★4　1274, 1281年の2度, 遠征軍をおくったが, ともに失敗。日本では元寇という(⤷p.180)。

参考 地方の行政官庁の長官はダルガチと称され, 少数の色目人のほかはモンゴル人が任命された。

★5　色目人とは, 「種々雑多な人」の意。早くモンゴルに服属し, また西方の高い文化を身につけていたので, 中国にはいったモンゴル人の数が少なかったこともあって, 重用された。

参考 **元の官僚組織**　中央に, 中書省(行政)・枢密院(軍事)・御史台(監察)をおき, この三権を分立させた。地方には, 行省(行中書省)をおいて地方行政を統轄させた。現在の中国の省は, この行省に由来する。

2 交通路の整備と商業・貿易

❶ 駅伝制　幹線道路に約10里ごとに站(駅)をおき，官用で旅行する者に対して牌符(牌子，通行証明書)を発行し，周辺の住民に馬・食料などを提供させた。チンギス=カンが創設し，元朝で完備された制度。モンゴル語ではジャムチ(站赤)という。[6]

❷ 運河整備と海上交通　江南の物資を大都へ輸送するため**江南から大都にいたる大運河**を整備した。また，南宋滅亡後，泉州・広州などの都市に市舶司をおいて**海上交通路を掌握**した。[7]

❸ 財政政策　元朝は，塩の専売などで財政収入をあげた。また，貨幣としては，銅銭・金・銀が使用されていたが，やがて交鈔とよばれる**紙幣一本だての通貨政策**をとった。

3 元の衰亡

❶ 政治の混乱　元の帝位継承は，クリルタイでの合議で決定するという伝統がくずれ，クビライの死後，相続をめぐる争乱がくりかえされて，政治の混乱をまねいた。

❷ 財政の窮乏　たび重なる外征や宮廷の奢侈，チベット仏教の行事にかかわる出費などで財政が破綻し，交鈔の濫発による物価騰貴と専売制の強化が民衆を苦しめるようになった。

★6　内陸アジア一帯を支配下におさめたモンゴル帝国は，広大な領域内の交通路の安全を重視し，その整備や治安の確保につとめた。これは，商品の流通を重視したことのあらわれであり，また東西文化の交流にも大きな役割をはたした。

★7　元代は，西アジアとの海上貿易がさかんで，イスラーム商人の往来も活発化。

参考　**自然災害と元の衰退**
元代の社会は，過剰開発により災害に弱かった。14世紀には寒冷化とともに自然災害が頻発し，発達した交通網が伝染病のひろがりを助長するなど，危機がすみやかにひろまった。

\ TOPICS /

元の紙幣

　中国の紙幣の先駆としては，唐末の飛銭という送金手形がある。宋代には交子・会子が流通し，金は交鈔を発行した。しかし，当時の貨幣の中心は銅銭で，紙幣は補助手段にすぎなかった。ところが元は，**交鈔一本だての通貨政策**をとり，他の貨幣を発行しなかった。

　1260年クビライは中統鈔という元で最初の紙幣を発行した。その年360万貫であった発行高は年々増加し，1285年には1億貫にもなった。また，金銀との兌換を中止したため中統鈔の価値は下落したが，至元鈔という新しい紙幣の発行で切り抜け，元末に不換紙幣が大暴落するまで，通貨としての機能をはたした。

　奇跡とも思えるこのような通貨政策をささえていたのは，元の税制であった。元では，塩税・茶税などの専売税や商税が主流で，**紙幣でおさめるのが原則**であった。例えば，塩を買うために使われた紙幣の大部分は塩税として徴収され，毎年多量の紙幣が政府に還元された。また，元は北方の軍備が不必要であったから，**税収を紙幣発行の準備金とする**ことができたのである。

元の紙幣 ▶
偽造者は厳罰に処された。

❸**元の滅亡**　14世紀なかばにおこった紅巾の乱^{★8}を機に，江南は元朝の支配を脱するようになった。この反乱に参加していた朱元璋は，南京を中心に明を建て，元の勢力をモンゴル高原に後退させた(1368)。以後の元を北元(タタール)という。

★8　白蓮教徒を中心にした反乱で，紅色の頭巾を目印としたのでこの名がある。白蓮教は南宋の初期におこった仏教の一派。

POINT!

[モンゴル帝国の建設，元の中国支配]
① チンギス＝カンが，モンゴル軍を率いて欧亜にまたがる大帝国建設
② クビライは中国を統一支配→モンゴル人・色目人を優遇
③ 元と各ハン国に分裂したが，駅伝制・運河整備により東西交易が活発

3
東アジア・内陸アジアの変動

SECTION
7 元代の文化と東西文化の交流

1 元代の中国文化

❶**モンゴル人と中国文化**　遼や金が中国文化をとりいれて漢化したのに対し，モンゴル人は，高度なイスラーム文化に接していたこともあり，中国の伝統文化にはそれほど影響されなかった。

注意 西方のキプチャク・チャガタイ・イル＝ハン国は，イスラーム化した。

❷**元代の文化**

1 **宗教**　モンゴル人は，宗教に対しては寛大であり，イスラーム教^{★1}・キリスト教^{★2}など外来宗教もひろまった。モンゴル人のあいだでは，クビライのころからチベット仏教(ラマ教)が尊崇され，チベット仏教僧^{★3}は政界にも進出した。

★1　色目人に信者が多い。

★2　ネストリウス派(景教)のほかに，新たにローマ＝カトリックが伝わり，大都を中心に布教された。

2 **元朝の言語・文字政策**　公用語はモンゴル語とし，公文書にはパクパ文字^{★4}なども使われた。

★3　チベット仏教僧パクパはクビライに仕えて元朝の政治・文化を指導した。

3 **文芸**　出版がさかんにおこなわれた。庶民の好みに応じて俗語(口語)による雑劇(戯曲)や小説が栄えた。①雑劇は元代が最盛期で，元曲と称され，多くの傑作がのこされた。②小説では『西遊記』『三国志演義』『水滸伝』などの原型^{★5}ができた。

★4　パクパがクビライの命をうけて，チベット文字から作製した。公用に使われたが，一般には普及せず，しだいにすたれた。

補説 **代表的な雑劇(元曲)**　恋愛劇の長編『西廂記』(王実甫)，夫婦愛・肉親愛を描いた『琵琶記』(高明)，漢代に匈奴に嫁いだ王昭君の故事に取材した『漢宮秋』(馬致遠)などがある。

★5　完成したのは明代。

4 **絵画**　元初の趙孟頫^{★6}や，元末の四大家といわれる黄公望・倪瓚・呉鎮・王蒙らの名手がでて，南宗画の様式が確立した。

★6　趙子昂ともいう。宋の皇族でクビライなどに仕えた。書でも当代一の大家。

2 東西文化の交流

❶**西方人の中国訪問**　モンゴル帝国の成立で，**ユーラシア大陸に政治的安定**がもたらされ[★7]，東西交通路も整備されたため，多くの**旅行者**や**キリスト教使節**[★8]が訪れた。

1 **マルコ＝ポーロ**　イタリアのヴェネツィアの商人。13世紀後半に東方に行き，大都でクビライに仕えた。帰国後，獄中で『**世界の記述（東方見聞録）**』を口述したとされる。

2 **イブン＝バットゥータ**　モロッコ出身のイスラーム教徒で旅行家。『**大旅行記（三大陸周遊記）**』には中国の記述もある。

3 **おもなキリスト教使節**　13世紀なかば以降，プラノ＝カルピニ[★9]，ルブルック[★10]，モンテ＝コルヴィノ[★11]などフランチェスコ会修道士が訪れた。

❷**イスラーム科学の流入**　天文・地理・暦学・数学・医学・建築などが伝えられ，1280年**郭守敬**は，中国式の太陰太陽暦を改良して**授時暦**[★12]を作成した。

❸**中国科学の西方伝播**　**火薬**・**羅針盤**が西方に伝わり，兵器・航海術に大きな革新をもたらした。

［元代の文化と東西文化の交流］

① チベット仏教がさかんになる

② 庶民文芸が栄え，俗語による戯曲・小説が発達

③ 欧亜にまたがる大帝国と東西交通路の整備→人的・文化交流が活発

★7　13～14世紀の政治的安定状態を「タタール（モンゴル人）の平和」という。

★8　目的は布教，モンゴル軍偵察と同盟してイスラーム教徒を挟撃すること。

★9　ローマ教皇インノケンティウス4世の命で1245年出発，カラコルムに到着。

★10　フランス王ルイ9世の命で1253年に出発，翌年カラコルムに到着。

★11　ローマ教皇の使節として，1294年大都に到着，はじめてカトリックの布教をおこなった。

★12　江戸時代に日本に伝わり，貞享暦がつくられた。

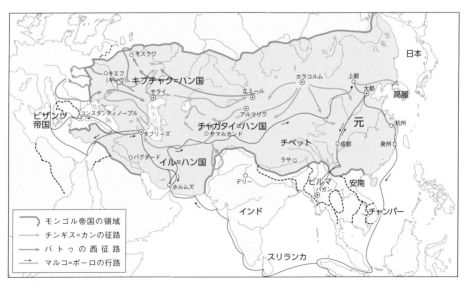

▲13世紀のアジア（モンゴル帝国の発展）

☑ 要点チェック

CHAPTER 3　東アジア・内陸アジアの変動	答
☐ 1　960年，分裂していた中国を統一し，宋を建国した武将は誰か。	1　趙匡胤
☐ 2　宋代に，科挙に合格して官僚となった者の一族は何とよばれたか。	2　官戸
☐ 3　宋の真宗が，遼の聖宗とのあいだに1004年に結んだ和議を何というか。	3　澶淵の盟
☐ 4　宋の6代神宗のもとで，政治改革を試みた宰相は誰か。	4　王安石
☐ 5　1126年，金の軍隊が開封を占領し，北宋の徽宗・欽宗以下皇族を捕らえた事件を何というか。	5　靖康の変
☐ 6　宋代には陶磁器の生産がさかんになり，官営工場もできた。江西省の代表的な生産地はどこか。	6　景徳鎮
☐ 7　編年体で『資治通鑑』を著した歴史家は誰か。	7　司馬光
☐ 8　916年にモンゴル系のキタイ（契丹）の耶律阿保機が建国した国で，947年に採用された中国風の国号を何というか。	8　遼
☐ 9　宋の西北でチベット系のタングートが勢力をのばし，1038年に李元昊が諸部族を統合して建国した国を何というか。	9　西夏（大夏）
☐ 10　中国東北地方でツングース系の女真が強大となり，1115年に建国した国を何というか。	10　金
☐ 11　女真特有の，部族制に基づく兵制を何というか。	11　猛安・謀克
☐ 12　10世紀はじめ，王建が新羅を滅ぼし，朝鮮半島を統一した。かれの建てた王朝を何というか。	12　高麗
☐ 13　ヨーロッパに遠征したモンゴルのバトゥが，1241年，ドイツ・ポーランドの諸侯を撃破した戦いを何というか。	13　ワールシュタットの戦い
☐ 14　カイドゥの乱後にモンゴル本国から分離したハン国のなかで，メソポタミア・イランを主領域とする国を何というか。	14　イル＝ハン国（フレグ＝ウルス）
☐ 15　モンゴル帝国のトゥルイの第2子で，大理・吐蕃を征服し，国号を元と定めたのは誰か。	15　クビライ
☐ 16　モンゴル帝国のチンギス＝カンが創設し，元朝で完備した駅伝制を，モンゴル語で何というか。	16　ジャムチ（站赤）
☐ 17　元代に発行された紙幣を何というか。	17　交鈔
☐ 18　1351年におこった，白蓮教徒を中心とする，元朝への大規模な反乱を何というか。	18　紅巾の乱
☐ 19　元に来朝し，帰国後に『世界の記述』を口述したといわれるヴェネツィアの商人は誰か。	19　マルコ＝ポーロ
☐ 20　ローマ教皇の使節として1294年に大都に到着し，カトリックの布教をおこなったのは誰か。	20　モンテ＝コルヴィノ
☐ 21　元代にはイスラーム科学が流入し，暦学も発達した。イスラームの天文学をとりいれて，授時暦を作成したのは誰か。	21　郭守敬

空間軸からみる諸地域世界
諸地域世界の交流

　人類は，太古から，より住みよい土地を求めて移住をおこない，やがて定着し，それぞれの地域で独自の文化と歴史をきずいてきた。そして，諸大陸の各地に特色ある地域世界が形成された。しかし，それぞれの地域世界は孤立していたのではなく，1つの文化圏をつくったり，民族のちがいなどをのりこえて，たがいに接触・交流しあい，刺激しあって，発展してきたのである。

　とりわけユーラシア大陸では，東アジアから中央アジア・南アジア・西アジアをへてヨーロッパにいたる東西交流のネットワークが早くから開け，人や文物の交流が活発におこなわれてきた。ここでは，ユーラシアの東西交流に大きな役割をはたした3つのルートを中心に，その歴史をさぐってみる。

○草原の道

[1] **ステップ地帯を通る道**　中国の長城地帯からモンゴル高原，アルタイ山脈南麓，ジュンガル盆地，キルギス草原をへて，黒海北部の南ロシア草原地帯にいたる道で，乾燥した草原地帯が多いため，ステップ゠ロードともいわれる。

[2] **騎馬遊牧民の活動**　草原の道は，遊牧民の生活の場であり，とくに騎馬遊牧民が東西にわたって活躍した。前6世紀ごろから活躍したスキタイの文化は，草原の道を通って中国に伝わった。前3世紀末に強力となった匈奴は，その道を西進し，その一部はのちのフン人となってゲルマン人大移動の端緒をつ

くったといわれる。匈奴の後，鮮卑や柔然がこの道を支配した。6世紀中ごろには，東ローマ帝国とササン朝がメソポタミアで戦ったためにオアシスの道がおとろえ，かわってこの道がますますさかんに利用されるようになった。6～9世紀にはトルコ系の突厥やウイグルが強力となり隋・唐代の中国をおびやかした。そのほか，アヴァール人・ブルガール人・マジャール人などが，この道からヨーロッパに侵入した。10～12世紀には北アジアのキタイ（契丹）や女真が活躍し，遼や金を建国して中国に侵入した。12世紀には，十字軍の攻撃でシリアが戦場と化し，ふたたびオアシスの道にかわる交通路として利用された。13世紀

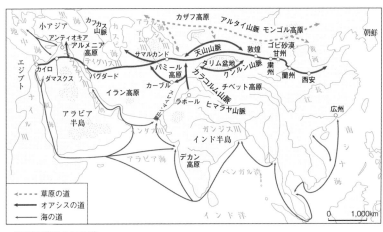

▲東西交流の3つの道

にはモンゴル人がユーラシア大陸の東西にまたがる大帝国をきずくが、かれらはまず、草原の道の支配をめざして騎馬軍をすすめた。他方、ヨーロッパからは、ローマ教皇から派遣された宣教師のプラノ=カルピニやフランス国王ルイ9世の命令をうけた宣教師ルブルックが、この道を通ってモンゴル帝国の首都カラコルムへやってきた。

▲中国から西域への出発点，敦煌の町（現代）

◯オアシスの道

1 オアシスを結ぶ道 地中海東部からシリア・メソポタミア、中央アジアやタリム盆地のオアシス地帯をへて中国にいたる道で、ローマと長安を結ぶ最短経路として発展した。古くは西アジアの彩陶技術が中国に伝わったのも、おそらくこの道であろう。また、アレクサンドロス大王の東征で西アジアにギリシア文化が伝わると、その文化は中央アジアからパミール高原をへて東方に伝播された。これに対して、前漢の武帝のときに張騫がこの道を通って大月氏を訪れてから、つづけて西域遠征がおこなわれ、さらに、後漢の班超が西域を経略すると、漢の文化は中央アジア一帯におよび、東西交通は第一の全盛期をむかえた。

2 物資の交流 この道を通って西方に流れた物資のうち、第一は絹であった。この道がのちに絹の道（シルク=ロード）とよばれたのも、そのためである。絹は漢代から大量に西方へと運ばれたが、そのほか鋳鉄器や漆器などが、中央アジアや西アジアの商人によって西方へ流れた。これに対して、ローマからは宝石・サンゴ・ガラス器などが、西アジアや中央アジアからは織物・家具・装身具・楽器などが、インドからは綿布・香辛料がもたらされた。

3 唐代の交通 オアシスの道はまたインドに通じる道でもあったから、仏教が中国に伝播すると、中国やインドの僧がこの道を通って往来した。すでに六朝のころ法顕はこの道を利用してインドに行き、多くの経典をもち帰った。唐代になって玄奘もまたインドに求法の旅をし、ハルシャ王に面会した。そのころ、唐の勢力は西方にのびて西突厥を滅ぼしたので、唐はアッバース朝と中央アジアで国境を接し、中国の技術者が西アジアへ進出する一方、西方の文化が中国に流れこみ、学問・宗教・芸術・音楽などに西方の要素がとりいれられるなど、唐代はこの道の第二の全盛期であった。この時代、イスラーム帝国と唐との東西貿易では、イラン系のソグド商人が、中継者として大きな役割をはたした。

4 元代の交通 唐がおとろえてくると、陸上交通も一時衰退したが、10〜11世紀にはウイグル商人が活躍し、遼がおこるとふたたびさかんになった。13世紀にモンゴル帝国が成立すると駅伝制が整備され、交通が発達して第三の全盛期をむかえた。とりわけ元が都を大都（北京）に移したのちは、マルコ=ポーロをはじめ多くの西方人がやってきて、色目人として活躍した。しかし、元の衰退とともに陸上交通はおとろえ、かわって海の道が栄えてきた。

◯海の道

1 古代の海上交通 地中海から紅海やペルシア湾をへて、アラビア海を渡って、インドに達し、さらに東南アジアや中国にいたるのが海の道で、古くから開け、船による交易がおこなわれた。インドと西方の海の道では、紀元前4世紀、アレクサンドロス大王がインドから海路ペルシア湾に寄港したことが知ら

れている。紀元後1世紀に季節風を利用する海路が知られるようになると，アラビアからインド洋への交通路が頻繁に利用された。2世紀の後半にはローマ皇帝と考えられる大秦王安敦の使者が海路日南（ベトナム中部，当時は漢の領土）に来航した。インドと中国を結ぶ「海の道」を利用して，中国から南方海上にでた最初の記録は，前漢の武帝のとき，使いをインドに送ったことである。

2 **唐・宋・元代の海上交通**　唐代には，多くの中国僧がインドから海路帰国した。また，アラブやイランのイスラーム商人は西方の地中海貿易を独占し，東南アジアや中国にやってきて，唐代には広州や泉州などに居留地をつくった。宋・元代には中国人も海外に進出するようになり，大型船（ジャンク船）に羅針盤をそなえ多くの乗組員を駆使して，東南アジアからペルシア湾にまで達した。宋代には中国で青磁や白磁など陶磁器の生産がさかんになり，絹や銅銭とともに重要な輸出品になった。そのためこのルートは「陶磁の道」ともよばれる。またイスラーム商人は，季節風を利用してインド洋貿易を独占し，さらに東南アジアから中国にきて交易した。元代には海上ルートも重視され，中国沿岸からインド洋にいたる海上貿易が発展した。

3 **明代以後の海上交通**　明の洪武帝は，倭寇対策もあって海禁政策をとった。しかし，永楽帝が鄭和に命じて南海遠征をさせ，アフリカ東海岸にまで達したので，海上交通が活発になった。その後，ふたたび海禁政策がとられたが，これが東シナ海と南シナ海交易の接点に位置する琉球王国の中継貿易をさかんにし，琉球王国はおおいに繁栄した。また，後期倭寇や江戸幕府の朱印船貿易，日本人の海外進出，中国沿岸から華僑として南海地方に移住する者があらわれるなど，海の道は，民間人の活動でにぎわった。

4 **東南アジアのイスラーム化の進展**　東西世界を結ぶ交易でのイスラーム商人の活躍は，東南アジアのイスラーム化をすすめ，各

▲物の東西交流（13世紀ごろ）
　＊は，地中海経由でヨーロッパに伝わった。

地にイスラーム王国が建国された。インド洋と南シナ海を結ぶ中継貿易の要所として栄えたマラッカ王国，スマトラ島北西部のアチェ王国，ジャワ島のマタラム王国などが代表的である。イスラーム商人は，インド・東南アジア産の香辛料・香料・木材，中国産の絹織物・陶磁器をダウ船に積んでインド洋を渡り，紅海沿岸からカイロやアレクサンドリアを経由してヨーロッパへ運んだ。

5 **16〜17世紀初頭**　ヨーロッパ諸国がインド・東南アジア・中国に進出し，世界は新たな交流の時代にはいった。

○**地中海世界の交流**

オアシスの道の西の端は，古くはローマであり，ローマ帝国滅亡後はビザンツ帝国の首都コンスタンティノープルであった。東方の文物は，地中海を経由して西方のイベリア半島からヨーロッパへ伝えられ，地中海上の人の往来と文化や物産の伝播・運搬は，たえることなくさかんにおこなわれた。

1 **交易が東地中海の文明を生む**　前2千年紀後半ごろには，すでにフェニキア人が地中海を東から西へ航海し，各地に都市国家を建設してオリエントの文化を伝えた。オリエントとの交易はエーゲ文明を生み，前8世紀ごろからはギリシア人が，植民活動により，ポリス社会を地中海世界にひろげていった。

▼東西を結ぶ3つの道

草原の道 （ステップ＝ロード）	オアシスの道 （絹の道，シルク＝ロード）	海の道
前6世紀ごろ　スキタイ文化が中国周辺の遊牧民に影響を与えた。	前5000ごろ　西アジア系の彩陶が黄河流域に伝播。	
	前2世紀　張騫の西域探検。	前326　アレクサンドロス大王の武将ネアルコスが海路で帰途につく。
紀元前後　オアシスの道の利用度が高まり，草原の道は商業路としてよりも，主として騎馬遊牧民の交通路となった。	91　後漢の班超が西域都護。 97　班超が甘英を大秦国（ローマ）に派遣。 1世紀ごろ　仏教の中国伝来。 2世紀ごろ　ガンダーラ美術の伝播。 399〜412　法顕のインド旅行（往＝陸路，復＝海路）	166　大秦王安敦の使者が中国へ。
1世紀　匈奴の一部が後漢に追われて西方に移った。 375　フン人の西進がゲルマン人の大移動をうながす。	401　鳩摩羅什が西域から中国へ。 6世紀〜7世紀　景教・祆教・回教・マニ教などが中国へ。 629〜645　玄奘のインド求法。 751　タラス河畔の戦い…製紙法が唐からイスラーム帝国へ西伝。	671〜695　義浄のインド求法。 イスラーム教徒の商業活動…中国産の絹織物・陶器，東南アジアの香料・象牙などをヨーロッパへ。
13世紀ごろ　火薬・羅針盤・印刷術の西伝。		
1219　チンギス＝カンの西征。 1236　バトゥの西征。 1253　フレグの西征。 　モンゴル帝国の形成 1245〜47　プラノ＝カルピニがカラコルムへ。 1253〜55　ルブルックがカラコルムへ。	1275〜90　マルコ＝ポーロの東方旅行（中国へは陸路，帰路は海路）。	1294　モンテ＝コルヴィノが大都にきて布教。 1346年ごろ　イブン＝バットゥータが元へ。 1405〜33　鄭和の南海遠征。 1498　ヴァスコ＝ダ＝ガマがインド航路発見。

前4世紀のアレクサンドロス大王のペルシア征服で，オリエント文明に終止符がうたれ，大王の東征によって生まれたヘレニズム王国群には，地中海世界のポリス的文化が重みをもちつづけた。

2 **ローマ帝国は偉大な貿易国**　前3世紀に地中海支配に乗りだしたローマは，前2世紀なかばにはフェニキア人の都市国家カルタゴ，前30年にはエジプトを併合した。地中海はローマの完全な内海となり，ローマは貿易国として栄えた。ローマ人は地中海を渡って，エジプト，ペルシアのホルムズ，アラビアのアデンといった貨物集散地で，インドや中国の宝石・香料・絹・美術品などをもち帰った。さらにインド洋の季節風を利用して，南インドまで交易をしたという記録も残る。またアフリカやヨーロッパから金，スペインから銀，キプロスから銅を輸入し，加工品や織物を輸出した。5世紀にはいると，地中海の北と西にゲルマン人が進出し，新しい民族文化が交流・融合した。ローマ帝国の東西分裂後の6世紀，東ローマ帝国のユスティニアヌス帝が地中海世界の再統一に乗りだしたが，覇権の復活はならなかった。

192

3 **イスラーム勢力にかこまれた地中海** 7世紀になると，イスラーム教徒のアラブ人が地中海に進出し，10世紀までにアフリカ北岸・イベリア半島・シチリアを征服した。地中海は「イスラームの海」となり，高度に発達した交易がおこなわれた。しかし，文化的には，ビザンツ帝国(ギリシア文化)の影響がなおも大きかった。

▲ムスリム商人が使用したダウ船　三角の帆をもち，船体はココヤシなどの繊維でできた綱で板を縫い合わせて組み立てている。

4 **イタリア商人の活躍** 11世紀末からの十字軍は，ヨーロッパのイスラーム(アラブ・トルコ)への反攻である。また，キリスト教信仰のみの問題ではなく，ヴェネツィア・ジェノヴァなどのイタリア商人が商業ルートを確保する狙いから試みられたという側面もあった。十字軍遠征の開始以降，イタリア商人はイスラーム商人から香辛料その他を買いつけて大きな利益をあげ，地中海貿易を独占した。こうした活発な地中海交易を通して，イスラーム世界の先進的な知識や技術がアラビア語からラテン語に翻訳され，ヨーロッパにもたらされた。さらに，中国からイスラーム世界に伝来した製紙法・羅針盤・火薬なども，シチリア島やイベリア半島から，ヨーロッパに伝えられた。

5 **地中海時代の終わり** 15世紀にビザンツ帝国を滅ぼしたオスマン帝国は，16世紀にはエジプトのマムルーク朝をも滅ぼし，地中海支配を強めた。スペイン・ヴェネツィア連合軍がこれに対抗したが，**プレヴェザの海戦**で敗れ，オスマン帝国が地中海の制海権をにぎって，東方貿易の利益を独占することになった。このことが，のちにポルトガル・スペインを先頭とするヨーロッパ諸国に，新航路開拓をめざさせる原動力となる。地中海が西方世界の貿易の中心であった時代は終わり，新しい時代の幕開けをみるのである。

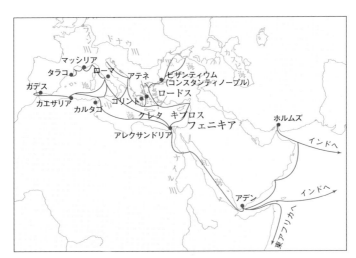

▲古代地中海交易路

CHAPTER

4 » 大交易・大交流の時代

時代の俯瞰図

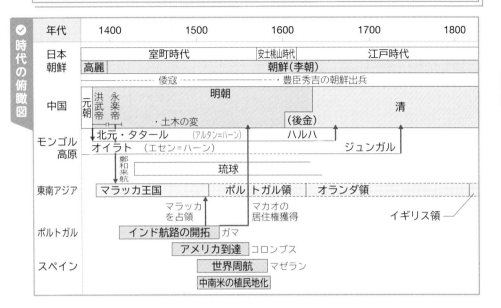

年代	1400	1500	1600	1700	1800

```
日本          室町時代          安土桃山時代          江戸時代
朝鮮  高麗          朝鮮(李朝)
              ---- 倭寇 ----        豊臣秀吉の朝鮮出兵
中国  元朝 洪武帝 永楽帝    明朝                清
                    ・土木の変        (後金)
モンゴル   北元・タタール  (アルタン=ハーン)  ハルハ
高原      オイラト  (エセン=ハーン)          ジュンガル
      鄭和来航        琉球
東南アジア  マラッカ王国      ポルトガル領  オランダ領
                                      イギリス領
      マラッカ      マカオの
      を占領      居住権獲得
ポルトガル  インド航路の開拓  ガマ
      アメリカ到達 コロンブス
スペイン      世界周航 マゼラン
          中南米の植民地化
```

SECTION 1 明の統一

1 明の建国と洪武帝

❶ **紅巾の乱** 元末の紅巾の乱[★1]はしだいに拡大し，淮河以南の地は元朝の支配からはなれ，群雄割拠の状態となった。

❷ **明の建国** 紅巾の乱の首領のひとり朱元璋は，**江南の穀倉地帯**を基盤に群雄を従えた。1368年，**南京(金陵)**に都を定め，国号を明(1368～1644)と称した。また，元号を洪武と定めた。これが洪武帝(明の太祖，在位1368～98)である。[★2]

❸ **明の中国統一** 洪武帝の軍が元の首都大都(北京)にせまると，元の皇帝は大都をすてて，父祖の地であるモンゴル高原にしりぞいた(以後を北元という)。[★3]明は，**江南からおこって中国全土を統一した唯一の王朝**である。

❹ **洪武帝の政治**

1 **政治の方針** モンゴル的な要素をなくして中国の伝統文化を復興させることを方針とし，宋いらいの**皇帝独裁体制**を

★1 頭に赤いきれ(紅巾)をまとった白蓮教徒などを中心とした民衆反乱。

★2 一世一元の制が定められ，こののち年号で皇帝をよぶならわしとなった。

★3 モンゴル高原に逃れたモンゴル系の部族は，タタール(韃靼)とよばれた(⊃p.212)。

強め，中央集権の確立をはかった。

② **官制の改革**　①元代から最高行政官庁となった**中書省**と**丞相**を廃止し，**六部を皇帝に直属**させて，皇帝親政の体制をつくった。②中央・地方とも，行政・軍事・監察の三権を分立，それぞれの長官を皇帝に直属させた。

③ **律令の改編**　律令を改編して**明律(大明律)・明令(大明令)**をつくり，支配の強化と国家体制の確立をはかった。

④ **軍事力の強化**　兵士をだす**軍戸**を農民などの**民戸**から厳格に区別し，軍戸の兵士は家族とともに兵簿にいれて世襲とし，これを**衛所制**という独自の軍制に組織した。

⑤ **農民の統制**　中央集権体制を維持するため，農民の統制に気を配り，**財政の確保と地方末端への権力浸透**をはかった。①農村を再編成して**里甲制**をしき，農民に納税や治安維持の責任をもたせた。②里甲制を運用するため，戸籍簿と租税台帳を兼ねた**賦役黄冊**を整備し，③課税もれをなくすため，**魚鱗図冊**とよばれる土地台帳を作成した。④民衆の教化のため，儒教道徳による日常生活の規範である**六諭**を発布した。

補説　**里甲制**　110戸を1里とし，そのうち富裕な10戸を里長戸，残り100戸を10戸ずつ10甲に分けてそれぞれ甲首をおいた。里長・甲首は各1人が1年輪番交替で納税・治安などにあたった。また，里内で徳望のある年長者を**里老人**とし，六諭などによる教化にあたらせた。

▲明の政治機構

★4　行政法規の明令は，その後改編され，**大明会典**と総称されて，明律とともに清朝にうけつがれた。

★5　軍戸1戸から兵士1人をだし，112人で百戸所，10の百戸所で千戸所，5つの千戸所で1衛を構成。

★6　図に記された土地の区分けが魚の鱗に似ていた。

★7　「父母に孝順なれ，目上を尊敬せよ」などの6か条を，里老人に毎月6回唱えさせた。

\ TOPICS /

江南の開発と明朝

　長江流域の開発は，古く春秋・戦国時代からはじまり，南北朝時代にいちじるしくなった。隋の運河建設事業は，長江流域の経済圏と黄河流域の経済圏を結びつけた。その結果，長江流域の経済開発はいっそうすすみ，唐・宋代には「**蘇湖熟すれば天下足る**」，すなわち長江下流域の蘇州と湖州が豊作であれば，中国全土の食料は心配ないとされた。

　1368年，明の攻撃をうけた元が比較的あっさりとモンゴル高原に撤退したのも，江南の経済力を失った後の中国支配の困難さをよく知っていたからであるともいわれている。

　明の時代には蘇湖地方では商品作物の生産がすすみ，米作地帯の中心は長江中流域に移って，「**湖広熟すれば天下足る**」といわれた。

▲明の歴代皇帝十三陵のうち，万暦帝の定陵(北京)

＊現在の江蘇省・浙江省など。「江浙熟すれば〜」ともいう。　＊＊現在の湖南・湖北省。

⑥ **海禁**[★8]　民間人の交易禁止(**海禁**)と沿岸防衛(とくに**倭寇**対策)を行い，政府管理の**朝貢貿易**をすすめた。

★8　自国民の海外渡航を禁止する政策。

2 永楽帝の政治

❶永楽帝の即位　洪武帝の死後，帝位をめぐる靖難の役がおこり，洪武帝の子永楽帝(成祖，在位1402～24)が即位した[★9]。永楽帝は洪武帝の統治方針をついだが，首都を**北京**に移し，**積極的な対外政策**をおこなった。

★9　洪武帝の孫が建文帝として即位すると，北京にあった燕王が帝室の難を靖んずると称し，1399年に挙兵。1402年に金陵をおとしいれ，即位して永楽帝となった。

|補説| **北京と南京**　1421年，永楽帝は経済的にすぐれた江南の**金陵**から北京に都を移した。これは北方民族へ対応するためで，長城の修復もおこなった。金陵は**南京**と改称して副都とし，大運河の修理・拡張につとめるなど，華北と江南の経済的結合をいっそう強めた。

|注意| 「靖難の役」と「靖康の変」(⇨p.174)を混同しないこと。

❷国内政治　洪武帝の確立した体制をいっそう強化した。①皇帝の顧問として**内閣大学士**を設置した[★10]。②思想統制のために四書五経の注釈書などの編纂をおこなった。

★10　皇帝の親政には限度があるので，秘書役として**大学士**をおき，その機関を内閣と称した。

❸対外政策　①モンゴル高原に5回親征して**タタール・オイラト**を討った(⇨p.212)。②東北(満洲)に建州衛など多くの衛所を設け，**女真**を支配下においた。③**朝鮮**を朝貢国とした(⇨p.212)。④ベトナム(大越国)の内乱に乗じ，これを直轄領とした(⇨p.211)。⑤イスラーム教徒の宦官の**鄭和**を南海に遠征させ，多くの国々に**朝貢**させた。⑥日本の室町幕府の足利義満を日本国王に封じ，国家間の貿易(**日明貿易**)をおこなった。

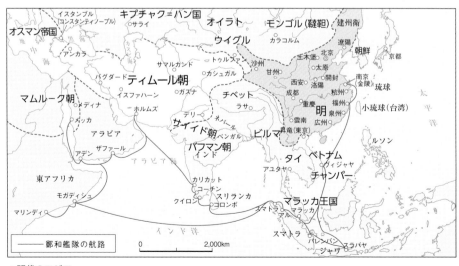

▲明代のアジア

補説　**鄭和艦隊の南海遠征**　鄭和は1405〜33年のあいだ，大艦隊を率いて7回にわたり南海の各地に遠征した。大艦隊の一部はペルシア湾やメッカ，アフリカ東岸にも達した。明朝は国初から海禁政策をとっていたため，**朝貢貿易のかたちでの貿易拡大をめざした**のである。

3　明の滅亡

❶**北虜南倭**　①永楽帝の死後，北方から**モンゴル人の侵入（北虜）**をうけ，②華中・華南の沿岸地方では16世紀後半を中心に**倭寇の略奪（南倭）★11**に苦しめられた。

❷**宦官の専横と党争**　宦官は皇帝の信任を得てしばしば権力をほしいままにし，また**宦官と官僚の争い**がつづいた。17世紀にはいると，官僚は**東林派・非東林派★12**の2派に分かれ，はげしい党争をくりひろげた。

❸**財政難と増税**　明は**北虜南倭**に対する軍事費の増大などから財政難におちいった。とくに16世紀末からは**豊臣秀吉★13**の**朝鮮出兵**に対する援軍の派遣，女真への対策などで財政がますます窮迫し，新税や増税をおこなったので，民衆の反発をまねいた。

❹**明の滅亡**　大飢饉をきっかけに各地に農民反乱がおこり，そのうち陝西省からでた**李自成**が有力となった。かれは1644年，**北京を占領して明を滅ぼした**。

★11　倭寇は元末明初の前期（14世紀）と16世紀後半の後期とに分けられる。

★12　朱子学者の一派を東林派といい，在野の学者や東林派の官僚はこれに呼応して，宦官と結んだ反対派（非東林派）を攻撃した。

★13　16世紀後半，万暦帝（神宗）のとき，内閣大学士の張居正が財政の再建などをおこなったが（☞p.208），かれの死後，東林・非東林両派の党争が激化した。

［明代の政治］

①元末の紅巾の乱→朱元璋が南京を都に明を建国：江南から中国統一

②皇帝独裁の中央集権体制：明律・明令，六部の直轄，衛所制，里甲制

③永楽帝が北京遷都→積極的対外政策・鄭和の南海遠征→朝貢貿易

④北虜南倭・軍事費・豊臣秀吉の朝鮮侵略などで財政難→張居正の改革

SECTION 2　明代の文化

1　学問と文学・美術

❶**儒学の復興**　朱子学が官学とされ，永楽帝は**『永楽大典』★1**のほか，国定注釈書**『四書大全』『五経大全』『性理大全』**をつくらせた。**王守仁（王陽明）★2**は，実践を重んじ**心即理・知行合一**を説く**陽明学**をうちたてた。明末清初に，**黄宗羲・顧炎武**らが考証学の道を開いた（☞p.209）。

★1　多数の書物を分類整理した，一種の百科事典。

★2　王守仁は，南宋の陸九淵（☞p.177）の心即理の説をうけついで発展させた。陽明学は，中江藤樹ら日本の儒者にも影響。明末の李贄は陽明学者として有名。

❷経世実用の学　16～17世紀には，自然科学や技術などの**実学**が発達した(右表参照)。

❸庶民文芸　都市の繁栄と庶民生活の向上に伴い，**口語による小説・劇**などが発達した。とくに小説では，唐の僧玄奘のインド旅行を題材にした『**西遊記**』，当時の支配階層の生活の裏面を描いた『**金瓶梅**』がつくられ，三国時代の群雄の抗争を描いた『**三国志演義**』，北宋末の豪傑・義賊の武勇物語『**水滸伝**』が大成された。

▼明代の実学の業績

書名	著者	内容など
『**本草綱目**』	李時珍	薬草などの薬物と処方
『**農政全書**』	徐光啓	農学・農政の総合書
『**天工開物**』	宋応星	各種の産業技術を図解
『**園冶**』	計成	造園に関する図入りの書
『**神器譜**』	趙士禎	鉄砲の種類・用法を解説

❹絵画・工芸　絵画では，宋代いらいの**北宗画**(院体画系)と**南宗画**(文人画系)が栄え，前者の**仇英**，後者の**董其昌**・文徴明らが有名。工芸は**陶磁器**が名高い。景徳鎮を中心に，**染付**や**赤絵**などの技法が完成され，美しい陶磁器が生まれた。

❺木版印刷　書物の出版が急増し，経典や学術書のみならず，庶民文芸が普及することになった。

★3　染付は，白地にコバルトで青い絵模様を描く。赤絵は，染付の上にさらに，多色の絵模様を描くもの。江西省の景徳鎮には官営の製造所があった。陶磁器は海外にも多量に輸出された。

2 ヨーロッパ文化の流入

❶**キリスト教宣教師の渡来**　16世紀末ごろから，中国に**イエズス会**の宣教師が渡来するようになった。かれらは布教にあたり，**ヨーロッパの科学技術**を紹介して，宮廷や官僚に接近した。

❷**マテオ゠リッチ**　イタリア出身のイエズス会士で，最初の中国伝道者。中国名**利瑪竇**。17世紀初頭，北京に居住して，明朝の高官となった**徐光啓**を改宗にみちびき，共同で「ユークリッド幾何学」を漢訳した『**幾何原本**』を著した。また，世界地図「**坤輿万国全図**」を作成した。

❸**アダム゠シャール**　ドイツ出身のイエズス会士で，中国名**湯若望**。明朝最後の崇禎帝の命で，徐光啓らと暦法の改修をおこなって，『**崇禎暦書**』を著し，清朝にも仕えた。

★4　「**坤輿万国全図**」は，天がまるく地が正方形であり，その地の中心に中国があるように描く従来の中国式地図とはまったく違っていた(⊃ p.11)。この地図は，日本その他のアジア諸国にも伝わっていった。

参考　中国では，科学技術に興味をもつ士大夫層がキリスト教をうけいれた。

POINT!

①朱子学が官学：『四書大全』など。王守仁(王陽明)：陽明学の祖

②実学が発達：『本草綱目』(薬学)など。小説・劇など庶民文芸が発達

③イエズス会の宣教師がヨーロッパの科学技術・知識を伝える

③ ヨーロッパ世界の拡大

1 大航海時代とその背景

❶**東方への関心**　十字軍いらい，東方への関心が高まり，とくに，マルコ＝ポーロの『世界の記述(東方見聞録)』[★1]は，アジアに対するヨーロッパ人の好奇心をかきたてた。

❷**財政上の要求**　中央集権をめざす国王があらたな財源を求めた。

❸**貿易利益の追求**　東方貿易はイスラーム商人やイタリア諸都市が主導権をにぎっていたため，東方貿易の利益を得られない西ヨーロッパ諸国は，かれらの手をへないで直接に原産地と取り引きしようとした。[★2]とくに，15世紀中ごろオスマン帝国が東地中海を制圧して東方貿易に重税を課したため，地中海東部を通らない新しいアジアとの通商路が求められた。

❹**宗教的な情熱**　スペイン・ポルトガル両国は，国土回復運動(レコンキスタ，⇨p.164)の発展として，異教徒に対するキリスト教世界の拡大をはかろうとした。[★3]

❺**王室の保護**　冒険的な大航海事業に対し，スペイン・ポルトガルの王室が資金面・軍事面で全面的な保護・協力をした。

❻**科学・技術の発達**　①地理的知識が普及し，イタリアのトスカネリらが地球球体説を主張して世界地図を作製した。②造船技術の進歩や羅針盤の改良によって航海術が発達し，遠洋航海が可能となった。③火器の発達により，航海に安心感をもてるようになった。

★1　モンゴル帝国との接触によるところも大きい(⇨p.186)。

★2　東南アジア産の胡椒などの香辛料は，ヨーロッパ人の生活必需品となっていた(⇨p.156)。

★3　当時，アフリカ奥地に聖ヨハネの建てたキリスト教国があると信じられ(プレスター＝ジョン伝説)，スペイン・ポルトガルでは，その国と同盟して北アフリカのイスラーム勢力を打倒しようという気運がもりあがっていた。

参考　航海術の発達
①沿岸航海用のガレー船にかわり，15世紀には帆走を主とするキャラベル船が開発された。②羅針盤の改良により，緯度をはかりながら遠洋を航海する緯度圏航法が開発された。

2 インド航路の開拓

❶**アフリカ西海岸の探検**　ポルトガルは，15世紀はじめからアフリカ西海岸の探検にのりだし，ジョアン1世の王子エンリケ(「航海王子」)はとくにそれを奨励した。その結果，アゾレス諸島やヴェルデ岬が発見され，ポルトガルによる探検の基礎がつくられた。

❷**喜望峰到達**　1488年，バルトロメウ＝ディアスがアフリカ南端の喜望峰に到達した。

エンリケ航海王子の碑▶

❸**インド航路の開拓**　ポルトガルのヴァスコ=ダ=ガマは，喜望峰をまわって東アフリカに向かい，ムスリムの水先案内でインド洋を横断し，**1498年**，インド西南岸のカリカットに到着した。こうして，アジア貿易は，**地中海を経由しない，インド洋航路**によってもおこなわれるようになった。

▼「大航海」関係略年表

年	できごと
1445	エンリケ航海王子の探検隊がヴェルデ岬到達
1474	トスカネリの世界地図など
1488	バルトロメウ=ディアスが喜望峰に到達
1492	コロンブスが西インド諸島に到達…「新大陸」発見
1497	カボット父子が北アメリカ探検
1498	ヴァスコ=ダ=ガマがインドのカリカットに到達
1500	カブラルがブラジル漂着
1513	バルボアが太平洋に到達
1519	マゼラン一行が世界周航に出発（～1522）

4 大交易・大交流の時代

3　アメリカ大陸到達と世界周航

❶**アメリカ大陸到達**　ジェノヴァ生まれのイタリア人コロンブスは地球球体説を信じ，大西洋を西にすすめばインドに到達できると考え，ポルトガルに対抗意識をもつスペイン女王イサベルの援助を得て，**1492年**パロス港を出港。70余日の航海で，西インド諸島の**サンサルバドル島**（現在のバハマ）に到達。キューバ島・ハイチ島などを探検して，翌年帰国した。[★4]

❷**アメリカ大陸の探検**　コロンブスのあと，アメリカ大陸に向かう者が多くなった。

① **カボット父子**　イタリア人。イギリス王ヘンリ7世の命令で1497～98年に北アメリカの東岸を探検。

② **アメリゴ=ヴェスプッチ**　イタリア人。南アメリカ大陸を数回探検し，**ヨーロッパ人の今まで知らなかった大陸**であることを明らかにした[★5]（1501年からの報告）。

③ **カブラル**　ポルトガル人。1500年インドへの航海中，現在の**ブラジル**に漂着し，これをポルトガル領と宣言した。

④ **バルボア**　スペイン軍人。1513年，パナマ地峡を横断して太平洋に到達した。

❸**世界周航**　ポルトガル人マゼランは，スペイン王の命令で，1519年スペインを出発[★6]。大西洋を縦断，南アメリカ南端の海峡（マゼラン海峡）を通過。**太平洋**[★7]にでて西航をつづけ，1521年にフィリピン諸島に到達した。マゼランは先住民の抵抗にあって死んだ[★8]が，部下がインド洋・喜望峰をへて，1522年スペインに帰国。**史上最初の世界周航**がなしとげられ，地球が球体であることが実証された。

★4　コロンブスはその後3回にわたって探検し，中米と南米北岸に達したが，最後までそれが新大陸であることを知らず，インドの一部と信じて疑わなかった。**西インド諸島**の名もその名ごりである。

★5　1507年に，ドイツの地理学者ヴァルトゼーミュラーが『世界地誌序論』のなかで，新大陸をアメリゴの名にちなんでよんだのが**アメリカ**の名のはじまり。

★6　香辛料の主産地モルッカ諸島に行くことが目的。

★7　マゼランの命名。

★8　マゼランと戦ったマクタン島の首長ラプラプは，現在のフィリピンでは英雄としてたたえられている。

\ TOPICS /

香辛料を求めて

15世紀のドイツの地理学者マルティン＝ベハイム(⇨ p.11)は，世界で最初に地球儀をつくった人であるが，かれによると，ヨーロッパ人が狂気のように求めた胡椒などの香辛料は，インドやモルッカ諸島からヨーロッパに着くまでに，少なくとも12人の商人の手をへたのだという。

香辛料は，当時は調味料というよりも，治療薬や防腐剤としての需要が大きかったが，これらはヨーロッパでは栽培できず，インドやインドネシア東部が主産地であったため，ヨーロッパ人が直接原産地へ行くこと，つまり地中海以外の交易ルートの発見に熱中したのも不思議ではなかった。インド航路を開いたヴァスコ＝ダ＝ガマは，2年を費し，160人余の乗員の3分の2を失ってリスボンに帰着したが，満載した香辛料は渡航費の60倍で売却され，巨利を得た。反対に，4回も西インド諸島周辺を探検したコロンブスは，わずかな黄金しか発見できず，貧困と失意のうちに死んだ。もし，西インド諸島にも胡椒があったら，歴史は変わっていただろう。

▲ベハイムの地球儀の平面図
アメリカ大陸は描かれておらず，ヨーロッパ・アフリカの対岸にインド・日本がある。

4 ポルトガル・スペインの海外発展

❶勢力範囲の画定 大航海を通じて，通商・植民活動をすすめるスペイン・ポルトガル両国のあいだで紛争がおこった。そこで1493年，教皇アレクサンデル6世は，大西洋上に植民地分界線を定め，その西方をスペインの，東方をポルトガルの勢力範囲として争いを調停した。その結果，ポルトガルはアジアに，スペインはアメリカ大陸に勢力を拡大することとなった。

❷ポルトガルの海外発展

1 ポルトガルの活動 ポルトガルは，アメリカ大陸ではブラジルを領有したが，東方貿易に主力をそそぎ，インド洋ではイスラーム商人をおさえ，1510年にインドのゴアを占領して総督府を設け，つづいてスリランカ・マラッカ・モルッカ諸島を占領した。1517年広州で明と通商を開いたあと，1557年マカオに居住権を得て，中国貿易の根拠地とした。

2 ポルトガルの繁栄の限界 ポルトガルはアジア貿易を独占し，首都リスボンは一時は世界商業の中心となった。ポルトガルのアジア貿易は，強力な海軍と航海術により，大西

注意 ポルトガル・スペインの海外発展は，カトリック宣教師の熱心な布教活動と一体となってすすめられた(⇨p.232)。

★9 最初，ヴェルデ岬の西方を通る子午線を植民地分界線としたが，1494年のトルデシリャス条約により，やや西方に移された。

★10 発見者カブラルの功績にもよるが，これはトルデシリャス条約に基づく。

参考 1529年のサラゴサ条約で，太平洋側にも植民地分界線が引かれた。

洋とアジアを結ぶ直航ルートを支配するものであった。すなわちポルトガルは、領域の支配ではなく、海上ルートを手中におさめることによって、交易の独占をはかろうとしたといえる。

❸ スペインの海外発展

1 **スペインのアメリカ大陸征服**　スペインはアメリカ大陸への植民活動に専心し、①1521年、コルテスがマヤ文明をうけついだアステカ王国を滅ぼして**メキシコを征服**。②1533年、ピサロはインカ帝国を滅ぼして**ペルーを征服**。ブラジルを除く中南米のほとんどの地域がスペイン領となった。

2 **スペインの植民地経営**　スペイン人は、アメリカ大陸にはいりこみ、征服と開拓を中心とする植民地経営をすすめた。メキシコ・ペルーの良質の金・銀の採掘および農園経営での過酷（かこく）な労働のため、**インディオ**が激減した。労働力不足を補うため、アフリカから多数の黒人奴隷を移住させた。

> 補説　**植民地の社会**　本国人を支配層とし、その下に、**クリオーリョ**（植民地生まれの白人）・**インディオ・メスティーソ**（インディオと白人の混血）や**ムラート**（黒人と白人の混血）・黒人奴隷などを位置づける、人種的身分社会が形成された。

3 **スペインの貿易**　本国産やネーデルラント産の**毛織物**を輸出し、アメリカ大陸から入手した銀でアジアの物産を輸入。

★11　要所に貿易拠点や要塞などを設置して、交易をおこなった。なお、ポルトガルは、南ドイツから輸入する銀や銅を東方に輸出し、それで東方物産を購入してヨーロッパに運んだ。

★12　アジアにも進出し、1571年にはフィリピンのマニラを根拠地として貿易とキリスト教布教に活動した。

★13　スペインは、インディオの保護とキリスト教化を条件として、植民者がインディオを使役することを認める**エンコミエンダ制**を実施。インディオの人口が激減したため、のちに**アシエンダ（大農園）制**に移行した。

★14　聖職者**ラス=カサス**はインディオへの非人道的な扱いを批判し、王に植民地政策の変更を訴えた。

4　大交易・大交流の時代

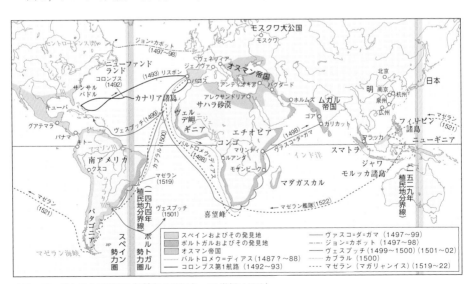

▲ヨーロッパ人による航海と探検（15世紀末～16世紀はじめ）

5 海外進出の影響

❶**価格革命**　アメリカ大陸から**金・銀**が流入し、人口増加や経済活動が活発化して、はげしい物価上昇がおこった。[★15]

❷**毛織物工業の発達**　新大陸の植民地に大量の毛織物が輸出され、西ヨーロッパ(イギリス)で毛織物工業が発達した。

❸**商業革命**　貿易構造がヨーロッパ・新大陸・アジアを結ぶ世界的規模に拡大。その結果、価格革命や西ヨーロッパでの毛織物工業の発達を生み、**ヨーロッパの商業の中心は、地中海から大西洋岸に移った**。これらを商業革命という。

❹**諸科学への影響**　大航海は、天動説的世界観・宇宙観を打破し、科学精神の発達をうながした。

★15 銀の流入により、鉱山業を背景とする南ドイツ諸都市が没落することになった。また、すでに没落しつつあった封建領主や貴族は、一定の地代に頼っていたため、物価の高騰により決定的な打撃をうけた。

参考　価格革命は、ヨーロッパ経済の好況と商工業の発展をもたらし、そのなかで企業家は資本の蓄積をすすめ、資本主義経済が発達する契機となった。

POINT!

① ポルトガル：アジアで商業活動展開。リスボンが世界商業の中心に

② スペイン：新大陸のアステカ王国・インカ帝国を滅ぼす。鉱山開発や大農園経営、黒人奴隷の使用

③ 銀の流入→価格革命・商業革命

╲ TOPICS ╱

ラス=カサスとラテンアメリカ

　スペインのドミニコ会宣教師ラス=カサスは、ラテンアメリカへのキリスト教布教に従事するなかで、スペイン人による先住民に対する不当な扱いを告発した。彼の著した『インディアスの破壊についての簡潔な報告』は、当時の先住民の生活を知るうえで貴重な資料となっている。先住民は白人とは異なる劣等な存在だとする考え方にも、ラス=カサスは強く反対した。入植者の非人道的な残虐行為をきびしく告発し、先住民の急速な人口減少を報告し、エンコミエンダ制の廃止を訴えた。

　一方、先住民に代えてアフリカ人を奴隷として導入することには、当初は反対しなかった。しかし、ポルトガル人が奴隷を獲得するためにアフリカでおこなっている行為を知ると意見を変え、アフリカ人奴隷の導入に反対した。

　その後、エンコミエンダ制の段階的な廃止や先住民との共同農村の建設を提唱するなど、ラス=カサスの運動は続けられた。

▲ラス=カサス

☑ 要点チェック

CHAPTER 4 大交易・大交流の時代	答

4

大交易・大交流の時代

☐ 1　元末の紅巾の乱のなかで力を示し，1368年に明を建てて太祖とよばれたのは誰か。また，その人物の皇帝としての名は何か。　　1　朱元璋，洪武帝

☐ 2　明独自の兵制で，民戸から軍戸を区別した制度を何というか。　　2　衛所制

☐ 3　明代に，農村を再編成して，農民に納税や治安維持の責任をもたせた制度を何というか。　　3　里甲制

☐ 4　明の太祖が中国支配のためにつくらせた土地台帳は，記載された土地の区分けの形状から，何とよばれるか。　　4　魚鱗図冊

☐ 5　上問3の制度の運用のため，戸籍簿と租税台帳をかねて整備された帳簿を何というか。　　5　賦役黄冊

☐ 6　太祖の死後，帝位をめぐる争いがあったが，その事件を何というか。また，その結果，帝位についた明の全盛期の皇帝は誰か。　　6　靖難の役，永楽帝

☐ 7　上問の皇帝らの命をうけ，1405〜33年のあいだ，大艦隊を率いて7回にわたる南海遠征をおこなったのは誰か。　　7　鄭和

☐ 8　王陽明がうちたてた，実践を重んじ，心即理・知行合一を説く儒学の一派を何というか。　　8　陽明学

☐ 9　明代には実学が発達したが，宋応星が各種の産業技術を図解入りで著した書物を何というか。　　9　天工開物

☐ 10　唐の玄奘のインド旅行を題材とし，明代に成立した小説は何か。　　10　西遊記

☐ 11　イタリア出身のイエズス会士で，中国での伝道をおこない，「坤輿万国全図」を刊行し，『幾何原本』を著したのは誰か。　　11　マテオ＝リッチ

☐ 12　ドイツ出身のイエズス会士で，徐光啓らとともに暦法の改修をおこない，『崇禎暦書』を著したのは誰か。　　12　アダム＝シャール

☐ 13　13〜16世紀に，東シナ海沿岸の地域でしばしば略奪行為をおこなった，日本人などの船団は何とよばれたか。　　13　倭寇

☐ 14　1644年，農民反乱を率いて明を滅ぼしたのは誰か。　　14　李自成

☐ 15　1498年，アフリカ大陸南端の喜望峰をまわってインド西岸のカリカットに到着したのは，どこの国の誰か。　　15　ポルトガルのヴァスコ＝ダ＝ガマ

☐ 16　スペイン王の命をうけ，西方への航海による世界周航をくわだてた（かれの部下が達成），ポルトガルの航海者は誰か。　　16　マゼラン

☐ 17　1521年，スペインのコルテスが滅ぼしたインディオの国は何か。　　17　アステカ王国

☐ 18　大航海やアメリカ大陸到達により，ヨーロッパ商業の中心が，地中海から大西洋岸に移った。この変化を，経済上何というか。　　18　商業革命

5 》アジア諸帝国の繁栄

時代の俯瞰図

年代	1400	1500	1600	1700	1800
日本	室町時代	安土桃山時代	江戸時代		
朝鮮	高麗	朝鮮（李朝）			
	·—·— 倭 · 寇 —·—·—· 豊臣秀吉の朝鮮出兵				
中国	元朝	明朝	（後金）	清朝　康熙帝　雍正帝　乾隆帝	
モンゴル高原	北元・タタール　（アルタン=ハーン）　ハルハ				ロシアへ
	オイラト　（エセン=ハーン）　ジュンガル				
中央アジア	キプチャク=ハン国	クリミア=ハン国（オスマン帝国に服属）		コーカンド=ハン国	
	チャガタイ=ハン国　ティムール朝	ブハラ=ハン国　ヒヴァ=ハン国			
西アジア	イル=ハン国	サファヴィー朝			
バルカン	● アンカラの戦い	オ ス マ ン 帝 国		ガージャール朝	
	ビザンツ帝国	スレイマン1世			
エジプト	マムルーク朝	● レパントの海戦　● カルロヴィッツ条約			
インド	デリー=スルタン朝	ムガル帝国			
	トゥグルク朝　サイイド朝　ロディー朝	アクバル帝　アウラングゼーブ帝　● プラッシーの戦い			

SECTION 1

清の成立と支配体制

1 女真の興起

❶**建国**　ツングース系の女真（女直，のち満洲と改称）は，明の勢力が後退したのに乗じ，建州女真のヌルハチによって統一され，国号を金（後金）と定めた。ヌルハチは帝位について（清の太祖，在位1616〜26），晩年，瀋陽（盛京）に都した。

❷**八旗の組織**　ヌルハチは，女真固有の社会組織を再編成し，軍事組織であり行政組織でもある八旗を組織した。旗に属する者は旗人とよばれ，一定の旗地を支給された。

❸**清の成立**　2代ホンタイジ（太宗）は，チャハルを征服して内モンゴルを併合し，1636年に国号を清（1616〜1912）に改めた。ついで朝鮮（李朝）を属国とした。

★1　女真の一部はさきに金を建てたが（⤴ p.179），13世紀以後は元・明に支配された。明は，女真を，南部の建州女直，北部の海西女直，奥地の野人女直などに区別して分割支配していた。

★2　満洲語でアイシン。

★3　モンゴル系のタタールの一部族で，元朝の直系に代々伝わる玉璽をもち，権威を保っていた。

2 清の帝国統治

①中国の統一　①1644年明が滅ぶと，清軍は降伏した明の武将呉三桂の先導で李自成を破って北京にはいり，これを都とした。②清は呉三桂ら3人の漢人の武将を藩王に封じて中国の統一に利用した。③かれら三藩の力が強まると，康熙帝は抑圧したので，三藩の乱(1673~81)をおこしたが，鎮圧された。④1683年には台湾の鄭成功の一族を滅ぼし，中国統一を達成した。

②領土の拡大　①ロシアとは，1689年ネルチンスク条約を結んでアムール川流域の地を確保し，1727年にはキャフタ条約により外モンゴルでの国境を画定した。②17世紀後半，ジュンガルに圧迫された外モンゴルのハルハを服属させ，③同じくジュンガルが侵入したチベットに干渉して支配。★5④18世紀なかばには東トルキスタンのジュンガルを滅ぼし，タリム盆地の回部(トルコ系でイスラーム教徒のウイグル人とその地域)を支配下にいれた。両者をあわせ，新疆と名づけて藩部とした。18世紀ごろ清朝領土は最大となり，今日の中国領土の原型ができた。

③藩部と朝貢国　清は，モンゴル高原・青海・チベット・新疆を藩部として自治をおこなわせ，監督のため中央に理藩院を設けた。朝鮮・琉球・ベトナム・ラオス・フィリピン・タイ・ビルマなどと冊封関係★7を結んだ。

★4　明の復活につとめた武将。母親は日本人で，平戸出身。1661年に台湾のオランダ勢力を駆逐して本拠地としたが，翌年死去。鄭氏は83年，清に降伏した。

★5　清はチベット仏教を保護し，ダライ=ラマを優遇して，チベット人・モンゴル人を懐柔(⊃p.213)。

▼清朝皇帝のおもな事績

①ヌルハチ(太祖)1616~26 　女真の統一，建国(金)
②ホンタイジ(太宗)1626~43 　国号を清と改称
③順治帝(世祖)1643~61 　北京を首都とする
④康熙帝(聖祖)1661~1722 　三藩の乱を平定 　台湾を領土とする 　ネルチンスク条約 　外モンゴルを征服
⑤雍正帝(世宗)1722~35 　軍機処の設置 　キャフタ条約 　チベット・青海を支配
⑥乾隆帝(高宗)1735~95 　ジュンガルを滅ぼす 　ウイグルを支配

\ TOPICS /

八旗と緑営

　清の太祖ヌルハチは，**八旗**による軍制をたて，軍事力の基本とした。女真はすでに金の時代にも，部族組織をもととして行政制度と軍事制度を一致させた**猛安・謀克**という制度をもっていたが，八旗も，女真の社会組織を軍制と結びつけたものであった。

　八旗とは，それぞれ正黄・正藍・正紅・正白および鑲黄(黄地で紅の辺)・鑲藍(藍地紅辺)・鑲紅(紅地白辺)・鑲白(白地紅辺)を旗じるしにした軍隊である。八旗の構成員は旗人といわれ，旗地という農地を与えられて優遇された。中核をなすのが満洲八旗で，モンゴル高原征服後には**蒙古八旗**，漢軍八旗もできた。**緑営**は八旗につぐ漢人の軍隊で，治安維持などにあたった。

　八旗は，首都北京や中国各地の要所の守備にあたったが，中国侵入後は，旗人の土地喪失と窮乏とが一般化し，その武力は衰退の一途をたどった。18世紀末，**白蓮教徒の乱**に対して八旗兵の無力が明らかになり，各地方の義勇軍(**郷勇**)が承認されるようになった。

❹皇帝独裁体制　清は明のおもな制度をうけつぎ，朱子学を政治理念とし，漢人の官僚・知識階層を協力させて，宋代いらい強化されてきた**皇帝独裁体制**をかためた。①18世紀前半，**雍正帝**のとき臨時に軍機処が設置され，これが常設機関となり，内閣にかわって，政治の最高機関となった。②軍制では，満洲人（女真）の**八旗**が中核となり，モンゴル人・漢人にも八旗を編成させた。17世紀後半から約130年間，康熙帝（在位1661〜1722）・雍正帝（在位1722〜35）・乾隆帝（在位1735〜95）の3代の治世が清の全盛期であった。

❺中国統治策　清は中国（漢人）の支配を意図して，懐柔と威圧とによる統治をおこなった。①**懐柔策**では，中央政府の要職の定員を偶数にして満洲人と漢人の両方を登用する**満漢併用制**をおこない，官吏登用のために科挙を実施し，大規模な編纂事業（⤶p.209）などによって**中国文化を尊重する態度**を示した。②**威圧策**では，満洲人の辮髪（頭髪を一部を残して剃り，編んでたらす）を強制し，反満・反清の思想を弾圧して**文字の獄**をおこなった。また，白蓮教などの民間宗教も弾圧した。

▲清の最大領域

★6　ジュンガルは，17世紀後半，ガルダン＝ハーンのもとで強盛をほこり，モンゴル高原・チベット・東トルキスタンにわたる大王国を建設し，チベット仏教による文化を発達させた。

★7　中国皇帝は，支配のおよんでいない地域の君主や首長に対しても，国内の諸侯と同様の肩書きを与え，名目上の臣下とした。これが冊封で，臣下となった側は朝貢義務があるとされた。しかし，これはあくまでも外交上の手続きの1つにすぎず，清朝と冊封国とのあいだに，実際の支配関係があったわけではない。

参考　ベトナムのユエは仏語名で，現地語ではフエ。

★8　数名の**軍機大臣**で構成された。皇帝からの命令系統が簡便になり，皇帝独裁が強化された。

★9　軍機大臣など特定官職は満洲人が多かった。

★10　反満・反清的な文章をつくった者を厳罰に処した。また，思想的に危険とされた書物の発刊禁止や焼却を命じる禁書も，乾隆帝の時代を中心にたびたびおこなわれた。

［清の成立と支配体制］

① 女真の王朝。

李自成の反乱による明滅亡の混乱に乗じ，北京占領

② 明の統治継承：皇帝独裁体制，懐柔・威圧策で中国統治

③ 拡大した領土を直轄地・藩部に分けて統治。

外国と冊封関係を結ぶ

④ 康熙帝・雍正帝・乾隆帝の治世(17世紀後半〜18世紀末)が全盛期

② 明・清代の社会・経済

1 産業の発達

❶農業の発達

1 農業生産力の増大　①米作の中心は，長江下流の江南から中流域の**湖南・湖北**に拡大した。②商品作物の**茶・綿花**の栽培も全国的に普及し，茶は18世紀に最大の輸出品となった。

2 外来作物の普及と人口の増加　明末には，アメリカ大陸原産の作物が普及した。華北ではトウモロコシ，江南ではサツマイモが食料用として栽培されるようになり，清代の人口増加をささえた。[★1]

❷手工業の発達　江南地方の農村では，**佃戸の副業として**綿織物業・絹織物業がおこった。**都市の手工業**では，松江の**綿織物**[★2]，蘇州の**絹織物**，景徳鎮の**陶磁器**(⇨p.197)などの生産に**マニュファクチュア(工場制手工業)**もみられるようになった。

❸商業の発達　国際商業の活発化は中国国内の商工業の発展をうながし，全国的規模で商品流通がさかんとなった。①明代中期以後，同郷と同業の商人は主要都市で会館や公所という組合を形成した。②清代になると，従来の行や作が，厳格な規約と強い団結力をもった**幇**として各地に結成された。③北方の山西省出身の**山西商人**はおもに金融業で，南方の安徽省出身の**徽州(新安)**商人はおもに専売品の塩をあつかって，それぞれ全国的に活動した。

★1 トウモロコシやサツマイモには，荒れ地・山地でも栽培できるという利点がある。このほか，稲作の技術・品種改良などもあり，清朝の安定した統治と経済発展のもとで，18世紀末には漢人の人口は3億人に達した。

★2 松江府(江蘇省)の綿織物業は，飛躍的に生産が増大し，南京木綿と称されて重要な輸出品となった。

参考 **漢人の移住**　清代に人口の増加をみた漢人は，華中・華南の山間部や内モンゴル，東北，台湾などへの移住・開墾に向かったため，かれらの居住圏はいちじるしく拡大した。

2 税制の変化

❶**一条鞭法** 明代の16世紀後半から，**銀の流通**★3を背景として，**地税**と**丁税**（力役＝人頭税）など各種の税を，一括して**銀納**させるようになった税制。万暦帝（神宗）の時代に**張居正**が政治を担当したとき，全国的に施行された。

❷**地丁銀制** 清も，当初は税収の方法として一条鞭法をおこなったが，康熙帝時代の18世紀初頭に，丁税（人頭税）を地税に組みいれて税目を完全に一本化した★4。この税制が地丁銀制で，雍正帝のとき全国におよんだ。こうして，**課税は土地所有者に対してだけ**おこなわれるようになった。

3 ヨーロッパ人の渡来と貿易

❶**明・清の貿易政策** ①明は，はじめ中国商人の海外渡航を禁じる**海禁**をおこない，貿易は外国使節から皇帝に貢物を献上させるかたちの**朝貢貿易**に限ったが，16世紀後半には海禁政策をやめた。②清は，台湾の**鄭氏**（⇨p.205）の財源をたつため，一時期きびしい海禁をおこなったが，1683年に鄭氏を降伏させると，開放策に転じた★5。③中国商人の帆船交

★3 明代には，日本やメキシコから輸入された銀が，民間で通貨として流通した。

★4 **郷紳の台頭** 地丁銀制によって，課税対象が人から土地に一本化されたため，政府が農民の家族を直接把握する必要がなくなり，徴税や治安維持を任された有力者（郷紳）たちが，各地で勢力を強めた。

★5 清は，海禁政策をとりやめた直後，広州など4港に**海関**（税関）を常設して，その統制のもとに海外通商を公認した。

\ TOPICS /

銅銭から銀へ

明朝は，宋代からの銅貨政策をうけついだ。太祖のときに洪武通宝を鋳造してからずっと，明・清の通貨政策は伝統的に銅貨を正式通貨とした。しかし，実際の商取引では，これも宋代から通貨として使用されはじめた銀が，遠隔地取引の手段として，しだいに全国にひろまっていった。このことは，租税がしだいに**銀**で代納されるようになり，ついに明末の**一条鞭法**によって，租税の銀納が正式に認められたことでもわかる。

中国の銀経済は，貿易による大量の銀流入に支えられていた。中国は**綿・絹織物や茶・陶磁器**などを輸出し，もっぱら**銀**をうけとった。輸入された銀は溶かして銀塊とし，秤量貨幣として用いられることが多かった。その代表的なものが，馬蹄形につくられた馬蹄銀である。

中国に流入した銀は，スペイン人がマニラ経由でもたらした**メキシコ銀**が中心で，**日本銀**もあった。当時スペインの植民地であったメキシコは，世界最大の銀産地であり，この銀の流入が中国の銀経済を促進し，清代にいたって，**地丁銀**という新しい税制をも生んだのである。

▲メキシコのエデン銀鉱遺跡

易やヨーロッパ船の来航で海上交易は発展。絹・綿布・陶磁器・茶などの輸出で，中国に銀が流入し，国内の商工業の発展をさらに促した。④清は1757年からヨーロッパとの**貿易港を広州1港に限定**し，行商に貿易を管理させた。

❷**ヨーロッパ人の来航**　①1517年**ポルトガル人**が広州に来航し，1557年**マカオ**に居住権を認められ，17世紀まで中国貿易を独占した。②ついで，マニラを拠点とする**スペイン人**，台湾の**オランダ人**も中国との通商に加わった。

❸**イギリスの広州貿易**　イギリス人は，17世紀中ごろ来航した（⊃p.339）。

★6　特許商人の団体。当初は13あり，広東十三行とよばれた。

［明・清代の社会・経済］
① 江南の生産力が増大→米作・商品作物→輸出増大→銀の流入
　　→経済の繁栄
② ヨーロッパ人の進出と交易で，国際商業が活況→国内の商工業が発展
③ 税制改革：明では一条鞭法，清では地丁銀

SECTION ❸ 清代の文化

1 学問と文学・絵画

❶**清朝の文化事業**　清朝では，漢人を懐柔するために学問愛好の態度をとり，大規模な編纂事業をおこなった。康熙時代には漢字字書の『**康熙字典**』や『**佩文韻府**』，雍正時代には康熙帝の命でとりかかった百科事典『**古今図書集成**』，乾隆時代には叢書『**四庫全書**』などが完成した。

★1　古今の図書約8万巻を集め，経（儒学）・史（歴史）・子（雑学）・集（詩文）の4部（四庫）に分類。

❷**学問**

[1] **考証学**　①古典の文献学的研究を主とする**考証学**は，明末清初の**顧炎武**や**黄宗羲**らによって確立された。②清代にとくにさかんとなり，乾隆時代には**銭大昕**・**戴震**らが活躍した。

★2　反満思想を弾圧した清朝の政策にふれることをおそれて，学者は古典研究に力をそそいだ。

[2] **公羊学**　孔子の思想を現代的に解釈し，実践を重んじる学問。乾隆帝の後半期におこり，清末の**康有為**は，この立場から**変法運動**をすすめた（⊃p.361）。

★3　五経の1つ『春秋』の解釈を，これまでの『春秋左氏伝』によらず，『春秋公羊伝』によった。

❸文学

[1] 小説　満洲人貴族の生活を描いた『紅楼夢』，怪奇小説を集めた『聊斎志異』，官吏の腐敗を描いた『儒林外史』などが有名。

[2] 戯曲　唐の玄宗・楊貴妃を題材とした『長生殿伝奇』，恋愛劇『桃花扇伝奇』などがある。

❹絵画　明代につづいて南宗画がさかんであった。また，ヨーロッパの写実的画法がとりいれられた。★4

2 キリスト教宣教師の活動

❶イエズス会宣教師の活動　①フェルビースト(南懐仁)…天文学で活躍し，大砲も鋳造。②ブーヴェ(白進)・レジス(雷孝思)…康熙帝の命令で，科学的測量による中国最初の実測地図「皇輿全覧図」を作製。③カスティリオーネ(郎世寧)…西洋の画法を紹介したほか，北京郊外の離宮円明園の設計をおこなった。★5

❷キリスト教の禁止　①清は明と同様に，ヨーロッパの新知識(とくに科学)を得るためにキリスト教の布教を黙認していたが，②18世紀はじめ康熙帝は典礼問題を機にイエズス会以外の布教を禁止し，③さらに1723年，雍正帝はいっさいのキリスト教の布教を禁止した。しかし，その後も学芸・技術に従事する宣教師は欽天監(天文台長)などとして清朝に用いられ，地方ではひそかに布教がおこなわれた。★6

❸中国文化のヨーロッパへの影響　①ケネーの重農主義は中国の農本主義をとりいれ，②ヴォルテールは孔子に深い関心をもった。③科挙もヨーロッパの官吏登用試験にとりいれられた。④中国の陶磁器や漆器も室内装飾に利用され，庭園技術もヨーロッパに輸入された。

[清代の文化]
① 大規模な編纂事業：『康熙字典』など。考証学が発達。清末に公羊学
② 庶民文学は，小説・戯曲がさかん。絵画では，ヨーロッパの技法もとりいれられる
③ イエズス会宣教師の活躍 → 典礼問題を機にキリスト教の布教を禁止

★4　イタリア人カスティリオーネが宮廷に仕え，明暗法や遠近法を導入。

参考　ヨーロッパに伝えられた中国文化は，中国への興味をよびおこし，17世紀ごろから建築などでシノワズリ(中国趣味)が流行。

★5　バロック式の建築物などをもつ離宮であったが，1860年，アロー戦争において，英仏軍に破壊された。

★6　布教方法についてのカトリック諸派の論争。イエズス会は，中国人信者の伝統的な孔子崇拝・祖先崇拝・祭天などの儀礼(典礼)を認め，布教を拡大したが，フランチェスコ会・ドミニコ会などのカトリック諸派とローマ教皇は，これに反対した。

4 明・清代のアジアと日本

1 東南アジア諸国

❶ベトナム　①**大越(ダイベト)国**は陳朝滅亡の混乱に乗じた明の永楽帝の軍によって占領されたが，まもなく黎利が明の支配を打破して**黎朝**(1428〜1527，1532〜1789)を建て，ハノイを都とした。②明と朝貢関係を結び，明の制度をとりいれ，支配をかためた。③18世紀後半，**西山の阮氏**によって，黎朝が滅ばされ，清軍を撃退して西山政権が建国。④ついで，フランスの支援をうけた阮福暎が西山政権を倒し，ベトナムを統一して新王朝(阮朝)を建てた。阮氏は清朝に朝貢し，越南国王に封じられた。

❷タイ(シャム)　①13世紀ごろまでに中国南部から南下した**タイ族**が，チャオプラヤ川流域にスコータイ朝(13〜15世紀)を樹立，ビルマから上座部仏教を学び，タイ文字をつくった。②ついでアユタヤ朝(1351〜1767)が建てられ，カンボジアを圧倒して栄えた。③18世紀後半，ビルマのコンバウン朝に支配されたが，まもなく**ラーマ1世**がラタナコーシン(チャクリ，バンコク)朝(1782〜現在)を建てた。

❸ビルマ(ミャンマー)　パガン朝(⤵p.93)は元に敗れて衰亡したが，16世紀になるとタウングー(トゥングー)朝(1531〜1752)・コンバウン朝(1752〜1885)などの強力な統一国家が生まれた。

❹インドネシア　①ヒンドゥー教の**マジャパヒト王国**のあと，16世紀末には，イスラーム教の**マタラム王国**がジャワ島中部に成立した(⤵p.151)。②17世紀にはオランダが進出し，ジャワ島にバタヴィア市(現ジャカルタ)を建てて支配の拠点とした。

❺マレー半島　14世紀末，東南アジア最初のイスラーム王国として成立したのが**マラッカ王国**で，鄭和艦隊の遠征を機に海上交易で繁栄し，明に朝貢した。貿易拠点として重要な地であったため，1511年ポルトガルに武力征服された。

★1　黎朝は，15世紀後半には，南部のチャンパー(⤵p.93)を併合して国威を高めた。しかし，1527〜32年の間，莫氏に王位をうばわれて中絶した。復活後，16世紀にはいると，軍人が実権をにぎり，南北に分裂した。

★2　仏教を国教とし，日本やヨーロッパ諸国との貿易で栄えた。

★3　真臘，クメール王国(アンコール朝)ともいう。

★4　チャクリの名でも知られる。

注意　ベトナムの西山政権と阮朝越南国，タイのラタナコーシン朝，ビルマのコンバウン朝は，いずれも清と冊封関係(形式上の君臣関係)を結び，朝貢をおこなっていた(⤵p.205)。

★5　インド洋と南シナ海を結ぶ中継貿易で発展。マラッカ海峡の中央に位置し，南海交易の中心として利益を得た。

2 東アジア諸国

❶朝鮮　高麗は明とおなじように倭寇に苦しめられたが，倭寇の討伐で名をあげた李成桂は，1392年高麗を倒し，朝鮮を建てて，漢城（漢陽，現在のソウル）に都した。

明の朝貢国となった朝鮮は，①明にならって官僚制度を整備，②朱子学を官学とし，③15世紀前半に訓民正音★6を制定，④金属活字も発達。⑤豊臣秀吉の朝鮮侵略（壬辰・丁酉の倭乱→李舜臣が活躍）★7や両班★8の党争などに苦しみ，17世紀前半，清に従属した。

❷日本　①2度のモンゴル軍の襲来（元寇）を撃退した鎌倉幕府は，まもなく倒れ，南北朝の争乱をへて室町幕府が成立。②室町幕府と明のあいだでは勘合貿易がおこなわれた。貿易を通じて，堺・博多の都市が繁栄し，中国文化が流入した。③16世紀にはいると，ポルトガル人やスペイン人の宣教師★9が布教のために来日した。④江戸幕府が成立すると，幕府はキリシタンの警戒と海外貿易利益の独占をねらって鎖国政策を実施。以後，200年余り海外との交渉を制限した。★10国内では幕藩体制のもとで，独自の市場経済が形成された。

❸琉球　①3つの勢力が分立していたのを，1429年中山王尚巴志が統一して琉球王国を建てた。★11②明に朝貢するとともに，日本・朝鮮・東南アジア諸国や中国との中継貿易★12で栄えた。③1609年，薩摩の島津氏の攻撃をうけて服属したが，明・清への朝貢も維持したので「両属」する状態になった。④中国・日本双方の要素をもつ，独特の琉球文化が形成された。

3 モンゴル・チベット

❶モンゴル　①15世紀はじめ，元（北元）の正統をつぐタタール（韃靼）と西北モンゴルのオイラト（瓦剌）が活動したが，永楽帝の明軍によっておさえられた。②15世紀なかばエセン＝ハーンの率いるオイラトが中国に侵入して，明の皇帝を捕らえた。★13③16世紀には，アルタン＝ハーンの率いるタタールが明を圧迫し，青海・チベット・東トルキスタンをも支配した。④17世紀には，オイラトの一派ジュンガルが東トルキスタンで強盛をほこり，清と対抗した（⇨p.205）。

★6　ハングルのこと。

★7　日本では文禄・慶長の役とよぶ。

★8　高麗では文班と武班を総称したよび名であったが，社会的・政治的特権階層をさすようになった。

★9　ポルトガルを主とするヨーロッパ船による貿易を南蛮貿易といい，平戸が貿易港としてにぎわった。

★10　長崎における中国・オランダとの交易，対馬の宗氏を仲介とした朝鮮との国交，琉球を通じての中国との関係など，隣接諸国との交流はつづいていた。

★11　都は首里。

★12　16世紀後半ごろには，①明が海禁をやめたこと，②日本が朱印船貿易で東南アジアと直接取引をはじめたこと，③ポルトガルがアジアでの貿易に進出してきたこと，などにより，中継貿易は衰退した。

★13　土木の変　1449年，明の英宗を土木堡で捕虜にし，北京に迫った。これにより明は，長城を修築するなど守勢一方の消極的な対外政策をとった。

❷チベット　チベット仏教(ラマ教)は元朝の保護をうけたが、15世紀に**ツォンカパ**が厳格な戒律の**黄帽派(黄教)** をおこした。その教主が**ダライ=ラマ** [★14] で、チベットの宗教・政治の最高権力者として君臨し、17世紀に**ラサ**に**ポタラ宮殿**を建てた。ジュンガルの占領後、18世紀には清の藩部となった。

★14　ダライ=ラマは僧侶であるため結婚せず、子ももたないが、その生まれかわり(転生)とされた幼児が後継者となる(活仏)。

［明・清代の隣接諸国］
① 東南アジア：ベトナム・タイ・ビルマなどに王朝が興亡
② 東アジア：朝鮮，琉球王国の建国
③ モンゴル・チベット：オイラト・タタールなどが清に対抗→服属
　　…隣接諸国は，明・清との新しい国際関係を形成

5
アジア諸帝国の繁栄

⑤ ティムール朝とサファヴィー朝

1 ティムール朝

❶**ティムール朝の成立**　14世紀なかばごろ、中央アジアの**チャガタイ=ハン国**は東西に分裂して衰退した。西チャガタイ=ハン国の有力者**ティムール**(在位1370～1405) [★1] は、サマルカンドに都して**ティムール朝**(1370～1507)をおこした。

❷**領土の拡大**　ティムールは、旧チャガタイ=ハン国領を統一し、西進して**イル=ハン国**領をあわせ、中央アジアからイランやイラクを支配下におさめた。ついでキプチャク=ハン国や北インドにも遠征して領土を拡大した。小アジアにも進出し、1402年、**オスマン帝国**(⇨p.215)を**アンカラの戦い** [★2] で破った。

❸**文化の発達**　セルジューク朝ではイスラーム教と融合してイラン文化が復興したが、ティムール朝でも歴代の君主の保護下に**イラン=イスラーム文化**が発展し、**ミニアチュール(細密画)** [★3] ・建築・イラン語文学・イスラーム科学(天文学・暦法)などに特色がある。トルコ人の進出を背景にして、イラン文化を基調として**トルコ=イスラーム文化** [★4] も発達しはじめた。

❹**ティムール朝の解体**　ティムール朝は**東西貿易**の利益 [★5] によって繁栄したが、15世紀中ごろから内紛とトルコ系の**ウズベク**の侵入のため衰退し、1507年には分裂して解体された。

注意　ティムール朝の成立は、明朝成立の2年後。ティムールは永楽帝時代の明に遠征しようとしたが、その途中で病死した。

★1　ティムールはトルコ化したモンゴル人(イスラーム教徒)で、チンギス=ハンの偉業に傾倒してモンゴル帝国の再興を志した。

★2　アンゴラの戦いともいう。

★3　イル=ハン国のモンゴル人を通じて中国絵画の手法がとりいれられた。

★4　ティムール朝時代には、トルコ語文学が生まれ、アラビア語・イラン語文学と並ぶ地位を得た。

補説　**ウズベク**　キプチャク＝ハン国に属していた遊牧トルコ人。ティムール朝の解体後，中央アジアに**ブハラ＝ハン国**(1500～1920)・**ヒヴァ＝ハン国**(1512～1920)・**コーカンド＝ハン国**(1710?～1876)の3ハン国を建て，イラン人とは異なりイスラーム教スンナ派を信仰した。19世紀後半，ロシア帝国の支配下にはいり，ソ連時代にはウズベク共和国を構成していたが，ソ連解体後，ウズベキスタン共和国として独立した。

★5　首都サマルカンドは中央アジア最大の国際市場として繁栄し，文化の中心地であった。とくに15世紀前半，4代皇帝のウルグ＝ベクは学芸を保護し，天文台を建設するなど，サマルカンドの繁栄に寄与した。

２ サファヴィー朝

❶サファヴィー朝の成立　ティムール朝の解体後，その支配を脱したイラン人は，民族国家として**サファヴィー朝**(1501～1736)を建てた。

❷民族の統一　イランの伝統を尊重し，スンナ派のオスマン帝国に対抗して**シーア派を国教**とした。皇帝はアラビア風の称号で

▲サファヴィー朝(1600年ごろ)

あるスルタンをやめて，イラン風のシャーを称し，帝王思想の復活がはかられた。

❸全盛期　サファヴィー朝は，アッバース1世(在位1587～1629)の時代に全盛期をむかえ，オスマン帝国からバグダード・タブリーズなどを奪回した。新首都イスファハーンが建設され，**イラン＝イスラーム文化**が栄えた。また，**インド洋貿易**でも大きな役割をはたした。

❹衰退と滅亡　アッバース1世の後，サファヴィー朝は急速に衰退し，18世紀前半にアフガニスタン方面から進出した**アフガン人**によって滅ぼされた。

★6　シーア派の最大勢力である十二イマーム派。

注意　サファヴィー朝は，ササン朝の滅亡(651年)いらい，850年ぶりのイラン人国家である。

★7　サファヴィー朝のあと短命な王朝が交替したが，18世紀末にガージャール朝が成立(⤵p.333)。

［ティムール朝とサファヴィー朝］

①ティムールが中央アジア・西アジア一帯を支配しティムール朝を建国
②東西交易の利益で，サマルカンドを中心に独自のイスラーム文化が繁栄
③ティムール朝が分裂・解体→イラン人国家サファヴィー朝成立
④サファヴィー朝はシーア派を国教とし，アッバース1世のとき全盛

⑥ オスマン帝国

1 オスマン帝国の成立と発展

❶オスマン帝国の成立

1 小アジアのトルコ人　小アジアには，モンゴル人に追われたトルコ人が多く移住していた。このうち，小アジア西部の**オスマン**が，13世紀末にオスマン帝国(1300頃〜1922)を建てた。

2 バルカン進出　オスマン帝国は，小アジアから西方のバルカン半島に進出して，ビザンツ帝国の領土をうばった。14世紀末には，ハンガリー王の率いるヨーロッパ諸国の連合軍を**ニコポリスの戦い**で撃破し，ブルガリアを支配した。

3 国家体制の整備　ビザンツ帝国の制度や技術をとりいれて国家体制を整備し，強力な親衛隊**イェニチェリ**を編成して，その後の発展の基礎をつくった。

4 小アジア侵略の失敗　オスマン帝国は，1402年アンカラの戦いで**ティムール**に大敗し，一時滅亡の危機に直面した。

❷オスマン帝国の発展

1 コンスタンティノープルの陥落　ティムールの死後，オスマン帝国は勢力を回復した。1453年，**メフメト2世**(在位1444〜46，1451〜81)が**コンスタンティノープル**を陥落させ，ついに**ビザンツ帝国は滅亡**した。コンスタンティノープルはトルコ風に**イスタンブル**と改称され，オスマン帝国の首都となった。

2 領土の拡大　①15世紀末までにバルカン半島のセルビア・アルバニアを併合し，黒海北岸の**クリミア=ハン国**を服属させた。②**セリム1世**(在位1512〜20)は，1517年に**マムルーク朝**を滅ぼしてシリア・エジプトを領有。マムルーク朝の滅亡を機に，セリム1世は**カリフ政治の後継者**を自任した。

★1　ビザンツ帝国からうばったアドリアノープルをエディルネと改称し，小アジアのブルサから首都を移した。エディルネは1366〜1453年のあいだ，オスマン帝国の首都であった。

★2　1396年，バヤジッド1世がヨーロッパ諸国の対トルコ十字軍をブルガリア北境のニコポリスで破った。

★3　トルコ語で新軍の意味。征服地のキリスト教徒の子どもを強制的に徴兵し，イスラーム教徒の軍人として訓練した。

★4　キプチャク=ハン国の分家で，15世紀前半に自立し，1502年にはロシアとともに本家のキプチャク=ハン国を滅ぼした。オスマン帝国に服属後，18世紀後半にロシアに併合された。

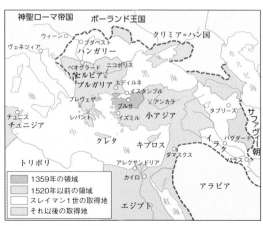

▲オスマン帝国の領域

③ **スレイマン1世の時代**　オスマン帝国は16世紀なかばスレイマン1世(在位1520〜66)のもとで最盛期をむかえた。①フランスと同盟し[★5]，ハンガリーを攻めてその大半をうばい，1529年にはウィーン包囲をおこなった。②サファヴィー朝から南イラクをうばった。③1538年のプレヴェザの海戦[★6]に勝って**地中海の制海権**をにぎり，アルジェリア方面にも勢力をのばした。こうしてオスマン帝国は，アジア・アフリカ・ヨーロッパ3大陸にまたがる大帝国となり，**東西貿易の要地をおさえて，その利益を独占した。**

④ **オスマン帝国の支配体制**　スルタンを頂点とする専制的な支配体制をきずいた。①宰相以下の上級の官僚・軍人に**軍事的封土**[★7]を分与し，土地のひろさに応じて軍事的義務を負担させた。②異民族には比較的寛大で，イスラーム教以外の宗教も認め，少数民族の自治を許した。

[補説] **カピチュレーション**　オスマン帝国が非イスラーム教徒の外国人に恩恵的に与えた特権で，外国人の領内での通商の自由・免税・治外法権などを認めた。スレイマン1世が同盟国フランスに与えたのが最初で，のちイギリス・オランダにも与えた。18世紀以降，ヨーロッパ諸国がオスマン帝国に干渉・侵略する手段として利用された。

❸ **文化の発展**　セルジューク朝いらいの**イラン＝イスラーム文化**を主流に，トルコ的要素を強め，ビザンツ文化も継承した。①イスタンブルの**スレイマン＝モスク**をはじめ，多くのモスク(寺院)が建立され，ビザンツ様式の**ハギア＝ソフィア聖堂**もイスラーム風に改築された。②モスクの付属学校では，神学・法学・数学・天文学・医学などの学問がさかんであった。③18世紀前半の**チューリップ時代**[★8]には，フランスの宮廷文化を中心とした西ヨーロッパ文化が流入した。

❷ オスマン帝国の衰退

❶ **地中海貿易の衰退**　①1571年，レパントの海戦でスペインに敗れたものの，地中海の制海権に大きな変化はなかった(⊃p.238)。しかし，②**インド航路**が発達するにつれ，オスマン帝国の東西貿易の独占はくずれた。

❷ **帝国統治の動揺**　17世紀にはいると①封建的な地方勢力が強まり，②宦官やイェニチェリなどのスルタンの側近が思うままに権力をふるうようになり，③領内の多くの民族のなかから反抗するものがでてきた。

[参考] **スルタン＝カリフ制**　マムルーク朝を滅ぼしたオスマン帝国は，メッカとメディナの保護権を手中におさめ，カリフ政治の後継者となった。18世紀以降，オスマン帝国のスルタンは，マムルーク朝が擁立していたアッバース朝のカリフから，その位を譲られたと主張するが(スルタン＝カリフ制)，これは権威を高めるための創作である。

★5　ヨーロッパではハプスブルク家とフランス王家との対立があり，オスマン帝国はハンガリーに進出するオーストリア(ハプスブルク家)の勢力と戦う必要があった。

★6　スペイン・ヴェネツィア・ローマ教皇の連合艦隊を破った。

★7　セルジューク朝のイクター制(⊃p.148)との関連が考えられる。

★8　アフメト3世の時代，ヨーロッパから輸入したチューリップがとくに愛好されたので，この名がある。

★9　第2次ウィーン包囲に失敗したあと，オスマン帝国は，オーストリア・ヴェネツィア・ポーランドと**カルロヴィッツ条約**を結びハンガリーなどの領土をオーストリアに割譲した(1699年)。

❸ヨーロッパ諸国の圧迫　1683年，**第2次ウィーン包囲に失敗**し，これ以降ヨーロッパ諸国によってしだいに領土をうばわれ，経済的な圧迫もうけるようになった。^{★10}

★10　イギリス東インド会社の商館が，イラクのバスラに設けられ，オスマン帝国を圧迫した。

POINT!

[オスマン帝国]

① コンスタンティノープルを占領し，ビザンツ帝国を滅ぼす

② マムルーク朝を滅ぼしてメッカ・メディナを支配

③ スレイマン1世：プレヴェザの海戦→地中海の制海権を確保し全盛

④ 17世紀後半より，第2次ウィーン包囲の失敗などで衰退

SECTION 7　ムガル帝国

1 イスラーム王朝とヒンドゥー教

❶デリーのイスラーム王朝　デリー゠スルタン朝(⤷p.150)はイスラーム教を保護し，異教徒には人頭税(ジズヤ)を課した。このためインドでも，イスラーム教に改宗する者が多くでた。

❷イスラーム教とヒンドゥー教　インドではヒンドゥー教の勢力が強かったので，イスラーム王朝も従来からのインド社会をくずさず，そのうえに君臨するという現実的な政策をとり，ヒンドゥー教の勢力は温存された。

❸インドの諸王朝　デリーのイスラーム王朝のほか，デカン高原のイスラーム王国バフマン朝(1347～1527)や，その南のヒンドゥー王国ヴィジャヤナガル王国(1336～1649)が強勢。

[注意] インドのイスラーム化の基礎は，アフガニスタンに成立したトルコ系のガズナ朝・ゴール朝にあったことを確認しよう(⤷p.150)。

2 ムガル帝国の盛衰

❶ムガル帝国の成立　ティムール朝の崩壊後，ティムールの直系子孫と称するバーブル(在位1526～30)は，アフガニスタンからデリーに入城し，1526年，ロディー朝を倒してムガル帝国(1526～1858)を開いた。

❷アクバルの時代　バーブルの孫アクバル(在位1556～1605)はアグラを都とし，ムガル帝国の基礎をきずいた。①ヒンドゥー教徒のラージプートを平定し，中部インドに支配権をひろげた。②全国を州に分け，総督を派遣して統治させ，検地を実施して租税制度を改革するなど，中央集権化をすすめた。③ヒンドゥー教徒とイスラーム教徒との間の融和をはかるため，人頭税(ジズヤ)を廃止した。

★1　ムガルもモンゴルがなまった言い方である。

★2　ロディー朝はアフガン系で，5代つづいたデリー゠スルタン朝の最後の王朝となった。

5

アジア諸帝国の繁栄

①ヒンドゥー教徒の**ラージプート**を平定し,中部インドに支配権をひろげた。②全国を州に分け,総督を派遣して統治させ,検地を実施して租税制度を改革するなど,**中央集権化**をすすめた。③ヒンドゥー教徒とイスラーム教徒との間の融和をはかるため,**人頭税(ジズヤ)を廃止**した。

❸**アウラングゼーブの時代**　17世紀後半のアウラングゼーブ(在位1658〜1707)はデカン地方を征服し,領土は最大に達した。しかし,**人頭税を復活**するなど異教徒を抑圧したので,ヒンドゥー教徒の反抗をまねいた。

❹**ムガル帝国の衰退**　①アウラングゼーブ以後,帝位継承の争いや諸侯の離反がつづくなかで,ヒンドゥー教徒のラージプートやパンジャーブ地方の**シク教**の信者の反乱がおこり,西インドでは**マラーター王国**が成立した。②西北からアフガン人やイラン人が侵入し,海上からイギリス・フランスの侵略もあり,しだいに領土を縮小されていった(⤷p.333)。

❺**インド=イスラーム文化**　イスラーム文化とインド固有のヒンドゥー文化が融合し成立した。①イスラーム・ヒンドゥー両文化が融合し,シク教や**ウルドゥー語**が生まれた。②**タージ=マハル**など壮麗な建築物がつくられた。③イランの**ミニアチュール(細密画)**が流行し,宮廷では**ムガル絵画**とよばれる宮廷画が,インドの北西地域では**ラージプート絵画**とよばれる絵画が栄えた。

▲ムガル帝国

▲タージ=マハル

★3　イスラーム教の影響をうけたヒンドゥー教改革派で,一神教的傾向がある。創始者はナーナク。

★4　デカン高原西部のヒンドゥー教国。18世紀には王権は衰退し,諸侯のゆるやかな連合体(マラーター同盟)となった。

★5　北インドの言語にペルシア語の要素が加わってできた言語。現在,パキスタンの国語となっている。

★6　ムガル帝国の第5代皇帝シャー=ジャハーン(在位1628〜58)が愛妃ムムターズ=マハルの死を悲しんで建立。アグラにある。

[ムガル帝国]

① インドのイスラーム化はムガル帝国で頂点。ヒンドゥー教徒と対立
② 人頭税:アクバルが廃止→アウラングゼーブは復活→反抗増大
③ インド=イスラーム文化:シク教・ウルドゥー語・タージ=マハル

☑ 要点チェック

CHAPTER 5 アジア諸帝国の繁栄	答
□ 1　8つの軍団がそれぞれ色の異なる旗を標識として用いる，清朝の軍事・行政組織を何というか。	1　八旗
□ 2　明から清にくだった呉三桂らの諸侯がおこした反乱は何か。	2　三藩の乱
□ 3　ロシアと清とのあいだで1689年に結ばれた，アムール川付近の国境を画定した条約は何か。	3　ネルチンスク条約
□ 4　17世紀後半から18世紀にかけての約130年間が清の全盛期であるが，そのときの3代の皇帝を順にあげよ。	4　康熙帝，雍正帝，乾隆帝
□ 5　清朝は，漢人に対して懐柔策とともに威圧策もとり，反満・反清的な文章を書いた者をきびしく処罰した。この政策を何というか。	5　文字の獄
□ 6　明代の16世紀後半からおこなわれた税制で，地税と丁税にまとめた税を一括して銀納させた制度を何というか。	6　一条鞭法
□ 7　丁税を地税に組みいれて税目を一本化した，清代の税制は何か。	7　地丁銀制
□ 8　清朝が，ヨーロッパとの貿易港とした港はどこか。	8　広州
□ 9　明末清初に確立した，古典の文献的研究などの学問を何というか。	9　考証学
□ 10　清朝の皇帝の命で，ブーヴェ・レジスらが作製した実測地図を何というか。	10　皇輿全覧図
□ 11　ヨーロッパの画法を紹介したほか，バロック式建築などをもつ離宮の円明園の設計にあたったイエズス会宣教師は誰か。	11　カスティリオーネ
□ 12　1402年，ティムールがオスマン帝国を破った戦いは何か。	12　アンカラの戦い
□ 13　中央アジア最大の国際市場として栄えた，ティムール朝の首都はどこか。	13　サマルカンド
□ 14　オスマン帝国が，マムルーク朝を滅ぼして保護権を獲得した2つの聖都とは，どことどこか。	14　メッカ，メディナ
□ 15　オスマン帝国全盛期の皇帝で，第1次ウィーン包囲・プレヴェザの海戦をおこなったのは誰か。	15　スレイマン1世
□ 16　1571年，オスマン帝国がスペインに敗れたものの，地中海の制海権を保った戦いは何か。	16　レパントの海戦
□ 17　1526年，ムガル帝国を建国したのは誰か。	17　バーブル
□ 18　16世紀後半，アグラに都を定め，ムガル帝国の基礎をきずき，中央集権化をすすめるとともに，人頭税を廃した皇帝は誰か。	18　アクバル
□ 19　ナーナクが創始した，イスラーム教の影響をうけたヒンドゥー教改革派で，パンジャーブ地方に信者の多い宗教を何というか。	19　シク教
□ 20　17世紀中ごろに西インドで成立したヒンドゥー教国家で，やがて諸侯のゆるやかな連合体（同盟）となった王国を何というか。	20　マラーター王国
□ 21　シャー＝ジャハーンが造営した，インド＝イスラーム文化の最高傑作といわれる建築物を何というか。	21　タージ＝マハル

史料から読みとく歴史の世界①

明清の交易ネットワークの構築

　歴史の学習・研究は，史料(歴史資料)に基づく事実の特定と，それらの事実をどのように関連づけるか検討すること，すなわち歴史の解釈という，2つの作業からなっている。史料は，文献史料と非文献史料(絵画・写真など)とに大別されるが，ここでは，「明清の交易ネットワークの構築」を琉球に焦点を当て，絵画史料や文献史料を読みとく作業を通して，明清時代の琉球王国が東南アジアと東アジアを結ぶ交易で果たした役割を考えてほしい。

史料1　**那覇港のにぎわい(琉球貿易図屏風)**　　　進貢船　　　　　　　　　首里城

(滋賀大学経済学部付属史料館蔵)

▲3艘のハーリー船
(航海安全などを祈る競漕船)

史料2　**冊封体制と琉球**
(汪楫『冊封疏鈔』(1684)現代語訳)

▲薩摩藩船
薩摩藩主島津家の家紋(丸に十)の旗が立っている。

……琉球国の地は南の辺境にあり，藩国に列している。中山王世子尚貞は朝貢を欠かさず行っている。(1674年の福建の靖南王の起こした乱)が起こったとき，反乱軍に与せず，清朝に対して臣下の道をまもって忠誠をつくした。高く評価すべきである。このたび位を受け継ぐにあたって，封土を受け継ぐことを願ってきた。……(清の康熙帝は)正使として汪楫……を遣わして，(尚貞を)琉球国中山王とする。

史料3　琉球王国の交易ルート

史料4　万国津梁の鐘の銘文（現代語訳）★1

> 琉球国は南海の地勢にすぐれた土地で，朝鮮の秀でたものを集め，明（中国）と日本とは，互いに切っても切れない密接な関係にある。（琉球国は）この二国の中間にあってわき出た蓬莱嶋（理想郷）である。船で各国へ渡り，万国の架け橋となり，外国の産物や貴重な品々は，国中いたるところに満ちあふれている。

> ★1 1458年に琉球王国第一尚氏王統の尚泰久王が鋳造させた釣鐘（梵鐘）。

史料1は那覇の港の様子を描いた屏風絵である。中には，交易品を積んで中国の明から戻る使節の船（進貢船）や薩摩藩からやってきた船が，琉球のハーリー船に混じって描かれている。進貢船は全長40メートルに及ぶ巨大な海船で，明との進貢貿易（朝貢貿易）★2がはじまった頃には，明から無償で与えられていた。那覇には朝鮮や東南アジアからの船，後にはポルトガルの船も来ていた。

★2 琉球国による朝貢をとくに進貢という。

なぜ，15〜16世紀の琉球では，このようにたくさんの船が行き来していたのだろうか，当時の貿易の様子，明清との関係，などを，史料をもとに考えてみよう。

○明朝と周辺諸国を結びつける朝貢と冊封

中国の王朝は，周辺地域の首長が中国の皇帝に対し，臣下の礼を尽くして貢ぎ物を献上すると（朝貢），その首長を王にする（冊封）とともに，これにほうびを与える関係をきづいた。周辺の朝貢国は中国の暦を使い，定められた儀礼をふまえて中国に使節を送れば，免税など優遇された条件で貿易（朝貢貿易）を認められた。

○明代から17世紀までの琉球王国の朝貢貿易

1368年，モンゴル人の国家「元」に代わって登場した漢族国家「明」は建国から4年後の1372年，初代皇帝洪武帝が使節団を琉球に派遣し入貢（朝貢）を求めた。琉球中部にあった中山国の王・察度がこれに応え，洪武帝から中山王に封じられたとする説がある。

15世紀，琉球では中山国を中心に統一王朝が形成された。その君主は，統一する過程で明に朝貢し，皇帝から琉球国中山王（琉球王）として冊封されることで，中国皇帝の権威を借りて国家を整えていった。国王が死ぬと，その後継者は中国に対して王の死を報告する報喪使を派遣した。冊封使節の受け入れ準備がおわると，正式に冊封を要請する請封使が派遣される。中国皇帝はそれを受けて冊封使を琉球に派遣し，琉球で故王の諭祭・新国王の冊封などを行う。史料2は，清の康熙帝時代に尚貞の冊封のために派遣された汪楫の「冊封使録」の一部である。中国による琉球諸王の冊封は，明代が15回，清代が8回で計23回に及んでいる。

1372年に中山王察度が初めて入貢して以降，琉球は1年1貢（年によって1年2貢）といったように渡航頻度の面で優遇されていた。毎

特集　史料から読みとく歴史の世界①

年のように中国に貿易船を送り，大量の中国商品を入手できる立場を確立した。**倭寇**対策の意味が強いと考えられる。1470年代からは2年1貢に制限されたが，明代の進貢回数は，琉球が1位で171回，第2位が安南で89回であることから，群を抜いて多いことがわかる。ちなみにシャム（現在のタイ）が73回で6位，朝鮮が30回で10位，マラッカが23回で12位，日本は19回で13位である。日本の場合，1404年に**足利義満**が明との**勘合**による朝貢貿易をはじめたのが最初である。

朝貢貿易で中国と琉球が入手したものは何だろうか。洪武帝が琉球から求めたかったものは硫黄と馬（小型の馬）であった。当時，北のモンゴルの長城内への侵入を防ぐために軍事的備えが必要だったからだ。その他に琉球から明に送られた貢品は，夜光貝（螺鈿漆器の用材），琉球産の織物，牛皮など琉球産品，刀剣や銅など日本産品，象牙，錫，蘇木（漢方薬に用いる生薬のひとつ）など東南アジア産品である。これらの品と交換に中国から絹織物，綿織物，陶磁器，茶をもち帰る。

琉球王国は，明の**海禁**，進貢回数の多さ，琉球の地理的条件（史料3）を生かして，中国から入手した物産を朝鮮，日本，東南アジアへ運んで利益を得た（史料4）。とくに，琉球に定住していた中国人が，東南アジアなどにもつ**華僑**ネットワークを使って交易の役割を担った。東南アジアでの琉球人の商業活動に関しては，ポルトガル人のトメ＝ピレスが『東方諸国記』（1515年）の中で，毎年2，3隻のレキオ人（琉球人）の貿易船がマラッカにやってきてインドのベンガル産の衣服をもち帰る，と書いている。ところが琉球から東南アジアへの貿易船の記録は1570年のシャムへの派遣船を最後に消えてしまう。16世紀にはじまるポルトガル・スペインなどヨーロッパ勢力の東南アジアへの進出，明の衰退による海禁政策の緩みを利用した中国人商人の海外進出，日本人の進出などで琉球の**中継貿易**は成り立たなくなっていく。

◯清朝の海禁政策解除（1684年）後の変化

1609年，琉球は薩摩藩に征服される。直後，10年1貢となるが，1634年2年1貢となり1874年までそのまま続く。しかし，1684年に清朝が**海禁**を解除すると，清からの貿易船が激増して金銀の大量国外流出が始まると，幕府は長崎**出島**を通じての貿易総量を制限したため，琉球を通じた対中国貿易も変化する。18世紀から19世紀にかけて中国で昆布の需要が伸びて，中国への積み荷の70～90％を昆布が占めるようになった。その結果，**蝦夷地**から北前船で大坂に運ばれ，薩摩藩を通じて琉球や中国にいたる昆布ロードが形成され，その見返りに中国から漢方薬の原材料が輸入されるようになった。しかし，貿易総量とすれば琉球を含めて減少する。

17世紀末から18世紀，東南アジア交易を担っていくのは，中国福建省などを出身地とする中国人商人である。福建省の厦門は，清代における中国船の東南アジア海域への出港地として最大のものであった。18世紀の半ばの最盛期には1年に60～70隻，行き先はマニラ（十数隻），バタヴィア（十数隻），ベトナム，タイなど東南アジア全域にわたっていた。東南アジアに渡った**華僑**は，自らの相互扶助的なネットワークをつくり上げ，商品経済の中枢をにぎり，東アジア・東南アジアの交易網に大きな役割を果たすようになる。

18世紀末から19世紀，東アジア・東南アジア市場で中心となるのはヨーロッパ勢力である。**産業革命**によって経済成長をするイギリスを筆頭にヨーロッパ諸国が，中国の茶，陶磁器，絹織物を求めて中国市場に登場し，清朝が行う広東の特定商人による貿易独占の変更を求めるようになり，やがて**アヘン戦争**に結びつく。

6 » 近世ヨーロッパの成立

時代の俯瞰図

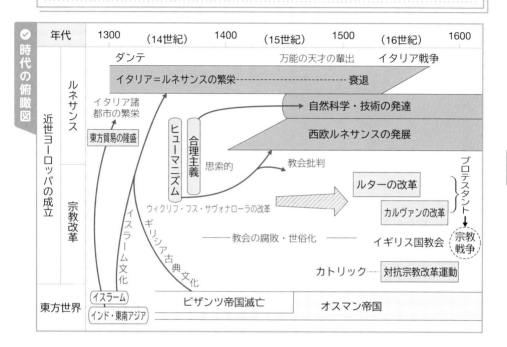

| 年代 | 1300 | (14世紀) | 1400 | (15世紀) | 1500 | (16世紀) | 1600 |

SECTION
1 イタリア=ルネサンスの盛衰

1 ルネサンスの意義と性格

❶ルネサンスの意味　ルネサンスとは，14～16世紀に，イタリアを中心におこった**人間性解放の文化革新運動**をいう。

❷ルネサンスの指導精神　ルネサンス期の人々は，**ギリシア・ローマの古典文化**を模範とした。これは，中世において，キリスト教と封建制度とによって束縛されてきた人間性を，本来の姿にもどそうとするものである。こうして人間回復をめざす古典研究を**人文主義(ヒューマニズム)**といい，これはやがて，新しい人間性の確立と尊重という人間主義(いわゆるヒューマニズム)に発展し，ルネサンスの指導精神となった。

★1 Renaissance とつづる。「再生」または「復活」「復興」を意味するフランス語で，**文芸復興**とも訳される。19世紀のスイスの歴史家ブルクハルトによって，はじめて1つの時代概念としてとらえられた。

★2 ただし，中世の文化の継承・発展という側面も無視できない。

❸ルネサンスの意義　イタリア＝ルネサンスは，その初期に中世的性格を残し，後期には貴族的・保守的な性格に変質した。しかし，①市民が文化創造の中心となったこと，②ルネサンスの本質である人文主義の思想の発展は，近代精神の端緒をなすものであったことなど，その意義は大きい。

★3　イタリア＝ルネサンスが中世から近代への過渡期の文化であり，それ自身，矛盾と限界をもっていたためである。

2 イタリア＝ルネサンスの背景

❶都市の繁栄　十字軍遠征いらい，東方貿易が発達し，北イタリアではヴェネツィア・ジェノヴァ・フィレンツェなどの自由都市が栄えた。これらの都市の住民がその巨大な経済力によって中世の束縛からはなれた，自由で個性的な文化を創造する気運をつくりだした。

❷古典文化の継承　①古代ローマの文化遺産が多く，古典文化の伝統があった。②ビザンツ帝国の滅亡（⤵p.142）により，ギリシア古典を継承したビザンツの学者が，イタリアに逃れてきた。③十字軍遠征いらい，イスラーム文化の影響を強くうけるようになった。

▲ルネサンス当時のイタリア

\ TOPICS /

ルネサンスの街フィレンツェ

　1966年11月，イタリアは1000年に一度といわれる大洪水にみまわれた。このときの報道でとくに大きくとりあげられたのがフィレンツェ市の被災であった。イギリスのBBC放送は，「世界にとって貴重な宝石が失われつつある」と訴えた。「イタリア芸術の誕生」といわれるチマブエの名画「十字架のキリスト」やギベルティの作品の一部が，洪水で被害をうけた。しかし，ボッティチェリの「ヴィーナスの誕生」や「春」，ミケランジェロ・ラファエロの重要な作品が無事であったのは，不幸中の幸いであった。

　今日，「街を歩くこと博物館を行くに等しい」といわれるフィレンツェの壮観が完成したのは，メディチ家の支配下，とくに，自らも古典の教養や詩才にすぐれたロレンツォ＝デ＝メディチのときであった。しかし，かれの死後，フランス王シャルル8世のイタリア侵入にはじまるイタリア戦争とともに，都市は荒廃し，この戦争が終わる1559年ごろには，イタリア＝ルネサンスも終わりをむかえた。

◀フィレンツェの街並み
右上にみえるのがサンタ＝マリア大聖堂。

❸文芸の保護者　フィレンツェのメディチ家に代表される都市の支配層や大商人・貴族および教皇[★4]が文芸を保護した。

> 補説　**メディチ家**　14世紀ごろから，東方貿易と金融業とで巨万の富を蓄積。15世紀，コジモ(1389〜1464)のとき，フィレンツェの市政権をにぎり，その孫ロレンツォ(1449〜92)のとき独裁的地位を獲得した。

❹イタリア=ルネサンスの衰退　**大航海時代**にはいり，イタリア諸都市がおとろえると，都市を基盤としていたイタリアのルネサンスも衰退していった[★5]。フランス・神聖ローマ皇帝・スペインによるイタリアの支配権をめぐる**イタリア戦争**(1494〜1559)も，イタリアの政治的混乱をさらに深めた。

③ イタリアの文芸と美術

❶イタリアの人文主義者(ヒューマニスト)

1　**ダンテ**　ルネサンスの先駆者。14世紀のはじめに，代表作の『**神曲**』[★6]をラテン語ではなく**イタリア語の口語**[★7](トスカナ地方の方言)で書き，イタリア国民文学の先駆をなした。

2　**ペトラルカ**　14世紀なかば，すぐれた叙情詩をつくったほか，ラテン語の古典の研究をすすめた。

3　**ボッカチオ**　ペトラルカと同時代。『**デカメロン**』[★8]を著したほか，ギリシア語の古典の研究にも業績を残した。

4　**マキァヴェリ**　16世紀はじめ，当時のイタリアの混乱に際して『**君主論**』を著し，道徳や宗教からはなれた新しい政治理論を展開[★9]。近代政治学の基礎をきずいた。

> 補説　**批判精神の芽ばえ**　人文主義の発達により，自由主義・個人主義の態度が生まれ，批判精神も芽ばえた。ロレンツォ=ヴァラが，それまで本物と信じられ，教皇権の拡大にも利用された『コンスタンティヌスの寄進状』を偽作と証明し，批判したのはその好例である。

❷イタリア美術の繁栄

1　**建築**　ゴシック様式にかわって，ギリシア・ローマの様式をとりいれた**ルネサンス様式**[★10]がおこった。15世紀にブルネレスキの建造したフィレンツェの**サンタ=マリア大聖堂**のドームや，ローマの**サン=ピエトロ大聖堂**などが代表例。

> 補説　**サン=ピエトロ大聖堂**　ローマにある教皇庁直属の大聖堂。キリスト教の公認後，使徒ペテロの墓所に建てられた聖堂を前身とする。16世紀初頭，ブラマンテの設計で改築がはじまり，ミケランジェロやラファエロらの手をへて17世紀なかばに完成。教皇レオ10世は，この改築資金を捻出するため**贖宥状(免罪符)**を発行した(⊂♪ p.228)。

★4　メディチ家出身の教皇レオ10世(ロレンツォの二男)が代表的。ラファエロはその保護をうけた。

★5　ヨーロッパ商業の中心が，地中海から大西洋沿岸へと移ったことによる(⊂♪ p.202)。

> 参考　16世紀には，ルネサンスの中心も，フィレンツェからローマに，さらにヴェネツィアに移った。

★6　スコラ学の影響が強いが，人間性の解放をめざし，感情を自由に表現しようとしている点で中世的な枠を破っている。

★7　教会用語であり，知識人の公用語でもあった。

★8　『**十日物語**』ともいう。聖職者の偽善的生活を鋭く風刺しながら，人間性が赤裸々に描かれ，現世肯定の精神に満ちている。近代小説の祖といわれる。

★9　マキァヴェリズム
　君主が権力を維持するためには，必要ならば謀略を用いてもよいとする説。

★10　大きなドーム，半円形のアーチなどをもつ，豪快で調和のとれた建築。

> 参考　ルネサンス盛期の巨匠たちは，1つのジャンルだけでなく，あらゆる方面にすぐれた才能を発揮し，**万能の天才**とよばれた。科学技術や土木建築などにもすぐれた業績を残したダ=ヴィンチがその代表である。

▲「ダヴィデ像」

2 **彫刻**　古典古代の彫刻を模範として，ありのままの人間を表現しようとし，解剖学も利用された。15世紀にギベルティやドナテルロらが活躍し，16世紀にはミケランジェロがでて「ダヴィデ像」「モーセ」「ピエタ」などの名作を残した。

3 **絵画**　①13～14世紀にジョット・チマブエが写実的な画風で先駆をなし，②15世紀にはマサッチオ・フラ=アンジェリコ・ボッティチェリ・ヴェロッキオらがでて，**遠近法**，油絵具の使用など新しい技法が発達。③15世紀末～16世紀初頭，レオナルド=ダ=ヴィンチ・ミケランジェロ・ラファエロの三大巨匠によってルネサンス絵画が完成された。④16世紀にはヴェネツィアでティツィアーノらが活躍した。

★11 三大巨匠の絵画　ダ=ヴィンチ…「最後の晩餐」「モナ=リザ」など。ミケランジェロ…「最後の審判」「天地創造」（システィナ礼拝堂天井画）など。ラファエロ…数多くのマドンナ（聖母）像，壁画「アテネの学堂」など。

 ［イタリア=ルネサンス］
①性格：ギリシア・ローマの古典文化が模範のヒューマニズム（人文主義），市民が文化創造の中心，近代精神の端緒
②背景：都市の繁栄，古代ローマ・ビザンツ帝国・イスラーム文化の影響，都市の大商人・貴族・教皇などの文芸保護

SECTION 2 西欧諸国のルネサンスと科学・技術の進歩

1 西欧諸国のルネサンス

❶**一般的な特色**　イタリア=ルネサンスにくらべて，次のような特色をもつ。①現実の社会や伝統的な権威に対して批判・研究の眼が向けられ，**宗教改革との関係が強い**。②国民国家の形成の過程で展開したため，**国民性の強い文芸**が生まれた。

❷**ネーデルラント**　毛織物工業が発達し，南北ヨーロッパを結ぶ商業の中心であったため，自由な市民活動がみられ，イタリアについでルネサンスが開花。絵画にファン=アイク兄弟や農民の日常生活を描いたブリューゲルがでた。**人文主義者**としては『愚神礼賛』を著したエラスムスが名高い。

❸**ドイツ**　南ドイツの都市を中心に展開。宗教的・学問的色彩が強い。15～16世紀に，ヘブライ語の研究につくしたロイヒリンらの人文主義者は聖書の研究をすすめた。また絵画

★1　16世紀最大の人文主義者。イギリスのトマス=モアと親交を結んだ。『愚神礼賛』で宗教界を風刺し，ギリシア語『新約聖書』を校訂・出版した。宗教改革は「エラスムスが産み，ルターが孵した」といわれる。

▲エラスムス像（ホルバイン）

ではデューラーやホルバインが精神的な深みのある画風を示した。

❹フランス　イタリア遠征で文化的刺激をうけ、国王の保護のもとでルネサンスが展開。ラブレーの『ガルガンチュアとパンタグリュエルの物語』やモンテーニュの『エセー(随想録)』は、社会や人間に対する鋭い批判精神に満ちている。

❺スペイン　大航海時代にはいり、国力の充実を背景にルネサンスが展開。文学では、セルバンテスが『ドン=キホーテ』を著し、その風刺とユーモアで近代小説の1つの先駆となった。絵画では、エル=グレコが神秘的な宗教画を描いた。

❻イギリス　14世紀に詩人チョーサーがイギリス国民文学の先駆をなし、16世紀には人文主義者モアが『ユートピア』のなかでイギリス社会を批判した(「囲い込み」の批判はとくに有名)。16世紀後半のエリザベス時代は、スペンサー・シェークスピアらの文学者や哲学者フランシス=ベーコンがでて、イギリスのルネサンスの黄金時代であった。

2 技術の進歩と科学の端緒

❶科学精神の発達　アラビア科学の流入やギリシア精神の復活などにより、実験・観察・分析などの研究方法が発達。

❷ルネサンスの三大発明　火薬・羅針盤・活版印刷術の3つ。ヨーロッパの近代化に大きな役割を演じた。

1 火薬　火器の発達による戦術の変化→騎士の没落促進。

2 羅針盤　遠洋航海が可能→ヨーロッパ人の海外進出。

3 活版印刷術　文化、とくに聖書の普及→宗教改革に影響。

❸宇宙観の転換　①16世紀中ごろ、ポーランドのコペルニクスは、それまでの天動説に対して地動説を唱え、中世的宇宙観に革命的な転換をもたらした。②地動説はイタリアのブルーノらに継承され、17世紀はじめにイタリアのガリレイによって確かめられた。③ドイツのケプラーは、コペルニクスの地動説を数学的に証明し、惑星運行の法則を発見した。これらは、17世紀の科学革命とよばれる自然科学の発展に継承された。

❹その他　15世紀末、イタリアのトスカネリは、地球球体説に基づく世界地図を作製。16世紀末には教皇グレゴリウス13世がユリウス暦を改良し、今日のグレゴリウス暦を制定した。

★2　こうした傾向は、同じくイタリア遠征をおこなったスペイン・ドイツにもみられる。また、イタリアの文芸にふれ、文芸の保護者となった国王に、フランソワ1世(仏)やマクシミリアン1世(独)がいる。

★3　『デカメロン』にならって『カンタベリ物語』を書いた。

★4　「詩人の詩人」ともいわれる抒情詩人。代表作はエリザベス1世に捧げられた『妖精の女王』。

★5　実験と観察に基づく帰納法的な科学の方法を確立。イギリス経験論の祖。

★6　火薬・羅針盤は中国起源で、アラビア人によってヨーロッパに伝えられ、改良された。活版印刷術はドイツ人グーテンベルクが発明したといわれる。

★7　近代自然科学の祖。ガリレイは、そのほか振り子の等時性、物体落下の法則、木星の4衛星を発見。

参考　コペルニクスは弾圧を恐れ、死の直前にその学説を公刊した。ブルーノは異端とされて処刑され、ガリレイは宗教裁判で地動説の撤回を強制された。

★8　16世紀後半には、ネーデルラントのメルカトルが航海に便利な世界地図を作成した。

6

近世ヨーロッパの成立

③ ドイツの宗教改革

1 宗教改革とルター

❶宗教改革の背景

1　**信仰の形式化**　封建社会の変質・解体によって，ローマ教皇を頂点とする**ローマ＝カトリック教会の堕落と世俗化**がすすみ，信仰も教会の権威的な教義や制度にとらわれて形式化した。これに対し，教会や聖職者の堕落を批判し，**聖書にたちもどって純粋な信仰を求めようとする気運**がおこった。[*1]

2　**人文主義の展開**　ロイヒリン・エラスムスらの人文主義者は，キリスト教的古代に強い関心をもち，聖書研究を通して，キリスト教本来の姿をとりもどそうとする気運を生んだ。[*2]

3　**市民・農民の成長**　封建社会の解体とともに市民（商工業者）や農民（自営農民）が成長し，封建的な抑圧からの解放をめざすとともに，教会や聖職者に仲介されない**自律的・直接的な信仰**を求めた。人文主義者たちの教会・聖職者に対する批判は，このような市民や自営農民の立場と合致していた。

4　**教皇庁の腐敗**　ローマ教皇は，**教会大分裂**（⤴p.160）の後，教皇領の世俗君主としての性格を強め，他国との権力闘争にまきこまれて出費がかさんだ。また，レオ10世らの教皇は芸術家たちを保護し，教皇庁の奢侈も増大した。ところが，西ヨーロッパ諸国は中央集権をすすめ，国内の教会に対する教皇の支配を排除してきたので，教皇は分裂状態にある**ドイツを搾取の対象**とし，フッガー家などの大商人と結んで贖宥状を販売するなど，ドイツに対する財政的圧迫を強めた。[*3][*4]

❷ルターの改革

1　**宗教改革の発端**　1517年，教皇レオ10世がサン＝ピエトロ大聖堂の改築のために，ドイツで大量の**贖宥状**を発売させると，ドイツの神学者**ルター**は，「九十五カ条の論題」を発表して贖宥状の害悪をはげしく攻撃した。[*5]

ルター像▶
（クラナッハ）

★1　イギリスのウィクリフや，ベーメンのフスが教会改革運動をおこし（⤴p.161），15世紀末にはイタリアのサヴォナローラがフィレンツェで神権政治をおこなったが，これらは宗教改革の先駆といえる。

★2　『旧約聖書』はヘブライ語，『新約聖書』はギリシア語で書かれている。そのため，当時の西欧の人文主義者は，ラテン語のほか，ギリシア語・ヘブライ語の習得につとめた。

★3　そのため，ドイツはミルクを提供する牝牛にたとえられ，「ローマの牝牛」といわれた。

★4　免罪符ともいう。これを買えばそれまでの罪が消えるというもの。教会の世俗化で濫用。

★5　1483～1546年。ザクセン生まれ。ザクセン選帝侯が創立したヴィッテンベルク大学の教授となって神学を深めた。『キリスト者の自由』（1520）などの著作がある。

2 **ライプツィヒ討論**　ルターは当初，攻撃の対象を贖宥状に限っていたが，1519年のライプツィヒ討論で**教皇の権威を否定し**，「**人は信仰によってのみ義とされる**」との立場から，聖書(福音信仰)のみが信仰のよりどころであると改めて主張した。かれの意見は，印刷術の普及によって急速にひろまり，教皇庁の財政的圧迫を不満とする**諸侯**や自由を求める**市民**，重圧に苦しむ**農民**などの支持を得た。

3 **教皇・皇帝との対立**　①1521年はじめ，教皇レオ10世はルターを破門。②同年春，神聖ローマ皇帝カール5世(在位1519〜56)は，ヴォルムス帝国議会でルターが自説の撤回を拒否したため，ルターの公民権を剝奪した。

4 **ルターの活動**　法の保護外におかれたルターは，領主のザクセン選帝侯フリードリヒのヴァルトブルク城に保護されて，ここで『**新約聖書**』のドイツ語訳を完成し，民衆が直接キリストの教えに接する道をひらいた。

★6　その前年の12月，ルターは，破門威嚇の教皇勅書を人々の前で焼きすてた。

★7　当時，イタリア戦争で仏王フランソワ1世と争っており，またスペイン王としても，カトリシズムの堅持を必要とした。

★8　これは近代ドイツ語の基礎となった。

6
近世ヨーロッパの成立

🔖史料　九十五カ条の論題

第21条　贖宥状の擁護者が，人は教皇の赦免によってあらゆる刑罰からまぬがれるというのは誤りである。

第27条　献金箱に投げこまれた硬貨の音と同時に，魂が煉獄より飛びだすというのは，神の教えではなく人間の道を説教するものである。

第36条　真実の悔い改めをなすキリスト者

は，すべて贖宥状がなくても，こらしめや罪から完全に解放される権利をもつ。

解説　ヴィッテンベルク宮廷付属の教会の扉に貼りつけた，95カ条からなる意見書である。これは，純粋に神学的な立場から大学関係者に訴えたもので，ラテン語で書かれていたが，誰かにドイツ語に訳され，たちまちひろまった。

2 宗教内乱とルター派の拡大

❶**農民の蜂起**　ルターの改革運動は，ドイツの複雑な社会情勢のなかで各方面に刺激を与え，**騎士戦争**のあと，西南ドイツを中心に農奴的諸負担の廃止を要求した農民の大規模な反乱がおこった。これを**ドイツ農民戦争**(1524〜25)という。

❷**農民戦争とルターの態度**　ルターは，はじめ農民反乱に同情的であった。しかし，ミュンツァーの指導下に貧農層が中心となり，社会改革を要求して過激な破壊行動に移ると，農民反乱を非難し，鎮圧する諸侯側に味方した。

★9　1522〜23年。没落しつつあった帝国直属の騎士が，聖界諸侯の打倒を唱えておこした反乱。

★10　ここに改革を宗教の範囲にとどめようとしたルターの限界がみられる。諸侯は，ルターの支持に力を得て農民戦争を鎮圧し，ルターを積極的に支持する者もふえた。

❸**農民戦争の結果** ①農民戦争は鎮圧され，農奴（の^{うど}）の解放はすすまず，ドイツの近代化がおくれる大きな原因となった。
②ルターの主張は，諸侯や富農・富裕市民に支持されて発展するようになり，再洗礼派（せんれい）★11などの急進派とは敵対した。

❹**皇帝とルター派諸侯との対立** このころオスマン帝国がフランスと結んでウィーンにせまったため（⤴p.216），**カール5世**は諸侯・自由都市（帝国都市）の支持を得るため，1526年シュパイアー帝国議会でルター派を黙認（もくにん）した。しかし，戦局が好転した1529年，ふたたびルター派を禁じたので，ルター派の諸侯と帝国都市はこれに抗議（プロテスト）★12し，1530年シュマルカルデン同盟を結成して反抗をつづけた。

❺**アウクスブルクの和議** カトリック・ルター両派の和平協定。1555年に締結。①ドイツのプロテスタント諸派のうち**ルター派のみ公認**され，②諸侯はカトリックかルター派のいずれかを選ぶ自由が認められ，領民は領主の決定にしたがうこととなった。

★11 無自覚な幼児への洗礼を無効とし，成人への再洗礼や，政教分離，社会的平等などを主張したプロテスタントの一派。ミュンツァーも，これに近い思想をもった。

★12 これ以後，ルター派などの各派を総括（そうかつ）して，「抗議する人」すなわちプロテスタントとよぶようになった。

注意 ルター派は公認されたが，それはあくまで諸侯本位のものであり，個人の信仰の自由は認められなかった。

\ TOPICS /

宗教改革の意義

　宗教改革とは，ヨーロッパ世界に重くのしかかっていた教皇や教会の権威を否定し，聖書にたちかえってキリスト教本来の精神をとりもどそうという運動である。したがって，古典に原点を求めたこと，および市民の台頭による中世的束縛（そくばく）からの解放運動であった点では，ルネサンスとの共通点がみられる。

　しかし，ルネサンスが結局は教皇や貴族の保護のもとに繁栄したものであったのに対し，宗教改革は教皇と教会権力を徹底的に批判した。封建（ほうけん）社会と不可分の関係にあり，それ自身封建領主であった教会権力を否定することは，超国家的な存在である教皇の支配から脱しようとする意識と結びつき，それが王権強化の運動と重なって，**国民国家**が形成されていく。また，中世的権威の否定は，必然的に社会改革を要求する運動をよびおこし，改革者の宗教的な目標をこえて，社会的・政治的な動きに大きな影響をおよぼした。

　さらに聖書の普及もあって，宗教改革は，キリスト教を個人の良心に基づく市民の宗教へと脱皮させることにもなった。

▲ヨーロッパの宗教分布（1560年ごろ）

凡例：
- ルター派
- カルヴァン派
- イギリス国教会派
- カトリック
- ギリシア正教
- イスラーム

❻**ルター派の伝播**　ルター派は，東・北ドイツやデンマーク・スウェーデン・ノルウェーに伝播していった。

[ルターの改革]
①聖書を至上として，教会を否定する宗教的側面
②教会・教皇の権威を否定して，社会改革をすすめる政治的側面
→ドイツ農民戦争

4 カルヴァン派の成立と対抗宗教改革

1 カルヴァンの改革

❶**スイスの宗教改革**　スイスでは，ツヴィングリがチューリヒで宗教改革を開始したあと，16世紀なかばジュネーヴでフランスから亡命してきた人文主義者カルヴァンが独自のプロテスタント運動をすすめた。

❷**カルヴァンの改革**　ルターと同様に**聖書主義(福音主義)**にたつ。さらに，カトリック教会の制度をまったく否定した。司教制を廃し，信徒の代表が牧師を助けるという**長老制**を設けて，教会に信徒による自治の要素を導入した。

❸**カルヴァンの教説**　カルヴァンは，その著書『**キリスト教綱要**』のなかで，人間の救済は神があらかじめ予定したものであり(予定説)，身分の上下や職業の貴賤などとも無関係であると主張。また，**世俗の職業は神聖**，倹約は義務であるとし，禁欲的勤労の結果としての**営利や蓄財は神の意思にかな**うとしてこれを認めた。

❹**カルヴァン主義の普及**　職業を重視し，勤勉による富を肯定するカルヴァンの教えは，勤労にいそしんだ西ヨーロッパ各国の商工業者を中心に，成長しはじめた新興市民層のあいだに急速にひろまった。のちにカルヴァン主義の職業倫理は，資本主義の精神と結びつけて説明された。

補説　**カルヴァン派の名称**　カルヴァン派は，ヨーロッパ各地で信仰の自由や圧政からの自立を求めて勇敢に戦った。イングランドでは**ピューリタン(清教徒)**，スコットランドでは**プレスビテリアン(長老派)**，オランダでは**ゴイセン**，フランスでは**ユグノー**とよばれた。

★1　エラスムスの影響をうけて聖書中心主義をとったが，ルターより急進的で，ルターとの妥協に失敗。カトリック側との戦いで戦死。

★2　エラスムス・ルターの影響をうけて改革運動をおこしたが，フランス本国では弾圧をうけ，ジュネーヴに逃れた。厳格な道徳規律ときびしい統率力でジュネーヴの市政改革に手腕を発揮。信仰だけを強調したルターとは異なり，人間の社会的活動にも眼を向けた点で後世への影響も大きい。

★3　マックス=ヴェーバー(⇨p.471)が『プロテスタンティズムの倫理と資本主義の精神』のなかで，この点を指摘。

★4　ゴイセンは「乞食」，ユグノーは「同盟者」の意味。

6

近世ヨーロッパの成立

2 イギリスの宗教改革

❶性格　イギリスの宗教改革は，信仰上の問題からではなく，国王ヘンリ8世(在位1509〜47)の離婚問題にからむ国王と教皇の対立にはじまり，中央集権化をはかるためにローマ教会と教皇の政治的干渉を排除することを目的にすすめられた。

❷ヘンリ8世の改革　1534年，ヘンリ8世は首長法を発布。①イギリス国教会を創立して，自らその首長であることを宣言し，教皇と絶縁した。②修道院を解散させ，その土地・財産を没収して王室の財政を強化した。

❸国教会の確立　①イギリス国教会は，教義・儀式にはカトリックの要素を多く残したが，エドワード6世(在位1547〜53)のとき，一般祈禱書が作成され，福音主義の教義が採用された。②次の女王メアリ1世(在位1553〜58)のとき，カトリック復活を試みたが，③女王エリザベス1世(在位1558〜1603)は1559年に統一法を発布して，イギリス国教会を確立した。

3 対抗宗教改革

❶カトリック側の反省と対抗　宗教改革は，カトリック側にも深い反省の機会を与えることになり，教会内部を粛正するとともに，積極的にプロテスタントに対抗して勢力回復につとめた。

❷トリエント公会議　カトリック側が1545〜63年の18年間にわたって南チロルのトリエントで開いた宗教会議。教会の粛正をはかり，教皇至上権を確認。宗教裁判の強化，禁書目録の設定などによる異端の取り締まりの強化などを決定した。

❸カトリック側の巻き返し　1534年，スペイン人イグナティウス=ロヨラが中心となって，ザビエルらとともにパリでイエズス会を結成。厳格な軍隊的組織をもとに，プロテスタントに対する巻き返しと，強力な布教活動をおこなった。

❹宗教戦争への道　カトリック側のこうした動きを対抗宗教改革という。プロテスタント側との対立激化は，やがてフランスのユグノー戦争(⇨p.240)などの宗教戦争に発展した。

★5 カトリックでは離婚を認めなかったが，結婚の無効が証明されれば事実上の離婚ができた。ヘンリ8世が離婚しようとした王妃は，神聖ローマ皇帝カール5世の叔母にあたるため，ローマ教皇はカール5世に遠慮し離婚を認めなかった。

★6 のちにこれは貴族・大商人・有産市民らに売却され，新興市民や羊毛業者らの支持を得ることになる。この宗教改革を通じて，ジェントリがその地位を確立したことも注目に値する。

★7 ジェズイット教団あるいは耶蘇会ともいう。

★8 イエズス会の活動
①南ドイツ・フランスでカトリック側は失地の回復に成功し，南ヨーロッパへの新教の波及をふせいだ。
②多くの宣教師がスペイン・ポルトガルの植民活動と一体となって，アジア・新大陸への布教につとめ，キリスト教とヨーロッパ文化をひろめた。

参考 16〜17世紀には，プロテスタントとカトリックの対立による社会不安のなかで，悪魔の手先とされた者を迫害する魔女狩りが激化した。

☑ 要点チェック

CHAPTER 6 近世ヨーロッパの成立	答
□ 1　中世キリスト教の束縛（そくばく）から脱し，自由で豊かな人間性を求める精神を何というか。	1 ヒューマニズム（人文主義）
□ 2　14〜16世紀のイタリア゠ルネサンスの中心となった都市はどこか。	2 フィレンツェ
□ 3　文芸の保護・振興につとめた，上問の都市の大富豪は何家か。	3 メディチ家
□ 4　ルネサンス期の万能の天才の代表で，「最後の晩餐（ばんさん）」などの絵画のほか，科学技術や建築にもすぐれた業績を残したのは誰か。	4 レオナルド゠ダ゠ヴィンチ
□ 5　次の作品の著者を答えよ。 ①『神曲（しんきょく）』　②『デカメロン』　③『君主論』 ④『愚神礼賛（ぐしんらいさん）』　⑤『ガルガンチュアとパンタグリュエルの物語』 ⑥『ユートピア』	5 ①ダンテ，②ボッカチオ，③マキァヴェリ，④エラスムス，⑤ラブレー，⑥モア
□ 6　ルネサンスの三大発明のうち，大航海を可能にした道具は何か。	6 羅針盤（らしんばん）
□ 7　従来の天動説に対して，地動説を唱えて中世の宇宙観に転換をもたらした人物は誰か。	7 コペルニクス
□ 8　惑星運行の法則を発見したドイツの天文学者は誰か。	8 ケプラー
□ 9　ルターがローマ教皇の贖宥状（しょくゆうじょう）販売に反対し，「九十五カ条の論題」を発表してドイツの宗教改革をはじめたのは何年か。	9 1517年
□ 10　ヴォルムス帝国議会を開いた神聖ローマ皇帝は誰か。	10 カール5世
□ 11　ルターの宗教改革に刺激されてドイツ農民戦争がおこり，貧農層を中心に社会改革を要求するようになるが，その指導者は誰か。	11 ミュンツァー
□ 12　一度は容認したルター派の信仰をふたたび禁じた皇帝に対抗して，ルター派の諸侯・都市が結成した同盟を何というか。	12 シュマルカルデン同盟
□ 13　1555年，ルター派諸侯の信教の自由を認めた帝国議会の決定を，何というか。	13 アウクスブルクの和議
□ 14　スイスのチューリヒで，聖書にもとづいた信仰を説いて宗教改革を開始した人物は誰か。	14 ツヴィングリ
□ 15　フランスから亡命（ぼうめい）し，スイスのジュネーヴで宗教改革をすすめたのは誰か。	15 カルヴァン
□ 16　1534年に首長法を定めて，イギリス国教会を確立した国王は誰か。	16 ヘンリ8世
□ 17　エリザベス1世が，首長法を復活させて発布した法令は何か。	17 統一法
□ 18　カトリック側が1545年から18年間にわたって開き，教会の粛正（しゅくせい）や異端（いたん）の取り締まりなど，カトリックのたて直しをはかった宗教会議は何か。	18 トリエント公会議
□ 19　対抗宗教改革運動の1つとして設立され，厳格な軍隊的組織をもち，強力な布教活動をおこなった修道会を何というか。	19 イエズス会

7 » 主権国家体制の形成

時代の俯瞰図

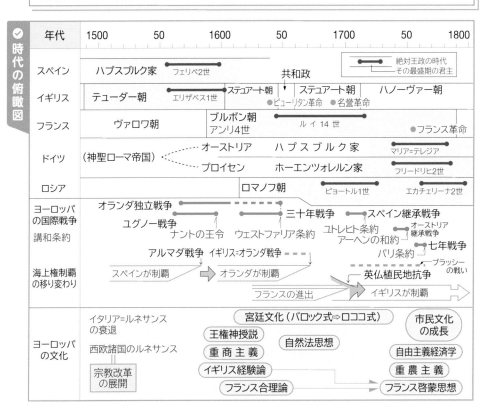

SECTION 1 絶対王政の成立

1 絶対王政の構造

❶**絶対王政とは** 16〜18世紀のヨーロッパ諸国にみられた政治形態。**絶対主義**ともいう。国王がきわめて大きな権力をもった**中央集権の国家体制**で，**主権国家**の起源であり，封建制国家と近代国家の中間に位置する。しかし，社会には旧来の身分制度が残っており，国王が国民を直接支配できたわけではない。このため国王は，都市の商人や金融業者などの有産市民層（ブルジョワジー）に経済上の特権を与えるなどして協力関係を強め，自らの権威を高めようとした。

★1 国家というひろい枠組をおさめる最高の権力（主権）で一元的に支配された国。絶対王政の国家はその原型。

❷絶対王政の成立

1 **王権神授説**　絶対王政を正当づける政治理論。君主権は神から授けられたもので，国王は地上における神の代理者であるから，国民はこれに絶対的に服従しなければならず，君主は国民に対してではなく，神に対してのみ責任を負うとされた[2]。イギリス国王ジェームズ１世がこの理論の代表者で，イギリス人フィルマーやフランス人ボシュエらもこの説を支持した。

2 **王権の強化**　国王は，中央集権化をすすめるなかで，国民の支持と期待をとりつけるとともに，**官僚制**や**常備軍**をととのえ，絶対王政支配をかためていった。

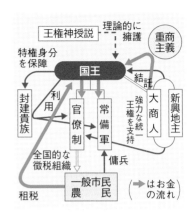

▲絶対王政の構造

補説 **国民諸階層と王権**　①封建制の崩壊によって，貴族は領主として農民を支配することが困難になり，王権をたよってその地位の保全をはかろうとした。国王は，それらの貴族の特権を保障する一方，かれらを官僚・常備軍の中に編入して王権強化に役立たせた。②都市市民は，従来から封建的地方分権に不便を感じており，とくに大商人は，商業・貿易の規模の拡大や外国商人との競争などから王権の後援を必要とし，国王もまた財政上の必要からかれらを保護し，財源とした。③農民は，封建勢力をおさえるものとして国王に期待した。国王は農民を直接の税負担者として確保し，ときには兵として雇った。

3 **官僚制の発達**　広大な領土と多くの国民を集権的に統治するには，国王に忠実で専門的知識をもった有能な官僚＝王の官吏を必要とした。そのような官僚は，封建貴族や市民，とくに上層市民から多く登用された[3]。王の権威を全国すみずみまで行き渡らせるために，地方行政組織も整備された。

4 **常備軍**　国内の統一と治安確保，外敵からの防備，植民地獲得などのために，おもに**傭兵**からなる国王直属の軍隊＝**王の軍隊**が常設された[4]。

2 絶対王政の経済政策

❶**国王の財源**　王室財政の基礎は土地所有にあったが，巨額の財政出費をまかなうために[5]，①**全国的な徴税制度**をととのえて一般人民から種々の租税をとり[6]，②輸出入**関税**などの経済上の利権を設け，③発展しつつある商業資本に**独占権**を与えて財政援助を得たほか，④重商主義政策によって国富を高めた。

★2　この理論の根底には，トマス＝アクィナスいらいの，社会秩序は人間の批判を許さない神の定めであるという考え方がある。

注意 絶対王政下でも，旧来の身分制度や，ギルドなどの団体の特権は残り，国王は，それらを認めたうえでの統治をおこなった。

★3　上層市民出身で高級官職を得た者は，貴族の称号を許された（⇨p.277「法服貴族」）。

★4　農民が主力をなしたが，身分制が強く，将校以上は貴族が独占。なお，常備軍は，市民革命をへて，徴兵制を中心とする国民軍に変化した。

★5　官僚・常備軍の維持費や戦争出費・宮廷費など。宮廷貴族の豪奢な生活のための出費も大きかった。

★6　徴税は官僚の重要な仕事となった。

7

主権国家体制の形成

補説 **国家の大商人保護** 　ポルトガル・スペインでは，国家が取引所や商船隊をととのえ，これを大商人に利用させた。イギリス・フランス・オランダなどでは，**東インド会社**(⇨p.257)のように，国家が特許(とっきょ)を与えて貿易会社をつくらせ，貿易事業を独占させた。イタリアやドイツの商人が海外市場から駆逐(くちく)されたのも，こうした国家権力の援助を得ることができなかったことが主因となっている。

❷**重商主義政策の展開** 　絶対王政期，国の富はその国の保有する貨幣や金・銀の量に比例すると考えられていた。初期には，直接的に金・銀を獲得しようとする**重金主義**がとられた★7が，のちには，輸入をおさえて輸出をさかんにし，**輸出超過による貨幣の獲得**をはかる**貿易差額主義**★8がとられるようになった。

❸**植民地政策** 　重商主義において，植民地政策はきわめて重要であった。最初は貴金属を得るために，ついで**本国への安価な原料供給地**あるいは**本国生産品の販売市場**，さらに貿易上の拠点を確保するために，植民地を必要とした。このため，はげしい植民地獲得競争が展開された。

3 絶対王政の社会・経済的基礎

❶**一般的特色** 　絶対王政時代は，封建的(ほうけん)荘園制(しょうえん)社会から近代的資本制社会への転換期であり，経済面でもいちじるしい変化と発展がみられた。

★7 そのため，国内や植民地の金・銀の鉱山の開発に力がそそがれた。絶対王政時代初期にスペインが繁栄したのも，「銀船隊」によってアメリカ大陸から大量の銀をもち帰ったからである。

★8 貿易差額の増大をはかるために，輸入税の引き上げ，輸出税の引き下げなどの**関税政策**がとられた。また，輸出を増大させるためには，国内産業の発達をはかる必要があり，**産業の保護・育成策**がとられた。そのため産業は発達したが，一部の大商人の利益のみが優先された。

\ **TOPICS** /

絶対王政国家の性格

　あるとき，フランスのルイ14世がひとりの廷臣(ていしん)に年齢をたずねたところ，この廷臣はうやうやしく一礼し，「すべてのことは陛下(へいか)のお考えしだいでございます。わたくしめの年齢も，どうぞよろしいようにおきめ下さい」と答えたという。ここまでくると，少しおおげさに聞こえるが，この話が示すように，絶対王政の「絶対」とは，君主がすべての面で絶対的権力をもっていたことに由来する。しかし単なる専制支配とは必ずしも同じではない。専制は時代を問わず出現するが，絶対王政はヨーロッパの中世から近代への過渡期(かとき)という，一定の段階に対応して出現したものである。これは，封建社会から近代国家成立にいたる過渡期の政治形態として形成されたもので，中世的な性格も色濃くふくんでいた。

◀ルイ14世の造営したヴェルサイユ宮殿

❷**商業の優越**　絶対王政期には，商業とそれを支配する商業資本が，他の産業部門に優越した。[9]

❸**手工業面での新生産様式**　16世紀いらいの商業の世界的拡大の結果，**問屋制家内工業**(とんや)や**マニュファクチュア**(下参照)[10]とよばれる新しい生産様式がおこってきた。これらは，**産業革命までの支配的な生産様式**となった。

❹**問屋制家内工業**　資本をたくわえた大商人が，都市の手工業者や農村で副業を営む農民などの直接生産者に，原料や道具を前貸しし，わずかな加工賃を支払ってその製品を独占的に買いあげるやり方。

❺**マニュファクチュア**　経営者が一定数の賃金労働者を一か所に集めて，手工業的道具によって分業による協同生産作業をおこなわせるしくみ。**工場制手工業**ともいう。生産手段を所有する**資本家**(経営者)と，それをもたない**賃金労働者**との関係が明確化したため，**資本主義生産のはじまり**といえる。イギリスでは，この経営にあたったのは，ジェントリなど[11]の地主が中心であった。

★9　大航海時代以降，西ヨーロッパが世界商業の中心的地位に上昇したためである。

★10　マニュファクチュアは，まず都市の大商人やギルドの支配のおよばない農村工業としておこった。最初は規模も小さかったが，**分業による協業**という新しい生産様式を採用した結果，しだいに発達し，大商人はその社会的・経済的地位を脅かされた。(おびや)

★11　中世末期からイギリスにあらわれた准貴族。騎士(き)などが地主化したもので，貴族と豊かな独立自営農民(ヨーマン)とのあいだに位置する平民の地主層。**郷紳**(きょうしん)と訳される。

① 絶対王政の支柱：王権神授説(政治理論)，官僚制・常備軍(政治制度)，重商主義(経済制度)

② 重商主義の展開：重金主義→貿易差額主義→植民地獲得競争

③ 問屋制やマニュファクチュア(工場制手工業)の発達

2 スペインの繁栄とオランダの独立

1 スペインの繁栄と衰退

❶スペインの繁栄

1 **経済的繁栄**　大航海時代いらい，アメリカ大陸やアジアとの貿易活動の中心となった。

2 **ハプスブルク家の支配**　フェルナンド5世の後，スペイン＝ハプスブルク家出身の**カルロス1世**(在位1516〜56)[1]が王位をついだ。かれは1519年から**カール5世**[2]として神聖ローマ皇帝をも兼ねたので，スペイン王はナポリ・シチリア・オーストリア・ネーデルラントにおよぶ広大な領域を支配することになった。

★1　母方の祖父のあとをついでスペイン国王となり，父方の祖父のあとをうけて神聖ローマ皇帝に即位した。

★2　宗教改革の際，ルターと対立した皇帝(☞p.229)。

7
主権国家体制の形成

③ **絶対王政の発展**　カルロス1世の引退後，ハプスブルク家はオーストリア系とスペイン系とに分離。カルロス1世の子フェリペ2世★4（在位1556〜98）は，スペイン王として，皇帝位とオーストリア以外のすべてをうけつぎ，教皇と結んで，カトリックを中心とする絶対王政をおしすすめた。

④ **大帝国の形成**　1571年レパントの海戦でオスマン帝国を破り（⤴p.216），その実力を示す。1580年ポルトガルを併合★6して，その海外植民地をも支配し，「太陽の沈まぬ帝国」を実現した。しかし，その繁栄は長くつづかず，最盛期であったフェリペ2世治世の後半から衰退にむかった。

❷ **スペイン衰退の原因**　①戦争や豪奢な宮廷生活による財政の窮乏，②商工業の停滞，という情況のなかで，③ネーデルラントが独立，通商・金融活動に致命的な打撃をうけた。④1588年には，無敵艦隊（アルマダ）がイギリス海軍に撃滅され，以後，国際間の優位を失っていった。

補説　**無敵艦隊の敗北**　フェリペ2世はカトリックのイギリス女王メアリ1世と結婚し，彼女の死後もイギリス国内のカトリックを助けて**エリザベス1世**の廃位をはかろうとしていたことから，イギリスはスペイン領ネーデルラントのプロテスタントを援助した。そこでスペインは**無敵艦隊**を派遣したが，敗走したうえ嵐にあって艦隊は壊滅した。

② オランダの独立

❶ **ネーデルラントの状態**　15世紀末までにハプスブルク家領となり，カルロス1世のときスペイン領となった。早くから**毛織物工業**と**中継貿易**で栄え，**アントウェルペン**（アントワープ）は当時のヨーロッパ国際商業の中心地の1つとして栄えた。また，カルヴァン派のプロテスタント（ゴイセン）が多かった。

❷ **スペインの抑圧政策**　フェリペ2世は，ネーデルラントの自治権をうばい，きびしいカトリック政策のもとで，ゴイセンを弾圧するとともに，重税を課してネーデルラントの商工業を圧迫した。

❸ **オランダの独立**

① **独立運動の展開**　①1568年，ネーデルラントの人々は，**オラニエ公ウィレム**（オレンジ公ウィリアム）を先頭に，自治権の回復と信仰の自由を求めて独立運動を開始した。②南部10州（現在のベルギー）はやがてスペインに服従した

★3　カルロス1世の弟フェルディナント1世が，神聖ローマ皇帝位とオーストリア領を継承した。

★4　対抗宗教改革を指導。国内でも宗教的専制政治をしいて，地方議会や都市の特権をうばい，宗教裁判を強化して異端を弾圧した。そのため，プロテスタントの多いネーデルラントで反乱がおこり，北部諸州の独立をまねいた。

★5　この年スペインは，フィリピンにマニラを建設。

★6　このころ，ポルトガルはすでに衰退しはじめており，スペインは，ポルトガルの王位がとだえたのに乗じて併合に成功した。しかし，スペインの衰退に乗じて，1640年にポルトガルは再独立を達成した。

▲オランダの独立

参考　**オランダの北部と南部の相違**
①北部…ゲルマン系。プロテスタント。農業・商業・中継貿易がさかん。
②南部…ラテン系。カトリック。毛織物工業がさかん。

が，北部7州は，1579年ユトレヒト同盟を結んで結束をか
ため，1581年には独立を宣言してネーデルラント連邦共和
国を建設した。③イギリス・フランスやドイツのプロテスタ
ント諸侯(しょこう)の援助を得て，1609年の休戦条約で事実上の独立
を確保し，1648年の**ウェストファリア条約**(⇨p.243)で正
式に独立した。

★7　ネーデルラントとは，「低い土地」という意味である。北部7州のうち最も有力なホラント州の名をとって，日本では一般にオランダとよばれる。

2 **独立戦争の意義**　ネーデルラント(オランダ)の独立は，カ
トリックに対するプロテスタントの抗争という**宗教戦争**で
あると同時に，絶対王政に対する**市民革命**の先駆ともみな
される。

3 **独立後のオランダ**　独立戦争中，南部の毛織物業者が移住
し，オランダに**毛織物工業**が発展，海外へも進出した。17
世紀前半には，オランダはヨーロッパ第一の貿易国となり，
首都アムステルダムは貿易・金融の中心として繁栄した。
しかし，17世紀後半，**イギリス＝オランダ戦争**(英蘭(えいらん)戦争，
⇨p.257)に敗れて衰退に向かった。

★8　①連邦制で近代的中央集権化(こうしんりょう)が不徹底であったこと，②主要貿易品であった香辛料の人気が低下したこと，③イギリスとの軍事力の差などが，オランダ衰退の要因である。

スペイン繁栄期の特色：① カトリックによる統一理念，② 広大な海外植民地と
　　　　　　　　　　　　国内の毛織物産業の発達，③ ハプスブルク家による支配
オランダ独立戦争の意義：① カトリックに対するプロテスタントの宗教戦争，
　　　　　　　　　　　　② 絶対王政に対する市民革命の先駆

7

主権国家体制の形成

③ イギリスの絶対王政

1 絶対王政の確立

❶**絶対王政の成立**　イギリスの絶対王政は，15世紀後半のバ
ラ戦争後に成立したテューダー朝(⇨p.164)とともにはじ
まった。その創始者**ヘンリ7世**(在位1485〜1509)は，**枢密(すうみつ)
院**などの政治機関を創設し，地方行政をととのえて，王権を
強化していった。

★1　中央行政機関の中心で，国王直属の諮問(しもん)機関。

❷**絶対王政の確立**　次の**ヘンリ8世**(在位1509〜47)は，国王
を首長とする**イギリス国教会**を創立し，**星室庁(せいしつちょう)裁判所**を整
備した。以後，イギリス絶対王政は国教会の発展とともに確
立していった(⇨p.232)。

★2　普通の裁判ではあつかえない案件を審議する，最高司法機関。治安維持や王権強化に役立ったが，これに対する非難も強く，ピューリタン革命の気運の高まった1641年に廃止された。

補説 **ジェントリの台頭**　教会領の没収・売却や牧羊のための**第1次囲
い込み**などで，ジェントリが成長した。かれらは枢密院の役人や地
方の治安判事に任命されたり，州の代表として議会に選出されたり
して，自発的に王政をささえた。

② エリザベス時代

❶ **統治機関の整備**　エリザベス1世(在位1558~1603)は、統一法によって国教会を確立(⇨p.232)。議会との協調をはかる一方、高等宗務官裁判所などを新設して専制を強めた。

❷ **経済政策**　①グレシャムを用いて貨幣を改鋳、幣制の統一をはかって物価の高騰を抑止。②国民産業としての毛織物工業の育成につとめたが、新興の農村産業は規制した。③救貧法を発布して、第1次囲い込み(⇨p.250)によって生じた没落農民に職を与えた。

❸ **海外発展**　オランダの独立を援助し、1588年スペインの**無敵艦隊**を撃破してからは、国内の毛織物工業の躍進とともに、海外活動が活発化した。1600年には東インド会社を設立してインド進出の基礎とし、北米大陸への植民もはじまった。

❹ **文芸の発達**　国力の充実を背景に、イギリスのルネサンスの黄金時代をむかえた(⇨p.227)。

★3　カトリックやピューリタンに対する監視や取りしまりのための裁判所。1580年ごろ設立。

★4　国王財政顧問。「悪貨は良貨を駆逐する」のグレシャムの法則で名高い。

★5　富裕者から救貧税をとって、職のない者に職業訓練をさせ、就業させるもので、これによって多数の労働力が得られた。

★6　国王の特許状によって設立された大貿易会社。インド洋・太平洋全域の貿易を独占し、のちには植民地経営もおこなった。

[**イギリスの絶対王政**]
エリザベス1世：① 統一法でイギリス国教会を確立、② 救貧法による社会政策、③ スペイン無敵艦隊を撃退、④ 東インド会社の設立

④ フランスの宗教内乱と絶対王政

① フランスの宗教内乱

❶ **プロテスタントの増大**　フランスでは、中世末以来、国王が教会を支配しつつカトリックを堅持したが、宗教改革によって、有産市民や有力な貴族にも**カルヴァン派**のプロテスタントがふえた。

❷ **ユグノー戦争の勃発**　フランソワ1世(在位1515~47)をはじめ歴代の国王は、統一を維持するためにユグノーとよばれるカルヴァン派を弾圧した。カトリックとカルヴァン派の対立は、強引な集権政策に反発する地方貴族や自由な活動を望む市民層の不満などを加え、さらに宮廷内の政争と結びついて、ユグノー戦争(1562~98)という内乱に発展した。

❸ **内乱の激化**　ユグノー戦争は諸外国の干渉をまねいて、30年間以上も断続的につづいた。この間、1572年のサンバル

★1　シャルル9世(在位1560~74)の摂政であった母后カトリーヌ=ド=メディシス(フィレンツェのメディチ家出身)は、国内貴族の対立を利用して王権の安定化をはかるため、カルヴァン派への抑圧を緩和した。

★2　イギリス・オランダやドイツのプロテスタント諸侯はカルヴァン派を、教皇・スペインはカトリックをそれぞれ支援した。

テルミの虐殺^{★3}でユグノーは大打撃をうけ，国王アンリ3世
（在位1574～89）は暗殺されて，**ヴァロワ朝**は断絶した。

❹**ナントの王令**　1589年，ユグノーの指導者アンリ4世（在
位1589～1610）が王位につき，ブルボン朝を開いた。国民
の大多数を占めるカトリックの支持を得るため，即位に際し
て自らカトリックに改宗し，ついで1598年，**ナントの王令**
を発してユグノーに大幅な信教の自由を認めたので，ユグ
ノー戦争は終結した。

2 絶対王政の確立

❶**アンリ4世の時代**　ブルボン朝（1589～1792）を開いたアン
リ4世は，蔵相にシュリー公を登用し，ユグノー戦争後の経
済再建につとめ，絶対王政の基礎をかためた^{★4}。

❷**ルイ13世の時代**　ついで幼少のルイ13世（在位1610～43）
が即位し，宰相に登用されたリシュリューのもとで，反抗
する大貴族やユグノーの勢力をおさえて王権の強化がはから
れた。

補説　**リシュリューの政治**　高等法院^{★5}を圧迫して大貴族の勢力をうばい，
反抗をつづけるユグノーを弾圧した。中央直属の知事を地方に派遣
し，また，全国三部会の招集を停止した^{★6}。対外的には，三十年戦争
に積極的に干渉して，ハプスブルク家のヨーロッパ支配を阻止し，
フランスの国際的勢力の拡大をはかった。

❸**ルイ14世の時代**

① **マザランの政治**　ルイ14世（在位1643～1715）の幼少時，
宰相となったマザランは，フロンドの乱^{★7}を鎮圧して貴族を
おさえた。対外的には，ウェストファリア条約でライン左
岸を得るなど，三十年戦争を有利に終わらせた。

② **ルイ14世の親政**　マザランの死後，ルイ14世は宰相をお
かず，国王の親政にのりだした（1661）。「朕は国家なり」^{★8}
のことばが示すように，この時期は**フランス絶対王政の絶
頂期**であり，フランスはヨーロッパ第一の強国となった。

③ **重商主義政策の推進**　ルイ14世を助けて経済的発展に貢献
したのは財務総監コルベール^{★9}である。かれは，重商主義政
策をとって，財政の再建，輸出の増加，輸入の抑制をはか
り，また，**特権マニュファクチュア**を設立して国内産業の
保護育成につとめ，さらに海外植民活動をすすめた（⊃
p.258）。

★3　1572年8月24日の
サンバルテルミの祭日，ユ
グノーの盟主ブルボン家の
アンリ（のちのアンリ4世）
の結婚式のためにパリに集
まっていたユグノーがカト
リック側の奇襲をうけ，数
千人が殺された。

★4　対外的には，東イン
ド会社の設立（1604），カ
ナダへの植民活動の奨励な
どが注目される。

★5　フランス革命前まで
のフランスの最高司法機関。
王令を審査する権限をもっ
ていたため，ブルボン朝へ
の対抗勢力の拠点となった。

★6　1614年に開かれた
全国三部会を最後に，
1615年から1789年まで
招集が停止。

★7　1648～53年。増税
など専制的政治を強行した
マザランに対し，パリの高
等法院を中心におこった貴
族の反乱。パリ市民や地方
の農民にもひろまったが，
鎮圧された。

★8　太陽王といわれたル
イ14世のことばとして伝
えられる。

★9　事実上の宰相にあた
る。コルベールの経済政策
は典型的な重商主義であり，
コルベール主義ともいう。

7

主権国家体制の形成

4 **対外政策**　ルイ14世は，陸軍大臣ルーヴォワ侯を用いて
ヨーロッパ最強の陸軍を創設。**スペイン領南ネーデルラン
ト・オランダ・ファルツ**などの獲得をめざして侵略戦争を
おこした。ルイ14世の侵略戦争は，ライン川からピレネー
山脈にいたる自然国境説や姻戚（いんせき）関係による相続権などを口
実としたが，根底には**ハプスブルク家打倒の宿願**があった。

5 **スペイン継承戦争**　1700年，スペインのハプスブルク家が
断絶すると，ルイ14世と神聖ローマ皇帝レオポルト1世は
それぞれ血縁関係を理由に相続権を主張。ルイ14世の孫の
フィリップが**フェリペ5世**として王位を継いだ。フランス
とスペインの結合を恐れたオーストリアは，イギリス・オ
ランダなどと結んで，1701年フランスと開戦した。1713
年の**ユトレヒト条約**で，この戦争は終結した。

[補説] **ユトレヒト条約の内容**　①フランスと合邦（がっぽう）しない条件で，ルイ
14世の孫のフィリップがスペイン王位につく。②イギリスは，フ
ランスから北米のニューファンドランド・アカディア・ハドソン湾
地方を，スペインからジブラルタル・ミノルカ島を得る。
　　オーストリアとの講和条約はラシュタット条約（1714）として結
ばれ，オーストリアはスペインから南ネーデルラント（ベルギー地
方）・ナポリ・ミラノ・サルデーニャを得た。

6 **宮廷文化の繁栄**　ルイ14世はバロック式のヴェルサイユ宮
殿を造営し，文化を保護した。この結果，フランス古典主
義文化が栄え，フランスはヨーロッパの文化の中心となった。

7 **ルイ14世以後のフランス**
①ルイ14世の治世には，あい
つぐ戦争（ごうしゃ）と豪奢な宮廷生活に
よって財政が困窮（こんきゅう）した。1685
年，**ナントの王令**（おうれい）を廃止して
ユグノーを弾圧したため，商
工業者が多数国外に亡命（ぼうめい）し，
フランス経済は大きな損失を
うけた。②1715年のルイ14
世の死後，曽孫（そうそん）**ルイ15世**が即
位した。その治世中に外国貿
易は増大したが，国王は政治
的な指導力を欠いていた。

17世紀中ごろのヨーロッパ▶

★10 **ルイ14世の侵略戦争**
①**南ネーデルラント継承戦
争（1667~68）**…南ネーデ
ルラントの領有を主張しオ
ランダ・イギリス・ス
ウェーデンと戦う。1668
年アーヘンの和約で講和。
②**オランダ侵略戦争（1672
~78）**…南ネーデルラント
継承戦争の報復と，貿易独
占の打倒をめざしてオラン
ダに侵入。オランダは，イ
ギリス・スペイン・神聖
ローマ皇帝の救援を得て対
抗。1678~79年の**ナイ
メーヘン条約**で講和。
③**ファルツ（継承）戦争
（1688~97）**…ファルツ選（せん）
帝侯領の継承権を主張した（ていこう）
が，神聖ローマ皇帝・スペ
イン・オランダ・イギリス
などが**アウクスブルク同盟**
で対抗。北米植民地では英
仏間の**ウィリアム王戦争**と
なった。**ライスワイク条約**
で講和。
④**スペイン継承戦争**…北米
植民地では英仏間の**アン女
王戦争**となって戦われた。

（ウェストファリア条約後）

[フランスの宗教内乱と絶対王政]

アンリ4世：① ブルボン朝を開く，

　　　　　　② ナントの王令を発布しユグノー戦争を終結

ルイ14世：① コルベールの重商主義，

　　　　　　② 宮廷文化の繁栄，

　　　　　　③ 対外侵略戦争のくりかえし，

　　　　　　④ ナントの王令を廃止

5　三十年戦争とプロイセン・オーストリアの絶対王政

1　三十年戦争

❶三十年戦争前のドイツの状態　①強大な王権による統一国家は生まれず，**諸侯割拠の状態**がつづいていた。②アウクスブルクの和議（⇨ p.230）の矛盾から，諸侯はそれぞれプロテスタント連合・カトリック同盟を結んで対立していた。フランスで1598年，ナントの王令によって信教の自由が認められたことも刺激となり，対立が激化した。

❷三十年戦争

1　**戦争の発端**　1618年，オーストリアの属領ベーメン（ボヘミア）のプロテスタント貴族が，ハプスブルク家出身の王であるフェルディナント2世の圧政に対して反乱をおこし，**最後にして最大の宗教戦争**となった**三十年戦争**がはじまった。

2　**三十年戦争の特色**　当初は宗教的色彩が濃かったが，列国の干渉によって政治的色彩が強くなった。とくに1635年，ハプスブルク家打倒を伝統的政策とするフランスが直接介入したことによって，**フランスのブルボン家対スペイン・オーストリアのハプスブルク家の対立**が明確化し，宗教戦争というよりも政治的な国際戦争となった。

3　**戦争の終結**　30年にわたる戦争で両者とも疲弊し，プロテスタント側優勢のうちに1648年ウェストファリア条約が結ばれて戦争は終わった。ウェストファリア条約は，**宗教改革と宗教戦争の総決算**であると同時に，**近代最初の国際条約**として，これ以後フランス革命にいたるまで，ヨーロッパの国際関係の基礎となった。

参考 「17世紀の危機」

17世紀にはいると，16世紀からつづいたヨーロッパの経済成長が止まり，凶作・不況・人口停滞などがおこった。その原因は，16世紀の人口激増によって食料や燃料の価格が高騰したこと，気候が寒冷化して，北部での農業が困難になったことなどであり，社会不安の高まりから，全ヨーロッパで戦争や内乱が頻発した。三十年戦争も「17世紀の危機」のあらわれの1つである。

★1　ハプスブルク家の強大化を恐れたイギリス・オランダはドイツのプロテスタント側にたち，デンマーク王クリスチャン4世に軍資金を与えてドイツに侵入させた。スウェーデン王グスタフ゠アドルフは，北ヨーロッパの覇権とバルト海の制海権をねらい，フランスの援助を得てプロテスタント側で参戦した。

★2　カトリック側では傭兵隊長ヴァレンシュタインが活躍。

7

主権国家体制の形成

\ TOPICS /

三十年戦争と国際法

　三十年戦争は，プロテスタント・カトリックの宗教的対立というよりも，**権力と領土拡張の欲求**に根ざした，きわめて政治的な戦争であった。1648年に戦争は終わるが，戦場になったドイツは各国軍隊に侵略されて，人口は3分の2に激減し，村落の6分の5は破壊された。この荒廃は，当時の軍隊が**傭兵**を主力としていたことに起因するといわれている。当時の傭兵は，国籍を問わず，ただ報酬のみによって雇われたもので，軍人としての規律に欠け，戦場では略奪・暴行のかぎりをつくした。この戦争を目のあたりにしたオランダの**グロティウス**は，「わたしはどのキリスト教国でも，野蛮人も恥じるような無軌道な戦争をみる。戦争がはじまると人間は何の抑制もなく，どんな罪を犯してもよいと考える」と，今日にも通じる平和を訴え，平時および戦時を問わず国家が守らなければならない法の存在することを指摘して『**戦争と平和の法**』を著し，近代国際法の考え方を示した。

▲三十年戦争当時の傭兵

4　**ウェストファリア条約の内容**　①アウクスブルクの和議の「支配者の宗教」の原則の確認と，カトリックとプロテスタントの同権，ドイツ内の**カルヴァン派の公認**。②スイス・**オランダの独立**の正式公認。③フランスは，アルザスの大部分とヴェルダン・メッツ・トゥールなどの**ライン左岸の都市**を獲得し，スウェーデンは西ポンメルンを獲得。④ドイツの諸領邦は完全に主権を承認され，神聖ローマ帝国は有名無実の存在となった。[★3]

❸**三十年戦争後のドイツ**　①領邦の主権確立により，ドイツの分裂は決定的となった。②戦乱による人口の激減，農村・耕地の荒廃，都市・商工業の衰退によって近代化はおくれた。

[注意] アウクスブルクの和議が再確認され，個人の信仰の自由は認められなかったこと，および，三十年戦争後は皇帝としてのハプスブルク家が後退することに注目しよう。

[★3] 神聖ローマ帝国は，皇帝・8選帝侯・96諸侯・61自由市の連合体となった。

2 プロイセンの絶対王政

❶**プロイセンの勃興**　エルベ川以東の地域では，15～16世紀以降，**グーツヘルシャフト**とよばれる特殊な領主・農民関係が成立した。のち**ユンカー**とよばれたこの領主(土地貴族)[★4]は，身分的特権を保障され，社会のあらゆる面で優越した地位を占めた。**プロイセン王国**の絶対王政は，これらユンカーの勢力を支柱として形成されていった。

[★4] エルベ川以東地域の商業的農業経営者。グーツヘルシャフトの中核として力をもっていた。

補説　**グーツヘルシャフト**　農場領主制。ドイツ東部を中心におこなわれた封建的農場経営形態。エルベ川以東地域では，西ヨーロッパとは逆に，封建貴族(領主)の力が強まり，農民の保有地を収奪して直営地をひろめるとともに，農民を農奴化して，賦役による商品生産のための農業経営をおこなった。ここでは，中世の自給自足的な荘園とは異なり，純粋に輸出商品として，穀物生産がおこなわれた。

❷**プロイセンの絶対王政**　①第2代の国王フリードリヒ=ヴィルヘルム1世(在位1713～40)は，財政を改善し，官僚制と軍隊をととのえ，軍国主義的な絶対王政を確立。②その子フリードリヒ2世(**大王**，在位1740～86)は，典型的な啓蒙専制君主として，産業の奨励や教育の普及など，国内の近代化に成果をあげた。学問・美術にも熱心で，ヴォルテール(⊃p.262)などとも親交を結び，ベルリン近郊のポツダムにロココ式の**サンスーシ宮殿**を造営した。

❸**領土の拡大**　フリードリヒ2世は，**オーストリア継承戦争・七年戦争**でオーストリアから**シュレジエン**をうばい，またポーランド分割(⊃p.248)にも参加して，領土を広げた。

❸ オーストリアをめぐる2つの戦争

❶**オーストリア継承戦争**　1740年，オーストリアでマリア=テレジアが即位すると，バイエルン・ザクセン両選帝侯は，女性であることを理由に異議を唱え，フランス・スペインと結んで**オーストリア継承戦争**(1740～48)をおこした。この機に，フリードリヒ2世は天然資源の豊かなシュレジエンを求めて出兵。オーストリアはイギリスと結んで対抗した。

❷**アーヘンの和約**　1748年に結ばれた，オーストリア継承戦争の講和条約。①マリア=テレジアの継承権が認められたかわりに，②プロイセンは**シュレジエン**を領有した。

補説　**シュレジエン戦争**　シュレジエン領有をめぐるプロイセンとオーストリアの戦い。オーストリア継承戦争の一環として2次にわたっておこなわれたのち，さらに第3次シュレジエン戦争がおこった。シュレジエンは，ドイツ東部のオーデル川の上流にある地方で，鉱山業・冶金業で栄えており，この地方の併合はプロイセンにとって利益が大きかった。現在はポーランド領(シロンスク)である。

❸**オーストリア継承戦争後のオーストリア**　マリア=テレジアは，シュレジエン回復をめざし，宰相**カウニッツ**の補佐のもと，内政の整備と戦力の充実に専念。外交では，プロイセンの孤立化をはかってフランスと同盟。長年の宿敵であった**ハプスブルク家とブルボン家の提携**がなった(**外交革命**)。

★5　**軍隊王**とよばれ，ユンカーの子どもたちを将校に育成した。

★6　啓蒙思想(⊃p.262)の影響をうけて，国内の近代化につとめた進歩的な専制君主。啓蒙専制主義は，後進的な国家において，君主が上から国民を指導しながら近代化をはかろうとするもので，フリードリヒ2世は「君主は国家第一の僕」と称したが，その本質は，あくまで絶対君主であった。

7
主権国家体制の形成

★7　この戦争中，イギリスとフランスは北米植民地でジョージ王戦争を戦った。

参考　**プラグマティック=サンクション**　国事勅書と訳される。一般的には，神聖ローマ皇帝カール6世(在位1711～40)が，1724年長女マリア=テレジアに相続権を与えることを決定した勅書をさす。しかし，カール6世が死去すると，これは無視され，オーストリア継承戦争がおこった。

★8　以後両国の関係は親密となり，マリア=テレジアの娘マリ=アントワネットとルイ16世との結婚で，縁戚関係も結ばれた。

\ TOPICS /

プロイセン・オーストリアの起源と発展

プロイセンは，スラヴ人の侵入にそなえて設けられた**ブランデンブルク辺境伯領**と，**ドイツ騎士団領**を起源とする**プロイセン公国**とが，17世紀はじめに合併してできた領邦である。15世紀いらいブランデンブルクを支配してきた**ホーエンツォレルン家**がそのまま支配し，**大選帝侯フリードリヒ＝ヴィルヘルム**（在位1640〜88）のとき，三十年戦争に参加して領土をひろげ，領内では中央集権化や常備軍の編成など，絶対王政化がすすんだ。スペイン継承戦争で皇帝を援助した功績により，1701年王号を許され，フリードリヒ1世のとき**プロイセン王国**（1709年からベルリンが首都）となった。

一方，オーストリアは，マジャール人の侵入にそなえて設けられたドイツの東辺境伯領（オストマルク）を起源とする。13世紀末いらい，ハプスブルク家が支配し，15世紀からは**神聖ローマ皇帝**の地位を独占した。チェック人のベーメンやマジャール人のハンガリーを支配したほか，スペイン継承戦争では南ネーデルラント・ナポリ・ミラノ・サルデーニャを得るなど，領土をひろげたが，多数の民族からなっていたこともあり，統一の維持が困難で，外国の侵入や干渉をまねきやすかった。

▲プロイセンの発展

❹七年戦争 外交革命がなると，プロイセンはイギリスと結び，機先を制してオーストリアに侵入，**七年戦争**（1756〜63）となった。オーストリアはフランス・ロシア・スペイン・スウェーデンなどの援助を得て対抗した。

❺フベルトゥスブルク条約 七年戦争のプロイセン・オーストリア間の講和条約。1763年に締結。プロイセンのシュレジエン領有が確認され，**プロイセンはドイツの中心国家**となった。

❻七年戦争後のオーストリア
マリア＝テレジアは，内政の整備につくし，「国母」と仰がれた。その長子ヨーゼフ2世（在位1765〜90）は，典型的な**啓蒙専制君主**で，宗教寛容令・農奴解放などの改革をおこなったが，貴族や諸民族の反抗で，失敗に終わった。外政面では**ポーランド分割**（⇨p.248）に参加し，領土を拡張した。

★9 プロイセンは苦戦したが，戦勝。北米植民地では，イギリス・フランス間の**フレンチ＝インディアン戦争**となった。
★10 マリア＝テレジア存命中（1780年まで）は，共同統治をおこなった。

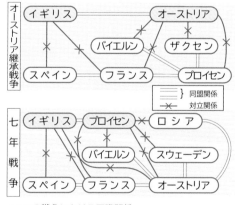

▲2つの戦争における国際関係

補説 **ヨーロッパの国際関係**　17～18世紀のヨーロッパには，①ハプスブルク家と反ハプスブルク勢力との対立，②イギリスとフランスとの対立という大きな基調がみられた。
①は解消されるが，②はヨーロッパや植民地を舞台に19世紀のナポレオン戦争までつづき，**第2次百年戦争**といわれた。

［三十年戦争とプロイセン・オーストリアの絶対王政］
　① 三十年戦争：カトリック対プロテスタントの宗教戦争
　　　　　　　→ブルボン家とハプスブルク家の対立を軸とする国際戦争
　　　　　　　→ウェストファリア条約で終結
　② プロイセン・オーストリア：啓蒙専制君主による近代化

⑥ ロシアの絶対王政

① ロシア絶対王政の形成

❶**ツァーリズムの成立**　モスクワ大公国の**イヴァン4世**(在位1533～84)は，大貴族勢力をおさえて中小貴族・商人層の支持を獲得し，1547年に，全ロシアの君主として**ツァーリ**(皇帝)の称号を正式に採用した[★1]。ここにロシアの絶対王政，つまり**ツァーリによる専制支配体制(ツァーリズム)**が成立した。

❷**ロマノフ朝の成立**　イヴァン4世の死後，リューリク家がたえて内乱がおこったが，1613年，**ミハイル=ロマノフ**がツァーリに選出され，**ロマノフ朝**(1613～1917)を開いた。

❸**農奴制の強化と農民反乱**　ロマノフ朝のもとで中央集権がすすむとともに，農奴制もいっそう強化された。17世紀末，南ロシアで**コサック**の**ステンカ=ラージン**を首領とする農民反乱(1667～71)がおこったが，鎮圧された。

② ピョートル1世の治世

❶**絶対王政の確立**　17世紀の末，**ピョートル1世**(**大帝**，在位1682～1725)がでて，農奴制を維持したままで内政の改善や軍備の拡張をおこない，絶対王政を確立した。また，積極的に西欧文明をとりいれ，**ロシアの近代化・西欧化**につとめた。

★1　イヴァン4世は，イヴァン3世(⇨p.167)の孫。はげしい大貴族弾圧政策などにより，**雷帝**とよばれた。

★2　ロシア革命にいたるまでツァーリを世襲した。

★3　農奴制の圧迫を逃れて南ロシア・中央アジア・シベリアなどの辺境の地に住みついた人々。騎馬にすぐれ半農・半遊牧的生活を営んだ。ロシア皇帝はコサックを利用してシベリアなど辺境の地を開拓させた。

★4　オランダ・イギリスなどに遊学し，帰国後，西欧化政策をすすめた。

7

主権国家体制の形成

❷ピョートル1世の政治

1　**対外政策**　ロシアは，寒冷な北極海以外に港をもたず，西はスウェーデン，南はオスマン帝国によって，海への出口をふさがれていた。しかし，西欧諸国とならんで発展するには，常時使用できる**不凍港**（ふとうこう）が必要であり，ピョートル1世の対外侵略も，その目標に向けてすすめられた。

2　**東方への発展**　イヴァン4世以来のシベリア経営をさらにすすめ，要所に都市を建設。中国の清朝と衝突し，1689年のネルチンスク条約(⊃p.205)で東アジアへの南下は阻止されたが，カムチャツカ半島を占領して太平洋岸へ進出。

3　**南下政策**　オスマン帝国を圧迫して**アゾフ海**から黒海へ進出した。この後，地中海方面への南下政策は，ロシアの伝統的国策となり，オスマン帝国との恒常的（こうじょう）対立をまねいた。

4　**バルト海への進出**　ピョートル1世は，デンマーク・ポーランドと結んで北方戦争(1700〜21)をおこし，スウェーデンと開戦。1721年の**ニスタット条約**でバルト海沿岸を獲得し，ロシアは北欧第一の強国となった。

3 エカチェリーナ2世の治世

❶**ロシア絶対王政の絶頂期**　ピョートル1世の事業をうけついだのは，エカチェリーナ2世(在位1762〜96)で，その治世にロシアの絶対王政は絶頂期をむかえた。

❷**専制体制の強化**　エカチェリーナ2世は啓蒙（けいもう）専制君主として開明的な政策をすすめたが，農奴（のうど）制は推進したためプガチョフの農民反乱をまねいた。その鎮圧後，農奴制は強化され，フランス革命の影響も加わり専制体制がさらに強化された。

❸**領土拡大**　①アラスカ・千島（ちしま）の大部分を占領し，日本に使節をおくるなど，東方進出をすすめた。②2回にわたってオスマン帝国と戦い(1768〜74，87〜92)，クリミア半島をうばって**セヴァストーポリ要塞**を建設し，黒海に進出した。③**ポーランド分割**を強行した。

4 ポーランド分割

❶**ポーランドの国情**　16世紀後半，**ヤゲウォ朝**が断絶し，**選挙王政**がしかれたが，国内貴族の内紛がつづいた。これをみたエカチェリーナ2世は，親ロシア派の貴族を即位させた。

参考　**ピョートル1世の改革**　①貴族会議を廃して官僚制を整備。②税制改革や商工業・貿易の保護。③国民に兵役の義務を課し，バルト海(バルチック)艦隊を創設。

★5　コサックの首領イェルマークにシベリア方面を開拓させて，ロシアの東方進出への道を開いた。

参考　**ペテルブルク(サンクトペテルブルク)**　北方戦争中，ピョートル1世がバルト海沿岸に建設。西欧文明をとりいれる基地として，「西方への窓」とよばれ，1712〜1918年まで首都。1924年にレニングラードと改名され，ソ連解体後の1991年，ふたたびサンクトペテルブルクとなった。

★6　クーデタによって夫のピョートル3世から帝位をうばう。フランスの文芸に傾倒し，ヴォルテール・ディドロらと親交を結んだ。

★7　コサック出身の**プガチョフ**が農奴制の廃止を要求しておこした南ロシアの農民反乱(1773〜75)。

★8　1792年，**ラクスマン**が根室（ねむろ）に来航し通商を要求。

注意　このころすでにシベリア全土がロシア領となっていたことに注意する。

❷ポーランド分割

1 **第1回分割(1772)** プロイセンのフリードリヒ2世は,
ポーランドのロシア領化を恐れ,**オーストリアを誘って,
ロシアと協議し**,3国で国境に近いポーランド領を分割した。

2 **第2回分割(1793)** 西ヨーロッパ諸国のフ
ランス革命による混乱に乗じて,ロシアとプ
ロイセンはふたたびポーランドを分割した。

3 **第3回分割(1795)** コシューシコ(コシチュー
シコ)らが義勇軍を組織し,ロシアと戦った
が敗れ,ロシア・プロイセン・オーストリア
は残りの領土も分割。**ポーランド王国は消滅**
した。

★9 この間,コシューシ
コらは新憲法制定など近代
化につとめたが,効果はう
すく,外国勢力を排除する
ことはできなかった。

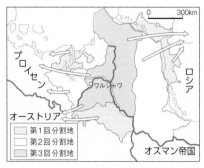

▲ポーランド分割

[ロシアの絶対王政]

ピョートル1世：① 西欧化政策, ② 不凍港の獲得(ペテルブルク建設), ③ 東方
　　　　　　　への発展(清とネルチンスク条約を結ぶ)
エカチェリーナ2世：① 啓蒙専制君主(のちに反動化), ② クリミア半島をオス
　　　　　　　マン帝国からうばう, ③ ポーランド分割, ④ ラクスマンを日本へ派遣

⑦ イギリス革命と立憲政治の発達

1 市民階層の形成

❶**毛織物工業の興隆** 14世紀にエドワード3世が羊毛の輸出
と毛織物の輸入を禁止し,フランドル地方の熟練工をイギ
リス国内に移住させた。その結果,**毛織物工業がさかんにな
り**,とくに16世紀後半のエリザベス1世の時代に大いに発
展して,イギリスは最大の毛織物生産国となった。

❷**毛織物工業の発達と農村の変化** 当時のイギリスは,すで
に農村にも貨幣経済が浸透し,封建的な荘園経済がくずれて,
ヨーマンとよばれる独立自営農民が多数生じていた。これら
ヨーマンのなかから,大借地農となったり,毛織物工業を経
営したりする者もあらわれた。毛織物工業は都市だけでなく
農村にも普及した。

❸**ジェントリの台頭** ①ジェントリ(⇨p.237)は,下級貴族出

★1 百年戦争のときのこ
とである(⇨p.163)。

★2 エリザベス1世から
特許を得た商人組合は,外
国商人を駆逐してネーデル
ラント・ドイツに進出し,
17世紀を通じて毛織物は
イギリスの輸出の約4分の
3を占めるにいたった。

★3 集合名詞ではヨーマ
ンリーといい,ジェントリ
と小農民の中間に位置する。

身の農業経営者。毛織物工業が発達して羊毛の価格があがる
と，囲い込みをさかんに展開した。②貴族とともにジェント
ルマン階層（16世紀以降のイギリスの支配階層）を構成し，
議会，とくに下院に多く進出。③ヨーマンや都市民とともに
有産市民層（ブルジョワジー）を形成した。

❹囲い込みとその役割　イギリスでは，中世末から17世紀中
ごろに，牧羊のために土地の兼併＝囲い込み（エンクロー
ジャー）がおこなわれた。ジェントリや貴族が中心となって，
分散している所有地や農民の共同地・放牧地を柵や垣でか
こってしまい，まとまった牧羊地としたものである。囲い込
みがすすんで羊毛生産が増大し，ジェントリや貴族に富をも
たらしたが，一方では多くの農民が土地を追われ，社会不安
をまねいた。[★4]

[注意]　15世紀末からの囲
い込みを，第1次囲い込み
とよぶ。18世紀におこる，
さらに大規模な第2次囲い
込みとは区別すること。

[補説]　モアの囲い込み批判　モア（⇨p.227）は，その著『ユートピア』
において，理想郷を描きながら当時のイギリス社会をきびしく批判
した。当然，囲い込みについてもその槍玉にあげ，「当節では羊が
人間を食い殺す。それは，貴族や紳士や修道院長までが農民たちの
耕作地をとりあげて，牧羊地としてすっかりかこってしまうからで
ある。あわれな農民たちは，土地をはなれ，わが家をすてて，放浪
の旅にでなければならない。」と，ヒューマニズムの立場から鋭く
風刺した。

★4　16世紀には囲い込み
のほか，封建家臣団の解体，
ヘンリ8世の修道院領没収
などもあって，農民の立場
は非常に不安定であった。

❺マニュファクチュアの発達　社会的分業
の進展と農村市場の形成により，問屋制家
内工業にかわって，マニュファクチュア
（工場制手工業）が発達し，作業場（工場）を
経営する産業資本家が大きな力をもつよう
になっていった（⇨p.237）。

[参考]　工場と時計　18世紀フランスの王立マニュ
ファクチュアを描いた画像をみると，壁に大
きな時計がかかっていて，労働者がその時間
にあわせて作業をおこなっていたことがわか
る。「時間通りに働く」という考え方が浸透し
たのは，産業革命によってだといわれるが，
ここには，その初期の例をみることができる。

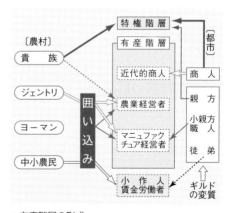
▲有産階層の形成

[有産市民層の形成]
①毛織物工業の興隆　②独立自営農民の形成　③ジェントリらによる囲い込
み（モアの批判）　④問屋制とマニュファクチュアの発達　⑤豊かな農民と都市
の商工業者が，有産市民層（ブルジョワジー）を形成

2 ピューリタン（清教徒）革命

❶ステュアート朝の開始　エリザベス1世の死後，スコットランドからジェームズ1世（在位1603～25）がむかえられ，ステュアート朝を開いた。

❷ステュアート朝の専制政治　ジェームズ1世は，**王権神授説**を信奉し，一部の特権商人と結んでその独占権を保護。当時，力をのばしつつあった**ジェントリ**や商工業者を抑制した。かれらのなかにはカルヴァン派のピューリタン（清教徒）が多かったにもかかわらず，王は国教を強制し，ピューリタンを抑圧した。つぎのチャールズ1世（在位1625～49）も父の政策をうけつぎ，フランス王女と結婚してフランス風の絶対王政に傾倒し，増税などで議会と対立した。

❸国王と議会の対立　議会は，1621年ジェームズ1世の専制を批判し，立法権などの国政権を主張した[6]。ついで1628年，チャールズ1世に**権利の請願**を提出し[7]，国民の基本的権利と議会の権能の再確認を要求した。

　チャールズ1世は，議会の「権利の請願」を一時は認めたが，**トン税・ポンド税**などで議会と対立[8]。1629年に議会を解散したまま，その後1640年まで議会を招集せず，ピューリタンを弾圧し，**船舶税**などの重税を課した。

補説 **権利の請願における原則的諸事項**　次の諸点があげられる。
　①何人も，議会の承認なしに租税その他の金銭上の負担を課せられることはない。
　②何人も，理由を示されずに逮捕・投獄されることはない。
　③兵士は，承諾なくして民家に宿泊することはできない。
　④平時に戒厳令をしくことはできない。

❹内戦の発生　国教の強制に対して，1639年スコットランドのカルヴァン派である議会派が反乱をおこすと，チャールズ1世は，それを制圧するための戦費を調達しようとして，1640年に議会を招集した。議会は課税を拒否したので，国王は，ただちにこれを解散した（**短期議会**）。しかし，スコットランドとの戦いに敗れた賠償金を支払うため，国王は，同年秋にふたたび議会を招集した（**長期議会**）。この議会は王権に制限を加え，さらに**大諫奏（大抗議文）**を決議した[9]。そのため，国王は武力で議会を弾圧しようとし，議会派と王党派の対立は，1642年ついに**内戦**へと発展した。

★5　ピルグリム＝ファーザーズが新天地を求めてアメリカ大陸に渡ったのもこのころ（1620）である。

★6　議会の抗議に対して，ジェームズ1世は議会を解散して対抗したが，結局議会に屈した。

★7　**大憲章（マグナ＝カルタ）**は封建貴族による王権の制限であったが，**権利の請願**は，有産市民層を指導者とする国民による王権の制限であった。

★8　トン税もポンド税もともに古くから国王が輸出入の際に課していた税。トン税はワインなどの酒類の輸入にかけられ，ポンド税は輸出入商品の価格1ポンドに1シリングの割合で課税された。

参考 **エドワード＝クック**1552～1634年。国王も法にしばられるという「**法の支配**」の原則を唱え，ジェームズ1世の裁判干渉に抗議したため，高等民事裁判所首席判事の地位を追われた。その後，下院議員となり，1628年，議会の権利と国民の自由のために「**権利の請願**」を起草，その採択に活躍した。

★9　大諫奏は，1641年長期議会において，ピューリタン長老派（プレスビテリアン）が中心となって決議。チャールズ1世の専制をはげしく攻撃し，政治改革を要求したもの。

7

主権国家体制の形成

補説　**短期議会と長期議会**
短期議会はわずか3週間で解散させられた。ふたたび開かれた長期議会は、
①議会は自らの決議なしに解散しないこと、
②星室庁裁判所など国王の専制機関である官庁を廃止すること、
③不法な課税の禁止、
④議会は少なくとも3年に1回は招集すること、
などを決議した。この議会はその後、クロムウェルによって1653年に解散させられるまでつづき、革命を推進させる役割をはたした。

1643年ごろ	
□	王党派勢力範囲
□	議会派勢力範囲
1648年ごろ	
□	王党派勢力範囲

スコットランド
エディンバラ
グラスゴー
アイルランド
ヨーク
マンチェスター
ハル
ウェールズ
ネーズビー ×
ケンブリッジ
オクスフォード
ロンドン
テムズ川
カンタベリ
プリマス
フランス
0　100km

▲ピューリタン革命時代のイギリス

参考　**議会派・王党派の支持勢力**　議会派は産業資本家・ジェントリ・自営農民・商人などの有産市民層で、ピューリタンが多く、ロンドンなど都市を地盤とした。王党派は貴族・特権商人・保守的地主・聖職者らを中心とし、国教派・カトリックが多く、西北部の農村を地盤とした。

★10　1599〜1658年。東部イングランドのジェントリの家に生まれ、母親を通して熱心なピューリタンとなった。ピューリタン色の強いケンブリッジ大学で法律を学び、1628年に下院議員となった。
　一時は革命のため過激派と妥協して国王を処刑したが、共和政を樹立すると過激派をおさえた。

⑤議会派の勝利　内戦は、はじめ王党派が優勢であったが、議会派は都市の経済力や海軍力を背景に勢力をもりかえした。とくにクロムウェルの率いる**鉄騎隊**[★10][★11]の活躍がめざましく、1645年に**ネーズビーの戦い**で王党軍を破り、チャールズ1世を逮捕した。

⑥議会内の対立　国王の逮捕後、革命の方向をめぐり議会派内で対立がおこった。①革命を早く終結させて穏健な**立憲君主政**を樹立しようとする長老派と、②革命をさらに前進させて**議会主権**を確立しようとする独立派が対立するようになった。③さらに独立派内部でも、**普通選挙や共和政**を主張する過激な水平派[★12]が、クロムウェルを批判するようになった。

★11　クロムウェルが、ジェントリとヨーマンを中心に組織した精鋭部隊。1645年にこれを改編してつくられたニューモデル軍は、厳格な規律によって強力な軍となった。

⑦共和政の実現　独立派のクロムウェルは、逃亡・再起したチャールズ1世を撃破したのち、水平派と組んで1648年、王と妥協をはかろうとする長老派を武力で議会から排除。1649年、裁判によって**国王を処刑**し、さらに水平派を抑圧して、**共和政**を樹立した。これが**ピューリタン革命**[★13]である。

★12　議会外の手工業者や小農民などに多く、クロムウェル軍の兵士が支持。

補説　**上院・国教会の廃止**　クロムウェルは、共和政を樹立するにあたって、市民層に対立する貴族の上院を廃止し、さらに、ピューリタンの信仰を堅持するためにイギリス国教会を廃止した。これは、ピューリタン革命が、政治的革命と宗教的革命という二元性をもっていたことを示している。

★13　1649〜60年。イギリス史上で唯一、国王が存在しなかった時期である。

❽**共和国の武力制圧**　①共和政には，急進派・王党派からのはげしい抵抗があったが，クロムウェルはこれを鎮圧。②スコットランド・アイルランドを征服して，アイルランドを植民地化した。③1651年には航海法を発して，海外発展で先んじるオランダに打撃を与えた。そのため，イギリス=オランダ(**英蘭**)戦争がはじまったが，これに勝ってイギリスは海上での覇権をにぎることとなった(⤷p.257)。

❾**クロムウェルの独裁**　クロムウェルは武力で議会を解散させ，1653年には自ら終身の護国卿となって，厳格なピューリタニズム(清教徒主義)を実施。軍事的独裁政治によって，有産市民層を擁護するための秩序の回復につとめた。

❿**共和政の崩壊**　クロムウェルの政策は，あまりにも厳格であり，独裁的であった。[★14]有産市民層の立場は守られたが，多くの**有産市民は富裕なブルジョワとなって保守化し**，クロムウェルの禁欲的独裁政治に不満をもちはじめた。排除された左右両派の不満はさらに大きかった。クロムウェルの死後，その子リチャードが護国卿となったが，国民のあいだに人望がなく，独裁的共和政への不満のうちに長老派が王党派と妥協をはかって王政復古を画策。1660年，長老派中心の議会が招集され，「国王と議会による政治」を決議して，**共和政はくずれた**。

[注意] 航海法などの一連の政策は，産業ブルジョワジーの要求に基づいたものである。

[参考] 1648年にクロムウェルの部下プライド大佐が長老派議員を追放し，長期議会は独立派だけの議会(ランプ議会)となっていた。その後もクロムウェルはたびたび議会を解散させるが，長期議会とは一般に1653年までをいう。

★14　クロムウェルは，カルヴァン主義的禁欲精神にそって，競馬・賭博はもちろん，演劇・居酒屋などの娯楽をいっさい禁止した。

╱ **TOPICS** ╱

アイルランドの悲劇のはじまり

　1171年，プランタジネット朝の創始者ヘンリ2世がアイルランドに進軍し，その主権を主張していらい，アイルランドは建前上はイギリスの属領となっていた。しかし，部族制が強く残るアイルランドは，貴族の抵抗も強く，**カトリックを強固に守ってきた**。

　ピューリタン革命でチャールズ1世が処刑され，王子チャールズが廷臣とともに大陸に亡命すると，アイルランドでは，この**王子チャールズを国王と認める宣言**をだした。一方，イギリス国内では，王党派やカトリック教徒の抵抗がなおつづき，その策動の基地はアイルランドと考えられた。クロムウェルは，1649年の夏，自ら艦隊を率いてダブリンに

上陸，アイルランドの王党派貴族を壊滅させた。

　このアイルランド再征服は，共和政を守るという大義名分をそなえてはいたが，給与の不払いなどで不満のとくに大きい連隊がアイルランドに送りこまれたこと，王党派貴族の土地没収は，将兵やロンドンの投機家たちのふところを裕福にしたことも事実である。これにより，**アイルランドはイギリスの植民地となり**，その長い苦難の歴史がはじまった。

▲クロムウェル

③ 王政復古

❶チャールズ2世の復帰　1660年，長老派中心の議会は，フランスに亡命していたチャールズ2世(在位1660〜85)をむかえ，王政が復活した。その際，議会は，**ブレダ宣言**によって革命の成果を認めさせた。★15

❷チャールズ2世の専制政治　チャールズ2世は，しばらくすると専制的な姿勢をとりはじめた。とくに，1670年にフランスのルイ14世と**ドーヴァーの密約**を結んでからは，信教自由宣言を発してカトリックの復活をはかった。

❸議会の動向　しかし，議会ではすでに国教徒が有力であり，次のような法律を制定して，国王に対抗した。

① **審査法**　1673年制定。チャールズ2世のカトリック教徒寛容政策に反対して，イギリス国教徒以外，とくにカトリック教徒は，官吏や議員などの役職につくことができないようにした(1828年に廃止)。

② **人身保護法**　1679年制定。王による不当な逮捕や裁判を禁じて市民の自由を守り，王の専制化をふせいだ。

補説　**イギリス゠オランダ戦争と議会**　航海法が原因でおこった**イギリス゠オランダ(英蘭)戦争**は，前後3次にわたって戦われたが，その第3次の戦争(1672〜74)の際，イギリスはドーヴァーの密約によってフランスから資金を得，フランスのオランダ侵略を機に開戦した。このため，議会はその戦費を監督し，また，フランスの勢力がイギリスにおよぶのを警戒した。

❹政党の成立　チャールズ2世のあと，その弟のジェームズ2世(在位1685〜88)の即位が予定されていたが，かれは熱心なカトリック教徒であったため，王位継承をめぐって，議会内部に次の2派が生まれた。

① **トーリ党**　貴族や保守的な地主を代表。国教徒以外のピューリタンを排斥したが，カトリック教徒に対しては寛大で，ジェームズ2世の即位を承認した。

② **ホイッグ党**　有産市民層が支持。議会主義を主張し，プロ

★15 ①王領・貴族領でピューリタン革命中に売られた土地については，新土地所有者の所有権を認める，②軍隊の未払い給与を支払う，③信仰の自由については，議会の法案を認める，などを内容とする。
　なお，ブレダはオランダの都市である。

参考　議会では，左記のほか，国教会の保護と再建，そして非国教徒の抑圧のために，クラレンドン伯らが中心になって，地方自治体法，統一令，集会令などのクラレンドン法典を定めた。

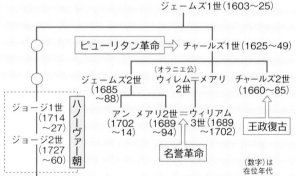

▲ステュアート朝の系図

参考　**トーリとホイッグの名称の由来**　トーリはアイルランド語で山賊，ホイッグはスコットランド語で農民が馬車をあつかうときのホイッガムという語からきており，互いに，相手をこうよびあった。なお，1830年代はじめ以後，トーリ党は**保守党**，ホイッグ党は**自由党**とよばれる。

テスタントを擁護。ジェームズ2世の王位継承権を否定した。

4 名誉革命

❶議会による国王の交代劇　ジェームズ2世は，トーリ党の援助で即位したが，前王にもましてカトリック的な専制政治を展開したため，トーリ・ホイッグ両党が共同してジェームズ2世の廃位を決定。1688年，議会はプロテスタントの王女メアリとその夫オランダ総督(統領)オラニエ公ウィレム3世(オレンジ公ウィリアム)に援軍を要請した。ウィレム軍が上陸すると，ジェームズ2世はフランスに亡命して**無血革命**が成功した(名誉革命)。

❷新王の即位　1689年，メアリとウィレムは，共同で議会の提出した権利の宣言を認め，メアリ2世(在位1689〜94)とウィリアム3世(在位1689〜1702)として即位した。

❸権利の章典とその意義　1689年，**権利の宣言**は，権利の章典として公布された。これは，それまでに獲得してきた市民的自由と議会主義とを再確認し，さらに徹底化したものであり，**大憲章**や**権利の請願**とともに，イギリス憲政史上，重要な意義をもつ。こうしてイギリスでは，ヨーロッパ大陸では絶対王政が支配的であった17世紀に，早くも**議会政治・立憲政治の基礎が確立**した。

★16　ジェームズ2世は，審査法も人身保護法も無視。1687年には信教の自由を宣言してカトリックへの差別を撤廃した。

★17　メアリはジェームズ2世の娘，ウィレムはオランダを独立させたオラニエ公ウィレム(⊃p.238)の曽孫。

★18　オラニエ公ウィレムは軍隊を率いてイギリスに上陸したが，ジェームズ2世は戦わずに亡命したため，一滴の流血もみなかった。イギリス人はこれを誇って**名誉革命**とよんだ。

参考　ピューリタン革命と名誉革命によって絶対王政を打倒したので，あわせて**イギリス革命**とよばれる。

7

主権国家体制の形成

📖 史料　**権利の章典**

1.　議会の承認なしに，国王の権限によって法律の効力を停止し，または法律の執行を停止できるとすることは，違法である。

2.　国王がその権限によって法の適用や執行を免除できるとすることは，違法である。

4.　議会の承認なしに，大権の名において，議会が承認するよりも長期間にわたり，また議会の承認と異なる方法で，国王の使用のために金銭を徴収することは，違法である。

6.　平時において，議会の承認なしに常備軍を徴集し維持することは，違法である。

8.　国会議員の選挙は，自由でなければならない。

9.　議会における言論の自由および討議または議事手続きは，議会以外のいかなる裁判所またはその他の場所においても，これを非難したり，問題としたりしてはならない。

解説　正式には「国民の権利および自由を宣言し王位継承を定める法律」という。はじめにジェームズ2世の違法行為を列挙したのち，上記のような諸項目があり，王位継承者については，プロテスタントであることを条件としている。

5 イギリス議会政治の確立

❶グレートブリテン王国の成立　ウィリアム3世とメアリ2世のあいだには子がなかったため、メアリの妹アンが王位をついだ（アン女王，在位1702〜14）。アン女王時代の1707年，イングランドとスコットランドとが正式に合併してグレートブリテン王国が成立し，議会も合一した。[19]

❷ハノーヴァー朝の成立　アン女王には後継者がなく，その死でステュアート朝が断絶した。遠縁にあたるドイツのハノーヴァー選帝侯がジョージ1世（在位1714〜27）としてイギリス国王にむかえられ，ハノーヴァー朝が成立した。[20]

❸国政から遠のく国王　ウィリアム3世は，はじめトーリ・ホイッグ両党の代表者を集めて**内閣**を組織し，のち**有力な一方の党に政権**を担当させた。ジョージ1世は，国政に関心をもたず，閣議も欠席しがちであった。[21]そのため，閣議を司会した大臣が首相的な立場にたち，**議会を通過した法案に国王は反対できない**という慣習が確立した。

❹議員（責任）内閣制の成立　ホイッグ党議員のウォルポールは，ジョージ1世時代に政治の実権をにぎり，閣議を主宰し，内閣を国王の諮問機関から**行政権の執行者**に格上げした。さらに，内閣は国王ではなく，**議会に対して責任を負う**という議員（責任）内閣制を明確にし，議院内閣制の確立につとめて，いわゆる「**王は君臨すれども統治せず**」という政体ができあがった。

補説　**イギリス議会の性格**　イギリス議会は二院制をとるが，上院は世襲貴族および国王が任命する高官や聖職者で占められた。下院は選挙によったが，それは普通選挙ではなく，地方の貴族や都市の有産市民だけの制限選挙によっていた。したがって，議会は貴族政的な性格が強かった。

[イギリス革命とイギリス議会政治の確立]
ピューリタン革命：① 権利の請願→② チャールズ1世の処刑・共和政
　　　　　　　　→③ クロムウェルの独裁（アイルランド征服・航海法・イ
　　　　　　　　　ギリス＝オランダ戦争）
王政復古：① チャールズ2世復帰→② 議会は審査法・人身保護法で対抗
名誉革命：① 1688年，無血革命→② 1689年，権利の章典を公布
イギリス議会政治：① トーリ党・ホイッグ党が誕生，
　　　　　　　　　② ウォルポールによる議員（責任）内閣制（「王は君臨すれど
　　　　　　　　　も統治せず」）

参考　アン女王の治世に，イギリスは**スペイン継承戦争**に勝ち，女王は，この戦争に活躍したマールバラ公に国政をまかせた。

★19 ステュアート朝の成立いらい，イングランドとスコットランドとは同君連合のかたちをとっていたが，議会・法律や教会など別々の活動をしていた。

★20 この王朝が，現在のイギリス王室であるウィンザー朝の祖である。

★21 アン女王は夫がスウェーデン王子，ジョージ1世はドイツ出身で英語を解せず，国政に疎い国王が2代つづいて，議会が主権をもつようになった。

参考　1694年には，イングランド銀行が創設された。

SECTION 8 ヨーロッパ列強の植民活動

1 オランダの隆盛

❶**東インド支配** 1602年東インド会社を株式会社のかたちで設立。ジャワ島のバタヴィア(現ジャカルタ)を根拠地として**スリランカ・マラッカ・モルッカ諸島をポルトガルからうばい**，インドネシア地域からイギリス勢力を追いだして，**香辛料の主産地を独占的に支配**した。1652年には，南アフリカ南端に**ケープ植民地**(⊃p.357)を建設して，東方貿易の基地とした。

❷**北アメリカへの進出** ニューネーデルラント植民地を開いて，ニューアムステルダムを建設。1621年には**西インド会社**を設立し，一時はアメリカ大陸の貿易を独占した。

2 イギリスの進出

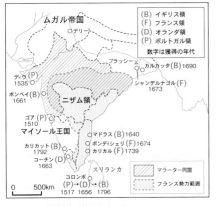

▲18世紀中ごろのインド

❶**インドへの進出** 1600年**東インド会社**を設立。東南アジアはオランダ・ポルトガルに独占されていたため**インド経営**に専念し，ベンガル地方を開拓，東岸の**カルカッタ**(現コルカタ)・**マドラス**(現チェンナイ)，西岸の**ボンベイ**(現ムンバイ)を占領した。

❷**北米への植民** エリザベス1世時代に，ヴァージニアに植民を試み，ステュアート朝の時代には植民活動はさらに活発になった。とくに，本国での宗教的圧迫を逃れて，多くの**ピューリタン**が移住し，東海岸一帯に**13の植民地**が開かれた(⊃p.272)。

❸**イギリス＝オランダ戦争** さきに海上権をにぎっていた**オランダ**と，スペインを破って海外に進出してきた**イギリス**との衝突。1651年，クロムウェルが**航海法**を発したことからおこった。イギリスは，1664年ニューアムステルダムをう

★1 **アンボイナ事件**
1623年，オランダ人がモルッカ諸島のアンボイナで香辛料貿易に従事していたイギリス人を虐殺した事件。以後，イギリスはインド経営に集中することになった。

参考 オランダは，1609年日本の平戸に商館を設置。1624年には台湾を占領し，中国とも貿易をした。

★2 特許状によって設立され，アジア貿易・植民地経営などに従事した独占企業体。

★3 1584年にはじめて植民地建設を試み，一時挫折したが，1607年に最初の植民地ジェームズタウンが成立。

★4 英蘭戦争とも表記(⊃p.253)。1652～54，65～67，72～74年の3次にわたっておこなわれた。

★5 イギリスの輸出入品を運ぶ船舶を，イギリス船またはその商品の生産国の船舶に限定したもので，中継貿易に重点をおくオランダに打撃を与えようとした(⊃p.253)。1849年廃止。

7

主権国家体制の形成

ばって**ニューヨーク**と改称するなど，オランダ勢力を北アメ
リカから追いだし，オランダはその制海権を失った。

3 フランスの進出

❶**北米への進出**　17世紀以降，とくに**コルベール**の政策に
よって積極的に植民地獲得にのりだした。①1608年**ケベッ
ク**を建設したあと，**カナダ**一帯に進出。②1682年には**ミ
シシッピ川流域**を占領して**ルイジアナ**植民地を開いた。

❷**植民の性格**　フランスの場合は，**毛皮取引とカトリック布
教**が主目的。イギリスのような移民の定着性に乏しく，植民
地の自治もなく本国の厳重な支配下におかれたことは，植民
地の発展をさまたげた。

❸**インドへの進出**　1664年，コルベールが**東インド会社を再
興**。東海岸の**シャンデルナゴル・ポンディシェリ**を根拠地と
してイギリスと争い，**デュプレクス**のもとで勢力を拡大した。

4 英仏植民地抗争

❶**北米での抗争**　オランダ没落後，イギリスとフランスの抗
争が激化し，ヨーロッパでの戦争と並行して，北米でも，英
仏植民地間の戦争がおこった。イギリスは，首相**ピット（大
ピット）**のもとで，**フレンチ＝インディアン戦争**（1754〜63）
によって最終的な勝利を獲得した。

❷**インドでの抗争**　イギリスは，東インド会社書記**クライヴ**
の活躍により，1757年，フランス・ベンガル地方王侯連合
軍を**プラッシーの戦い**に破って，インド支配を確立した。

❸**パリ条約**　英仏植民地抗争の総決算をなす条約。1763年に
締結。これにより，世界の海上支配における**イギリスの優位**
が確立し，イギリス植民地帝国の基礎がきずかれた。

★6　ラ＝サールが探検し，
ルイ14世にちなんで命名。

★7　東インド会社総督と
なったデュプレクスは，先
住民を利用して軍隊を組織。
1754年に本国に召還され
るまで，インドにおけるフ
ランスの優位を維持した。

参考　フランスは，西イン
ド諸島にも進出したほか，
アフリカのセネガル・マダ
ガスカル島にも植民地を設
けた。

参考　**イギリスの勝因**
①産業が発達し，国民も植
民地経営の重要性を認識し
ており，ヨーロッパ大陸で
の戦争に深入りせず，海軍
力を駆使して，力をもっぱ
ら植民地にそそいだこと。
②銀行と国債を通じた戦費
調達システムにおいて，フ
ランスを圧倒したこと。こ
れは**財政革命**といわれる。

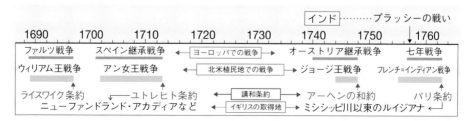

▲英仏植民地抗争の展開

補説　**パリ条約の内容**　①イギリスは，フランスから**カナダ**とミシシッ
ピ川以東のルイジアナを，スペインからフロリダ半島を獲得する。
②スペインはキューバとミシシッピ川以西のルイジアナを得る。
③インドでは，フランスはポンディシェリ・シャンデルナゴルを除
く全土でイギリスの優越権を認める。

注意　北米での英仏の抗争
は商業上の争いが主因で
あったのに対し，インドで
は，ムガル帝国の衰退に乗
じた政治的支配権獲得の抗
争であったことに注意。

5 奴隷貿易

❶**黒人奴隷の需要の増大**　①ヨーロッパ人の到達以後，中南
米・西インド諸島においては，虐殺・伝染病・強制労働に
よって，インディオの人口が激減した。これを補うため，
16世紀から**アフリカ人**が捕らえられて，**中南米や西インド
諸島**へ送りこまれた。②17〜18世紀に，**北米やカリブ海諸
島**での**プランテーション**(輸出用商品作物を生産する大農園
制)がさかんになると，大勢のアフリカ人が**西アフリカ**から
供給されるようになった。[8]

★8　プランテーションで
働かせやすいのは，耕作経
験のある者で，採集民や狩
猟民は好まれなかった。こ
のため，おもに南西アフリ
カ人が対象にされた。

❷**大西洋三角貿易の成立**　①ヨーロッパからアフリカに**武器・
綿織物**を送り，②これと交換で得た**奴隷**を輸送船でアメリカ
大陸に運び(⇨p.350)，③アメリカ大陸からは，**砂糖・綿
花・タバコ・コーヒー**など農産物をヨーロッパにもち帰った。
奴隷貿易には，イギリス・フランス・ポルトガルの商人がた
ずさわったが，18世紀以降はイギリス商人がこれを独占し，
リヴァプールやブリストルは奴隷貿易港としてにぎわった。

❸**奴隷貿易の結果**　この貿易による莫大な利益は，ヨーロッ
パ諸国(とくにイギリス)を繁栄させ，産業革命の資金を準備
することになった。しかしアフリカ西海岸地方は，貴重な労
働力を失うなど，社会的に大打撃をこうむり，アフリカの
「低開発」の一因となった。[9]

★9　プランター(農園経営
者)は奴隷を酷使したため，
3年以内に3分の1が命を
落としたという。こうして
300年以上つづいた奴隷貿
易で，アフリカから失われ
た人口は，若者を中心に最
低でも6,000万人といわ
れる。

POINT!

[ヨーロッパ列強の植民活動]
①オランダ：ジャワのバタヴィアを根拠地。17世紀，香辛料の産地支配
②フランス：コルベールの東インド会社再建，総督デュプレクス
③イギリス：東インド会社でインド支配へ。航海法でイギリス＝オランダ戦争。
　　プラッシーの戦いでインド支配確立，クライヴが活躍
④奴隷貿易の結果：アフリカ社会は健全な発達を阻害され，「低開発」への道
　　を強要された。イギリスの産業革命の資金源となった

主権国家体制の形成

7

9 17〜18世紀のヨーロッパ文化

1 芸術と文学

❶絶対王政時代の文化の特色　絶対王政時代の文化は，**宮廷文化**と**市民文化**の二面性をもっている。美術・音楽は宮廷文化の代表的なものとして発達したが，市民階層の成長とともに，**小説**が誕生・発展し，政治・経済思想には絶対王政への批判がみられるようになった。

❷17世紀の美術　絶対王政の全盛期を象徴する豪壮華麗なバロック美術が流行。①建築では，ルイ14世の造営したヴェルサイユ宮殿がその代表。②絵画では，フランドル派のルーベンスやその門下の**ファン＝ダイク**，スペインのベラスケス[★1]，光と影の描写にすぐれたオランダのレンブラントらがでた。

❸18世紀の美術　技巧に富んだ繊細優美な**ロココ美術**が支配的となった。①建築では，プロイセン王フリードリヒ2世が造営したサンスーシ宮殿(無憂宮)が代表的。②絵画では，フランスの**ワトー**らが名高い。

❹フランス文学　王室の保護のもとに，ギリシア・ローマの伝統と調和を重んじる古典主義文学が発展。①ルイ14世時代の悲劇作家コルネイユ・ラシーヌや喜劇作家モリエール[★3]らが当時の社会を風刺した傑作を残した。②モラリスト文学[★4]の伝統のもとに，パスカルは『パンセ(瞑想録)』を著した。

❺イギリス文学　有産市民層の発展のもとで，市民文学が生まれた。17世紀のピューリタン革命時代に，ミルトンがピューリタン文学の最高傑作『失楽園』[★5]を著し，18世紀にかけて『ロビンソン＝クルーソー』のデフォーや『ガリヴァー旅行記』のスウィフトがあらわれて，当時の社会や文化を風刺。

2 科学と哲学の発達

❶自然科学の発達　ルネサンスいらいの科学的精神の発達により，17世紀は科学革命の時代とよばれるほど自然研究がすすみ，自然科学は学問としての体系をもつようになった。17世紀後半，イギリスのニュートンは**万有引力の法則**[★6]を発見し，宇宙の力学的構造を明らかにした。かれの著書『プリンキピア』は科学史の古典とされる。

参考　中国趣味(シノワズリ)17世紀後半から19世紀初頭にかけて，ヨーロッパで中国風のデザインが流行した。

★1　ルーベンス・ファン＝ダイク・ベラスケスらは肖像画にすぐれ，宮廷画家として王室の保護をうけた。

★2　本来はバロック式建築の室内装飾にはじまるものであったが，やがて美術一般に影響をおよぼすようになった。

参考　18世紀の音楽
バッハ・ヘンデルらが，バロック音楽を大成。さらにハイドン・モーツァルトらが，古典派音楽への道を開いた。

★3　『人間ぎらい』『タルテュフ』などが代表作。

★4　人間精神を深く探究しようとする人々(モラリスト)の文学。モンテーニュいらい発達。

★5　そのほか，バンヤンの『天路歴程』が名高い。

★6　ニュートンには光の分析などの業績があり，近代科学の祖とされる。他方，錬金術を研究するなど，前近代的な側面もあった。

❷**哲学の発展**　自然科学の発達に伴って，哲学・思想の分野でも経験や理性を重んじる傾向が強まった。学問の方法論でも，数学や自然科学の影響が強くみられる。

❸**近代哲学の2つの流れ**　学問の方法論ないしは認識論において，2つの大きな流れがあらわれた。

1 **イギリスの経験論**　①フランシス=ベーコンが実験と観察の重要性を説いて**帰納法**を確立，経験論(主義)の先駆をなした。

　②17世紀には**ホッブズ**や**ロック**らによって深められ，

　③18世紀の**ヒューム**にいたって懐疑的色彩が濃くなった。

2 **大陸の合理論**　17世紀前半，フランスの**デカルト**は科学における数学的な証明法(**演繹法**)を確立，『**方法序説**』を著して合理論(主義)の基礎をきずいた。オランダの**スピノザ**は**汎神論**に基づく一元論，ドイツの**ライプニッツ**は宇宙の構成をモナド(単子)の運動から説明する単子論哲学，フランスの**パスカル**は新しい自然観と内面的な信仰の立場にたつ哲学を唱えた。

3 政治・経済思想

❶**自然法思想の発達**　合理主義の考え方が普及するにつれて，絶対王政を批判する自然法思想が発達した。**国際法思想**や社会契約説は，この自然法思想に立脚するものである。

❷**社会契約説**　社会や国家の形成を，自然法に基づいて，人民の契約関係により成立したとする政治学説。イギリスで発達し，ホッブズとロックに代表される。

1 **ホッブズ**　著書『**リヴァイアサン**』のなかで，人間は自然状態におかれると，自己保存の本能(自然権)に基づいて争い(「**万人の万人に対する闘い**」)の状態になるので，この無秩序を脱するため，人々は自然法にしたがって契約して国家をつくり，主権者に支配権をゆだねるべきだと論じた。

2 **ロック**　主著の『**統治二論**』において，自然状態は秩序ある場で，人間は自然に与えられた基本的な人権をもつが，自然状態のなかで自然権はしばしば侵犯される恐れがあるので，この自然権を守るため，人々は契約を結んで国家をつくるにいたったと主張した。

参考 **おもな自然科学者**
①**物理学**…フランスのラプラースが天体力学を集大成。②**化学**…イギリスのボイルは元素の概念を確立，フランスのラヴォワジェは質量保存の法則を発見。③**生物学**…スウェーデンのリンネが植物分類学を創始。④**医学**…イギリスのハーヴェーは血液の循環をつきとめ，ジェンナーは種痘法を発見。

★7　デカルトの「われ思う，ゆえにわれあり」が有名。

★8　自然を神，精神も物質も神の属性とした。

参考 **カント**　ドイツ。18世紀末，経験論と合理論とを結びつけて人間の認識能力に批判を加え，**ドイツ観念論**の基礎をつくった。

★9　時代や地域をこえて通用する不変の法則が存在するとする考え方。基本的人権などを重視する。

★10　オランダの**グロティウス**は，自然法の立場から国際法の必要性を説き，『海洋自由論』『戦争と平和の法』を著して，**国際法の父**といわれる(⊃p.244)。

★11　ロックは，支配者がその契約を破って人民の権利をおかしたときは，人民はその支配者をかえることができると主張した(**抵抗権**)。名誉革命に理論的根拠をもたせ，アメリカ独立宣言やフランスの啓蒙思想家にも大きな影響を与えた。

7
主権国家体制の形成

❸**新しい経済思想**　産業の発達に伴い，絶対王政の**重商主義政策**のもとでの政治的な介入や統制に反発して，**自由な経済活動を主張する思想**がでてきた。

1 **重農主義**　富の源泉を農業生産(土地)に求め，農産物の自由取引と自由主義経済を主張して，重商主義政策を攻撃。工業が未発達で生産の中心が農業にあった**フランスで発達**した。『経済表』を著した**ケネー**とその弟子の**テュルゴ**が代表。

2 **自由主義経済学**　イギリスの**アダム=スミス**は，『諸国民の富(国富論)』を著し(1776年出版)，重商主義理論を批判して**自由放任政策**を主張し，自由貿易主義を理想とした。★12 かれの説は資本主義経済の原理となり，古典派経済学の基礎となった。

> 注意　重商主義では，生産よりも流通(商業)を重視し，国家による経済的統制をおこなっていたことに注意。

> ★12　アダム=スミスは，富の源泉を人間の労働に求めた。そして，国家は経済活動を統制すべきではなく，個人の自由な経済活動が，「神の見えざる手」にみちびかれて，調和が生まれると主張した。

4 啓蒙思想

❶**啓蒙思想とは**　経験に基づく合理的な考えによって自然を分析し，人間の**理性**を信頼して世の中の不合理なものをとり除き，同時に民衆を無知の状態から解放しようとする考え方。18世紀の**フランスで発達**し，★13 市民階層を基盤として発展した。

❷**おもな啓蒙思想家**

1 **ヴォルテール**　『哲学書簡(イギリス便り)』でイギリスの制度をたたえ，フランス絶対王政を批判した。

2 **モンテスキュー**　イギリス議会政治を範として『法の精神』を著し，貴族の立場から**三権分立**を説いた。★14

3 **ルソー**　『人間不平等起源論』で自然権の回復を主張し，『社会契約論』では主権在民を主張した。★15

❸**百科全書**　ディドロ・ダランベールらが中心になって編纂，フランスの啓蒙思想家のほとんどが執筆した。旧制度に批判を加え，啓蒙思想の普及に大きな役割をはたした。

> ★13　当時，パリで発達していたカフェやサロンを通じて，有産市民や自由主義貴族のあいだにひろまった。

> ★14　モンテスキューの著作では『ペルシア人の手紙』も名高い。

> ★15　理性万能の風潮に対して，ルソーは人間の感情を重視し，のちのロマン主義の先駆ともなった。ほかに教育論『エミール』などの著書がある。

POINT!

①芸術と文学：17世紀バロック美術…ヴェルサイユ宮殿，ルーベンス・ベラスケス，18世紀ロココ美術…サンスーシ宮殿，ワトー

②政治経済思想：社会契約説…ホッブズ・ロック，重農主義…ケネー，古典派経済学…アダム=スミス

③啓蒙思想：ヴォルテール・モンテスキュー・ルソー・ディドロ・ダランベール

☑ 要点チェック

CHAPTER 7 主権国家体制の形成	答
☐ 1 絶対王政を正当づけようとした政治理論を何というか。また，この理論を支持した，フランスにおける代表的な人物は誰か。	1 王権神授説，ボシュエ
☐ 2 絶対王政を特徴づける経済政策を何というか。また，その経済政策を推進した，17世紀のフランスの財務総監は誰か。	2 重商主義政策，コルベール
☐ 3 16世紀後半，「太陽の沈まぬ帝国」といわれた国はどこか。また，その最盛期の国王は誰か。	3 スペイン，フェリペ2世
☐ 4 スペインは，1588年イギリス攻略に大艦隊を派遣したが大敗し，大西洋の制海権を失った。このときの大艦隊を何というか。	4 無敵艦隊（アルマダ）
☐ 5 1579年，スペイン領ネーデルラントの北部7州が独立のために結成した同盟を何というか。	5 ユトレヒト同盟
☐ 6 オランダの独立を正式に認めた，三十年戦争の講和条約を何というか。また，この条約は何年に結ばれたか。	6 ウェストファリア条約，1648年
☐ 7 イギリス絶対王政が成立した，ヘンリ7世創始の王朝は何か。	7 テューダー朝
☐ 8 イギリス絶対王政の全盛期の国王（女王）は誰か。	8 エリザベス1世
☐ 9 フランスでは，宗教対立が，宮廷内の政争などと結びついて，1562年から大規模な内乱に発展した。この内乱は何か。	9 ユグノー戦争
☐ 10 上問の内乱中，フランスではヴァロワ朝が断絶し，ユグノーの指導者が新王として即位した。この新王は，何家の誰か。	10 ブルボン家のアンリ4世
☐ 11 上問の新王は，自らカトリックに改宗するとともに，ユグノーにも大幅な信教の自由を認める王令を発した。この王令を何というか。	11 ナントの王令
☐ 12 太陽王とよばれた，フランス絶対王政の最盛期の国王は誰か。また，かれが造営し，ヨーロッパ文化の中心となった宮殿は何か。	12 ルイ14世，ヴェルサイユ宮殿
☐ 13 1700年に断絶したスペインの王家は，何という家系か。	13 ハプスブルク家
☐ 14 1713年に結ばれた，スペイン継承戦争の講和条約を何というか。	14 ユトレヒト条約
☐ 15 最後にして最大の宗教戦争といわれ，ブルボン家対ハプスブルク家の国際対立にまで発展した戦争を何というか。	15 三十年戦争
☐ 16 プロイセン王国を支配したのは，何という家系か。	16 ホーエンツォレルン家
☐ 17 18世紀中ごろ，産業の奨励や教育の普及といった国内の近代化につとめ，プロイセンをヨーロッパの強国に高めた国王は誰か。	17 フリードリヒ2世（大王）
☐ 18 中世末以降，神聖ローマ皇帝位を独占した領邦国家はどこか。	18 オーストリア
☐ 19 上問の領邦国家で，18世紀中ごろに即位した女性君主は誰か。	19 マリア＝テレジア
☐ 20 上問の女性君主の即位に異議を唱えたプロイセンなどが，フランスやスペインと結んでおこした戦争を何というか。	20 オーストリア継承戦争
☐ 21 上問の戦争の講和条約を何というか。	21 アーヘンの和約
☐ 22 プロイセンとオーストリアが領有をめぐって争い，上問の講和条約でプロイセンの領有が認められた地域はどこか。	22 シュレジエン

7

主権国家体制の形成

□ 23	前問20の戦争後，プロイセンの孤立化をはかるオーストリアが宿敵 フランスと同盟関係を結んだ変革を何というか。	23 外交革命
□ 24	1756〜63年のプロイセン・オーストリア間の戦争を何というか。	24 七年戦争
□ 25	17世紀末に即位して，ロシアの絶対王政（ツァーリズム）を確立し， 社会の近代化・西欧化につとめた皇帝は，何家の誰か。	25 ロマノフ家のピョー トル1世（大帝）
□ 26	ポーランド分割を強行した，ロシアの啓蒙専制君主は誰か。	26 エカチェリーナ2世
□ 27	ロシアとともにポーランド分割をおこなった2国を答えよ。	27 プロイセン， オーストリア
□ 28	イギリスで，騎士が地主化して形成されたといわれ，絶対王政をさ さえた有産市民層を何というか。	28 ジェントリ
□ 29	モアもその著『ユートピア』で批判している，有産市民層がすすめ た牧羊のための土地の兼併を何というか。	29 （第1次）囲い込み （エンクロージャー）
□ 30	ピューリタン革命において，議会派を指導した人物は誰か。	30 クロムウェル
□ 31	チャールズ1世が処刑されて革命が終わったのは，何年か。また， 処刑後に成立したイギリスの政治体制を何というか。	31 1649年， 共和政
□ 32	ピューリタン革命後の王政復古は何年のことか。また，このとき即 位した国王は誰か。	32 1660年， チャールズ2世
□ 33	1673年，公職を国教徒に限定することを定めた法律を何というか。	33 審査法
□ 34	議会がジェームズ2世を廃し，王の娘夫妻を新王にむかえた革命を 何というか。また，このとき新王が即位したのは何年か。	34 名誉革命，1689年
□ 35	1651年に制定された，イギリスの輸入品の運搬船を，イギリス 船または商品の生産国の船舶に限定した法律を何というか。	35 航海法
□ 36	インドにおける，フランスに対するイギリスの優位を決定づけた 1757年の戦いを何というか。また，このとき活躍した東インド会 社書記官は誰か。	36 プラッシーの戦い， クライヴ
□ 37	英仏植民地抗争の総決算をなす1763年の条約は何か。また，この 条約でフランスがイギリスに譲った地域は，カナダとどこか。	37 パリ条約，ミシシッ ピ川以東のルイジアナ
□ 38	18世紀のフランスを中心におこった，技巧に富んだ繊細優美な美 術様式を何というか。	38 ロココ美術
□ 39	17世紀後半，万有引力の法則を発見し，宇宙の力学的構造を明ら かにしたイギリスの科学者は誰か。	39 ニュートン
□ 40	観察と実験を重んじて真の知識の確立につとめ，イギリス経験論の 先駆をなした哲学者は誰か。	40 フランシス＝ベーコン
□ 41	『方法序説』を著し，近代合理主義哲学の祖といわれるフランスの 哲学者は誰か。	41 デカルト
□ 42	『統治二論』で人民の抵抗権を主張して，名誉革命に理論的根拠を 与えたイギリスの思想家は誰か。	42 ロック
□ 43	18世紀のフランスで発達した，理性によって不合理を排除し，民 衆を無知の状態から解放しようとする考え方を何というか。	43 啓蒙思想

第 **3** 編

諸地域世界の
変容と結合

· · · · ·

CHAPTER

1 》 欧米近代社会の成立

時代の俯瞰図

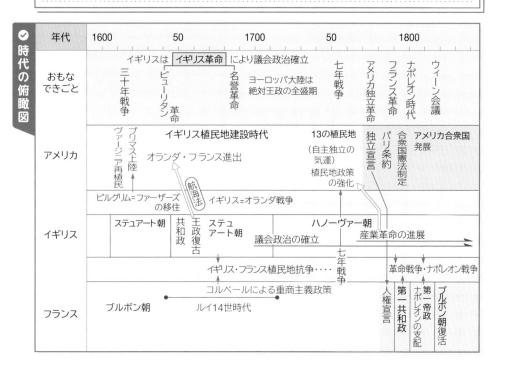

年代	1600	50	1700	50	1800

おもなできごと：三十年戦争／ピューリタン革命／イギリスは イギリス革命 により議会政治確立／名誉革命／ヨーロッパ大陸は絶対王政の全盛期／七年戦争／アメリカ独立革命／フランス革命／ナポレオン時代／ウィーン会議

アメリカ：ヴァージニア再植民／プリマス上陸／イギリス植民地建設時代／オランダ・フランス進出／13の植民地（自主独立の気運）／植民地政策の強化／独立宣言／パリ条約／合衆国憲法制定／アメリカ合衆国発展

ピルグリム＝ファーザーズの移住／航海法／イギリス＝オランダ戦争

イギリス：ステュアート朝／共和政／王政復古／ステュアート朝／議会政治の確立／ハノーヴァー朝／産業革命の進展

イギリス・フランス植民地抗争‥‥／七年戦争／革命戦争・ナポレオン戦争

フランス：ブルボン朝／ルイ14世時代／コルベールによる重商主義政策／人権宣言／第一共和政／第一帝政ナポレオンの支配／ブルボン朝復活

SECTION
1 産業革命

1 イギリス産業革命

❶産業革命とその意義

1 **産業革命の意味** ①産業革命[★1]とは，機械の発明によって工業生産力が飛躍的に増大した現象をいう。②それは，単に機械の発明と使用という技術的側面の改革だけをいうのではなく，生産技術の変化に伴っておこった社会構造上の変化をも意味する。

2 **産業革命の歴史的意義** ①物資が豊かになり，人々の生活が便利になった，②資本の蓄積によって産業資本主義が確立した，③資本家と労働者の対立という新たな社会問題が生じた，など，産業革命はその後の歴史の新しい展開の出

★1 産業革命(industrial revolution)という語を最初に用いたのはエンゲルスであるが，それに歴史的概念を与えたのはイギリスの歴史学者アーノルド＝トインビーである。「工業化(industrialization)」と表現する学者もいる。

発点となり，ヨーロッパ近代史上最も重要なできごとの1つであるといえる。

3 **産業革命の先進国**　産業革命は，18世紀の後半から，まず**イギリスで最初にはじまった。**

POINT!

産業革命 {
　①機械による工業生産力の飛躍的増大
　②それに伴う社会構造の変化(資本家と労働者の対立)
　③環境問題や都市問題の発生
}

参考 **産業革命と環境・都市問題**　産業革命期には，燃料(石炭)の煤煙による**大気汚染**や，人口集中による，さまざまな**都市問題**(⇨p.270)があらわれた。

1

欧米近代社会の成立

❷イギリス産業革命の背景

1 **市民社会の成長**　二度の市民革命の結果，商工業の自由が保障され，議会政治が確立して，民意が政治に反映されるようになった。

2 **綿織物の需要の高まり**　インドから輸入された綿織物は毛織物よりも軽く，洗濯が容易なうえ，あざやかに染めることができるので，需要が飛躍的に増大した。

3 **資本の蓄積**　奴隷貿易の利益と植民地経営，重商主義によって資本蓄積がすすみ，新しい事業への投資を待っていた。

4 **マニュファクチュアの発達**　農村を中心に，マニュファクチュアによる資本主義的生産様式が発達。工業化社会への下地をつくっていた。

5 **労働力の供給**　土地を失った農民が，賃金を求めてたえず都市に流入していた。とくに，18世紀の中ごろ，第2次囲い込みなどによる農業革命の結果，多くの農民が没落して賃金労働者となっていた。

6 **広大な市場**　国内市場が確立したうえ，海外に広大な**植民地**を得て，原料供給地と販売市場にことかかなった。

★2　近代農法による市場向け生産のためにおこなわれた。牧羊を目的とした第1次のものより規模がずっと大きく，議会の承認のもとにおこなわれた。

★3　**農業革命と産業革命**　農業の生産性の向上が要求され，馬耕法，輪作農法，品種改良，化学肥料の使用，資本家による**市場向け農業生産**などがおこなわれた。このような農業技術や農業経営の変革を**農業革命**という。この結果，多数の農民が工場での労働者となって，産業革命が促進された。

★4　**イギリス**は，オランダ・フランスを破り，18世紀後半までに海上権を制覇した。

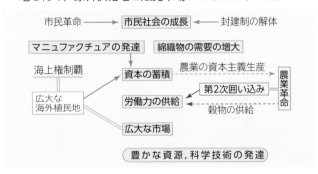

▲イギリス産業革命の背景

参考　本文で述べたほか，イギリスの国内には鉄・石炭・水力などの**資源が豊富**なこと，実験に基づく**科学技術の発達**があったことなども，イギリス産業革命の要因となっている。

2 イギリス産業革命の展開

❶産業革命の発端

1 綿工業の発達　イギリスの最も重要な工業は羊毛工業であったが，東インド会社がインド製の綿織物を輸入するようになると，綿織物の需要が増大し羊毛工業は打撃をうけた。18世紀にはいると，イギリス国内でもアメリカ大陸・西インド諸島・インドの原料による**綿工業**が発達した。

補説 綿工業発達の背景　機械化がすすんだ背景としては，綿織物の需要増大に脅威を感じた羊毛業者が議会に働きかけて綿織物の輸入を禁止する法律をつくらせたため，一時，綿織物の価格があがったことや，アフリカへの奴隷貿易の交換品として綿織物が有効だったことなどにより，一層の綿織物の増産が望まれていたことがある。

2 綿工業での発明

①ジョン＝ケイが**飛び杼**(飛び梭，織布機)を発明し，綿織物の生産量が急増。綿糸が不足した。

②ハーグリーヴズが**多軸紡績機**(ジェニー紡績機)★5を発明。

③アークライトが**水力紡績機**を発明。

④クロンプトンが**ミュール紡績機**★6を発明して，良質の綿糸がはやく大量に生産されるようになった。

⑤カートライトは蒸気機関を動力とする**力織機**を発明，織布の生産がさらに高まった。

⑥アメリカの**ホイットニー**は**綿繰機**を発明，原綿の生産も急増した。以後，アメリカ南部の綿花がイギリスへ大量に輸出されるようになった。

❷産業革命の波及

1 動力革命　①ニューコメンが蒸気機関を発明。炭坑の排水ポンプの動力に利用された。②ワットはこれを改良して，さらに優秀な蒸気機関を完成。

2 蒸気機関改良の意義

①紡績機械・織布機械と結びついて，イギリスの綿工業をいちじるしく発達させた。

②産業革命以前には水力をおもな動力としていたため，工場の建設は河川の流域に限られていたが，蒸気機関の普及によって工場立地の制限が少なくなった。このため，石炭・鉄の産地の近くに工場が建てられ，新興工業都市に人口が集中するようになった。

③交通機関に革命的な変革をもたらした。

注意 産業革命(機械の発明)は伝統的な羊毛工業ではなく，新興の綿工業からおこったことに注意する。

★5 同時に多量の糸をつむぐことができる多軸紡績機。ジェニーはハーグリーヴズの娘の名とも，「エンジン」のなまりともいわれる。

★6 ハーグリーヴズの多軸紡績機とアークライトの水力紡績機の2つを結びつけたもの。ミュールの命名は上記2つの紡績機の長所を合わせてつくられたことから，ウマとロバの雑種のラバ(mule)にちなんでいる。

▼おもな機械・交通機関の発明

年	できごと
1712	ニューコメン(英)　蒸気機関を発明
1733	ジョン＝ケイ(英)　飛び杼を発明
1764ごろ	ハーグリーヴズ(英)　多軸紡績機を発明
1769	アークライト(英)　水力紡績機を発明
1769	ワット(英)　蒸気機関を改良
1779	クロンプトン(英)　ミュール紡績機を発明
1785	カートライト(英)　力織機を発明
1793	ホイットニー(米)　綿繰機を発明
1804	トレヴィシック(英)　最初の蒸気機関車
1807	フルトン(米)　蒸気船を試作
1814	スティーヴンソン(英)　蒸気機関車を試作

1

欧米近代社会の成立

③ 交通革命　**工場制機械工業**の発達で，大量の原料・製品を迅速に安価に輸送するために，交通・運輸の面での革新がすすんだ。

18世紀後半，イギリスでは多くの運河が建設された。蒸気機関の発達を利用して，フルトンが**蒸気船**を，スティーヴンソンが**蒸気機関車**を実用化，海上交通・陸上交通に新時代をもたらした。

★7　機械を生産するための機械工業が発達。産業革命は綿工業から重工業部門へと発展した。

★8　パリでの実験後，1807年にアメリカで，ハドソン川をさかのぼることに成功した。1819年にはサヴァンナ号がはじめて大西洋横断に成功。

★9　1814年に試作，1825年に実用化。1830年にはリヴァプール・マンチェスター間に本格的な鉄道が開通（ロケット号）。なお，1804年にトレヴィシックが最初の蒸気機関車を試作していたが，実用にはいたらなかった。

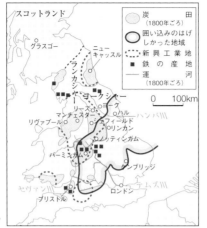

▲産業革命時代のイギリス

 POINT!

［産業革命の展開］
① 綿工業（紡績機と織機の発明）→
② 蒸気機関による動力革命→③ 交通革命（蒸気船・蒸気機関車）

\ TOPICS /

18世紀の発明家たち

18世紀の発明家たちの経歴をみると，意外にも素人が多い。ジョン゠ケイやハーグリーヴズはもともと織布業にたずさわっていたが，アークライトは行商や散髪屋を営み，ワットは器具製造業，カートライトは牧師，スティーヴンソンは炭鉱の機関手，フルトンは時計の修理工であった。

散髪屋のアークライトは，かれの店にきた水夫の話にヒントを得て水力紡績機の発明にとりかかったといわれている。また，カートライトは，それまで織機や紡績機などみたこともなかったが，紡績機の発明で綿糸が大量に余ってきたという話を聞いて，それでは織機をつくろうと一念発起して力織機をつくりあげた。最初の機械は，素人の悲しさで，特許は得たものの使用にたえなかったらしい。

しかし，その後の成功で，巨万の富と爵位を得たのである。このように，かれらのほとんどは学歴も専門的知識もなく，ただ器用さと成功欲だけで大発明をなしとげたのである。このことは，19世紀後半以降の発明のほとんどが，大学や専門機関の研究者たちによって組織的に生みだされたものであることと，大きく異なっている。

▲スティーヴンソンの蒸気機関車

3 イギリス工業の発達

❶新工業都市の成立　工場制度の発達により**人口の都市集中**がおこり，**マンチェスター・バーミンガム**などの工業都市，リヴァプールのような商港都市が新しく発展した。とくに，綿織物工業地帯や石炭の豊富なイギリス中部の黒郷地帯(ブラック=カントリー)や製鉄業地に工業都市の発展がみられた。
★10

★10 都市問題の発生
人口の都市集中の結果，工場の周辺には**スラム(貧民街)** ができ，その不健康な環境は疫病や犯罪の巣となった。また，新興都市へ人口が流出し，いわゆる腐敗選挙区の問題も生じた(⇨p.299)。

❷世界の工場　イギリスの工業は世界に優越し，自由貿易を発展させて，「**世界の工場**」としての地位を占めた。アジア・アフリカ・ラテンアメリカなどは市場として組みこまれ，従属的な地位におかれることになった。

イギリス工業の発達
{ ① 産業革命でイギリスは「世界の工場」に
  ② 都市問題の発生(スラムの形成，疫病の流行など)

SECTION 2 各国の産業革命と資本主義の確立

1 各国の産業革命

❶ベルギー　1831年の独立後，豊かな鉄・石炭を利用してヨーロッパ大陸では最も早く工業化がすすんだ。ブリュッセル・リエージュで刃物・織物・機械工業が発達した。

❷フランス　1830年代(七月王政時代)に繊維工業部門で産業革命がすすむ。政府は保護関税政策をとって産業を助成したが，進行は緩慢で小経営のものが多く，農業国の性格を残した。

❸ドイツ　1830年代に**ドイツ関税同盟**(⇨p.316)が成立して市場が拡大し，各領邦政府が保護貿易政策をとったので産業革命が進展。ドイツ統一後，重工業の急速な発展がみられた。

参考　日本では，19世紀末から産業革命がはじまり，日清戦争(1894〜95)後に軽工業，日露戦争(1904〜05)後に重工業がめざましく発展した。

❹アメリカ　19世紀前半に綿工業を中心に産業革命がはじまり，1860年代の南北戦争後に国内市場の統一と保護政策によってひとまず完成。20世紀初頭にはイギリスをしのぐ工業国となった。

❺ロシア　1880年代が産業革命期であるが，市民階層の成長がおくれ農奴制が残った。国内市場が小さく，南下政策の挫折で，国家の保護にもかかわらず資本が十分に育たなかった。
★1

★1　ロシアでは，1861年に農奴解放令がだされた。しかし，土地は領主から買い戻さなければならないものとされ，また農民個人ではなく，**農村共同体(ミール)** に引き渡されるケースが多いなど，不徹底であった(⇨p.307〜308)。

2 資本主義の確立と労働問題

❶資本主義の確立

1 **機械制工場生産の確立**　機械・動力の発明により，商品の大量生産が可能となり，安価な商品が送りだされた。従来のギルド的な手工業や家内工業はなりたたなくなり，大規模な機械制工場が生産の主体となった。

2 **資本主義的生産の確立**　機械制工場の経営者は，機械・工場・原料などの生産手段を所有し，賃金労働者を雇って，資本主義的工場生産をおこなった。このような経営者のことを，産業資本家（**工業資本家**）という。

3 **産業資本家の台頭**　産業資本家は，大量生産・低賃金による安価な商品で市場を占有，利潤を確保して，絶対的優位にたった。

4 **資本主義体制の確立**　生産はすべて**資本家が利潤をあげるためにおこなわれ，生産手段を所有する資本家（ブルジョワジー）**と，労働力を売る以外に生活手段をもたない**労働者（プロレタリアート）**とが完全に分離，対立するようになった。

補説 **恐慌の発生**　恐慌は資本主義社会に特有の現象であり，1825年にイギリスで最初に発生していらい，ほぼ10年ごとに勃発している。恐慌の時期には，企業の倒産，失業者の増大など，いわゆる**不景気**という状態がつづく。資本主義以前の社会にも，戦争や凶作などで経済が混乱したことはあったが，それは生産不足・物資不足を原因とするものであった。資本主義のもとでの恐慌は，それとは逆に，**過剰生産**から生じる。また注目すべきは，第一次世界大戦などの**戦争**により，**恐慌が中断している**ことである。戦争は，過剰生産にみあった消費をつくりだすには，最もてっとりばやい方法であり，資本主義が戦争ときりはなせないのは，この理由による。

★2　**手工業者の没落**
家内工業的な手工業者や職人は市場を失って没落，失業と貧困に追いこまれた。かれらはその原因が機械にあると考え，大規模な**機械打ちこわし（ラダイト）運動**を展開したが，大部分は，土地を失った農民とともに**賃金労働者**になった。

▼恐慌年表

年	できごと
1825	英で最初の恐慌
1836	英ヴィクトリア女王即位の前年
1847	仏二月革命の前年
1857	最初の世界的な恐慌
1866	英中心の金融恐慌
1873	「大不況」のはじまり
1882	仏・米からはじまる
1890	英からはじまる
1900	露から欧米に波及
1907	米から欧へ波及
1914	第一次世界大戦がはじまる
1920	日本からはじまる
1929	世界恐慌
1939	第二次世界大戦がはじまる

[資本主義の確立]
① 機械制工場の出現
② 産業資本家による資本主義的生産
③ 資本家と労働者の分離

❷労働問題の発生

1 **女性・年少者の労働力化**　機械の採用によって**仕事が単純**となり，**分業が発達**したので，熟練労働者が不要となり，資本家は，賃金が安い女性や年少者を労働力として雇った。

★3　**社会政策の開始**
イギリス政府は，労働者保護の必要を認め，1833年に**工場法**（☞p.300）を制定，翌年には救貧法を改正した。

2 **劣悪な労働条件** 資本家は，利潤の追求を急ぐあまりに，低賃金のもとで長時間労働を強制。労働者は，**労働力の過剰**のもとで失業におびえ，劣悪な労働条件にあまんじた。[3]

3 **労働運動の発生** やがて労働者は団結して資本家に対抗するようになり，イギリスでは1824年に**団結禁止法**[4]が廃止されてから**労働組合**の組織化が急速にすすんだ。

★4 1799・1800年に制定され，労働者の団結を内乱罪にあたるとして禁止していた。

3 アメリカ独立革命

1 北アメリカ植民地の発展

❶**13植民地の成立** 1620年，**ピルグリム＝ファーザーズ**がプリマスに上陸。**ニューイングランド**[1]の基礎をつくった。一方，1607年のヴァージニアのジェームズタウン植民地など，国王の特許状による植民地も次つぎに建設された。こうして，18世紀前半までに，北アメリカ東岸一帯に**イギリス領の13植民地**が成立した。

❷**13植民地の性格**①北部は，政治や信仰の自由を求めてやってきた**ピューリタン**が建設したところが多

▲1776年の北アメリカ東部

く，農業のほか商工業や漁業に進出する者が多かった。②南部は特許会社や貴族が設立した植民地が多く，**奴隷労働**によるプランテーションが営まれた。③植民地議会をもち，自治的な政治体制を発展させた。

❸**イギリス本国の植民地政策**①イギリス本国は，13植民地に対して，本国製品の販売市場および原料供給地とする重商主義政策をとった。②本国経済をおびやかす産業の発展や自由な貿易はおさえられ，植民地の商工業者は密貿易によって三角貿易に従事した。③政治的には，本国の経済発展に役立つかぎり放任の態度をとり，自治を認めた。

★1 **ニューイングランド**とは，北アメリカ東北部一帯で，現在のアメリカ合衆国のメイン・ニューハンプシャー・バーモント・マサチューセッツ・ロードアイランド・コネティカットの6州。

参考 **マサチューセッツ植民地** 1629年には同じくピューリタンの一団が国王の特許状を得てマサチューセッツ植民地を建設。1691年には**プリマス植民地**を併合。

参考 1732年のジョージア植民地の設立により，13の植民地がそろうが，そのころには植民地の人口は200万人に達していたという。

注意 イギリスの北アメリカ植民はエリザベス時代からはじまるが，本格化したのは17世紀になってからである。

1

補説 **北アメリカ植民地の三角貿易** 18世紀，イギリスの航海法のもとで，北アメリカ植民地では下図のような貿易がおこなわれた。1つは北アメリカ植民地つまり「新大陸」とイギリス・西インドとのあいだの三角貿易，もう1つは「新大陸」・西インド・アフリカ間の三角貿易である。いずれにしてもアフリカ人奴隷が新大陸につれてこられ，プランテーションの発達とともに増員されて，不可欠の労働力として使われた。

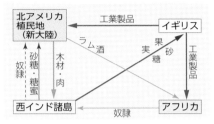
▲北アメリカ植民地の三角貿易

参考 **イギリスによる植民地経済の圧迫**
①羊毛法(1699)…植民地の羊毛製品の輸出を抑圧。②糖蜜法(1733)…イギリス領以外から輸入される糖蜜(ラム酒の原料)に高関税を課す。③鉄法(1750)…植民地の製鉄業を禁止。
また，航海法(⇨p.253)により，植民地人の貿易は，イギリス船か植民地人自身の船によらなければならなくなった。これは一方でアメリカの造船業を発達させたが，他方で植民地人の自由な貿易はおさえられた。

1619年，ヴァージニアにはじめてアフリカ人奴隷が輸入され，最初の植民地議会がやはりヴァージニアに設置された。この事実は，アメリカの民主主義を考えるうえで忘れてはならない。イギリスの圧政から逃れた人々によって発展したアメリカであるが，かれらが求めた自由とは，あくまでヨーロッパ系住民のみのそれであった。

2 アメリカ独立革命
❶植民地政策の強化と植民地の抵抗
① **重商主義政策の強化** 七年戦争[2]によって，イギリスは第1次海上帝国を完成したが，そのために莫大な戦費と植民地の防衛維持費を要し，財政が窮迫した。そこでイギリスは，

★2 北アメリカではフレンチ=インディアン戦争として戦われた(⇨p.258)。

\ TOPICS /
自由を求める人々

1620年，わずか180トンのメイフラワー号がイギリスをはなれて大西洋を西へすすんだ。乗っていたのは，ピルグリム=ファーザーズ(巡礼始祖)とよばれることになるピューリタン102名。かれらは国王の強制するイギリス国教をこばみ，あくまで自らの信仰を守りぬこうという情熱

▲プリマス上陸

にもえていた。そして，12月21日プリマスに上陸する。上陸に先だって船上でかわしたメイフラワー契約は，新しい世界を開拓する指標であった。

かれらが開いたニューイングランドをはじめ，ここ新大陸には，いろいろな国から移住者がやってきた。かれらの多くは新教徒であったが，互いに信仰は自由であった。

17世紀後半には，イギリスのペンがクェーカー教徒を率いて植民し，フィラデルフィアを建設した。フィラデルフィアとは「友愛の町」という意味であるが，18世紀には，この町を中心に，本国イギリスからの自由を求めて，植民地の人々が力を結集して立ちあがるのである。

植民地に対し，**砂糖法**[3]・**印紙法**[4]などによって，重商主義政策を強化した。

2　**印紙法の撤廃**　印紙法は，植民地の人々の怒りをまねき，印紙法一揆もおこった。各植民地は印紙法会議を開いて印紙法の廃止を要求。発令の翌年に印紙法は廃止された。パトリック＝ヘンリは，アメリカ植民地が本国議会に代表をおくっていないので，植民地は本国で勝手にきめた税を負担する義務はないと主張。この「代表なくして課税なし」という主張は，当時の植民地の反イギリス運動のスローガンとなった。

3　**タウンゼンド諸法への抵抗**　1767年，イギリス本国は，印紙法にかえて**タウンゼンド諸法**[5]を施行し，植民地支配の強化と本国の国家財政の増収をはかった。これに対し植民地側は，イギリスに対する不買入協定(不買同盟)などによってはげしく抵抗し，その大部分を撤廃させた。

4　**ボストン茶会事件**　①その後も課税をめぐる紛争がつづいたが，1773年，イギリスが茶法をだすと，茶の販売権をめぐって**ボストン茶会事件**[6]が発生。②イギリス本国は，ただちにボストン港封鎖をおこない，弾圧的諸法を制定して，植民地支配をいっそう強化したため，植民地側との対立は緊迫した。

補説　**国王の布告とケベック法**　1763年，イギリス国王ジョージ3世は，「国王の布告」をだして植民地人がアパラチア山脈以西へ進出するのを制限したが，1774年にはケベック法が制定され，王領ケベックを南へ拡大することによって植民地人が西へすすむのをこばんだ。さらに旧教の信仰の自由が認められ，植民地の反英運動を強めた。

❷アメリカ独立戦争

1　**大陸会議の開催**　1774年，全植民地の代表がフィラデルフィアに集まって第1回大陸会議を開催，本国に抗議した。はじめは，本国との関係について意見の分裂もあったが，やがて大陸会議はアメリカ独立戦争の推進機関となった。[7]

2　**独立戦争の開始**　①1775年4月，ボストン近郊のレキシントンとコンコードで，本国軍と植民地民兵との武力衝突がおこり，独立戦争がはじまった。②こうしたなかで**愛国派(独立派)**の指導権が確立。大陸会議で本国に対する武力行動を決議，ワシントンを総司令官として，戦いをすすめた。

★3　1764～66年。1733年の糖蜜法を改正・強化したもの。植民地側ははげしく反対した。

★4　1765～66年。法律・商業書類・新聞・カレンダーにいたるまで印紙をはることを命じ，その収入をイギリス駐屯軍の費用にあてようとするもの。本国が植民地へ直接課税した点で先例がなく，違反者への陪審制度の適用も認めないものであった。

★5　イギリス蔵相タウンゼンドが発令(1767)。反抗するニューヨーク議会の機能停止，塗料・酒・紙・ガラス・茶などに対する輸入税の設定などを内容とする。

★6　イギリスが茶法で東インド会社に茶の独占販売権を認めたため，ボストンの急進派市民が先住民の扮装をして東インド会社の船をおそい，茶箱をすてた。

★7　植民地側の意見対立　植民地側にも，独立を主張する愛国派(独立派)と，独立に反対し本国と和解しようとする忠誠派(王党派)，それに中立派の3勢力があった。愛国派は，独立自営農民・商工業者・プランターが中心，王党派は植民地官僚・大商人・大地主など本国の特権を得ていた人々が中心であった。

📖 史料｜アメリカ独立宣言

われわれはつぎのことが自明の真理であると信ずる。

すべての人は平等につくられ，創造者によって一定の譲ることのできない権利を与えられていること。それらのなかには生命，自由および幸福の追求がふくまれていること。そしてこれらの権利を確保するために人々のあいだに政府がつくられ，その正当な権力は被支配者の同意に基づくこと。もしどんなかたちの政府であってもその目的を破壊するものとなれば，その政府を改革し，あるいは廃止して新しい政府を設け，人民の安全と幸福をもたらすに最も適当と思われる原理に基づいて権力を形成することは，人民の権利であること。以上である。

解説　啓蒙思想の自然権理論に立脚したもので，ジェファソンの起草による。

③ **独立意識を高めた演説・出版**　①パトリック＝ヘンリは，「われに自由を与えよ，しからずんば死を」と熱弁をふるい，本国との開戦を強く主張した。②また，独立の必要と共和政の利点を力説したペインの『コモン＝センス』★8は，植民地の人々に大きな影響を与え，独立派の勢力を増大させた。

④ **独立宣言の発表**　1776年7月4日，大陸会議はフィラデルフィアにおいて，ジェファソン★9の起草による独立宣言★10を発表。この独立宣言は，基本的人権とイギリス本国の圧政とを述べて，①独立運動の正当性を内外に表明するとともに，②植民地内の愛国派を結集して中立派も味方にひきいれ，③さらに外国の支援を期待するものでもあった。

❸ **独立戦争と国際関係**　①はじめ苦戦をつづけた植民地側も，1777年のサラトガの戦いに勝利。②これを機に，フランクリンの努力でフランスと同盟条約が結ばれ，翌78年にフランスが参戦★11，つづいてイギリスに反感をもつスペイン・オランダもイギリスに宣戦。③また1780年，ロシアの提唱下に★12スウェーデン・デンマーク・プロイセン・ポルトガルが武装中立同盟を結成，アメリカの独立を側面から援助した。

★8　50ページに満たない小冊子で，アメリカ独立は「常識(コモン＝センス)」であることを平易な文章で説き，3か月で12万部も売れるベストセラーとなった。

★9　1743～1826年。5人からなる独立宣言起草委員のひとりで，実際の草案を書いた。1801年には，第3代大統領となった。

★10　**アメリカ独立宣言の理念**　ロックの自然法思想や，人民主権・革命権をふくむフランス啓蒙思想の影響を強くうけている。

★11　**フランス参戦の意義**　フランスの参戦により，独立戦争は，イギリス帝国内の内戦ではなく，国際戦争に拡大され，独立成功の大きな要因となった。

★12　当時の皇帝は，エカチェリーナ2世である。

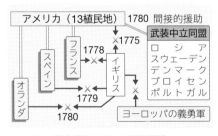

▲アメリカ独立戦争における国際関係

補説　**ヨーロッパの義勇軍**　ヨーロッパでは，イギリスの弱体化を望み，啓蒙思想の普及もあって，植民地軍に好意をよせる者が多かった。とくに，フランスのラ＝ファイエットやポーランドのコシューシコ(コシチューシコ)らは，義勇軍を率いて個人的に独立軍に参加した。かれらはヨーロッパへ帰還したのち，フランス革命やポーランド分割反対運動で，中心的な役割をはたすこととなる。

❹独立の達成　こうしてイギリスの立場は不利となり，1781年に本国軍の拠点**ヨークタウン**が陥落。1783年パリ条約を結んでアメリカ13植民地の独立を承認し，**ミシシッピ川以東のルイジアナ**をアメリカに割譲した。★13

❺**アメリカ独立戦争の意義**　アメリカ独立戦争は，本国からの植民地の独立という政治革命であると同時に，アメリカ社会にとっては，つぎのような点で**市民革命**でもあった。

①植民地支配と結びついた旧特権階層の没落にかわって，新興の商工業ブルジョワジーが台頭し，ゆるやかではあるが，政権の地盤となる社会層の勢力の交替がみられた。

②封建的諸制度の撤廃，★14 信仰の自由の確立など。

アメリカの独立と新国家の誕生は，啓蒙思想の実現として，**フランス革命に大きな影響**をおよぼし，ラテンアメリカ諸国の独立にも結びついていった。

❻**イギリスの植民地支配の変化**　アメリカの独立は，イギリスの植民地支配に打撃を与えた。北米植民地の大部分を失ったイギリスは，以後，植民地支配の中心をインドに向けた。

★13 イギリスは，フランスには西インド諸島の一部とアフリカのセネガルを，スペインにはフロリダ半島とミノルカ島を割譲した。

注意 独立といっても，移住したヨーロッパ系住民のみの独立であって，独立宣言にも奴隷解放についてはふれられていない（⇨p.348）。

★14 独立後，忠誠派の領主制や長子相続制などの封建的立法は廃止され，特権階層は実質的に解体した。

参考 **環大西洋革命**
アメリカ独立革命を，フランス革命やラテンアメリカ諸国の独立とともに，18～19世紀の「環大西洋革命」としてとらえる見方もある。

POINT!

［アメリカ独立戦争の意義］
①市民革命（1776年に独立宣言，封建的諸制度の撤廃など）
②植民地の独立（イギリスの植民地支配を打破）

3 アメリカ合衆国の成立

❶**独立直後のアメリカの情勢**　独立達成後のアメリカでは，13植民地が戦争中に決議された「**連合規約**」によってゆるやかに結合しているだけで，中央政府の力は弱く，各州間の対立もあった。戦争によって経済事情も悪化し，社会不安が高まったため，強力な中央政府をつくろうとする運動が高まった。

❷**合衆国憲法の成立**　1787年，フィラデルフィアで憲法制定会議が開かれ，アメリカ合衆国憲法が制定された。
　この憲法は，**世界最初の民主的な成文憲法**で，各州の広範な自治を認めた**連邦主義**，**三権分立**などを特色とした。

❸**合衆国の成立**　①1789年，第1回連邦議会が開かれ，ワシントンが初代大統領（在職1789～97）に就任した。

▼アメリカ独立革命略年表①

年	できごと
1651	イギリス航海法
1699	羊毛品法
1732	13植民地成立
1733	糖蜜法
1750	鉄法
1763	七年戦争・フレンチ＝インディアン戦争終結
1764	通貨法，砂糖法
1765	印紙法
1766	印紙法を撤回
1767	タウンゼンド諸法
1773	茶法，ボストン茶会事件
1774	第1回大陸会議

②ワシントンは対外的には中立政策をとり，国内の体制の整備と国力の充実につとめ，初代財務長官ハミルトンは新国家の健全財政をきずいて，強力な中央集権化をめざした。

▲ワシントン

<u>補説</u>　**合衆国の首都**　ニューヨーク，フィラデルフィアをへて，新たに建設された**ワシントン市**(コロンビア特別区)に移された(1800)。

❹**連邦派と州権派**　独立後，憲法制定による中央集権と産業保護主義を唱える**連邦派**の動きが活発化した。これに対し，**州権派**(反連邦派)は州権論にたって各州の自治と主権を主張して，南部や西部の農民や小商工業者の支持を得，連邦派と対立した。両者は，合衆国憲法の成立で一応は妥協(だきょう)したが，両者の意見対立はその後もつづき，これが合衆国の二大政党のもととなった。

▼アメリカ独立革命略年表②

年	できごと
1775	イギリス軍と植民地軍の衝突…独立戦争の開始
	第2回大陸会議
1776	独立宣言
1777	サラトガの戦い
	連合規約…合衆国の成立
1778	フランスが対英宣戦
1779	スペインが対英宣戦
1780	武装中立同盟
	オランダが対英宣戦
1781	ヨークタウンの戦い
1783	パリ条約…イギリスがアメリカの独立を承認
1787	憲法制定会議
1788	合衆国憲法が発効
1789	連邦議会・連邦政府成立

[アメリカ合衆国の成立]
① 合衆国憲法の制定(1787)：人民主権・連邦主義・三権分立
② 合衆国政府の成立(1789)：ワシントンが初代大統領

SECTION 4　フランス革命のはじまり

1　フランス革命の構造

❶旧体制の矛盾(むじゅん)

1　**特権身分の存在**　絶対王政は，封建的(ほうけん)身分制を保持したが，そうした社会を旧体制(旧制度，アンシャン=レジーム)という。全人口のわずか2%ほどにすぎない聖職者(第一身分)と，**貴族**(第二身分)が，国土の3分の1以上の広大な土地を所有し，絶対王権に寄生(きせい)して官職を独占。しかも，免税などの特権をもっていた。

<u>補説</u>　**法服貴族**(ほうふく)　富裕な市民のなかには，国王や貴族と結びつき，官吏に登用されたり，貴族の土地や官職を購入したりして，貴族の地位を得た者も多かった。以前からの封建貴族が「剣の貴族」といわれるのに対して，これらの新興貴族は高等法院などの裁判関係者が多かったため，法服貴族とよばれた。

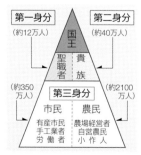

▲旧体制下の身分構成

（右欄外・縦書き）欧米近代社会の成立　1

2　**第三身分の状態**　①第三身分は，人口の90％以上を占める**平民**(農民と都市民衆)。②そのほとんどは農民で，重い税と封建的負担に苦しんでいた。③18世紀になると，第三身分のなかで，富裕な商工業者や大農場経営者などの**ブルジョワジー(ブルジョワ階層)**★2が勃興した。かれらは，下層の聖職者や貴族よりもはるかに豊かであり，さらなる経済活動の自由のために，旧体制の打倒と，新たな社会体制の成立を望む者が多かった。一方で，大多数の下層市民(労働者・職人)は，農民とともに貧しい生活を強いられていた。

3　**財政の悪化**　ルイ14世いらいのたび重なる戦争と豪奢な宮廷生活とにより，国家財政がつねに圧迫されていた。とくに，七年戦争からアメリカ独立戦争にかけて急速に悪化したが，特権身分は従来のままに保護されていた。

［旧体制の矛盾］
① 聖職者(第一身分)・貴族(第二身分)が多数の平民(第三身分)を支配
② 戦費・宮廷費が国家財政を圧迫

❷**革命直前の状況**

1　**啓蒙思想の影響**　①ヴォルテールの社会批判，モンテスキューの専制政治批判，ルソーの自然権に基づく合理主義・自由思想など，啓蒙思想(⤵p.262)がひろく社会に普及し，革命の精神的基盤が準備されていた。②イギリスの立憲政治の確立，さらに，アメリカの独立は，自由の勝利，啓蒙思想の実現として，フランス革命に大きく影響した。

2　**財政再建の失敗**　アメリカ独立戦争への参戦で，フランスの財政は極度に悪化。ルイ16世(在位1774～92)は，即位いらい，**テュルゴ★3・ネッケル★4・カロンヌ★5**らを起用して**特権身分への課税**などの財政改革にあたらせたが，貴族の反対で失敗。

3　**全国三部会の招集**　貴族らの特権身分は，この機会に王権を制限して自らの政治的発言権を強めようとした。そのため，国王の行財政改革案を拒否し，全国三部会の招集を要求。1789年5月，ネッケルの提議により，ヴェルサイユ宮殿において175年ぶりに全国三部会が招集された。

4　**第一・第二身分と第三身分との対立**　全国三部会では，議決方法をめぐって，最初から第一・第二身分と第三身分との意見が対立，議事は停止した。

★1　国王が徴収する租税と領主の徴収する貢租および領主裁判権に服するなど，二重の負担に苦しんだ。

★2　語源は，「城砦都市(ブール，ブルク)の住民」。「ブルジョワ」は単数形。フランス革命の時代には，商工業者など，資産をもつ豊かな市民(**有産市民**)をさした。なお，資産をもたない(無産の)労働者に対して，「**資本家**」を意味することもある。

★3　1727～81年。重農主義経済学者。1774年ルイ16世の蔵相となり，租税改革・ギルド廃止など自由主義的財政改革をはかったが，特権身分に反対されて失敗，辞職。

★4　1732～1804年。フランスの銀行家。テュルゴの後任として蔵相に登用され，財政整理にあたったが，貴族の反対で辞職。1788年復職するが国民議会と対立，引退。

★5　1734～1802年。ネッケルの後に蔵相となり，名士会(特権身分の代表者会議)を招集して，特権身分への課税政策をもちだしたが失敗。

⑤ **国民議会の成立**　議決方法の対立から，第三身分の議員は聖職者・貴族の議員と分離。自由主義貴族ミラボーの指導下に結束し，全国三部会から独立して国民議会を組織した。

補説　**『第三身分とは何か』**　1789年1月，三部会の招集に先だって，第三身分代表の聖職者シェイエスは，『第三身分とは何か』というパンフレットをだし，第三身分の主張を強烈に代弁した。「第三身分とは何か…すべてである。今日までその政治的地位はいかなるものであったか…零。それは何を求めているのか…それ相当のものになること」というもので，国民議会の成立も，この主張によるところが大きい。

⑥ **球戯場の誓い**　国民議会は貴族や聖職者にも合流をすすめ，宮殿内の球戯場で，憲法を制定するまでは解散しないという，**球戯場の誓い**をたてた。国王の解散命令を拒否し，貴族・聖職者にも同調者があらわれるようになって，国民議会は改称し，7月，**憲法制定議会**を組織した。

② フランス革命の勃発

❶ **高まる社会不安**　かねて財政整理が不調なうえに，数年つづいていた凶作による麦価高騰と食料危機におそわれ，そのうえ失業がかさなって，社会不安が高まった。改革を求める民衆運動が，都市でも農村でもおこった。

❷ **バスティーユ牢獄の襲撃**　①ルイ16世は，特権身分に動かされて軍隊をヴェルサイユに集結させ，国民議会を弾圧しようとした。さらに民衆の信望を集めていたネッケルを罷免した。②これに怒ったパリ市民は，**1789年7月14日**，専制政治の象徴とされていた**バスティーユ牢獄**を攻撃・占領し，武器をうばった。③この情報が伝わると各地に革命がひろがり，貴族や独占商人がおそわれ，封建的負担の支払いが拒否された。

❸ **旧体制の崩壊**　こうした状況に応じて，1789年8月4日，国民議会の聖職者・貴族は，自ら**封建的特権の廃止**を宣言。また，国民はすべて出生(家柄)に関係なく国家のあらゆる官職につくことができることなどを宣言した。

❹ **人権宣言の採択**　1789年8月26日，国民議会は人権宣言(人間および市民の権利の宣言)を採択。ラ＝ファイエットらが起草したこの人権宣言は，**人間の自由・平等，主権在民，私有財産の不可侵**などを主張し，市民革命の原理を高らかに表明したものである。

★6　第一身分(聖職者)・第二身分(貴族)はおのおの約300名，第三身分は約600名の議員を擁したが，第一・第二身分は身分別の議決を主張，第三身分はひとり1票の個人別の議決を主張した。身分別だと，第一・第二身分と第三身分とは2対1となるが，個人別議決だと，ほぼ同数の票となったからである。

★7　テニスコートの誓いともいう。

★8　7月14日　バスティーユ攻撃のなされたこの日は，今日，**革命記念日**とされている。

★9　14世紀に城砦として建造されたが，ルイ14世時代に政治犯・思想犯の牢獄とされ，以後，専制政治の象徴とされた。もっとも，7月14日当日の囚人は7名にすぎず，政治犯はいなかった。

★10　①免税特権の廃止，②農奴制の廃止，③領主裁判権の禁止，④教会の十分の一税の無償廃止などが宣言された。しかし年貢の負担はつづき，農民が土地を買いとるためには，年貢の数十倍の金を支払わねばならない有償のものであった。

★11　1757〜1834年。アメリカ独立革命にも参加した自由主義貴族(⊃p.275)。

📖 史料　フランス人権宣言

第1条　人間は生まれながらに，自由かつ平等の権利をもっている。社会的差別は共同の利益に基づいてのみ設けることができる。

第2条　あらゆる政治的結合（国家）の目的は，自然にしてうばうべからざる権利の保全である。それらの権利は，自由，財産，安全および圧政に対する抵抗である。

第3条　すべての主権の原理は本来国民のうちにある。いかなる団体または個人も国民から明白に由来するものでない権威を行使することはできない。

第11条　思想および言論の自由な交換は人間のもつ最大の権利の1つである。（以下略）

第17条　所有権は侵すべからざる神聖な権利であるから，何人も，適法に確認された公共の必要が明白にそれを要求する場合で，事前の公正な補償の条件のもとでなければ，それをうばわれることはない。

▲人権宣言の扉絵
旧体制の鎖を切り，理性の光で照らすという意味をあらわす。

視点 前文と17の条文からなり，正しくは「人間と市民との諸権利の宣言」という。これは，アメリカ独立宣言の系譜をひき，革命の指導理念を示したもので，旧体制の死亡証書ともいわれるが，こうした理念も植民地には適用されなかった。
　また，人権宣言でいう「人間」のなかに女性や奴隷はふくまれず，これらの人々が解放されるのは，のちのことである。

❺**ヴェルサイユ行進**　ルイ16世は人権宣言を認めず，武力で国民議会と革命運動を圧迫しようとした。これに対してパリ市民は，多数の女性を先頭に**ヴェルサイユ**に向かい，国王をパリに連行。議会もパリに移された。[★12]

★12 十月事件ともいう。これによって，国王はパリ市民の監視下におかれることとなった。

❻**憲法の制定**　国民議会は，革命運動を次つぎにすすめる一方，民衆の急進化を恐れ，憲法制定にとりかかった。そして1791年9月，立憲君主政に基づく**1791年憲法**を公布。市民が人民から権力を委任されて憲法を制定する権力をもったことは，まさに重大な革命行動であった。[★13]

★13 国民議会による改革
①教会の土地・財産の没収・国有化，②それを担保にしたアシニア紙幣の発行，③国内関税やギルドの廃止，④メートル法による度量衡の統一，⑤地方行政改革，など。

❼**国民議会の性格**　この当時，国民議会を指導したのは，ラ＝ファイエット・ミラボー・バルナーヴらの自由主義貴族・有産市民層を代表する立憲君主主義者で，王政を廃止する考えはなかった。1791年憲法で，制限選挙制が採用されたことは，有産市民が国民議会を支配していたことのあらわれである。

[革命の勃発]
①バスティーユ牢獄の襲撃　②封建的特権の廃止
③人権宣言の採択（ラ＝ファイエットらの起草）　④ヴェルサイユ行進

⑤ フランス革命の進展と終結

1 革命の進展

❶ヴァレンヌ逃亡事件　ミラボーの死後，国王ルイ16世は王(おう)妃マリ＝アントワネット[★1]の実家であるオーストリアへの逃亡をはかった(1791.6)。しかし，東北国境近くのヴァレンヌで捕らえられ，失敗した。この事件[★2]で国民の国王への信頼は一挙に失われ，共和主義勢力が強まるきっかけとなった。

補説　**ミラボーの死の意味**　ミラボーは，ルイ16世に立憲政体を守るよう忠告し，国王と憲法制定議会との妥協(だきょう)をはかったが，王はなかなか理解を示さなかったといわれる。ともかく，ミラボーの死(1791.4)により，革命勢力と反革命勢力との調停役がいなくなった。ルイ16世の逃亡事件は，その不安のあらわれであったともみられる。

❷立法議会の成立

①　**立法議会の招集**　91年憲法の発布と同時に憲法制定国民議会は解散。ただちに，憲法に基づき立法議会が招集された。

②　**立法議会の指導党派**　立法議会では，当初，立憲君主派[★3]が第一党を占めた。内外の反革命勢力の動きが活発になるにつれて国民の愛国心が高まり，共和派のジロンド派・ジャコバン派の勢力が増大した。そのうち，まず，商工業ブルジョワジーに地盤をおくジロンド派が最有力となった。[★4]

補説　**ジロンド派とジャコバン派**　1789年，パリのジャコバン修道院を本部にジャコバン＝クラブが成立。最初は立憲君主主義者をそのメンバーとしていたが，ヴァレンヌ逃亡事件以後，急進的な共和主義にかたむいていった。この共和主義者の穏健(おんけん)派と急進派とが分離してできたのが，ジロンド派とジャコバン派である。

　　①ジロンド派…指導者層にジロンド県出身者が多かったので，この名がつけられた。商工業ブルジョワジーを代表し，穏健な共和政と自由経済政策を主張した。

　　②ジャコバン派…もとは「憲法友の会」と称していたが，ジロンド派が分離し，1792年ジャコバン協会と改称した(一般的にはジャコバン＝クラブとよばれた)。ジャコバン派の最も急進的な一派(最左派)は議場の高い位置に席を占めていたので，**山岳派(モンタニャール)**といわれるが，この山岳をさしてジャコバン派とよぶことも多い。下層市民に地盤をおき，急進的な共和政と経済統制を主張した。

❸革命戦争の開始　①1792年春，政権をにぎったジロンド派は，戦争によって事態を打開しようとして，国王を動かして

★1　1755～93年。オーストリアの君主マリア＝テレジアの娘。1793年断頭(だん)台(とう)で処刑されるが，その罪状には，反革命の画策のほか，浪費という一項もあった。

★2　**ピルニッツ宣言**
ヴァレンヌ逃亡事件で国王に危機がせまると，オーストリア皇帝(王妃の兄)とプロイセン国王とが南ドイツのピルニッツで会合。フランス革命阻止のためにルイ16世への援助を宣言し，フランス国民を激怒させた。

★3　参政権は有産市民だけに制限されていた。

★4　革命のそれ以上の進展を恐れ，国王と妥協した。ジャコバン＝クラブの保守派が分離して結成したフイヤン＝クラブを背景としたので，フイヤン派ともいう。

参考　**亡命貴族(エミグレ)**(ぼうめい)
革命のさい外国に亡命した貴族。国外で軍隊を編成して反革命運動を展開した者も多く，ブリュッセル・コブレンツ・トリーアなどがその拠点となった。
　立法議会は，1792年1月1日までに帰国しない亡命者を謀反人(むほんにん)とみなし，その土地・財産を没収して国有財産とした。

オーストリアに宣戦させた。②オーストリアと同盟関係にあるプロイセンがフランスに宣戦。③苦境に立った立法議会は，**祖国の危機**を宣言して義勇兵_{ぎゆう}を募集。各地から義勇兵が集まったが，戦況はフランスに不利であった。^{★5}

❹**8月10日事件**　1792年8月10日，国王がふたたび外国と通じるのを恐れたパリの民衆や義勇兵はテュイルリー宮殿を襲撃。国王は捕えられてタンプル塔に幽閉_{ゆうへい}され，議会は**王権を停止**した。これは，革命の主体がブルジョワジーから，サンキュロット^{★6}を中心とする急進派に移ったことを示している。

❺**国民公会の成立**　立法議会は，王権の停止後，自ら解散。翌9月，立法議会にかわって，世界初の男性普通選挙による国民公会が招集された。

❻**共和政の成立**

①　**第一共和政の成立**　国民公会では，共和派が議席の大半を占め，開会とともに王政の廃止と共和政（第一共和政）の成立を宣言した（1792年9月21日）。

②　**国王の処刑**　国民公会では，革命の徹底をめざすジャコバン派の進出がいちじるしく，穏健な共和政を唱えるジロンド派とことごとく対立した。国王の処置に関しても両者は対立したが，パリの**コミューヌ**^{★7}と結ぶジャコバン派が優勢となり，**国王ルイ16世は処刑された**（1793.1）。

★5　**革命軍が不利であった理由**　ジロンド派は，戦争によって内外の反革命の動きを一挙に封じようとしたのであるが，①軍隊に王党派の将校が多く，戦争に熱心でなかったこと，②戦争の準備がととのっていなかったこと，などの理由で戦況は不利であった。

★6　当時，貴族はキュロット（半ズボン）をはいていたが，貧しい市民はそまつな長いズボンをはいていたため，「キュロットをもたない人々」という意味でサンキュロットとよばれた。

★7　市の自治組織。コミューンとも表記。

\ **TOPICS** /

「**ラ＝マルセイエーズ**」

　たて祖国の子らよ　栄光の日はきた。
　暴虐_{ぼうぎゃく}の血まみれの軍旗がやってくる。
　聞こえるだろう　いたるところに
　残虐_{ざんぎゃく}な兵隊の牛のようなうなり声が。
　やつらはおれたちの妻や子まで殺しにくる。
　武器をとれ　市民たち　隊列を組むのだ。
　さあ進軍だ。
　やつらのけがれた血を畑にぶちまけよう。[*]
　1792年「祖国は危機に瀕_{ひん}せり」という立法議会の宣言によって，フランス各地から義勇兵がパリに集まってきた。そのなかで，マルセイユの義勇兵が行進しながら歌ったの

が，この「ラ＝マルセイエーズ」（原題は「ライン軍の歌」，作者は士官ルージェ＝ド＝リール）で，沿道に革命的気分をひろげていった。現在，フランスの国歌となっている。

　これらの義勇兵を中心としたフランス革命軍は，開戦5か月めの1792年9月20日，ヴァルミーの戦いで勝利をおさめた。この日はまさに，共和政成立の前日であった。市民・農民からなる軍隊が，オーストリア・プロイセン連合の職業軍隊をうち破ったのである。プロイセン軍の陣営にいた文学者ゲーテは，革命軍の勝利を目のあたりにし，「この日から，そしてこの地から，世界史の新しい時代がはじまる」と言ったと伝えられている。

[*]訳詞にはさまざまなバージョンがある。

❼第1回対仏大同盟の結成　フランス革命軍も攻撃に転じ、ヴァルミーの戦い(1792.9.20)ではじめてオーストリア・プロイセン連合軍を破り、勝利を確実にした。革命軍はそのままベルギーを占領し、こうした事態に、ヨーロッパ各国の君主は革命の波及(はきゅう)を恐れた。イギリスの首相ピット(小ピット)[8]は、国王ルイ16世の処刑を機に、フランス包囲の第1回対仏大同盟を結成した(1793)。

補説 **第1回対仏大同盟**　イギリスが中心になって、ロシア・オーストリア・プロイセン・オランダ・スペインなどと結び、フランス大包囲網(もう)を組織。フランスは全ヨーロッパを相手に戦わなければならなくなったのである。国王ルイ16世の処刑が同盟の口実となったが、イギリスは、当時の国際金融の中心地であったオランダをフランスに占領されることを、最も恐れていた。

POINT!
[革命の進展]
① 立法議会(立憲君主派からジロンド派へ)：革命戦争の開始
② 国民公会(ジャコバン派の進出)：第一共和政，第1回対仏大同盟

② 革命の激化と終結

❶ジャコバン派独裁の実現　内外の危機に直面するなか、1793年6月、ジャコバン派はサンキュロットの支援を得て国民公会を包囲し、ジロンド派議員を追放。ロベスピエール[9]を中心にマラー[10]・ダントン・エベール[11]らを指導者とする、ジャコバン派の独裁がはじまった。

❷恐怖政治(きょうふ)　ジャコバン派は、強力な独裁体制を樹立するために、いっさいの権力を公安委員会に集中した。警察機関として**保安委員会**を設け、さらに革命裁判所を設置して、政敵や反革命の容疑者を容赦(ようしゃ)なく弾圧・処刑し、いわゆる**恐怖政治**を現出した。恐怖政治は、革命裁判所による治安維持だけでなく、きびしい経済統制をもふくむ、一種の戦時非常体制であった。

補説 **ジャコバン派の独裁機関**
①公安委員会…戦争・政治指導の最高機関。1793年末から11人の委員が各部門を担当。ロベスピエールが首班。
②保安委員会…治安と警察行政を担当。反革命分子の摘発(てきはつ)に活動。
③革命裁判所…全国の反革命分子や政敵をきびしく弾圧し、かれらを逮捕すると、簡単な審理をするだけで、すぐに処刑した。

参考 **国民公会の議席**　国民公会の議場では、ジロンド派が右側、ジャコバン派が左側に席を占めた。保守勢力を**右派(右翼)**、革新勢力を**左派(左翼)**とよぶのは、このことに由来する。

★8　1759～1806年。大ピット(⊃p.258)の子。24歳で首相となり、アメリカ独立で打撃をうけたイギリスの財政・経済の再建に努力。対仏大同盟の結成に力をいれた。

★9　1758～94年。弁護士出身。ジャコバン派を指導。恐怖政治の中心人物として残忍(ざんにん)な革命家と思われがちだが、ルソーの信奉者(しんぽうしゃ)で、民主主義への情熱をもって民衆を愛した。

★10　1743～93年。ジロンド派を支持するシャルロット＝コルデーに暗殺された。

★11　1759～94年。急進的なコルドリエ＝クラブ(のちジャコバン派と合流)を創始。王党派ともつながりがあったといわれ、ロベスピエールに処刑された。

❸革命政策の実施

① **封建地代の無償廃止**　1793年7月, 領主が農民に課していた封建地代を無償で廃止した。

② **自作農の創設**　国外に逃亡した亡命貴族や教会の土地・財産を没収。それを分割売却して自作農の成立をうながした。★12

③ **その他**　①**革命暦(共和暦)**★13の制定, ②度量衡に**メートル法**の採用, ③重要物資の最高価格令による経済統制, ④徴兵制度による近代的**国民軍**の編成, ⑤キリスト教を排斥して理性崇拝の宗教の創設, ⑥普通教育の開始, などをおこなった。

❹ **恐怖政治の高揚**　1793年の後半には, ①戦局の悪化, ②マラー暗殺後の急進派エベールと穏健派ダントンとの対立, ③アシニア紙幣(⇨p.280)の乱発によるインフレーションの激化など, 共和国は危機におちいった。ロベスピエールは, ダントン・エベールらの政敵や反革命分子を処刑★14, 独裁化をすすめた。

❺ **革命気運の衰退**　恐怖政治への不満が高まり, 農民のなかにも, 保守化し, 革命の進展を望まぬ者がふえた。

補説　ロベスピエール独裁に不満が高まった理由
　①ロベスピエール派が, 政治犯容疑者の財産を押収して, 「貧しき愛国者」へ分配しようとしたこと(ヴァントーズ法)は, 財産所有者であるブルジョワジーに不安と怒りをいだかせた。
　②最高価格令を賃金にも適用したため, 労働者の不満が高まった。

◀フランス革命

★12　革命を守りぬくために, 農民の支持を得る必要があった。

★13　反キリスト教の立場からグレゴリウス暦を否定したもので, 1793年制定。前年の9月22日にさかのぼり, 1805年まで用いられた。春夏秋冬の順に,
ジェルミナル(芽月)
フロレアル(花月)
プレリアル(草月)
メシィドール(収穫月)
テルミドール(熱月)
フリュクティドール(実月)
ヴァンデミエール(葡萄月)
ブリュメール(霧月)
フリメール(霜月)
ニヴォーズ(雪月)
プリュビオーズ(雨月)
ヴァントーズ(風月)
と名付けた。

★14　マリ＝アントワネットや化学者ラヴォワジェも, このとき処刑された。大量の処刑を能率的におこなうために発明されたのが, 右の写真のような**断頭台(ギロチン)** である。

参考　**1793年憲法**　ジャコバン独裁政府は, 男性普通選挙制を世界で最初に定めた**1793年憲法(ジャコバン憲法)** を制定したが, 内外事情の緊迫から, 結局は実施されなかった。

❻**恐怖政治の終結**　1794年7月27日(革命暦テルミドール9日)，ロベスピエールは反対派に捕らえられ，翌日処刑された。これをテルミドールの反動といい，この結果，革命の急進的発展と恐怖政治は終わった。

❼**総裁政府の成立**　国民公会ではジャコバン派が没落し，ふたたび旧ジロンド派を中心とするブルジョワジーが政権をにぎり，**1795年憲法**を制定して解散。この憲法にしたがって制限選挙が復活し，5人の総裁と上下2院の立法府による総裁政府(**ブルジョワ共和政府**)が成立した。

❽**政局の不安定**　総裁政府は行政・財政改革によって社会の安定化につとめたが，社会的・経済的混乱はおさまらず，国民各層が不安と不満をいだいた。ジャコバン派の残党や，勢力をもりかえした王党派からの攻撃もはげしく，1796年にはバブーフの陰謀事件もあって，政局は不安定をきわめた。

❾**社会の安定への切望**　長い混乱に苦しんだ国民の多くは，旧体制の復活にも反対し，革命の進行もこばみ，ただ社会秩序の安定を望んだ。そのためには強力な政権が必要であったが，当時この混乱を収拾できるのは軍隊だけであり，国民の秩序回復への期待は，軍隊の指導者の地位を高めた。

❿**総裁政府の崩壊**　ここに**ナポレオン**が登場。1799年，クーデタによって総裁政府を倒し，フランス革命は終わった。

★15 1796年5月，バブーフを中心とする一派が私有財産の否定を主張し総裁政府の打倒を計画した事件。発覚して失敗に終わったが，経済不安に苦しむ貧農による，最初の共産主義的反乱であった。

参考　総裁政府時代にアシニア紙幣の価値が急激に下落して経済的に没落する者がふえ，社会階層の分化をすすめた。民衆は政治的無関心に陥り，フランス社会は享楽的気分に満ちた。

注意　総裁政府の成立は，事実上の革命の終結であったことを理解せよ。

3 フランス革命の意義と性格

❶**旧体制の打破**　旧体制をくつがえすことによって絶対王政を倒し，市民による政権をうちたてた点で，まさに典型的な市民革命であった。

❷**革命思想の普及**　①革命の急進性は，当時の全ヨーロッパに賛否両論の対立をひきおこし，19世紀以降の政治改革運動に多くの理論と教訓を提供。②人権宣言にみられる自由・平等の高い理念は全ヨーロッパに普及し，ナポレオンの大陸支配に対して，諸国で国民意識が高揚した。

❸**下層市民の台頭**　革命は結局，有産市民の勝利に終わるが，一時は急進派の支配もみられ，有産市民層も，下層市民(財産をもたない無産市民)や農民の台頭の前に，大はばな妥協をせざるを得なかった。

▼フランス革命関係略年表①

年	できごと	政府
1774	テュルゴ財政改革	
1777	ネッケル財政改革	
1783	カロンヌ財政改革(大凶作による飢饉)	
1789	全国三部会の招集	
	国民議会の成立 バスティーユ牢獄襲撃 封建的特権の廃止 人権宣言 ヴェルサイユ行進	国民議会
1791	ヴァレンヌ逃亡事件 1791年憲法制定	

❹**国民戦争の展開** 革命戦争は，従来の絶対君主による戦争とは異なり，**国民戦争**の性格をもった。

❺**革命が激化したわけ** フランス革命が，イギリス革命やアメリカ独立革命にくらべて，とくにはげしくなったのは，次のような理由による。

①**経済的理由** イギリスでは早くから封建制（ほうけん）が弱まり，アメリカでは封建制の伝統がなかったが，フランスでは封建制が残り，所得の再配分をめぐる争いがはげしくなった。

②**政治的理由** イギリス革命は国内だけのもので，アメリカ独立革命はヨーロッパ外での事件であったが，フランス革命は全ヨーロッパに関係し，諸国の覇権（はけん）争いが加わった。また，パリという下層市民の勢力の強い都市が中心であった。

③**思想的理由** イギリス革命はイギリス人特有の革命思想に基づくものであったが，フランス革命はアメリカ独立革命の系譜（けいふ）をついで，人間一般の解放という普遍（ふへん）的な革命思想に基づき，諸国にその影響をおよぼした。

[フランス革命の意義]
① 典型的な**市民革命**
② 革命思想の普及と国民意識の高揚
③ **国民国家**の形成
④ **下層市民**の台頭

▼フランス革命関係略年表②

年	できごと	政府
1791	立法議会の成立	立法議会
1792	ジロンド派内閣成立	
	オーストリアに宣戦（革命戦争開始）	
	義勇軍の到着	
	8月10日事件	
	ヴァルミーの戦い	
1793	国民公会の成立／第一共和政の成立	国民公会（恐怖政治）
	国王ルイ16世の処刑	
	第1回対仏大同盟	
	ジャコバン派独裁	
	自作農の創設	
	マラー暗殺	
	封建地代の無償廃止	
1794	エベール派処刑	
	ダントン派処刑	
	テルミドールの反動	
1795	総裁政府の成立	
1799	ブリュメール18日のクーデタ	

注意 フランス革命は，国王の処刑，独裁の出現という点でピューリタン革命と共通している。

⑥ ナポレオン時代

1 ナポレオンの登場

❶**第1回対仏大同盟の解体** 革命の末期から軍人として頭角をあらわしたナポレオンは，1796年，イタリア遠征軍総司令官となってオーストリアを屈服させ，翌年**カンポ＝フォルミオ条約**[★1]を締結。これによって革命期からつづいていた第1回対仏大同盟は解体，ナポレオンは国民的英雄となった。

補説 **ナポレオン＝ボナパルト** 1769～1821年。コルシカの小貴族出身。1793年トゥーロン港の奪回に功績をあげた。ジャコバン派を支持していたためテルミドールの反動で投獄されたが，1795年に王党派の反乱鎮圧で総裁政府の信任を得，ふたたび歴史の表舞台にでた。

★1 フランスはオーストリア領南ネーデルラント（ベルギー）・ライン左岸などの富裕地を獲得。また，オーストリアはヴェネツィア以外のイタリアに干渉しないことを約束させられた。

❷**エジプト遠征**　1798年，ナポレオンはイギリスとインドの交通を断つためにエジプトに遠征。しかし，海軍が**アブキール湾の戦い**でネルソン[★2]の率いるイギリス海軍に大敗，陸軍もアッコン攻撃に失敗し，フランス軍はエジプトに孤立した。

❸**第2回対仏大同盟の結成**　1799年，イギリスの首相ピットがロシア・オーストリアとはかって第2回対仏大同盟を結成，フランス国境にせまった。これに対し，総裁政府はなすすべを知らず，国民の信頼を失った。

❹**統領政府の樹立**　ナポレオンは，エジプトから帰国し，1799年11月9日，ブリュメール（⇨p.284）18日のクーデタによって総裁政府を打倒。3人の統領からなる統領政府を樹立し，**第一統領**に就任して実権をにぎった。[★3]

2　第一帝政の成立

❶**第2回対仏大同盟との戦い**　1800年，ナポレオンはアルプスをこえて北イタリアにはいり，マレンゴの戦いでオーストリア軍を破り，翌年**リュネヴィルの和約**を締結。[★4] 1802年には，ピットの失脚[★5]を機にイギリスとアミアンの和約を結び，第2回対仏大同盟を解体させた。これにより，革命戦争以後のヨーロッパの戦争がおさまり，つかのまの平和がおとずれた。

❷**ナポレオンの内政**　①産業を保護・奨励し，**フランス銀行**を設立(1800)，②教育制度をととのえ，③ローマ教皇と和解する[★6]など，秩序の回復および経済の発展につとめた。1802年には憲法を改正して，終身統領の地位についた。

❸**ナポレオン法典の発布**　1804年，**民法典(ナポレオン法典)**が発布された。これは，**個人の自由，法の下の平等，私有財産の不可侵，契約の自由**など，革命の成果をかため，近代民法の模範として各国の民法に大きな影響を与えた（⇨p.288史料）。

❹**第一帝政の成立**　1804年5月，ナポレオンは国民投票の結果，皇帝となり，ナポレオン1世(在位1804〜14，15)となった。これによってフランスは共和政から帝政(第一帝政)へと大きな転換をとげ，軍事独裁が強まった。

❺**ナポレオン帝政の支持層**　社会の安定は銀行家や商工業者などブルジョワジーの支持をうけ，土地所有者となった農民は旧体制の復活を恐れてナポレオンの軍事力をささえた。[★7]

★2　1758〜1805年。イギリス海軍提督。のちのトラファルガーの海戦において戦死した。

参考　**エジプト学の確立**
ナポレオンの遠征は失敗したが，**ロゼッタ=ストーン**を発見するなど大きな成果があった。のち，これに同行した学者らによってエジプト学が確立された。

★3　ここに，10年におよんだフランス革命は完全に終結した。

★4　これにより，フランスはライン左岸における支配権を再確認させた。

★5　当時イギリスでは戦争に疲れて和平論が高まっていた。

参考　財政改革のために，ナポレオンは銀行家ゴーダンを蔵相に任命した。なお，『第三身分とは何か』で名高いシェイエスも統領に就任している。

★6　**宗教協約(コンコルダート)**という。

参考　**ナポレオンの誇り**
ナポレオンは民法典の制定を誇りとし，セントヘレナ島において，「余の真の栄誉は，40回におよぶ戦勝ではなく，民法典にこそある」と述懐したという。

★7　当時のヨーロッパで，自由な市民と農民とからなる**近代的国民軍**を有するのはフランスだけであった。

📖 史料　ナポレオン法典

8条　すべてのフランス人は私権(民法に関する権利)を享有する。

213条　夫は妻を保護する義務を負い，妻は夫に服従する義務を負う。

371条　子は年齢のいかんにかかわらず，その父母にたいして尊敬の義務を負う。

544条　所有権は，法律または規定によって禁止された行使によらないかぎり，物を絶対的に使用し，かつ処分しうる権利である。

545条　何人も，公益上の理由により，かつ正当にして事前の補償をうけないかぎり，その所有権の譲渡を強制されることはない。

解説　全文2281条からなり，身分編・財産編・財産取得編に分かれる。基本原則は，法の下の平等，家族の尊重，私的所有権の尊重，契約の自由，個人の意思の自由にあるとされる。しかし，左の213条などから明らかなように，現代的な視点からみれば，不十分な点も多い。また民法典はフランス人権宣言(⊂➤ p.280)と同様に，奴隷には適用されなかった。

3 ナポレオンの大陸支配

❶ 第3回対仏大同盟の結成　イギリスではふたたびピット内閣が成立。フランスの強大化を恐れて，ロシア・オーストリア・スウェーデンと第3回対仏大同盟を結成した(1805)。

❷ 大同盟の打破　ナポレオンはイギリス侵入をはかったが，トラファルガーの海戦(1805)で，ふたたびネルソンの率いるイギリス海軍に敗れた。しかし，フランス陸軍は強大で，アウステルリッツの会戦(三帝会戦)でロシア・オーストリア連合軍を撃破，プレスブルクの和約を結んでヴェネツィアを獲得。これによって第3回対仏大同盟は解体した。

❸ ドイツ侵略　1806年，ナポレオンは西南ドイツの諸邦をあわせてライン同盟を結成，自らその保護者となった。その結果，神聖ローマ帝国は名実ともに消滅した。同年，イエナの戦いでプロイセン軍を破ってベルリンに入城，7週間でプロイセン全土を征服した。翌1807年，プロイセン・ロシア連合軍をフリーラントで破り，ティルジット条約を結ばせた。プロイセンの領土は大はばにけずられ，ライン・エルベ両川間にウェストファリア王国，旧ポーランド領にはワルシャワ大公国がつくられた。

❹ 大陸封鎖令　1806年，ナポレオンはベルリンにおいて大陸封鎖令(ベルリン勅令)を発し，イギリスに対する経済封鎖をこころみた。これは，イギリス商品を大陸からしめだして，イギリス経済に打撃を与えるとともに，フランスの産業のためにヨーロッパ市場の独占をはかろうとしたものである。

★8　ナポレオン1世と，アレクサンドル1世(ロシア)・フランツ1世(神聖ローマ)という3人の皇帝の戦いであったので，この名でよばれる。

★9　ライン連邦ともいう。プロイセン・オーストリアに対抗する親仏勢力の結集として組織された。ナポレオン法典の採用などの改革をおこなったため，この地方の近代化がすすんだ。

★10　ドイツはオーストリア・プロイセン・ライン同盟に分裂し，フランツ2世(オーストリア皇帝としてはフランツ1世)は神聖ローマ皇帝を退位した。

★11　プロイセンにとって屈辱的な条約であり，「ティルジットの屈辱」として国民意識を強めた。

1

欧米近代社会の成立

補説 **大陸封鎖令が成功しなかった理由**　当時，イギリスは産業革命がすすみ，イギリス商品が大陸市場にあふれ，大陸諸国の産業はこれに圧倒された。フランスはこの大陸市場を独占しようとしたのであるが，まだそれだけの生産力がなく，他の諸国もイギリス商品の途絶で物資不足に苦しんだ。また，イギリスも，中立国の船がフランスとその同盟国にはいるのを禁じて逆封鎖で対抗したために，双方とも不利益をこうむったのである。

❺**ナポレオン帝国の全盛**　ナポレオンは軍事的優勢のうちに教皇領を占領，スペインを征服し，**ワグラムの戦い**(1809)でオーストリア軍を破り，一族を占領地の君主に任じた。★12 こうしてヨーロッパ大陸をその支配下におくことに成功した。また，オーストリア皇女と政略結婚し，★13 ナポレオンの勢力は絶頂に達した。

[ナポレオンの大陸支配]
①ライン同盟で神聖ローマ帝国消滅(1806)
②ティルジット条約でプロイセンの領土削減
③大陸封鎖令

★12 ナポレオンは，兄ジョゼフをナポリ王・スペイン王，弟ルイ(のちのナポレオン3世の父)をオランダ王，弟ジェロームをウェストファリア王国の王にそれぞれ任じた。

★13 ナポレオンはそれまでの皇后ジョゼフィーヌと離婚し，1810年に名門ハプスブルク家のオーストリア皇女マリ=ルイーズと結婚した。これはボナパルト家の家名を高めたが，同時に，ナポレオンから革命精神がうすらいだことを示す。

注意 ナポレオンに従わない強国は，ヨーロッパではイギリスのほか，ロシア・オスマン帝国だけであった。

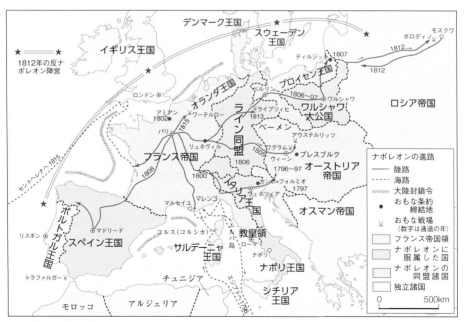

▲ナポレオン全盛時代のヨーロッパ

4 ナポレオンの没落

❶国民意識の高まり ①ナポレオンは，封建的抑圧からの自由・解放を旗印にヨーロッパを制覇し，各地にフランス革命の理念をひろめた。②かれの播いた自由の種は，諸国に国民意識をめばえさせ，さらに，**スペインでの反乱**^{★14}にはじまるナポレオンからの解放運動を生みだした。

❷プロイセンの近代化 ①プロイセンでは，シュタイン・ハルデンベルクらが農奴解放や行政改革などによって近代化をすすめた。②**フィヒテ**^{★16}らは精神運動によって国民意識の高揚につとめ，反ナポレオンの気運が強まっていった。

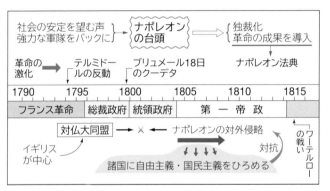

▲ナポレオン時代の展開

❸ロシア遠征の失敗 大陸封鎖令によって穀物市場を失い，経済的に苦しくなったロシアは，1810年大陸封鎖令を無視して公然とイギリスと通商を再開した。1812年，ナポレオンは制裁を加えるためロシアに遠征，モスクワを占領したが，結局失敗に終わり，フランス軍は大敗した。^{★17}

❹解放戦争 ①ナポレオンがモスクワから退却したのを機にプロイセンがフランスに宣戦。1813年，ロシア・イギリス・オーストリア・スウェーデンとともに**第4回対仏大同盟**を結成，**解放戦争**^{★18}にたちあがった。②プロイセン・ロシア・オーストリアの同盟軍は，解放戦争^{★19}でナポレオン軍を撃破。これによりナポレオンの勢力は急落し，かれの建設した諸国は崩壊した。

❺ナポレオンの退位 1814年，同盟軍によってパリが陥落。帝位を辞したナポレオンは，地中海の**エルバ島**に追放された。

★14 **スペイン反乱（半島戦争）** 1808年にナポレオンの兄ジョゼフがスペイン国王になると，スペイン民衆はこれに反対し，イギリスの援助を得て，しばしばゲリラ戦術による反乱をおこした。

★15 **プロイセンの改革** 1807年以降，農奴解放，中央政府機構整備，財政改革，軍制改革による民兵制度の設立などの改革をおこなった。これらは，封建制の束縛をゆるめ，解放戦争に大きな力を発揮した。

★16 1762～1814年。哲学者。ベルリン大学初代総長。ナポレオン軍占領下のベルリンで，「ドイツ国民に告ぐ」の講演をおこなった。

★17 フランスはオーストリア・プロイセンと同盟，60万の大軍をもってロシアに侵入。9月中旬にモスクワに入城したが，ロシア軍はモスクワに火を放って撤退。市内は焦土と化し，フランス軍は飢えと異常寒波に苦しめられて退却。ロシア軍はこれを追撃して敗走させ，ナポレオンはほぼ全軍を失って帰国した。

★18 解放戦争は，第4回対仏大同盟によるナポレオン体制打倒戦争の総称。

★19 諸国民戦争ともよぶ。

TOPICS

ナポレオンの復活

1815年3月1日，エルバ島を脱出したナポレオンは，カンヌの海岸に上陸し，パリに向かった。皇帝の出現に兵士は歓喜してかれに帰順し，農民は歓呼のうちにその帰国をむかえた。3月20日夜，ナポレオンは熱狂的な歓迎のもとにパリに入城。20日

間に一度の発砲も，一滴の流血もみることなく，ふたたびフランスに君臨したのである。しかし，ナポレオンをもってしても歴史の流れをかえることはできず，6月18日，ワーテルローの戦いでイギリスの

▲セントヘレナに向かう船上のナポレオン

ウェリントンとプロイセンのブリュッヘルの同盟軍に大敗。もはやかれの時代は去ったことを知り，退位を決意した。これが百日天下であるが，ナポレオンの最後にふさわしいエピソードとなっている。

ナポレオンの帝政は，土地を所有した農民の保守性をたくみに利用しつつ，革命で勝利を担ったブルジョワジーの支配体制を軍事力で保障することによって成立・維持されたものである。つまり，ナポレオンの卓越した才能も，フランス革命の成果のうえにたってはじめて生かされたのであるが，専制君主化したナポレオンは，その個人的欲望のためにフランスを私物化し，多くの人民の血を犠牲にした。しかし，かれの波乱に富んだ生涯は，時をへるにつれて神秘のヴェールにつつまれてナポレオン伝説を生み，やがてフランス国民のあいだにナポレオン崇拝熱を高めていく。そして，その伝説の背光のうちにナポレオンの甥がフランスに君臨し，第二帝政を開くのである。

❻**王政の復活** フランスでは，ブルボン家の**ルイ18世**[20]（在位1814〜24）が王位についたが，国民に人気がなく，その政治も動揺していた。戦後処理のための**ウィーン会議**[21]では，列国の利害が一致せず，会議ははかどらなかった。

❼**ナポレオンの百日天下** ①1815年，ナポレオンはエルバ島を脱出，3月パリに入城して，ふたたび帝位についた。②諸国はただちに**第5回対仏大同盟**を結び，6月，ワーテルローの戦いで連合軍はナポレオンを破った。③ナポレオンは南大西洋の孤島セントヘレナ島に追放・軟禁され，波乱に富んだ一生を終えた。

★20 ルイ16世の弟。ナポレオンの百日天下のときには一時亡命した。

★21 ヨーロッパの国際関係を再建するために開催された（⇨p.293）。

注意 ナポレオンの没落でイギリスの世界制覇が確立。17世紀末いらいの英仏第2次百年戦争といわれた状況に終止符がうたれた。

［ナポレオンの没落］
① 解放への国民意識の高揚→スペインでの反乱
② ロシア遠征の失敗
③ ライプツィヒの戦い（諸国民戦争），ワーテルローの戦いで敗退

☑ 要点チェック

CHAPTER 1 欧米近代社会の成立	答
☐ 1 イギリス産業革命は，どんな種類の工業からはじまったか。	1 綿工業
☐ 2 力織機を発明したのは誰か。	2 カートライト
☐ 3 1765年に制定された，アメリカ植民地の新聞・カレンダーなどの刊行物に，印紙をはることを定めた法律を何というか。	3 印紙法
☐ 4 上問の法は，パトリック=ヘンリら植民地の人々のはげしい反対で廃止になったが，反対の論拠をあらわす有名なことばを記せ。	4 代表なくして課税なし
☐ 5 1773年，茶法に反対してボストンでおこった事件を何というか。	5 ボストン茶会事件
☐ 6 1774年にはじまった大陸会議の第1回開催地はどこか。	6 フィラデルフィア
☐ 7 アメリカ独立宣言は何年に発表されたか。また，独立宣言の起草者の中心で，第3代合衆国大統領となったのは誰か。	7 1776年，ジェファソン
☐ 8 アメリカの独立が承認されたのは，何年の何という条約か。	8 1783年のパリ条約
☐ 9 アメリカの独立後，強力な中央政府樹立と産業保護主義を望んだ人々を何とよんだか。	9 連邦派
☐ 10 アメリカの独立は，本国からの政治的独立だけでなく，古い体制の打破と民主主義を実現した。それ故，歴史的に何とよばれるか。	10 アメリカ独立革命
☐ 11 フランス革命前の政治・社会制度を総称して何というか。	11 旧体制（アンシャン=レジーム）
☐ 12 第三身分といわれたのは，どのような階層の人々か。	12 平民
☐ 13 第三身分議員が，三部会から独立して組織した議会は何か。	13 国民議会
☐ 14 1789年8月に，上問の議会が採択した2つの重要な宣言とは，封建的特権の廃止宣言と，もう1つは何か。	14 人権宣言
☐ 15 1791年憲法に基づいて招集された議会を何というか。	15 立法議会
☐ 16 上問の議会で勢力をもち，ブルジョワジーに地盤をおく党派は何か。	16 ジロンド派
☐ 17 ジャコバン派が政敵や反革命容疑者を弾圧した政治を何というか。	17 恐怖政治
☐ 18 ロベスピエールの独裁が打倒され，ジャコバン派が勢力を失った事件を何というか。	18 テルミドールの反動
☐ 19 フランス革命の波及を阻止するために結成された軍事同盟は何か。	19 （第1回）対仏大同盟
☐ 20 1799年，遠征先のエジプトから帰国したナポレオンは，クーデタによって統領政府を樹立した。このクーデタを何というか。	20 ブリュメール18日のクーデタ
☐ 21 ナポレオンが，ヨーロッパ大陸支配を徹底させるためにだした，イギリスと大陸諸国の通商を禁止する勅令を何というか。	21 大陸封鎖令（ベルリン勅令）
☐ 22 1813年，プロイセン・ロシア・オーストリアなどの連合軍が，ナポレオン軍を破った戦いを何というか。	22 解放戦争（諸国民戦争）

CHAPTER

2 » 近代国民国家の形成

時代の俯瞰図

年代	1815	1830	1848
ウィーン体制	成立 ウィーン会議 神聖同盟 四国同盟 正統主義 保守主義	動揺 弾圧	崩壊 保守勢力の後退 抵抗 自由主義・国民主義の成長・進展
反ウィーン体制の動き	ラテンアメリカ諸国の独立 ギリシアの独立 アメリカのモンロー主義	七月革命 → フランス七月王政 ベルギー独立	二月革命 → フランス第二共和政 1848年『共産党宣言』
イギリス	自主外交	第1回選挙法改正	チャーティスト運動
ドイツ	ブルシェンシャフトの運動	自由主義的統一運動・ドイツ関税同盟	フランクフルト国民議会
イタリア	カルボナリの運動	青年イタリアの結成	統一運動活発化
ロシア・東欧	デカブリストの乱	ポーランドの反乱	ハンガリーの反乱

SECTION 1 ウィーン体制の成立

1 ウィーン会議

❶**会議の目的と参加国**　1814～15年，オスマン帝国を除く全ヨーロッパ諸国の代表★1がウィーンで会合。フランス革命・ナポレオン戦争後のヨーロッパの国際秩序を再建するための国際会議(**ウィーン会議**)を開いた。

❷**会議の指導理念**　会議はオーストリアの外相(のち宰相(さいしょう))メッテルニヒが主導(しゅどう)。フランス革命への反動から保守的な空気が強く，フランス外相**タレーラン**の主張した**正統主義**★2が，ヨーロッパ国際秩序再建の指導原理とされた。

❸**ウィーン体制の成立**　大国間の利害が対立して会議は難航(なんこう)したが，ナポレオンのエルバ島脱出の知らせをうけ，諸国は急いで妥協(だきょう)。1815年6月**ウィーン議定書**が調印され，ここに，19世紀前半のヨーロッパを支配する国際秩序，すなわちウィーン体制が成立した。

★1　各国の代表者
オーストリア…メッテルニヒ，**イギリス**…カッスルレー・ウェリントン，**プロイセン**…ハルデンベルク，**ロシア**…アレクサンドル1世，**フランス**…タレーラン。

参考 「会議は踊(おど)る，されどすすまず」　各国の利害が対立し，審議がいっこうに進展しないウィーン会議を風刺(ふうし)したことば。

▲ウィーン会議後のヨーロッパ

★2　正統主義とは，フランス革命前の王位・王国を正統とし，革命前の国際秩序に復帰させようとする主張。フランスは敗戦国でありながら会議に出席を許され，タレーランは，列強の対立を利用したたくみな外交手腕をもってフランスの利益を守った。

参考　列強体制　ウィーン会議以後，列強の協議によって勢力均衡と平和を維持する国際協調のしくみが定着した。保守主義を基調とするウィーン体制そのものは，1848年の革命によって崩壊するが，このような列強体制は，ほぼ20世紀はじめまでつづいた。

2 ウィーン体制の維持

❶ウィーン体制の維持　ウィーン体制は，革命の方向に逆行する，復古主義的な国際政治体制であった。これを維持していくには，各国の指導者が協調をはかって，諸国内に台頭しつつある自由主義運動を抑圧しなければならなかった。ウィーン体制の指導者メッテルニヒは，神聖同盟と四国同盟を利用して，体制の維持をはかった。

📖史料　ウィーン議定書

①フランス・スペイン・ナポリではブルボン家が国王に復位し，フランスは革命前の国境に復する。
②サルデーニャ王・ローマ教皇はもとの領土を得て，首都トリノとローマにそれぞれ帰還する。
③ロシアはワルシャワ公国の大部分を併合してポーランド王国をつくり，ロシア皇帝が王位を兼ねる。フィンランドを併合する。
④プロイセンはザクセンの北部・ラインラント・ワルシャワ公国の一部を得る。
⑤オランダはオーストリア領南ネーデルラン

トを併合しネーデルラント王国と称する。
⑥オーストリアは南ネーデルラントを放棄するかわりに，ヴェネツィア・ロンバルディアを得る。
⑦イギリスは戦争中に占領したケープ植民地・スリランカ（セイロン島）・マルタ島を得る。
⑧スイスは数州を加えてスイス連邦をつくり，永世中立を保障される。
⑨神聖ローマ帝国は復活せず，ドイツではオーストリア・プロイセンをふくむ35の諸邦国と4つの自由市とが集まって，ドイツ連邦を形成する。

❷**神聖同盟**　①1815年9月，ロシア皇帝アレクサンドル1世の提唱で成立。②キリスト教の正義・友愛の精神をもって列国君主が協調し，平和の維持をはかろうとするもの。③イギリス・ローマ教皇・オスマン帝国以外の全ヨーロッパの君主が参加。★3 **保守的な国際協調精神のあらわれ**といえる。

❸**四国同盟**　①1815年11月，メッテルニヒの提唱により，イギリス・プロイセン・ロシア・オーストリアの4か国のあいだで成立。1818年にはフランスもこれに加盟，**五国同盟**となった。②ヨーロッパの現状維持と**ウィーン体制の擁護**を目的とし，**自由主義・国民主義運動を抑圧**した。

注意 神聖同盟・四国同盟はともに，大国の勢力均衡の原理に基づくウィーン体制を維持し，自由主義・国民主義の運動を抑圧する機関としての役割をはたした。しかし，神聖同盟は具体的な運動方針をもたない理念的なもので，実際的な役割は四国同盟が担った。

★3 イギリスは自由主義の立場上，ローマ教皇はプロテスタント国との同盟をきらって，ともに不参加。オスマン帝国は異教徒による征服を警戒して不参加。

SECTION 2 ウィーン体制の動揺

1 ウィーン体制への反抗

❶自由主義・国民主義(ナショナリズム)の弾圧

1 **ブルシェンシャフト**　ドイツでは，大学生が政治的な**学生団体**★1を組織し，自由とドイツ統一を求める運動をおこした。しかし，メッテルニヒが主宰するドイツ連邦会議での**カールスバート決議**により解散を命じられ，弾圧された。

2 **カルボナリ**　イタリアでは，1820～21年，秘密結社の**カルボナリ(炭焼党)**が憲法制定・イタリア統一を求めて蜂起したが，オーストリアの武力干渉で失敗。

3 **デカブリスト★2の反乱**　ロシアでは，1825年12月，アレクサンドル1世の死を機に自由主義的な貴族や士官が農奴制・専制政治に反対して反乱をおこしたが，ニコライ1世が鎮圧。

❷自由主義・ナショナリズム運動の意義　運動は弾圧されたが，自由主義的な改革を求める各国国民の運動をおさえることはできなかった。

★1 この学生団体をブルシェンシャフトという。自由主義的な国家改造とドイツ統一を目的とする。イェナ大学にはじまり，1817年ヴァルトブルクの宗教改革300年記念祭に気勢をあげたが，解散させられた。

★2 ロシア語で12月をデカブリという。デカブリストは，「十二月党員」の意。

参考 スペイン・ポルトガルでも立憲運動がおこり，一時は成功するが，フランスに武力干渉されて失敗に終わった。

POINT!

[ウィーン体制への反抗]
　①ブルシェンシャフトの運動(ドイツ)
　②カルボナリの運動(イタリア)
　③デカブリストの反乱(ロシア)

2 ウィーン体制の動揺

❶ラテンアメリカ諸国の独立

1 **独立の背景**　①ラテンアメリカのスペイン・ポルトガル植
民地では，アメリカ合衆国の独立やフランス革命に刺激さ
れて，独立の気運が高まっていた。②フランス領ハイチで
は，フランス革命中に**トゥサン＝ルヴェルチュール**の指導
する黒人奴隷が反乱をおこし，ナポレオン軍を撃退して，
1804年に独立共和国となった。③さらにスペイン・ポルト
ガル本国がナポレオンに占領されたのを機に，独立運動が
進展した。

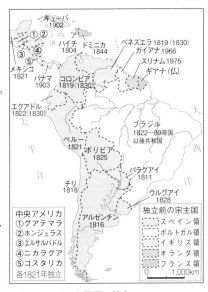

▲ラテンアメリカ諸国の独立

2 **独立の達成**　1810～20年代にかけて，ボリ
バルによりベネズエラ・コロンビア・ボリビ
アが独立。また，**サン＝マルティン**は，アル
ゼンチン・チリ・ペルーの解放に貢献し，イ
ダルゴの蜂起からメキシコも独立を達成した。
また，ブラジルもポルトガル王子を擁して独
立した。これらのウィーン体制への挑戦に対
し，メッテルニヒは鎮圧をはかるが，イギリ
スやアメリカ合衆国が独立を承認，それぞれ
の立場から独立運動を擁護した。

3 **イギリスの態度**　イギリスは資本主義が発達
し，たえず新市場の開発をねらっていたので，
ラテンアメリカ諸国の独立を歓迎し，1822
年には五国同盟を離脱した。

4 **アメリカ合衆国の態度**　1823年，合衆国大
統領モンローは，モンロー宣言を発して，

参考 ラテンアメリカの住
民には，独立運動の主体に
なった**クリオーリョ**（植民
地生まれの白人）のほか，
インディオ（原住民），**メス
ティーソ**（原住民と白人と
の混血），**ムラート**（白人と
黒人の混血），アフリカか
らの黒人などがいた。

★3　アメリカ合衆国の第
5代大統領（⇨p.319）。

📖史料 モンロー宣言

　ヨーロッパ諸国が現在領有する植民地な
いし属領に対しては，われわれはいまだか
つて干渉したこともなく，将来ともしない
であろう。ただし，すでに独立を宣言して
それを維持し，かつその独立を合衆国が慎
重な考慮をもって正当な理由に基づき承認
した諸政府に対しては，ヨーロッパのいか
なる列強といえどもこれを圧迫し，または
その他の方法で，その運命を支配しようと

する目的で加えた干渉は，すべてこれを合
衆国に対する非友好的措置の表明とみなさ
ざるをえない。

解説 1823年12月，モンロー大統領が議会に与
えた年次教書のうち，外交方針を示した部分の
一部。その効果は大きく，ヨーロッパ列強はラ
テンアメリカ諸国の独立を承認し，北米西岸に
進出しようとしていたロシアの計画も阻止され
た。

ヨーロッパとアメリカ大陸との相互不干渉を強く主張した。これは，初代大統領ワシントンいらいの孤立主義に根ざし，モンロー主義といわれて，以後のアメリカ合衆国の外交の基本方針として定着した。

⑤ **ウィーン体制の動揺**　ラテンアメリカ諸国の独立によって，メッテルニヒの望む現状維持がくずれ，ウィーン体制は動揺をはじめた。

❷ ギリシアの独立

①1 **独立の気運**　ギリシアは，15世紀末いらいオスマン帝国の支配下にあったが，貿易活動で経済力を高める一方，ヨーロッパの自由主義・国民主義運動の影響をうけて，独立の気運が高まった。

②2 **独立戦争の展開**　①1821年，ギリシア人は独立戦争をおこした。②一時苦境にたったが，1825年ロシアが介入し，イギリス・フランスもギリシアを援助。③1827年，ロシア・イギリス・フランス3国艦隊は，**ナヴァリノの海戦**でオスマン帝国・エジプト連合軍を撃破した。

③3 **独立の達成**　1829年，ロシア・オスマン帝国間で**アドリアノープル条約**が成立。翌年の**ロンドン会議**で，ギリシアの独立が正式に承認された。

補説　**アドリアノープル条約**　ロシアはオスマン帝国に対し，ギリシアの独立と，ロシアのドナウ河口および黒海沿岸の領有権を認めさせた。

注意　イギリスでは自由主義が支配的であり，神聖同盟に反対してこれに加わらなかったことを想起しよう。

★4　メッテルニヒによって神聖同盟は独立反対の決議をしており，オスマン帝国がエジプトの支援を得て（⤵p.332）アテネをおとしいれたときには，独立は失敗に終わるかと思われたが，ヨーロッパ人の心はかえって強く動かされた。

★5　ロシアのニコライ1世が念願の南下をはかり，オスマン帝国に対して強硬な態度をとると，イギリス・フランスはこのロシアの野心を警戒。イギリスのカニング外相は共同戦線の形成をすすめた。ギリシアの独立は，まさにバルカンにおける列強の拮抗のたまものであったといえよう。

╲ TOPICS ╱

ギリシアの独立とロマン主義

　ウィーン体制は復古体制といわれるが，なにがなんでも昔へ復古しようというのではなく，諸君主たちは革命を恐れ，現状維持をめざす保守主義が優勢であった。1820年代には，自由主義・国民主義（ナショナリズム）の運動が高まり，大国間の利害対立もあって，ウィーン体制の枠組みがゆらぎはじめた。

　そうしたなか，知識人のなかに，古代ギリシアの栄華をしのぶ風潮がひろまった。かれらは，異教徒・異民族に支配されたギリシアの現状にいきどおりをおぼえ，ギリシア文化の復興を求めて，オスマン帝国からの独立をめざした。メッテルニヒも，こうしたロマン主義の心情をおしつぶすことはできなかった。

　イギリスの詩人バイロンは，その若き命を自らギリシア独立戦争に投じ，ミソロンギで病死した。フランスの画家ドラクロワは，オスマン帝国に対するギリシア人の怒りと悲しみを「キオス島の虐殺」などの大作に描いた。かれらの行動や作品は，啓蒙思想の理性万能主義にうんざりした当時のヨーロッパの人々の心をわきたたせた。

▲バイロン

2
近代国民国家の形成

4 **ヨーロッパ世論**　当時は**ロマン主義**(⇨p.325)が支配的で，ヨーロッパ文化の源泉とみなされたギリシアに対するあこがれが強かった。それに異教徒支配からのキリスト教徒の解放という宗教的性格が加わって，ギリシアの独立はヨーロッパで熱狂的な支持と同情を集めた。[6]

★6　こうした風潮をフィル=ヘレニズム(親ギリシア主義)という。

5 **ギリシア独立の意義**　ギリシア独立により，**ウィーン会議**後はじめて，ヨーロッパ大陸における領土変更がおこなわれ，ウィーン復古体制は大きく動揺することとなった。

POINT!

[ラテンアメリカ諸国の独立]
① ボリバルの活動
② イギリスの独立承認(市場開発)
③ アメリカの孤立主義(モンロー宣言)

[ギリシアの独立]
① 露・英・仏の援助
② ロマン主義の風潮
③ ウィーン体制の動揺

SECTION ③ 七月革命とイギリスの諸改革

1 七月革命とその影響

❶七月革命

1 **ブルボン朝の反動政治**　復位した**ルイ18世**[1]のあと，その弟の**シャルル10世**(在位1824〜30)が即位すると，ウィーン体制の反動的風潮に乗じて貴族・教会を保護し，自由主義運動を弾圧。1829年に成立した**ポリニャック内閣**は，アルジェリア遠征[2]で国民の不満を外にそらしつつ，反動政策を強化。

★1　いちおう立憲君主政体がとられ，治世の当初は中庸政治がおこなわれたが，後期は反動化。

★2　1830年に占領。それいらい1962年に独立する(⇨p.423)まで，アルジェリアはフランス本国と最も密接な植民地として，その圧政下におかれた。

2 **革命の勃発**　1830年7月，選挙によって成立した議会を反王政的という理由で未招集の状態で解散。選挙資格を制限し，出版の自由を停止する命令をだすなど，極端な反動専制政治をおこなった。中下層ブルジョワジー・労働者・学生・知識人らを中心とするパリ民衆は，圧政にたまりかねて武装蜂起し，3日間にわたる市街戦で政府軍を破った(**七月革命**)。

3 **革命の結果**　①シャルル10世はイギリスに亡命。②革命には共和主義者も参加したが，立憲王政派の自由主義者たちが事態を収拾。自由主義者として知られていたオルレアン家のルイ=フィリップを「**フランス国民の王**」(在位1830〜48)としてむかえた(**七月王政**)[3]。

★3　七月王政では，前代の復古王政時代にくらべて立憲政・議会制は進歩したが，財産による制限選挙制がつづき，地主・資本家などの大ブルジョワが政治・社会の中枢を占めた。ここに，次の革命の原因がみられるのである(⇨p.302)。

❷七月革命の影響

1 **ベルギー**　ウィーン会議でオランダに併合されネーデルラント王国を形成していたが，オランダとは宗教・産業が異なり対立していた。1830年に蜂起して独立を宣言し(翌年列国の承認)，1839年には永世中立国の地位を得た。

2 **ポーランド**　①ウィーン会議ではロシア皇帝の支配下にはいったが，アレクサンドル1世に自治権を与えられて立憲政治がおこなわれた。②1830年11月，ニコライ1世の憲法を無視した圧政に対して，ワルシャワで革命がおこり，独立を宣言したが，鎮圧されて自治権をうばわれた。

3 **ドイツ・イタリア**　自由を求めての反乱は鎮圧されたが，①ドイツでは1834年にドイツ関税同盟が結成されて統一の気運がすすんだ。②イタリアでは，マッツィーニによって青年イタリアが組織され，統一運動がはじまった。

4 **イギリス**　選挙法改正を中心とする改革がすすんだ。

POINT!

[七月革命の影響]
① ベルギーの独立(オランダより)
② ポーランドの抵抗　③ ドイツ統一運動→ドイツ関税同盟(1834年)
④ イタリア統一運動(マッツィーニが青年イタリアを組織)

2 イギリスの自由主義的改革

❶政治面での改革

1 **カトリック教徒の解放**　イギリスでは，**審査法**(⇨p.254)によって，国教徒以外，とくにカトリック教徒の公職就任が禁じられていた。自由主義者らはこれを問題とし，アイルランド人の**オコネル**を中心にカトリック教徒解放運動を展開した。トーリ党のウェリントン内閣のもとで，①1828年**審査法が廃止**，②翌1829年には**カトリック教徒解放法**が制定されて，カトリック教徒に被選挙権と公職就任権が認められた。

2 **選挙法の改正**　産業革命の結果，①産業資本家や労働者の勢力が増大し，②また，多数の**腐敗選挙区**が生まれた。しかし議会は古い慣習に基づく特権的な性格を保っていたため，選挙制度に対する不満や改正の要求が高まった。議会でも産業資本家と結んだ**ホイッグ党**が改正運動を推進し，1832年，ホイッグ党内閣のもとで選挙法が改正された(第

右段:

★4　オランダはカルヴァン派の新教徒が多く，商業・貿易にたよっていたのに対し，ベルギーではカトリック教徒が多く，農・工業を主としていた。

★5　ポーランドについては，その分割の過程やコシューシコの独立運動を復習しておくこと(⇨p.249)。

★6　1831年に結成。カルボナリ衰退のあとをうけて，共和主義的理念のもとに統一運動を展開。急進的青年層の支持をうけ1830年代の統一運動を指導した。

注意　1801年にグレートブリテン=アイルランド連合王国が成立したが，カトリック教徒の多いアイルランド人は事実上，公職からしめだされていた。

★7　産業革命による人口移動のために，人口数と議員定数とが不つりあいになった選挙区。農民の離村や人口の都市集中が顕著にもかかわらず，議員定数はそのままですえおかれた。1830年ごろまでに，腐敗選挙区は200以上となり，有権者50人で議員2名を選出する区もあった。

2

近代国民国家の形成

1回選挙法改正[★8]）。人口に応じて議席数が増減され，選挙権も拡大された。

③ **選挙法改正の意義**　①新興都市に新たな選挙区が認められて産業資本家の意思が議会政治に反映されるようになり，地主貴族による政治の独占が打破された。②貴族が市民の要求に譲歩し，革命によらなくても変革が可能なことが保証された。③上院に対する下院の優位を確立する端緒となった。

④ **保守党と自由党**　このころから，トーリ党は保守党，ホイッグ党は自由党というようになった。

[**イギリスの諸改革**]
① 審査法の廃止（1828年）　② カトリック教徒解放法（1829年）
③ 第1回選挙法改正（1832年）→腐敗選挙区の消滅

❷**労働運動の発展**

① **労働者の自覚の高まり**　労働者の自由主義的自覚は，労働運動の発展となってあらわれた。こうした運動の高まりに対して政府も労働者を保護する必要をみとめ，1833年の工場法[★9]，翌年の救貧法改正など，労働者の保護をはかる法律の制定・改正をおこなった。

補説　**ピータールー事件**　1819年，数万の労働者がマンチェスターのピータールー広場で決起，政治改革を要求したが，軍隊に鎮圧された。

② **労働運動の政治運動化**　第1回選挙法改正でも選挙権が得られなかった労働者は，1837年ごろからロンドンやバーミンガムを中心に地位の向上を求める政治運動を展開。1838年，改革要求を人民憲章（ピープルズ=チャーター[★10]）としてかかげ，議会にデモ行進して請願した（チャーティスト運動）。

③ **チャーティスト運動の意義**　運動は1848年の二月革命後におとろえるが（⇨p.303），①世界最初の労働者の組織的政治運動であり，②政府による労働立法をうながした。

❸**自由主義経済の進展**

① **自由主義経済政策の採用**　産業革命によって経済的に優位にたったイギリスでは，アダム=スミスら古典派経済学者[★11]の唱えた自由貿易・自由主義経済政策がとられた。

② **自由貿易の確立**　①産業資本家の自由貿易の要求によって，1813年に東インド会社の対インド貿易独占権が廃止された。

★8　この法改正で腐敗選挙区がなくなり，有権者数も50万から81万に増加した。しかし，都市の労働者などにはまだ選挙権がなく，かれらが選挙権を得るには，第2回・第3回の改正を待たなければならない。また，女性参政権の実現は1928年の第5回改正時である。

★9　労働者の保護を目的とする法律。1802年から数回制定されているが，1833年のそれが画期的なもので，①少年の労働時間の制限，②法律実施を強制する工場監督官の設置，などが定められた。さらに1847年には女性・少年の10時間労働が定められた。

★10　男性普通選挙，無記名秘密投票制，公平な選挙区，議会の毎年改選，議員の財産資格撤廃，議員への給与支給などの6か条からなる。

★11　18世紀にでた古典派経済学の祖（⇨p.262）。

さらに1833年には，**対中国貿易独占権も廃止**されて，アジアにおける貿易の自由化がすすんだ。

②1815年に制定された**穀物法**★12により，国産穀物の価格が高く維持され，労働賃金も上昇したため，産業資本家がこれに反対。下院議員の**コブデン**や**ブライト**を中心に**反穀物法同盟**の運動がひろがり，1846年**穀物法は廃止**された★13。

③1849年には**航海法も廃止**され，近代工業の優越による自由貿易主義が確立。「世界の工場」イギリスは「**レッセ=フェール(自由放任)**」の経済政策により繁栄した。

★12 ナポレオンがだした大陸封鎖令(1806)の解除による穀物の大量流入で国産穀物の価格が下落するのをふせぐため，**穀物法**を定め，**輸入穀物に高関税を課して輸入を制限**した。

★13 保守党ピール内閣のときである。

POINT!

[自由主義経済]
①**東インド会社の貿易独占権の廃止**
②**穀物法の廃止**(1846年)→**ブライトやコブデン**の活躍
③**航海法の廃止**(1849年)

参考　**奴隷解放法**　1833年成立。イギリス植民地から80万の奴隷が解放され，奴隷解放の先駆となった。

SECTION 4 社会主義思想の発展

1 初期の社会主義

❶**社会主義の先駆者**　①産業革命後の労働者の悲惨な生活をみて，イギリスの**オーウェン**★1は労働者の待遇改善や生産の社会的管理を主張。②フランスでは，キリスト教的隣人愛による社会改革を主張した**サン=シモン**や**フーリエ**，**ルイ=ブラン**らの社会主義者がでて，労働者を保護する新しい社会秩序の建設を主張した。

❷**空想的社会主義**　上記の人々の思想は，理想主義的で人間の善意や良心に期待するところが大きく，現実の認識に乏しいと考えたマルクス・エンゲルスの**科学的社会主義**の立場から，**空想的社会主義**と批判された。

補説　**空想的社会主義**　エンゲルスの『**空想より科学へ**』という著書から生まれたことば。なお，フランスには，「私有財産は窃盗である」としていっさいの権力を否定する無政府主義者**プルードン**や，武力蜂起による社会主義社会建設を唱えた**ブランキ**などがでた。

★1　1771～1858年。イギリスの代表的な空想的社会主義者。自分の経営する工場で労働者の待遇改善を実施。また，自ら共産社会の理想郷の建設をこころみたが，スコットランドのニューラナークでは成功したものの，アメリカでは失敗。しかしその後も工場法の制定や労働組合の結成や生活協同組合の設立に大きく貢献した。

▲オーウェン

2 マルクス主義の成立

❶**マルクスの理論**　ドイツのマルクスは，①すべての歴史は階級闘争の歴史であり，②資本主義はその矛盾ゆえに必然的に崩壊する★2，③労働者の国際的団結によって社会主義を実

★2　マルクスの，経済構造に基盤をおいた社会発展の歴史観を**史的唯物論(唯物史観)**という。

現しなければならないことを説いた。1848年には，友人であるエンゲルスとともに『共産党宣言』を発表し，この理論を簡潔に表明した。

❷**マルクスの活動** ①1867年に資本主義経済を分析した大著『資本論』(第1巻)を発表し，②第1インターナショナル★3の結成(1864年)につくすなど社会主義運動の国際協力を実践した。マルクスの理論と行動は，**マルクス主義**として，のちの社会主義運動・労働運動に大きな影響を与えた。

★3 西欧の社会主義的な政治クラブや労働組合で組織された国際労働者協会のこと。バクーニンら無政府主義派との内部対立があり，1876年に解体。

［社会主義思想の発展］
オーウェン，サン゠シモン，フーリエ，マルクス

📖 **史料** 『**共産党宣言**』

1つの妖怪がヨーロッパを歩きまわっている。──共産主義の妖怪が。旧ヨーロッパのあらゆる権力はこの妖怪を退治するために神聖な同盟を結んでいる。教皇もツァーリも，メッテルニヒもギゾーも，フランスの急進派もドイツの官憲も。在野の政党で，権力のある政敵から，共産主義的であるとののしられたことのないものがあるか？

在野の政党で，より進歩的な反対派に対して，またその反動的な政敵に対して，共産主義という非難の烙印を投げかえさなかったものがあるか？　この事実から，2つのことが明らかである。共産主義は，すでにヨーロッパのあらゆる権力から，1つの力として認められている。今こそ，共産主義がその見解，その目的，その意図を，全世界に公然と示し，共産主義についてのおとぎ話に対して，党自身の宣言を対置すべきである。

解説 1848年，二月革命の直前にロンドンで刊行された。ここにかかげた文章は宣言の前書きにあたるもので，このあとに「今日まであらゆる社会の歴史は階級闘争の歴史である」と述べられ，最後は「万国の労働者よ団結せよ」のことばで結ばれている。

---

⑤1848年の諸改革

1 二月革命と第二共和政

❶**産業革命の進行**　ナポレオン時代にはじまったフランスの産業革命は，七月王政の時代に最も進行した。そのため多くの中小産業資本家や労働者が育成され，大ブルジョワの利益を代表する七月王政★1への不満が増大した。

❷**反政府運動の高まり**　①1847年成立の**ギゾー内閣**は反動政策を強化した。②サン゠シモンらの思想が労働者のあいだに普及。**ルイ゠ブラン**らが反政府・社会主義運動をおこした。

★1 とくに，ブルジョワジーらの高額納税者だけの制限選挙に対する不満が強かった。

③1847年，ブルジョワ共和派や社会主義者が政治改革を要求。これは政府に鎮圧されたが，以後，**改革宴会**★2とよばれる集会で政府を攻撃した。

❸**革命の勃発**　1848年2月，選挙法改正を要求する改革宴会が弾圧されると，民衆の怒りが爆発，パリで革命がおこった。国王ルイ＝フィリップはイギリスに亡命し，共和政の臨時政府が樹立された(二月革命)。

❹**第二共和政の成立**　臨時政府は共和政を宣言し，**男性普通選挙制**を採用。臨時政府にはルイ＝ブランら社会主義者も参加。**国立作業場**★3の設置など，社会主義的政策もとられた。

❺**社会主義者の敗退**　政府内では，有産市民を代表する穏健な共和主義者と，労働者を代表する社会主義者とが対立し，4月の選挙では穏健共和派が大勝，社会主義派は敗北した。穏健共和派政府が樹立されると，6月に国立作業場の閉鎖を強行。これに対する**六月蜂起**★4も軍隊によって鎮圧され，史上はじめて政権に参加した労働者勢力は敗退した。

❻**ルイ＝ナポレオンの登場**　①1848年12月の大統領選挙では，ナポレオン1世の甥ルイ＝ナポレオンが大統領に当選。②1851年，かれはクーデタによって独裁権を得て大統領の任期を10年に延長。③翌52年には国民投票で圧倒的な支持をうけて皇帝となり，ナポレオン3世(在位1852〜70)と称した。★5④この結果，第二共和政が終わり，第二帝政がはじまった。

2 三月革命と独立運動

❶**ドイツ三月革命**　「1848年は革命の年」といわれるようにフランスの二月革命は諸国へ飛び火，ドイツでは**三月革命**となった。①**オーストリア**では，1848年3月ウィーンで蜂起がおこり★6，メッテルニヒはイギリスへ亡命★7，②プロイセンでもベルリンで蜂起がおこり，国王フリードリヒ＝ヴィルヘルム4世(在位1840〜61)は自由主義派に譲歩，改革を約束した。

❷**ドイツ統一の機運**　ドイツ各地で自由主義運動が展開された。1848年5月には，憲法制定とドイツ統一を討議するフランクフルト国民議会が開かれ，統一の気運が高まった。

❸**ハンガリーの独立運動**　コシュートの指導でオーストリアからの独立運動が進展，1848年9月憲法制定，翌年独立を

★2　反政府派がパリなどの大都市で開いた政治集会。宴会(パーティー)と称しながら，選挙権の拡大を要求した。

★3　労働者に職を与え，その生活を保障することを目的に，ルイ＝ブランの主張で設立。国立作業場の労働者の数が急増する一方，仕事がなくても支払われる労働者への賃金は巨額にのぼって国庫を圧迫し，数か月で閉鎖された。

★4　国立作業場の閉鎖に抗議する労働者が蜂起した。

★5　ルイ＝ナポレオンは，資本家・労働者・農民の相互のあいだの対立や国民のあいだのナポレオン崇拝熱をたくみに利用した。

★6　オーストリア領では，このほかベーメンや北イタリアでも蜂起がおきたが，鎮圧された。

★7　ウィーン体制の中心人物が政治の表舞台からしりぞいたことにより，以後，保守勢力の中心はオーストリアからロシアにかわった。

参考 **イギリスの動き**
1848年にはチャーティスト運動が大きなもりあがりをみせたが鎮圧され，以後，改革の動きは急速におとろえていった。

2

近代国民国家の形成

宣言したが，オーストリアを支援したロシア軍に鎮圧された。

❹**イタリアの統一運動**　青年イタリアによる蜂起があったが，鎮圧された（⇒p.314）。

補説　**1848年革命の意義**

①フランス革命前を正統としたウィーン体制を，ブルジョワジー（有産市民）と労働者が力を合わせて打破した。以後，保守勢力は，従来と同じかたちでは支配できなくなった。

②1848年の革命運動で社会主義者や労働者が大きな力を発揮したことに脅威を感じたブルジョワジーの自由主義者は，保守勢力と妥協して革命運動や民族運動を鎮圧した。

③つまり，1848年の革命運動は，従来の封建的な貴族・地主とブルジョワジーの対立にかわって，ブルジョワジーとプロレタリアートの対立を表面化させた。

④さらに，1848年が「諸国民の春」とよばれているように，民族の独立と国民的統一をめざす国民主義（ナショナリズム）の動きがはっきりとあらわれた。

⑤1847〜48年の恐慌をぬけでて，世界経済が好況期にはいるなかで，19世紀後半に資本主義が世界体制として確立された。

\ TOPICS /

絵画にみる19世紀前半

▼1804年12月2日の「ナポレオンの戴冠式」（ダヴィド）　ノートルダム大聖堂でおこなわれた。ナポレオンは教皇によって戴冠されるという伝統を破り，神ではなく国民から皇帝権を与えられた（⇒p.287）ことを示すために自ら帝冠をかぶった後，妻に皇后の冠を与えた。

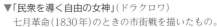
▲1814〜15年のウィーン会議（当時の銅版画より）　左側で立って腕を曲げているのがメッテルニヒ，右側で腰かけてテーブルに手をおいているのがタレーラン。

▼「民衆を導く自由の女神」（ドラクロワ）　七月革命（1830年）のときの市街戦を描いたもの。

◀「キオス島の虐殺」（ドラクロワ）ギリシア独立戦争（1821〜29年）におけるオスマン帝国軍の残虐な行為に対する怒りと，ギリシアへの愛をこめて描かれたといわれる。

☑ 要点チェック

CHAPTER 2 近代国民国家の形成	答
☐ 1 ナポレオン戦争の処理のために開かれた国際会議を何というか。	1 ウィーン会議
☐ 2 この会議を主導した，当時のオーストリア外相は誰か。	2 メッテルニヒ
☐ 3 この会議でフランス代表が提唱した，ヨーロッパ国際秩序再建の指導原理とは何か。また，提唱者のフランス代表とは誰か。	3 正統主義，タレーラン
☐ 4 ウィーン体制に対抗してあらわれてきた，2つの政治的潮流を，それぞれ何というか。	4 自由主義, 国民主義(ナショナリズム)
☐ 5 1820年前後にドイツ・イタリアでおこった，自由や統一を求める動きの中心となった組織を，それぞれ何というか。	5 独…ブルシェンシャフト, 伊…カルボナリ(炭焼党)
☐ 6 ラテンアメリカにおいて，コロンビア・ベネズエラ・ボリビアなどの独立を指導したのは誰か。	6 ボリバル
☐ 7 1823年，ラテンアメリカ諸国の独立を弾圧しようとするオーストリアの計画を阻止した，アメリカ大統領の宣言を何というか。	7 モンロー宣言
☐ 8 ギリシアの独立について，ロシアがオスマン帝国に認めさせた1829年の条約を何というか。	8 アドリアノープル条約
☐ 9 フランス七月革命は，何年におこったか。	9 1830年
☐ 10 七月王政の国王に即位した，オルレアン家の人物は誰か。	10 ルイ゠フィリップ
☐ 11 産業革命による人口移動のため，人口数と議員定数とが不均衡になっていた選挙区を何というか。	11 腐敗選挙区
☐ 12 産業資本家に選挙権が拡大されたイギリスの第1回選挙法改正は，何年におこなわれたか。	12 1832年
☐ 13 イギリスにおいて，過酷な労働条件と悲惨な生活を強いられた工場労働者を保護する目的でつくられた法律を何というか。	13 工場法
☐ 14 第1回選挙法改正で選挙権が得られなかった労働者は，普通選挙の実現を求める請願運動をおこした。この運動を何というか。	14 チャーティスト運動
☐ 15 搾取のない理想社会を実現するために，人間の良心に期待した社会主義は，何とよばれて批判されたか。	15 空想的社会主義
☐ 16 人間の歴史を階級闘争の歴史としてとらえ，『資本論』で資本主義経済を科学的に分析した思想家は誰か。	16 マルクス
☐ 17 1864年に結成された，世界初の国際的な労働者の組織を何というか。	17 第1インターナショナル
☐ 18 フランス二月革命の直接的原因となった民衆の政治的要求は何か。	18 選挙法改正
☐ 19 二月革命後に成立した臨時政府に参加した社会主義者は誰か。	19 ルイ゠ブラン
☐ 20 1848年12月の新憲法のもとでの大統領選挙で，当選したのは誰か。	20 ルイ゠ナポレオン
☐ 21 ドイツ三月革命後の1848年5月に開かれた，憲法制定とドイツ統一を討議するための会議を何というか。	21 フランクフルト国民議会

3 » 近代国民国家の発展

時代の俯瞰図

年代	1810	20	30	40	50	60	70	80
おもなできごと	アメリカ=イギリス戦争／ウィーン会議	モンロー教書	七月革命／ギリシア独立		二月革命	クリミア戦争／イタリア統一戦争／南北戦争／プロイセン=オーストリア戦争	ドイツ=フランス戦争／ロシア=トルコ戦争	ベルリン会議／三国同盟成立
	ウィーン復古体制			自由主義・国民主義の進展			ドイツ帝国	
						第二共和政	イタリア王国	
フランス	第一帝政 ナポレオン時代	ブルボン復古王朝 反動期		七月王政 ルイ=フィリップ		第二帝政 ナポレオン3世	第三共和政 パリ=コミューン	
イギリス	ジョージ3世	ジョージ4世	ウィリアム4世	ヴィクトリア女王			（インド皇帝兼位）	
	資本主義の発達 ⇒自由主義経済			議会政治の確立		大英帝国の成立		
ロシア	アレクサンドル1世		ニコライ1世			アレクサンドル2世 農奴解放など		
	神聖同盟の提唱	デカブリストの反乱⇒君主権強化				自由主義的改革 反動化		
アメリカ合衆国	ジェファソン マディソン	モンロー	ジャクソン	西部開拓時代		リンカン	国家再建時代	
	経済的自立	孤立外交政策	民主主義の発達	南北対立の表面化		奴隷解放宣言	産業革命	
文芸思潮	古典主義	ロマン主義		写実主義・自然主義			象徴主義 耽美主義	

SECTION 1 東方問題とクリミア戦争

1 ロシアの内政改革

❶ロシアの専制政治

1 **ロシアの後進性** ロシアでは，19世紀になってもミール★1を母体とした農奴制がおこなわれ，ツァーリズムによる専制支配がつづいていた。

2 **自由主義運動の芽ばえと挫折** フランス革命・ナポレオン戦争による自由主義の波はロシアにもおし寄せた。1825年12月，専制的なニコライ1世(在位1825～55)の即位に際し，自由主義的な青年将校が知識人と結んでデカブリストの反乱をおこした(⇨p.295)。これは，ツァーリズムの打倒と農奴制の廃止を主張する最初の革命的反乱であったが，

★1 ロシアの農村共同体の呼称。15世紀ごろ成立した農民の共同的自治組織で，租税や賦役の共同責任を負った。

ニコライ1世によって鎮圧され，自由主義運動の芽は，つみとられた。

補説 **ロシアにおけるナポレオン戦争の影響**
　①ナポレオンの大陸封鎖令によってイギリスとの貿易を遮断されたため，国内の近代産業の発達がうながされた。
　②ナポレオン戦争に参加した青年士官たちが西欧の近代思想にふれ，自由主義思想を国内にもたらした。

3 **ニコライ1世の反動政治**　①ギリシア正教を背景に，官僚制・警察制度を強化して自由主義運動を徹底的に弾圧した。②国外においても反動協調につとめ，ポーランドの自治権をうばい，ハンガリーの反乱を鎮圧するなど，七月革命・二月革命の際にはヨーロッパ反動体制の中心的役割をはたした。そのためロシアは「**ヨーロッパの憲兵**」といわれた。

❷**ロシアの内政改革**

1 **農奴解放**　1861年，アレクサンドル2世（在位1855〜81）は農奴に人格的自由と土地所有を認める農奴解放令を発布した。クリミア戦争の敗北により，専制主義の欠陥と近代化の必要性が認識され，**上からの近代化**がすすめられた。

2 **農奴解放令の不備**　しかし，この解放令は旧地主本位で，土地分配の不公平，多額の買いもどし金の負担など，不徹

参考 **ザパドニキとスラヴォフィル**　当時のロシアでは，①西欧文化を導入してロシアを立憲的資本主義体制の国に改革しようとする**西欧主義者（ザパドニキ）**と，②ロシア文化とギリシア正教の優秀性を強調し，資本主義の発達を否定し農村に自由を見出した**スラヴ主義者（スラヴォフィル）**とが対立したが，ザパドニキは自由主義運動の根源とされ，ニコライ1世に弾圧された。

★2 **農奴解放とロシアの資本主義化**　結局，農奴解放は不徹底に終わり，農民の不満を高めたが，農業生産の向上と，土地をはなれた農民の工業労働力化などにより，ロシアの資本主義化が促進された。

3 **近代国民国家の発展**

\ TOPICS /

ロシアのあけぼの

　ロシアは，長いあいだ西ヨーロッパから孤立した東の世界をつくって，その独特な政治・社会体制を保ってきた。この体制は強固な基盤をもち，容易にはくずれないが，それでもナポレオン戦争によって西ヨーロッパと接するようになると，その歴史に変化があらわれてきた。ナポレオンを追ってパリまで行ったロシアの兵士たちは，自分の国とは異なった市民生活をそこにみた。かれら

▲デカブリストの反乱

の帰国で，ロシアにも自由主義が芽ばえた。

　ロシアは，貿易に便利な南方の港にはめぐまれない国であった。大陸の奥まったところから南へでると，そこではことごとく，西ヨーロッパの勢力にぶつかるのである。自軍の大砲の弾が相手にとどかないのに，向こうからはその2倍もの距離をこえて弾がとんできた。近代化の差は明らかであった。近代化を求める声は，インテリゲンツィア（知識人階級）のあいだにはげしくおこったのである。しかし，インテリゲンツィアのかけ声も農民大衆からは浮きあがってしまった。

　このころからロシアの文壇は，ニコライ1世の反動政治に対するインテリゲンツィアのレジスタンスの唯一の場所となり，ここから，名高い19世紀のロシア文学が生まれてくるのである。

底であった。農民は身分上の自由は得たが，生活はかえって苦しくなり，土地をはなれる者もあった。

③ **自由主義の担い手**　当時のロシアで，自由主義的な社会改革をこころざしたのは，都市のインテリゲンツィア(知識人層)であった。農民・労働者の知識水準は低く，工業化がおくれて，商工業ブルジョワジーも成長していなかった。

④ **インテリゲンツィアの運動**　アレクサンドル2世が反動化すると，インテリゲンツィアの一部はナロードニキ(人民主義者)とよばれ，急進的な社会改革運動をおこした。

補説　**ナロードニキ**　社会改革を求めるインテリゲンツィアは，農民の啓蒙(けいもう)を急務と考え，「ヴ=ナロード(人民のなかへ)」を標語に農村にはいっていったので，この名がある。

⑤ **自由主義思想の過激化**　ナロードニキの運動は，農民の心をとらえることができずに失敗。絶望したかれらのあいだにはニヒリズム(虚無主義(きょむ))がひろまり，これとアナーキズム(無政府主義)とが結びついて，一部にはテロリズムによる専制支配の打倒という思想も生まれた。アレクサンドル2世も，このようなテロリズムによって暗殺された。

[ロシアの内政改革]
①アレクサンドル2世による農奴解放令(1861)→不十分
②ナロードニキの運動　③ニヒリズム・アナーキズムの進展

2 ロシアの南下政策と東方問題

❶東方問題の展開

① **東方問題とは何か**　アジアとヨーロッパをつなぐオスマン帝国領において，19世紀にくりかえし発生した国際対立を，西ヨーロッパの側からみたよび方。

② **東方問題を構成する要素**　東方問題といわれる国際対立は，次の3つの要素がからまっておこったものである。
　①オスマン帝国の支配力が弱まったこと。
　②自由主義・国民主義の影響をうけて，オスマン帝国の支配下にある諸民族が独立運動・解放運動をおこしたこと。
　③列強の利害やその調整の問題がからんだこと。

③ **ロシアの野望**　ロシアは，ピョートル大帝いらい，農産物の販路(はんろ)や不凍港(ふとうこう)の確保のため，しきりに黒海をへて地中海への進出をねらっていた。これをロシアの南下政策という。

参考　**ゼムストヴォ**　アレクサンドル2世の命で設置された地方自治会。地主・ブルジョワジー・農民の代表で構成され，地方行政に参加したが，反動的風潮と土地貴族の支配に帰した。

★3　貴族や下層役人の家柄の出身者が多く，支配権力や現体制に批判的であった。19世紀後半には，中下層ブルジョワジー層の出身者もふえた。

★4　1863年のポーランド反乱の鎮定に苦しみ，以後，反動化していった。

注意　バルカン半島・西アジアは列強勢力の接点であり，この地をめぐる国際対立は，第一次世界大戦までつづいた。

★5　ギリシア・ルーマニア・ブルガリアなどの諸民族が独立運動をおこすが，単独で独立を達成するだけの力がなかったため，この地域に利害関係をもつ列強の干渉をまねいた。

4 **エジプト=トルコ戦争とロシアの南下政策**　1831年にエジプト=トルコ戦争(第1次)がはじまると，ロシアはオスマン帝国を援助し，その代償に**ボスフォラス・ダーダネルス両海峡の自由航行権**を得た。1839年の第2次エジプト=トルコ戦争のさい，イギリスの反対でこの特権は廃棄され，1840年の**ロンドン条約**でロシアの地中海進出は阻止された。

補説　**列強の利害**　ロシアが地中海進出をめざしていたのに対し，他の列強もそれぞれバルカン半島に対して次のような意図をもっていた。
①**イギリス**…ロシアの南下を阻止し，東地中海の支配権とインドへの通商路を確保するために，オスマン帝国の保全をはかった。
②**フランス**…北アフリカに勢力を拡大しようとしていた。
③**オーストリア**…ドナウ川下流域に勢力を拡大しようとしていた。

❷**東方問題の再燃とロシア**

1 **クリミア戦争**　1853～56年，ロシアとオスマン帝国およびその同盟国との戦争。地中海進出をねらうロシアが，**聖地管理権問題**にからんで**オスマン帝国領内のギリシア正教徒の保護**を口実に，オスマン帝国と開戦。イギリス・フランス・サルデーニャはオスマン帝国と同盟，ロシアに宣戦した。

補説　**聖地管理権問題**　聖地イェルサレムの管理権は，16世紀いらいローマ教皇の保護者としてのフランス王にあったが，フランス革命後はロシアの支持を得たギリシア正教徒の手に移っていた。ナポレオン3世は，カトリック教徒の支持を得るために，この管理権を獲得した。

2 **クリミア戦争の結果**　ロシアの敗北。1856年の**パリ条約**で，両海峡の通航禁止の再確認と**黒海の中立化**が約束され，ロシアの南下はふたたび阻止された。

3 **パン=スラヴ主義の高揚**　バルカン半島では，自由主義運

★6　ウンキャル=スケレッシ条約による。1833年に締結。これは，第1次エジプト=トルコ戦争にさいして，イギリス・フランスがエジプト側にたってオスマン帝国に干渉したことを不満として結ばれたが，1840年のロンドン条約で廃棄。

★7　両海峡の中立化，外国艦船の航行禁止などを定めた。

▼ロシアの南下政策年表

年	できごと	君主
1768	対トルコ戦争(～74)	エカチェリーナ2世
1783	クリム=ハン国を併合	
1787	対トルコ戦争(～92)	
1831	第1次エジプト=トルコ戦争(～33)	ニコライ1世
1833	ウンキャル=スケレッシ条約	
1839	第2次エジプト=トルコ戦争(～40)	
1840	ロンドン条約	
1853	クリミア戦争(～56)	
1856	パリ条約	アレクサンドル2世
1870	黒海中立の破棄	
1875	パン=スラヴ主義高揚	
1877	ロシア=トルコ戦争(～78)	
1878	サン=ステファノ条約ベルリン会議	

(1768～1787の君主欄「黒海沿岸を確保」)

3　近代国民国家の発展

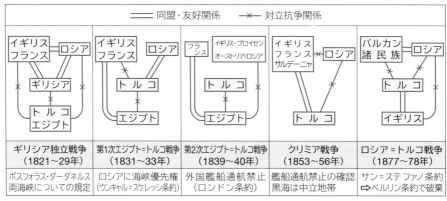

▲東方問題における国際関係　　＊図中のトルコは，オスマン帝国をさす。

動の波及に伴い，共通の文化をもつ全スラヴ人の団結をはかろうとするパン=スラヴ主義がおこり，オスマン帝国の支配に対抗しようとした。ロシアはこれを利用，その盟主として勢力拡大をはかり，ふたたび南下をくわだてた。

❸ **ロシア=トルコ戦争(露土戦争)** 1875年，オスマン帝国領内のギリシア正教徒が反乱をおこして多数殺害されると，1877年，ロシアはこれを口実にオスマン帝国に宣戦。ロシアはオスマン帝国を破り，1878年サン=ステファノ条約[★8]を結んで，オスマン帝国領内の自治国ブルガリアを保護国とし，バルカン半島での優位を占めた。**イギリス・オーストリア**は，このようなロシアの進出に強く反対した。

1 **ベルリン会議** ドイツの宰相ビスマルクは，列強の利害を調整するため1878年ベルリン会議を主催。イギリス首相ディズレーリと結んで，ロシアにサン=ステファノ条約を破棄させ，ベルリン条約を結ばせて，ロシアの野望をくじいた。[★9]

2 **ベルリン会議後のロシア** ロシアはベルリン会議で南下を三たびはばまれ，中央アジア・東アジアへの進出をはかるようになった。

[補説] **19世紀における北欧諸国** 北欧諸国は列強の対立からはなれた比較的平和な環境のもとで，安定した政治をおこない，経済的にも発展した。

① **スウェーデン**…北方戦争(⇨p.248)に敗れたのちはバルト海の制海権を失い，プロイセンにも圧迫されたが，19世紀には，立憲君主政のもとで責任内閣制を確立した。

② **ノルウェー**…ウィーン会議でスウェーデン領となったが，独自の憲法をもち，1905年に立憲君主として独立した。

③ **デンマーク**…二月革命の影響により立憲君主国となる。1864年プロイセン・オーストリアにシュレスヴィヒ・ホルシュタインをうばわれる。19世紀末から自由主義運動。20世紀初頭に責任内閣制を確立。

④ **フィンランド**…ロシア治下で自治権をもち，ツァーリズムに対する独立心が強く，1917年ロシア革命のさいに独立した。

★8 サン=ステファノ条約により，ルーマニア・セルビア・モンテネグロの独立が認められた。ブルガリアは領土を拡大してオスマン帝国内の自治国となり，ロシアの保護下におかれた。

★9 **ベルリン会議と各国の得失** ルーマニア・セルビア・モンテネグロの独立は認められたが，自治国ブルガリアは領土を大きくけずられた。オーストリアはボスニア・ヘルツェゴヴィナの統治権を獲得，バルカン進出の足場をつくった。イギリスはキプロスの管理権を得た。

▲ベルリン会議後のバルカン半島

凡例：
□ オスマン帝国領
⬚ サン=ステファノ条約によるブルガリアの領土

[参考] クリミア戦争後の1864年，戦争犠牲者救援のため赤十字条約が結ばれた。

[**東方問題の再燃とロシア**] ①ロシアはオスマン帝国とクリミア戦争・ロシア=トルコ戦争 ②パン=スラヴ主義：ロシアの利用 ③ベルリン会議でロシアの南下政策は挫折(ビスマルクの調整)

1 ヴィクトリア時代の繁栄（「パクス＝ブリタニカ」）

❶ ヴィクトリア時代　ヴィクトリア女王（在位1837〜1901）
治世下にイギリスの政治的・経済的発展はいちじるしく，①
議会政治が確立して自由主義が進展，②「世界の工場」とし
ての地位と海上帝国が確立し，「イギリスの平和」時代を現出。

❷ 議会政治の確立

1 二大政党制　自由党と保守党の二大政党が交互に政権を担
当する典型的な議会政治が展開され，選挙法の改正などさ
まざまな自由主義的立法が成立。自由党のグラッドストン，
保守党のディズレーリが議会政治を指導した。

2 選挙法改正と議会への影響　①1867年保守党のもとで第2
回選挙法改正がおこなわれ，都市労働者に選挙権を拡大し
た。②1884年自由党のも
とで第3回選挙法改正がお
こなわれ，農業・鉱山労働
者に選挙権を拡大。有権者
は440万人になった。これ
に伴って，議会も地主・貴
族的な性格から市民的・民
主的な議会へと発展し，上
院に対する下院の優位が確
立された。

★1　官吏任用制度の改正
や教育法（1870。公立学校
の増設），労働組合法（1871），
秘密投票法（1872）など。

★2　1809〜98年。自由党
党首として，4回組閣した。

★3　1804〜81年。ユダヤ
系の家庭に生まれる。保守
党党首として，1868年，
74〜80年に組閣。

3
近代国民国家の発展

▼イギリスの二大政党の比較

	自由党	保守党
前身	ホイッグ党	トーリ党
指導者	グラッドストン	ディズレーリ
支持層	市民層	地主・貴族
政策	①個人の自由，特権打破 ②労働者保護 ③自由貿易 ④アイルランド自治 ⑤平和主義外交	①伝統的諸制度の擁護 ②国家的結束の強調 ③保護関税 ④アイルランド自治反対 ⑤帝国主義的積極策

\ TOPICS /

グラッドストンの怒り

「過去200年間，上院が，下院で認めた税
を留保したことは一度もなかった。上院には
財政法案を否決する権限はない。人民の代表
は，課税に干渉する権限を認める上院と戦う
義務がある。」—1860年，蔵相であったグラッ
ドストンは，紙の関税を廃止させる法案を上
院が否決したことに対して，はげしい怒りを
もって演説した。下院を通過した財政法案を
上院が否決するのは不当だというのである。

第1回選挙法改正のころから内閣に対する
下院の力は認められていたが，19世紀後半
には，財政に関して
も下院の優位が確立
されていった。関税
の引き下げや廃止は
イギリス産業資本の
自信のあらわれであ
り，下院の優位は民
主主義の実現であっ
た。

▲グラッドストン

③ **アイルランド問題**　グラッドストン内閣は，自作農創設を
めざす**アイルランド土地法**[★4]を制定したが，**アイルランド自
治法案**は成立せず，アイルランド問題の解決はもちこされた。

2 イギリスの植民地支配

❶**積極的な海外進出**　ヴィクトリア時代のイギリスは，国内
の安定と経済の繁栄を背景に海外に進出。とくにアジアへは，
イギリス商品の市場を求めて積極的に進出した。①中国で利
権を獲得し[★5]，②インドを直轄領としてインド帝国を樹立した[★6]。
③中東へは，国際紛争に干渉し，フランス・ロシアの進出を
おさえつつ勢力をのばしていった[★7]。こうしてイギリス海上帝
国が成立。イギリスは経済的にも海上権でも世界を制覇した。

❷**自治植民地の成立**　産業革命の進展により，植民地政策を
転換。重商主義による植民地搾取政策から，本国と植民地と
を結合した共同体的経済共存政策へ移行した。そのため白人
植民地には自治権を認め，1855年ニューファンドランドが
自治植民地として連邦を形成。以後，カナダ・オーストラリ
アなども自治植民地となり，**五大自治植民地**[★8]が成立。

★4　1870年。小作権の安
定，適正地代などを認め
た。以後1903年まで，4回改
定されている。

★5　**アヘン戦争・第2次
アヘン戦争**などによる(⊃
p.340)。

★6　1877年。ヴィクト
リア女王がインド皇帝を兼
ねた(⊃p.336)。

★7　**東方問題**(⊃p.308)・
クリミア戦争(⊃p.309)・
ロシア=トルコ戦争(⊃
p.310)など。

★8　ニューファンドラン
ド・カナダ(1867年自治
権獲得)・オーストラリア
(1901)・ニュージーラン
ド(1907)・南アフリカ連
邦(1910)。

[ヴィクトリア時代の繁栄]
①自由主義の進展：教育法，労働組合法
②議会政治の確立：自由党グラッドストン，保守党ディズレーリ，
　　　　　　　　　下院の優位確立(選挙権の拡大)
③植民地支配の拡大：インド帝国(1877年)，自治植民地の成立など

SECTION
③ フランス民主政の動向

1 第二帝政とその崩壊

❶**第二帝政の政治**

① **政権の特色**　ナポレオン3世の政治は，①**民主政治のかた
ちをとった独裁政治**で，②**有産階層と労働者勢力との均衡**
のうえにたち，保守的な多数の**農民を基礎**としながら，
③**有産階層の政治支配体制**を確保しようとするものであった。

② **二重性格的な内政**　議会の権限を弱め，普通選挙や言論・
出版の自由を制限し，労働者の団結権を禁止するなど反動

参考　ナポレオン3世の政
治形態をボナパルティズム
という。
　産業資本家は国内産業の
保護育成をはかったナポレ
オン1世，農民は社会の安
定と農地を保障してくれた
ナポレオン1世への夢を3

化。その一方で経済の発展をはかり，労働条件の改善，教育刷新，カトリック保護などによって人気の保持につとめた。

③ **積極的な対外政策**　不安定な国民の支持をつなぐため，ナポレオン３世は**クリミア戦争**（⟳p.309），**イタリア統一戦争**[★1]に参戦，アジアでは**第２次アヘン戦争**で中国に進出し（⟳p.340～341），インドシナに植民地を獲得（⟳p.337）。さらにアメリカ南北戦争に乗じて**メキシコに遠征**[★2]したが，失敗した。

❷第二帝政の崩壊

① **批判勢力の高まり**　メキシコ出兵の失敗はナポレオン３世への批判を高め，共和主義者や労働者の反政府運動が台頭。

② **帝政の崩壊**　ナポレオン３世は，国内では1867年に憲法を改正して言論・出版の自由を認めるなど政策転換をはかり，外ではドイツ=フランス（独仏）戦争（**プロイセン=フランス戦争**，⟳p.316）をおこしたが，敗れてセダンで降伏。第二帝政は終わった。

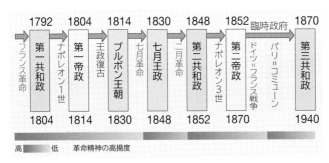

▲19世紀フランスの政体の変遷

2 第三共和政の成立

❶パリ=コミューンの成立

① **第二帝政崩壊後の状況**　プロイセン軍の進攻に対し，フランス国民は国防政府をつくって抗戦したが，1871年1月パリが陥落した。共和派の**ティエール**を首班とする臨時政府がヴェルサイユに成立し，プロイセンと屈辱的な講和条約を結ぶと，それに反対するパリの急進的市民は，1871年3月，国民軍を中心に自治政府（パリ=コミューン）を宣言[★3]した。

② **パリ=コミューンの意義**　パリ=コミューンは，2か月後に

世に託し，労働者もまた3世の言動のなかに社会主義的な要素を期待した。しかし，これらは互いに矛盾するものであり，ナポレオン3世は外交・軍事面によって，その期待を外にそらさざるをえなかった。

★1　1858年，ナポレオン3世はイタリア統一を援助するかわりにニース・サヴォイアを得るという**プロンビエール密約**をサルデーニャと結んだが，サルデーニャの強大化を恐れ，密約を破って翌年オーストリアと単独講和した。

★2　**メキシコ遠征**　財政難のメキシコの外債利子支払い停止に対し債権国のイギリス・フランス・スペインが共同出兵し，支払いを約束させて撤兵。しかしナポレオン3世はなお不満で，メキシコ帝国を樹立したが，合衆国の抗議で撤退した。

★3　コミューンは市民の直接選挙で選ばれた議員からなり，社会主義者ブランキらがパリ市政を指導して徹底した民主主義をめざしたが，フランス全体からは孤立した運動であった。

参考　1864年に各国の社会主義者がロンドンに集まり**第1インターナショナル**が結成され，マルクスがその指導者になった。

政府軍とドイツ軍とによって鎮圧されるが，これは，**世界で最初の労働者による自治政府**であった。

❷**第三共和政の成立**　パリ＝コミューン鎮圧後も政局は不安定で，**マクマオン**ら保守派が台頭。しかし**ガンベッタ**ら共和主義者がこれに強く対抗。1875年，三権分立・二院制・任期7年の大統領制・普通選挙などを根幹とする**共和国憲法**を制定。第三共和政が発足した。[★4]

 [第三共和政の成立]
① パリ＝コミューンの成立(1871年)と鎮圧
② 共和国憲法(1875年)の制定

★4　第三共和政時代　政情はつねに不安であったが，軍備の再建強化，教育の充実などがおこなわれ，対独賠償も順調に終わった。また，アジア方面へ進出し，対外投資もさかんになった。さらに「ラ＝マルセイエーズ」が正式な国歌(1879)，7月14日(革命記念日)が祝日とされる(1880)など，国民統合の気運が高まった。

SECTION 4　イタリアの統一

1　統一への動き

❶イタリア統一への動き

1　**カルボナリ(炭焼党)**　19世紀初頭，イタリアの自由主義者が結成。1820年ナポリで，翌年ピエモンテで，さらに七月革命後に中部イタリアで革命行動をおこしたが，いずれもオーストリアの武力干渉で失敗した。

2　**青年イタリア**　中心人物はマッツィーニ。1830年代のイタリア統一運動(リソルジメント)を推進。1848年二月革命の影響をうけてローマで決起。翌年，教皇ピウス9世を追放してローマ共和国を建てたが，フランスの干渉で崩壊した。

3　**統一運動の変化**　これまでの統一運動は，自由主義貴族やブルジョワの穏健自由派と急進的な民主派とに分かれていたが，1848年以後は，穏健自由主義的なサルデーニャ王国が統一運動の中心となった。

補説　**サルデーニャ王国**　1720年，サヴォイア家によって成立。サヴォイア・サルデーニャ島・ピエモンテをおもな領土とした。

❷サルデーニャ王国の台頭　**カルロ＝アルベルト**[★1]のあと，**ヴィットーリオ＝エマヌエーレ2世**(在位1849～61)[★2]がサルデーニャ王に即位。首相となった**カヴール**は，自由主義的改革を断行した。さらに統一実現のためには列国の支援が必要だと考え，**クリミア戦争**に参加して国威の向上につとめた。

▼イタリア統一関係年表

年	できごと
1720	サルデーニャ王国成立
1820	カルボナリ，ナポリで革命運動
1831	中部イタリアで革命運動 マッツィーニが青年イタリアを結成
1848	革命運動がさかんになる
1849	マッツィーニが一時ローマ共和国を樹立
1852	カヴールがサルデーニャ王国首相に就任
1859	イタリア統一戦争
1860	ガリバルディが南イタリアを占領
1861	イタリア王国成立
1866	ヴェネツィアを併合
1870	教皇領占領。統一の完成

★1　在位1831～49年。オーストリアに敗れて退位。

★2　イタリア王国の国王としては在位1861～78年。

2 イタリア王国の成立

❶**イタリア統一戦争**　カヴールは，フランスのナポレオン3世と**プロンビエール密約**(⊃p.313)を結ぶと，1859年オーストリアに宣戦，これを破った。フランスがサルデーニャの強大化を恐れ，オーストリアと単独で講和を結んだため，サルデーニャは**ロンバルディア**を得たにとどまった。しかし翌年，中部イタリア諸邦が合併を望んだので，国民投票を実施して中部イタリアを併合した。

❷**イタリア王国の成立**　1860年，青年イタリアのガリバルディは義勇軍の**千人隊(赤シャツ隊)**を率いてシチリア・ナポリを占領，サルデーニャ王に献上

▲イタリアの統一

した。カヴールもローマ周辺を除く教皇領を占領。61年ヴィットーリオ=エマヌエーレ2世を国王とするイタリア王国が成立。ヴェネツィアとローマ教皇領の一部を除く全イタリアが**サルデーニャ**のもとに統一された。

❸**統一の完成**　1866年，イタリア王国は**プロイセン=オーストリア(普墺)戦争**(⊃p.316)にプロイセン側で参戦し，ヴェネツィアを併合。1870年の**ドイツ=フランス(独仏)戦争**では，フランス勢力の後退に乗じてローマを占領。ここにイタリアの統一が完成。翌年ローマが首都となった。しかし，ローマ教皇はイタリア政府と対立をつづけた。

★3 「未回収のイタリア」原語ではイタリア=イレデンタという。イタリア統一のとき，イタリア人居住地のトリエステ・南チロル・フィウメなどはオーストリア領として残され，これらを併合することを目的とした民族主義運動が19世紀末からおこった。

5 ドイツの統一

1 統一への動き

❶ドイツ統一への動き

① **統一事業の主導勢力**　ウィーン会議で生まれたドイツ連邦は，35領邦と4自由市との集合体にすぎなかったが，そのなかで**プロイセン**が国家統一事業を主導。とくにプロイセン東部出身の土地貴族ユンカーが政府・軍部を支配，市民的自由主義をおさえて軍事力による統一をすすめた。

★1 ドイツのエルベ川以東の大土地所有の貴族層。プロイセンの軍人・官僚の要職を独占し，**ドイツの保守主義・軍国主義**の中心となった(⊃p.244)。

2 **経済面からの統一** 1834年，プロイセンの提唱でドイツ関税同盟[★2]が発足。オーストリアを除く大多数のドイツ諸邦が参加し，政治的統一に先だつ経済的統一が達成された。

3 **小ドイツ主義の勝利** 1848年の三月革命後に開かれたフランクフルト国民議会では，プロイセンを中心にオーストリアを除いて統一をはかろうとする小ドイツ主義と，オーストリアもふくめようとする大ドイツ主義[★3]とが対立。プロイセンの経済的優位を背景に**小ドイツ主義が勝利**した。

4 **自由主義統一運動の挫折** 七月革命の影響による自由主義統一運動が失敗したあと，フランクフルト国民議会では憲法を制定し，プロイセン王[★4]をドイツ皇帝に推した。しかし，王はこれを革命派からの帝冠だとして拒否した。

❷武力による国家統一

1 **ビスマルクの方針** プロイセンでは1862年，ヴィルヘルム1世（在位1861〜88）のもとでユンカー出身のビスマルク[★5]が首相に就任。ビスマルクは議会の反対をおしきって**鉄血政策**をすすめ，国家権力と軍事力によって統一をはかった。

2 **プロイセンの武力政策** 1864年，オーストリアとともにデンマークと戦い（デンマーク戦争），シュレスヴィヒ・ホルシュタインを奪取。66年，これらの管理をめぐってプロイセン＝オーストリア（普墺）戦争がおこったが，7週間でプロイセンが勝利した。

　プロイセンはオーストリアをドイツ連邦から排除。北ドイツ連邦を組織した。その結果，ドイツ連邦は解体した。

[補説] **シュレスヴィヒ・ホルシュタイン問題** シュレスヴィヒ・ホルシュタイン両公国はユトランド半島のつけ根部分にあり，中世らいデンマークの影響下にあった。住民の大部分はドイツ系で，ドイツとデンマークの係争地となっていた。

3 **プロイセンとフランスの対立** フランスのナポレオン3世はプロイセンの強大化に大きな脅威を感じており，ライン左岸への進出の計画もビスマルクにさまたげられた[★6]。またドイツ統一をめざすプロイセンにとって，南ドイツにおけるフランスの影響力が邪魔であった。

4 **プロイセンの対仏勝利** 1870年，ナポレオン3世はスペイン王位継承問題を契機に，プロイセンに宣戦。ドイツ＝フランス（独仏）戦争となった。プロイセンはフランス軍を圧倒し，ナポレオン3世はセダンで降伏した。

★2 同盟諸国間の関税を廃し，同盟国以外の国々との通商には一定の関税額を守ることを約束したもの。西部に大工業地帯をもち，資本主義の発達していたプロイセンは，1818年から近隣諸邦と関税同盟を結んでいたが，34年それを統一して発足。プロイセン中心のドイツ統一の基礎となる。

★3 中世の神聖ローマ皇帝のイタリア政策，帝国主義時代のパン＝ゲルマン主義につながる。

★4 フリードリヒ＝ヴィルヘルム4世（在位1840〜61）。

★5 1815〜98年。首相就任直後の議会で「ドイツの現在の大問題（ドイツ統一）は，言論や多数決では定まらない。これを解決するのはただ鉄と血である」と演説した。このことから**鉄血宰相**とよばれ，その強引な政策は鉄血政策とよばれた。

▲ビスマルク

★6 **ビスマルクの工作** オーストリアとの開戦にあたって，ビスマルクはフランスに，ライン左岸を割譲する代償として中立を守ることを約束させたが，戦後はフランスの要求を拒否。ナポレオン3世は面目をつぶされた。

補説 **スペイン王位継承問題**　1868年いらい空位となっていたスペイン王位にプロイセンの王族が指名されたが，ナポレオン3世はこれに反対。1870年にバート＝エムス温泉滞在中のプロイセン王ヴィルヘルム1世は，フランス大使にスペイン王位立候補辞退を要求され，その経緯をビスマルクに電報で知らせた。ビスマルクはフランスが脅迫したかのように電文をつくりかえて公表。フランスとドイツ双方の世論を硬化させ（**エムス電報事件**），ドイツ＝フランス戦争となった。

★7　ドイツ・フランスの国境にあり，**鉄・石炭が豊富**で，両国の歴史的紛争地。ビスマルクは，ナポレオン3世降伏後もこの地を獲得するため戦争を継続したが，それはフランスの対独復讐心を高める原因ともなった。

⑤ **戦争の結果**　1871年1月末，パリは陥落。ドイツはフランスの臨時政府と講和を結び，アルザス・ロレーヌの2州と賠償金50億フランを獲得した。

❸ **ドイツの統一**　フランスの降伏に先だつ1871年1月18日，ヴェルサイユ宮殿において，プロイセン国王ヴィルヘルム1世が**ドイツ皇帝**（在位1871～88）に即位。ドイツ帝国が成立した。

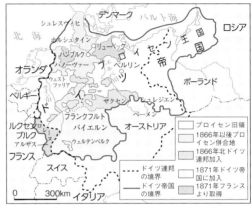

▲ドイツの統一

2 ドイツ帝国

❶ **ドイツ帝国の特色**　1871年4月，北ドイツ連邦憲法を基本として**ドイツ帝国憲法**を発布し，**立憲主義国家**の体裁をととのえたが，次のような点で，**外見的なものにすぎなかった**。
①連邦制を採用したが**プロイセンの地位**がきわめて高かった。
②皇帝の権限や政府・軍部の力が強く，議会の力は弱かった。
③上層市民と土地貴族とが妥協した体制であった。
④土地貴族，とくに**ユンカー**の力が保守党に結集されて強く残り，**前近代的要素が温存**された。
⑤国家主義的・軍国主義的な性格が強かった。

❷ **ビスマルクの政治**　ドイツ帝国の宰相となったビスマルクは，平和維持と国力の充実を政策の基本とした。1871年から約20年間，皇帝の信頼を得て，ビスマルクはなかば独裁的に権力をふるい，**ビスマルク時代**を現出した。

参考 ドイツ帝国の立法機関　各邦の代表からなる**連邦参議院**と，男性普通選挙によって選ばれた議員からなる**帝国議会**との二院制をとったが，立法権や軍事・外交に関しては連邦参議院の権限が強かった。

① **保護関税政策**　統一後のドイツ資本主義経済はめざましく発展。はじめ自由貿易がおこなわれていたが，まもなくおこった恐慌を克服するため，1879年ビスマルクは保護関税政策にきりかえ，**大資本とユンカーを保護**した。

参考 ドイツ帝国とプロイセン　①ドイツ皇帝の地位はプロイセン国王が世襲し，②帝国首相もプロイセン首相が兼ね，③連邦参議院ではプロイセンが多議席をにぎった。そのため，連邦制の立憲国家といっても，それは絶対主義国家プロイセンの発展した姿ともいえた。

2 **カトリック教徒との闘争**　西南ドイツに勢力をもつカトリック教徒は，新教国のプロイセンの支配をきらい，**中央党**を組織して政府に反抗した。ビスマルクは**五月法**[9]の制定などを定めてカトリック教徒を抑圧した(**文化闘争**)が，社会主義勢力対策で譲歩し，1880年に終結した。

3 **社会主義対策**　資本主義の発達に対応して社会主義勢力も成長し，1875年**社会主義労働者党**(のち，社会民主党に改称)が結成された。1878年，ビスマルクは社会主義者鎮圧法を制定して，労働運動・社会主義運動を弾圧，社会主義結社を禁止した。しかし，その一方では種々の**社会政策を実行**[10]し，労働者の統合をはかった。

4 **ビスマルク外交**　ビスマルクの外交方針の基本は，①平和と現状の維持，②対独復讐をねらう**フランスの国際的孤立化**の2点にあった。

　　1878年にはベルリン会議(⇨p.310)を主催し，バルカン半島における列強の対立を調停，勢力均衡の維持につとめた。1882年には三国同盟(⇨p.368)を締結し，1887年にロシアと**再保障条約**を結んで，フランス包囲をはかった。ビスマルクによるドイツ中心の同盟関係網を，**ビスマルク体制**とよぶ。

［ドイツ帝国］
① プロイセン中心　② 外見的立憲主義
③ 保護関税政策(大資本とユンカー保護)　④ 社会主義者鎮圧法と社会政策
⑤ フランスの国際的孤立化(ビスマルク外交の基本)

3 オーストリア・ハンガリー

❶**オーストリアの変化**　神聖ローマ帝国解体後も，オーストリアはヨーロッパの強国であり，ウィーン体制の盟主の地位にあった。しかし，1848年のウィーン三月革命でメッテルニヒが亡命，憲法が公布されたが，領内異民族の抵抗が活発化し，イタリア統一戦争ではイタリア内の領土を失った。

❷**オーストリア国家体制の改造**　1866年，**プロイセン＝オーストリア戦争**に敗れてドイツ連邦から除外されたオーストリアは，翌年ハンガリーに自治を許し，マジャール人によるハンガリー王国の建設を認めた(**アウスグライヒ〈妥協〉**)。皇帝がハンガリー国王を兼ね，**オーストリア＝ハンガリー帝国**[11]が成立した。しかし，領内の民族問題は解決されなかった。

★8 **ドイツ経済の発展**
関税同盟いらいの国内市場の統一，国家統一による金融制度や鉄道の発達などは，ドイツの資本主義をいちじるしく発展させた。とくにアルザス・ロレーヌの獲得やフランスからの多額の賠償金は，ドイツの工業化におおいに役立った。

★9 聖職者は国立大学で教育をうけること，宗教儀式によらない民法上の結婚を有効とすること，教会関係の裁判も官吏がおこなうこと，などを規定。1873〜75年の各5月に発せられたので**五月法**といわれるが，大部分は1880年代に撤廃。

★10 **養老保険法・疾病保険制度・災害保険法**など，社会保険諸法を制定した。

★11 同君連合の二重帝国で，軍事・外交・財政は共同，議会・政府は別個とした。

参考 **アンドラーシ**
1823〜90年。独立後のハンガリー王国の初代首相。コシュートとともに独立運動に参加。失敗後亡命していたが，1857年に特赦を得て帰国した。のちオーストリア＝ハンガリー帝国の外相となり，ベルリン会議にも出席。

\ TOPICS /

皇后エリザベート

　シシィの愛称でも知られるエリザベート（エリーザベト）は，バイエルンの公爵家に生まれ，1854年，16歳でオーストリア皇帝フランツ＝ヨーゼフ1世の皇后となった。

　自由な雰囲気のなかで育ったエリザベートにとって，厳格なウィーンの宮廷での生活は，耐えがたいものであった。とりわけ，夫の母であり，宮廷をとりしきっていた大公妃との対立は深刻で，彼女はやがて，ウィーンを逃れ，各地を旅してまわるようになった。ことにハンガリーに親近感をもち，首都ブダペス

トの，「エルジェーベト橋（ハンガリー語）」は，彼女にちなむ命名である。放浪（ほうろう）の旅は，大公妃の死後もつづき，息子である皇太子が1889年に自殺するという悲劇ののちには，一層はげしくなったといわれる。

　エリザベートの旅の終わりは，突然にやってきた。1898年，滞在先のスイスで，イタリア人の無政府主義者に刺殺されたのである。自由を愛したエリザベートは今，ウィーンのハプスブルク家の墓所（ばしょ）で，夫や息子とともに，静かに眠っている。

▲エリザベート

SECTION
⑥ アメリカ合衆国の発展

1 国民意識の高揚

❶ジェファソンの時代　第3代大統領ジェファソン[1]（在職1801〜09）は，州権主義にたちながらも連邦派との妥協（だきょう）をはかり，統一国家の形成と民主主義の育成につとめた。1803年にはフランスからミシシッピ川以西のルイジアナを**買収**し，ミシシッピ川全流域を確保して西部発展の道をひらいた。

❷経済的自立　イギリスがナポレオンの大陸封鎖（ふうさ）令に対抗して海上を封鎖し，アメリカの通商を妨害したことから，マディソン大統領（在職1809〜17）はイギリスに宣戦，アメリカ＝イギリス戦争[2]（ぼっぱつ）が勃発した。この結果，①国民的自覚が高まり，②イギリスへの経済的従属を断ちきって国内産業が発展，産業革命の気運が高まって，経済的な自立[3]がすすんだ。

❸外交の基本方針　第5代大統領モンロー（在職1817〜25）は，1823年いわゆる**モンロー主義**[4]を宣言した。これはアメリカ大陸とヨーロッパ諸国とのあいだの**相互不干渉**を中心としたもので，のち，西半球に対する合衆国の勢力拡大を正当化するためにも用いられて，約1世紀にわたりアメリカの外交政策の基本方針となった。

★1　アメリカ独立宣言の起草者である（⊂⟩p.275）。

参考　憲法制定のとき，連邦派と州権主義の州権派との対立があったことを想起しよう。

★2　1812〜14年。**米英戦争**とも，またイギリス＝アメリカ戦争（英米戦争）ともいう。

★3　この意味で，アメリカ＝イギリス戦争は，アメリカ合衆国にとって**第2次独立戦争**といわれる。

★4　ラテンアメリカ諸国の独立の際にだされた教書（⊂⟩p.296）。

2 西漸運動

❶大陸国家の形成　①ミシシッピ川の西に領土をひろげた後，②19世紀なかばにはテキサス[★5]とオレゴン[★6]を併合。③さらにメキシコと戦って，カリフォルニア・アリゾナ方面を獲得し[★7]，大西洋から太平洋にまたがる大陸国家を形成。

❷西漸運動(西部開拓)

1 **フロンティアの西進**　領土の拡大に伴い，**西部**の開拓が進展。アメリカ西部の開拓地と未開拓地との境界地域を**フロンティア(辺境)**という。西部の開拓がすすむにつれて，このフロンティアはしだいに西方へ移動した。とくに1848年カリフォルニアで金鉱が発見されると，いわゆる**ゴールドラッシュ**がおこり，西漸運動が急速に高まった。

補説　**西部の開拓**　東部社会に不満をもつ人々や，ヨーロッパからの移民によっておこなわれた。連邦政府は，拡大した領土を安価で払い下げる，居住地をうばわれて抵抗する先住民に対して「強制移住法」を制定するなど，入植を容易にする政策をとって，西部開拓を強力に援助した。

2 **西漸運動の意義**

①フロンティアがたえず西進をつづけたことは，アメリカ社会の固定化をふせぎ，資本主義の発展[★8]に役立った。

★5　1836年にメキシコの支配を脱し，1845年に合衆国に併合されるまで独立共和国であった。

★6　アメリカとカナダの国境紛争地。1846年，オレゴン協定により北緯49度を国境とした。

★7　アメリカ＝メキシコ戦争(米墨戦争，1846〜48)。領土買収問題などがこじれて開戦。

★8　西部は工業の有力市場であり，原料供給地であった。また，資本主義発展に不可避の景気変動による失業者を西部が吸収したため，資本主義の矛盾をやわらげ，順調な資本主義発展が可能となった。

\ TOPICS /

西部開拓と先住民

西部開拓は神から与えられた「**明白な天命**(Manifest Destiny)」だとする考え方が唱えられはじめたのは，テキサス併合をめぐるメキシコとの紛争のころである。テキサスやカリフォルニアの先住民を保留地に閉じこめる際にも，このことばが使われた。

ミシシッピ川以東の先住民たちは，「(先住民の)清掃と植民」政策にたいしてはげしく抵抗したが，大統領ジャクソンによって，ミシシッピ川以西の保留地に，強制的に移住させられた。保留地での生活は，先住民にとって，自尊心を根こそぎうばわれるようなものであった。しかし，アメリカ映画の「西部劇」は，こうした西部開拓を，1960年代まで，大自然をきりひらき，野蛮人とたたかう英雄の物語として描きつづけた。

地図中のラベル：
- イギリスから割譲1818
- イギリス領カナダ
- オレゴン 併合1846
- ルイジアナ フランスから買収1803
- カリフォルニア メキシコから割譲1848
- 建国当初の13州
- イギリスから割譲1783
- メキシコから買収1853
- テキサス 併合1845
- スペインから買収1819
- メキシコ
- フロリダ
- 0　1,000km

▲アメリカ合衆国の領土の拡大

②東部と違って植民地時代からの伝統がなく，平等な実力主義
社会であったから，ヨーロッパとは異なるアメリカ民主主義
を発展させた。

③西部開拓者たちのあいだには，勤勉・勇気・質実・独立心・
自由・創造といったフロンティア゠スピリット(開拓者精神)
が生まれ，いわゆるアメリカ人気質の形成に大きな意義を
もった。

❸ **民主主義の発展**　第7代大統領ジャクソン(在職1829〜37)
は，はじめて西部から当選。北部・東部の労働者や南部・西
部の小農の支持を背景に金権ブルジョワジーと対抗し，アメ
リカ民主主義を大きく前進させた。

❹ **西部開拓とアメリカ先住民**　ミシシッピ川以東の北アメリ
カ先住民(インディアン)を土地から追いだす「**清掃と植民
(クリアランス゠アンド゠プランテーション)**」政策がすすめ
られた。当然ながら，これに対する先住民の抵抗ははげしく，
合衆国政府ははじめ，先住民と条約を結んで，土地の譲渡
をうけるというたてまえをとった。

　各地ではげしい抵抗にあい，1830年には「**強制移住法(イ
ンディアン強制移住法)**」を定めて，先住民をミシシッピ川
以西の保留地へ**強制的**に移住させることが，ジャクソン大
統領によっておこなわれた。

❺ **先住民の封じ込め**　1840年代になると，白人の西部への進
出は，先住民の居住地への侵入をもまねいた。そして先住民
の抵抗をおさえるため，ミシシッピ川以西の保留地へ先住民
を封じこめる政策がとられた。先住民にとってそれは，「わ
が土地」を守るために合衆国政府と戦うか，土地を手ばなし
て政府指定の狭い不毛の保留地にはいるかの二者択一をせま
るものであった。はげしい戦闘がくりかえされたが，1890
年を最後に，先住民の組織的な戦いは終わりを告げた。また，
フロンティアもそのころに消滅した。

[**西漸運動**]

①大陸国家を形成し，フロンティアは西進

②資本主義の発展基盤

③フロンティア゠スピリットの形成

④ジャクソンが，西部出身者としてはじめて大統領となる

⑤アメリカ先住民への抑圧と封じ込め(1830年，強制移住法)

★9　ジャクソンは，大統
領選出の秘密制の廃止，公
務員制度の改善などによっ
て，大衆による政治を強化
し，連邦の擁護，金融的寡
頭支配(国立銀行)への反抗，
土地の低価格賦与，白人男
性の普通選挙などの諸改革
をおこない，その政治は，
ジャクソニアン゠デモクラ
シーとよばれた。

[参考]　成人男性5,000人
に達すれば準州とし，人口
6万をこえれば州に昇格す
るという規定があり，西部
開拓地も東部の属州となら
ず，平等にあつかわれた。

★10　しかし，各州政府や
開拓者は条約を無視し，先
住民の土地に侵入して，こ
れをうばった。

★11　1838〜39年のチェ
ロキー族の移動は「涙の旅
路」とよばれる。移住途上
での食料不足や病気などで
4,000人が命を落としたと
いわれ，アメリカ史上の悲
劇とされる。

★12　南北戦争後は平原部
にも開拓の手がのび，先住
民と合衆国陸軍とのあいだ
で戦闘がおこなわれた。

3

近代国民国家の発展

7 南北戦争と合衆国の再建

1 南北戦争

❶南北の対立

1 国内の分裂　西部の開発と資本主義の発達により，国内は①商工業者を中心とする**北部**，②奴隷を使用するプランテーション農園主を中心とする**南部**，③独立自営農民を中心とする**西部**，の3つにわかれるようになった。とくに北部と南部とは，貿易政策・奴隷制などでことごとく対立した。

▼北部と南部の産業・主張の相違

北部		南部
資本主義商工業	**中心産業**	綿花栽培の大農業
商工業を保護育成しイギリス工業に対抗するため，高関税の保護貿易を主張	**貿易政策**	綿花の大量輸出と工業製品の輸入のため，自由貿易を主張
自由労働者や進歩的市民階層が多く，自由労働を必要とし奴隷制に反対	**奴隷制**	大農場経営のために多くの奴隷を必要とし，奴隷制の存続を主張
連邦主義・共和党	**政体・政党**	反連邦主義・民主党

2 南北対立の表面化　北部と南部は，西部の新しい州をそれぞれの味方にしようとして対立した。ミズーリ州の連邦加入の際には両者の協定によって妥協がなったが，1854年にカンザス・ネブラスカ両准州の加入をめぐってふたたび対立した。

補説　カンザス・ネブラスカ法　1854年成立。カンザス・ネブラスカ地方を準州とする際，奴隷州か自由州かの決定を住民投票にゆだねることを定めたもの。これによりミズーリ協定は廃止され，奴隷州の拡大する可能性も大きくなり，南北対立がはげしくなった。

❷二大政党の成立

上記2準州をめぐる対立から，奴隷制反対を唱える共和党が成立（1854年）した。共和党は北部の自由州を地盤にし，南部に地盤をもつ民主党と対立。ここに，今日の共和党・民主党にいたる二大政党体制がはじまった。

南北の対立｜北部：保護貿易・奴隷制反対・共和党・連邦主義
　　　　　　｜南部：自由貿易・奴隷制支持・民主党・反連邦主義

★1　綿花栽培と奴隷制
独立戦争後は奴隷制廃止の気運があったが，18世紀末から南部で綿花の栽培がはじまり，南部の主要産業となると，多くの人手がいるため奴隷が必要になった。広大な土地を要する綿花栽培は南西部にひろがり，西部にも奴隷制を認めた**奴隷州**が生まれた。

参考　北部の奴隷廃止運動
ジョン＝ブラウンの奴隷廃止運動や，ストウの『アンクル＝トムの小屋』の出版など，人道的にも奴隷制の廃止がさけばれた。

★2　新設された州が，自由州になるか奴隷州になるかは，議員選出の際に南北の優劣を左右するので，人道的理由のほか，政治的にも重要な問題であった。

★3　ミズーリ協定　1820年，ミズーリ州の連邦加入の際，同州を奴隷州とするかわりに，ミズーリ南境線（北緯36度30分）以北の地は将来，自由州に編入することを定めた。

★4　ジャクソン時代の国民共和党は今日の**共和党**，民主共和党は**民主党**となる。

❸ 南北戦争

1 南部の分離　1860年，北部出身で熱心な連邦主義者である
リンカン★5(在職1861～65)が大統領に当選すると，民主党
の地盤である南部11州が分離，ジェファソン＝デヴィスを
大統領に，リッチモンドを首都としてアメリカ連合国(南部
連合)★6を設立。

2 南北戦争の経過　①1861年，南軍の武力攻撃から**南北戦
争**が勃発(ぼっぱつ)。②最初は南部が有利であったが，北部は人口と
経済力にまさり，グラント将軍指揮下に形勢を逆転。③リ
ンカンは，奴隷(どれい)解放宣言によって北部の結束を強め，また
内外世論の支持を集めた。④1863年7月のゲティスバーグ
の戦いで北軍の勝利が決定的となり，1865年リッチモンド
が陥落(かんらく)，南軍のリー将軍の降伏で，北部の勝利に終わった。

補説 奴隷解放宣言の意義　リンカン自身は，とくに急進的な奴隷解
放論者ではなかった。ただ奴隷制の拡大に反対していたのであり，
この宣言も北部急進論者の分裂をふせぎ，各国の同調を得て，戦争
を早期に終結させることを目的としていた。しかし，これにより北
軍の士気が高まり，イギリスでは，労働者が干渉反対の集会を開き，
南部を援助しようとする政府に圧力をかけた。

3 南北戦争の意義　南北戦争は北部の勝利により，つぎのよ
うな意義をもつ。①**自由主義の勝利**…奴隷制廃止論が勝ち，
南部の奴隷が解放された★7。②**国民主義(ナショナリズム)の
勝利**…南部の分離をさけることができた。③**産業革命の進
展**…保護関税主義が勝って国内産業の保護・育成がはから
れ，国内に統一的な大市場が形成された。

[南北戦争]
① リンカンの奴隷解放宣言(1863)　② 北部の勝利→奴隷の解放・合衆国の統
一・国内市場の形成・保護関税→産業革命の進展

2 合衆国の再建

❶南部の変化　南北戦争後，旧大農場主(プランター)は没落し，
プランテーションもくずれて，中小農民の勢力が成長した。
また北部資本による工業がおこった。

❷西部の発展　ホームステッド法★8による自作農の創設や，大
陸横断鉄道の開通(1869)によって西部の開発が急速に進展。
1890年ごろにはフロンティアが消滅した。

★5 1809～65年。ケン
タッキー州に生まれ，開拓
者としてイリ
ノイ州に移住。
合衆国第16
代大統領に当
選後，国家の
結束を目的に
南北戦争を遂
行。**奴隷解放の父**としてし
たわれたが，在任中に暗殺
された。ゲティスバーグの
演説での「人民の，人民に
よる，人民のための政治」
ということばは有名。

★6 アメリカ連邦ともよ
ばれる。奴隷制擁護の憲法
もつくられた。

★7 300～400万の奴隷
が解放されたが，土地は与
えられなかった。もとの農
場主のもとで，シェアク
ロッパー(分益小作人(ぶんえきこさくにん))とな
る者が多かった。かれらは
収穫の2分の1ほどを小作
料としておさめなければな
らず，その生活は貧しいま
まであった。

★8 1862年リンカンが
発布。ミシシッピ川以西に
自営農民を定着させること
を目的とした**自営農地法**。
公有地に移住して5年間定
住，開墾(かいこん)すれば，160エー
カーの土地が無償で与えら
れた。これによって西部入
植者が増大。

3 近代国民国家の発展

❸**工業国家の確立**　鉄道の発達や多くの発明・技術改善により，石炭・石油・鉄鋼などの工業も飛躍的に発展。**西部の開発**[★9]は国内市場の拡大と資源を提供。アメリカは農業国から工業国へと転換し，19世紀末にはイギリス・ドイツをぬいて，**世界最大の工業国**になった。

❹**労働組合の成立**　工業国への成長により，労働問題もおこり，各種の農業組合・労働組合が成立。1886年には**アメリカ労働総同盟**(**AFL**)[★10]が結成され，労働条件の向上がはかられた。

❺**新移民の流入**　南北戦争後，東欧・南欧・アジア系の**新移民**[★11]が流入。かれらは低賃金・不熟練労働者として工業発展・西部開拓の原動力になったが，種々の社会問題をまねいた。

❻**対外政策**　1853年にペリーが日本に来航し，翌年**日米和親条約**を結んだ。また1867年に，ロシアから**アラスカを買収**[★12]したほか，メキシコ内乱(1857〜67)に介入していたフランスのナポレオン3世の軍を撤退させた。[★13]

★9　1870年代末から大平原への進出がさかんとなり，農業技術の進歩や機械化によって，小麦の生産が急速に伸長した。

★10　初代会長は，アメリカ労働運動の父といわれるゴンパーズ。

★11　中国人・インド人を中心とするアジア系の移民はクーリーとよばれた。

★12　わずか720万ドルでの買収であった。

★13　ナポレオン3世のこの失敗は，やがてかれの没落をまねいた(⇨p.313)。

SECTION 8　19世紀の欧米文化

1　19世紀の欧米文学と芸術

❶**19世紀欧米文化**　18世紀は理性の世紀であったが，19世紀の欧米文化は，理性万能主義への批判からはじまった。

①**自由主義の発展**によって市民社会が確立し，真の意味での**市民文化**が生まれた。

②**国民意識の高まり**が，文化にも影響を与えた。

③19世紀前半は，歴史や民族の伝統を尊び，感情や個性を重んじる**ロマン主義**が支配的。19世紀後半は，市民社会の成熟を背景に，**写実主義・自然主義**のリアリズムの風潮が支配的。

④自然科学のいちじるしい進歩と産業経済の発展とによって，**物質文明が高度に発達**。

❷**文芸思潮の変遷と文学**

① **古典主義**　①18世紀末〜19世紀初はじめ，ドイツを中心におこる。②理性万能の合理主義のゆきすぎを反省し，理性のなかに情緒を求め，ギリシア文化の調和の世界を理想とした。③文学では**疾風怒濤**(**シュトゥルム＝ウント＝ドランク**)[★1]の運動から出発して，ゲーテやシラーが大成した。

★1　フランス的な啓蒙思想・合理主義に対してドイツでおこった文学革新運動。ゲーテやシラーが中心となり，人間の自由な感情や自然美などを重んじて文学に清新の気を入れようとした**ロマン主義の先駆**といえる。なお，ロマン主義の先駆はルソーなどにもみられる。

2 **ロマン主義**　①19世紀前半を支配した文芸思潮で，保守勢力の復活と国民主義運動の高揚を背景に発達。②理性万能の啓蒙思想や古典主義の形式的調和に反対し，**自由と個性**や**自然の感情を重んじ**，歴史や民族の伝統を尊んだ。

3 **写実主義(リアリズム)・自然主義**　①19世紀なかば，自然科学の発達と資本主義の矛盾の深刻化とを背景に，ロマン主義の非現実的傾向に対する反動からおこった。②ともに**人生や社会をありのままに描写**しようとする。③とくに**自然主義**では，現実を自然科学的態度で探究し，社会の矛盾や暗黒面に鋭い批判を加えようとした。

4 **世紀末**　19世紀末になると，旧来の社会や個人道徳に対する否定的傾向が，パリから世界にひろがっていった。文学では，自然主義に反対する傾向があらわれ，①美を芸術の唯一の目的，最高の価値とする**耽美主義**や，②いっさいの形式をすてて，ことばのもつイメージや音楽性を重視しようとする**象徴主義**などが生まれた。

▲19世紀の文芸思潮

補説　**19世紀末の文学傾向**　資本主義社会の矛盾や機械文明による人間性否定の社会的傾向が生まれ，それに伴って，文学にも合理的世界観への懐疑や極端な主観の重視，市民的俗物性への反逆，退廃的な世相の反映など，さまざまな傾向が生じた。

①耽美主義の代表的作家…イギリスのワイルド『サロメ』など。

②象徴主義の代表的作家…フランスのボードレール『悪の華』，マラルメ，ヴェルレーヌ『秋の歌』，ランボーや，ベルギーのメーテルリンク『青い鳥』など。

▼19世紀の欧米文学

国名	ロマン主義文学	写実主義・自然主義文学
ドイツ	ノヴァーリス『青い花』，シュレーゲル兄弟，ハイネ，グリム兄弟	ハウプトマン『日の出前』
フランス	スタール夫人『文学論』，シャトーブリアン『アタラ』『ルネ』，ジョルジュ=サンド，ミュッセ，メリメ『カルメン』，**ヴィクトル=ユゴー『レ=ミゼラブル』**	スタンダール『赤と黒』，バルザック『人間喜劇』，フロベール『ボヴァリー夫人』，ゾラ『居酒屋』，モーパッサン『女の一生』
イギリス	ワーズワース『叙情歌謡集』，バイロン『チャイルド=ハロールの遍歴』，スコット『湖上の美人』，コールリッジ，シェリー	ギッシング『下層社会』，ディケンズ『オリヴァー=トゥイスト』，サッカレー『虚栄の市』
ロシア	プーシキン『オネーギン』	ゴーゴリ『死せる魂』，トゥルゲーネフ『父と子』，ドストエフスキー『罪と罰』，チェーホフ『桜の園』，トルストイ『戦争と平和』
その他	エマーソン『自然論』，ホーソン『緋文字』，ホイットマン『草の葉』(以上アメリカ)，アンデルセン(デンマーク)	**イプセン『人形の家』**(ノルウェー)，ストリンドベリ『令嬢ジュリー』(スウェーデン)

❸美術と音楽

1. **絵画**　文学と同様に，19世紀はじめまでは**古典主義**★2がさかんで，やがて**ロマン主義**，それへの反動として**写実主義**がおこり，ついで印象派がおこった。フランスを中心に展開。

2. **ロマン主義**　古典的な美を模範とする古典主義の形式を打破し，自由奔放な感情の表現と色彩が特色。フランスの**ドラクロワ**「民衆を導く自由の女神」，スペインの**ゴヤ**らが代表者。

3. **写実主義・自然主義**　19世紀後半。自然や日常の平凡な生活を客観的に描く美術様式。フランスの**ミレー・クールベ・ドーミエ**★3らが代表者。彫刻では**ロダン**が有名。

4. **印象派**　19世紀末。自然の瞬間的印象を，色彩や光の観察を通じて描こうとする傾向。主観的印象を表現しようとするもので，フランスの**マネ・モネ・ルノワール・ドガ**らが代表者。

5. **ポスト印象派**　印象派から発展。フランスの**セザンヌ・ゴーガン・ロートレック**や，オランダの**ゴッホ**らが代表者。

6. **音楽**　ドイツを中心に発展。18世紀末〜19世紀はじめに，**ハイドン・モーツァルト・ベートーヴェン**がでて**古典派音楽**を完成。ついで**ロマン主義音楽**が全盛となり，多数の音楽家が輩出★4。世紀末には**ドビュッシー**（印象派，印象主義）があらわれ，旋律より音の効果を重視し，現代音楽への道をひらいた。

　[美術]　①フランスを中心に，古典主義→ロマン主義→写実主義→自然主義→印象派と展開

2　19世紀欧米の学問と科学技術

❶19世紀欧米の学問の特色　ロマン主義の高揚は，ドイツ観念論**哲学**を生み，また国民主義と結びついて歴史学の発達をみた。現実主義に即して，**実証主義・功利主義**の哲学と**唯物論哲学**が発達し，資本主義の発達は，その反発として**マルクス主義経済学**を生んだ。また，19世紀は「**科学の世紀**」といわれ，自然科学が進歩した。

❷哲学

1. **ドイツ観念論哲学**　人間精神の至高性に価値を認めた理想主義の哲学で，自由主義的な市民社会を形成するうえでの

★2　ナポレオン時代のダヴィドやアングルが代表。

★3　農民のはたらく姿を描いた作品で有名である。

参考　印象派とポスト印象派の絵画には，日本の浮世絵の影響もみられる。

★4　オーストリアのシューベルト，ドイツのメンデルスゾーン・シューマン・リスト（ハンガリー出身）・ブラームス・ワグナー，ポーランドのショパン，フランスのグノー・ビゼー，イタリアのロッシーニ，チェコのドヴォルザークなど。

参考　国民楽派　民族主義や国民主義の影響をうけた音楽家をさす。ロシアのムソルグスキーやチャイコフスキー，チェコのスメタナらが代表的である。

▲カント

国家の役割を強調した。①18世紀末に**カント**が基礎をうち^{★5}
たて，②**フィヒテ・シェリング**をへて，③**弁証法哲学**を唱^{★6}
える**ヘーゲル**が完成した。

② **唯物論哲学**　①ヘーゲル学派の**フォイエルバッハ**は，ヘー
ゲルの説に批判を加え，存在が認識を規定するという唯物
論を主張。②これを批判・継承した**マルクス**は，**弁証法的
唯物論**を唱え，歴史の発展法則を，弁証法的唯物論の立場
から解明する**史的唯物論(唯物史観)**の基礎をつくった。

③ **実証主義**　観察と実験によって実証された事実を基礎とし
て，社会にも科学同様の法則を求めた。フランスの**コント**
によって展開され，**社会学**が成立した。

④ **功利主義**　イギリスのブルジョワジーに支持された自由主
義思想の新しい理論。経験論の流れをくむ**ベンサム**が「**最**^{★7}
大多数の最大幸福」を主張して樹立。**ジョン＝ステュアー
ト＝ミル**や**スペンサー**にうけつがれた。

⑤ **その他の傾向**　**ショーペンハウエル**はヘーゲル哲学に反対
して，悲観的厭世哲学を展開，デンマークの**キェルケゴー
ル**は実存主義哲学の先駆となった。ドイツの**ニーチェ**は，
ショーペンハウエルの影響をうけ，ヨーロッパ文化の退廃
はキリスト教支配によるとした。

[哲学]　①ドイツ観念論哲学はヘーゲルが完成
②フランスではコントの実証主義　③イギリスではベンサムの功利主義

❸ **歴史学と社会科学**

① **歴史学の隆盛**　19世紀は「**歴史の世紀**」といわれるほど歴
史学が発達した。とくにドイツが歴史学研究の中心となり，^{★8}
ニーブールの後，**ランケ**によって，厳密な史料批判に基づ
く近代史学が確立された。

　補説　**歴史法学**　歴史は法学にもおよぶとする考え方。ドイツの**サヴィ
ニー**は，法は各民族に固有なもので，民族と歴史的運命をともにす
るとし，法の普遍性を説く自然法学者と対立した。

② **経済学の発達**　①古典派経済学…イギリスの**アダム＝スミ
ス**(⇨p.262)の確立した自由主義経済学は，**マルサス・リ
カード**によって継承されて古典派経済学として大成され，^{★9}
さらに**ジョン＝ステュアート＝ミル**にうけつがれた。
②歴史学派経済学…その国の歴史的発展の事情に応じた経
済政策が必要であるとするもので，後進的な資本主義国で

★5　啓蒙思想を継承しな
がらも理性の限界を指摘し，
『純粋理性批判』などで批
判哲学を樹立。イギリス経
験論と大陸合理論を統合し
た(⇨p.261)。

★6　弁証法というのは思
考論理の1つの方法で，す
べての事物は矛盾・対立に
よって変化し，それが統合
されて新しいものが生まれ
ていくとする考え方。ヘー
ゲルは，この弁証法に基づ
き，人間の歴史を自由な精
神の発展の歴史とした。

★7　人間の道徳的善の基
準は，理性や正義ではなく，
その人間にとってどれだけ
効用があるか(快楽への要
求をどれだけ満たすことが
できるか)という点にある
とする考え。したがって，
「最大多数の最大幸福」が
功利主義学説の標語となり，
現実主義的な面をもった。

★8　ロマン主義は中世へ
のあこがれをよび，国民主
義は民族の歴史的発展を考
えさせる傾向をうながした。

　参考　各国の歴史学　フラ
ンスにミシュレ，イギリス
にマコーリー・カーライル，
スイスに文化史で有名なブ
ルクハルトがでた。

★9　マルサスは『人口論』
で，貧困の原因を人口の増
大に求めた。リカードは労
働価値説を展開。著書に
『経済学および課税の原理』。

3
近代国民国家の発展

は，国内産業の保護・育成のために保護関税論が説かれた。ドイツの**リスト**[★10]が代表的。③**マルクス主義経済学**…マルクスは，史的唯物論に基づく資本主義の研究を『**資本論**』にまとめる。

★10 保護貿易主義を展開。ドイツ関税同盟の結成に努力した。

① 歴史学：ランケが近代史学を確立

② 経済学 ｛マルサス『人口論』，リカード『経済学および課税の原理』，リストの保護貿易，マルクス『資本論』

3 自然科学とその応用

❶ **自然科学の発達**　19世紀の欧米では，自然科学とその技術的応用がいちじるしく発達し，19世紀は「科学の世紀」といわれた。物理学では**マイヤー・ヘルムホルツのエネルギー保存の法則**の発見，**キュリー夫妻**のラジウムなど放射性元素の発見などが重要。生物学では，**ダーウィン**が，『**種の起源**』を発表して進化論を唱え，思想界にまで大きな影響を与えた。

❷ **技術の発達**　新しい動力源として石油や電気が普及しはじめた。**モース（モールス）**により電信機，**ベル**により電話機，**エディソン**により蓄音機・電灯・映画などが発明された。また，**ダイムラー**によるガソリン機関とガソリン自動車，**ノーベル**によるダイナマイトなど，重要な発明や技術の発達があいついだ。

❸ **地理上の探検**　科学技術の発達に伴い，19世紀のなかば以降，**リヴィングストン**（イギリス）・**スタンリー**（アメリカ）らのアフリカ探検や中央アジアの学術調査（スウェーデンの**ヘディン**が楼蘭の発掘，イギリスの**スタイン**が敦煌の調査）がおこなわれた。また，アメリカの**ピアリ**が北極点に，ノルウェーの**アムンゼン**が南極点に初到達（1909，1911）した。

▼19世紀の自然科学・技術のおもな発明・発見

部門	年代	人名	国籍	発明・発見事項
化学	1803年	ドルトン	イギリス	原子説
	1811年	アヴォガドロ	イタリア	分子説
	1830年前後	リービヒ	ドイツ	定量分析法
	1869年	メンデレエフ	ロシア	元素周期律表
物理学	1826年	オーム	ドイツ	オームの法則
	1833年	ファラデー	イギリス	電気分解の法則
	1842年	マイヤー	ドイツ	熱エネルギー保存の法則
	1847年	ヘルムホルツ	ドイツ	**エネルギー保存の法則**
	1861年	マックスウェル	イギリス	光の電磁波説
	1892年	ローレンツ	オランダ	電子論
	1895年	レントゲン	ドイツ	**X線の発見**
	1898年	キュリー夫妻	フランス・ポーランド	ラジウムの発見
生物学・医学	1831年	ブラウン	イギリス	細胞核の発見
	1858・59年	ダーウィン	イギリス	進化論，『種の起源』発表
	1865年	メンデル	オーストリア	遺伝の法則の発見
	1880年前後	パストゥール	フランス	各種予防法の発見
	1882・83年	コッホ	ドイツ	結核菌・コレラ菌の発見
技術的諸発明	1837年	モース（モールス）	アメリカ	電信機
	1867年	ノーベル	スウェーデン	ダイナマイト
	1876年	ベル	アメリカ	電話機
	1870〜90年代	エディソン	アメリカ	蓄音機・電灯・映画など
	1879年	ジーメンス	ドイツ	電車
	1883年	ダイムラー	ドイツ	ガソリン機関
	1895年	マルコーニ	イタリア	無線電信機

参考 医学分野ではパストゥールやコッホらによる細菌学の進歩が特筆される。

参考 科学技術の発達により，ロンドンに地下鉄が開通するなど**近代都市**が誕生した。また，**新聞**が普及したのもこのころである。

☑ 要点チェック

CHAPTER 3　近代国民国家の発展	答
☐ 1　19世紀における,オスマン帝国内の領土と民族問題をめぐるヨーロッパ列強の国際対立を何というか。	1　東方問題
☐ 2　1853〜56年にロシアとオスマン帝国とそれぞれの同盟国が,聖地管理問題をきっかけにして戦った戦争を何というか。	2　クリミア戦争
☐ 3　ロシア=トルコ戦争(露土戦争)後に結ばれた,セルビア・ルーマニア・モンテネグロの独立を承認した条約は何か。	3　サン=ステファノ条約
☐ 4　ロシアに上問の条約を破棄させ,結ばせた条約を何というか。	4　ベルリン条約
☐ 5　ニコライ1世の即位に際しておきた,青年将校の反乱を何というか。	5　デカブリストの反乱
☐ 6　上問2の戦争に敗れたロシアでは,近代化が急務とされた。1861年にだされた改革令と,実行した皇帝の名を答えよ。	6　農奴解放令,アレクサンドル2世
☐ 7　農民を啓蒙してツァーリズムを打倒し,社会変革をすすめようとしたロシアのインテリゲンツィアを何というか。	7　ナロードニキ
☐ 8　19世紀後半,「世界の工場」として世界をリードした「イギリスの平和(パクス=ブリタニカ)」時代の国王は誰か。	8　ヴィクトリア女王
☐ 9　19世紀後半のイギリスでは,二大政党が交互に政権を担当する議会政治が展開された。その二大政党と,それぞれの党首の名を答えよ。	9　自由党…グラッドストン,保守党…ディズレーリ
☐ 10　農民・労働者・ブルジョワジーの均衡のうえにたって,民主政をよそおったナポレオン3世の独裁政治の特徴を何というか。	10　ボナパルティズム
☐ 11　ナポレオン3世の対外政策のうち,アメリカ南北戦争に乗じて出兵したが,民衆の抵抗などにより失敗に終わったものは何か。	11　メキシコ遠征
☐ 12　1871年にパリで成立した,世界で最初の労働者による自治政府を何というか。	12　パリ=コミューン
☐ 13　1830年代に,イタリア統一運動の中心となった政党は何か。	13　青年イタリア
☐ 14　1848年以後,イタリア統一はサルデーニャ王国が主導した。1849年に即位したサルデーニャ国王は誰か。	14　ヴィットーリオ=エマヌエーレ2世
☐ 15　イタリア統一戦争において,シチリア・ナポリを占領し,サルデーニャ国王に献上した人物は誰か。	15　ガリバルディ
☐ 16　イタリア王国が成立したのは何年か。	16　1861年
☐ 17　ドイツ統一を推進したエルベ川以東の土地貴族層を何というか。	17　ユンカー
☐ 18　プロイセンが中心となって形成され,1834年に発足した,ドイツ諸邦の経済的同盟を何というか。	18　ドイツ関税同盟
☐ 19　小ドイツ主義とは,どの国を除いてドイツ統一をはかろうとする考え方か。	19　オーストリア
☐ 20　ドイツ=フランス(独仏)戦争の結果,ドイツが獲得したドイツ・フランスの国境地帯2州をあげよ。	20　アルザス,ロレーヌ

3　近代国民国家の発展

□ 21	ドイツ=フランス(独仏)戦争の末期に，ドイツ帝国が成立した。これは何年のことか。	21　1871年
□ 22	ドイツ統一のために鉄血政策を実行したプロイセン首相は誰か。	22　ビスマルク
□ 23	上問の人物は，ドイツ統一後は平和維持につとめたが，そのために国際外交の基本として，どのようなことを意図したか。	23　フランスの国際的孤立化
□ 24	上問の人物が，労働運動・社会運動などを弾圧するために定めた法律を何というか。	24　社会主義者鎮圧法
□ 25	プロイセン=オーストリア(普墺)戦争後，オーストリアが「妥協」と称して成立させた同君連合国家を何というか。	25　オーストリア=ハンガリー帝国
□ 26	アメリカ合衆国の西部開拓の進展に伴う，西部の開拓地域と，未開拓地域との境界線を何というか。	26　フロンティア(辺境)
□ 27	北東部の労働者や西部の小農民の支持を得てアメリカ合衆国の大統領に当選した，西部出身の人物は誰か。	27　ジャクソン
□ 28	1819年，アメリカ合衆国がスペインから買収した土地はどこか。	28　フロリダ
□ 29	西部への発展を推進した，「開拓は神から与えられた運命である」とする考え方を，日本語で何というか。	29　明白な天命
□ 30	綿花栽培の大農業による南部と資本主義商工業による北部とは貿易政策でも立場が異なっていた。それぞれの貿易政策を答えよ。	30　南部…自由貿易，北部…保護貿易
□ 31	『アンクル=トムの小屋』を著し，奴隷解放を訴えた女性作家は誰か。	31　ストウ
□ 32	南北戦争中に，奴隷解放宣言やゲティスバークの演説をおこなったアメリカ大統領は誰か。	32　リンカン
□ 33	自作農の創設をすすめて，西部開拓を推進した自営農地法を何というか。	33　ホームステッド法
□ 34	19世紀後半に完成し，アメリカ東部と太平洋を結びつけた交通機関を何というか。	34　大陸横断鉄道
□ 35	19世紀前半の文芸思潮で，理性万能に反対して，人間の個性や感情を重んじ，歴史や伝統を尊重した風潮を何というか。	35　ロマン主義
□ 36	ナポレオン戦争期のロシアを題材にした『戦争と平和』の作者は誰か。	36　トルストイ
□ 37	フランス七月革命を題材とした「民衆を導く自由の女神」を描いたフランスの画家は誰か。	37　ドラクロワ
□ 38	マネ・モネ・ルノワールらの画派の呼称を何というか。	38　印象派
□ 39	『種の起源』を著し，生物の進化論を唱えたイギリスの生物学者は誰か。	39　ダーウィン
□ 40	マルコーニが，1895年に発明したものは何か。	40　無線電信機
□ 41	ダイナマイトを発明したスウェーデンの化学技術者は誰か。	41　ノーベル
□ 42	蓄音機・白熱電灯など多くの発明をおこない，「発明王」とよばれたアメリカの発明家は誰か。	42　エディソン
□ 43	1909年に北極点にはじめて到達したアメリカの探検家は誰か。	43　ピアリ

4 » アジア諸国の動揺

時代の俯瞰図

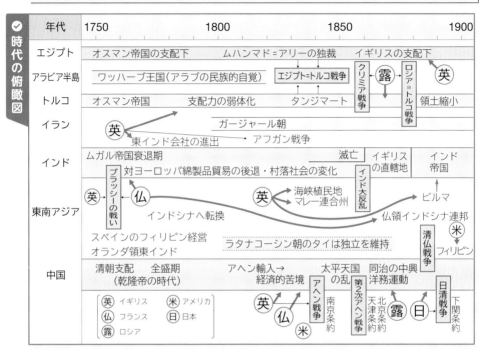

年代	1750	1800	1850	1900
エジプト	オスマン帝国の支配下	ムハンマド゠アリーの独裁	イギリスの支配下	
アラビア半島	ワッハーブ王国(アラブの民族的自覚)	エジプト゠トルコ戦争	クリミア戦争 露 ロシア゠トルコ戦争	英
トルコ	オスマン帝国 支配力の弱体化	タンジマート		領土縮小
イラン	英 ガージャール朝			
	東インド会社の進出 → アフガン戦争			
インド	ムガル帝国衰退期	対ヨーロッパ綿製品貿易の後退・村落社会の変化	滅亡 イギリスの直轄地 インド大反乱	インド帝国
	プラッシーの戦い 英 仏	インドシナへ転換	英 海峡植民地 マレー連合州	ビルマ 仏領インドシナ連邦 米
東南アジア	スペインのフィリピン経営 オランダ領東インド	ラタナコーシン朝のタイは独立を維持	清仏戦争	フィリピン
中国	清朝支配 全盛期 (乾隆帝の時代)	アヘン輸入→ 経済的苦境 アヘン戦争 南京条約	太平天国 の乱 同治の中興 洋務運動 第2次アヘン戦争 天津条約 北京条約 露 日	日清戦争 下関条約

英 イギリス	米 アメリカ
仏 フランス	日 日本
露 ロシア	

SECTION 1 オスマン帝国の衰退とアラブ地域の動き

1 オスマン帝国の衰退

❶**オスマン帝国の動揺**　バルカン半島・小アジアからエジプトにかけての東地中海周辺は，16世紀いらい**オスマン帝国**の支配下にあった。しかし，19世紀にはいると，その支配下の諸民族の抵抗が活発となり，帝国の衰退をうながした。[★1]

❷**内政改革の動き**　国内の動揺に対応して，1839年からアブデュルメジト1世(在位1839〜61)を中心に内政のあらゆる方面での西欧化改革である**タンジマート**(恩恵改革)が本格化した。[★2]

❸**ミドハト憲法**　1876年に，大宰相ミドハト゠パシャのもとで**近代的憲法**[★3]が発布された。しかしアブデュルハミト2世(在位1876〜1909)は，翌年ロシア゠トルコ戦争を口実に停

★1　1683年の**第2次ウィーン包囲**の失敗は，オスマン帝国が領土の拡大から縮小へと転じる契機となった(⇨p.217)。

★2　保守勢力の反対や，ロシア・オーストリアの干渉で，成果は少なかった。

★3　国会開設，責任内閣制，言論の自由などが認められた。ミドハト゠パシャの名をとって，**ミドハト憲法**という。

止した。この戦争に敗北したオスマン帝国は，領土をけずら
れた。

2 アラブ地域の動き

❶エジプトの動向

1 **ムハンマド＝アリーの政治**　1805年，国際情勢の混乱に乗[★4]
じて，ムハンマド＝アリー[★5]がエジプトの総督(パシャ)に就
任した。①国内の**マムルーク**を一掃して，その土地を没収。[★6]
②フランスの援助で一連の西欧化政策をとり，政治的・経
済的自立をめざした。③対外的には，アラビア半島・スー
ダンの征服など，大帝国の建設をめざした。

2 **エジプト＝トルコ戦争**　①1831年と1839年に，ムハンマ
ド＝アリーはオスマン帝国と戦った(**第1次・第2次エジプ**[★7]
ト＝トルコ戦争)。②イギリス・フランス・ロシアが戦争に
介入したため，一度は勝利したが，最後はエジプトが敗れ
た。③その結果，アリーはエジプト総督の世襲権を得たが，
シリアの領有を放棄し，**事実上イギリスの支配下にはいった。**

❷アフリカの動向

1 **アルジェリア**　オスマン帝国領であったアルジェリアも
1830年にフランスが侵略をはじめた。**アブドゥル＝カー
ディル**率いる民衆の抵抗がつづいたが，1847年に占領され
た。

2 **アシャンティ王国**[★8]　奴隷貿易や金の産出で栄えた。列強の
侵略に抵抗をしたが，1902年イギリスの保護領とされた。

❸西アジア諸国の動向

1 **アラビア半島**　18世紀なかば，イスラーム教の改革を唱え
る**ワッハーブ派**がおこり，豪族のサウード家と結んでワッ
ハーブ王国(**サウード王国**)を建設した。この王朝は，反オ[★9]
スマン的で，アラブ民衆にうけいれられ，民族的な自覚を
うながす契機となった。

2 **オマーン**　アラビア半島東部では，17世紀にオマーン王が
ポルトガル勢力をしりぞけ，19世紀はじめ王国をきずいた。

3 **シリア**　19世紀なかばに，キリスト教徒の知識人を中心に
文芸復興運動がおこった。

★4　ナポレオン軍のエジ
プト占領(⇨ p.287)，それ
に対するイギリス・オスマ
ン帝国連合軍の反撃など。

★5　英語読み⇨メフメト
＝アリー。マケドニア生ま
れのアルバニア人で，もと
オスマン帝国軍の傭兵隊長。
ムハンマド＝アリー朝は，
1952年の革命まで，11代
にわたってエジプトを支配。

★6　マムルーク朝時代に
支配階層をなしたマムルー
ク軍人は，エジプトがオス
マン帝国に支配されるよう
になってからも，農村に広
大な領地をもっていた。帝
国は，マムルーク領主を通
じてエジプト農村を支配し
ていたのである。

★7　ギリシア独立戦争で
エジプトはオスマン帝国を
支援し，その代償としてク
レタ島・キプロス島を得た
が，アリーはこれを不満と
してシリアも要求した。

★8　現在のガーナの領域
にあった黒人王国。

★9　1818年に，ムハンマ
ド＝アリーに一時滅ぼされ，
23年に復活したが19世紀
末に滅亡。20世紀に，サ
ウード家の支配が復活した
(現在の**サウジアラビア王
国**)。

4 イラン　18世紀末にガージャール朝が成立。19世紀には
いってロシアの進出をうけ、1828年のトルコマンチャーイ
条約でロシアに**東アルメニア**を割譲し、治外法権を認めさ
せられた。これ以後、列強のイランへの進出がはげしく
なった。

5 アフガニスタン　まずロシアが進出。19世紀後半に中央ア
ジアの**ヒヴァ・ブハラ・コーカンド**の3ハン国を支配下に
いれた。ロシアの南下を警戒するイギリスがこれに対抗し、
アフガニスタン王国と戦って(アフガン戦争、第1次1838
〜42年、第2次1878〜80年)、これを保護国とした。

[アラブ地域の動き]
① オスマン帝国の改革：タンジマート、ミドハト憲法
② エジプトの西欧化政策→オスマン帝国との戦争→イギリスの支配
③ アラビア半島でワッハーブ王国の建国

SECTION 2 インドの植民地化

1 イギリス東インド会社の活動

❶ **インド経営の開始**　①1600年にイギリスが東インド会社を
設立。②1612年にはインド西海岸のスーラトに最初の商館
を建設。③1623年の**アンボイナ事件**(⤴p.257)で香料諸島
への進出をはばまれたのちは、**インド貿易に専心**するように
なった。

❷ **フランス勢力の排除**　東インド会社はムガル帝国の衰退に
乗じて進出した。1757年には**プラッシーの戦い**でベンガル
の地方勢力とフランスの連合軍を破り、インド東部の支配権
を獲得。フランス勢力を排除して**インド支配の基礎を固めた**。

[補説] **プラッシーの戦い**　北アメリカにおける**フレンチ=インディアン
戦争**とともに、イギリス・フランスの植民地争奪戦におけるイギリ
スの勝利を決定づけた(⤴p.258)。

❸ **植民地支配の開始**　プラッシーの戦いでベンガル地方に勢
力を確立した東インド会社は、**クライヴ**を初代ベンガル知事
に任命。ムガル皇帝には年金を与える約束で、ベンガル地方
などの**徴税権**(ディーワーニー)を獲得した。ここにイギリス
によるインドの植民地化がはじまった。

★10 カスピ海と黒海のあ
いだにひろがる高原地帯。

[参考] **バーブ教徒の乱**
1848〜50年。イランでお
こった、没落農民を中心に
外国勢力と封建支配に反対
する反乱。従来のシーア派
の改革派であるバーブ教徒
が多かったので、この名が
ある。

4
アジア諸国の動揺

★1　16世紀後半のアクバ
ル帝の時代から、約150
年間が全盛期であった。し
かし、17世紀後半のアウ
ラングゼーブ帝のイスラー
ム的政策をきっかけに、有
力な官僚が地方勢力として
自立へと動きはじめ、その
没後、帝国は急速に解体し
ていった(⤴p.217〜218)。

★2　東インド会社書記の
クライヴが活躍。フランス
の支援を得たベンガル太守
の軍を破った。

★3　1773年にベンガル
知事は総督に昇格。初代ベ
ンガル総督にヘースティン
グズが任命された。

❹**支配地域の拡大**　イギリスのインド侵略に反対し，同時にこれを容認し年金受給者になりさがったムガル皇帝に反抗する勢力ものびてきた。しかしイギリスは，インドの地方政権と結び，①**マイソール戦争**で南インド一帯を，②**マラーター戦争**で中部インドを，③**シク戦争**でパンジャーブ地方を，それぞれ獲得。④この間，各地の地方勢力をたくみにあやつり，**藩王国**としてこれを保護下においた。こうしてイギリスは，19世紀なかばまでに，インドの大部分を支配下にいれた。

補説　①マイソール戦争…1767〜99年，4次にわたる。南インドのヒンドゥー教(一時，イスラーム教)国のマイソール王国の抵抗を排除。

　②マラーター戦争…1775〜1818年，3次にわたる。ヒンドゥー教徒の諸侯からなるマラーター同盟を撃破した。

　③シク戦争…1845〜49年，2次にわたる。西北インドのシク王国(シク教徒)の抵抗を排除し，パンジャーブ地方を併合した。

❺**東インド会社の変質**　①東インド会社が徴税権などを得て，インド経営に乗りだすと，イギリス議会はこれを本国政府の監督下においた。②さらに1813年に東インド会社の貿易独占権は**中国貿易と茶の取引のみに限定**され，③1833年には**インドでの商業活動が停止**された。これ以降，東インド会社は，**イギリスのインド支配を代行する統治機関**として存続した。

★4　インド各地の地方政権で，当時，大小あわせて500以上もあった。イギリスは，これら藩王国に総督の監督下で一応の自治権を認めながらも，相互の分裂・対立を利用しながら支配をかためていった。

注意　東インド会社の業務制限は，産業革命によるイギリス自由主義経済政策の一環としておこなわれたことに注意する。

★5　1773年以降，インド統治法が次つぎと制定。

★6　1833年には，茶の取引と中国貿易の独占権の廃止が決定され，翌年実施された。これにより，東インド会社は貿易機関としての役割を完全に終え，インドの統治機関となった。

\ TOPICS /

欧米列強の進出とアジアの民族主義

　近世いらいおこなわれてきたヨーロッパ諸国のアジア進出は，19世紀になって新しい段階をむかえた。従来のヨーロッパ人の商業活動は，アジアの特産物をもち帰る片貿易にとどまり，植民地経営も海港の商館を中心としたものにすぎなかった。しかし，19世紀になって産業革命が進展すると，アジアの各地を，本国への農作物などの一次産品の供給地・本国からの工業製品の輸出先として，内陸部をふくむ**領土支配**のかたちをとるようになった。そのため，アジア諸国の伝統的な社会構造は大きくくずれ，武力によって不平等な経済関係を強要されたり，主権を失って植民地に編入されたりするなど，政治体制にも大きな変化がみられるようになった。

　このように，19世紀以降，アジア諸民族はヨーロッパ諸国に政治的・経済的に従属させられていくが，この困難な条件のもとでアジア諸民族に**民族主義**が芽ばえ，搾取と圧迫からの自由を求めて，反植民地・反帝国主義の運動が拡大していった。

◀**ムンバイ(旧ボンベイ)のイギリス風の街並み**

2 インド社会と大反乱

❶インド社会の激変

1 **産業構造の変化**　イギリスの植民地政策によって，インドはイギリスの原料供給地・商品市場となった。その結果として，①インドの綿工業は破壊され，②輸出用作物の栽培★7がさかんになって，**商品経済が発展**した。

補説　**インドの綿工業**　東インド会社は，農民から徴収した地租の一部をインドの織工に前貸しして，強制的に製品をおさめさせ，それを本国に輸出していたが，産業革命後，イギリスはインド製品に高関税をかけて輸入を阻害し，逆に，機械によって大量に安く生産された綿製品をインドに輸出した。このため，インドはヨーロッパとの貿易関係において，綿製品の輸出国から輸入国に転じた。

2 **農村社会の変化**　近代的な徴税制度の採用により，耕作者や洗濯人，大工など，さまざまな仕事をする人が，それぞれの地域社会の総生産物の一定割合を現物で得る権利をもつという，伝統的なインドの村落社会がくずれた。

補説　**イギリスによる徴税制度**　イギリスは，それまで不明確であった土地所有者を明らかにし，かれらに納税（地租）の義務を負わせた。ベンガル管区では**ザミンダール（地主）**に，南インドでは**ライヤット（耕作者）**に所有権を認め，徴税の対象とした。この徴税制度を，それぞれ**ザミンダーリー制**，**ライヤットワーリー制**という。

❷インド大反乱　1857年，東インド会社のインド人傭兵★8（シパーヒー）が，弾薬包事件をきっかけにシパーヒーの反乱を

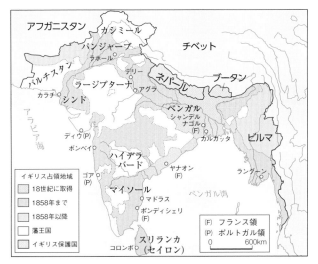

▲イギリスによるインドの植民地化

★7　綿花・アヘン・藍・黄麻（ジュート）など。

▼イギリスのインド侵略年表

年	できごと
1600	東インド会社設立
1639	マドラス獲得
1757	プラッシーの戦い
1758	クライヴが初代ベンガル知事に就任
1765	ベンガル地方の徴税権獲得
1767	第1次マイソール戦争（〜69），第2次（80〜84），第3次（90〜92），第4次（1799）⇒南インドを支配
1773	ヘースティングズが初代ベンガル総督に就任
1775	第1次マラーター戦争（〜82），第2次（1803〜05），第3次（1817〜18）⇒中部インドを支配
1815	スリランカ獲得
1824	第1次ビルマ戦争（〜26），第2次（52〜53），第3次（85〜86）
1843	シンド地方併合
1845	第1次シク戦争（〜46），第2次（48〜49）⇒パンジャーブ地方併合
1857	インド大反乱（〜59）
1858	ムガル帝国滅亡。イギリス本国政府の直轄化
1877	インド帝国成立
1886	インド帝国にビルマ編入

4
アジア諸国の動揺

おこした。反乱は全国にひろがり，農民・地主・手工業者の
ほか一部の王侯も加わって，一時はムガル皇帝を擁立して帝
国の復興を宣言したが，1859年には完全に鎮圧された。

補説 **弾薬包事件** シパーヒーが，その待遇への不満を爆発させた事件。
弾薬包を歯でかみきって装填する新式銃の弾薬包に，牛や豚の脂が
ぬられているという噂が流れたことを発端とする。牛を神聖視する
ヒンドゥー教徒にとっても，豚を不浄視するイスラーム教徒にとっ
ても，これを口にすることはタブーをおかすことであった。

① **反乱の意義** ひろい地域にわたって各層の人々が多数参加
した反乱であり，インドにおける**最初の民族運動**であった。

② **反乱の結果** ①ムガル帝国の滅亡…1858年，イギリスは，
反乱に加担したという理由で，名目的に残っていたムガル
皇帝を廃した。②**東インド会社の解散**…同時に，反乱の責
任は東インド会社の失政にあるとしてこれを解散。インド
を，間接統治から**本国政府の直接統治**とした。

❸ **インド帝国の成立** 1877年，ヴィクトリア女王がインド皇
帝を兼ね，イギリス直轄領と藩王国とからなるインド帝国が
成立。**イギリスによるインドの植民地化が完成**した。

補説 **植民地支配とカースト制度** イギリスは，インド社会のカースト制度を強化して，民衆の支配
に利用した。ヒンドゥー教徒には『マヌ法典』などの古典法を適用すると定めたため，インドの人々
にとっては，各ジャーティーがどのヴァルナに所属するかが重大な問題となった。さらに，19世紀
末に本格化した国勢調査などによって，カーストは定義・分類・規格化され，全インドに浸透させら
れた。インド古来の悪しき伝統とみられることの多いカースト制度だが，むしろ，植民地支配によっ
て，差別が定着し，深刻化していったという側面が強いといえる。

★8 シパーヒーとは，ペ
ルシア語で「兵士」を意味す
ることば。セポイともいう。

★9 このため反乱には統
一性がなく，旧支配層によ
る旧体制復帰のための戦い
という性格もみられた。

参考 **植民地支配と「近代
化」** イギリスは，インド
を支配するために，交通
網・通信網・灌漑施設など
の整備や，イギリス的な教
育・司法制度の導入などを
おこなった。このような事
実から，植民地政策がイン
ドを近代化させたという考
え方もあるが，ヨーロッパ
型の近代化を絶対視し，植
民地支配を正当化する見解
は，今日，適切とはいいが
たいであろう。

[**イギリスのインド支配**]
① イギリスがプラッシーの戦いでフランスに勝利→インド支配の基礎
② マイソール戦争・マラーター戦争・シク戦争→植民地化の進展
③ 綿工業のヨーロッパへの従属→商品経済の浸透
④ インド大反乱→ムガル帝国滅亡→英領インド帝国成立(1877)

SECTION 3 東南アジアの植民地化

1 オランダ領東インド

❶ **オランダ東インド会社の活動** ジャワ島のバタヴィアを根
拠地に東南アジアの島嶼部に進出。**ヨーロッパ向けの香辛
料貿易を独占**した（⤴p.257）。

★1 オランダ東インド会
社は1602年に設立された。

❷ジャワ島の植民地化　商品作物の栽培・供出を土着民に強制する必要から，17世紀末に東インド会社はジャワ島の経営に着手。18世紀末以後，本国政府が直接統治にあたり，★2 1830年から強制栽培制度を実施して利益をあげた。★3

補説 フィリピン　スペインが進出し，カトリックへの強制改宗政策などをおこなった。自由貿易の要求が高まった19世紀前半には，マニラを開港し，従来のメキシコ銀や中国の生糸などをあつかう中継貿易に加えて，砂糖・タバコなどの輸出港となった。このため，ルソン島を中心に，これらの栽培が急増した。1898年以降は，アメリカの領有。

❸オランダ領東インドの成立　19世紀なかばにスマトラ島・ボルネオ島を領有，20世紀はじめにセレベス島を支配。周辺の島々をあわせて，オランダ領東インドを形成した。

❹日本との貿易　鎖国時代の日本と貿易したのはヨーロッパではオランダだけで，日本の西洋への窓口となった。

② イギリスの進出

❶ビルマ（ミャンマー）　フランスのインドシナ進出に対抗して進出。3次にわたるビルマ戦争（イギリス=ビルマ戦争，1824～86）でコンバウン朝（アラウンパヤー朝）を倒し，インド帝国に併合。

❷マレー半島　18世紀末より進出。

１ 海峡植民地　ペナン・シンガポール・マラッカを直轄地。

２ マレー連合州　1895年，マレー半島の諸王国を保護国化して形成（他に，個別に保護国化した「非連合州」もある）。★4

補説 海峡植民地の形成　①1786年ペナンを買収。②1819年，東インド会社のラッフルズが，ジョホール（マレー半島南端のイスラーム王国）の王から買収し，シンガポールを建設。③1824年オランダからマラッカを買収。④1867年，これら3港市をあわせてイギリス本国の直轄による海峡植民地とした。

③ フランス領インドシナ連邦

❶阮朝の成立　ベトナム（ヴェトナム）の西山政権（⇨p.211）はフランス人宣教師ピニョーの援助をうけた阮福暎（嘉隆帝，在位1802～20）によって倒され，阮朝（1802～1945）がベトナムを統一，ユエ（順化）（フエ）を都とした。阮福暎は清朝より越南国王に封ぜられた。★5

❷フランスの進出　フランスのナポレオン3世は，阮朝がカトリック教徒を迫害したことを口実に，ベトナムに出兵（仏越戦争）★5，1862年サイゴン条約でコーチシナ東部をうばい，★6

★2 オランダ東インド会社は，18世紀なかごろジャワのマタラム王国を解体したが，イギリスの進出にあって経営困難となり，1799年に解散。

★3 総督ファン=デン=ボスが導入。コーヒー・サトウキビなどの輸出用作物を強制的に栽培させた。

参考 ジャワ島は，ナポレオン戦争中に一時イギリス領となるが，オランダは支配権を回復後，きびしい統治をおこなった。

★4 この呼称は慣用的なものであるが，正確には，「連合マレー諸州」と訳すのがふさわしい。

参考 オセアニアへの進出　オーストラリアは1770年クックの到達後イギリス領となり，流刑地とされていたが，金鉱が発見されて移住者が急増。ニュージーランドは1840年にイギリス領となった。イギリスは他に，ボルネオ島北部やニューギニアの一部も領有。

★5 初代皇帝となった阮福暎は，フランスに好意的であったが，つぎの皇帝以後，阮朝はフランスの進出を好まず，フランス人やキリスト教徒を迫害した。

★6 コーチシナとはベトナム南部の地域。

4　アジア諸国の動揺

翌年カンボジアを保護国とした。つづいて**コーチシナ西部**をうばってコーチシナ全体を植民地とし、さらに2度ベトナム北部に出兵、1883年**フエ(ユエ)条約**でベトナムを保護国化。^{★7}

❸**清仏戦争**　1884～85年。フランスは、ベトナムの宗主権を主張した清と戦って、これを破り、1885年、**天津条約**でベトナムに対するフランスの保護権を清に認めさせた。

▲列強のアジア侵略

(B) イギリス領
(F) フランス領
(S) スペイン領
(U) アメリカ領
(P) ポルトガル領
(J) 日 本 領

0　2,000km

⟵　イギリス進出方向　　⟸　ロシア進出方向　　⟵　日 本 進 出 方 向
⟸　フランス進出方向　　⟸　ドイツ進出方向　　⟵　アメリカ進出方向

❹**フランス領インドシナ連邦**

ベトナムとカンボジアをあわせて1887年に成立させた。^{★8}ついで、1899年、**ラオス**を保護国として、これに加えた。

❺**タイの動向**　欧米諸国と不平等条約を結んで開国したが、行政・司法組織を改革するなど、近代化をすすめ、柔軟な外交政策と**英仏の緩衝地帯として独立を維持**した。^{★9}

★7　劉永福が黒旗軍を組織し、フランスに抵抗した。

★8　総督府はハノイ。

★9　当時、タイには現在までつづく**ラタナコーシン朝(チャクリ朝)**が成立していた。

\ TOPICS /

独立を守ったタイ

　東南アジア大陸部の国々は、ヨーロッパ諸国による領土獲得と自由貿易を求める動きの前に、次つぎと屈服していった。そのなかで、唯一タイのみが、植民地化の圧力を回避して、独立を保った。

▲チュラロンコン

　1855年、国王ラーマ4世が、イギリスとのあいだに**ボウリング条約**(日米修好通商条約など、以後のアジアに対する条約のモデルとなった不平等条約)を結び、西欧諸国に対する開放政策に転じた。以後の歴代国王は、勢力圏の一部を譲ることも辞さない柔軟な外交政策をとり、英仏の緩衝地帯としてタイの独立を守った。

　ラーマ4世の次の国王**チュラロンコン(ラーマ5世)**は、外国人をまねいて行政・司法組織を改革し、軍隊や教育の近代化、国民意識の振興、非自由民の解放、経済力をもつ華僑の同化といった政策を推進した。こうした一連の改革は「上からの近代化」の一典型であり、独立を守ると同時に、列強の力を利用して、王権の強化にも成功したといえる。

SECTION
④ 清朝の衰退とアヘン戦争

1 アヘン戦争

❶清朝支配の動揺

1 **白蓮教徒の乱**　18世紀の末，宗教的秘密結社の白蓮教と農民とが結びついておこった反乱。当時の中国は，政治の腐敗や社会不安の増大から各地に反乱がおこったが，この乱★1はその最大のものとなり，1796年から1804年まで，湖北・河南・陝西・四川の各省にひろがって，清朝は鎮圧に苦しんだ。

補説　**白蓮教**　中国の代表的な宗教的秘密結社で，弥勒菩薩が人間として地上にあらわれ，乱世をおさめ民衆を救済するとする弥勒下生信仰を奉ずる結社。のちの義和団も白蓮教と関係がある。

2 **清朝の貿易の特色**　①ヨーロッパとの海上貿易は広州一港に限り，②取引は行商とよばれる特許商人団体に，貿易の独占権を認めていた（⇨p.209）。

補説　**中華思想と朝貢貿易**　中国では，古くからの中華思想によって，中国が世界の中心であり，つねに第一等国であると考えられていた。したがって，中国は国土がひろく物資も豊富であるが，他国は国土がせまく物資も少なく，文明もおくれており，諸外国が中国と貿易をしたがるのもそのためであると認識していた。

❷イギリスの中国貿易

1 **対中国貿易の積極化**　イギリスは17世紀末から中国貿易に積極的となり，東インド会社にその貿易を独占させていた。

2 **イギリスとの貿易**　①イギリスは中国から絹・茶・陶磁器などを輸入し，その輸入量は年々増加したが，中国への輸出は少なく★2，代価として多額の銀が中国に流出した。②18世紀になるとヨーロッパで茶の需要が急速にのびたため，イギリスの対中国貿易はいちじるしい輸入超過となった。

3 **イギリスの三角貿易**　銀の流出に対処するため，イギリスはインド産の**アヘン**★3を中国に輸出するようになった。**イギリス本国の綿製品などをインドへ，インドのアヘンを中国へ，中国の茶などを本国へ**という，三角貿易の体制が成立した。

★1　乾隆帝の治世も後半になると，官僚が重税を課して私腹をこやすなど，政治の腐敗がひどくなった。また，過剰人口と乱開発が社会不安をまねいた。

参考　マカートニーは乾隆帝に謁見する際，三跪九叩頭（3回ひざまずき，その都度地に着くまで3回ずつ頭をさげる）の礼を求められた。ヨーロッパ人にとっては屈辱的であり，イギリス国王への礼式での代用を認められたが，貿易拡大の交渉は失敗に終わった。

★2　イギリスは，毛織物やインド産の綿花を中国へ輸出したが，その量はわずかであった。

★3　ケシの実からでる液体をかためた麻薬。医療用に用いられるが，常用すると中毒状態となり，その弊害は大きい。

4
アジア諸国の動揺

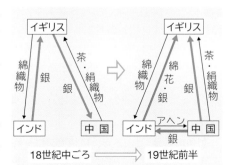

18世紀中ごろ ⟹ 19世紀前半

▲イギリスの三角貿易

4 **貿易に対する不満**　イギリスは中国貿易拡大のために自由
貿易を望み，1793年(出発は前年)にマカートニー，1816
年にアマースト★4を派遣して交渉にあたらせたが，失敗した。

❸アヘン戦争

1 **アヘン輸入の害毒**　中国ではアヘン吸飲の風潮が急速にひ
ろまり，1830年代にはアヘンの密輸入が激増。その結果，
中国社会では次のような問題が深刻化した。

　①中国の輸入超過となって大量の**銀**が流出，中国の国内経
済は不況におちいり，農民は困窮した。★5

　②アヘンには強い依存性があるため，中国各地で中毒者が
激増した。

2 **戦争の直接的原因**　清朝は早くからアヘン輸入を禁じてい
たが，かえって**アヘンの密貿易**がさかんになったため，
1839年，**林則徐**を広州に派遣。林則徐は，禁輸に応じない
イギリス商人のアヘンを没収して廃棄処分にした。これに
対しイギリスは，武力をもって貿易問題を解決しようとし，
本国から艦隊を送り，**アヘン戦争**(1840〜42)となった。

3 **戦争の結果**　近代兵器をもつイギリス軍が勝利し，1842年
南京条約が結ばれた。

4 **南京条約の内容**　清朝はイギリスに対し，①**香港島の割譲**，
②**広州・厦門・福州・寧波・上海の5港の開港**，③**行商の
廃止**，④**賠償金の支払い**，などを認めた。★6

補説　**最恵国待遇**　条約締結国の一方が，将来別の国に何らかの特権を
与えた場合，自動的に，元の締結国に対しても同様の特権を認める
というとりきめ。清は，虎門寨追加条約ではじめてイギリスに認め
たが，イギリスは同様の義務を負わなかった(片務的最恵国待遇)。

2 第2次アヘン戦争

❶**第2次アヘン戦争の背景**　南京条約が成立したのちも，列
強の中国貿易はそれほど拡大せず，清朝も南京条約の実行に
は熱心ではなかった。★7列強は，まもなくおこった太平天国
の乱に乗じて，ふたたび武力でさらに有利な条件を獲得しよう
とした。

❷**第2次アヘン戦争**

1 **戦争の勃発**　1856年，広州で**アロー号事件**がおこると，イ
ギリスはこれを口実に，フランス★8と連合して清を攻撃。こ
れを**第2次アヘン戦争**(アロー戦争，1856〜60)という。

★4　三跪九叩頭の礼を拒
否したため，嘉慶帝に謁見
できず，そのまま帰国した。

★5　中国の農民は，日常
的には銅銭を使用していた
が，納税には銀を使うこと
になっていたため，銀の流
出による銀価(銀と銅の比
価)の高騰は，増税と同じ
結果をもたらした。18世
紀末には，銀1両の比価は
銅 銭700文 だっ た が，
1830年には銅銭1200文
となった。

★6　南京条約以降の中国
の対外屈服　上海など5港
の開港に関して，補足協定
として1843年五港通商章
程が定められた。これに
よって清朝は協定関税制を
認め(関税自主権の喪失)，
さらに，同年の虎門寨追加
条約で領事裁判権を認めさ
せられた。
　清はまた，1844年に，
アメリカと望厦条約，フラ
ンスと黄埔条約を結んだが，
上記の条件はこれらの条約
にも適用された。

参考　アヘン戦争のころ，
日本では天保の改革を実施。

★7　清朝は，条約を守る
というヨーロッパ的意識に
乏しかった。中華思想によ
れば，条約もまた中国皇帝
の恩恵であり，かならずし
も守らなければならない義
務ではなかったのである。

★8　フランスは宣教師殺
害事件を開戦の口実とした。

— TOPICS —

アヘン戦争の本質

　広州の西部の十三行街とよばれる地区には13のヨーロッパ風建築がたちならんでおり，そのうちの1つ「中和行」は「イギリス館」とよばれていた。1839年，欽差大臣(特命全権大使)の林則徐は，イギリス商務監督官エリオットがアヘン提出命令に応じなかったため，この「イギリス館」を包囲した。エリオットは48時間で屈し，アヘン2万箱を提出したのち，イギリス人を広州からマカオに引きあげさせた。2か月後に九竜半島で殺人事件があり，エリオットは犯人とされたイギリス人の引き渡しをこばんだため，林則徐はイギリス人に対する食料の供給を禁じた。イギリス政府は，この2つの事件を，「イギリス国民の生命が脅かされた」としてアヘン戦争開戦の口実とした。さらに，清朝の変則的貿易＝行商貿易をあらためるためという理由もつけ加えられた。しかし，どのような理由を唱えても，この戦争はイギリスのアヘン貿易と無関係ではなかった。イギリス議会でも，自由党のグラッドストンらは，アヘン貿易を問題視して，開戦に反対した。これは与党の政策に異議を唱える立場にある野党としての反対であったとしても，この戦争の本質を正しくとらえていたといえよう。事実，南京条約ではアヘン問題については何のとりきめもなく，戦後イギリスはアヘンの輸出量を，以前よりも増加させたのである。

▲林則徐

補説　**アロー号事件**　1856年，広州港に停泊中のイギリス船籍のアロー号に清の官吏がのりこみ，海賊の疑いで中国人の乗組員を捕らえ，イギリス国旗をひきおろして侮辱したとすることからおこった。

② **戦争の経過**　イギリス・フランス連合軍は，広州を占領し天津にせまった。1858年，ロシア・アメリカが加わって天津条約で一応の講和が成立したが，使節船に対する砲撃事件で批准が妨害されたので，1860年，英仏軍は北京を占領した。この結果，ロシアの調停によって天津条約が批准され，改めて北京条約が結ばれた。

③ **天津条約**　1858年，清が英・米・仏・露と，それぞれ別個に結んだ。清は列国に対して，①対等の国交と貿易の自由，②キリスト教の信仰と布教の自由，③**外国公使の北京駐在**，④外国人の中国内地での旅行の自由，⑤牛荘・登州・漢口・鎮江など新たな**10港の開港**などを認めた。

④ **北京条約**　1860年，清が英・仏・露とそれぞれ別個に結んだ。天津条約の追加条約ということができ，新たに①**天津の開港**，②イギリスに**九竜半島南部を割譲**，③ロシアに**沿海州を割譲**，などが定められた。

★9　このとき，北京郊外にあった離宮の円明園が破壊された。円明園には，カスティリオーネの設計した西洋式の宮殿もあった。

★10　1861年，清朝は外交事務をあつかう**総理各国事務衙門(総理衙門)**を設置して，対等な外国の存在を認める外交をはじめた。

★11　ロシアは清と英・仏とを調停した代償として加わった。

参考　**租界**　南京条約後に設置された外国人居留地。行政権・司法権を外国ににぎられている地域。開港場にはこうした租界が多くおかれ，列強の中国に対する政治・経済・軍事活動の拠点となった。

３ ロシアの東方進出

❶東アジアへの関心　ムラヴィヨフを東シベリア総督に任命して黒竜江(アムール川)方面への勢力拡大をはかる。★12

❷東方進出の本格化

１ **アイグン条約**★13　1858年，清に黒竜江以北を割譲させ，ウスリー川以東の沿海州を共同管理地とした。

２ **北京条約**　1860年，この条約で沿海州を獲得し，その南部に，港市**ウラジヴォストーク**(ヴラジヴォストーク)を建設した。

３ **イリ条約**　イスラーム教徒の反乱を機にイリ地方に出兵(イリ事件)，1881年イリ条約で清との国境を有利に定めた。

❸三国干渉　1895年，日清戦争後の下関条約にフランス・ドイツとともに干渉し，日本に遼東半島を返還させた。1898年，遼東半島南端の**旅順・大連**を租借地とした。

POINT!

① 清朝のヨーロッパとの貿易：広州1港に限り，行商が独占

② イギリスは絹・茶・陶磁器などを輸入。インド産アヘンを密貿易

③ 中国からの銀流出→林則徐の禁輸策→アヘン戦争と南京条約

④ 第2次アヘン戦争敗北→天津条約・北京条約→ロシアも沿海州を獲得

SECTION 5　太平天国と洋務運動

１ 太平天国

❶アヘン戦争後の中国社会　①安価なヨーロッパ製品が流入し，中国の家内工業を破壊，失業者が増大した。★1

②アヘン戦争による多額の出費と賠償金支払いは，**銀価の高騰**と増税をまねき，農民の生活は困窮した。このような状態のなかで社会不安が増大し，各地で反乱が多発した。

❷太平天国の樹立

１ **太平天国の乱の発生**　1851年，キリスト教の教義を学んだ洪秀全が広西省金田村で挙兵。上帝会を中核に**太平天国**を創設し，農民や流民，没落した手工業者などを集めて大勢力をきずいた。

★12 **ロシアの東アジア進出**　ネルチンスク条約では一時後退したが，**キャフタ条約**でモンゴル方面での国境を画定(⇨p.205)。また，カムチャツカ半島からベーリング海・アラスカにも進出した。

★13 第2次アヘン戦争での清の混乱に乗じて締結。

参考　日本への進出
1792年，ラクスマンが根室に来航。ついで1804年にレザノフが長崎に来航した。

★1　この傾向は，綿工業地帯であった華中・華南地方で強くあらわれた。

★2　1813〜64年。広東省の客家(独自の文化・中国語方言を有する集団)の出身。科挙に失敗し，自分の将来に絶望したが，広州で出会ったキリスト教宣教師の感化をうけ，のち天啓をうけてキリストの弟と自称し，上帝会を組織。

補説　**上帝会**　1847年に洪秀全が組織した宗教的秘密結社。キリスト教と中国古来の民間信仰を調和させ，人々の平等や悪習撤廃を主張したため，当時の下層社会にうけいれられ，発展した。

2　**太平天国の乱の性格**　①「滅満興漢」をスローガンとして漢人による中国の復興をはかり，満洲人の清朝の支配に反抗。さらに外国の租界にも攻撃を加えた。この点で，中国の**民族運動の先駆**といえる。②男女平等の主張，天朝田畝制度による土地の均分（未実施），アヘン吸飲や**纏足**といった悪習の排除など，革命的要素ももっていた。

補説　**天朝田畝制度**　農民に均等に土地を分与し，25家を単位として共同体を組織させる制度。太平天国は儒教を否定したが，これはむしろ儒教の古典『周礼』によったものであり，私有財産を認めず，貧富の差のない理想社会を目標とする，原始共産主義的発想からでている。

3　**太平天国の発展**　1853年南京を占領，**天京**と改称して首都とした。1856年ごろが最盛期で，清朝に対抗する大勢力となり，上海にせまった。これに対して，太平軍の鎮圧にあたった清の政府軍（八旗など）は弱体であった。

❸**反太平天国勢力の結束**　①中国古来の道徳と秩序を破壊する太平軍の革命的行動は，漢人の地主・官僚の社会的・経済的基盤をおびやかした。②漢人の地主・官僚は**郷勇**とよばれる義勇軍を編成して，これに対抗。曽国藩の**湘軍（湘勇）**や李鴻章の**淮軍（淮勇）**が有名である。はじめ中立の態度をとった欧米列強も，天津条約・北京条約で利権を獲得したあとは，清朝の安定を得策と考えて清朝を支援するようになった。イギリス軍人ゴードンらの率いる西洋式軍隊の常勝軍★4は，太平軍鎮圧に活躍した。

❹**太平天国の滅亡**　太平天国内部でも堕落や内紛がおこり，1864年天京が陥落，洪秀全が死去して，滅んだ。

参考　反乱軍は，反清の立場から，満洲人の風俗である辮髪をやめ，中国古来の長髪としたため，**長髪賊の乱**ともよばれた。

★3　女性の足を幼時からしばり，小足とする中国の風習。小さな足は女性美の象徴とされたが，太平天国は，女性の自由をうばう悪習として禁止した。

★4　1860年，アメリカ人ウォードが上海の商人から資金を得て組織したのがはじまりである。

▲太平天国の乱と当時の開港場

◆　南京条約による開港場
●　天津・北京条約後の開港場

2　洋務運動と同治の中興

❶**洋務運動**　太平天国の乱ののち，ヨーロッパ近代文明の輸入によって富国強兵をはかろうとした動き。中国の伝統的な道徳倫理を守りながら，西洋の技術を利用する「**中体西用**」を基本的な考えとした。

❷**洋務運動の推進者**　漢人官僚の曽国藩や李鴻章らが中心となって推進。かれらは太平天国の乱の鎮圧によって勢力を増

★5　かれらのなかには地方長官として軍事・財政権をにぎる者も多く，**地方権力**が強まっていった。ここに，のちの**軍閥**が生まれる要因がみられる。

4

アジア諸国の動揺

し，満洲人にかわって政治に大きな力をもつようになった。[5]

補説　**淮軍と北洋軍**　曽国藩の湘軍は早く解散したが，李鴻章の淮軍は解散せず，李鴻章の清朝での地位の昇進とともに強化され，李鴻章が北洋大臣を兼ねたことから**北洋軍**とよばれた。清朝末の袁世凱らは，この北洋軍を背景に**北洋軍閥**を形成した。

❸**洋務運動の展開**　①ヨーロッパ近代文明の輸入は，まず軍備強化のためにはじめられ，軍事工業がおこされた。[6]②ついで，運輸・通信・鉱業や繊維工業の発展など富国策がとられた。[7]③外国語学校の設置や留学生の派遣など，新しい知識の吸収につとめた。

❹**洋務運動の性格**　①ヨーロッパ文化の導入も，軍隊の強化が主眼とされ，清朝の支配体制を強化するための技術的なものに限られた。②清朝の政治組織や社会体制の改革までは考えられず，この不徹底さが洋務運動を失敗に終わらせた。

❺**同治の中興**　太平天国の乱ののち，一時政治や社会が安定をみせた。**同治帝**（穆宗，在位1861〜75）の時代にあたるので，この時期は**同治の中興**とよばれる。この時期，洋務運動が一時的に成功したようにみえ，対外的には外国との和親策をとって条約を守ったため，国際関係も安定した。

❻**対外戦争の再開と敗戦**　近代化されたはずの清朝の軍隊であったが，**清仏戦争**（⤴p.338）と**日清戦争**（⤴p.345）に敗れて，その弱体ぶりを暴露し，洋務運動の失敗が証明された。[8]

▲李鴻章

★6　アヘン戦争後，ヨーロッパ列強の軍隊に接することが多く，また常勝軍の活躍などをみて，中国側ではヨーロッパ式の軍制や武器の優秀さを知り，その導入をはかることになった。

★7　これらの諸事業は官営のものが多く，民間における資本主義的な発展はあまりみられなかった。

★8　この結果，列強の中国進出がふたたび活発化していった。

POINT!

　①太平天国：洪秀全が指導，滅満興漢の主張。中国民族運動の先駆
　②洋務運動：曽国藩・李鴻章らの富国強兵をはかる近代化運動

SECTION 6　日本の近代化と東アジア

1　日本の近代化

❶**日本の開国**　1853年に，アメリカ東インド艦隊司令官ペリーが**浦賀**に来航し，開国を要求。翌1854年に**日米和親条約**（神奈川条約），58年に日米修好通商条約が結ばれて，開国することとなったが，この条約は日本にとり，関税自主権を失い，相手国に領事裁判権を認めさせられるという，**不平等**なものであった。[1]

★1　イギリス・フランス・ロシア・オランダともほぼ同じ内容の条約を結んだ。

❷**明治維新**　すでに支配力の弱まっていた徳川幕府は，開国の影響でさらに動揺，薩摩・長州の下級武士層を中心とする倒幕運動におされ，1867年，**大政奉還**により約260年の歴史を閉じた。1868(明治元)年，**天皇中心の新政権が樹立**された。

❸**近代国家の建設**　①明治政府は，列強の侵略に対抗するために近代国家の建設を急務とし，すすんでヨーロッパ文化を導入，政治・経済・軍事・教育などあらゆる分野にわたって急速な改革をおこなった。②1889年には**大日本帝国憲法**を発布，翌年**帝国議会**を開設し，近代国家としての体制をととのえた。

❹**資本主義の発達**　官営工場の経営など政府の強力なあとおしによって，19世紀末までに軽工業部門の**産業革命**が達成され，資本主義が発達した。しかし，国内市場がせまく，さらに発展するためには海外市場を求めなければならなかった。

2 日本の進出と東アジア

❶**琉球の確保**　日本は琉球の帰属をめぐって清と争い，1871年，鹿児島県に編入。79年，琉球を**沖縄県**とした(**琉球処分**)。

❷**北方の国境確定**　日本はロシアと樺太・千島交換条約を締結し，日本の千島列島，ロシアの樺太全島領有を定めた。

❸**朝鮮の開国**　日本は1875年の江華島事件[★2]を機に朝鮮にせまり，翌年日朝修好条規(**江華条約**)[★3]を結んで釜山など3港を開かせ，領事裁判権を得た。

❹**朝鮮での党争**　①朝鮮に進出しようとする日本と，朝鮮での宗主権を守ろうとする清とが対立。②朝鮮内部でも，日本の支援をうけて急進的な改革をめざす金玉均ら(開化派)と，清と協調してゆるやかな改革をおこなおうとする閔氏(王妃の一族)などが対立。③日本と清は，**天津条約**(1885)によって妥協し，衝突をさけた。

❺**日清戦争の勃発**　1894年，朝鮮で甲午農民戦争(**東学の乱**)[★4]がおこると日清両国が出兵。乱は鎮まったが，朝鮮支配の強化をねらう日清両国が開戦。日清戦争(1894〜95)となった。

❻**日清戦争の結果**　戦争は日本が勝利。1895年下関条約[★5]が結ばれて清はその弱体ぶりを暴露し，以後，列強の中国に対する帝国主義的進出はますます活発となった。しかし，この日本の進出は，ロシアなどの**三国干渉**をまねいた(⇨p.342)。

参考　**日本資本主義の特色**
①市民層の成長や資本の蓄積が不十分で，**政府が指導**した。
②官営工場の民間払い下げは，政府と大商人との結合をまねき，早くから**財閥**が形成された。
③農村から徴収した地租を工業の育成にのみ投資したため，農村の近代化はおくれ，多くの人口をかかえる**農村の貧困**は，国内市場をせまくした。

参考　**台湾出兵**　1874年，台湾に漂着した琉球人が台湾先住民によって殺害されたとして日本軍が出兵した。

★2　1860年代より，欧米諸国に開国をせまられるようになったが，摂政の**大院君**(国王高宗の父)は拒否。

★3　江華島付近で日本の軍艦が挑発行為をおこない，砲撃をうけた事件。

★4　**全琫準**らが指導した。**東学**とは19世紀なかばに崔済愚がおこした新宗教で，朝鮮の民間信仰に仏・道・儒教などを融合したもの。**西学**(キリスト教)に対し，こうよばれた。

★5　**下関条約の内容**
清朝は，日本に，①**朝鮮の独立**，②遼東半島・台湾・澎湖諸島の割譲，③賠償金2億両(約3億1,000万円)の支払いを認めた。

☑ 要点チェック

CHAPTER 4　アジア諸国の動揺	答
☐ 1　オスマン帝国のアブデュルメジト1世がおこなった西欧化改革を何というか。	1　タンジマート（恩恵改革）
☐ 2　オスマン帝国で1876年に発布された，アジア最初の近代的憲法を何というか。	2　ミドハト憲法
☐ 3　上問の憲法は，1877年，オスマン帝国がどの国と開戦したことを口実にして停止されたか。	3　ロシア
☐ 4　1805年にエジプト総督となり，2度のエジプト=トルコ戦争によって，オスマン帝国からの自立をはたす一方，イギリスの介入をまねいた人物はだれか。	4　ムハンマド=アリー
☐ 5　第2次エジプト=トルコ戦争の結果，エジプトが領有権を放棄した地域はどこか。	5　シリア
☐ 6　18世紀なかばに，ワッハーブ派と結んで建国したアラビア半島の豪族は，何という一族か。	6　サウード家
☐ 7　1828年，イランのガージャール朝がロシアに東アルメニアを割譲した条約を何というか。	7　トルコマンチャーイ条約
☐ 8　イギリスが，3次にわたる戦争の末に破った，デカン高原のヒンドゥー教諸勢力の同盟を何というか。	8　マラーター同盟
☐ 9　1857年，インド人傭兵の蜂起をきっかけにしてインド全土へひろがった，イギリスに対する反乱を何というか。	9　インド大反乱
☐ 10　1877年，イギリスは東インド会社を廃止し，インドを直轄領としたが，そのときの国王は誰か。	10　ヴィクトリア女王
☐ 11　オランダは東インド会社を中心にして東南アジア諸島に進出したが，その根拠地は，ジャワ島の何という都市におかれたか。	11　バタヴィア
☐ 12　オランダ領ジャワ島で，コーヒー・サトウキビ・タバコなどの強制栽培制度を実施した総督は誰か。	12　ファン=デン=ボス
☐ 13　イギリスがマレー半島の諸王国をあわせて，1895年に創設した保護領を何というか。	13　マレー連合州（連合マレー諸州）
☐ 14　阮福暎が定め，清朝から王として封ぜられた際にも用いられた，漢字によるベトナムの国号を何というか。	14　越南
☐ 15　フランスのナポレオン3世がベトナムに出兵し（仏越戦争），コーチシナ東部を獲得した1862年の講和条約を何というか。	15　サイゴン条約
☐ 16　17～19世紀にかけ，東南アジアに列強の勢力がのびるなかで，唯一独立を保った国はどこか。	16　タイ
☐ 17　イギリスは，茶・絹・陶磁器などを中国から輸入する一方，インドから中国へ，ある物産を大量に輸出した。この物産とは何か。	17　アヘン
☐ 18　1839年，広州で上問の物産の密貿易を取り締まった官僚は誰か。	18　林則徐

□ 19	前問18の取り締まりをきっかけとして，1840〜42年にかけてイギリスと清とのあいだで戦われた戦争の，講和条約を何というか。	19 南京条約
□ 20	上問の条約により，清からイギリスに割譲された地域はどこか。	20 香港(島)
□ 21	1858年，清とのあいだにアイグン条約を結んだ，ロシアの東シベリア総督は誰か。	21 ムラヴィヨフ
□ 22	ロシアが，第2次アヘン戦争の調停によって獲得した沿海州の南部に建設した港市を何というか。	22 ウラジヴォストーク
□ 23	第2次アヘン戦争中の1860年にイギリス・フランス連合軍によって破壊された，北京郊外の離宮を何というか。	23 円明園
□ 24	上帝会を組織し，太平天国樹立の中心となった人物は誰か。	24 洪秀全
□ 25	太平天国軍は，何というスローガンをかかげて蜂起したか。	25 滅満興漢
□ 26	太平天国が農民に均等に土地を分与し，25家を単位として共同体を組織させる事を試みた制度を何というか。	26 天朝田畝制度
□ 27	太平天国平定に力のあった曽国藩・李鴻章などが組織した地方義勇軍を何というか。	27 郷勇
□ 28	「中体西用」をスローガンに，清朝の漢人官僚を中心としておこなわれた近代化政策を何というか。	28 洋務運動
□ 29	上問の改革が一定の成功をおさめ，一時的に中国社会が安定した1860〜70年代を，当時の元号をとって何というか。	29 同治の中興
□ 30	1853年，アメリカの東インド艦隊司令官ペリーが浦賀に来航し，翌年締結させた条約を何というか。	30 日米和親条約
□ 31	日本の明治元年とは，西暦何年にあたるか。	31 1868年
□ 32	琉球王国を廃して日本に編入し，1879年に沖縄県がおかれるまでの一連の施策を何というか。	32 琉球処分
□ 33	樺太・千島交換条約において，全域がロシア領とされた地域はどこか。	33 樺太
□ 34	朝鮮を開国させた日朝修好条規を結ばせるきっかけとなった，1875年の事件を何というか。	34 江華島事件
□ 35	朝鮮国王の実父で，摂政として開国を拒否した人物は誰か。	35 大院君
□ 36	朝鮮内部で，清朝との関係を維持してゆるやかな改革をめざしたのは，王妃の実家にあたる何という一族か。	36 閔氏
□ 37	日本との関係を強め，急進的な改革をはかろうとした金玉均らの一派を何というか。	37 開化派
□ 38	1894年，日本の朝鮮進出に反対する全琫準らがおこした農民反乱を何というか。	38 甲午農民戦争(東学の乱)
□ 39	1895年に締結された，日清戦争の講和条約を何というか。	39 下関条約
□ 40	1895年，上問の講和条約に三国が干渉し，日本から中国に返還させた地域はどこか。	40 遼東半島

史料から読みとく歴史の世界②
奴隷・先住民・アメリカ合衆国

　アメリカ独立宣言には「全ての人は平等につくられ造物主によって一定の奪いがたい天賦の権利を付与され，その中に生命・自由及び幸福追求が含まれる」とあるにもかかわらず，現在もアフリカ系アメリカ人(黒人)や先住民に対する人権侵害がおこっている。それはなぜなのか，史料を読んで考えてほしい。

○アメリカ独立宣言

1 奴隷と独立宣言　アメリカ独立宣言は，1776年7月，英領北アメリカ植民地の独立を本国に勧告する，大陸会議の決議として発表された。アメリカが植民地状態から独立しなければならない理由を表明したこの宣言は，その年の6月に選ばれた，アダムス・フランクリン・シャーマン・リヴィングストン・ジェファソンの5人により起草された。5人の起草委員のうち，草案を書いたのはジェファソンである。かれの草案は，独立宣言の冒頭の文章を中心にほとんど残っているが，削除された条項がある。その条項とは，次の 史料1 のようなものであった。

史料1　アメリカの独立宣言

> 国王（ジョージ3世）は，人間性そのものに反する残忍な戦いを行ない，いまだかつて彼に逆ったことのない僻遠の地の人びと（アフリカ黒人）の，生命と自由という最も神聖な権利を侵犯し，かれらを捕えては西半球の奴隷制度の中に連れ込んでしまうか，あるいは運搬の途上にて悲惨な死にいたらしめた。異端な力によって行なわれてきた恥ずべきこの海賊的な行為は，キリスト教徒たる大英帝国の国王によってなされてきた戦いである。人間が売り買いされなければならないような市場を，あくまでも開放しておこうと決意して，この憂うべき取引の禁止ないしは制限を企図したあらゆる法律の成立を妨げるために，彼は拒否権を行使してきたのである。
>
> （本田創造『アメリカ黒人の歴史 新版』岩波新書）

　奴隷制の禁止をうたうこの条項は，大陸会議によってすべて削除された。削除を強く主張したのは，南部で黒人奴隷によるプランテーションをおこなっていた農場主や，北部ニューイングランドの奴隷貿易商人などであった。

ジェファソン

史料2　独立宣言草案の大陸会議への提出（ジョン・トランブル画『独立宣言』1819年）
　独立宣言の起草者が5名であることが，この絵画から読み取れる。

2 先住民への蔑視　独立宣言は，アメリカ植民地の独立について，社会契約説を根拠に正当であると主張している。また，独立の理由としては，イギリス国王ジョージ3世の弾圧行為や暴政を列挙した。しかし，そのなかの一文には，先住民（「インディアン」）を「野蛮人」として蔑視する考え方が，次の 史料3 のように明記されている。

史料3

> 彼（引用者注・ジョージ3世）は，われわれアメリカ人の間で内部から反乱が起きるように扇動し，辺境地域の住民や情容赦の

ないインディアンの野蛮人を味方に引き入れようとした。このインディアンの戦闘のルールとは，年齢や性，それに身分の違いにかかわりのない無差別の殺りくで有名である。

（大下尚一他編『史料が語るアメリカ　メイフラワーから包括通商法まで』有斐閣）

アメリカ独立戦争では，モホーク族をはじめ多くの先住民がイギリス側で参戦し，植民地軍を苦戦させた。とはいえ，それは先住民に限ったことではなかったにもかかわらず，上記の文章は，あたかも先住民がもともと「情容赦のない」心をもっており，白人のイギリス兵とは，その本性からして異なっているかのように書かれている。

ジョゼフ＝ブラント▶

モホーク族の首長。白人の教育をうけ，イギリス軍人として独立戦争で戦った。しかし，1783年のパリ条約（独立戦争の講和条約）で，イギリスは先住民の土地を合衆国に割譲した。

○合衆国憲法と黒人・先住民

合衆国の支配層（南部のプランテーション農場主と北部の商業資本家との連合勢力）は，イギリスからの独立を勝ちとると，革命のそれ以上の進展を阻止しようと考えるようになった。かれらは1787年，当時の首都フィラデルフィアに，連合規約を改正し，合衆国憲法をつくるための憲法制定会議を招集した（⤴p.276）。この会議は秘密会議に終始し，また，代表の大部分が，有産市民層の代弁者であった。こうして制定された合衆国憲法は，南部と北部の支配層の利益の妥協の産物であり，黒人と先住民との犠牲のうえになるという側面をそなえていた。奴隷制をめぐって南部と北部がはげしく対立するのは，のちのこ

とである。

では，史料4を読んでほしい。

アメリカ合衆国憲法

> **第1条　第2節（3項）**　下院議員および直接税は（中略），各州の人口に比例して，各州の間に配分される。各州の人口とは，（中略）自由人の総数をとり，課税されないインディアンを除外し，それに自由人以外のすべての人数〔すなわち奴隷人口〕の五分の三を加えたものとする。
>
> **第1条　第9節（1項）**　（前略）いずれかの州で入国を適当と認める人々の来住および輸入に対しては，議会は1808年以前においてこれを禁止することはできない。（以下略）
>
> **第4条　第3節（2項）**　議会は，合衆国に直属する領地あるいはその他の財産を処分し，これに関し必要なすべての規定および規則を制定する権利を有する。（以下略）

（大下尚一他編・前掲書）

＊〔　〕内は，掲載書による補注。

合衆国憲法において，黒人は，どのような犠牲を押しつけられたのだろうか。「奴隷」ということばこそ用いられなかったものの，「自由人以外のすべての人数」という表現のもとに，下院議員の選出と直接税の課税基準において，白人ひとりにつき，黒人は「5分の3」人と数えられた（これを「5分の3条項」という）。

さらに，第1条第9節1項にあるように，奴隷貿易の権利は，「入国を適当と認める人々の来住および輸入」として，若干の税金とひきかえに，憲法によって保障されることとなった（その後，1807年に禁止された）。いうまでもなく，ここでの「入国を適当と認める人々」とは，奴隷のことである。また，先住民は，第2条第3節2項により，広大な土地を「合衆国に直属する領地」としてうばわれた。

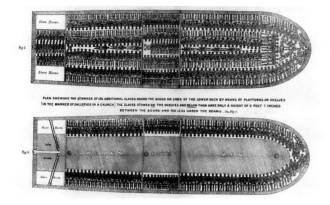

◀奴隷船の内部(イギリスで建造された「ブルックス号」の見取り図) 黒くみえるのは，すべて奴隷として運ばれる人たちである。すし詰めの状態で，赤道下の熱帯を平均5週間航海した。当然，船内は不衛生で，このような非人間的な環境のため，死亡率も非常に高かった。

○史料を読むとは

　ここまで，アメリカ独立宣言と合衆国憲法の一部を読んでみて，どのように感じただろうか。

　一般に，アメリカ独立宣言は，人民の主権・革命権とともに，平等権，生命・自由および幸福の追求権をふくむ基本的人権を，全世界に向けて表明した文書であり，合衆国憲法は，連邦制や三権分立などを定めた，世界で最初の民主的な成文憲法であったと理解されている。

　しかし，独立宣言の作成過程で，奴隷貿易を禁止する条項を削除してしまったことは，平等の理念に反する奴隷制を温存する素地が，合衆国の独立当時に，すでにかためられていたことを示している。また，ジョージ3世が「野蛮」な先住民を「味方に引き入れようとした」ことへの非難からは，合衆国の指導者たちが，先住民も奴隷と同様，人権を認められるべき「人間」とは区別してとらえていたことがうかがえる。そして，これらが憲法に生かされたことによって，奴隷制や，のちの先住民を迫害する多くの政策(⇨p.321)は，合衆国の秩序のなかに，しっかりと組みこまれてしまったことが理解できるだろう。

　もちろん，こうした負の側面をもっているからといって，独立宣言や合衆国憲法の歴史的価値が，ただちにすべて失われるわけではない。また，今回読んだのはあくまでも日本語訳の一部分であり，訳者の主観をふくむものである。次はぜひ，全訳，さらには英語の原文に挑戦して，自分なりの「アメリカ独立革命観」をたててほしい。

▲「アメリカ合衆国憲法」原本の第1ページ

5 » 帝国主義と世界の変容

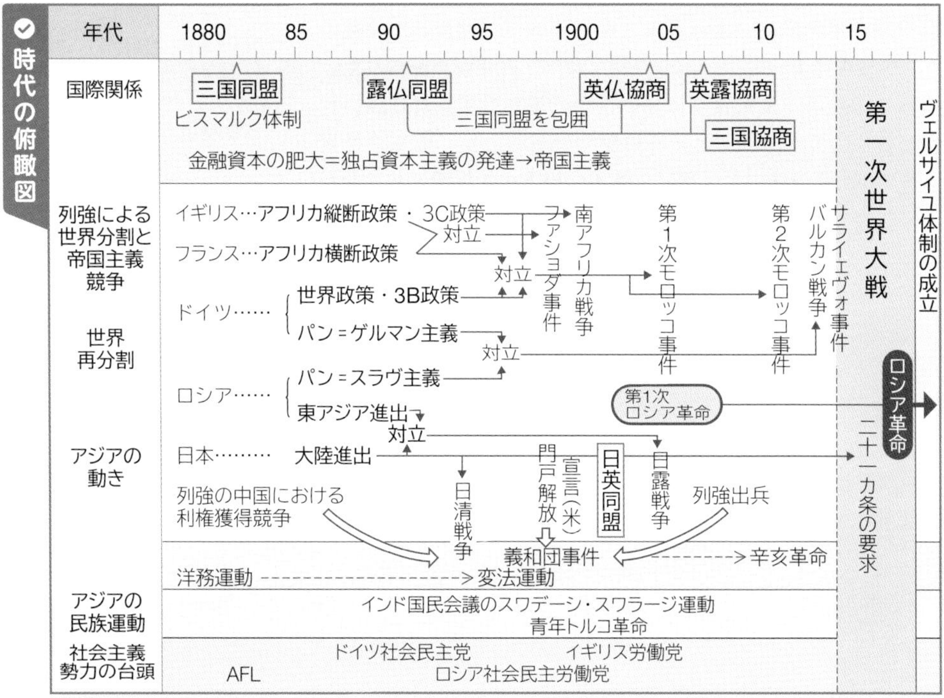

時代の俯瞰図

年代	1880	85	90	95	1900	05	10	15

国際関係
三国同盟　露仏同盟　英仏協商　英露協商
ビスマルク体制　　三国同盟を包囲　　三国協商
金融資本の肥大＝独占資本主義の発達→帝国主義

列強による世界分割と帝国主義競争／世界再分割
イギリス…アフリカ縦断政策・3C政策
対立　南アフリカ戦争　第1次モロッコ事件　第2次モロッコ事件
フランス…アフリカ横断政策
対立　ファショダ事件
ドイツ……世界政策・3B政策／パン＝ゲルマン主義
対立
ロシア……パン＝スラヴ主義／東アジア進出
対立
第1次ロシア革命

アジアの動き
日本………大陸進出
列強の中国における利権獲得競争
日清戦争　門戸解放宣言（米）　日英同盟　日露戦争　列強出兵
義和団事件　辛亥革命
洋務運動――――――――→変法運動

サライェヴォ事件　バルカン戦争
第一次世界大戦
ロシア革命
ヴェルサイユ体制の成立
二十一カ条の要求

アジアの民族運動
インド国民会議のスワデーシ・スワラージ運動
青年トルコ革命

社会主義勢力の台頭
ドイツ社会民主党　イギリス労働党
AFL　ロシア社会民主労働党

SECTION 1 帝国主義の成立

1 帝国主義の特色

❶帝国主義とは

1 **帝国主義**　一般に，19世紀後半からの，資本主義の高度に発達した状態，すなわち，**独占資本主義段階の国家による勢力拡張の動き**をいう。

2 **帝国主義時代**　列強の**世界分割**がはじまり，さらにその再分割をめぐって国際対立が激化した，19世紀末以降の時代をさす。[*1]

❷独占資本主義の発達　第1次産業革命達成後，欧米先進国では自由競争のもとで，**石油・電力を動力源とする重化学工**

★1　欧米列強は，軍備拡大競争をおこない，世界を植民地や勢力圏に分割していった。その結果，国際対立がおこって，2度の世界大戦へと発展した。

業中心の第2次産業革命がおこり，資本主義経済がいちじるしく発達。その結果，**独占資本主義**が形成され，生産と資本を独占した**巨大企業**が，小経営者や民衆の犠牲のうえに繁栄した。

❸**金融資本の成立**　銀行資本と産業資本とが融合した少数の金融資本によって，一国の経済・政治・外交が支配された。

❹**資本の投下**　金融資本は国内市場で満足せず，より高い利潤を求めて，国外，とくに労働力や原料の安い地域に投資され，商品の輸出とは別に，**資本の投下**が大規模におこなわれた。

❺**領土の分割**　投下した資本を保護するには，投下先を領土化するのがもっとも安全である。そこで金融資本は国家権力を利用して**植民地の争奪**をおこない，アジア・アフリカ・太平洋諸島[★2]の大半が，いずれかの国の勢力圏に組みいれられた。

❻**労働運動・社会主義運動・民族運動の高まり**

　帝国主義国の国内では，独占資本の搾取に反対して労働運動や社会主義運動が高まった。また，植民地・従属国となった国でも民族意識が高まり，抵抗の動きがあらわれた。

参考　**独占の形態**

①**カルテル（企業連合）**…ドイツで発達。独立したいくつかの企業が協定を結び，競争をひかえて共存をはかろうとするもの。

②**トラスト（企業合同）**…アメリカで発達。同種または関連の深い企業が，1つの企業に統合されるもの。

③**コンツェルン（資本統制）**…多数の企業が同一系統の巨大な資本によって支配されるもので，独占のもっとも高度な段階。戦前における日本の財閥も，コンツェルンの一種である。

[★2]　これらの地域には，強固な国家権力が存在していなかったため，領土化しやすかった。

▲独占の形態

[帝国主義の時代]

① 金融資本が支配する，**独占資本主義**段階→**労働者と資本家の対立**

② **資本投下・低賃金労働力確保のため，世界分割が激化**

③ 帝国主義国で労働運動，植民地・従属国で民族運動が高まる

2　列強の帝国主義政策

❶**帝国主義政策**　列強が帝国主義をおしすすめるにあたっては，①植民地の獲得，②開発のおくれた国の保護国化，③鉄道・鉱山などの利権の獲得，④租借地や勢力範囲の拡大，⑤探検による領土の拡大[★3]，などの手段がとられた。

[★3]　植民地の獲得や再分割要求には，武力が用いられた。また，愛国心が鼓舞され，国家中心の体制を強化して戦争にそなえた。

❷列強の帝国主義

1️⃣ **イギリス**　①ドイツ・アメリカの成長によって地位が低下し，保護貿易主義に転換。②海外投資に努力。③ディズレーリのもとで**大英国主義**[★4]が採用され，インドからアフリカに広大な植民地を保有。④1890年代後半以降，植民相ジョゼフ゠チェンバレンのもとで帝国主義が強化された。⑤「**光栄ある孤立**(イギリスの非同盟政策を象徴することば)」の外交方針をすて，他国と同盟・協商関係を結んだ。[★5]

2️⃣ **フランス**　①自国産業への投資よりも**海外投資**に努力する。②イギリスにつぐ広大な植民地をアフリカなどに獲得した。③ドイツにそなえて**露仏同盟**(⇨p.368)を締結した。

3️⃣ **ドイツ**　①ビスマルクのもとで工業が発達。独占がすすみ，販売市場・投資先を求める。②ヴィルヘルム2世は，「**新航路**」という名の世界政策をおこない，海軍の拡張やバグダード鉄道進出で他国を刺激。植民地獲得を急ぐ。[★7]

4️⃣ **ロシア**　①フランスより投資をうけて**シベリア鉄道**を建設。②資本主義は未発達で，海外への投資どころではなかったが，領土獲得をめざそうとする。

5️⃣ **アメリカ**　①独占がすすみ，**アメリカ゠スペイン戦争**(米西戦争，⇨p.359)ではじめてアジアに植民地を獲得。②マッキンリー大統領(在職1897～1901)のもとで帝国主義政策に移行。

❷ 帝国主義下の列強の国内事情

1️⃣ イギリスとフランス

❶イギリスの国内事情

1️⃣ **労働運動の進展**　①1871年，**労働組合法**が成立して労働組合が合法化。②1906年労働党が結成された。[★1]③1908年に成立した自由党のアスキス内閣は，労働党の支援を得て国民保険法などの社会改革をおこない，労働者の地位が向上した。

[補説] **フェビアン協会**　バーナード゠ショーやウェッブ夫妻，ウェルズらが指導。議会主義に基づく漸進的な社会改革運動の中心となる。マルクス主義には批判的であったが，土地・資本の公有をめざした。

2️⃣ **議会法の成立**　1911年の**議会法**により，上院は予算を否決できないこと，下院を3回通過した法案には反対できない

★4　保守党の政治綱領の1つで，海外発展・海上支配の確立の必要性が説かれた。自由党は小英国主義。

★5　東アジア進出をねらうロシアと対抗するため，1902年**日英同盟**を結び，孤立外交政策を放棄。

★6　フランスでは，大革命いらい中下層ブルジョジーと農民が産業の中心であり，巨大な財閥は少なく，工業化がゆるやかであったから，余剰資本は海外に投資された。

★7　ビスマルクのヨーロッパ中心の平和維持政策に対し，ヴィルヘルム2世は積極的進出策にのりだした。

[参考] 日本では，明治維新後に資本主義が発展し，日露戦争前後より帝国主義が顕著になる。

★1　社会民主連盟(1884年成立)・フェビアン協会(1884年成立)・独立労働党(1893年成立)の3団体が結合して，1900年に**労働代表委員会**が生まれ，1906年**労働党**と改称。漸進的な社会改革をめざした。

5 帝国主義と世界の変容

ことなどが定められ，上院に対する**下院の優位**が確立した。

③ **アイルランド問題**　①アイルランド独立をめざす**シン゠フェイン党**が活躍。②**自由党内閣**は上院の反対をおしきって，1914年アイルランド自治法を成立させた。

❷ フランスの国内事情

① **政局の不安**　中下層ブルジョワジーの多い第三共和政下の政界では，共和派と軍部・カトリック・王党派などとの対立や，小党分立がみられ，政情は不安定であった。

② **共和政の危機**　①1889年，軍部の台頭のなかで対独強硬派の元陸相ブーランジェによるクーデタが失敗(ブーランジェ事件)。②**ドレフュス事件**をめぐって共和派と反共和派が対立。共和派の勝利により，共和政は安定に向かった。

> [補説]　**共和政の安定**　20世紀初頭，中下層ブルジョワジー・小農を基盤とする急進社会党が一部の社会主義者と協力して政権を獲得し，政治が安定したが，まもなく保守化し，社会主義者との協力関係も破れた。

③ **社会主義勢力の伸長**　①1905年，社会主義者の各派が連合して**フランス社会党**を結成。議会にも進出した。②労働運動は，**労働総同盟**(CGT，1895年成立)を中心に**サンディカリズム**の立場をとるようになり，政党とは協力しなかった。

2 ドイツ

❶ 皇帝の親政

① **ビスマルクの退陣**　ビスマルクは，新皇帝の**ヴィルヘルム2世**(在位1888〜1918)と対立し，1890年に辞職。

② **皇帝親政下の内政**　①経済的には大きな発展をとげたが，ドイツ帝国の専制的な性格は変わらなかった。②ヴィルヘルム2世は，世界政策で国民の不満を外にそらす一方，**大資本家やユンカーの利益**をはかりながら支配体制を強化。

❷ 社会主義政党の台頭　①1890年，ビスマルクの辞職と同時に**社会主義者鎮圧法が廃止**され，社会民主党が成立。②社会民主党は，1891年，マルクス主義に立脚する**エルフルト綱領**を採択して勢力をのばし，1912年，帝国議会の第一党となる。

★2　1905年，アイルランドの完全独立をめざす秘密結社として結成。第一次世界大戦中に反乱をおこし，勢力を拡大した。シン゠フェインとは，アイルランド語で「我々自身」を意味する。

★3　1894年，軍部の陰謀によりユダヤ系のドレフュス大尉がドイツのスパイ容疑で告発され，終身刑を宣告されたが，クレマンソーや文学者ゾラらの運動で無実が証明された(ゾラ「わたしは弾劾する」)。これにより軍部の信用は失墜し，共和政は維持された。

★4　闘争的な組合主義。議会政治や労働者の政党活動に反対し，労働組合のストライキなどの直接行動によって資本主義を倒し，革命を遂行しようとする。

★5　皇帝は，ビスマルクの親露政策や，社会主義者鎮圧法の強化に反発した。

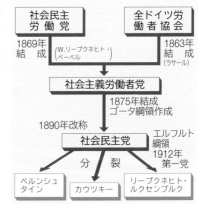

▲ドイツの社会主義政党の系譜

❸**社会民主党の体質変化**　労働者の生活の向上，有産階層の支持の増大などの結果，議会主義による社会主義実現を唱える**ベルンシュタイン**らの**修正主義**の傾向が強まった。^{★6}

3 ロシア

❶**ロシアの経済事情**　フランスなどの外国資本の導入によって，1890年代以降は資本主義がいちじるしく発展し，独占もすすんだ。^{★7}1891年には**シベリア鉄道**を起工し，東アジアへの進出と市場の拡大をはかった。

❷**第1次ロシア革命**

1　**革命勢力の成立**　ツァーリの専制支配^{★8}や資本主義の矛盾に対して，工場労働者を中心にしたマルクス主義運動や政府批判が高まった。①1903年，レーニンやプレハーノフを指導者とする**ロシア社会民主労働党**が成立。②ナロードニキの流れをくむ**社会革命党**^{★9}や，**立憲民主党**^{★10}も成立した。

補説　**ボリシェヴィキとメンシェヴィキ**　社会民主労働党の第1回党大会は1898年に開催されたが，レーニンらは政府の弾圧で国外に亡命したため，1903年の第2回党大会はブリュッセルで開かれた。この大会でレーニンらの**ボリシェヴィキ**(ロシア語で「多数派」)とプレハーノフらの**メンシェヴィキ**(「少数派」)とに分裂した。
　　ボリシェヴィキが，労働者を革命の主体として農民との同盟を重視し，少数精鋭の革命組織を主張したのに対して，メンシェヴィキは，ブルジョワジーを主体として，労働者はこれを援助するものとし，ひろく大衆に基礎をおいて党を組織しようとした。

2　**第1次ロシア革命**　①日露戦争(⇨p.362)中の1905年，血の日曜日事件を契機に勃発。②ペテルブルクの労働者がストライキに突入し，革命が全国に波及。^{★11}③皇帝ニコライ2世は譲歩して**十月宣言**を発し，国会(**ドゥーマ**)の開設を約束，自由主義者の**ウィッテ**を首相に登用して革命をおさえた。

補説　**血の日曜日事件**　日露戦争の戦況が悪化するなか，1905年1月22日(日曜日)，ロシア正教の司祭ガポンに率いられた民衆が，貧困からの救済と平和を皇帝に請願しようとペテルブルクの冬宮前広場でデモをおこない，軍隊に射撃されて多数の死傷者をだした。これにより，民衆の皇帝への信頼は失われた。

3　**革命後の状況**　①皇帝は労働者の武装蜂起を鎮圧するとふたたび専制化し，国会も無視された。②首相**ストルイピン**は革命抑圧とともに，農業改革^{★13}をおこなったが，農民は窮乏し社会不安は増大した。③以後，政府は国民の不満をそらすバルカン・東アジアへの侵略をくわだてるようになった。

5

帝国主義と世界の変容

4 アメリカ合衆国

❶アメリカ経済の発展

1 **資本主義の発展**　南北戦争後, 鉄鋼・石油業を中心に資本
主義がめざましく発展。19世紀末には, 工業生産力はイギ
リスをぬいて世界一となり, 海外市場の確保にのりだした。[★14]

2 **独占の進展**　経済発展に伴い, 企業の集中・独占が急速に
進展。**ロックフェラー・モルガン**などの大財閥が形成され,
政権と結びついてさまざまな弊害を生んだ。[★15]

❷革新政策の進展

①共和党の**セオドア＝ローズヴェルト**大統
領(在職1901〜09)は, **革新主義**の政治をはじめ, 独占の弊
害をなくすために, **反トラスト法**の強化や労働者の保護につ
とめた。②この政策は, 民主党の**ウィルソン**大統領(在職
1913〜21)にうけつがれた。

❸労働界の動向

①労働騎士団につづき, 1886年にアメリカ
労働総同盟(AFL) の結成。②急進派は, 不熟練労働者を中心
として, **世界産業労働者組合(IWW)** を結成。

★14　1890年前後にはフ
ロンティアも消滅し, 国内
市場の拡大に限界がみえた。

★15　財界と結んだ共和党
の金権政治が横行。大資本
に圧迫された西部の農民を
中心に, 改革を求める**人民
党(ポピュリスト党)** が結成
された。

★16　上院議員シャーマン
の報告に基づき, 1890年
に成立。持株会社の設立を
まねくなど不備な点が多く,
実効力は小さかった。

★17　この年, 世界最初の
メーデーがおこなわれた。

SECTION ③ 列強の世界分割

1 列強のアフリカ分割

❶分割の開始

①19世紀の後半以降, リ
ヴィングストンやスタンリーらの探検によ
り大陸内部の事情が紹介されると, 西欧諸
国はアフリカ大陸への進出をはかった。
②各国の利害調整の必要から, ドイツのビ
スマルクは, 1884〜85年に**ベルリン会議
(ベルリン＝コンゴ会議)** を主催して**アフリ
カ分割の原則**(先占権＝先に占領した国が
領有できる)を定めた。

❷イギリスのアフリカ分割

1 **イギリスのエジプト侵略**　①1875年イ
ギリス首相**ディズレーリ**は, エジプトの
財政難に乗じて**スエズ運河の株式を買収**
した。またエジプトの内政にも干渉した。
②1882年, **ウラービー(オラービー)** の
反乱(ウラービー運動)を鎮圧し, エジプトを保護下においた。

▲列強のアフリカ分割(20世紀初頭)

補説　**スエズ運河株の買収**　スエズ運河は，1869年にフランス人の**レセップス**によって完成され，スエズ運河会社の株はエジプトとフランスとが保有していた。イギリスはインドとの通商の関係上，もっともよく運河を利用し，運河の支配権を得ようと機会をねらっていた。エジプトは，はじめフランスに株を売ろうとしたが，ディズレーリは，ユダヤ系財閥のロスチャイルド家から融資をうけて買収に成功した(1875年)。

2 **イギリスのスーダン侵略**　イギリスは1885年スーダンに侵攻したが，**ムハンマド＝アフマド**に率いられた反英イスラーム教徒の抵抗にあって失敗(マフディー派の抵抗[1]，1881～98年)。1898年に，大軍を送ってマフディー国家を征服し，スーダンを占領した。

3 **イギリスの南アフリカ侵略**　①イギリスは，南アフリカでも**ケープ植民地**[2]を根拠地として開発をすすめた。②ケープ植民地首相(**セシル＝)ローズ**[3]は，本国の植民相ジョゼフ＝チェンバレンと呼応して先住の**ブール人**(ボーア人)を圧迫した。③そこで，ブール人は北へ移動し，**オレンジ自由国・トランスヴァール共和国**を建国。1899年，イギリスは**南アフリカ戦争**をおこして両国を併合。④ブール人はイギリスと妥協し，1910年には，他の南アフリカ植民地とあわせて，イギリスの自治領である**南アフリカ連邦**がつくられた。

補説　**南アフリカ戦争**　イギリスとオレンジ・トランスヴァール両国のあいだにおこった戦争。**ブール(ボーア)戦争**ともいう。オレンジ・トランスヴァール両国に金・ダイヤモンドが発見されると，多くのイギリス人が移住し，これらを独占しようとして参政権を要求したが，ブール人がこれを拒否したために戦争となった。ブール人は，ゲリラ的戦法でイギリス軍を苦しめたが，1902年降伏した。

4 **イギリスのアフリカ縦断政策**　東北アフリカ・南アフリカを支配下においたイギリスは，**アフリカ縦断政策**をくわだて，さらにこれとインド支配を結びつけるという**3C政策**[4]をとった。

❸ **フランスのアフリカ進出**　①1830年代より**アルジェリア**を経営。②1881年，**チュニジア**を保護国化して東進。③ギニアの**サモリ帝国**を侵略。**サモリ＝トゥーレ**が周辺諸国と反仏連合を結成して抵抗したが，1898年フランス軍に敗れ，サモリ帝国崩壊。④サハラ砂漠を占領してスーダンに進出。東岸のジブチ・マダガスカルと結ぶ**アフリカ横断政策**をとった。

▲アフリカ縦断政策を唱える
(セシル＝)ローズの風刺画

★1　**マフディー**とは「導かれた者」を意味するアラビア語で，「救世主」の意味にも使われる。この戦いで中国の太平天国の乱(1851～64年)に際して常勝軍を指揮したゴードンが戦死。

★2　ウィーン会議で，オランダ領からイギリス領となった。

★3　南アフリカ地方の独占的企業家で，典型的な帝国主義者といわれる。

★4　アフリカ縦断政策とインド支配を結びつけるイギリスの帝国主義政策を示す用語。エジプトの**カイロ**・南アフリカの**ケープタウン**・インドの**カルカッタ**の3都市の頭文字をとってこうよぶ。

参考　南アフリカ連邦では，ブール人が力をもち，原住民土地法(1913)を制定するなど，アフリカ人を隔離して搾取する，アパルトヘイトの基礎がつくられた。

5

帝国主義と世界の変容

❹**ファショダ事件**　①1898年，アフリカ縦断策をとるイギリスと，横断策をとるフランスが，スーダンの**ファショダ**で衝突。②政府間の交渉でフランスが譲歩し，武力衝突はさけられた。③両国間に友好関係が成立，1904年に**英仏協商**が結ばれ，**モロッコにおけるフランスの優越／エジプトにおけるイギリスの優越**を相互に確認。

❺**ドイツのアフリカ進出**　①ビスマルク時代に南西アフリカ・トーゴ・カメルーン・東アフリカに進出。②ヴィルヘルム2世は，モロッコ事件(⇨p.369)をおこしてフランスのモロッコ支配に抗議したが，イギリスによってはばまれた。③ドイツ領東アフリカ(現在の**タンザニア**)で**モノカルチャー**[★5]綿花栽培を強制。1905～07年に抵抗運動(**マジ＝マジの蜂起**[★6])がおこり，植民地政策の変更をせまられた。

❻**イタリアの侵略**　①1880年代，エリトリア・ソマリランド征服後，1895年イギリスの支援をうけエチオピア侵略。皇帝メネリク2世の反撃にあい，翌96年**アドワの戦い**で完敗。②1911年，第2次モロッコ事件中にオスマン帝国と戦い(**イタリア＝トルコ戦争**，**伊土戦争**)，トリポリ・キレナイカを獲得。

②列強の太平洋地域への進出

❶**イギリスの領有地**　東部ニューギニアをドイツと分割し，北ボルネオを領有。オーストラリア・ニュージーランドがイギリス帝国内の自治領となった。[★7]

❷**オランダの領有地**　20世紀はじめ，ジャワ・スマトラ・ボルネオ南部・ニューギニア西部などをあわせて**オランダ領東インド**を形成した。

❸**ドイツの領有地**　おもに西太平洋に進出した。ビスマルク時代にマーシャル・ビスマルク諸島を領有，ヴィルヘルム2世時代に，スペインよりカロリン・マリアナ・パラオ諸島を買収。

❹**アメリカの進出**　①1898年，アメリカ＝スペイン戦争に勝ち，スペインより**フィリピン**・**グアム島**

参考　アフリカの抵抗と独立国　1881年，スーダンのムハンマド＝アフマドのマフディー(救世主)宣言による反乱をきっかけに，各地で抵抗がおこったが，エチオピアがイタリア軍をおさえた以外は，列強の武力の前に敗れた。

　アフリカでは，20世紀はじめに独立を保っていたのは，**エチオピアとリベリア**の2国のみとなった。

★5　単一の農作物のみを生産する農業形態。

★6　「マジ」とはスワヒリ語で水を意味する。魔法の水を飲めばドイツ軍の銃弾にあたらないとの予言をうけ戦ったことからの呼称。20以上の部族が結集して，ドイツ軍に抵抗した。

★7　五大自治植民地の成立(⇨p.312)。

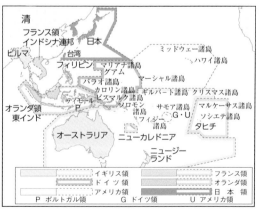

▲列強の東南アジア・太平洋における勢力範囲

を獲得して最初の海外領土とした。また，戦争中にハワイを併合(1898)。アジア進出の拠点とした。②ドイツと戦い，サモア諸島を分割領有した(1899)。

補説 **フィリピンの独立運動**　アメリカ＝スペイン戦争当時，フィリピンではアギナルドの率いる独立軍がスペインと戦っており，アメリカは，当初この独立軍を支援した。アギナルドは1899年，革命政府をたてて大統領となったが，独立を認めないアメリカは，今度は逆にこれを鎮圧した。

３ ラテンアメリカの動向

❶ラテンアメリカ諸国の特色
①農業国で，大土地所有制が残り，貧富の差が大きい。
②独裁政治の傾向が強いが，政変が多く国際紛争にまきこまれることが多いため，政情は不安定。
③ヨーロッパからの移民も多い。
④メキシコ・中米は合衆国，南米はイギリスの影響力が強い。

❷パン＝アメリカ会議とその変質[★8]
もとスペイン領のラテンアメリカ諸国が，団結と共同防衛のために開いた会議。1889年，はじめてアメリカ合衆国が会議を主催したが，これ以後，パン＝アメリカ会議には合衆国の影響力が強まっていった。

❸アメリカ＝スペイン戦争[★9]
1898年，キューバのスペインからの独立反乱にアメリカ合衆国が介入したことがきっかけとなり，合衆国とスペインとのあいだにおこった戦争。この戦争に勝利した合衆国はキューバを事実上の保護国とした(1901)。[★10]

補説 **モンロー主義の変質**　もともとモンロー主義(⇨p.297)は，アメリカ大陸における合衆国の優越をその根源に有していたが，アメリカ＝スペイン戦争のころよりしだいに拡大解釈され，パン＝アメリカ主義のもとにラテンアメリカ進出を正当化するものとなった。

❹アメリカ合衆国のラテンアメリカ進出
19世紀末より，カリブ海を合衆国の内海としようとするカリブ海政策がすすめられた。①20世紀はじめ，アメリカは，ベネズエラに対するイギリス・ドイツの干渉やドミニカに対するフランスの干渉を中止させた。②セオドア＝ローズヴェルト大統領は，**武力を背景とする外交政策**をすすめ，コロンビアよりパナマを独立させて(1903)，パナマ運河の建設に着手した。[★12]③タフト大統領(在職1909〜13)は，経済を重視した**ドル外交**でラテンアメリカへの進出をはかった。④**メキシコ革命**(⇨p.367)を支援した。

参考 フランスは，19世紀なかば，タヒチ島・ニューカレドニア島を獲得した。

5

帝国主義と世界の変容

★8 **汎米会議**ともいう。1826年，ボリバルの主唱によってはじまった中南米会議を引きつぐかたちで開催。1889年以降は，事実上，合衆国の中南米政策展開の場となった。1948年に**米州機構(OAS)**に改編された。

★9 **米西戦争**ともいう。この戦争は，戦果が大きかった割に損害は少なかったため，アメリカ人にとって「小さな素晴らしい戦争」といわれた。

★10 合衆国は，キューバの憲法に自国の干渉権を規定したプラット条項をいれさせた。また，スペインからフィリピン・プエルトリコ・グアムを獲得した。

★11 **棍棒外交**(ビッグ＝スティック＝ディプロマシー)といわれ，自国の権益を守るために，たびたび海兵隊が派遣された。

★12 最初レセップスが手がけたが失敗。その後，合衆国の手によって，1914年に完成した。

[列強の世界分割]
① アフリカ分割：アフリカ縦断政策(英)・アフリカ横断政策(仏)，抵抗運動(マ
　　　　　　　フディー派など)
② 太平洋進出：米がフィリピン・グアム進出
③ ラテンアメリカの動向：アメリカ＝スペイン戦争，棍棒外交

SECTION 4　列強の中国進出と中国の排外運動

1　列強の中国分割

❶中国の半植民地化

1 **列強の中国分割の特色**　帝国主義列強の中国分割競争は，
①租借地の獲得や勢力範囲の設定，②**鉄道敷設権**・鉱産資
源採掘権・関税特権など各種の利権の獲得，③各種の資本
投下，などのかたちをとってすすめられた。

2 **中国を侵略した国**　日清戦争後の日本，日本に三国干渉を
加えた**ロシア・フランス・ドイツ**，および中国貿易の先進
国**イギリス**の5か国がとくに積極的であった(下の図参照)。
　ロシアは，清が日清戦争における対日賠償金の支払いに
困窮しているのに乗じて清に借款を与え，その代償として
東清鉄道の敷設権を得ると，ドイツ・フランスも代償を要
求した。イギリスも中国貿易の支配権を守るため，
武力を背景に租借地を獲得していった。

★1　租借地とは外国に貸
し与えた土地のこと。列強
は，租借地を根拠地として
鉄道を敷き，その地域の不
割譲を中国に約束させるか
たちで勢力範囲を拡大した。

★2　1895年，露・独・仏
3国が，日清戦争による日
本の遼東半島領有に抗議し，
これを清朝に返還させた。

▼列強の中国における勢力範囲▶

国名	租借地	権益	勢力範囲
ロシア	旅順・大連 (1898)	東清鉄道敷設権と沿線鉱山採掘権	満洲・長城以北
ドイツ	膠州湾(1898)	膠済鉄道敷設権と沿線鉱山採掘権	山東半島
イギリス	威海衛・九竜半島(新界)(1898)	津浦鉄道・滇緬鉄道敷設権	長江流域
フランス	広州湾(1899)	滇越鉄道・広九鉄道敷設権	広東・広西・雲南省
日本	旅順・大連 (1905)	南満洲鉄道	福建地方

注意　遼東半島南部の旅順・大連は下関条約で日本領となった
が，三国干渉後ロシアが租借，日露戦争の結果ふたたび日本の
租借地となった。

□	イギリス (B)
□	フランス (F)
□	日　本 (J)
□	ロシア (R)
□	ドイツ (G)

‒‒‒ 外国資本による鉄道
━━ 中国の国有鉄道

❷アメリカの門戸開放政策　1899年，アメリカ合衆国は国務長官ジョン゠ヘイの名で，中国の**門戸開放・機会均等・領土保全**の3原則を主張し，列強の利権独占の排除と中国への進出をはかった。

2 中国の排外運動

❶変法運動と戊戌の政変

①**変法運動**　**変法自強**ともいう。日本にならって**立憲君主政**を樹立し，清朝の体制を根本から変革しようとする運動。公羊学派の康有為が中心となってすすめた。

②**戊戌の政変**　1898年，**光緒帝**(在位1875〜1908)は康有為らを登用し，その主張にしたがって科挙や教育の改革，官吏の整理，軍隊の近代化などの改革(**戊戌の変法**)をおこなった。しかし，光緒帝の伯母西太后を中心とする保守派は変法運動に反対。クーデタ(**戊戌の政変**)をおこして康有為らを失脚させた。変法は約100日で失敗し，以後は西太后が摂政となって，保守的・排外的な政治がすすめられた。

❷義和団事件

①**背景**　①中国の半植民地化がすすみ，生活を破壊された民衆のなかに排外意識がひろがった。②北京条約でキリスト教の布教が公認されたため，各地でキリスト教徒とのあいだに紛争が続発し，反キリスト教運動(**仇教運動**)がおこった。教会や宣教師を襲撃する事件(**教案**)が多発。

②**義和団の蜂起**　列強の中国分割の進展とともに，中国民衆の排外感情はいよいよ高まった。1898年，こうした情勢下に山東省で義和団が蜂起し，ドイツ人宣教師を襲撃した。

③**義和団事件の経過**　①義和団は，流民・労働者をひきいれ，「扶清滅洋」を唱えて華北一帯にひろがり，北京にすすんで外国公使館区域を占領した。②清朝政府は，排外政策にこれを利用。義和団を支援して列国に宣戦した。③列国は共同出兵(**8カ国連合軍**)して反撃を開始。北京を占領した。

④**結果**　清朝側が敗れ，1901年，清朝にとって屈辱的な北京議定書が結ばれて，中国の半植民地化が決定的となった。

補説　**北京議定書**　辛丑和約ともいう。①4億5,000万両の賠償金の支払い，②首謀者の処罰，③外国軍隊の北京駐在，④北京周辺の防備撤廃，などがとりきめられた。なお，この議定書の作成には約1年がついやされたが，これは列強の利害調整に手間どったためである。

★3　門戸開放宣言。フィリピン領有後，アメリカは中国進出に積極的になった。

★4　清仏・日清両戦争での敗北は，洋務運動でのヨーロッパ技術の導入という表面的改革が無力であったことを示した。

★5　梁啓超・譚嗣同らもこれに協力した。

★6　この年は，干支で戊戌の年にあたるので，戊戌の変法といわれる。

★7　康有為は日本に亡命し，光緒帝は幽閉された。

★8　列強の侵略は，中国民衆の生活に次のような影響をおよぼした。
①清朝の財政難をもたらし，それは中国民衆に対する重税となった。
②外国商品の流入により，多数の手工業者が没落した。
③鉄道・電信の敷設により，農民は土地を失い，運送業者・飛脚などは失業した。

★9　白蓮教系の宗教的秘密結社で反キリスト教団体でもあった。義和拳という武術を修練している。

★10　日本・イギリス・ロシア・アメリカ・フランス・ドイツ・イタリア・オーストリアの8か国。アメリカはフィリピンとの戦争，イギリスは南アフリカ戦争で兵力に余裕がなく，日本・ロシアが中心であった。

5

帝国主義と世界の変容

5 義和団事件の歴史的意義　①義和団事件の結果，中国の半植民地化は決定的となった。②その組織や行動は近代的ではなかったが，**反帝国主義の民族運動的性格**をもち，敗れたとはいえ，中国民衆の抵抗エネルギーの大きさを示した。

［列強の分割競争］中国は，半植民地の状態に。
① 列強は中国で租借地・鉄道敷設権を得て中国侵略，米ジョン＝ヘイの門戸開放宣言。
② 中国国内の変革：変法運動(康有為)→戊戌の変法(光緒帝)→戊戌の政変(西太后)。
③ 義和団事件：「扶清滅洋」

参考　義和団事件は列強の中国における対立を表面化させ，また，ロシア軍の東北地方残留によって日露戦争の原因をつくった。

SECTION 5 日露戦争と国際関係の変化

1 日露戦争

❶ 日露戦争の背景

1 日露対立の原因　ロシアは，義和団事件に際して中国東北部に大軍を送ったが，事件終結後も撤兵せず，かえって旅順などの防備を強化し，朝鮮にせまった。日清戦争いらい朝鮮に進出していた日本は，ロシアの行動に直接の脅威を感じ，三国干渉によるロシアへの反感はますます高まった。

2 日英同盟　1902年，ロシアを仮想敵国として日本とイギリスとのあいだに結ばれた軍事同盟。イギリスは，東アジアにおけるロシアの進出を恐れてこの同盟を結んだが，これにより，イギリスの**「光栄ある孤立」**政策はすてられた。

❷ 日露戦争の勃発

1 日露開戦　1904年，日本はロシアと開戦。中国東北部でロシア陸軍を敗走させ，日本海海戦ではロシアのバルチック艦隊を破って戦いを優位にすすめた。

2 背後の国際関係　ロシアの背後にはドイツ・フランス(露仏同盟)，日本の背後にはイギリス・アメリカがあり，日露戦争はこれらの**列強の代理戦争**としての側面をもっていた。

3 戦争の終結　日本は兵力や財政面で戦争継続が困難となり，ロシアも第1次革命(⇨p.355)により，アメリカ大統領セオドア＝ローズヴェルトの仲介をうけいれ，講和した。

★1　当時，日本では中国東北部を満洲とよんだ。

参考　朝鮮の動向　日清戦争の結果，清からの独立を認められた朝鮮は，1897年国号を**大韓帝国**と改めた。当時，韓国内部では，三国干渉に屈服した日本を軽視し，親露の気運が強かった。

★2　イギリスは19世紀には，圧倒的な工業力と海軍力を背景に，外交上の孤立を主張できた。

★3　ドイツは，バルカン半島での対立を緩和するため，ロシアの東アジア進出を支持した。

★4　アメリカは，門戸開放政策の立場からも，ロシアの中国東北部における独占に反対し，日英同盟を支持。日露戦争でも経済的に日本を支援した。

❸ **ポーツマス条約**[★5]　1905年に結ばれた日露戦争の講和条約。
①日本は**韓国**における優位を認められ，②ロシアから**関東州**（遼東半島南部）と**南満洲鉄道**の利権をうけつぎ[★6]，③**樺太**の南半分と沿海州での漁業権を獲得した。

★5　日本の全権は**小村寿太郎**，ロシアはウィッテ。

★6　東清鉄道の長春～旅順間の支線。

2 日露戦争の影響

❶ **韓国併合**　強制的に日韓協約をおしつけ，支配を強化。

1　**第2次日韓協約**　1905年，日本は韓国を保護国とし，ソウル（京城）に**統監府**をおき，外交・軍事権をにぎった[★7]。

★7　初代統監は伊藤博文。

2　**ハーグ密使事件**　1907年，韓国皇帝の高宗が第2回ハーグ万国平和会議に密使をおくり，日本の侵略を訴えたが失敗。

3　**伊藤博文の暗殺**　1909年，**安重根**がハルビンで暗殺した[★8]。

4　**義兵闘争**　韓国では，日本の干渉に対して，各地で武装抗日闘争をおこしたが，日本はこれを武力で鎮圧した。

5　**韓国併合**　1910年，軍事力を背景に日本は韓国併合をおこない，完全に日本の支配下においた。

★8　韓国では，安重根は愛国の英雄とされる。日本でも，社会主義者幸徳秋水は安重根の行為をたたえた。また，石川啄木は「地図の上　朝鮮国に　くろぐろと墨をぬりつつ　秋風をきく」とよんで日本の韓国併合を批判した。

❷ **国際関係の変化**　①日本の大陸進出はイギリス・アメリカの警戒をまねき，とくに東アジアにおける**日・米の対立**を深めた[★9]。②1907年に**日露協約**が結ばれ，アメリカの進出を妨害した。③東アジアにおけるロシアの脅威が減少し，イギ

★9　そのため，アメリカでは日本人移民の排斥運動などがおこった。

★10　以後，ロシアのバルカン半島への進出が積極化した（⤵p.370）。

\ **TOPICS** /

日露戦争と日本の勝利

　インドの民族運動の指導者ネルーは，獄中で書きつづった『父が子に語る世界史』において，アジアの一国である日本の勝利がアジア諸国に大きな影響を与え，自身もひじょうに感激したことを記している。旅順が陥落したとき，レーニンも，「これはロシアの敗北ではなく，ツァーリの敗北である」としてむしろ歓迎した。たしかに，ツァーリは国内の革命のためにこの戦争を早くきりあげたがっていた。しかし，ネルーはさらに「戦争の成果は，侵略的帝国主義の国がもう1つ加わったことにすぎない」と述べている。事実，日本は韓国を併合し，中国侵略をすすめた。

　日英同盟成立のころ，日本はまだ欧米列強

の手先的な存在であったが（右の図参照），日露戦争に勝ってからは，自他ともに帝国主義国家の仲間いりを認めるところとなった。このことは，10年後の第一次世界大戦前夜の国際政局ともつながりをもっている。

▲**日英同盟の風刺画**　イギリスが日本に，ロシアの火中の栗（韓国）をひろわせようとする。その後ろでは，アメリカがようすをうかがっている。

5　帝国主義と世界の変容

リスとロシアの対立も解消して**英露協商**が成立(⊃p.369)。
④国際関係の中心が, バルカン・西アジアに進出を強める**ド
イツとイギリスの対立**に移った。

❸**アジアの民族運動への影響**　アジアの新興国日本が, 大国
ロシアを破ったことが, 列強に抑圧されていたアジア諸民族
に勇気と自覚を与え, その民族運動を力づけた。

SECTION 6 辛亥革命と中華民国の成立

1 辛亥革命

❶革命運動の進展と清朝の改革

1 **革命団体の成立**　①広東省出身の孫文は, 1894年ハワイで
興中会を組織し, 革命運動をはじめた。②義和団事件以後,
中国人の海外留学者が多くなったが, とくに主要な留学地
である日本で, 「**排満興漢**」★2を主張する革命思想がひろく宣
伝され, いくつかの革命団体ができた。③1905年, 日本
の東京で興中会・華興会・光復会などが孫文のもとに団結
して中国同盟会を結成。三民主義★3に基づく綱領をかかげ,
機関誌『**民報**』を発刊して勢力を拡大した。

2 **民族資本の成長**　外国資本の導入によって軽工業が発達。
とくに紡績業が発達して民族資本も成長した。外国勢力や
清朝支配に反抗して利権回復の運動もおこり, 民族資本家
や華僑の多くは, 各地の革命運動を経済的に援助した。

3 **光緒新政**　立憲君主制国家に向けての改革。①**科挙を廃止**
し(1905), **新軍**(西洋式軍隊)や警察を創設した。②1908
年, 憲法大綱を発表して国会開設を約束, 責任内閣制を採
用した。★4

❷辛亥革命

1 **革命の発端**　1911年, 清朝政府は財政確保のため, 幹線鉄
道を国有化し, これを担保に外国資本を導入しようとした。
外国利権の回収は, 当時の革命運動の主張の1つであった
から, 各地で反対運動がおこり, **四川省**では暴動となった。

2 **中華民国の成立**　清朝は暴動鎮圧のために新軍を出動させ
たが, 革命派の多かった**武昌**の軍隊が反乱をおこすと, 革
命はたちまち各省に波及, 大部分の省が清朝から独立した。
勢力を得た革命軍は翌1912年1月に南京で中華民国を建て

★1　孫文は, 翌1895年
に広州で挙兵するが, 失敗。

★2　満洲人の清朝を倒し,
漢人による中国を建設しよ
うというスローガン。

★3　①**民族主義**…漢人の
独立をめざす, ②**民権主義**
…民主共和政を目標とする,
③**民生主義**…民衆の生活の
安定をはかる, の3つ。

★4　内閣は満洲貴族に占
められ, 漢人の反感は高
まった。

参考　モンゴルの動向
辛亥革命を機に, 中国の周
辺部で, 独立をめざす動き
が活発化した。1911年に
独立を宣言した外モンゴル
は, ソ連の赤軍の援助をう
けて21年に独立を達成し,
チョイバルサンらの人民革
命党が, 24年に社会主義
のモンゴル人民共和国を成
立させた。

て，孫文を臨時大総統とした。これを辛亥革命(第一革命)★5という。

★5　革命の勃発した1911年は，干支で辛亥にあたるのでこの名でよばれる。

2 袁世凱の独裁への抵抗

❶清朝の滅亡　①清朝は，北洋軍閥の袁世凱★6を総理大臣に登用し，革命鎮圧にあたらせた。②袁世凱は清朝をみすて，革命政府と取引して密約を結んだ。③1912年2月，袁の圧力で最後の皇帝宣統帝(溥儀)が退位，清朝は滅亡した。

❷袁世凱の独裁化　①密約にしたがって，袁世凱は北京で臨時大総統に就任。②その後，軍閥を背景に外国勢力と結び，国民党★7を弾圧するなど，独裁権力を強化した。③1913年，孫文らは袁打倒に挙兵したが失敗★8。袁は正式の大総統に選出された。④1915年，袁はさらに帝位につこうとしたが，内外の反対にあって，これを断念。翌年，病死した。★9

★6　日清戦争後，袁世凱が李鴻章の権力を引きついで形成した軍閥。袁の死後，分裂して抗争した。

★7　1912年，中国同盟会を解散し，これを母体として新たに合法政党として結成された。

★8　これが第二革命。

★9　これが第三革命。

[辛亥革命]　アジア最初の共和政権が樹立
① 孫文の三民主義，中国同盟会の結成
② 清朝の改革：科挙の廃止，憲法大綱の発表
③ 辛亥革命(中華民国の成立)→北洋軍閥の袁世凱が臨時大総統となり，清朝滅亡→袁世凱の独裁化で革命失敗

\ TOPICS /

国際人・孫文

　中国革命の先駆者といわれる孫文は，10代のはじめ兄をたよってハワイに渡ったが，その後も東京をはじめ諸外国に亡命し，資金集めや宣伝活動をした。かれの三民主義の思想には，これら海外での体験，とくにヨーロッパでふれた思想の影響が強い。

　孫文は人間的にも魅力のある人物であったらしく，亡命先の国の人々にもあたたかくむかえられた。ロンドン滞在中に清国公使館の者にとらえられ，公使館に監禁されたときには，イギリス人の友人が外務省や新聞社などに精力的に釈放をはたらきかけ，イギリスの民衆も公使館に圧力をかけたため，救出された。日本においても，各地で講演会を開いて

いる。武器購入のためのなけなしの資金を孫文からだまし取った日本人もいたが，孫文を憂国の志士として認めたのか，日本の大陸進出に利用しようとしたのか，中国で活動した日本人，いわゆる大陸浪人のなかには，孫文の手足となってはたらく者もいた。ともかく孫文は一生を革命にささげ，死の直前にも「革命いまだ成らず」と言ったといわれる。

孫文▶

SECTION 7 民族運動の成長

1 インドの民族運動

❶インド帝国成立以後の情勢 イギリス資本による近代工業が発達し、**民族資本**も成長した。しかし、一般のインド人の窮乏（きゅうぼう）は激化、農民は地主への土地集中で貧困化した。[*1]そのため、労働者や農民の暴動が続発した。

❷インド民族運動の展開

1 **インド国民会議の成立** 近代思想の普及によってインド国内に改革の動きがあらわれた。1885年、イギリスはインド人の不満を和らげるため、商人・地主・知識人らで構成する**インド国民会議**を創設し、**ボンベイ**（現ムンバイ）で開催した。[*2]

2 **国民会議の変質** **国民会議派**[*3]はヒンドゥー教徒が中心で、穏健（おんけん）な知識人が多く、最初は親英的であったが、イギリスの帝国主義政策が強化されると、**反英的性格を強めた**。

3 **ベンガル分割令** 1905年、イギリスのだした分割統治策。政治的意識の高いベンガル州を、ヒンドゥー教徒多住地域とイスラーム教徒の多い地域とに分割し、両教徒の宗教的対立を利用して民族運動の目をそらそうとした。

4 **分割令反対闘争** 国民会議派は、ベンガル分割令に反対。[*4]1906年、カルカッタで会議を開き、**スワラージ（自治獲得）・スワデーシ（国産品愛用）・英貨排斥（はいせき）**（イギリス商品のボイコット）・**民族教育**の4綱領を決議した。

5 **イギリスの抑圧政策** イギリスは、1906年、全インド＝ムスリム連盟[*5]をつくらせてヒンドゥー教徒や国民会議派と対立させ、一方でインド人に若干（じゃっかん）の政治参加を認めるなど、[*6]弾圧と懐柔（かいじゅう）策をとったが、1911年、ベンガル分割令を撤回した。

2 西アジア・東南アジア・ラテンアメリカの民族運動

❶トルコの革命 オスマン帝国では、**ミドハト憲法の停止**（→p.331）を不満とする人々（「青年トルコ人」[*7]）が「**統一と進歩団**」を結成。1908年、青年トルコ革命によって政権をにぎり、憲法を復活させて議会を再開した。しかし、その後反動化し、トルコ民族主義を主張してドイツに接近。その保護をうけるようになった。

★1 都市では英語による教育が普及し、知識人もふえた。

★2 創立大会では、インド政府の行政制度の改革、軍事費の削減、輸入綿花関税の再実施が決議された。

★3 国民会議の参加者からなる政治結社。

★4 南アフリカ戦争でのイギリスの苦戦や日露戦争での日本の勝利が刺激となり、ティラクが反英強硬（きょうこう）派を指導した。

★5 **全インド回教徒連盟**ともいう。イギリスの援助で、アガ＝カーンを総裁としてイスラーム教徒の政治的権利を守るために結成。ベンガル分割令に賛成した。

★6 モーリー＝ミントの改革という。

★7 ミドハト憲法の復活による立憲政の確立をめざす、知識人や青年将校の運動の総称。「青年イタリア」にちなむ呼称である。

❷イランの革命　列強の進出に無抵抗なガージャール朝への民衆の不満が高まり，1891~92年，タバコ=ボイコット運動を展開。[★8]1905年には立憲運動がおこり，憲法発布，議会開設を達成(イラン立憲革命，1905~11)したが，英・露の干渉で挫折(ざせつ)。

❸ベトナムの民族運動　①日露戦争後，民族運動指導者のファン=ボイ=チャウらが維新会(いしん)を結成，フランスからの独立運動を指導した。②日本への留学生を送るドンズー(東遊)運動をすすめ，ドンキン義塾を設立し近代思想の普及につくすが，フランスの圧力で打撃をうけた。③辛亥革命(しんがい)に刺激され，ベトナム光復会(こうふく)を中心に，抗仏運動がつづけられた。

❹フィリピンの独立運動　①ホセ=リサールが1892年フィリピン(民族)同盟を結成し，独立運動を指導したが，スペインからの独立をめざすフィリピン革命(1896)に際し処刑された。②アギナルドを指導者とする革命軍が，介入したアメリカと戦い(フィリピン=アメリカ戦争，1899~1902)，99年フィリピン共和国の独立を宣言。③アメリカは独立を認めず，フィリピンを植民地化した。

❺インドネシアの民族運動　①オランダの支配に抵抗する人々のあいだにインドネシア人としての民族意識が高まる。②1912年，イスラーム同盟(サレカット=イスラム[★9])が結成され，インドネシアの民族運動団体が組織化された。

参考　パン=イスラーム主義　アフガーニーらが提唱した，イスラーム勢力の団結により，帝国主義列強の侵略に抵抗しようという考え方。各地の抵抗運動に大きな影響を与えた。

★8　王がイギリス商人にタバコの独占的利権を与えたことに抗議する運動。

参考　メキシコ革命　①1911年，自由主義者マデロ，小農・貧農を組織したサパタらが，外国資本と結びついたディアスの独裁政権を倒した。②1913年の軍事クーデタを全国的な武装闘争で打倒し，1917年に民主的憲法を制定。

★9　「イスラム」は原語での発音。ジャワ中部で結成された民族運動団体。当初の目的はジャワ商人が華僑(かきょう)に対抗することだったが，のち反オランダ色が強まる。

5

帝国主義と世界の変容

POINT!
①インド：ベンガル分割令→スワラージ・スワデーシ
②トルコ：青年トルコ人　③ベトナム：ドンズー運動
④フィリピン：ホセ=リサールの独立運動　⑤インドネシア：イスラーム同盟

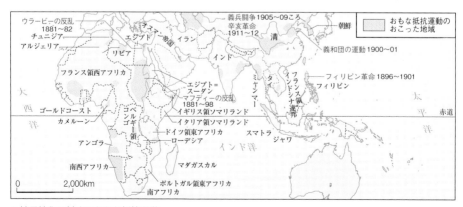

▲植民地化に対するおもな抵抗運動

SECTION
⑧列強の二極分化とバルカン危機

1 ビスマルク時代の国際関係

❶**ビスマルク体制**　ビスマルクがつくりあげた，**1870〜80年代のヨーロッパの外交関係**をいう。フランスの孤立化と勢力均衡(きんこう)による平和関係の維持とがはかられた。

❷**三帝同盟**(さんてい)★1　フランスの孤立化をはかるため，**1873年，ドイツ・ロシア・オーストリアの3帝国で成立した軍事同盟。**

❸**三国同盟の成立**　①三帝同盟の解消に際して，これにかわる保障を求めたビスマルクは，オーストリアと**独墺同盟**(どくおう)を締結(1879)。②1882年，ドイツは，フランスのチュニジア保護国化に反対する**イタリアを引きこみ，オーストリアと三国同盟を成立させた。**

❹**再保障条約**　1887年，**ドイツ・ロシア間**でたがいに開戦時の中立を約束した**秘密条約。**★2

❺**ドイツの親英政策**　「光栄ある孤立」をほこるイギリスは，世界政策でフランスと対立していたため，ビスマルクはイギリスとの友好関係の維持につとめた。

2 三国協商の成立

❶**ドイツ外交の転換**

① **世界政策**　1890年，親政(しんせい)を開始したヴィルヘルム2世は，それまでの平和外交をやめて，「新航路」といわれる積極的な対外膨張政策(ぼうちょう)(**世界政策**)★3に転換。ロシアの更新要求にもかかわらず，満期終了と同時に**再保障条約を廃棄**した。

② **露仏同盟**　再保障条約の更新を拒否されたロシアが，孤立化を恐れてフランスに接近し，**1894年に軍事同盟を締結。**★4

❷**イギリス外交の転換**

① **イギリスの地位の低下**　帝国主義競争の激化，米・独の台頭によるイギリスの相対的地位の低下などにより，イギリスは単独でその国際的地位を維持することが困難となった。

② **「光栄ある孤立」政策の放棄**　①1902年に**日英同盟**を締結した。②ドイツの中近東進出に脅威(きょうい)を感じてフランスとの対立関係を解消し，**1904年英仏協商**を結んだ。③日露戦争後はロシアとの対立を解き，ドイツを主要敵国とみなした。

★1　**三帝同盟の背景**
①バルカン半島で対立するロシアとオーストリアがドイツに支持を求めた。
②ドイツは，共和政のフランスの孤立化をはかった。
③3帝国とも革命を恐れ，その防波堤にしようとした。

★2　バルカンにおけるロシアとオーストリアの対立は解消されず，三帝同盟も1887年に解消した。そこでドイツは，ロシアとフランスの接近を恐れ，独墺同盟を継続したまま，オーストリアにも秘密のうちにこの再保障条約を結んだ。

★3　**世界政策の背景**
①独占資本主義の発達の結果，植民地が必要になった。
②国力が充実し，他国との対立を恐れなくなった。

★4　露仏同盟は，1891年に成立した政治協定と1894年に正式に成立した軍事協定からなる。これによりビスマルク体制の中核が崩壊。

★5　ドイツは「**ロシアは極東へ，ドイツは近東へ**」の政策をとった。

❸**三国協商の成立**　1907年，英露協商の成立によって，**イギリス・フランス・ロシア**3国間の提携・協商関係が成立。3国の植民地支配体制を維持するための協定であるとともに，**三国同盟に対抗し，ドイツを包囲する外交関係**となった。

★6 ロシアはイラン北部，イギリスはイラン南部での優越権が確定した。その結果，イギリスはペルシア湾を確保し，ロシアのダーダネルス・ボスフォラス両海峡への進出を黙認した。

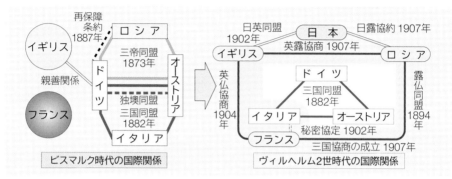

▲ドイツ外交政策の変化

5

帝国主義と世界の変容

3 イギリス・ドイツの対立

❶**建艦競争**　ドイツのヴィルヘルム2世は，「ドイツの将来は海上にあり」として，1898年以降，大艦隊の建造にのりだした。これに対してイギリスも新型戦艦(ドレッドノートという)を建造し，海軍力の伝統的優位の維持につとめた。

❷**世界政策の対立**　ドイツはオスマン帝国を保護国化し，1899年バグダード鉄道敷設権を得て，いわゆる3B政策をすすめ，イギリスの3C政策と対立することとなった。

> 補説　**3B政策**　ドイツの世界政策の代名詞。ドイツから同盟国のオーストリアをへてバルカン半島にいたり，オスマン帝国領の小アジア・メソポタミアを通過してペルシア湾にでて，インド洋に進出しようとするもの。ベルリン・ビザンティウム(イスタンブルの古名)・バグダードの頭文字をとってこの名がある。これは，スエズ運河を側面から脅かし，イギリスのインドへの通商路を断つものであったから，イギリスはこれに反対した。

❸**モロッコ事件**　ドイツの進出はバルカン半島から中近東にむけられたが，英仏協商でフランスの優位が認められたモロッコにも進出して，国際緊張を高めた。**イギリスはフランス側にたってドイツに抗議**したため，ドイツは孤立を深めた。

参考　**ドイツの経済力**
ドイツは，1910年代には銑鉄・鉄鋼の生産量においてイギリスを上回った。イギリスがドイツに脅威を感じたのも当然といえる。

★7 1905年の**第1次モロッコ事件**では，ヴィルヘルム2世がタンジールに上陸し，モロッコの領土保全・門戸開放を要求した。1911年の**第2次モロッコ事件**では，ドイツ軍艦をアガディール港に派遣して，モロッコに進出しようとしたが，いずれも失敗した。

4 バルカン問題の緊迫化

❶バルカン問題の悪化 日露戦争後，パン=スラヴ主義のロシ
アがバルカン半島への南下を再開し，ドイツ・オーストリア
を中心としたパン=ゲルマン主義[★8]と衝突した。このためバル
カン半島は「ヨーロッパの火薬庫」[★9]とよばれた。

①1908年，オスマン帝国の革命(⇨p.366)に乗じてブルガ
リアが独立し，オーストリアは**ボスニア・ヘルツェゴヴィナ**
2州を併合した。

②上記2州にはスラヴ人が多く，同地の併合をねらっていた
セルビアは，オーストリアにはげしい敵意をいだいた。

❷バルカン同盟 1912年，ロシアは
セルビア・ブルガリア・ギリシア・
モンテネグロの4国間に**バルカン同**
盟を結成させ，自己の影響下にお
いた。

❸第1次バルカン戦争 バルカン同
盟4国は，1912年，**イタリア=ト**
ルコ戦争(伊土戦争)に乗じてオス
マン帝国と開戦，翌年勝利した。
オスマン帝国はイスタンブルとそ
の周辺の地を除いてバルカン半島
の領土をうばわれた。

> 補説 **イタリア=トルコ戦争** 1911年，
> 第2次モロッコ事件に乗じて，イタリ
> アはオスマン帝国と開戦，アフリカ北
> 岸のトリポリ・キレナイカを領有した。

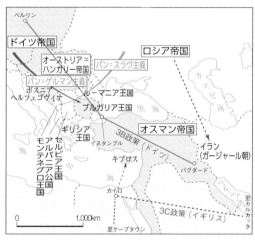

▲第一次世界大戦直前のバルカン半島

❹第2次バルカン戦争 オスマン帝国から獲得した領土の分
割をめぐって，1913年にブルガリアとバルカン同盟の他の
3国とが対立して開戦。[★10]ブルガリアは大敗し，領土の多くを
失った。

> 補説 **各地の反戦運動** 第2インターナショナル(労働者の国際組織)は
> 愛国心の高まりにより帝国主義反対から一転して戦争を支持したが，
> レーニンやローザ=ルクセンブルク[★11]は反戦を唱えつづけた。

三国同盟(独墺伊) ←×→ 三国協商(英仏露)
　　　　　　　　　　　対立
パン=ゲルマン主義 ←×→ パン=スラヴ主義
(オーストリア支持)　　　　 (ロシア支持)

第1次・第2次
➡ バルカン戦争で
危機が高まる

★8 ゲルマン系民族の団
結とバルカン支配をめざす
もの。3B政策はその一環。

★9 バルカン半島は，ゲ
ルマン系・スラヴ系などの
諸民族が接触するきわめて
複雑な民族構成であり，こ
の地を支配していたオスマ
ン帝国の衰退後は，列強の
進出の目標であった。

★10 オスマン帝国・ルー
マニアも3国側に加わった。
領土の多くを失ったブルガ
リアは，ドイツ・オースト
リアに接近した。

★11 ポーランド出身のド
イツの女性革命家。

☑ 要点チェック

CHAPTER 5　帝国主義と世界の変容	答

☐	1	19世紀後半以降，独占資本主義と結びついた欧米諸国が，アジア・アフリカへの勢力拡張をはかった動きを一般に何というか。	1 帝国主義
☐	2	独占の形態のうち，企業が販売条件などについて協定を結び，競争をひかえることを何というか。	2 カルテル（企業連合）
☐	3	イギリスで1900年に結成された労働代表委員会が，1906年に改称して生まれた政党を何というか。	3 労働党
☐	4	1894年にフランスでおこった，ユダヤ系軍人がドイツのスパイ容疑で告発された事件を何というか。	4 ドレフュス事件
☐	5	1890年，ビスマルクの引退後に親政をおこない，積極的な世界政策を推進したドイツ皇帝は誰か。	5 ヴィルヘルム2世
☐	6	ドイツの社会民主党内で，修正主義を主張した人物は誰か。	6 ベルンシュタイン
☐	7	日露戦争中の1905年，市民の請願デモに軍隊が発砲し，多数の死傷者をだした事件と，当時のロシア皇帝の名を答えよ。	7 血の日曜日事件，ニコライ2世
☐	8	アメリカでは企業の集中・独占が急速に進展して大財閥が形成され，共和党政府と結びついた。代表的な財閥を，2つあげよ。	8 ロックフェラー，モルガン
☐	9	1886年に結成された，アメリカ労働総同盟の略称を何というか。	9 AFL
☐	10	南アフリカ戦争をおこなった，イギリスの植民相は誰か。	10 ジョゼフ=チェンバレン
☐	11	1898年，アフリカ縦断政策をとるイギリスと横断政策をとるフランス両国の軍隊が，スーダンで衝突した。この事件を何というか。	11 ファショダ事件
☐	12	20世紀はじめ，武力を背景に強力な外交をすすめ，パナマ運河建設に着手したときのアメリカ大統領は誰か。	12 セオドア=ローズヴェルト
☐	13	帝国主義列強の中国分割競争のなかで，外国に貸し与えられて，中国の主権がおよばなくなった地域を何というか。	13 租借地
☐	14	中国に対する門戸開放を宣言したアメリカ国務長官は誰か。	14 ジョン=ヘイ
☐	15	康有為らが中心となっておしすすめ，立憲君主政を樹立して清朝の伝統的体制を根本から変革しようとした運動を何というか。	15 変法運動（変法自強）
☐	16	19世紀末，中国分割の進展とともに中国民衆の排外感情が高まった結果，山東省での蜂起をきっかけにおこった事件を何というか。	16 義和団事件
☐	17	上問の事件において，民衆がかかげたスローガンは何か。	17 扶清滅洋
☐	18	国民会議派のカルカッタ会議が開かれる契機となった法令は何か。	18 ベンガル分割令
☐	19	ビスマルクの失脚後，ドイツによって更新が拒否された条約は何か。	19 再保障条約
☐	20	ドイツの世界政策推進に対して，1904年および1907年に結ばれたヨーロッパの2国間の提携・協力関係をそれぞれ何というか。	20 1904年…英仏協商 1907年…英露協商
☐	21	第1次モロッコ事件は，何という都市でおきたか。	21 タンジール

• CHAPTER

6 » 第一次世界大戦とその後の世界

時代の俯瞰図

年代	1914 18	20	25	30
国際情勢	第一次世界大戦	パリ講和会議 ヴェルサイユ体制 ヨーロッパ経済の相対的安定 → → 国際連盟　　植民地における民族運動		国際協調 軍縮　　【世界恐慌】
アメリカ		ワシントン会議 →軍縮・日本の中国への単独進出抑制 ウィルソンの十四カ条　ドーズ案　【繁栄の20年代】		ヤング案
ドイツ		ヴァイマル共和国→巨額の賠償 → 爆発的インフレ 仏 ルール出兵　　↘賠償の軽減	ロカルノ条約 → 不戦条約	
イギリス		普通選挙実施→労働党が第二党に進出【帝国から連邦へ】		
イタリア		ファシスト政権の誕生→全体主義体制の確立		
ソ連		戦時共産主義→新経済政策→ソヴィエト連邦成立→スターリンの権力確立		
中国		コミンテルン 五・四運動→第1次国共合作 → 北伐 → 国民党の中国統一 └日本の二十一カ条の要求		
中東		委任統治領化とパレスチナ問題の発生		
トルコ		セーヴル条約→ローザンヌ条約→ムスタファ＝ケマルの改革（オスマン帝国の滅亡）		
インド		イギリスの背信 → 国民会議派の非暴力・非協力運動		

SECTION 1 第一次世界大戦

1 大戦の勃発(ぼっぱつ)と長期化

❶ **サライェヴォ事件** 1914年6月28日，オーストリアの帝位継承者夫妻が，ボスニアの州都サライェヴォでセルビア人民族主義者に暗殺された。これを機に，オーストリアはセルビアに最後通牒(つうちょう)を発し，1か月後には宣戦を布告した。

❷ **世界大戦への発展** ①ロシアはセルビアを援助して動員を開始。②ドイツはオーストリアを支持してロシアとその同盟国フランスに宣戦。③ドイツがベルギー国境を侵すと，それを口実にイギリスがドイツに宣戦。こうして第一次世界大戦（1914～18）が勃発した。日本も**日英同盟**を理由に連合国（協商国）側に加わり，はじめは中立であったイタリアも翌15年には連合国側にたって参戦。[★1]

参考 第一次世界大戦で，ドイツはロシア・フランスと戦う必要から，まず西部戦線に全力をあげフランス軍を破り，ただちに東部戦線に兵を移してロシア軍を破るという**シュリーフェン作戦（二正面作戦）**を実施したが，マルヌの戦いに敗れて失敗した。

★1 イタリアは三国同盟の一員だったが，領土問題をめぐってオーストリアと対立し，連合国側にたった。

❸**戦争の長期化**　ドイツは，①開戦後ただちにパリに進撃し，マルヌの戦い(1914.9)で反撃をうけ，西部戦線は長期化。②タンネンベルクの戦い(14.8)で，ロシア軍を破ったが，決定的な勝利とはならずに，東部戦線も膠着(こうちゃく)した。③同盟軍は東欧・バルカンでは有利に戦ったが，海上を封鎖(ふうさ)され，経済的に窮乏(きゅうぼう)した。④ドイツはヴェルダン要塞(ようさい)攻撃(1916.2)，ユトランド沖の海戦(16.5)に失敗。ソンムの戦いでは，英・仏の反撃をうけた(16.7)。⑤**毒ガス・戦車・飛行機**などの新兵器も使われたが，長期戦となった。

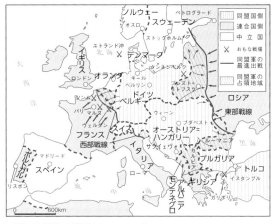

▲第一次世界大戦下のヨーロッパ

2 交戦国の国内情勢

❶**交戦国共通の問題**　戦争の長期化につれて，国民の不満や反戦の空気が強まった。しかし，戦争は国の生産力が戦局を左右する総力戦であり，その遂行(すいこう)こそが各国の課題であった。

補説 **秘密協定**　大戦中に展開され，交戦国は味方の勢力や中立国に対して，戦後の領土や勢力圏の再分配を密約しあった。イタリアが参戦にあたって未回復地の回復を約束されたり，イギリスがアラブ人・ユダヤ人それぞれに密約を与えた(⊂▷p.389〜390)のは，その典型的な例である。

❷**各国の国内情勢**

1 **イギリス**　1916年に**ロイド=ジョージ**内閣が成立した。戦争の遂行にあたり，アイルランドの反乱を鎮圧し，インドに自治を約束してインド人義勇兵をヨーロッパに派遣した。

2 **フランス**　熱狂的な愛国心も動揺しはじめたが，1917年，対独強硬派の**クレマンソー**が組閣(きょうかく)し，戦争継続につとめた。

3 **ロシア**　戦争が長期化して武器・弾薬が不足し，戦局は悪化して損害も増増，兵士の戦意も低下した。生活必需品の不足から労働者・農民の不満が激化してストライキが増加。

4 **ドイツ**　社会民主党が戦争に協力したが，**経済統制**が強まると，しだいにその左派が反戦運動にはしり，ストもおこった。

★2　**総力戦体制**　交戦国は国家のもてる人的・物的資源を戦争遂行のために総動員した。前線の兵士のほか，女性も武器などの製造工場ではたらき，また，植民地の人々も戦争にかりだされた。国民国家の形成が進んでいた国々で，政府や諸政党がたがいに協力する**挙国一致体制**がつくられたことも総力戦体制を支えた。

★3　開戦時には，反戦を唱えた社会主義者ジャン＝ジョレスが暗殺されたほどであった。

★4　植民地や海外市場を失ったため，物資が不足し，国民生活は窮迫(きゅうはく)した。そのため，一般の国民を工場に**強制徴用**して，戦争継続のための生産にあたらせた。

6

第一次世界大戦とその後の世界

\ TOPICS /

戦争防止への努力

　国際情勢が緊迫（きんぱく）する一方，戦争防止への努力や運動も各方面で活発におこなわれた。

　1899年には，**第1回万国平和会議**がオランダのハーグで開かれた。これは，当時もっとも好戦的な国の1つであったロシアの皇帝ニコライ2世の提唱によるもので，その点矛盾（むじゅん）を感じるが，ともかく戦時法規協約や国際仲裁裁判所の設立などが定められた。

　また，**第2インターナショナル**は反帝国主義の立場から戦争に反対したが，最大勢力であったドイツ社会民主党をはじめ，多くの国の参加政党が，自国の防衛戦争として大戦を肯定し，反戦運動はくずれた。そのなかでフランス統一社会党の指導者ジャン＝ジョレスは，反戦の努力をつづけたが，暗殺された。

　さらに，ロシアの**トルストイ**，フランスの**アナトール＝フランス**や**ロマン＝ロラン**らといった知識人や宗教家による反戦運動，万国赤十字社の活動もおこなわれたが，大戦を阻止するまでにはいたらなかった。

▲トルストイ

3 戦局の転換と終結

❶アメリカの参戦　アメリカは中立国として，交戦国との貿易で巨利を得ていたが，イギリスの海上封鎖で連合国との経済的結びつきを深めていった。1917年2月，ドイツが戦局の転換をはかって**無制限潜水艦作戦**（せんすいかん）[★5]に訴えると，アメリカの対独世論が硬化し，4月ドイツに宣戦，大量の兵員と物資を送ったため，戦局は一挙に連合国に有利となった。

❷ロシアの戦線離脱　①1917年，**ロシアで革命が勃発**。11月革命直後，レーニンは「**平和に関する布告**」をだし，交戦国に**無併合・無賠償（ばいしょう）・民族自決の原則**に基づく即時講和を訴えた。②ソヴィエト政権は，翌18年**ブレスト＝リトフスク条約**でドイツと単独講和を結んだ。

❸十四カ条の平和原則　ソヴィエト政府の平和のよびかけに対応して，1918年1月，アメリカ大統領**ウィルソン**が議会への教書で第一次世界大戦の講和原則（⇨p.377）を発表した。

❹大戦の終結　①ドイツは西部戦線で総攻撃をおこなったが失敗し，退却した。②1918年秋，ブルガリア・オスマン帝国・オーストリア[★6]が降伏。③ドイツでもウィルソンの十四カ条をうけいれて休戦を協議したが，1か月後に国内で革命[★7]がおこり，帝政は崩壊して共和国が成立した。1918年11月11日に休戦条約が締結され，戦争は終結した。

★5　イギリスの通商路を破壊するために，中立国の商船をふくむ一切の艦船を潜水艦によって無警告で撃沈しようとするもの。なお，ドイツの無制限潜水艦作戦は1915年より英国船無警告撃沈というかたちではじまり，同年多くのアメリカ人乗客の乗っていた**ルシタニア号**がその犠牲（ぎせい）となり，アメリカの世論を憤激（ふんげき）させた。

★6　オーストリアでも革命がおこってハプスブルク朝が倒れ，ハンガリーが独立（10月）した後，11月に降伏した。

★7　1918年11月，**キール軍港の水兵**が出航を拒否し，市民とともに反戦デモをおこなったことにはじまる革命で，各地に拡大した（**ドイツ革命**，⇨p.383）。

[第一次世界大戦]　帝国主義戦争
① 全国民が動員される総力戦。毒ガス・戦車・飛行機など新兵器が登場
② 1917年が転換点：アメリカ参戦，ロシア革命
③ 平和を求める提言：レーニンの「平和に関する布告」・ウィルソンの「十四カ条」

ロシア革命と対ソ干渉戦争

1 二月革命と十月革命

❶二月革命（三月革命）

1 **革命直前の状況**　第一次世界大戦に突入したロシアでは，戦局の悪化につれて，食料欠乏・経済混乱・軍需品不足などにより民衆の不満がつのり，兵士のあいだにも反戦意識が生まれていた。さらに政界の腐敗★1などにより，社会不安が深刻化した。

2 **革命の勃発**　①第一次世界大戦中の1917年，首都ペトログラード（現サンクト＝ペテルブルク）で労働者の大規模なストライキが発生★2。軍隊も鎮圧命令を拒否して労働者と合流，各地にソヴィエト（評議会）が結成された。②反乱は全国に波及して，皇帝ニコライ2世も退位した。これを二月革命（三月革命）★3といい，300年あまりつづいたロマノフ朝の支配に終止符がうたれた。

3 **臨時政府の成立**　三月革命により，自由主義貴族リヴォフ公を首班として臨時政府が成立した。臨時政府は，①自由主義的ブルジョワジーとソヴィエト★4とが妥協した二重政権であり，②ブルジョワジーの立憲民主党が主体となって戦争を継続させた。

4 **反政府運動の高まり**　1917年4月，レーニンが亡命地スイスから帰国し，四月テーゼを発表。「一切の権力をソヴィエトに」をスローガンに臨時政府打倒をよびかけた。ソヴィエト内のボリシェヴィキの力が強まり，反政府運動が高まった。

補説　**四月テーゼ**　臨時政府がつづけている帝国主義戦争を阻止するには，労働者・農民の政府をつくる必要があること，社会主義の建設にすすむことなどを明らかにした。以後のボリシェヴィキの行動指針となった。

★1　当時，宮廷では修道僧ラスプーチンが皇帝・皇后の信任を得て実権をにぎり，政府人事まで左右して，汚職が横行していた。

★2　1917年3月8日（ロシア暦2月23日）の国際女性デーに，パンと平和を要求するデモがきっかけとなっておこった。

★3　ロシアでは革命前まで，グレゴリウス暦より13日おそいユリウス暦（ロシア暦）が使用されており，革命がおきたのはロシア暦では2月，グレゴリウス暦では3月であった。

★4　当時のソヴィエトは社会革命党員とメンシェヴィキが多く，ボリシェヴィキの勢力はまだ弱かった。

▼四月テーゼについて演説するレーニン（1917年4月17日）

❷十月革命（十一月革命）

1 **ボリシェヴィキの台頭**　①1917年7月，社会革命党のケレンスキーが首相となり，戦争を継続するいっぽうでボリシェヴィキを弾圧。②しかし，ボリシェヴィキの党勢が回復し，ソヴィエトにおいて多数を占めた。③トロツキー指揮下に労働者を中心とする赤軍も組織された。

2 **十月革命の勃発**　1917年11月（ロシア暦10月），レーニン・トロツキー指導下にボリシェヴィキが武装蜂起し，臨時政府を倒してソヴィエト政権を樹立，新政府は即時終戦を訴える「平和に関する布告」と地主の土地を没収する「土地に関する布告」をだした。これが十月革命（十一月革命）である。

3 **ボリシェヴィキの一党独裁**　革命直後に普通選挙がおこなわれて，社会革命党が第一党となる。翌1918年1月憲法制定議会が開かれたが，レーニンらは武力で議会を閉鎖し，ボリシェヴィキによる一党独裁体制を樹立した。

4 **ドイツとの単独講和**　ソヴィエト政府は，トロツキーを代表としてドイツと講和会議を開き，1918年3月，不利な条件でブレスト＝リトフスク条約を締結し，戦争を終えた。

5 **国家体制の整備**　1918年，ボリシェヴィキはロシア共産党と改称，全ロシア＝ソヴィエト会議を開いて，首都をモスクワに移した。

2 対ソ干渉戦争の克服

❶**反革命の動き**　ボリシェヴィキ政権が成立しても，旧軍人や社会革命党の指導する反革命軍が各地で行動をおこし，ソヴィエト政府に反対する連合国も反革命軍を公然と支援した。

❷**対ソ干渉戦争**　1918年8月，チェコ兵の救出を口実に，英・米・仏・日の4か国の軍隊がシベリアに出兵した。

❸**ソヴィエトの反撃**　ソヴィエト政府は，戦時共産主義（⇨p.385）を断行し，赤軍によって反革命軍に対抗，チェカを設けて反革命分子を摘発した。国民の愛国心も高まり，1920年末までに反革命軍を鎮圧して，外国干渉軍もしだいに撤退した。

❹**コミンテルン（第3インターナショナル）**　1919年，ロシア共産党が各国の共産党と左派勢力を結集して結成。世界革命の推進によって干渉戦争の危機を打開しようとした。

★5 赤衛軍ともよばれる。1918年1月に義勇兵制の労農赤衛軍が法制化され，対ソ干渉戦争中に義務兵役制となった。1946年にソヴィエト連邦軍と改称。

★6 革命政府の内閣として人民委員会議が設立され，レーニンが議長，トロツキーが外務委員，スターリンが民族人民委員に就任。

★7 トロツキーは「無併合・無賠償・民族自決」を主張したが反対され，結局レーニンの意見をいれて，西方の領土を手ばなすこの条約に調印した。しかし，この条約自体はヴェルサイユ条約で無効とされた。

★8 新憲法も制定され，18歳以上の労働者・農民・兵士に選挙権の付与，男女同権，共産党以外の政党の禁止，などを定めた。

★9 オーストリア＝ハンガリー帝国で徴兵されたスラヴ系のチェコ人兵士は，集団でロシアに投降した後，チェコ独立のためにシベリア経由で帰国し，連合国側に加わるという方法をとっていた。そのチェコ人兵士とロシア軍がシベリアで衝突した。

★10 反革命やサボタージュなどの動きをとりしまるために設けられた非常委員会のこと。

③ ヴェルサイユ体制と国際協調

1 ヴェルサイユ体制の成立

❶十四カ条の平和原則　大戦中の1918年1月，アメリカ大統領ウィルソンが発表した講和の原則。**秘密外交の廃止**，海洋の自由，関税障壁の除去(通商の自由)，**軍備縮小**，植民地問題の公平な解決，**民族自決，国際平和機構の設立**など。

❷パリ講和会議　1919年1月から連合国代表が集まり，パリで講和会議を開いた。①アメリカ・イギリス・フランスの3国が会議の主導権をにぎり，ドイツなどの同盟国側やソヴィエト政府は参加できなかった。②ウィルソンの**十四カ条が講和の原則**とされたが，列強の利害が優先して，国際連盟の設立以外は実現しなかった。

❸ヴェルサイユ条約　パリ講和会議の結果，1919年6月，連合国がドイツに結ばせた講和条約。**ドイツに対する懲罰的・報復的な性格**が強く，ドイツにとっては非常に苛酷なものとなった。
　①アルザス・ロレーヌをフランスに返還。
　②ポーランド回廊を新興国ポーランドに割譲。
　③すべての海外領土・植民地を放棄。
　④徴兵制の廃止などのきびしい軍備制限。
　⑤ラインラントの非武装化(軍事施設の禁止)。
　⑥巨額の賠償金を課せられた(金額は1921年に正式決定)。

❹新国家の誕生　連合国は，ヴェルサイユ条約のほか，ドイツ以外の同盟国と個別に講和条約を結んだ。その結果，**ドイツ・オーストリア゠ハンガリー・ロシアの旧帝国の領土から，民族自決の名のもとに多くの新興国**が生まれた。一民族一国家を理念とする民族自決は，多民族がいりまじっていた東ヨーロッパでは，安定した国家建設には結びつかなかった。

補説　**ヨーロッパの新国家**　①フィンランド(旧ロシア領)，②エストニア・ラトヴィア・リトアニア(バルト3国，旧ロシア領)，③ポーランド(旧ロシア・オーストリア・ドイツ領)，④ユーゴスラヴィア(セルビア・モンテネグロ・旧オーストリア領)，⑤チェコスロヴァキア(旧オーストリア領)，⑥ハンガリー(旧オーストリア゠ハンガリー帝国から分離)。

★1　米大統領ウィルソン，英首相ロイド゠ジョージ，仏首相クレマンソー，伊首相オルランド，日本の首席全権西園寺公望ら。

★2　クレマンソーはフランスの安全確保のため，ドイツを徹底的に弱体化しようと画策した。

★3　パリ郊外のヴェルサイユ宮殿の鏡の間で調印。

★4　アルザス・ロレーヌはドイツ゠フランス(独仏)戦争でドイツが獲得していた(⮫p.317)。

★5　西プロイセンの一部とポーゼン地方。これによってドイツ本土と東プロイセンは切りはなされた。ポーランド回廊の海港都市ダンツィヒは，国際連盟下の自由市としてポーランドに港湾使用権が認められた。

★6　ライン川東岸の，幅50kmの地帯。なお，炭田のあるザール地方は国際連盟の管理下におかれ(15年間)，炭鉱採掘権はフランスが独占した。

★7　対オーストリアのサン゠ジェルマン条約，対ブルガリアのヌイイ条約，対ハンガリーのトリアノン条約，対オスマン帝国のセーヴル条約(⮫p.388)。

6

第一次世界大戦とその後の世界

❺国際連盟

1 **国際連盟の設立**　世界最初の本格的な国際平和機構として，1920年から活動を開始。本部をスイスのジュネーヴにおいた。

2 **国際連盟の欠陥**　①アメリカは孤立主義をとる議会の反対で参加せず。②ドイツとソ連[★8]は除外された。③侵略に対して有効な制裁手段がなかった（経済制裁のみ）。

❻ヴェルサイユ体制　パリ講和会議で決定したヨーロッパの新国際秩序。国際協調と民族自決を原則としたが，多くの問題点があった。[★9]

［ヴェルサイユ体制］
①国際協調と民族自決が原則
②国際連盟にはアメリカ・ソ連・ドイツは不参加

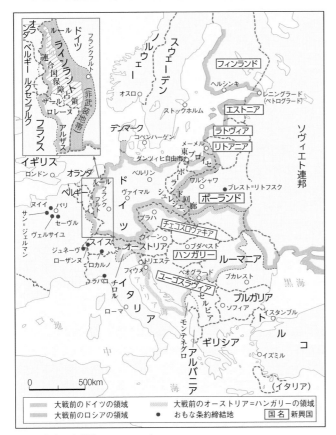

▲第一次世界大戦後のヨーロッパ

凡例：
░░░ 大戦前のドイツの領域
░░░ 大戦前のロシアの領域
░░░ 大戦前のオーストリア＝ハンガリーの領域
● おもな条約締結地
国名 新興国

参考　国際連盟の機関
総会・理事会・連盟事務局が主要機関で，国際労働機関(ILO)・常設国際司法裁判所とも提携。常任理事国は当初，英・仏・伊・日の4か国で，1926年に独が加盟して常任理事国となった（1933年日・独脱退後，ソ連が常任理事国となった）。

★8　ドイツは1926年，ソ連は1934年にそれぞれ加盟。

★9　ヴェルサイユ体制の問題点　①英・仏など戦勝国の利益が優先し，利害が交錯した。②民族自決の原則はヨーロッパ以外ではほとんど適用されず，植民地の独立要求は無視された。また，日本の「二十一カ条の要求」を不当とする中国の主張も無視された。③ヨーロッパの新国家の国境は，ドイツの弱体化とソ連を封じこめるという意図から不合理な点が多く，民族問題の原因になった。

参考　第一次世界大戦中〜大戦後に崩壊した帝国は，①ホーエンツォレルン家のドイツ帝国，②ハプスブルク家のオーストリア＝ハンガリー帝国，③ロマノフ家のロシア帝国。

参考　「未回収のイタリア」
サン＝ジェルマン条約で，イタリアは南チロルやトリエステをオーストリアから回復したが，フィウメはユーゴスラヴィア（現クロアティア）領になった（⇨p.315, 383）。

\ TOPICS /

ウィルソンの敗北

アメリカ大統領ウィルソンは，1917年4月，アメリカ参戦にさいし，「勝利なき平和」に基づく**無併合・無賠償・民族自決**などの講和の原則を主張した。これはウィルソンの理想主義をあらわすものであると同時に，ロシア民衆の気持ちをくみとって**ロシア革命**の過激化を阻止し，ロシアを連合国側につなぎとめようとする意図もあった。1918年1月，ウィルソンが十四カ条を発表したのは，ロシアの十月革命によって成立した**ソヴィエト政権**が，全交戦国に対して無併合・無賠償・民族自決を訴えた直後であった。しかし，十四カ条にはロシアを連合国側につなぎとめる効果はなく，ソヴィエト政権はドイツとの単独講

和を結んで戦線から離脱した。

十四カ条は，**パリ講和会議**でも連合国側から冷たくあしらわれた。講和会議の原則として採用されはしたが，大戦中からイギリス・フランス・イタリア・日本などの列強間には，戦後の領土や勢力範囲の再配分についての**秘密協定**が結ばれており（⤷p.373），講和会議はこれら列強の取引の舞台となり，ウィルソンの理想はふみにじられた。

こうして失意のうちに帰国したウィルソンは，アメリカ国内でも手痛い敗北を喫した。ヨーロッパに対する「孤立主義」に復帰しつつあったアメリカで，上院はヴェルサイユ条約の批准を拒否したのである。かれがヴェルサイユで手にした唯一の勝利ともいうべき**国際連盟**にも，アメリカは加盟しなかった。

第一次世界大戦とその後の世界

2 ドイツの賠償問題

❶ルール占領　ドイツは1,320億金マルクという巨額の賠償金の支払いに苦しみ，連合国側に支払いの延期を求めた。これを不満としたフランスは，1923年にベルギーをさそってドイツの**ルール工業地域を占領**した。労働者らが，ストライキやサボタージュで「非協力の抵抗」をおこなうと，**ドイツの経済は破綻し，インフレーションが猛烈な勢いで進行した。**

★10 フランスは，賠償総額の52%をうけとることになっており，これを戦後の復興の重要な財源にするつもりでいた。

★11 1914年には1ドル=4マルクであったものが，1923年11月には，1ドル=4兆マルクにもなった。

❷ドイツの救済

1 ドーズ案　アメリカはドイツ救済にのりだし，1924年にドーズ案によって賠償金支払いの方法を定めた。その内容は，①アメリカ資本をドイツに導入して産業を復興させ，ドイツに賠償金支払いの能力をつけ，②イギ

▲ドーズ案による資金の流れ

★12 アメリカのドーズを会長とする特別委員会で作成された賠償案。賠償金額は，暫定的に1924年以後の5年分について定めただけだった。

リス・フランスはドイツからの賠償金によってアメリカに借金（**戦債**）を返済する，というものであった。

★13 この後，1925年にフランスはルールから撤退，ドイツ経済は安定に向かった。

2 ヤング案　アメリカはヤング案により，1929年ドイツの賠償金総額を3分の1以下とし，支払い年限も延長したが，ヤング案成立直後に**世界恐慌**がおこり(⊃p.393)，無意味になった。
★14

★14　1932年のローザンヌ会議で総額が引き下げられたが(⊃p.394)，ナチ党政権により，賠償は破棄された。

3 軍縮会議と国際協調

❶**ワシントン会議**　1921〜22年，アメリカ大統領ハーディングの提唱によって開かれ，次の3つの条約が結ばれた。

1 海軍軍備制限条約　海軍主力艦の保有総トン数の比率を，米5：英5：日3：仏1.67：伊1.67と定めた。

2 四カ国条約　太平洋諸島の現状維持と**日英同盟の破棄**。
★15

3 九カ国条約　中国の主権尊重・領土保全と機会均等・門戸開放などを約束し，中国への日本の単独進出がおさえられた。
★16
★17

補説 **ワシントン体制**　ワシントン会議の諸条約が形成した東アジア・太平洋地域の国際秩序。ワシントン会議は，平和と軍備負担の軽減という諸国民の願いを反映したが，他方アメリカは大国間の軍事力均衡をはかり，大戦中からの日本の中国進出をおさえる意図をもっていた。この後アメリカは，**国際政治の主導権**をにぎるようになったが，やがてファシズムの台頭とともに，ドイツと日本がヴェルサイユ・ワシントン体制の打破を唱えるようになった。

❷**ロンドン軍縮会議**　1930年，イギリス首相マクドナルドの提唱によって開かれ，**海軍補助艦**の保有比率を**英10：米10：日7弱**とすることに合意した。
★18

❸**ロカルノ条約**　1925年，フランスのルール撤退後，ドイツ外相シュトレーゼマンの提唱によって結ばれた，**ヨーロッパの安全保障についての条約**。①ドイツとフランス・ベルギーの国境(西部国境)の現状維持。②ラインラントの非武装化などを確認。③ドイツの国際連盟加盟が了承された。
★19
★20

❹**不戦条約**　1928年，フランス外相ブリアンとアメリカ国務長官ケロッグの提唱により，パリで15か国が調印。参加国は，国際紛争を解決する手段として戦争に訴えないことを約束した。国際連盟に未参加のアメリカ・ソ連も加わった。
★21

❺**ソヴィエト連邦の承認**　ヴェルサイユ体制下で孤立していたドイツは，同じく列強の圧迫をうけたソヴィエト政権に接近し，1922年これを承認し，ソ連承認の先駆となった。1924年にはイギリスが労働党内閣のもとで承認，各国がこれにつづいたが，アメリカは非承認の態度をかえなかった。
★22

★15　米・英・仏・日が締結。

★16　参加国は，米・英・日・仏・伊・ベルギー・オランダ・ポルトガル・中国。

★17　日本は山東省と膠州湾の利権を中国に返還して**二十一カ条の要求**(⊃p.386)を放棄し，シベリアから撤兵した。

参考 **ジュネーヴ軍縮会議**　1927年，アメリカの提唱で，海軍補助艦の制限について会議が開かれたが，合意にいたらなかった。

★18　仏・伊は会議途中で，不満を表明して脱退した。

★19　スイスのロカルノで締結された5つの条約と，2つの協定の総称。そのなかで中心となったのは，左の①と②の内容を規定したライン保障条約である。

★20　ドイツが実際に加盟したのは，翌1926年。

★21　**ブリアン＝ケロッグ条約**，ケロッグ＝ブリアン協定などともよばれる。自衛戦争を否定せず，制裁手段ももたなかった。

★22　ジェノヴァ郊外のラパロで結ばれた**ラパロ条約**に基づく。ソ連はドイツに対する賠償を要求せず，ドイツは帝政時代のロシアの対ドイツ債務を放棄した。

④ 第一次世界大戦後の欧米

1 アメリカ合衆国

❶20年代の繁栄

1 **経済の発展**　アメリカは大戦中，連合国の兵器工場となって経済発展をとげ，債務国から**債権国**となった。1921年いらい，共和党が政権をにぎり，大企業優遇政策，高関税による保護貿易政策をすすめた。自動車・化学工業などの産業が発展し，**流れ作業による大量生産と大量消費の時代を**むかえた。

2 **現代大衆文化の発達**　プロ＝スポーツ，ジャズ，ラジオ放送，ハリウッド映画などが発達した。

❷孤立主義の復活　「孤立主義」が復活し，ヴェルサイユ条約の批准と国際連盟への加入は，議会によって拒否された。

❸共和党の政権　①1920年に，女性参政権が実現した。②1921～33年のあいだ，共和党の大統領が3代にわたってつづいた。③自動車産業などが発達し，北部の工業地帯に南部から黒人が移住した。④ワスプ(WASP)といわれた白人中産層が黒人差別・移民排斥などをすすめた。⑤好況で賃金が高かったこともあり，労働運動は低迷した。⑥農村では，20年代なかばから生産過剰となり，農業恐慌が発生した。

2 イギリス

❶選挙法改正　1918年，ロイド＝ジョージ内閣(自由党)のときの第4回選挙法改正で，21歳以上の男性の普通選挙と30歳以上の女性の選挙権が認められた。1928年，ボールドウィン内閣(保守党)のとき，第5回選挙法改正により男女平等の普通選挙が実現した。

❷経済の不振　大戦中アメリカから多額の戦債を負い，戦後は経済が停滞して，失業者が激増し，労働運動が高揚した。

❸労働党内閣の成立　①大戦後，労働党は選挙権の拡大や経済不況により労働者の支持を高め，1922年には自由党をおさえて保守党につぐ第二党になった。②1924年には自由党の協力をうけて労働党党首マクドナルドが最初の労働党内閣(第1次マクドナルド内閣)を組閣したが，短命に終わった。③その後は保守党内閣がつづいたが，労働党は自由党にか

★1 1923年には世界の金保有高の約半分がアメリカに集中し，世界の金融の中心は，ロンドンのロンバード街から，ニューヨークのウォール街に移った。

★2 第一次大戦後の孤立主義は，おもにヨーロッパに向けられたもので，ラテンアメリカ諸国に対しては，パン＝アメリカ主義の名のもとに干渉をつづけた。

★3 ハーディング(在職1921～23)，クーリッジ(在職1923～29)，フーヴァー(在職1929～33)。

★4 海外から安価な労働力が流入して，労働者の生活水準が引き下げられることを恐れた。

★5 21歳以上の男女に選挙権が与えられた。

★6 1914年に270万人であった労働組合総評議会(TUC)の組合員が，1920年には830万人に達し，労働組合運動が急激に高まった。

★7 マクドナルド内閣はソ連を承認し，対ソ借款の供与などの親ソ政策をとり，保守党の攻撃をうけた。

6　第一次世界大戦とその後の世界

わって保守党とともにイギリスの二大政党となった。

❹ イギリス連邦の成立　1926年，イギリス帝国会議は，自治領に本国と同等の地位を与え，1931年のウェストミンスター憲章によって成文化した。イギリス帝国はイギリス連邦とよばれるようになった。[8]

❺ アイルランドの独立　アイルランドの自治は大戦によって延期されていたが[9]，1922年にアルスター6州を除いて，アイルランド自由国として自治領になった。1937年にイギリス連邦脱退を宣言，エール（アイレ）として独立した（イギリス連邦からの離脱が認められたのは第二次世界大戦後）。[10]

▼アイルランド関係年表

年	できごと
1649	クロムウェルのアイルランド征服
1801	イギリスに併合され，大ブリテン゠アイルランド連合王国が成立
1823	オコネルがカトリック教徒解放運動をおこす
1829	カトリック教徒解放法
1840年代なかば	ジャガイモ飢饉により北アメリカへの移住者が増加
1886	自由党内閣がアイルランド自治法案を提出（否決）
1919 ～21	デ゠ヴァレラのシン゠フェイン党の反乱
1922	イギリス自治領となる
1937	新憲法を制定，独立

★8　自治領諸国は，大戦での功績から国際的地位が高まっていた。自治領とは，ニューファンドランド・カナダ・オーストラリア・ニュージーランド・南アフリカ連邦・アイルランド。

★9　大戦中もシン゠フェイン党が独立運動をつづけていた（⏎p.354）。

★10　北アイルランドとして，現在もイギリス領である。移住してきた新教徒が多数を占めている。しかし，イギリスの支配に反対する住民も多く，イギリスからの分離を求める闘争がつづいている。

① アメリカ：債務国から債権国へ。孤立外交の復活
② イギリス：第5回選挙法改正，労働党政権の誕生，エールが独立

3 フランス

❶ 対独強硬主義　大戦の被害により経済が混乱し，国民のドイツに対する復讐心は強かった。経済混乱の打開をドイツからの賠償金に求め，保守派政権のもと，1923年のルール占領など強硬策をすすめたが，失敗に終わった。[11][12]

❷ 協調外交　1924年に左派連合内閣が成立し，外相ブリアンはルール撤兵・ロカルノ条約などによってドイツとの協調をはかった。一方ではチェコスロヴァキア・ユーゴスラヴィア・ルーマニアの小協商国（⏎p.385）やポーランドとそれぞれ同盟を結び，東ヨーロッパやバルカンへの影響力を強めた。[13]

❸ 経済の再建　左派連合政権は経済困難を克服できず，1926年にはインフレーションが頂点に達した。この年，ポワンカレが挙国一致内閣を組閣し，思いきった財政政策によって経済を安定に導き，しばらくは繁栄の時期がつづいた。

★11　北フランスが戦場となった。また，帝政ロシアへの投資はソヴィエト政権によって帳消しにされ，米・英への戦債の返済もあって，経済復興が困難であった。

★12　対ソ干渉戦争をすすめたが，これも失敗した。

★13　ブリアンは首相・外相を歴任し，不戦条約の締結にもつくした。協調外交によってヴェルサイユ体制の維持をはかり，ドイツ・ソ連を孤立させることをねらいとした。

4 ドイツ

❶ ヴァイマル共和国の成立
①ドイツは**1918年11月の革命**で社会民主党が主導権をにぎった。②これに対し，1919年1月武装蜂起がおこったが，社会民主党は軍部と結んでこれを鎮圧。③ほぼ同時におこなわれた憲法制定国民議会の選挙で，社会民主党が第一党となり，ヴァイマルで国民議会を開いて，ヴェルサイユ条約を受諾，ヴァイマル憲法を制定し，エーベルトを大統領として**ヴァイマル共和国**が発足した。

補説　**ヴァイマル憲法**　当時，世界でもっとも民主的な憲法とされた。①主権在民，②連邦制，③20歳以上の男女の普通選挙，④大統領の直接選挙，⑤社会保障，労働者の団結権・団体交渉権など(**社会権**)を認めた。しかし，大統領の非常大権を認めたことなどから，憲法のもとでのヒトラーの首相就任や，全権委任法の制定を許すこととなった。

❷ ヴァイマル共和国の動向

① **共和国の試練**　大戦の被害や多額の賠償金により経済が混乱した。さらにフランスの**ルール占領**に対してストライキなどの「非協力の抵抗」をおこなったため，経済は破綻し，猛烈な**インフレーション**がおこった。

② **共和国の安定**　1923年シュトレーゼマンが首相・外相となり，新紙幣レンテンマルクの発行でインフレーションをおさえ，また，ドーズ案によりアメリカ資本を導入して産業を復興した。シュトレーゼマンはヴェルサイユ条約をできるだけ履行するという協調外交を展開し，**ロカルノ条約**を結んで，1926年には国際連盟に加入した。しかし，経済安定とともに，国民の間に保守的な空気が強まり，エーベルトの死後，右派・軍部の推す**ヒンデンブルク**が大統領に選出された。

5 イタリア

❶ 戦後の混乱
イタリアは戦勝国であったが，「**未回収のイタリア**」のうち，トリエステ・南チロルは回復したものの，フィウメの領有が認められず(⇨p.378)，ヴェルサイユ体制に強い不満をもった。イタリアは資源に乏しく，産業の不振と人口過剰に悩まされていたので，戦後，戦債の負担も加わって，経済は混乱し，失業者が増大した。そのため**社会主義の勢力が増大**し，労働者や農民の争議があいついだ。

★14　ワイマールとも表記。

★15　社会民主党の最左派で(スパルタクス団を組織)，1918年末にドイツ共産党を結成した**カール=リープクネヒト・ローザ=ルクセンブルク**は，この蜂起のときに殺害された。

参考　社会民主党と，これを援助した中央党・民主党の中道3党はヴァイマル3派とよばれる。

★16　シュトレーゼマンは，1923年の8～11月に首相を，その後，歴代内閣で1929年まで外相をつとめた。

★17　1兆マルク=1レンテンマルクで交換した。不動産などからの収入を担保とした。

★18　①外国資本への依存，②合理化による失業者の増大，③植民地をもたない市場のせまさなど，ドイツ経済の基盤は弱体であった。

★19　アドリア海北部の港市フィウメ(リエカ)の帰属をめぐり，イタリアとユーゴスラヴィアが抗争。1919年にダヌンツィオらの義勇軍が占領したが，政府がユーゴスラヴィアと妥協してフィウメを放棄したため，政府への反発が高まった。

6 第一次世界大戦とその後の世界

❷**ファシスト党の台頭**　ファシスト党[★20]を結成したムッソリーニは，ヴェルサイユ体制に不満な国民感情と，社会主義革命に対する資本家・中産層の恐怖心を利用して支持を集めた。[★21]かれは，1922年に資本家・軍部の支持を背景に，「ローマ進軍」とよばれる示威行進をおこない，国王ヴィットーリオ＝エマヌエーレ3世から組閣を命じられた。

❸**ファシズム体制の成立**　①ムッソリーニは反対派を弾圧，言論・出版・集会などの自由をうばい，ファシスト党の一党独裁体制を確立した。[★22]②英・米から資金を導入して，工業の振興や国土の開発をはかり，失業者を吸収して経済を安定させたが，初期の社会主義的な主張は消えて大資本家・大地主勢力の利益がはかられた。

補説　**ファシズム**　ファシスト党の独裁体制と思想を，ファシズムとよぶ。①社会主義と議会制民主主義の否定，②宣伝や娯楽の提供による大衆へのアピール，③軍部・資本家・大地主などの支持による政権奪取，④労働運動の抑圧，⑤言論・表現の自由の否認，などがおもな特徴とされ，広義には，ドイツのナチズムや日本の軍国主義もファシズムにふくまれる。

❹**ファシスト党の対外政策**　1924年にフィウメを併合，1926年にはアルバニアを保護国としてアドリア海を制圧。1929年にはローマ教皇庁とラテラノ条約を結び，1870年の教皇領占領（⇨p.315）いらいのイタリア王国と教皇との不和を解消，ファシスト党はカトリック勢力の支援を得ることに成功した。[★23]

6 東ヨーロッパ諸国

❶**多くの新国家**　ヴェルサイユ体制のもとで，エストニア・ラトヴィア・リトアニアのバルト3国，ポーランド，チェコスロヴァキア，ハンガリー，[★24]ユーゴスラヴィアなどが誕生した。敗戦国オーストリア・ブルガリアは小国となり，連合国側のルーマニアは領土を拡大した。新国家の国境線は，連合国側の利害できめられたので，各国の民族問題はいっそう複雑になり，各地で紛争がおこった。

❷**独裁権の樹立**　東ヨーロッパの大部分は農業国で，[★25]ロシア革命の波及を恐れた指導者たちが，農民を満足させるために土地改革をおこなったが，不徹底に終わり，西ヨーロッパ型の民主政治も定着しなかった。多くの国では大戦後，独裁政権が樹立された。

★20　イタリア語読み⇨ファシスタ党。

★21　黒シャツ隊とよばれる武装行動隊をもち，労働運動や社会主義・共産主義運動にテロを加えた。

★22　1928年には，ファシスト党の最高機関ファシスト大評議会が，国家の最高議決機関であるとされた。ムッソリーニは，大評議会議長・首相・ファシスト党党首を兼ねる統領となり，内相・外相・陸相・海相・労働相などを兼任した。

参考　ムッソリーニは，大ローマ帝国の再興を唱え，地中海・北アフリカに強固な地位を確立しようとした。

★23　ラテラン条約ともいう。教皇は教皇領回復の要求を放棄，かわりに教皇庁（ヴァチカン市国）の独立が保障された。またカトリックをイタリアの国教とした。

★24　ハンガリーは新国家であるが，オーストリアとともに敗戦国としてあつかわれた。ソヴィエト政権が樹立されたが，すぐに崩壊し，王国となって摂政ホルティの独裁政治がつづいた。

★25　チェコスロヴァキアは工業国で，大統領マサリクやベネシュらの指導下に民主政治がおこなわれたが，ズデーテン地方にドイツ人が少数民族としてふくまれ，問題を残した。

❸イギリス・フランスの影響力　イギリス・フランスは東ヨーロッパ諸国に対する影響力を強め，①ロシア革命の波及を防止し，②ドイツ・オーストリアの復活をおさえる防波堤の役割をもたせた。大戦前のバルカン戦争で独立したアルバニアにはイタリアが進出し，1926年これを保護国とした。

> 補説　**小協商**　チェコスロヴァキア・ユーゴスラヴィア・ルーマニアの3国が，1920〜21年にオーストリアの復活にそなえることを名目として条約を締結。フランスはこれら小協商国およびポーランドと同盟し，この地域に覇権を確立，ソ連とドイツににらみをきかせた。

★26　ポーランドはヴェルサイユ条約で定められた国境に不満で，1920〜21年フランスの支持をうけてロシアのソヴィエト政権と戦い（**ポーランド=ソヴィエト戦争**），広大な領土を得た。1926年，ピウスツキがクーデタによって独裁政権を樹立した。

7　ソヴィエト連邦

❶戦時共産主義　ソヴィエト政権は，内戦と干渉の危機に際して必要物資を確保するため，**戦時共産主義**の経済政策を実施した。①農民から**農産物を強制的に取り立てて**都市に食料配給制を実施，②個人間の商取引を禁止，③工場・銀行および貿易を国有化。この非常手段で危機をのりこえたが，**工場・農村は荒廃して生産が低下し**，農民・労働者の不満が高まった。

❷新経済政策（NEP）　レーニンは経済の回復をはかるため，戦時共産主義から一転して，1921年に**新経済政策**を採用し，一定限度内での**資本主義の復活**を認めた。①農産物の徴発を廃止して，政府に供出したあとの農産物の自由販売を認め，②中小企業や国内商業の自由な営業（利潤の追求）を許した。この結果，1921年には戦前の約半分・約7分の1まで落ちこんでいた農業生産・工業生産が，20年代なかばには戦前の水準を回復し，経済は安定した。また，一部の商人や中小企業経営者は，**ネップマン**とよばれる小所有階級となり，農民のなかには，**クラーク（富農）**が出現した。

❸ソヴィエト連邦の成立　1922年に，ロシア=ソヴィエト共和国と，ウクライナ・ベラルーシ・ザカフカースの4ソヴィエト共和国が連合して，**ソヴィエト社会主義共和国連邦（ソヴィエト連邦，ソ連邦，ソ連）**が発足し，1924年には**ソヴィエト連邦憲法**が制定された。ソ連が国家として安定すると，列国とソ連との国交が開かれるようになった。

★27　農民は，作付をへらして自己の必要量だけつくり，供出を拒否。また，1921〜22年にかけてヴォルガ地方で大飢饉がおこった。このような食料不足は都市の工業生産にも悪影響をおよぼした。

★28　全農家の約20%にすぎない富農が，全耕地の半分と，農業機械の60%を所有していたといわれる。その後，農業集団化（⤷p.396）が強制的におこなわれるようになると，これらの富農の土地は没収され，所有者は強制収容所に送られた。

> 参考　**一国社会主義論**
> 1924年のレーニンの死後，後継者争いがおこり，ソ連一国での社会主義建設をめざす一国社会主義論をかかげるスターリンが，世界革命を主張するトロツキーらを追放して，ソ連とコミンテルンの主導権をにぎった。

①ドイツ：ヴァイマル憲法，シュトレーゼマンの平和協調外交
②イタリア：ムッソリーニのファシスト党の独裁

6

第一次世界大戦とその後の世界

^{SECTION}
⑤ 東アジアの民族運動

1 中国と朝鮮の民族運動

❶ 中国の民族運動

1 文学革命　1915年ごろから，陳独秀が主宰する雑誌『新青年』を中心に，科学と民主主義を重視し，儒教道徳や中国の旧制度を批判する新文化運動(文学革命)がおこった。
　①胡適…白話文学(口語文学)を提唱。[★1]
　②魯迅…『阿Q正伝』『狂人日記』などを著して文学革命を推進。

2 日本の二十一カ条の要求　第一次世界大戦中，日本はドイツの租借地膠州湾を占領し[★2]，列強が中国をかえりみる余裕がないのに乗じて，1915年，中国に対して二十一カ条の要求を強要。袁世凱政府もやむをえずこれを認めたため[★3]，日本商品排斥などの排日運動が激化した。

補説　二十一カ条の要求　①山東省の旧ドイツ権益を日本が継承，②旅順と大連の租借期限，南満洲鉄道の経営期限の99か年延長と南満洲・内モンゴルでの日本の特権の承認，③漢冶萍公司(日本も投資した石炭・鉄鋼会社)の日中合弁化，④中国沿岸・諸島の第三国への不割譲，⑤中央政府の軍事・政治・財政などの部門への日本人顧問の採用，など。⑤は中国の独立を脅かす内容であるため，早期に撤回された。

3 五・四運動　大戦後のパリ講和会議で，中国は山東省の旧ドイツ利権返還をふくむ二十一カ条要求の破棄をめざしたが，日本など列国によって無視された。1919年5月4日，北京大学の学生を中心とするヴェルサイユ条約反対のデモ行進をきっかけに，全国の労働者・商人・農民などをふくむ抗議運動がおこり，ストライキや日本商品の排斥がつづいた。[★4]

❷ 朝鮮の独立運動
朝鮮でもロシア革命や民族独立運動の影響をうけて，1919年3月1日，知識人らが日本からの独立を宣言する文書を発表，各地で「独立万歳」をさけぶデモや労働者のストライキがおこった。この三・一独立運動を，日本政府は，武力によって鎮圧した。

POINT!
　① 中国：五・四運動…反帝国主義・反封建主義・反軍閥運動の起点
　② 朝鮮：三・一独立運動…日本が武力で鎮圧

★1　白話運動ともよばれ，口語で伝統にとらわれず思想や感情を表現することで，旧弊からの解放をめざした。また，学問や文学を大衆のものにすることでもあった。

★2　同時に，ドイツ領南洋諸島も占領した。

★3　中国はうけいれをきめた5月9日を国恥記念日とした。

参考　中国民族資本の成長
大戦中には，日本以外の帝国主義列強の勢力が中国から後退し，民族資本による国内産業が発達した。そのため労働者が増加して労働運動が高まり，学生など知識人もふえた。蔣介石の国民政府は，大民族資本である浙江財閥と提携した。

★4　袁世凱の死後，北京の軍閥政府は，五・四運動の高まりを背景に，ヴェルサイユ条約の調印を拒否した。五・四運動は，反帝国主義・反封建主義・軍閥打倒をめざす民衆運動の出発点となった。

注意　ヴェルサイユ条約では日本の中国進出が認められたが，1921～22年のワシントン会議では，日本の単独進出がおさえられた。

2 中国革命の進展

❶中国の状態　①1916年，帝位につこうとして失敗した袁世凱〈えんせいがい〉が死去すると，各地に軍閥が自立して抗争し，次つぎと北京〈ペキン〉に軍閥政府を樹立する形勢がつづいた。②米・英・日などは，それぞれ軍閥と結んで中国で有利な地位を確保しようとし，ワシントン会議でも中国に対する不平等条約は残された。★5③孫文らの国民党は弾圧され，1914年に孫文は秘密結社**中華革命党**を組織したが，革命勢力は組織化されず弱体であった。★6

❷革命派政党の結成　1919年，五・四運動の影響をうけた孫文は，中華革命党を大衆政党として中国国民党に改編して，1921年，孫文を大元帥〈だいげんすい〉として**広東軍政府**〈カントン〉を設立し，帝国主義・軍閥の打倒をめざした。他方，コミンテルンの指導のもとに，1921年陳独秀〈ちんどくしゅう〉・李大釗〈りたいしょう〉らが中国共産党を結成した。

❸第1次国共合作　ロシア革命の経験を学んだ孫文は，コミンテルンの支援もあって，1924年**中国国民党の改組**をおこない，**中国共産党と提携**〈ていけい〉した。これを国共合作という。①「**連ソ・容共・扶助工農**〈ふじょこうのう〉★7」の方針を採用して**三民主義**（⌒p.364）を発展させた。②共産党員がその党籍をもったまま個人として国民党に入党することを認めた。この国共合作により，五・四運動いらい高揚した反帝国主義・軍閥打倒の革命勢力が，中国国民党に結集されることになった。★8

❹五・三〇運動　国共合作などを背景に反帝国主義の気運が高まった。1925年**5月30日**，上海〈シャンハイ〉での学生・労働者のデモ行進にイギリス官憲が発砲したことから，上海全市にストライキがおこり，全国的な反帝国主義運動へと発展した。

❺北伐〈ほくばつ〉の開始　1926年，蔣介石〈しょうかいせき〉を総司令官とする**国民革命軍**は，軍閥の打倒と中国の統一をめざして北上を開始した。これを北伐という。国民革命軍は民衆の支持をうけて武漢〈ぶかん〉を占領し，翌27年には上海〈シャンハイ〉・南京〈ナンキン〉にはいった。

❻国共の分離　北伐が進展すると，利権の侵害をおそれる列強や，共産主義に脅威〈きょうい〉を感じる大地主などの保守派は，革命が激化しないようはたらきかけた。**国民党右派の蔣介石**は，★91927年4月**上海クーデタ**により共産党を弾圧，南京に国民政府を樹立し，浙江財閥〈せっこうざいばつ〉★10との提携をすすめた。ここに国共合作は破れ，以後，**国民党と共産党との内戦**がはじまった。

★5　ソヴィエト政権は，1919・20年の2回，**カラハン宣言**を発し，帝政ロシアが獲得した中国での利権の放棄，不平等条約撤廃，中国との国交回復，民族運動の援助などを提案。これは，中国人の共感をよび，親ソの気運を高めた。

★6　国民党の中心人物宋教仁〈そうきょうじん〉は袁世凱によって暗殺された。**第二革命**は失敗し（⌒p.365），孫文は亡命して東京で中華革命党を結成した。

〔注意〕　第2次国共合作は，1937年に実現した（⌒p.402）。

★7　ソ連と連合し，共産党をうけいれ，労働者・農民を援助するという意味。

〔参考〕中国国民党は**国民革命軍**の将校を育成するために，1924年，蔣介石を校長〈こうちょう〉とする**黄埔軍官学校**を設立した。

★8　1925年3月，孫文は「**革命いまだ成らず**」のことばを残して病死した。その年の7月には広東軍政府は**国民政府**と改称された。

★9　国民党にはしだいに**共産党の勢力**が増大し，北伐とともに各地で地主の土地没収などをおこなった。そのため国民党内部でも，右派と左派・共産党員との対立が深まってきた。

★10　上海を中心とする民族資本家の一団。

6

第一次世界大戦とその後の世界

❼**国民政府の国内統一**　蒋介石は，国民政府の樹立後も北伐をつづけ，1928年，奉天軍閥(**奉天**は現在の**瀋陽**)の張作霖を北京から追った。張作霖が奉天に帰る途中で日本軍に殺されると(⤷p.401)，長男の**張学良**は蒋介石と結んだため，満洲も国民政府に帰属し，国民政府は中国の統一を完成した。国民政府は，米・英の反日・反ソ主義と協調したが，外交力や軍閥・地主への統率力は弱く，政権は安定しなかった。

❽**ソヴィエト政権**　中国共産党は江西省を中心に農村部に展開し，革命の拠点としてソヴィエト区を建設。1931年に江西省瑞金に毛沢東を主席とする中華ソヴィエト共和国臨時政府が樹立された。

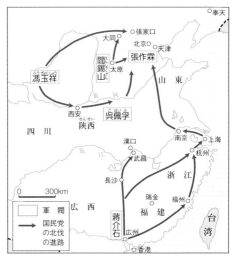

▲軍閥の割拠と国民党の北伐

SECTION 6　アジア諸地域の民族運動

1　トルコ共和国の成立

❶**大戦後のオスマン帝国**　敗戦国のオスマン帝国は，**セーヴル条約**(1920)[★1]によって小国となり，小アジア西岸はギリシア軍に占領された。これに対しムスタファ=ケマル[★2]は，共和人民党を組織して抵抗し，1920年にアンカラで**トルコ大国民議会**を開催して新政府を樹立。ロシアのソヴィエト政権と修好条約を結んだ後，1922年ギリシア軍を小アジアから撃退した(**ギリシア=トルコ戦争**)。1923年に**ローザンヌ条約**[★3]を結んで，エーゲ海沿岸のイズミルなどを回復した。

❷**ケマルの改革**　ケマルは1922年に**スルタン制を廃止**し，オスマン帝国は滅亡した。翌1923年，**トルコ共和国**が成立して，ケマルが初代大統領に就任し，①**カリフ制の廃止**とイスラーム教の非国教化による政教分離，②**ローマ字**[★4]・**太陽暦**の採用，③教育の普及と改革，④女性参政権の実現[★5]，などの改革をおこない，トルコの近代化をはかった。しかし一方では，共和人民党の独裁がおこなわれ，従来の土地制度も残った。

★1　この条約で，領土の削減，軍備の縮小，治外法権などを認めさせられた。

★2　のちに議会からアタテュルク(父なるトルコ人)の尊称を贈られ，ケマル=アタテュルクともよばれる。

★3　セーヴル条約にかわる新講和条約。治外法権と外国による財産管理が廃止され，関税自主権と若干の領土が回復された。

★4　それまでのアラビア文字は廃止された。

★5　1924年には人民主権の憲法を制定した。

2 イスラーム諸国の独立

❶アラブ民族運動　第一次世界大戦が勃発すると，イギリスは，オスマン帝国の支配下にあったアラブ人に対し，フセイン（フサイン）＝マクマホン協定によって戦後の独立を約束し，オスマン帝国に対する武力闘争にたちあがらせた。★6 しかし，大戦後，その約束は守られず，①**イラク・パレスチナ**などは★7 イギリスの**委任統治領**に，②**シリア**はフランスの委任統治領になった。③**アラビア**では，**ワッハーブ王国**（⇨p.332）の再興をめざすイブン＝サウードがサウジアラビア王国を建設した。

　　列強の引いた国境線は地域の実情を無視したもので，**クルド人**など国家建設を妨げられた民族や地域紛争の原因をつくった。

補説　**委任統治領**　国際連盟の委任によって各連合国が統治することになった，ドイツおよびオスマン帝国の旧植民地・旧属領。

❷エジプト　①従来より，イギリスが実質的に保護国化。1914年，正式に保護国とした。②大戦後，**ワフド党**を中心★8 に独立を求める民族運動が高まり（**1919年革命**），1922年イギリスが保護権を廃止して**エジプト王国**となったが，名目的な独立であった。③その後も独立運動がつづき，1936年にイギリスは**完全独立**を認めたが，なお**スエズ運河**地帯にイギリス軍が駐留した。

❸イラン　①イギリスとロシアの勢力範囲になっていたが，ロシア革命によってロシア軍が撤退すると，イギリスが支配した。②1921年，軍人レザー＝ハーンがクーデタをおこしてガー★9 ジャール朝を打倒，イギリスからの独立を宣言した。③1925年には王位についてパフレヴィー朝を創始し，1935年に国名をペルシアから**イラン**に改めた。

❹パレスチナ問題の発生　パレスチナにユダヤ人国家をつくろうとする動き（**シオニズム**）が強まり，パレスチナへ移住するユダヤ人がふえた。第一次大戦中イギリスは，アラブ人には**フセイン＝マクマホン協定**で，ユダヤ人には**バルフォア宣言**で，それぞれ戦後の独立★10 を約束するという矛盾した政策をとった。

★6　アラブ人はメッカ首長フセイン（フサイン）とイギリス情報将校ロレンスの指導下にトルコ軍と戦った。

★7　イラクは，1921年フセインの子ファイサルを王とするイラク王国となり，1932年，委任統治が解除。

★8　パリ講和会議に，民族自決の原則の適用を要求して派遣されたエジプトの代表団（ワフド）から発展した民族主義政党。中心人物はサード＝ザグルール。

★9　レザー＝シャー＝パフレヴィーともいう。

★10　1917年に英外相バルフォアが，ユダヤ人の国家建設の支持を約束。

参考　1919年，アフガニスタンもイギリスから独立。

▲第一次世界大戦後の西アジア

6
第一次世界大戦とその後の世界

\ TOPICS /

パレスチナ問題の発生

　ユダヤ人の祖国帰還運動（シオニズム運動）が誕生したのは，ドレフュス事件（1894～99年）などで，ユダヤ人に対する根深い差別が改めて明らかにされた19世紀末のことである。シオニストたちは，ロスチャイルド家などのユダヤ系資本家から資金援助をうけ，パレスチナの土地を購入して，「ユダヤ人のための郷土」の建設をすすめた。その後，イギリスがバルフォア宣言によってパレスチナへの国家建設を約束した。

　一方，第一次世界大戦中のフセイン＝マクマホン協定でアラブ国家建設が約束されたにもかかわらず履行（りこう）されなかったアラブ側で

は，ファシズムの台頭に伴ってユダヤ人移民が急増した1930年代に，各地で武装闘争が激化した。

　第二次世界大戦後，イギリスは，パレスチナ問題の解決を国連に任せ，1947年，国連のパレスチナ分割案が可決された。この分割案作成にあたっては，アメリカの強い意思が働いたといわれ，人口比で約3分の1のユダヤ人が，パレスチナの約60％の土地を確保するというものであった。1948年5月にイギリスの委任統治終了に伴ってイスラエルが独立を宣言すると，イスラエル建国阻止を決議していたアラブ連盟加盟国とのあいだで，パレスチナ戦争（第1次中東戦争）が勃発（ぼっぱつ）した。（⊃ p.423，449）

さらに1916年イギリスは，パレスチナの国際管理などに関する秘密協定を結んでおり，大戦後アラブ人とユダヤ人の対立[★11]がおこった。

★11 英・仏・露によるサイクス＝ピコ協定。オスマン帝国領の分割領有とパレスチナの国際管理を定めた。

③ インドと東南アジアの民族運動

❶ インドの独立運動

[1] **イギリスの背信（はいしん）**　大戦中，イギリスは戦後の自治を約束し，インドに兵員や物資の供給などの協力をさせた。しかし，1919年インド統治法では形式的な自治しか認められず，しかも同年，イギリスはローラット法[★12]を発布し，民族運動を抑圧しようとした。

[2] **ガンディーの反英運動**　国民会議派の指導者ガンディーは，非暴力・非協力（不服従）の運動[★13]をおこし，全インド＝ムスリム連盟とも提携（ていけい）した。1929年国民会議派はネルーらの急進派がラホールで「プールナ＝スワラージ（完全独立）」の方針を決議[★14]し，ガンディーも翌1930年より塩の専売に反対して「塩の行進」[★15]という抵抗運動をすすめた。

[3] **新インド統治法の成立**　イギリスは，インド人の指導者を3回にわたる英印円卓会議（えんたく）にまねいて妥協（だきょう）をはかったが，合意にいたらず，1932年独立運動が再開された。1935年には新インド統治法を制定し，各州の自治をある程度認め

★12　英総督（そうとく）に，インド人に対する令状なしの逮捕，裁判ぬきの投獄を認めた。

★13　サティヤーグラハとよばれる。公職辞退，ストライキ，外国商品ボイコットなどの手段による運動。

★14　ラホールの国民会議派の大会で完全独立を決議。円卓会議のボイコットと，非協力運動再開を決定した。

★15　イギリスの塩の専売法に反対して，1930年から開始。約360kmを徒歩で行進し，海岸で製塩して抗議した。

たが，ヒンドゥー教徒とイスラーム教徒の対立など，内部
の問題も深まった。

補説　**サイモン委員会**　イギリスは，1927年にサイモン委員会を発足
させ，インド人各層の意見を聞いてインド統治法の実態を調査する
ために，インドを訪問させた。しかし，この委員会はイギリス人の
みからなっていたため，インド側の不信感と反発をまねいた。

❷ 東南アジアの民族運動

1 **ビルマ（ミャンマー）**　1920年代に民族運動がはじまり，
1930年には**サヤ＝サン**が指導する大規模な農民蜂起がお
こった。一方，1930年にラングーン大学の学生を中心に**タ
キン党**が結成され，**アウン＝サン**の指導下に独立運動が展
開された。

2 **タイ**　大戦後，不平等条約の撤廃に成功。★16 1932年にピブン
らによる無血革命がおこって立憲君主国となり，1939年に，
国名をそれまでのシャムから**タイ**に改めた。

3 **インドシナ**　フランス支配のもとで，1925年ホー＝チ＝ミ
ンが**ベトナム青年革命同志会**を結成し，これを母体に30年
2月，**ベトナム共産党**が成立した。しかし，同年10月，コ
ミンテルン（⤳p.376）の方針をうけた勢力が主導権をにぎり，
インドシナ共産党と改称した。★17 農民・労働者に次第に支持
され，対仏・対日の抵抗，独立運動の主体となった。

4 **インドネシア**　オランダ支配のもとで，1917年イスラーム
同盟が独立を目標にかかげ，1920年には**インドネシア共産
党**が結成された。オランダの弾圧でこれらの運動が壊滅し
た後，1927年スカルノの指導のもとに**インドネシア国民党**
が結成され，民族統一・独立をかかげて運動をすすめた。

5 **フィリピン**　アメリカは独立運動をおさえながらも，フィ
リピンの近代化をすすめた。1934年に自治が認められ，
10年後の独立を約束されたが，第二次世界大戦のために延
期された（1946年に独立を達成）。

補説　**ホー＝チ＝ミン**　1890〜1969年。ベトナム中部の貧しい儒学
者の家に生まれた。料理人として渡米したのち，フランスへ渡り，
共産主義に傾倒。フランスからさらにソ連や中国へ行き，ベトナム
共産党を設立したのは香港である。「独立と自由ほど尊いものはな
い」（1966）ということばを残しており，共産主義者である以前に，
民族主義者であったとも評される。ベトナム戦争後，南ベトナムの
首都であった**サイゴン**は，かれの名にちなみ，現在のホーチミン市
に改称された。

★16　英・仏の緩衝地帯と
なって独立を確保したタイ
は，両国から不平等条約を
おしつけられていた（⤳
p.338）。

★17　コミンテルンは，ア
ジアの民族運動のなかに共
産主義を浸透させた。その
結果，アジア各国において，
共産党が重要な勢力となっ
ていった。

6

第一次世界大戦とその後の世界

▲ホー＝チ＝ミン

☑ 要点チェック

CHAPTER 6 第一次世界大戦とその後の世界		答
☐ 1	1914年，第一次世界大戦の発端となった事件を何というか。	1 サライェヴォ事件
☐ 2	パリ講和会議で結ばれた，連合国とドイツとの講和条約は何か。	2 ヴェルサイユ条約
☐ 3	第一次世界大戦の講和条約のうち，対オスマン帝国の条約は何か。	3 セーヴル条約
☐ 4	パリ講和会議によって設立された国際平和機構を何というか。	4 国際連盟
☐ 5	アメリカは，巨額の賠償金を課せられたドイツに対して，1924年に支払いの方法を定めたが，この案を何というか。	5 ドーズ案
☐ 6	1921〜22年にかけて開かれ，海軍軍備制限条約・九カ国条約・四カ国条約を成立させた会議を何というか。	6 ワシントン会議
☐ 7	1930年のロンドン軍縮会議で決定された，米・英・日の海軍補助艦の保有比率を答えよ。	7 米10・英10・日7弱(7)
☐ 8	1925年，ドイツ外相シュトレーゼマンの提唱によって結ばれた，ヨーロッパの安全保障に関する条約を何というか。	8 ロカルノ条約
☐ 9	1924年，イギリスでは自由党の協力をうけて労働党党首が内閣を組織したが，その党首は誰か。	9 マクドナルド
☐ 10	1926年，フランスでは極度のインフレーションのもとで挙国一致内閣が成立したが，そのときの首相は誰か。	10 ポワンカレ
☐ 11	ドイツで1919年に制定された民主的な憲法は，その制定国民議会の開催地の名をとって何とよばれるか。	11 ヴァイマル(ワイマール)憲法
☐ 12	イタリアでは，1922年にファシスト党がローマ進軍をおこない，国王から組閣を命じられたが，その党首は誰か。	12 ムッソリーニ
☐ 13	イタリアのファシスト党が1929年にローマ教皇庁と結んだ，イタリア王国と教皇との不和に終止符をうった条約は何か。	13 ラテラノ条約
☐ 14	対ソ干渉戦争に際してソヴィエト政権がとった経済政策は何か。	14 戦時共産主義
☐ 15	ソヴィエト政権下のロシアで1921年に採用された新経済政策により，一部に小所有階級が生まれたが，その人々を何というか。	15 ネップマン
☐ 16	レーニンが1924年に死去したのち，後継者争いを制してソ連の指導者となった人物は誰か。	16 スターリン
☐ 17	第一次世界大戦の講和会議が開かれているとき，朝鮮で「独立万歳」をさけぶ運動がひろがった。この独立運動を何というか。	17 三・一独立運動
☐ 18	日本の二十一カ条の要求破棄などを要求して，中国でおこった反帝国主義運動を何というか。	18 五・四運動
☐ 19	1926年，蔣介石を総司令官とする国民革命軍が，軍閥打倒と中国統一をめざしておこした軍事行動を何というか。	19 北伐
☐ 20	トルコ共和人民党を結成してギリシア軍を撃退し，カリフ制の廃止など，近代化政策を実施した人物は誰か。	20 ムスタファ＝ケマル(ケマル＝アタテュルク)
☐ 21	インドで反英の非暴力・非協力運動を指導したのは誰か。	21 ガンディー

時代の俯瞰図

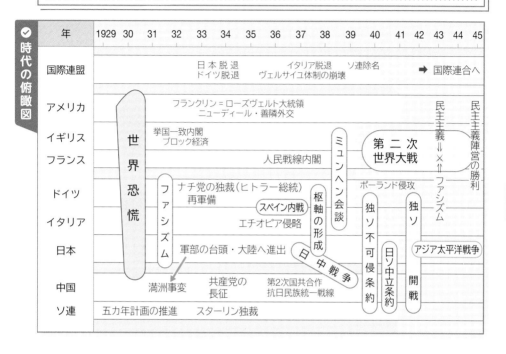

年	1929 30 31 32 33 34 35 36 37 38 39 40 41 42 43 44 45
国際連盟	日本 脱退 　イタリア脱退 　ソ連除名 　➡ 国際連合へ ドイツ脱退 　ヴェルサイユ体制の崩壊
アメリカ	フランクリン＝ローズヴェルト大統領 ニューディール・善隣外交
イギリス	挙国一致内閣 ブロック経済
フランス	人民戦線内閣
ドイツ	ナチ党の独裁（ヒトラー総統） 再軍備
イタリア	エチオピア侵略
日本	軍部の台頭・大陸へ進出
中国	満洲事変　共産党の長征　第2次国共合作 抗日民族統一戦線
ソ連	五カ年計画の推進　スターリン独裁

（図中の語句）世界恐慌／ファシズム／スペイン内戦／枢軸の形成／ミュンヘン会談／独ソ不可侵条約／日ソ中立条約／独ソ開戦／ポーランド侵攻／第二次世界大戦／日中戦争／アジア太平洋戦争／民主主義⇆×⇆ファシズム／民主主義陣営の勝利

---

1 世界恐慌と列強

1 世界恐慌(きょうこう)とその対策

❶恐慌の発生とひろがり

1 **1929年の恐慌**　1929年，アメリカのニューヨーク株式市場（ウォール街）で，株価が大暴落した。[★1]これをきっかけに破産者や企業倒産が続出，工業生産は激減して失業者が増大し，商業・貿易も不振におちいる大恐慌となった。

2 **世界恐慌への発展**　世界経済の中心であったアメリカの不況は，計画経済の体制をとっていたソ連を除く全世界に波及(は)し，世界恐慌となった。ドイツは，アメリカ資本の撤退(きゅう)によって，経済が破綻(はたん)した。

3 **世界恐慌の背景**　ドーズ案成立後，資本主義経済は好況となり，産業の合理化と設備投資がすすんで生産力がいちじ

★1 ニューヨーク株式市場において株価が大暴落した1929年10月24日は，「暗黒の木曜日」とよばれた。

★2 失業者は世界全体で3,500～5,000万人にのぼり，工業生産は恐慌前の半分，貿易額は3分の1に低下し，農業所得も激減した。

るしく増大した。しかし，消費がこれに伴わず，**生産過剰が深刻化**した。農業部門でもヨーロッパの復興によって生産がだぶついた。また，貿易も不振であった。

❷世界的対策の不調

[1] **フーヴァー=モラトリアム**　1931年，アメリカ大統領フーヴァーが発した**支払い猶予令**。ドイツの賠償支払いとイギリス・フランスの対米戦債支払いを1年間停止したが，時期がおそすぎ，イギリス・フランスの経済は打撃をうけた。

[2] **ローザンヌ会議**　ドイツ経済は悪化をつづけたため，アメリカは，1932年，スイスのローザンヌで列国会議を開き，賠償金の支払い延期と30億金マルクへの減額を決定した。

[3] **世界経済会議**　1933年，ロンドンで開催。危機の打開には成果がなく，こののち列国は経済ブロックの形成につとめた。

❸**世界恐慌の影響**　①恐慌に対処するため資本の合同がすすみ，独占資本主義が強化された。②各国で金本位制が廃止され，保護関税障壁を設けて本国と植民地とを結ぶブロック経済圏が形成された。③後進資本主義国に**ファシズム**が台頭，ヴェルサイユ体制をくずす最大原因となった。④恐慌のしわ寄せをうけた植民地や従属国では，解放・独立の動きが激化した。

2 アメリカの恐慌対策

❶アメリカのニューディール

[1] **ローズヴェルトの登場**　恐慌によってアメリカ経済は極度の不況におちいった。共和党のフーヴァー政権は景気回復に失敗し，1932年の大統領選挙では，民主党のフランクリン=ローズヴェルト(在職1933~45)が圧勝した。

[2] **ニューディール**　ローズヴェルト大統領がとった不況克服政策。**国民の購買力の増大をはかって国内の需要を喚起し，危機を乗り切ろうとするもの**。①全国産業復興法と②農業調整法によって生産を調整して価格の安定をはかり，③TVAなどの公共事業をおこして失業者の救済と需要の拡大をはかった。また，④1935年，ワグナー法(**全国労働関係法**)を定めて，労働者に団結権・団体交渉権を与え，労働者の地位の向上をはかった。この結果，**労働運動が活発化**した。

★3　生産過剰の理由
①合理化による失業者の増大，勤労者の低収入，慢性的な農業不況などで，国民の購買力が増加しなかった。②諸国の高関税政策により，自由貿易が妨げられた。③社会主義国ソ連の成立で資本主義市場がせばまった。

★4　フーヴァー=モラトリアムの期限切れと同時に開かれた。

★5　英・仏は戦債の棒引きを主張したが，アメリカに拒否された。ヨーロッパ諸国はドイツの賠償金をアメリカへの戦債支払いにあてていたので打撃をうけた。

★6　自由放任経済は放棄され，国家が経済活動に介入し，**自給体制**がきずかれたため，市場はいっそうせまくなって，後進資本主義国の経済を圧迫した。

★7　このニューディール(New Deal)は，「新規まき直し」と訳される。ローズヴェルトの政策のキャッチフレーズである。3R(救済Relief・回復Recovery・改革Reform)がスローガンとしてかかげられた。

★8　1933年に設立されたテネシー川流域開発公社の略称。テネシー川流域の治水・発電・植林・土地改良などをおこなう総合開発事業で，私的独占に対抗するものでもあった。

補説 **全国産業復興法**　略称NIRA。1933年制定。国家の監督のもとに企業間の競争をなくし，生産を制限して物価や労働賃金の引き上げをはかり，企業の経営を回復させようとするもの。

補説 **農業調整法**　略称AAA。1933年制定。農作物の作付面積制限・生産制限などをおこなって農産物価格の引き上げをはかり，農民の救済とその購買力の増大をめざした。

❷**ニューディールの推進**　ニューディールは，**国家が経済活動を統制し，大資本の利潤をおさえるものであった。**そのため，大資本は企業の自由を侵すものとしてこれに強く反対し，最高裁判所も，1935年・36年に，全国産業復興法と農業調整法に違憲の判決をくだした。これに対してローズヴェルトは，法律を分割して成立させるなどして，政策を強力に推進していった。

補説 **ニューディールの意義**　①従来の**自由放任主義**の原則はすてられ，国家が経済活動に介入する**修正資本主義**の先駆をなした。②第二次世界大戦の勃発によって，最終的な効果はみきわめられなかったが，国民各層の利害を調整し，民主主義を守りながら恐慌対策をすすめ，経済の混乱を脱したことは高く評価される。

❸**ニューディール期の外交**　①ラテンアメリカ諸国に対しては，互恵的な関税引き下げや友好関係の推進など**善隣外交**を展開した。②日本の中国侵略に対し蔣介石政権を支援し，1933年には**ソ連を承認**。③フィリピンに独立を約束。これらの外交政策によって世界貿易の拡大につとめ，30年代末には国際情勢の緊迫のなか，軍備増強にのりだした。

3 イギリス・フランスの恐慌対策

❶**恐慌下のイギリス内閣**　①1929年，労働党が第一党となり**第2次マクドナルド内閣**が成立した。②政府が恐慌克服策として失業保険手当を引き下げると，1931年労働党は党首マクドナルドを除名したが，同年マクドナルドは保守党・自由党の支持を得て**挙国一致内閣**を組織。金本位制廃止・保護関税などで危機の打開をはかった。

❷**オタワ連邦会議**　イギリスは，1932年，カナダの首都オタワでイギリス連邦経済会議を開き，イギリス連邦内の関税をさげ，連邦外の国に対して高関税を課す**スターリング＝ブロック（ポンド＝ブロック）**を形成した。

❸**フランスにおける恐慌の影響**　ややおくれて恐慌による不況がはじまった。政府は**フラン＝ブロック**をきずいて，経済

参考 **ワグナー法**
ローズヴェルトのとった分割立法の1つ。提唱者の上院議員ワグナーの名をとった。全国産業復興法が違憲の判決をうけたため，労働者の権利の部分を，改めて立法化したもの。この結果，従来の労使協調的なAFL（⇨p.356）から分離して，急進的な**産業別組合会議（CIO）**が結成された。

★9　これによってドル＝ブロックが形成された。

★10　従来の高圧的・武力的なパン＝アメリカ主義を改め，キューバの完全独立を承認し，メキシコ駐兵権を放棄した。

★11　第1次マクドナルド内閣（⇨p.381）。

★12　恐慌の影響で，失業保険の給付が増大し，政府財政を圧迫していた。

★13　イギリス・カナダ・ニュージーランド・オーストラリア・南アフリカ連邦・ニューファンドランド・アイルランド・南ローデシア・インドが参加。特恵関税による相互の経済交流をはかり，他国を排除した。

7

ファシズムと第二次世界大戦

安定をはかった。1935年，社会党・共産党を中心とした勢
力は人民戦線(⤴p.403)を結成。1936年には社会党のブル
ムを首相に反ファシズムをかかげる人民戦線内閣が成立した。

補説　ブロック経済　特恵関税制度などによる，本国と植民地とのあい
だの排他的な経済圏。イギリスの**スターリング=ブロック**，フラン
スの**フラン=ブロック**，アメリカの**ドル=ブロック**などが代表的。
自国の市場への他国の介入を排除したため，貿易市場がせばまり，
後進的資本主義国であるドイツ・イタリア・日本などの経済を圧迫，
国際対立を深める原因となった。

参考　**フランス人民戦線内閣の恐慌対策**　従来の緊縮財政から一転，積極的な社会政策を実施した。週40時間労働制，賃金の引き上げ，公共事業の振興，労働者の団体交渉権の承認などをすすめたが，成果はあがらず，インフレによって経済情勢はかえって悪化した。

[世界恐慌]　資本主義諸国に深刻な危機をもたらした
① アメリカ：フランクリン=ローズヴェルトのニューディール
② イギリス：マクドナルド内閣のとき，スターリング=ブロック形成
③ フランス：フラン=ブロック形成。人民戦線内閣成立

4 ソヴィエト連邦の発展

❶ソ連経済と恐慌　ソ連は，**社会主義の計画経済**に基
づく**五カ年計画**をすすめており，世界恐慌の影響はほ
とんどうけなかった。

❷五カ年計画の推進

1 **第1次五カ年計画**　1928年開始。重工業化の推進と
農業の集団化・機械化がすすめられた。

2 **第2次五カ年計画**　1933年開始。農業の集団化はほ
ぼ完了。消費財の生産にも力がいれられ，計画の終
わりごろには，アメリカにつぐ**世界第2位の工業国**
となった。

❸スターリン独裁の進行　スターリンは，**農業の集団
化**で多数の農民を餓死させ，反対派を大量に処罰し，
個人崇拝を強めて独裁を強化した。1936年にいわゆ
る**スターリン憲法**を制定し，社会主義国家体制を確立した。[★14]

補説　**コルホーズ・ソフホーズ**　どちらも集団化による大農法で，農
業の社会主義化をめざした。コルホーズは協同組合組織で，土地・
農具など生産手段を共有し，分配は作業量に応じた。当初，加入は
自由意志となっていたため，保守性の強い農民の加入率は低かった。
第2次五カ年計画では加入が強制的におこなわれ，個人経営の農家
は消滅した。ソフホーズは，没収した土地を基礎にした国営の農場
で，農民は賃金労働者となって働いた。

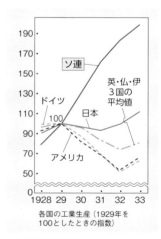

各国の工業生産（1929年を100としたときの指数）

▲ソ連工業の躍進

★14　1936年のソヴィエト大会で成立。**1936年憲法。**
①18歳以上の男女による普通選挙，②ソ連邦最高会議の設置，③労働者・農民の差別の撤廃，④諸民族の平等，などが定められた。

❹**1930年代前半のソ連外交**　社会主義建設のためには，平和が維持される必要があったため，ソ連は**資本主義国との協調**につとめた。1933年にアメリカの承認を得，翌年には国際連盟に加盟して常任理事国となった。35年には，ドイツの脅威（きょうい）にそなえフランス・チェコスロヴァキアと相互援助条約を結んだ。★15

★15　1935年，モスクワで開かれたコミンテルン大会では，ファシズムに対抗するために，民主主義勢力の結集をはかる**人民戦線戦術**を採用することを決定。

② ナチ党政権とドイツのファシズム

1 ナチ党政権の確立

❶ ナチ党の勢力伸張

[1] **世界恐慌とドイツ**　世界恐慌によってもっとも大きな打撃をうけたのはドイツである。とくにアメリカ資本の撤退の影響は深刻で，失業率は40%をこえ，社会情勢は悪化した。

[2] **ヴァイマル共和国の政情**　政情もまったく不安で，大統領の緊急命令に頼る少数派内閣★1が短命のうちに交代した。この間，共産党と，ヒトラーの率いるナチ党★2が台頭した。

[3] **ナチ党の台頭**　ナチ党は，**ヴェルサイユ条約に反対**し，ドイツ民族の優秀性と**ユダヤ人排斥**（はいせき）を強調する主張に，福祉政策を加えてたくみに宣伝し，恐慌に苦しむ都市の中産層を中心に勢力をのばした。同時に共産主義を否定し，資本家や軍部の支持をも集めた。

❷ ナチ党の政権獲得

[1] **ヒトラー内閣の成立**　1932年の総選挙で第一党となり，翌年1月，**ヒトラーが首相**に任命された。

[2] **ナチ党の独裁体制の樹立**　ヒトラーは議会で過半数を得ようとしてただちに議会を解散。総選挙中に**国会議事堂放火事件**がおこり，これを口実に共産党などに大弾圧を加えた。そして，新議会で過半数を獲得したナチ党は，政府に立法権をゆだねる**全権委任法**（い）を成立させると，ナチ党以外の諸政党や労働団体を禁止・解散させて**ナチ党の一党独裁**を確立し，**ヴァイマル憲法は事実上停止**された。

[3] **第三帝国の形成**★3　1934年，ヒンデンブルク大統領が死去すると，ヒトラーは大統領・首相・党首をひとりで兼ねて**総統**（そうとう）と称した。

★1　ヴァイマル憲法では，非常時の大統領独断の緊急命令権（非常大権）を認めており，ヒンデンブルクはこれを利用して，議会で少数派となったヴァイマル連合の内閣を維持した。

★2　ナチ党は政敵がつけたよび方。**国民（国家）社会主義ドイツ労働者党**の略称。1919年ミュンヘンで結成されたドイツ労働者党が前身。ナチ党員と党の支持者を，**ナチス**という。

▲ヒトラー

★3　ナチ党は，神聖ローマ帝国をドイツにおける最初の帝国（第一帝国），ホーエンツォレルン家のドイツ帝国を第二帝国とみなし，ナチス＝ドイツを第三帝国と称した。

7

ファシズムと第二次世界大戦

4 **ナチ党の内政**　①大規模な公共土木事業をおこない，軍需産業を振興して失業者を吸収し，資源・食料の確保をはかった。②軍事色の強い統制経済がおこなわれ，ナチ党と大資本家との結びつきが強まった。③言論・出版などの自由をうばって思想統制を徹底し，人種差別主義をあおってユダヤ人を圧迫した。

補説　**ナチ党の迫害**　帝国主義時代には，ダーウィンの進化論を人間社会に適用し，社会は生存競争と自然淘汰により進化すると主張する**社会ダーウィニズム**の思想が隆盛をきわめた。ナチ党は，これを根拠に，「劣っている」人々を抹殺してしかるべきと主張し，ユダヤ人などに徹底的な迫害を加えた（⤴p.407）。迫害をさけるためにドイツ国外へ亡命した人のなかには，物理学者アインシュタイン（ユダヤ系）や文学者トーマス＝マン（ナチ党に強く反対した）などもいた。

▼ヴァイマル共和国中期以後の議会勢力分布

	選挙年月	1924 12月	1928 5月	1930 9月	1932 7月	1932 11月	1933 3月
右派	ナチ党	14	12	107	230	196	288
	国家人民党	103	73	41	38	52	53
ヴァイマル連合	人民党	51	45	30	7	11	2
	中央党	69	62	87	99	90	92
	民主党	32	25	14	4	2	5
	社会民主党	131	153	143	133	121	120
左派	共産党	45	54	77	89	100	81
	全議席数	493	491	577	608	584	647

注意　ナチ党のめざましい躍進に注目しよう。このあと1933年11月の選挙では，全議席661のうち659の議席を獲得する。なお，1933年3月の選挙において，共産党が活動を禁止されているにもかかわらず81議席を得ているのは，その根強い人気を物語っている。

＼ TOPICS ／

ヴァイマル共和国の崩壊

　世界でもっとも民主的といわれたヴァイマル憲法をもったドイツ（ヴァイマル共和国）の民主政治が，憲法制定後わずか14年で崩壊し，ナチ党の独裁体制へと変質してしまったのはなぜだろうか。

　ヴァイマル共和国には，その発足当初から次のような欠陥があった。

①**反共和的旧勢力の温存**…旧帝政時代から独占資本家・ユンカーや軍人などが残っており，民主的な憲法を擁護する勢力はあまり強力ではなかった。

②**小党の分立**…議会において安定した多数派が形成されなかった。社会民主党・民主党・中央党のヴァイマル3派の連合による議会運営は不安定にならざるを得なかった。さらに政府は左右両派からゆさぶられた。

③**ヴェルサイユ体制の圧迫**…ドイツの経済状態は苦しく，ドーズ案による小康もみせかけのものにすぎなかった。このため，国民のあいだには，外国から不当な圧迫をうけているという不満が強かった。

　1929年から世界恐慌は，これらの諸矛盾を爆発させる引き金となった。つまり，世界恐慌による社会不安のため，ヴァイマル3派のあいだで，それぞれが代表する利益の調整がつかなくなり，連立も円滑にはいかなくなったのである。こうしてヴァイマル共和国の政治体制は不安定な状態をつづけ，ナチ党の台頭の道をひらく結果となったのである。

▲ヴァイマル共和国の実情

2 ナチ党の対外強硬策

❶**国際連盟脱退**　ヴェルサイユ体制に不満をいだいていたドイツは，1933年，日本につづいて国際連盟を脱退した。

❷**再軍備の開始**　1935年，ドイツは，人民投票によってザール地方を奪還。さらにヴェルサイユ条約の軍事条項を破棄して**再軍備を宣言**し，徴兵制度(義務兵役制度)を復活した。

❸**列強の態度**　ドイツの動きに対抗して，①イギリス・フランス・イタリア3国は相互協力を約束し，②フランス・ソ連・チェコスロヴァキアは相互援助条約を結んだ。しかし一方で，イギリスはドイツと**海軍協定**(英独海軍協定，1935)を結ぶなど，ドイツに対する**宥和政策**をとった。

❹**ラインラント進駐**　ドイツは，上記②の相互援助条約をロカルノ条約(⇨p.380)違反ときめつけ，1936年に**ロカルノ条約を破棄**して非武装地帯のラインラントに軍隊をすすめた。

★4　ヴェルサイユ条約により，ザール地方は国際連盟の管理下にあった。

★5　会談のおこなわれた地名をとって**ストレーザ戦線**という。イタリアはファシズム国家であったが，ドイツのオーストリア進出を恐れて，英・仏に同調。

★6　これによりストレーザ戦線は崩壊した。イギリスはソ連の進出を警戒して，ファシズム国家が反共産主義を唱えるかぎりはこれに妥協しようとし，**ドイツの再軍備を黙認**した。

7

ファシズムと第二次世界大戦

① 後進資本主義国では世界恐慌の影響をうけ，ファシズムが台頭

② ヒトラー率いるナチ党は，全権委任法で独裁化。国際連盟脱退，ザール奪還と再軍備，ラインラント進駐→ヴェルサイユ体制を破壊

\ **TOPICS** /

ナチ党の勝利

　1933年1月，ヒンデンブルク大統領は，かつて「ボヘミア(ベーメン)の伍長」と軽蔑していた男，ヒトラーに首相の大任を託さねばならなかった。世界恐慌はそれまで過激な集団として支持されなかったナチ党に主役の座を与えたのである。没落した中産層はナチ党に希望を求め，共産党の躍進を恐れた資本家たちは，党名に「社会主義」と「労働者」という2つの語をもつこの極右政党が資本主義にとって危険なのかどうか，支持すべきかどうか，考えるようになった。政治上は中立であったはずの軍部もナチ党に接近した。この間，ナチ党はヴェルサイユ体制打破をさけび，たくみな宣伝によって国民をひきこんでいった。

　同年3月の総選挙で議会の過半数を占め，全権委任法が成立したことにより，ヒトラーは議会の同意なしに法律をつくることが可能となった。1933年はナチ党の勝利の年であり，同時に，不幸な時代の幕あけともなった。

▲ナチ党の党大会(1933年，ニュルンベルク)

③ 日本の大陸侵略と中国の抗日運動

1 日本の大陸侵略

❶第一次世界大戦後の日本

1 **大正デモクラシー** 世界的なデモクラシーの風潮をうけ，日本でも**吉野作造**が提唱した**民本主義**の思想が流行し，**大正デモクラシー**といわれる風潮が生まれた。

2 **大戦景気と戦後の景気後退** 日本は大戦中，ヨーロッパ列強が戦争に追われてアジア市場から後退しているあいだに，アジア市場に進出するとともに，世界各地に商品を売りこみ，貿易額は，大戦中には戦前の約3倍にのびた。また，世界的な船舶の不足により，海運業・造船業が好況となり，**船成金**とよばれる大富豪もあらわれた。その結果，大戦末期には，日本はアジア最大の工業国になった。しかし，大戦終結によりヨーロッパ諸国の復興がすすむと，日本は輸入超過となり，1920年には株価暴落をきっかけに**戦後恐慌**が発生，23年の**関東大震災**が，さらに追い打ちをかけた。

3 **シベリア出兵と本格的政党内閣の成立** 大戦後，政府がシベリア出兵（⇨p.376）を宣言すると，商人の米買い占めによって米価が高騰，富山県の漁村の女性たちによる蜂起をきっかけに，全国各地で約70万人が参加する**米騒動**がおこった。鎮圧後，世論を納得させるために，はじめて平民出身の**原敬**が首相になり，本格的な政党政治がはじまった。

4 **普通選挙法と治安維持法の成立** 加藤高明内閣のもとで，1925年に**普通選挙法**が成立し，25歳以上のすべての男性に選挙権が認められた。同時に，**治安維持法**が制定され，国体の変革をはかったり，私有財産制を否認する運動を処罰できることになり，社会主義をかかげる団体や労働組合，労働運動などの弾圧のために濫用された。

5 **つづく不況と軍部の打開策** 大戦後は不況がつづき，1927年には**金融恐慌**が発生。さらに**世界恐慌**にまきこまれて，経済・社会が混乱した。既成政党は財閥と結んで腐敗し，国民の信頼を失った。このような情勢のなかで，軍部は経済危機の解決のため，**大陸での支配圏拡大**を主張した。

❷実力外交の開始 中国で蔣介石の北伐（⇨p.387）がすすみ，排日の気運が高まると，日本は武力で自らの権益を守ろうと

★1 東京・横浜などが壊滅的な被害をうけ，被災者は340万人以上，死者・行方不明者は約10万人に達した。この混乱のなかで，朝鮮人が暴動をおこしたという根拠のない噂が流れ，官憲に指示された民衆が組織する自警団によって，関東各地で多くの朝鮮人・中国人が殺害された。

★2 国体の変革とは，一般的に，天皇制の打倒をはかることをいう。

参考 第一次世界大戦後には，ロシア革命・米騒動などを通じて，民衆が社会主義の影響をうけ，各地で社会変革をめざす運動がさかんになった。具体的には，①普通選挙を要求する**普選運動**，②経営者側との対決姿勢を鮮明にした**日本労働総同盟**の結成，③女性の解放と参政権獲得をめざす**新婦人協会**の設立，④**日本共産党**の結成，⑤部落差別からの解放をめざす**全国水平社宣言**，などがあげられる。

★3 農村では，小作料の減免を求める**小作争議**が増加。都市では失業者が増大し，労働運動が激化した。

★4 第2次山東出兵の際，日本軍は済南で北伐軍と衝突した（**済南事件**）。

した。1927～28年に２度にわたって山東出兵をおこない，
1928年に張作霖を爆殺する事件(張作霖爆殺事件)をおこし
た。

❸ 満洲事変

1 **戦争の勃発**　1931年，**関東軍は柳条湖事件**を口実に**満洲**
(中国東北地方)全土を占領した。

2 **満洲国の建国**　1932年，清朝最後の皇帝であった溥儀(宣
統帝)を執政(のち皇帝)として成立させた。

3 **国際連盟の態度と日本の動き**　中国の提訴に基づいて，国
際連盟はリットン調査団を派遣した。リットン調査団は，
日本の行為を侵略と報告し，国際連盟総会もその報告を支
持して，日本を非難した。これに対して**1933年，日本は
国際連盟を脱退**，翌年にはワシントン海軍軍備制限条約を
も破棄して軍備の拡張につとめた。

4 **満洲事変の意義**　①日本の**武力による中国侵略**の第一歩で
あり，ワシントン体制の崩壊を示す。②日本の国際連盟脱
退は，ヴェルサイユ体制打破の最初の大きな動きとなった。

❹ **軍部の台頭**　満洲事変と前後して軍部によるクーデタがお
こった。1932年の**五・一五事件**，1936年の**二・二六事件**
などによって，軍部の指導権が確立され，**ファシズム化がす
すんだ。**

2 中国の抗日運動の高揚

❶ **国共対立の激化**　満洲事変後，蔣介石は共産
軍への攻撃に全力をそそいだ。共産党は，江西
省の瑞金に中華ソヴィエト共和国臨時政府を樹
立していたが，国民党軍の圧迫が強まると，
1934年に瑞金をすてて**長征**(1934～36)をお
こし，1937年以降，延安が臨時政府の首都と
なった。

補説　**長征**　1万2,500kmにもおよぶ大行軍であった。
大西遷ともいう。この結果，中国共産党は支配地
(解放区)を華北にひろげ，毛沢東は党内における指
導的地位を確立した。

❷ **八・一宣言**　長征の途上の1935年8月1日，
毛沢東が国民党に対して，**国共内戦の停止**と**抗
日民族統一戦線の結成**をよびかけた。

日中戦争までの中国▶

★5　南満洲鉄道・関東州
を守備する日本陸軍部隊。

★6　関東軍が奉天(瀋陽)
近郊の柳条湖で南満洲鉄道
の線路を爆破し，それを中
国軍のしわざとして軍事行
動の口実とした。

★7　辛亥革命で退位して
いた(⇨ p.365)。

参考　**上海事変**　1932年，
日本は上海でも中国軍と衝
突し，列国の注意を満洲か
らそらそうとした。

★8　日本のファシズムは，
ヨーロッパにおけるような
大衆運動としては展開せず，
天皇制のもとで，軍部と民
間右翼の一部とが結んでお
しすすめた点に特色がある。
その主張の根幹は天皇崇拝
であり，また農業を重視し
た。財閥打倒を訴えたが，
実際には財閥に利用された。

7

ファシズムと第二次世界大戦

日中戦争までの中国

❸西安事件　1936年，張作霖の子張学良らが共産軍攻撃のために西安にはいった蔣介石を監禁し，共産党の提案のうけいれを要求した。[★9]

★9　張学良は，父張作霖の爆殺後，蔣介石側についていたが，抗日運動に強く共鳴していた。

|補説| 国民党の態度　共産党は1936年にも内戦停止と国共合作をよびかけたが，蔣介石は前年に米・英の援助で**幣制改革**をおこない，国内統一を完成しようとしていたため，この提案を拒否していた。

❹第2次国共合作　西安事件を機に，1937年，蔣介石は内戦を中止した。ここに国民党・共産党の提携がすすみ第2次国共合作が成立，抗日民族統一戦線が結成された。[★10]

★10　中国における人民戦線運動であるともいわれる。

3 日中戦争

❶日中戦争の勃発　日本は，1937年7月の盧溝橋事件をきっかけに中国と全面的な戦闘状態にはいった(**日中戦争**)。[★11]

|補説| 盧溝橋事件　1937年7月，北京郊外の盧溝橋で日中両軍が衝突した事件。日本政府(近衛文麿内閣)は**不拡大方針**をとったが，軍部におしきられて軍隊を増派したため，全面戦争へと拡大していった。なお，盧溝橋事件の原因は，夜間演習をしていた日本軍に対して中国側が発砲したこととされたが，その真相は今なお不明である。

★11　日本は，**支那事変**または**日華事変**とよんだ。1937年末に南京を占領した際，日本軍は女性や子どもをふくむ多数を殺害し，国際的な非難をうけた(**南京事件**)。

❷戦争の長期化　統一戦線を結成した中国側の抵抗が強く，アメリカ・イギリス・ソ連も中国を支援したため，戦争は長期化した。日本は1940年，国民党の汪兆銘をむかえて**南京に新政権を樹立させ，局面を打開しようとしたが失敗**した。[★12]

★12　**汪精衛**ともいう。蔣介石と対立し，日本の「**東亜新秩序の建設**」の声明にこたえて，首都の重慶(南京→武漢の次に遷都)を脱出，日本側にはしった。

① 日本の大陸侵略：山東出兵後，満洲事変→国際連盟脱退，盧溝橋事件→日中戦争

② 中国の抗日運動：国共対立から，共産党の長征→八・一宣言・西安事件→第2次国共合作・抗日民族統一戦線

SECTION 4 枢軸の形成と国際関係の緊張

1 スペイン内戦

❶内戦の勃発　スペインでは，1931年の革命で共和政が成立，1936年には左派勢力を中心に人民戦線内閣が成立した。これを不満とする右派勢力は，同年フランコの指導下にモロッコで反乱をおこし，やがて本土でのはげしい内戦に発展した。[★1]

★1　1892～1975年。軍部の出身で，反乱に勝利したのち，1975年に死去するまで独裁体制をしいた。

補説 **人民戦線** 　ファシズム勢力に対抗するために，左派勢力や中産層を基盤とする政党および知識人・農民などの**民主主義勢力を結集**したもの。1935年にフランスで結成されたのち，コミンテルンも反ファシズム戦術として採用した。フランスでは，1936年に**ブルム**を首相とする**人民戦線内閣**が成立した。このブルム内閣は1年あまりで倒れることとなったが，スペインにも人民戦線内閣を生むなど，民主主義陣営に大きな影響を与えた。

参考 **スペインの革命**
スペインは，貴族と教会による大土地所有がつづく後進の農業国であり，工業・銀行業には英仏の資本が進出していた。1923年からつづいた軍部独裁が30年に崩壊。31年には革命がおこってブルボン朝が廃され，共和国となった。

❷**列強の態度** 　①独・伊はフランコ側を援助。②ソ連は共和国政府を支持。③米・英・仏は不干渉。

❸**内戦の性格** 　各国の自由主義者・社会主義者が**国際義勇軍**（ぎゆう）として共和国政府側に加わり，スペイン内戦は，**民主主義対ファシズム**の国際情勢をそのまま反映するものとなった。

❹**内戦の終結** 　1939年，内戦はフランコ側の勝利に終わり，スペインはファシズム国家の一員となった。[★2]

★2 　フランコ政権は防共協定に参加して国際連盟を脱退したが，イギリス・フランス・アメリカなどはフランコ政権を承認した。

補説 **ポルトガルの独裁体制** 　ポルトガルでは，サラザールが1932年に首相となり，翌年には新憲法を制定して，長期にわたる独裁体制の基礎をきずいた。サラザールは国内外のファシズム政権を支援し，スペイン内戦中もフランコを支持した。

2 枢軸の形成

❶**イタリアのエチオピア併合** 　経済危機を打開するために，かねてから対外進出をねらっていたイタリアは，1935年に**エチオピアに侵攻**し[★3]，翌36年には併合を宣言した。

★3 　アフリカで列強の勢力がまだおよんでいなかった数少ない地域の1つ。

❷**国際連盟の動き** 　国際連盟はイタリアを侵略国と認めて，経済制裁を実行したが効果はあがらず[★4]，イタリアは1937年に国際連盟を脱退した。

★4 　イタリアに対する石油の禁輸も実施されなかった。

❸**枢軸の成立**（すうじく）①エチオピア侵攻とスペイン内戦を通じてイタリアとドイツとは急速に接近し，1936年ベルリン＝ローマ枢軸とよばれる協力体制を成立させた[★5]。②同年，コミンテルンの人民戦線戦術に対抗して日独防共協定を結び[★6]，翌年イタリアもこれに加わって，三国防共協定が締結された。これによって，民主主義陣営に対抗するファシズム陣営の結束が成立し，**日本・ドイツ・イタリアの三国枢軸**が形成された。

★5 　国際的に孤立していた両国の利害が一致したことによる。オーストリアにおけるナチス勢力の拡大と，イタリアのエチオピア併合を相互に承認しあった。

★6 　実際には両国の対ソ軍事同盟の色彩が強かった。

POINT! ［枢軸の形成］
① ベルリン＝ローマ枢軸(1936)：ドイツ・イタリア
② 日独防共協定(1936)：日本・ドイツ→イタリアが加わり，三国防共協定
(1937)

7

ファシズムと第二次世界大戦

\ TOPICS /

スペイン内戦と列国

スペインの内戦に際し，国際義勇兵として共和国政府側に加わった数千人のなかには，小説家のヘミングウェー(米)やジョージ＝オーウェル(英)もいた。士気は旺盛だったが，かれらは正規の訓練をうけておらず，装備の質や数の点でもフランコ(反政府)側に劣っていた。そのうえ，反政府側にはドイツ・イタリアの正規軍が参加していた。

バスク地方の町ゲルニカが，ドイツ空軍の無差別爆撃によって破壊されたことへの怒りからピカソの「ゲルニカ」が描かれたことはよく知られている。一方，共和国政府への援助は，遠くソ連から得られたのみであった。共和国政府は，武器の買いつけに走ったが，ヨーロッパ諸国は，戦火の拡大を恐れて，イギリスを中心に「不干渉委員会」を設立して，スペイン内戦においては中立を守り，どちらの側にも武器輸出をしない不干渉政策を実施

した。この委員会にはドイツ・イタリアも加盟していたが，両国は委員会のとりきめを守らなかったから，結局この委員会はフランコ側に有利なだけであった。アメリカもまた，中立政策をとった。

▲『誰がために鐘は鳴る』
ヘミングウェーの帰国後の代表作で，アメリカ人の義勇兵ロバートとスペインの女性マリアとの恋を中心に，スペイン内戦を描く。上の写真は，1943年に製作された映画の一場面。

SECTION
⑤ 第二次世界大戦の勃発

1 ドイツの侵略

❶オーストリア併合　1938年，ドイツはイタリアの支持を得て，ドイツ民族統合を名目に，武力で**オーストリアを併合**。

❷ズデーテン地方の要求　さらに同年ドイツは，ドイツ人在住者が多いズデーテン地方の割譲をチェコスロヴァキアに要求した。チェコスロヴァキアは，ソ連・フランスとの相互援助条約をたのみにこれを拒否し，戦争の危機が高まった。

❸ミュンヘン会談　1938年9月，ドイツの要求に対処するために，ミュンヘンで開かれた英・仏・独・伊の首脳会談。イギリス・フランスがドイツの要求を認めたため戦争は回避できたが，このような宥和政策はドイツを増長させた。

補説　**対独宥和政策**　英・仏がとったドイツに対する妥協政策。ドイツの関心がソ連に向けられることを期待したものでもあり，ミュンヘン会談で頂点に達した。ネヴィル＝チェンバレンが代表的推進者。

参考　ヒトラーはオーストリア生まれであった。

★1　チェコスロヴァキアとドイツとの国境地帯。ドイツ系住民が多い。

★2　ヒトラー・ムッソリーニと，イギリス首相ネヴィル＝チェンバレン，フランス首相ダラディエが参加。

❹宥和政策の破綻　①イギリス・フランスの譲歩に乗じたドイツは，ミュンヘン会談の協定を破って，1939年3月にチェコスロヴァキアに侵攻，ベーメン（ボヘミア）・メーレン（モラヴィア）を併合し，スロヴァキアを保護領とした（チェコスロヴァキア解体）。これとほぼ同時に，ヴェルサイユ条約で失ったメーメル地方をリトアニアからうばい，さらにダンツィヒ（現グダンスク）の返還などをポーランドに要求した。②イタリアは，

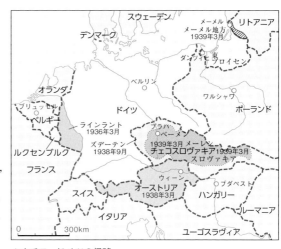

▲ナチス＝ドイツの侵略

1939年4月にアルバニアを併合した。③ドイツの動きをみたイギリス・フランスは宥和政策をやめ，同年8月，ドイツの次の目標とみられた**ポーランドと相互援助条約**を結んだ。また，ソ連に協力を求めたが，宥和政策に不信をもっていたソ連は，これを拒否した。

2 第二次世界大戦の勃発

❶独ソ不可侵条約　ポーランド侵攻をねらい，東部国境の安全を確保したいドイツと，イギリス・フランスへ不信をもって国際的な孤立を恐れるソ連との利害が一致，1939年8月に不可侵条約が締結された。**反社会主義のナチスと反ファシズムのソ連とが結びついたことは世界に大きな衝撃を与えた。**

❷ドイツのポーランド侵攻　1939年4月，ドイツはポーランドに対して，**ダンツィヒの返還とポーランド回廊に対する特権**を要求した。ポーランドが，英・仏の援助を期待してこれを拒否すると，同年9月1日，**ドイツ軍がポーランドに侵攻**した。英・仏両国は，9月3日，ドイツに対して宣戦布告し，第二次世界大戦がはじまった。

補説　**ポーランド回廊**　第一次世界大戦後，ヴェルサイユ条約によりポーランド領となった西プロイセン・ポーゼン地方北部の総称。ポーランドは独・ソのけん制役を期待され，バルト海への通行権を与えられた。

❸独ソの領土分割　①ドイツ軍は航空機と戦車などを集中的に投入する**電撃戦**により，3週間ほどでポーランド軍を壊滅

参考 **チェンバレン家**
ネヴィル＝チェンバレン（在職1937〜40）は，植民相ジョゼフ＝チェンバレン（☞p.353）の二男。兄オースティンも政治家であった。

★3 1939年に，満洲国とモンゴル人民共和国との国境をめぐってノモンハン事件がおきるなど，日本との対立が深まっていたことも，不可侵条約締結の理由の1つ。また，軍備拡張の時間かせぎをはかるという目的もあった。

★4 バルト海沿岸の自由市。東西ヨーロッパの交易港として栄え，1793年プロイセン領となった。ヴェルサイユ条約により，国際連盟の管理下におかれた。

させ，西半分を占領。これに呼応して
ソ連軍がポーランドの東半分を占領[★5]，
ポーランドは消滅した。②ソ連は旧領
土の奪回をはかり，**フィンランドに宣
戦**(ソ連=フィンランド戦争[★6])，1940
年3月，軍事基地などを割譲させた。
同年6月，ルーマニアからベッサラビ
アなどを獲得。8月にはエストニア・
ラトヴィア・リトアニアの**バルト3国**
を併合。

❹**ドイツの優勢**　1940年4月，ドイツ
はデンマーク・ノルウェーを占領，5
月には**西部戦線**[★7]で攻撃をはじめ，ルク
センブルク・オランダ・ベルギーに侵
入，北フランスに進撃した。6月，英・仏両軍を**ダンケルク**
から撤退させた。中立を守っていたイタリアは，ドイツ軍の
優勢をみて，ドイツ側について参戦した[★8]。

❺**フランスの降伏**　1940年6月，パリが陥落し，フランスは
ドイツに降伏した。フランスの北部はドイツが占領し，南部
には**ペタン**を首班とするヴィシー政府[★9]が設立されてドイツに
協力，第三共和政は崩壊した。ド=ゴールらはこれを不満と
して，ロンドンに亡命政府(**自由フランス政府**)を樹立。フラ
ンス国内では，市民による対独抵抗運動(レジスタンス)がお
こった。

❻**イギリスの抵抗**　イギリスもチャーチル首相[★10]の指導のもと
にドイツ空軍のはげしい空襲に耐えぬき，ヒトラーの短期決
戦による勝利の意図をくじいた。

❼**アメリカ合衆国の態度**　アメリカは，大戦に際して不介入
の態度をとっていたが，フランスが降伏すると，1941年3
月に**武器貸与法**を成立させ，反ファシズム勢力を援助した[★11]。
フランクリン=ローズヴェルト大統領は，1941年1月に「**4
つの自由**(言論と意志表明の自由・信教の自由・欠乏からの
自由・恐怖からの自由)」を提唱。同年8月には，チャーチ
ルと大西洋会談をおこなって大西洋憲章を発表(⇒p.418)し，
ファシズム勢力と戦う姿勢を明確にした。

▲第二次世界大戦直前のヨーロッパ

枠内凡例:
- 枢軸国およびその侵略地
- 反枢軸国
- 中立国
- 枢軸側の諸国
- 反枢軸側の諸国

★5　ポーランド=ソヴィ
エト戦争で失った西ウクラ
イナ・ベラルーシに進駐。
この時期，ソ連は帝政時代
の領土をほぼ回復した。

★6　**冬戦争**ともいう。
フィンランドが国際連盟に
提訴し，連盟はソ連を除名。

★7　ドイツ・フランス国
境では，このときまで双方
とも積極的な攻撃をせず，
「奇妙な戦争」とよばれた

★8　弱体だったイタリア
は，開戦に際し中立を宣言，
同盟国ドイツに対し，つか
ずはなれずの態度をとって
いた。

★9　ヴィシーは南フラン
スの都市。

★10　1940年5月，首相
に就任。保守党・労働党の
挙国一致内閣を組織した。

★11　徴兵制を実施し，軍
備を拡張するなどして，
ファシスト勢力を牽制した。

6 第二次世界大戦の拡大と終結

1 独ソ戦の開始

❶ドイツ軍のバルカン半島侵略 ドイツは1940年ルーマニアに侵攻し，翌年にはブルガリア・ユーゴスラヴィアに侵入，ギリシア・クレタ島を占領した。

> 補説 **バルカン諸国と三国同盟** ルーマニア・ブルガリア・ユーゴスラヴィアはハンガリーとともに日独伊三国同盟に加入させられた。41年ユーゴスラヴィアが政変によって同盟を脱退すると，ドイツ軍の侵略をうけた。

❷日ソ中立条約 ドイツのバルカン掌握に不安をもったソ連は，1941年4月，日本と中立条約を結び，東方の安全を確保した。

❸独ソ戦[★1] 1941年6月，ドイツは不可侵条約を破ってソ連に侵入を開始，モスクワにまでせまった。しかしソ連もはげしく抵抗し，イギリスと相互援助協定を結び，アメリカもソ連に武器を貸与した。

> 補説 **ナチス＝ドイツのホロコースト（大虐殺）** ナチス＝ドイツは，ユダヤ人や政治犯などを捕らえてアウシュヴィッツをはじめとする**強制収容所**に送り，毒ガスなどで殺害した。ヨーロッパ全体では，数百万の人々が殺されたといわれる。

2 アジア太平洋戦争の開始

❶アジア太平洋戦争[★2]

1 **日本の南進** 日中戦争の長期化によって経済の困難が強まると，日本は南方資源の獲得へ目を向け，フランスがドイツに降伏すると，1940年9月，フランス領インドシナ北部に進駐。同月，三国防共協定を発展させた日独伊三国同盟が発足した。1941年には日ソ中立条約で北方をかため，**日米交渉**をおこなう一方，フランス領インドシナ南部に進出した。アメリカは日本への石油輸出を禁止し，イギリス・中国・オランダとともに経済的・軍事的圧力を強化した。日本国内では，これを**ABCD包囲陣**[★4]とよび，危機感があおられた。

▲ドイツ軍の侵攻

凡例（地図）
- 枢軸国と1941年までに枢軸軍に参加した国
- 枢軸軍の最大占領地
- 連合国とその支配地（1942年ごろ）
- ヴィシー政府の支配地
- ← 枢軸軍の進撃路

★1 独ソ戦によって，第二次世界大戦は**ファシズム陣営**と**民主主義陣営**の戦争という性格を帯び，連合国間の協力体制が確立した。

★2 太平洋戦争ともいう。

★3 アメリカが1939年に**日米通商航海条約の破棄**を通告したことも影響。

★4 America（アメリカ），Britain（イギリス），China（中国），Dutch（オランダ）の頭文字をとったもの。

7 ファシズムと第二次世界大戦

2 **アジア太平洋戦争の開始**　戦争準備をすすめていた日本は、日米交渉が決裂すると、1941年12月8日、英領マレー半島のコタバルとハワイのパールハーバー(真珠湾)にある米海軍基地を攻撃し、米・英に宣戦布告した。ドイツ・イタリアもアメリカに宣戦したので、第二次世界大戦は、世界中をまきこむ戦争となった。

❷**日本の進攻**　日本軍は連合国側の準備不足をついて進撃し、香港・フィリピン・マレー半島・オランダ領東インド・ビルマなどを占領した。日本は、アジア人による大東亜共栄圏を建設することを唱えたが、実際には日本による植民地支配にすぎなかった。

補説 **「大東亜共栄圏」の真実**　「大東亜共栄圏」とは、中国や東南アジア諸国を欧米の帝国主義諸国の支配から解放し、日本を中心に共存共栄をはかる広域経済圏のことをさす。日本は、大東亜共栄圏の建設を唱えてアジア太平洋戦争をすすめ、1943年11月には、東京に、中華民国南京政府の汪兆銘・満洲国の張景恵・フィリピンのラウレル・ビルマのバー゠モウ・タイのワンワイ゠タヤコーン・自由インド仮政府のチャンドラ゠ボースらを集めて**大東亜会議**を開き、結束を誇示しようとした。しかし、日本軍の占領地域では、強引な物資調達や労働力の徴発、日本の神社への参拝強制、捕虜の強制労働、住民への残虐行為などが横行し、各地ではげしい抗日運動が展開された。

★5　アメリカは強硬に日本軍の中国からの撤兵を要求、日本はこれを拒否して決裂した。

★6　宣戦の通告がおくれ、宣戦布告以前の奇襲攻撃となったため、アメリカ人の日本に対する敵愾心をあおり、アメリカ国内の結束を強めることとなった。

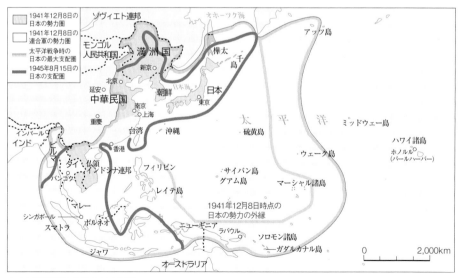

▲太平洋戦争時の日本の支配圏

❸ 連合国の反攻

1️⃣ **ヨーロッパ戦局の転換**　**①東部戦線**…1942年秋いらい，戦局はソ連軍に有利となり，1943年2月スターリングラードでのドイツ軍の降伏をきっかけに反撃に転じた。

②**北アフリカ戦線**…1942年11月，連合軍が北アフリカに上陸し，翌年には枢軸軍を一掃した。

③**イタリア降伏**…1943年7月，連合軍がシチリアに上陸してイタリア本土にせまると，ムッソリーニは失脚，**バドリオ**の新政権が樹立されて，9月に連合軍に無条件降伏した。

2️⃣ **アジア・太平洋戦局の転換**　**①太平洋戦線**…日本海軍は，1942年6月，**ミッドウェー海戦**で決定的な打撃をうけ，ガダルカナルでもアメリカ軍に敗れて敗走をはじめた。②**中国戦線**…抗日民族統一戦線によって日本軍は前進をはばまれた。

3️⃣ **連合国軍の協力**　①1943年11月，ローズヴェルト・チャーチル・蔣介石が**カイロ会談**をおこない，対日処理方針に関する**カイロ宣言**を発した。②同月，ローズヴェルト・チャーチル・スターリンによる**テヘラン会談**が開かれ，ソ連の要望する**第2戦線**の問題が討議された。③テヘラン会談に基づいて，1944年6月，アイゼンハワーを総司令官とするアメリカ軍主体の連合国軍が，北フランスのノルマンディーに上陸した。

★7　現ヴォルゴグラード。

★8　これに先だち，イタリア軍とドイツ軍がそれぞれエジプトにせまったが，イギリス軍に敗れた。エチオピアは41年に独立を回復。

★9　カイロ宣言の内容は，①日本が1914年以後に得た太平洋上の諸島の返還，②満洲・台湾などの中国への返還，③朝鮮の独立，④日本に対する無条件降伏の要求，など。

★10　会議では，3国の共同作戦や戦後の安全保障組織の設立なども決議された。

★11　独力で東部戦線でドイツと戦っていたソ連は，西方からヨーロッパ上陸をおこなって，第2戦線を形成し，ドイツの戦力を分散させることを主張した。

参考　ロバート＝キャパ　1913〜54年。ハンガリー生まれのアメリカの写真家。スペイン内戦，第二次世界大戦などの写真で名高い。インドシナ戦争（⊃p.424）を取材中，地雷によって亡くなった。

7

ファシズムと第二次世界大戦

▲**ノルマンディー上陸（キャパ）**　キャパが撮影した上陸の写真は，現像時のミスによってほとんど失われ，残ったものも不鮮明になってしまった。上の写真は，アメリカの雑誌『LIFE』が，「そのとき，キャパの手は震えていた」という見出しをつけて掲載したうちの1枚である。

3 第二次世界大戦の終結

❶ ドイツの降伏 ①上陸した連合国軍は，1944年8月にパリを解放，ライン川にせまった。一方，ソ連軍は東からドイツ領内に進撃した。②1945年2月，ローズヴェルト・チャーチル・スターリンが会談し（ヤルタ会談），ドイツの戦後処理とソ連の対日参戦が討議され，ヤルタ協定[★12]が結ばれた。③東西から挟撃されたドイツ軍は総くずれとなり，1945年5月2日ソ連軍がベルリンに突入。ヒトラーはこれに先だつ4月30日に自殺しており，5月7日，ドイツは**連合国に対し無条件降伏**した。

❷ 日本の降伏 ①太平洋地域ではアメリカ軍の日本に対する反撃がすすみ，サイパン・フィリピン・硫黄島・沖縄などを占領し，日本本土に対する空襲をおこなった。②1945年7月，トルーマン[★13]・チャーチル[★14]・スターリンによるポツダム会談がおこなわれ，ポツダム宣言を発して，日本に降伏を勧告した。③アメリカ軍は1945年8月6日広島に，9日長崎に原子爆弾を投下。8日には，ソ連が日本に宣戦布告した。④**日本は1945年8月14日**[★15]**，ポツダム宣言を受諾して無条件降伏**した。

補説 **ポツダム宣言** ①日本の軍国主義勢力の除去，②日本の領土を本州・北海道・九州・四国および連合国の指定する諸島に限定，③日本軍の武装解除，④戦争犯罪人の処罰，⑤民主主義の復活・強化，⑥平和産業の振興，⑦以上の目的が達成されるまでの連合国の日本占領，など。

❸ 第二次世界大戦の終結 ①日本の降伏によって大戦が終わり，**反ファシズム勢力がファシズム勢力を破る**結果となった。②フィリピンの抗日人民軍（フクバラハップ），ベトナムのホー゠チ゠ミン率いるベトナム独立同盟，ビルマのアウン゠サンが率いる反ファシスト人民自由連盟など，抗日運動のなかから，アジアの民族解放を求める運動が生まれた。

補説 **第二次世界大戦の総決算** 全世界の人口の約5分の4をまきこみ，1億1,000万人の兵士を動員した。死者は4,000万人以上にのぼり，直接・間接の失費は4兆ドルに達したといわれている。

①1941年独ソ戦開始，米の武器貸与法→ファシズム勢力と民主主義勢力との戦争へ

②日独伊三国同盟に対し，米は対日石油輸出を禁止→アジア太平洋戦争

③1945年のヤルタ会談後にドイツ降伏，ポツダム会談後に日本降伏

★12 ヤルタ協定のおもな内容は，次のとおり。①ドイツを米・英・仏・ソ4国で占領管理すること。②ドイツの戦争犯罪人に対する処罰。このほか秘密協定として，ドイツ降伏後のソ連の対日参戦，南樺太・千島のソ連帰属などが約束された。

★13 ローズヴェルトの急死で，副大統領から大統領に昇格。

★14 会談の途中，保守党が選挙に敗れたため，アトリー新首相と交代。

★15 翌15日，天皇の玉音放送で国民に発表された。

☑ 要点チェック

CHAPTER 7　ファシズムと第二次世界大戦		答
☐ 1	ニューヨークの株式市場で株価が暴落した 1929 年 10 月 24 日は，何とよばれるか。	1　暗黒の木曜日
☐ 2	経済恐慌をのりきるためにアメリカ大統領フランクリン＝ローズヴェルトがとった政策を，何というか。	2　ニューディール
☐ 3	テネシー川流域開発公社の略称は何か。アルファベットで答えよ。	3　TVA
☐ 4	イギリスは 1932 年，特恵関税制度などによる本国と植民地との排他的な経済ブロックを形成したが，それを何というか。	4　スターリング（ポンド）＝ブロック
☐ 5	第 2 次五カ年計画で加入が強制された，ソ連の農業組合組織を何というか。	5　コルホーズ
☐ 6	1933 年に制定され，ヒトラーに独裁権を与えて，ヴァイマル憲法を停止させた法律を何というか。	6　全権委任法
☐ 7	1935 年，住民投票を実施してドイツが併合した地域はどこか。	7　ザール地方
☐ 8	1931 年，日本が柳条湖事件を口実におこした戦争を何というか。	8　満洲事変
☐ 9	1935 年，毛沢東が抗日統一戦線の結成を提唱した宣言は何か。	9　八・一宣言
☐ 10	張学良が共産党軍を攻撃しようとしていた蔣介石を監禁し，共産党の提案をうけいれるように要求した 1936 年の事件を何というか。	10　西安事件
☐ 11	日中全面戦争のきっかけとなった，1937 年の事件を何というか。	11　盧溝橋事件
☐ 12	1936 年，スペインに人民戦線内閣が成立したが，これを不満とする勢力が反乱をおこした。その反乱軍の指導者は誰か。	12　フランコ
☐ 13	1938 年，英・仏がドイツのズデーテン地方併合を認める宥和政策をとって，ドイツの侵略を増長させることになった会談は何か。	13　ミュンヘン会談
☐ 14	ドイツはポーランド侵略をおこなう直前に不可侵条約を結んだが，その相手国はどこか。	14　ソヴィエト連邦
☐ 15	フランスがドイツに降伏したのち，ロンドンに逃れて亡命政権を樹立したのは誰か。	15　ド＝ゴール
☐ 16	日本は 1940 年に三国同盟を結んだが，相手国はどこか（2 国）。	16　ドイツ，イタリア
☐ 17	1941 年，アメリカ大統領ローズヴェルトがイギリス首相チャーチルと会談して発表した憲章を何というか。	17　大西洋憲章
☐ 18	1941 年 12 月 8 日に日本が攻撃したアメリカ軍基地は，ハワイのどこにあったか。	18　パールハーバー（真珠湾）
☐ 19	日本がアジア太平洋戦争の目的と称した，中国や東南アジアをふくんで建設される広域経済圏を何というか。	19　大東亜共栄圏
☐ 20	アメリカ海軍が，1942 年に日本海軍を破った海戦を何というか。	20　ミッドウェー海戦
☐ 21	1945 年，ローズヴェルト・チャーチル・スターリンが会談し，ドイツの戦後処理とソ連の対日参戦が決定された会談を何というか。	21　ヤルタ会談
☐ 22	米・英・中国が，日本に無条件降伏を勧告した宣言は何か。	22　ポツダム宣言

7

ファシズムと第二次世界大戦

史料から読みとく歴史の世界③
世界恐慌と国際秩序の変化

　世界恐慌をきっかけに国際関係は緊張し，第二次世界大戦へと至った。世界恐慌はなぜ発生し，各国はどのように対応したのか。また，国際秩序にどのような変化をもたらしたのだろうか。史料をもとに考えてみよう。

史料1　アメリカ大統領フーヴァーの共和党大会大統領指名受諾演説（1929年）

「われわれはなお目標には到達していないが，神のご加護のもとに過去8年間の諸政策を継続する機会をあたえられれば，遠からずしてこの国から貧困が消える日が来るであろう」（フーヴァーは大統領選挙に勝利，1929年3月4日第31代大統領に就任した）

史料2　失業者向け無料食堂で行列をつくる人々（シカゴ，1931年）

▲看板には「失業者のための無料のスープ，コーヒー，ドーナツ」と書かれている。

史料3　大恐慌直前の好況にわくアメリカ

　1927年，アメリカに渡った石垣綾子は，大恐慌直前の好況にわくアメリカの様子について次のように描いている（石垣綾子『さらばアメリカ』三省堂1972年）。「ここ2年間というものは，株を買うことは，どの馬も奇妙に勝ってしまう馬券を買うのに似ていた。目をつぶって，銘柄リストで指先にあった株を買いさえすれば必ずもうかると言われたほどで，株の投機は，家庭の主婦も，まじめ一方の牧師も，エレベーター・ボーイをもまきこんだ。ちょっとした小金をつかむと，ぼろもうけを目指して株の信用買いに手を出して，あすにも大富豪になれるような気分にとりつかれていた。」

（上杉忍『パクス・アメリカーナの光と陰』講談社現代新書）

史料4　資本主義システムの不安定化

　世界農業問題が深刻化した。ヨーロッパ諸国の自給努力と保護政策，開発途上国の生産増加，アメリカ農業の機械化の進展による供給力増加などによって，供給側の余力が増した。他方で，衣食生活の変化によって需要側がさほどの伸びを見せなかったから，農産物はしだいに世界在庫をふやしていった。

　なかでも国民経済上大きな地位を占めていた（1920年には第一次産業の雇用構成比は28.9%だった）アメリカ農業所得の停滞は，1920年代の繁栄の足をひっぱる要素をはらんでいた。農業問題未解決のまま，1920年代末期には開発途上国から国際収支危機が広まっていった。

　（次に）第一次世界大戦後の世界経済のなかで，新たな耐久消費財，自動車，住宅によって景気を牽引してきたのはアメリカだが，そうした新産業を支えた内需も，生産性の伸びに遅れた賃金の伸び悩みや，農業地帯の不振によって1920年代末期には限界を迎えつつあった。信用販売の普及にもかかわらず，中産階級の上層にそれら消費財の一定の飽和が見られると，購買力は縮小した。

> 一般的に1920年代は上層の所得階層の人びとの所得の増加がきわだっていたのに，下層労働者の所得増加は控えめだった。最富裕の5％の人びとが所得全体に占めるシェアは1919年の26.1％から1929年の31.9％に上昇した。
>
> （秋元英一『世界大恐慌』講談社）

史料5　世界の工業生産の推移　　　　（指数：1929年＝100）

国＼年	1928	1929	1930	1931	1932	1933	1934	1935
アメリカ	93.3	100.0	80.7	68.1	53.8	63.9	66.4	75.6
イギリス	94.4	100.0	92.3	83.8	83.5	88.2	98.8	105.6
ドイツ	98.6	100.0	85.9	67.6	53.5	60.7	79.8	94.0*
フランス	91.0	100.0	99.6	86.4	72.2	80.7	75.2	73.1
イタリア	91.6	100.0	91.9	77.6	66.9	73.7	80.0	93.8
日本	89.7	100.0	94.8	91.6	97.8	113.2	128.0	141.8
スウェーデン	−	100.0	103.0	96.0	89.0	91.0	110.0	123.0
ベルギー	98.9	100.0	88.8	81.1	69.1	72.2	73.0	82.2
カナダ	92.5	100.0	84.8	71.0	58.1	60.3	73.5	81.3
ポーランド	103.3	100.0	82.0	69.5	53.9	55.6	63.0	66.4
ソ連	79.5	100.0	130.9	161.3	183.4	198.4	238.3	293.4

＊ドイツの数字は1935年2月以降ザール地方をふくむ。

（League of Nations, *Monthly Bulletin of Statistics*による）
（鈴木正四「大恐慌とその影響」『岩波講座世界歴史27』岩波書店）

○アメリカの大恐慌

　遠からずアメリカから貧困が消えると宣言して大統領選挙に臨んだハーバード＝フーヴァー（1874〜1964）は，一般投票の58％を獲得し，全48州中40州で勝利した。1929年3月4日の大統領就任式では，「貧困に対する最終的勝利の日に近づいている」と楽観的な見通しをしめした（史料1）。しかし，それから2年後のシカゴでは，史料2の写真のように多数の失業者が失業者向け無料食堂で行列をつくっている。シカゴばかりではなく全米で失業者が街にあふれた。失業率は，29年の3.2％から31年には15.9％に上昇，33年には全米で約1300万人，全労働人口の4人に1人が失業し，運良く失業しなかった者も収入は43％減少した。一夜にして無一文になった人が続出し，農家も収入が57％下落した。コッペパン1個をもらうための長い行列，道ばたでリンゴを売る元社長，仕事を求める看板を首に掛ける人々や「お父さんに仕事を」と書いたプラカードをかかげる子どもたちなど，人々の悲惨な姿があふれかえっていた。

　家を失った家族は，アメリカのほとんどすべての工業都市のはずれに，掘っ建て小屋をつくっていた。そして，捨てられている木わくと平たくしたブリキかんで建てられた街は，「フーヴァー村」と呼ばれ，冷え込みのきびしい夜に夜具の下に敷いた新聞紙は，「フーヴァー毛布」と呼ばれた。**世界恐慌**の到来である。

○世界恐慌の到来

1929年10月24日，ニューヨーク株式取引所で株価が暴落して恐慌におちいった。では，なぜ大恐慌はおこったのだろうか。

1 1920年代後半に見られた空前の株式投資ブームである。史料3にあるように，家庭の主婦，牧師，エレベーターボーイまでもが株式売買に参加した。全米の約5〜7%の世帯が株取引に巻き込まれた。その株取引も，10〜25%の証拠金を現金払いすることで株式を購入できた（証拠金取引）ため，空前の株ブームがおこったのだが，値上がりすれば残りを決済できるが，値下がりすれば大損をするという仕組みだった。当時は住宅ローンを利用したマイホーム建設ブームで，一端株価が暴落すると，失業・家庭崩壊に陥った。

2 世界的規模での農産物の過剰生産問題である。第一次世界大戦後，ヨーロッパ各国は農家を保護することで食糧自給率を高め，開発途上国も生産増加につとめていた。一方，アメリカでは農業機械化の進展により生産量は増加していた。他方で，衣食生活の変化によって農産物の需要が伸びず，農産物は次第に世界在庫を増やしていた。（史料4）

3 大量生産方式の導入などで生産性を伸ばしたアメリカだったが，企業の独占・寡占が進行し，労働者の賃金上昇が抑えられたこと，農業でも過剰生産により農産物価格の低迷と負債に苦しむ農民が増加して，国内需要が伸びなかったことである。1919〜29年の10年間にアメリカ工業の労働生産性は平均43%も高まったが，独占により製品の価格は下がらなかった。自動車産業では1923〜29年の6年間に労働生産性は30.3%も上がったのに，価格は6.5%しか下がらなかった。ある推計によれば，会社利潤は1912〜29年に2.2倍にも増加したのに，賃金の上昇は全体でも40%，労働者一人当りでは15%にすぎなかった。農業労働者の賃金は工業労働者の3分の1程度にとどまっていた。

○各国の世界恐慌への対応

大恐慌は世界にひろがり，ソ連を除く資本主義国では工業生産は急速に縮小した。先進国の中でアメリカとドイツは，1932年に29年比で53%にまで落ち込んだ（史料5）。この事態に各国はどのように対応したのだろうか。

アメリカでは1933年，民主党のフランクリン＝ローズヴェルトが大統領に就任し，ニューディールとよばれる新政策を導入した。これは，農民救済のための農産物価格の引き上げ，政府による企業統制強化，公共事業による失業対策など，国家が経済に積極的に介入して景気回復をはかる政策で，イギリスの経済学者ケインズが提唱した政府による有効需要をめざす経済介入政策の実験となった。

他方，アメリカと並んで基軸通貨国であるイギリスは，1931年国際金本位制から離脱し，翌32年オタワで連邦経済会議を開き，帝国連邦内の関税を相互に優遇する帝国特恵関税を導入し，決済をポンドでおこなうスターリング＝ブロックを形成した。イギリスの動きは，フランス（フラン）やアメリカ（ドル），日本（円）のブロック経済化を誘発した。

世界恐慌によって最も大きな打撃を受けたのはドイツであった。とくにアメリカ資本の撤退により経済は落ちこみ，33年の失業率は43.8%に達した。フーヴァー＝モラトリアム（1931年）により賠償金支払いは1年間停止されたが，ドイツ経済は悪化し続けた。経済的苦境にある中間層が支持したのは，ヒトラーが率いたナチスであった。1933年に政権をにぎったヒトラーは，ヴェルサイユ条約を破棄，高速自動車道路網（アウトバーン）の建設，再軍備などで失業者に仕事を与え，35年には29年比で94%まで工業生産を回復させた。

1930年代後半，先進資本主義国のアメリカ，イギリス，フランスがつくる経済圏から排除されたドイツやイタリア，日本が全体主義的な国家体制をつくり上げ，対外的膨張政策のために連携を強めた。

史料から読みとく歴史の世界④

ファシズムの台頭

　ファシズムはどのようにして台頭したのだろうか。また，ヨーロッパ各国はファシズムにどのように対応したのだろうか。ドイツのナチ党を事例に史料を読み取ってみよう。

史料1　ナチ党綱領（1920年）

2. われわれは，他国民に対するドイツ民族の平等権を要求し，ヴェルサイユおよびサン＝ジェルマン平和条約の破棄を要求する。
3. われわれは，わが国民を養い，過剰人口を移住せしめるために，土地および領土〔植民地〕を要求する。

4. ドイツ民族同胞たるもののみが，ドイツ国公民たりうる。ドイツ人の血統をもつもののみが，宗派のいかんを問わず，ドイツ民族同胞たりうる。したがってすべてのユダヤ人はドイツ民族同胞たりえない。

（『西洋史料集成』平凡社）

史料2　ヴァイマル共和国における主要政党の議席数

選挙年月	1928年 5月20日	1930年 7月14日	1932年 7月31日	1932年 11月6日	1933年 3月5日
社会民主党/独立 社会民主党	153	143	133	121	120
共産党	54	77	89	100	(81)
ナチ党	12	107	230	196	288
中央党	62	68	99	90	92
ドイツ国家人民党	73	44	38	52	53
その他とも総計	491	577	608	584	647

史料3　全権委任法（1933年3月24日）

1. ドイツ国の法律は，憲法に規定されている手続によるほか，ドイツ国政府によっても制定されうる。
2. ドイツ国政府によって制定された法律は，ドイツ国会およびドイツ参議院の制度そのものを対象としない限り，憲法に違反しうる。

（『西洋史料集成』平凡社）

史料4　ドイツの労働人口における 失業率（年平均％）

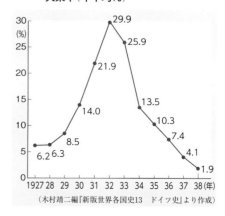

（木村靖二編『新版世界各国史13　ドイツ史』より作成）

史料5　ナチ党時代を回想した家具職人の言葉

当時の生活がいちばんよかった。第一次世界大戦がおわってからは，ドイツでは，一家族二人しか子供がもてなかった。これは良くないことでした。家族にとって，結婚にとって，国家にとってよくないことでした。こんな状態では，ドイツは亡びてしまったでしょう。私たちは，ヒトラーの語っていることは，一種の力強さについてだと思っていました。彼は強さについて語っていた。1933年以降，子どもたちを大勢もてるようになり，未来が開けました。貧富の差が縮まりました。どこでもそれがわかりました。チャンスが与えられたのです。…体制が民主主義だろうと，独裁だろうと，何だろうと発展には関係なかったですね。政府の形態にも無関係でしたよ。少しでも金とチャンスがあれば，どんな政治体制か，だれも注意しませんでした。

(ミルトン＝マイヤー『彼らは自由だと思っていた』未來社)

史料6　イギリスの政治指導者などの主張

ドイツの若く逞しいナチスは，共産主義の危険に対するヨーロッパの守護者である。…ドイツは活動の余地を持たなければならない。…ドイツが欲する新たな領土を西ロシアに獲得しさえすれば，ポーランド回廊の問題は難なく解決されるであろう。…ドイツの蓄積するエネルギーと組織能力をボルシェヴィキ・ロシア(ソ連)へ方向転換させることは，ロシア民衆を文明的存在へ立ち帰らせることに役立つであろうし，おそらく世界貿易の潮をふたたび繁栄に向けるであろう。

(斉藤孝『第二次世界大戦前史研究』東京大学出版会)

○ヒトラーの政権掌握

史料1は25項目の党綱領の一部である。ナチ党綱領は，ヒトラーら3人の合作でつくられたものである。ヴェルサイユ条約の打破，領土要求，反ユダヤ主義など，後にヒトラーがすすめる政策の柱が書き込まれている。1923年，ヒトラーはミュンヘンで武装蜂起(ミュンヘン一揆)に失敗して逮捕され，収監された獄中で口述筆記させた『わが闘争』では，反マルクス主義，反ユダヤ主義，反民主主義，反自由主義などヒトラーの政治思想が読みとれる。

ヒトラーは，ミュンヘン一揆の失敗から学んで，今度は議会で多数派を獲得する手段で，ヴァイマル共和国を内部から崩壊させる戦術をとった。1928年5月の国会選挙では12議席を獲得した。1932年7月の選挙では230議席を獲得し第一党になった。11月の選挙では議席を減らし，かわって共産党が議席を伸ばした。軍部，高級・中級官僚，土地貴族，財界などは共産党の力が伸び社会主義化することを恐れてナチ党と手を結び，33年1月には大統領ヒンデンブルクを動かしてヒトラーを首相の座につけた。2月1日ヒトラーは国会を解散し，選挙は3月5日と決まった。

選挙を一週間後に控えた2月27日，国会議事堂が放火された。犯人はすぐに逮捕されたが，ナチスの閣僚ゲーリングは即座に共産党の仕業だとして，数時間後，「民族および国家を防衛するための大統領令」を発布させた。この結果，ヴァイマル憲法が規定する人身・言論・集会の自由など国民の権利を制限し，共産党員を逮捕し，共産党を壊滅状態に追いやった。選挙結果はナチスが288議席(得票率43.9％)を獲得し，共産党は81議席(12.3％)にとどまった(史料2)。しかも彼らは獄中にあり，ナチスが絶対的権力をふるえる条件が整った。

○ナチスの政策

史料3の**全権委任法**は、「憲法に違反する法律を制定できること」「ヒトラーの政府が自由に法律を作ることができる」ことを可能にする法律である。ヴァイマル憲法の規定では、このような憲法改正を意味する法の場合、国会で3分の2以上の賛成が必要であった。国会議長ゲーリングは、逮捕された共産党議員を定足数に数えず、かつ「理由のない欠席」をした議員を出席と見なして、441対94で国会を通過させた。

ヒトラーは、**世界恐慌**の打撃をうけて、工業生産が1932年に29年比で53％にまで落ち込み、600万人の失業者をかかえ、失業率が3割に達していた状況を、4年後の36年には7.4％までに改善させた（史料4）。多くの民衆はナチ政権によって生活が改善されたことを実感した。その背景には戦争遂行に向けての軍需産業による雇用促進があり、一方で、ユダヤ人、共産主義者、社会主義者が抹殺されていく現実に目をつむった。民主主義だろうと独裁だろうと関係なく、「金とチャンス」を優先したのだ（史料5）。

ヒトラーとナチスによる恐怖の支配がおわったとき。キリスト教の牧師であったニーメラーが次のように振り返っている。

「ナチスが共産主義者を攻撃した時、自分はすこし不安であったが、とにかく自分は共産主義者ではなかった。だからなにも行動にでなかった。次にナチスは社会主義者を攻撃した。自分はさらに不安をましたが、社会主義者ではなかったから、何も行動にでなかった。それからナチスは学校、新聞、ユダヤ人等々をどんどん攻撃し、自分はそのたびにいつも不安をましたが、それでもなお行動にでることはなかった。それからナチスは教会を攻撃した。自分は牧師であった。だからたって行動にでたが、そのときはすでにおそすぎた。」

○各国の対応

他方、ヒトラーやファシズムの危険性を十分認識していながら、ヨーロッパ各国は、なぜナチスの暴走を止めなかったのだろうか。

1936年、スペイン内戦がおこると、反乱軍のフランコにドイツとイタリアが軍事的な支援をおこなった。これに対し、スペイン人民戦線政府はヨーロッパ各国に支援を求めたが、イギリス政府もフランスの人民戦線政府も不干渉の立場をとり、人民戦線政府を支援しなかった。その理由を示しているのが史料6である。

ヒトラーは、ヨーロッパをボルシェビキ・ロシア（ソ連）から防衛するとともに、ロシアを征服し「生存圏」を確立して食糧問題を解決することを基本政策にしていた。この考えが、イギリスのチェンバレンやフランスのダラディエには好都合であったわけで、ヒトラーが**オーストリア併合**を強行しても容認した。ヒトラーの**ズデーテン地方割譲**要求に対しても、「ズデーテン地方がヨーロッパにおける自分の最後の領土要求である」とのヒトラー演説を聞くと、38年ミュンヘン会談でそれを承認してしまう。フランスは、ドイツ封じ込めのためフランス・チェコ相互援助条約、仏ソ相互援助条約を結んでいたにも関わらず、**宥和政策**を優先して、チェコスロヴァキアを切り捨て、ソ連との連携の可能性を消滅させた。この宥和政策こそがヒトラーを勇気づけ、39年3月のドイツ軍侵入による**チェコスロヴァキア解体**をもたらし、英仏に対する不信がソ連を39年8月23日の**独ソ不可侵条約**に走らせることになった。そしてその先に39年9月1日のポーランド侵攻にはじまる**第二次世界大戦**がくることになった。

特集　史料から読みとく歴史の世界④

» 米ソ冷戦

時代の俯瞰図

年代	1945		50
国際情勢		冷戦	
アメリカ	対ソ封じ込め対策 マーシャルプラン NATO結成	ベルリン封鎖 東西ドイツの分裂	
西ヨーロッパ	国際連合の成立 西ヨーロッパ連合条約		ECSC
東ヨーロッパ ソ連	東欧の社会主義化 コミンフォルム結成	相互援助条約 中ソ友好同盟 コメコン結成	ワルシャワ条約機構結成
アジア・アフリカ	ベトナム民主共和国独立を宣言 インドシナ戦争 イスラエル建国を宣言 パレスチナ戦争	中華人民共和国成立	朝鮮戦争

1 国際連合の成立と戦後処理

1 国際連合の成立と戦後の経済秩序

❶ 国際連合の成立

1 **大西洋憲章** 1941年8月，イギリスの**チャーチル**首相とアメリカの**ローズヴェルト**大統領が，大西洋上で会談して発表した。連合国側の戦争目的を明らかにするもので，戦後の世界構想をふくみ，国際連合成立への第一歩となった。[★1]

2 **ダンバートン＝オークス会議** 1944年8〜10月，米・英・ソ・中が国際連合憲章の原案をつくった。

3 **サンフランシスコ会議** 1945年4〜6月，連合国50か国が参加し，戦後処理と国際平和問題を討議し，**国際連合憲章**を採択した。同年10月に**国際連合が正式に発足**し，翌年1月にはロンドンで第1回国連総会が開かれた。[★2]

★1 ①領土不拡大，②住民の希望によらず領土変更をしないこと，③民族自決，④通商と資源に関する機会均等，⑤労働条件改善と社会保障のための国際協力，⑥恐怖と欠乏からの自由，⑦公海航行の自由，⑧軍備縮小の8か条からなる。

★2 51か国で発足。本部はニューヨークにおかれた。

❷**国際連合の機構**　主要機関は**総会・安全保障理事会・信託統治理事会**(1994年に活動停止)・**経済社会理事会・国際司法裁判所・事務局**。

1 **総会**　全加盟国が参加。投票権は1国1票制で，過半数の賛成を原則とする(重要事項は3分の2)。

2 **安全保障理事会**　世界平和と安全の維持を任務とする，国連の最も重要な機関で，必要時には経済的・軍事的措置をとる権限が与えられている。拒否権をもつ**アメリカ・イギリス・フランス・ソ連★3・中国★4**の5大国の常任理事国と6か国(1966年から10か国)の**非常任理事国**とからなる。

```
┌──────────┐ ┌──────────┐   ┌──────────┐
│ 国際司法 │ │ 安全保障 │   │ 軍事参謀委 │
│ 裁判所   │ │ 理事会   │───│ 員会などの │
└──────────┘ └──────────┘   │ 下部組織   │
┌──────────┐       │        └──────────┘
│ 信託統治 │       │        ┌──────────┐
│ 理事会   │   ┌──────┐   │ 国連児童基 │
└──────────┘   │ 総会 │───│ 金(ユニセフ)│
┌──────────┐   └──────┘   │ などの自治 │
│ 事務局   │       │        │ 的機関     │
└──────────┘       │        └──────────┘
┌──────────┐ ┌──────────┐   ┌──────────┐
│ 主要委員 │ │ 経済社会 │   │ 地域経済   │
│ 会       │ │ 理事会   │───│ 委員会     │
└──────────┘ └──────────┘   └──────────┘
                   │        ┌──────────┐
             ┌──────────┐   │ 機能委員会 │
             │ 専門機関 │   └──────────┘
             └──────────┘
```

国際労働機関(ILO)・国際通貨基金(IMF)・国連教育科学文化機関(UNESCO)・世界保健機関(WHO)・万国郵便連合(UPU)・国際復興開発銀行(IBRD)など

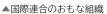
▲国際連合のおもな組織

❸**世界人権宣言**　すべての国民・国家の達成すべき基本的人権と自由についての宣言。1948年の国連総会で採択された。

❹**ブレトン=ウッズ体制**　1944年7月連合国代表がアメリカのブレトン=ウッズに集まり，アメリカの**ドルを基軸通貨**にした固定為替相場制を導入した。1945年12月に発足した**国際通貨基金(IMF)**と**国際復興開発銀行(世界銀行，IBRD)**が中心機構である。1947年10月には「**関税と貿易に関する一般協定(GATT)★5**」が成立し，自由貿易をめざす体制ができた。

2 戦後の処理

❶**国際軍事裁判**　ドイツのニュルンベルクに国際軍事裁判所が設置され，ナチ党の指導者とユダヤ人虐殺の責任者の裁判がおこなわれた。また，**東京**に**極東国際軍事裁判所**が設置され，日本の政府や軍部の指導者が処罰された。

❷**パリ平和会議**　連合国は，1946年にイタリア・フィンランド・ハンガリー・ブルガリア・ルーマニアの旧枢軸国5か国と講和に関する会議を開き，翌年**パリ講和条約**を結んだ。

❸**日本とドイツの処理**　①**日本**は連合国による共同管理統治とされたが，実質的にはアメリカ1国によって占領され，統治された。②**ドイツ**は，アメリカ・イギリス・フランス・ソ連の4国によって**分割占領★7**された。このためソ連の統治する東ドイツと他の3国の統治する西ドイツとに分裂した。

★3　現在は**ロシア**。

★4　中国代表権は，1971年に中華民国(台湾)から中華人民共和国に移行。

★5　1995年より，GATTを発展させた**世界貿易機関(WTO)**が発足した。

★6　賠償金の支払い，軍備の縮小，旧植民地の放棄，領土の変更などが決定。

参考　オーストリアは，1945年の協定により米・英・仏・ソの4か国の共同管理となったが，1955年にオーストリア国家条約をむすんで独立を回復，永世中立国となった。

★7　首都ベルリンも，共同管理という名の下で4国が分割占領した。

8

米ソ冷戦

①国際連合の成立：大西洋憲章→ダンバートン=オークス会議
　　　　　　　　　　→サンフランシスコ会議で国連憲章採択
　②経済秩序：ブレトン=ウッズ体制(国際通貨基金と世界銀行が中心機関)

SECTION 2　第二次世界大戦後のヨーロッパ諸国

1　東西両陣営への分裂

❶ **東欧諸国の人民民主主義政権**　東ヨーロッパでは，王政を維持したギリシアを除いて，戦後徹底した土地改革がおこなわれ，その後の選挙で，人民民主主義の政権が成立した。[★1]

補説　**人民民主主義**　第二次世界大戦後，東ヨーロッパ諸国などでとられた政治形態。民族解放と社会主義国家建設のために，中小資本家をふくむ反帝国主義・反封建勢力を結集するというものである。しかし，実質的には共産党の一党独裁と変わりないことが多かった。

❷ **トルーマン=ドクトリン**　1947年3月アメリカの**トルーマン大統領**(在職1945〜53)は，ギリシア・トルコへのソ連の影響力の浸透を阻止するための援助を開始した。[★2]これは，アメリカによる社会主義勢力に対する**封じ込め政策**のはじまりであり，同時に冷戦[★3]の契機となった。

補説　**「鉄のカーテン」演説**　1946年3月にイギリスの元首相チャーチルがアメリカのミズーリ州フルトン市でおこなった演説。「今日，バルト海のシュテッティンからアドリア海のトリエステにいたるまで，大陸を横切って，鉄のカーテンがおりている」の一節はきわめて有名。社会主義勢力の脅威を指摘し，冷戦のはじまりを告げるファンファーレとなった。

❸ **マーシャル=プラン**　1947年6月，米国務長官**マーシャル**の発表した**ヨーロッパ経済復興援助計画**。西欧16か国はただちにこれをうけいれた。[★4]アメリカは，ヨーロッパを経済的に復興させることによって社会主義勢力をおさえ，同時に膨大な生産力のはけ口となる市場を確保することをねらった。

❹ **コミンフォルムとコメコン**　マーシャル=プランに対抗してコミンフォルム(**共産党情報局**)が1947年に発足。ソ連を中心に，東欧諸国とフランス・イタリアの共産党が参加した。大戦中に解散したコミンテルン(⇨p.376)と異なり，各国共産党相互の情報連絡機関であるとされた。さらに1949年には，**経済相互援助会議**(COMECON)[★5]が結成され，経済面でも結束してマーシャル=プランに対抗した。

★1　ユーゴスラヴィアは，ティトーの指導下に自力で解放を勝ちとり，独自の社会主義の道を歩んでいた。

★2　ギリシアは戦後，左右両派の内戦となり，1946年イギリスの援助で王政が復活したが，左派ゲリラに悩まされた。また，トルコにはソ連の圧力が強まっていた。封じ込め政策の結果，両国とも西側陣営にとどまり，のちNATOにも加盟。

★3　武器を使用する「熱い戦争(Hot War)」に対して，相いれない体制・国家のあいだの対立から生まれた国際緊張状態を「冷たい戦争(Cold War)」といった。

★4　マーシャル=プランの発表をうけて，英・仏を中心にヨーロッパ経済復興会議が開かれたが，東側は不参加。1948年4月，西欧16か国はヨーロッパ経済協力機構(OEEC)を結成した。

★5　社会主義諸国間の国際分業と開発途上国援助などを協定。ソ連・ブルガリア・ハンガリー・ポーランド・ルーマニア・チェコスロヴァキアで結成。その後アルバニア(61年脱退)・東ドイツ・モンゴル・キューバ・ベトナムが加盟。

❺西ヨーロッパ(西欧)連合条約　ブリュッセル条約ともいう。
1948年2月，チェコスロヴァキアで，共産党がクーデタに
よって一党独裁をかためた。これに衝撃をうけた西欧諸国
(英・仏とベネルクス3国)が，社会主義勢力と対抗するため，
同年3月に締結した。

2 東西対立の固定化

❶ベルリン封鎖　ドイツ統一問題について，ソ連と米・英・
仏3国とのあいだには対立があった。1948年6月，西側3
国は西ドイツだけの通貨改革をおこなって，マーシャル=プ
ランに組みいれようとはかった。これに対してソ連は，西ベ
ルリンの経済封鎖をねらって西ドイツからの交通を遮断した
が，3国が大規模な空輸で対抗したため，翌年5月に封鎖が
とかれた。これによって，東西ドイツの分裂が決定的になり，
ドイツの中立・非武装化という連合国の当初の計画は挫折し
た。

❷ドイツの分裂　西側3国は，西ドイツの自立をはかり，
1949年9月，3国管理地区にドイツ連邦共和国(首都ボン)
が生まれた。これに対し，東ドイ
ツには，同年10月，ドイツ民主
共和国(首都ベルリン)が成立した。

❸北大西洋条約機構(NATO)
1949年4月，アメリカ・カナダ
と西欧連合諸国などの西側12か
国で設立した。加盟国への攻撃に
対して，全加盟国が共同し，相互
に武器援助をおこなうもので，西
側の集団防衛体制の中心となった。

❹パリ協定　1954年，西欧連合諸
国にアメリカ・カナダ・イタリ
ア・西ドイツが加わり，西側陣営
の軍事力強化をねらって締結され
た。この協定で，西ドイツの再軍
備とNATO加盟とともに，主権
回復が実現した。

❺ワルシャワ条約機構　西側陣営の集団防衛体制の強化に対
抗して，1955年の東ヨーロッパ相互援助条約によって結成

★6　これより少し前に，
西側3国が西ドイツ政府を
樹立しようとしたため，ソ
連はベルリンへの鉄道・道
路の通行を制限していた。

★7　西ヨーロッパ連合の
5か国とデンマーク・ノル
ウェー・イタリア・ポルト
ガル・アイスランド。のち
にトルコ・ギリシア・西ド
イツ(現ドイツ)・スペイン
が加盟。

8

米ソ冷戦

▲ヨーロッパの二大陣営への分裂

された(ユーゴスラヴィアは不参加)。西側の攻撃に対する共
同防衛を協定して軍事面での結束をかためたほか，経済・文
化・技術面での相互援助を規定。コメコンとともに**ソ連を中
心とする東側諸国の結束**を強めた。

★8　参加国は，ソ連・ブ
ルガリア・ポーランド・
ルーマニア・チェコスロ
ヴァキア・ハンガリー・ア
ルバニア(68年脱退)・東
ドイツ。91年に解散した。

① 西側：トルーマン＝ドクトリン(冷戦の開始)，マーシャル＝プラン，
　　　　 北大西洋条約機構(NATO)
② 東側：コミンフォルム・コメコン結成，ワルシャワ条約機構

③ 諸民族の解放と改革

1 アジア諸国の独立

❶朝鮮　日本の植民地であった朝鮮は，1943年のカイロ会談
で戦後の独立が約束されていたが，北緯38度線を境に北を
ソ連，南をアメリカが占領した。

❷インドシナ　大戦中，日本の占領下で**ホー＝チ＝ミン**らが**ベ
トナム独立同盟(ベトミン)**を組織し，戦争終結直後の1945
年9月，ベトナム民主共和国の独立を宣言した。しかし，宗
主国フランスはこれを認めず，武力介入した。

❸ラオスとカンボジア　ラオスでは，フランスからの完全独
立をめざす共産党系の**パテト＝ラオ(ラオス愛国戦線)**と，中
立派・右派との内戦がつづいた。カンボジアは1953年に独
立，シハヌークを国家元首として中立政策をとった。

❹インドネシア　第二次世界大戦の終結とともにスカルノを
指導者として**インドネシア共和国の独立**を宣言，これを認め
ないオランダとのあいだに武力衝突がおこったが，1949年
に独立を達成し，スカルノが初代大統領となった。

❺フィリピン　1944年，アメリカ軍がレイテ島に上陸，45
年の日本降伏後，親米政権を復活させた。46年に独立を宣
言，フィリピン共和国が誕生した。その後，農村を基盤に武
力闘争をつづける**フクバラハップ**(⤵p.410)を制圧，51年に
は米比相互防衛条約を結ぶなど，親米・反社会主義路線を
とった。

❻ビルマ　大戦中，日本軍に一時協力していた**アウン＝サン**ら
が，1944年に**反ファシスト人民自由連盟**を結成してイギリ

参考　**タイ**　戦前は東南ア
ジア唯一の独立国で，戦争
中は日本と結んでいた。戦
後は親米・反社会主義政策
をとっており，**東南アジア
条約機構**(⤵p.425)の本部
は，その首都バンコクにお
かれた。

★1　その後スカルノ大統
領の独裁下で共産党が力を
のばしたが，65年以降，
軍が実権を掌握し，共産党
勢力を一掃した。

スからの独立を要求した。戦後，1948年にビルマ連邦共和国として独立した（1989年に国名をミャンマーと改称）。1962年には，ネ＝ウィンがクーデタで軍事政権を樹立した。

❼**インドの分立**　大戦後の独立が約束されていたインドでは，終戦とともに**全インド＝ムスリム連盟**を率いるジンナーと統一インドを主張するガンディーが対立した。1947年，**インド独立法**が制定され，**ヒンドゥー教徒のインド連邦とイスラーム教徒のパキスタンに分離して独立**した[★2]。両国は独立後も対立をつづけ，国境地帯の**カシミール**の帰属をめぐって紛争がおこった。

　インドでは，48年ガンディーが急進派ヒンドゥー教徒に暗殺されたが，初代首相ネルーのもとで，50年カーストによる差別の禁止，不可触民制の廃止などを定めるインド憲法を制定し，連邦共和国となった[★3]。

2 西アジアとアフリカの戦後

❶**イラン**　1951年，民族運動が展開するなかで，首相モサッデグが**石油国有化**を宣言し，イギリス系の石油会社の施設を接収した。しかし，53年，国際石油資本に支援された国王**パフレヴィー2世**がモサデグ政権を倒し，親米・英路線に転じた。

❷**エジプト**　1952年**ナギブとナセル**を中心とする自由将校団がファルーク国王を追放し，翌年共和国となった（エジプト革命）。1954年，ナギブが追放され，ナセルが政権をにぎった。

❸**パレスチナ**　1948年にイギリスによる委任統治が終わり，国連の**パレスチナ分割案**によってイスラエルが建国された。アラブ側はこれを認めず，**パレスチナ戦争（第1次中東戦争）**[★4]となったが，1949年国連の調停によって停戦した。この結果，**イスラエルは独立を確保し，領土はむしろ拡大**した。この地から100万人以上の**パレスチナ・アラブ人**が追放されて**難民**となり，以後イスラエルとアラブ諸国の対立は深まった。

❹**アルジェリア**　1954年から**アルジェリア民族解放戦線（FLN）**がフランスからの独立運動を展開し[★5]，1962年フランス大統領ド＝ゴールのもとで独立が認められた。

★2　1948年には仏教徒の多いセイロン（現在のスリランカ）が，イギリス連邦の一員として正式に独立した。

★3　パキスタンは56年に立憲共和国となったが，インドに対抗して親米・反社会主義政策をとり，東南アジア条約機構にも加盟。なお，71年には東パキスタンがバングラデシュとして独立した。

8

米ソ冷戦

参考 **アラブ諸国の独立**
フランスの委任統治領であったレバノンは1943年，シリアは46年に共和国として独立を達成した。また，1946年にはイギリスの委任統治領であったトランスヨルダンが王国として独立し，49年ヨルダン＝ハーシム王国と改称した。

★4　1945年3月にエジプト・サウジアラビア・シリア・レバノン・トランスヨルダン・イラク・イエメンの7か国が集まってアラブ連盟を結成し，結束をかためた。

★5　独立運動の鎮圧に多大な犠牲を強いられたことは，フランス第四共和政が崩壊して**第五共和政**が成立（⇨p.436）する要因の1つになった。

3 アジアにおける対立

❶中国

1 **第2次国共内戦**　戦後，国民党と共産党のあいだで停戦協定が結ばれ，「平和建国綱領」などが決議されたが，アメリカの支援をうけた国民党はこれに従わず，共産党軍への攻撃を開始した。

2 **中華人民共和国の成立**　国民党政府は，経済的混乱と党内の腐敗から民衆の支持を失った。**新民主主義**を唱える毛沢東指導下の共産党は，1949年にほぼ中国全土を支配し，同年10月**毛沢東を主席，周恩来を首相に中華人民共和国を樹立**した。蔣介石を総統とする**国民政府は台湾に逃れ，中華民国政府**を建てた。

3 **新中国の発展**　土地改革や民族資本育成による工業化をすすめ，1953年から**第1次五カ年計画**に着手した。1950年には，ソ連と中ソ友好同盟相互援助条約を結んだ。

❷朝鮮戦争

①朝鮮半島では，1948年，南に李承晩を大統領とする大韓民国（韓国）が，北には金日成を首相とする朝鮮民主主義人民共和国（北朝鮮）が建国された。②1950年6月，北朝鮮軍が，北緯38度線をこえて侵攻し，**朝鮮戦争**がはじまった。北朝鮮軍が半島南部の釜山にせまると，アメリカが韓国を支援，国連も北朝鮮軍を侵略者と断定し，**アメリカ軍を主体とする国連軍**を派遣，形勢が逆転した。戦線が中国国境にせまると，中華人民共和国は北朝鮮に義勇軍を送った。③以後，戦線は38度線付近で膠着状態となり，51年6月にソ連の提案で休戦交渉がはじまった。53年7月になって**休戦協定が成立**したが，**南北朝鮮の分断が固定化**された。

❸インドシナ戦争

ベトナムの独立宣言に対してフランスが武力介入したため，ベトナムとフランスの対立は，ラオス・カンボジアもふくめた**インドシナ戦争**となった。インドシナ戦争は，中華人民共和国の成立による社会主義勢力の拡大を恐れたアメリカがフランスを支援したため，**東西両陣営が対立する戦争**となり，長期化した。戦争は，1954年ディエンビエンフーの戦いでのフランスの敗北で終結。ジュネーヴ休戦協定で，北緯17度線を暫定軍事境界線としてベトナムを南北に分けて休戦し，2年後に統一選挙をおこなうこととした。

★6　毛沢東が『新民主主義論』で唱えた革命理論。地主の土地を農民に解放し，財閥を打倒して，労働者階級の指導下に農民・民族資本家が統一戦線を形成，民主主義革命をおこなう。これによって農業国から工業国に移行し，社会主義化への前提とするというもの。

★7　ソ連とその衛星国はただちに新中国を承認し，つづいてインド・イギリスなどが承認したが，アメリカは国民政府を支持する態度を堅持した。

★8　ソ連は国連の中国代表権問題をめぐって欠席戦術をとっていたため，拒否権を行使できなかった。

▲朝鮮半島の分裂

★9　フランスは1949年に阮朝最後の王バオダイを復位させて，ベトナム国をつくっていた。

❹アジアの反社会主義勢力　アメリカは，1950年に米タイ軍事協定，51年に米比相互防衛条約(比はフィリピン)・太平洋安全保障条約[★10]，日米安全保障条約を結び，朝鮮戦争休戦後の53年10月には米韓相互防衛条約，54年には米華(台湾)相互防衛条約を結んだ。さらに，インドシナ休戦協定成立後の54年9月には**東南アジア条約機構**(**SEATO**)，55年には**バグダード条約機構**(中東条約機構，**METO**)[★11]を結成して，集団防衛体制をかためた。

補説　**東南アジア条約機構**　参加国はアメリカ・イギリス・フランス・オーストラリア・ニュージーランド・タイ・フィリピン・パキスタン。1970年代にはいると弱体化し，1977年に解消された。

★10　加盟国のオーストラリア・ニュージーランド・アメリカの頭文字から，**ANZUS**と略称。

★11　イラクとトルコの相互防衛条約にイギリス・パキスタン・イランが加わったもので，イラク革命後の59年，**中央条約機構**(**CENTO**)に再編された。1979年のイラン革命を機に解消。

☑ 要点チェック

CHAPTER **8** 米ソ冷戦	答
☐ 1　1945年4〜6月，サンフランシスコに連合国50か国が集まり，戦後処理と国際平和について討議して，発表した憲章を何というか。	1　国際連合憲章
☐ 2　国連発足当時，安全保障理事会の常任理事国となったのは，アメリカ・イギリス・ソ連とどの国であったか(2国)。	2　フランス，中国(中華民国)
☐ 3　1947年6月，アメリカがヨーロッパを経済的に復興させるためにうちだした計画を何というか。	3　マーシャル=プラン
☐ 4　1949年に，アメリカ・カナダ・イギリスなど12か国のあいだで設立された集団防衛体制を何というか。	4　北大西洋条約機構(NATO)
☐ 5　第二次世界大戦後，人民民主主義政権が成立した東ヨーロッパの国のなかで，ワルシャワ条約機構に参加しなかったのはどこか。	5　ユーゴスラヴィア
☐ 6　ベトナム独立同盟を組織して日本軍と戦い，ベトナム民主共和国独立の中心となった人物は誰か。	6　ホー=チ=ミン
☐ 7　1948年，北緯38度線を境として朝鮮半島の南に成立した国は何か。	7　大韓民国
☐ 8　国共内戦で勝利を得た共産党が，1949年に北京を首都として建てた国を何というか。	8　中華人民共和国

史料から読みとく歴史の世界⑤
アジア諸国の独立

第二次世界大戦後，アジア各地で独立国家が誕生する。アジア太平洋戦争はどのような性格をもった戦争であったのか，インドネシアとベトナムの独立宣言をもとに考えてみよう。

史料1 インドネシア独立宣言（1945年8月17日）

我らインドネシア民族はここにインドネシアの独立を宣言する。権力委譲その他に関する事柄は，完全且つ出来るだけ迅速におこなわれる。

ジャカルタ，05年8月17日
インドネシア民族の名において
スカルノ／ハッタ

▼独立宣言文の原稿

```
PROKLAMASI

Kami bangsa Indonesia dengan ini menjatakan Kemerdekaan
Indonesia.
Hal-hal jang mengenai pemindahan kekoeasaan d.l.l., di-
selenggarakan dengan tjara seksama dan dalam tempo jang se-
singkat-singkatnja.

                            Djakarta, hari 17 boelan 8 tahoen 05
                            Atas nama bangsa Indonesia.

                            Soekarno/Hatta.
```

ジャカルタ　17日　8月　05年

史料2 インドネシア憲法（1945年8月18日）前文

独立はすべての民族の権利である。したがって，人道主義と正義にもとる植民地主義は，必ず一掃されなければならない。（中略）

さらに，インドネシア全民族と全国土を守るインドネシア国政府を樹立し，公共の安寧福祉を増進し，国民生活の水準を高め，かつ独立，恒久平和および社会正義にもとづく世界秩序の建設に参加するため，ここにインドネシアの独立を，全智全能の神への信仰，公正にして文明の人道主義，イン

ドネシアの統一，優れた英知により指導される代議制をとる民主主義および全インドネシア国民にたいする社会正義を具現することに基礎を置く，主権在民の共和政体をもつインドネシア国の憲法の中に規定する。

史料3 ベトナム民主共和国独立宣言（1945年9月2日）

すべての人間は生まれながらに平等である。かれらは造物主によって，一定のうばいがたい権利を付与され，そのなかには生命，自由，および幸福の追求がふくまれる。

この不滅の言葉は，1776年のアメリカ合衆国独立宣言のなかで述べられたものである。その広義の意味は，地球上のすべての民族は生まれながらに平等であり，生存する権利，幸福かつ自由である権利を持つということである。1791年にだされたフランス革命の人および市民の権利宣言も，こう述べている。「すべての人は自由かつ権利において平等なものとして出生し，生存する。」

これらは否定することのできない真理である。

しかしながら，80年以上にわたってフランス帝国主義者は，自由・平等・博愛の旗印を悪用して，わが祖国を占領し，わが同胞を抑圧してきた。かれらの行動は，人道と正義の理想とは正反対であった。（中略）

1940年秋，日本ファシストがインドシナ領土を侵略して，連合国とたたかうための新しい基地を築こうとしたとき，フランス帝国主義者は膝を屈して，わが国をかれらに譲りわたした。

このようにして，その日から，わが人民

はフランスと日本の二重のくびきにつながれた。（中略）

　日本が連合国に降伏してから，わが全人民は起き上がって，われわれの国家主権をとりもどし，ベトナム民主共和国を樹立した。

　真実は，われわれがフランスからではなく，日本からその独立を奪いかえしたということである。（後略）

（陸井三郎編『資料ベトナム戦争（上）』紀伊國屋書店）

○ファシズム対反ファシズム

　第二次世界大戦は，植民地の人びとが自らの独立を求めて行動した民族解放戦争という性格をもっている。第一次世界大戦では受動的に利用・動員される対象でしかなかった植民地の人びとが，独立という確かな目標に向かって行動するまでにナショナリズムが成長していたとみることができる。

　「ファシズム対反ファシズム」という第二次世界大戦の枠組みと植民地の民族解放との関係を見てみたい。

　中国の民族解放戦争のように，侵略者が日本というファシズム勢力である場合，それに対する解放闘争が必然的に反ファシズムという性格をもつ。その後におこる第2次国共内戦による中華人民共和国と中華民国（台湾政府）との分裂は，抗日戦争の中で生まれてくる「社会主義対資本主義」という冷戦構造として位置づけられる。朝鮮半島の場合は，日本というファシズム国家が崩壊した後で，ソ連とアメリカの介入で冷戦構造に組み込まれた結果とみることができる。

○東南アジア

　東南アジアのように，開戦時には反ファシズム諸国の植民地であった地域では，独立に向けての動きは単純ではない。

1 インドネシア 史料1のインドネシア独立宣言が出されたのは，「ジャカルタ，05年8月17日」と書かれている。この「05」は，「皇紀2605年」のことである。明治政府が制定した「皇紀暦」が書かれていることが，当時のインドネシア独立をめぐる状況を象徴している。インドネシアは，もともと反ファシズム側のオランダの植民地であった。インドネシアにおける日本軍政は1942年からはじまる。日本は，オランダによって38年以来流刑に処せられていたスカルノを引っ張り出して，対日協力させようと民衆総力結集運動の総裁に据え付けた。スカルノは，対日協力を利用して独立のチャンスをつかもうとした。日本政府は，戦局の悪化とともに，1943年7月インドネシア人に「政治参与（参加）」の約束，同年9月，スカルノを議長とする中央参議院設立，44年9月インドネシアに「独立付与」の約束，45年3月インドネシア独立準備委員会の設立と，インドネシアへの譲歩を小出しにすることで，インドネシア人の「協力」を維持しようとした。

　終戦間際の45年7月17日，日本はインドネシアへの「独立付与」を正式に決定する。これにもとづき8月7日「独立準備委員会」が発足，スカルノら代表が南方軍総司令官のいるベトナムのダラトに行き，委員会の正式の認知をうけて，14日にジャカルタに戻ってきた。ところが，翌15日，日本は連合国に無条件降伏し，インドネシアの独立問題は，日本の手を離れた。ジャカルタでは青年活動家らが，独立はインドネシア人の問題であり，独立は権利として，インドネシア人自身で独立の宣言をするべきだとしてスカルノらにせまったが，スカルノらは同調しなかった。日本が降伏したとはいえ，インドネシアの日本軍部隊は全く手つかずのままであり，これに対して武装蜂起を試みるなど自殺行為に等しい。独立宣言は，できることなら日本軍の内々の了解を得てやりたいというのがスカルノらの立場であった。同日，スカルノは海軍武官府の前田少将の取りなしを得て，8月17日，「インドネシア国民」の名においてイ

ンドネシアの独立を宣言したのが史料1である。翌18日、インドネシア憲法草案が承認された。この草案前文（史料2）には、45年6月インドネシア独立準備委員会でスカルノ演説でインドネシア共和国の基本原則にしようとよびかけた建国五原則（パンチャシラ：国民主義、国際主義、民主主義、社会正義、神への信仰）が盛り込まれている。

　オランダは、1945年末以降インドネシアの再占領、再植民地化を試みた。47年7月と48年12月の2度にわたる軍事行動で首都ジョクジャカルタを占領、スカルノやハッタらを逮捕した。しかし、オランダは、一斉に農村部に撤退して抵抗する国軍部隊のため、共和国を破壊できなかった。この時アメリカが介入した。49年には冷戦が本格化しており、スカルノやハッタの共和国政府が反共政権であることに目をつけ、オランダに圧力をかけ、インドネシアへの政権委譲が実現した。ここでも冷戦の影響がみられた。

2 **ベトナム**　ベトナムの場合、1940年の日本による北部仏印進駐から、日本とフランス植民地政権の共同支配という状態が45年3月までつづいた。フランス領インドシナに対して日本が期待した最も重要な資源は米であった。日本内地へのインドシナからの米の輸入は、40年の輸入総額の25.9%から伸びて、42年37%、43年56.3%と、船舶輸送が可能な時期はきわめて高い比率を示した。このほかに、軍事物資として、ベトナム北部では綿やジュート、落花生やごまなど繊維性・油性作物栽培が奨励され、米からの転作も強制された。44年から45年にかけて戦況の悪化にともなって南部から北部への米の輸送ができなくなり、北部では大飢饉がおこった。約200万人の餓死者を出したといわれる。

　日本政府は、45年3月にフランス植民地政権を打倒するクーデタをおこし（「仏印処理」）、ベトナム・カンボジア・ラオスの国王に「独立」を宣言させた。ベトナムでは阮朝皇帝バオダイが復活した。ホー＝チ＝ミンは、日本が敗北し、連合国軍が上陸する前に全国的な蜂起を組織して政権を奪取し、「国の主人公」として連合国軍をむかえるという方針を立て、8月16日、国民大会を招集し、ホーを主席とするベトナム民主共和国臨時政府にあたる民族解放委員会を選出した。翌19日には、ハノイやサイゴンなど大都市をふくめ全国規模で蜂起が成功し、全国政権としての正当性を得た（8月革命）。8月革命は、共産党指導のもとにベトミンが組織した革命であったが、大衆の支持を得た全国的な革命であった点に特徴がある。8月30日にはバオダイ帝が退位し、9月2日にベトナム民主共和国独立宣言（史料3）が出された。

　独立宣言では、アメリカ合衆国独立宣言や1789年に出されたフランス革命の「人および市民の権利宣言」を引用しつつ、1940年以来フランスと日本の支配をうけていたベトナムが、「日本が連合国に降伏してから、わが全人民は起き上がって、われわれの国家主権をとりもどし、ベトナム民主共和国を樹立した」として、「われわれがフランスからではなく、日本からその独立を奪いかえした」と主張している。

　その後、連合国の決定により、北緯17度線以北に中国国民党軍が、南部にイギリス・インド軍が進駐し、南部でフランス軍がベトナム民主共和国の地方政権の強制排除に乗り出した。46年3月には、中国国民党軍がベトナムから撤退すると、フランス軍が北部にも進駐し、12月にはベトナム民主共和国によるフランスに対する独立戦争が本格化する。これが、インドシナ戦争である。フランスがバオダイを国王にして南部にベトナム国をつくったため、ベトナムは、北に社会主義国家、南に資本主義国家が対峙することになり、冷戦構造に組み込まれていった。

第4編

地球世界の課題

•••••

CHAPTER 1 現代の世界

1 » 現代の世界

時代の俯瞰図

年代 1950 / 60 / 70 / 80

国際情勢	軍縮				SALT I		SALT II	INF全廃条約
	環境				人間環境会議	スリーマイル島原発事故		チョルノービリ原発事故

冷戦　　緊張緩和　　　　　平和共存　多極化
　　　　第三世界の台頭

第1次石油危機　　**第2次石油危機**

アメリカ	対ソ巻き返し政策	米英仏ソ首脳会議	キューバ危機	米中和解	先進国サミット 米・欧・日経済摩擦

「双子の赤字」ふくらむ

西ヨーロッパ　ECSC → EEC → 〔1961 ベルリン危機〕 ✕ EC → 拡大ECへ　欧州通貨制度　ヨーロッパ統合の進展

東ヨーロッパ　ポーランドハンガリー反ソ暴動　1962 ソ連のチェコスロヴァキア侵入　　ポーランド「連帯」

ソ連→ロシア　スターリン批判　　ソ連譲歩　　ソ連のアフガニスタン軍事介入　ペレストロイカ

アジア・アフリカ

ジュネーヴ会議　アジア=アフリカ会議　中ソ対立　中国国連代表権
ベトナム戦争 終結
平和五原則　1956 スエズ戦争　1960 アフリカの年　第3次中東戦争　南北問題　第4次中東戦争 石油戦略

イラン=イラク戦争
NIESの台頭
南南問題

年代 1990 / 2000 / 10 / 20

国際情勢	軍縮	START II			
	環境	地球サミット		東日本大震災 福島原発事故	

ワルシャワ条約機構・コメコンの解体　　世界金融危機　　新型コロナウイルス感染拡大

アメリカ	米ソ首脳マルタ会談…冷戦終結	同時多発テロ事件	イラク戦争終結宣言	

西ヨーロッパ　ドイツの統一　EU　ユーロ導入　バラ革命　　イギリスEU離脱
オレンジ革命

東ヨーロッパ　東欧の民主化　ユーゴスラヴィア解体　クリミア半島併合　ウクライナ戦争

ソ連→ロシア　ソ連邦の解体 → 独立国家共同体

アジア・アフリカ

湾岸戦争　　アラブの春　ターリバーン政権の復権
パレスチナ和平の模索
アパルトヘイト終結へ　南北朝鮮首脳会談　習近平「一帯一路構想」　イスラエルのガザ攻撃
イラク戦争　南スーダン独立

SECTION 1 第三世界の台頭

1 第三世界とアジア＝アフリカ会議

❶第三世界の台頭　東西両陣営の対立のなか，そのいずれの側にも属さない非同盟主義の立場で世界平和を実現しようとする動きが，インドの**ネルー**首相を中心にすすめられた。この動きに同調する国はアジア・アフリカに多かったが，これらの諸国は**第三世界**とよばれた。ネルーは1954年に中国の周恩来_{しゅうおんらい}首相と会談して平和五原則を発表し，第三世界の世界平和に対する姿勢を方向づけた。

❷アジア＝アフリカ会議（バンドン会議）　1954年にスリランカの首都コロンボで，インド・ビルマ・インドネシア・パキスタン・スリランカの5か国首脳会議が開かれた。この会議での決定に基づいて，1955年インドネシアのバンドンで史上初のアジア・アフリカ諸国による国際会議が開かれた。参加国は29か国で，立場の違いをこえ，反植民地主義・平和共存_{きょうぞん}・完全独立などからなる平和十原則を決議した。

❸非同盟諸国の団結　インドのネルー，ユーゴスラヴィアのティトー大統領，エジプトのナセル大統領らは，非同盟主義の立場をとる発展途上国の結集をはかり，1961年には第1回非同盟諸国首脳会議を開いた。その後も会議を重ね，世界平和・反植民地主義・経済自立のために団結をはかった。

★1　この会談の前にインドと中国のあいだでかわされた，チベットに関する協定の前文にかかげられていた原則を再確認したもの。①領土保全と主権の尊重_{そんちょう}，②不侵略_{ふしんりゃく}，③内政不干渉，④平等と互恵_{ごけい}，⑤平和共存，の5つ。

★2　現在の首都は，スリジャヤワルダナプラコッテ。

★3　このためA＝A会議ともよばれる。

★4　第1回はユーゴスラヴィアのベオグラードで25か国が参加。その後，参加国も増加し，1973年にアルジェリアのアルジェで開かれた第4回会議では「天然資源の国有化」をうたい，資源を政治的武器とする姿勢を示して注目された。

◀ **バンドンでのアジア＝アフリカ会議**　インドネシアのスカルノが議長を務め，中国の周恩来_{おんらい}，インドのネルー，ユーゴスラヴィアのティトー，エジプトのナセル，アフリカのエンクルマなどが参加した。

［第三世界の台頭］
①平和五原則（周恩来・ネルー）
②アジア＝アフリカ会議
③非同盟国首脳会議（ネルー・ティトー・ナセル）

2 平和への努力

❶緊張緩和への動き　1953年にスターリンが死去すると，東西両陣営は緊張緩和へと動いた。朝鮮戦争の休戦協定が結ばれると，54年には中華人民共和国を交えて**ジュネーヴ会議**[★5]が開かれ，朝鮮問題やインドシナ問題が議論された。55年には**ジュネーヴ4巨頭会談**[★6]が開かれ，世界平和について協議され，「雪どけ」の第一歩となった。

❷ソ連の平和共存路線　1956年，ソ連共産党第20回大会で，フルシチョフ第一書記は，資本主義諸国との平和共存を強調するとともに，ゆきすぎた中央集権主義の是正などの新方針をうちだした。また秘密報告で，スターリン体制下の個人崇拝の誤りや，かれの政治犯罪を暴露した（スターリン批判）。

　フルシチョフは1958年首相になり，59年にはアメリカを訪問して，**キャンプ＝デーヴィッド**[★7]でアイゼンハワー米大統領と会談し，積極的に平和共存外交をすすめた。[★8]

3 民族運動の高揚

❶スエズ戦争　1956年，エジプトのナセル大統領はアメリカ・イギリスに融資をことわられたため，**スエズ運河の国有化**を宣言した。[★9]これに対し，フランス・イギリスとイスラエルの3国軍がエジプトに侵入したが（**スエズ戦争，第2次中東戦争**），国際世論の非難をあびて撤退した。これによりエジプトの国威があがったが，他方ではフランス・イギリスにかわって，アメリカ・ソ連が中東に進出するようになった。

❷「アフリカの年」　1957年に**エンクルマ（ンクルマ）**を大統領とするガーナが戦後初の黒人共和国として独立し，[★10]サハラ以南の地域に独立の気運が高まった。**1960年**には，ナイジェリアやニジェール，マダガスカルなどの17か国が一挙に独立し，この年は「**アフリカの年**」とよばれた。1962年にはアルジェリアが，1963年にはケニアが独立し，30か国が加盟して**アフリカ統一機構（OAU）**が結成された。

❸ラテンアメリカの民族運動　ラテンアメリカ諸国は，政治的・経済的にアメリカ合衆国の支配下におかれた。1947年に，アメリカ大陸での集団的防衛条約である**リオ協定**が結ばれ，48年には**米州機構（OAS）**が結成。1946年にはアルゼンチンで**ペロン**が反米的民族主義をかかげて社会改革をおこない，51年にはグアテマラで左翼政権が成立したが，54年，

★5　ジュネーヴ極東平和会議ともいう。

★6　米大統領アイゼンハワー，英首相イーデン，ソ連首相ブルガーニン，フランス首相フォールの4首脳による会談。

★7　アメリカのメリーランド州にある，アメリカ大統領の別荘。

★8　アイゼンハワーも訪ソの予定であったが，翌年ソ連でアメリカの偵察機が撃墜される事件がおき，中止された。

★9　エジプトはスエズ地帯からイギリス軍を撤退させたが，運河の管理権はイギリスがにぎっていた。

★10　第二次世界大戦前のアフリカの独立国は4か国で，そのうち黒人国家はリベリア共和国のみであった。

アメリカに支援された軍部のクーデタで倒された。

❹**キューバ革命**　①キューバでは，1959年にカストロが親米的な**バティスタ独裁政権**を倒して革命政府を樹立した。新政権は，農地改革をおこない，外国資本の大企業や銀行の国有化をすすめたので，61年アメリカはキューバと断交。キューバが**社会主義共和国**であることを宣言すると，ソ連などが貿易拡大を通して援助した。②1962年，アメリカはキューバにソ連製の核ミサイルが配備されていることを探知した。ケネディ米大統領は，ソ連艦の入港を阻止するためキューバ周辺の公海を海上封鎖，NATO（ナトー）の支持を得て，ソ連との全面戦争にそなえた（**キューバ危機**）。第三世界大戦の危機がせまるなか，ソ連の**フルシチョフ**首相がキューバからの核ミサイルの撤去を発表し，危機は回避された。[12]

❺**ベトナム戦争**　南北に分断されたベトナムでは，フランスにかわってアメリカが南ベトナムの**ゴ゠ディン゠ジエム**政権を支援した。しかし，統一をめざす**ベトナム民主共和国（北ベトナム）**の支援をうけて，1960年に南ベトナム解放民族戦線が結成され，解放戦争を有利に展開しはじめた。63年，ジエム政権が軍のクーデタによって倒れると，解放戦線側の攻撃が激化。これに対して，アメリカは**北ベトナムへの爆撃（北爆）**にふみきり，68年までに50万人の地上兵を派遣したが，ソ連・中国の支援をうけた北ベトナムと解放戦線は抵抗をつづけ，戦局は泥沼化した。世界的な**ベトナム反戦運動**がもりあがるなか，ジョンソン米大統領は北爆を停止し，**パリ**で北ベトナムとの和平交渉にはいった。その後，戦火はラオス・カンボジアにも拡大したが，73年ニクソン米大統領が**ベトナム（パリ）和平協定**に調印し，米軍は撤退。[13]

❻**東南アジア諸国**

１　**インドネシア**　1965年，九・三〇事件で実権をにぎった軍部は，共産党を弾圧，**スカルノ**を失脚させた。スカルノは，親中国路線をとり，対立していたマレーシアが国連安保理

（2023年）

凡例：
■ 第二次世界大戦前からの独立国
□ 第二次世界大戦後の独立国
□ 独立していない地域

0　2,000km

▲アフリカ諸国の独立

★11　キューバ革命は，ラテンアメリカ諸国の革命運動や民族運動に大きな影響を与えた。社会主義の拡大を恐れたアメリカ合衆国は，61年，キューバを除く中南米諸国と「進歩のための同盟」を結成し，キューバの孤立化をはかった。

★12　1963年，この事件を教訓として，米ソ首脳同士が直接対話するためのホットラインが引かれた。

★13　1975年4月，南ベトナムの首都サイゴン（現ホーチミン市）が陥落し，翌年，南北ベトナムはベトナム社会主義共和国として統一された。1995年，アメリカと国交を回復。ドイモイ（刷新）政策をすすめるベトナムにアメリカ企業が進出し，経済的・軍事的に協調体制をとっている。

1
現代の世界

の非常任理事国になったために国連を脱退したが(1965)、68年にスカルノにかわって大統領になったスハルトは、親米・反社会主義路線をとり、**国家主導の経済開発**に着手するとともに、国連にも復帰した。スハルトは、ポルトガルの植民地放棄宣言を機に独立を宣言した**東ティモール**に対して軍事介入をおこなったり(1975)、スマトラ島北部の**アチェ独立運動**にも弾圧を加えるなど、軍事独裁体制をしいた。

2 **カンボジア**　1970年代、アメリカ軍の侵攻のなか、親米右派と**赤色クメール**など左派勢力との内戦がつづく。76年には**民主カンプチア(民主カンボジア)**がつくられ、ポル=ポトのもとで住民の大量移動や大量虐殺がおこなわれた。

3 **マレーシア**　①日本の占領時代(1942~45)をへてイギリスに再植民地化され、1948年、**英領マラヤ連邦**が形成された。これに対し、マレー系の**統一マレー人国民組織(UMNO)**が独立をかかげて運動を開始、非マレー系の**華人**(中国系)やインド系の独立組織と協力体制をつくり、57年ラーマンのもとで**マラヤ連邦**として独立を達成した。ついで、63年サバ・サラワク・シンガポールを加えたマレーシアが形成されたが、マレー系と華人との対立が鮮明になり、65年、華人の多いシンガポールが、マレーシアから分離独立した。②1969年、選挙をめぐって華人系住民とマレー系住民とが衝突し、多数の死傷者をだす事件がおこり、マレーシア社会の経済をにぎる華人勢力の伸張を恐れたUMNOは、70年代よりマレー人を優遇する**ブミプトラ政策**をとった。

4 **シンガポール**　1945年に日本の占領から解放されると、海峡植民地は解体され、ペナン・マラッカを失って単一の植民地になった。59年の総選挙で圧勝した人民行動党の**リー=クアンユー**を首相にイギリスの自治領となった後、63年にマレーシアに加わったが、65年に分離独立をはたした。1960年代、ジュロン工業団地を造成し、造船・製鉄・繊維など工業の振興策をとったほか、中継貿易港としての海運業にも力を注ぎ、70年代以降、急速な経済成長をつづけた。

5 **タイ**　1947年のクーデタ後ピブン政権が成立。親米・反社会主義路線をとり、朝鮮戦争には国連軍として参加。54年には、SEATOの原加盟国となった。また、西側諸国から

★14　ポルトガルでは74年に革命がおこって独裁政権が倒された(⤳p.440)。

★15　ポル=ポトは原始共産制ともいうべき政策を実施。国民は共同農場に所属させられ、農場での収穫や財産はすべて国のものとされた。

★16　現在のマレーシアには、マレー系(約70%[先住民15%ふくむ])、中国系(約23%)、インド系(約7%)の人々がいる。

★17　ブミプトラとはブミ(土地)とプトラ(子)の合成語で、「土地の子」の意味。政策は、①マレー人と他民族との所得を均衡させる、②マレー人の雇用比率を優先させる、③会社の資本金へのマレー人の出資比率を一定にさせる、④マレー人資本の会社をふやす、の4つの柱で構成される。

参考　**開発独裁**　独立を達成した第三世界の国々の課題は、経済開発を効率的にすすめることであった。そのためには政治的な安定が必要であるとして、軍部などが政権を担当して強権政治をおこなう体制(**開発独裁**)が出現した。インドネシアのスハルト、シンガポールのリー=クアンユー、フィリピンのマルコス、タイのサリット、イランのパフレヴィー2世、台湾の国民党政権、韓国の朴正熙、ブラジルのヴァルガス、チリのピノチェトなどの政権が代表的である。

1

現代の世界

の援助を得て工業化をすすめた。50年代末のクーデタで政権をにぎった**サリット**のもとでは，工業化にとどまらず，農業開発・地方開発・交通開発・教育開発などがおこなわれた。

6 **東南アジア諸国連合**　略称は**ASEAN**（アセアン）。1967年，インドネシア・マレーシア・フィリピン・シンガポール・タイの5か国で結成。当初，**SEATO**（シアトー）にかわる反社会主義軍事同盟の性格が強かったが，71年以降，経済協力機構に移行した。

★18 その後，ブルネイ(1984)・ベトナム(1995)・ミャンマー(1997)・ラオス(1997)・カンボジア(1999)が加盟した(2023年現在)。

[**平和への努力と民族運動の高揚**]
① 米ソの平和共存路線：フルシチョフのスターリン批判→「雪どけ」
② 民族運動の高揚：スエズ運河国有化宣言(エジプト)→スエズ戦争，「アフリカの年」，キューバ革命

4 動揺する中国

❶**大躍進運動と人民公社**　土地改革を全国に拡大し，銀行や工場を国有化していった中国は，1953年からの**第1次五カ年計画**で農業の集団化をすすめた。ついで，58年からはじまった**第2次五カ年計画**では「大躍進」運動を開始し，人民公社化など急激な改革をすすめた結果，経済が混乱した。

❷**中ソ対立**　**毛沢東**は，スターリン批判後ソ連のすすめる平和共存路線を修正主義と批判し，中ソ対立がおこった。1960年にソ連が中国に派遣していた技術者を撤退させると，中ソ対立は決定的となり，69年には国境で武力衝突もおこった。

❸**プロレタリア文化大革命**　大躍進政策で失敗した毛沢東にかわって国家主席についた**劉少奇**は，市場原理を導入した「調整政策」をとった。これに反対する**毛沢東**と軍をにぎる**林彪**らは，66年学生らを主体とした**紅衛兵**を組織して，劉少奇や鄧小平らを「資本主義復活をはかる**実権(走資)派**」として非難し，**プロレタリア文化大革命**をはじめた。10年におよぶこの大衆運動は，共産党の統治機構を破壊し，中国の社会は大混乱におちいった。党幹部や知識人が迫害されたほか，古い価値観の否定という名目のもと，伝統産業や文化遺産も攻撃された。

参考 1971年4月，ニクソン米大統領は米中関係正常化をめざす意向を示した。7月には米大統領補佐官**キッシンジャー**が秘密裏に北京を訪問，翌72年ニクソン大統領が訪中して毛沢東と会談し，**中華人民共和国を承認した**。この間，米中関係正常化が明らかになったところで，71年10月に国連総会で中華人民共和国の代表権を圧倒的多数で決議し，**国連代表権**が台湾から中華人民共和国へと移行した。

　米中関係の正常化をうけて，日本の**田中角栄**首相も72年訪中して日中国交正常化をはたし，78年には**日中平和友好条約**を結んだ。

5 米ソ両陣営の動揺

❶アメリカ合衆国の動向

1 **ケネディ大統領**　民主党。在職1961～63年。共和党のア
イゼンハワー(在職1953～61)にかわって，大統領に就任
した。ケネディは**ニューフロンティア政策**をかかげ，積極
的な経済成長と福祉政策をとったが，63年に暗殺され，副
大統領ジョンソンが昇任して，その政策をうけついだ。

2 **ジョンソン大統領**　民主党。在職1963～69年。1964年，
黒人差別の撤廃をめざす**公民権(市民権)**法を成立させ，差
別と貧困の解消をめざす社会政策を推進した。しかし対外
的には，65年**ベトナム戦争に介入**し，北爆を強行した。ベ
トナム戦争が泥沼化した60年代後半には，**ベトナム反戦運
動**と黒人の公民権運動が，アメリカ社会を大きく揺り動か
した。

3 **ニクソン大統領**　共和党。在職1969～74年。73年にベト
ナム和平協定を結んで，ベトナムからアメリカ軍を撤退さ
せたが，**ウォーターゲート事件**で74年に辞任した。

補説　**キング牧師**　1929～68年。黒人差別に反対し，市民
としての権利を要求する**公民権運動**の指導者。ガン
ディーの影響をうけた非暴力による抵抗の思想は，運動
の重要な指針となった。1963年，奴隷解放宣言の
100周年に際してワシントン大行進を組織し，「私には
夢がある」の演説をおこなう。ベトナム反戦運動をすす
めるなか，暗殺された。

▲演説するキング牧師

❷西ドイツの動向
①1954年の**パリ協定**で**主権を回
復**し，アデナウアー首相(在職1949～63)のもとで
経済も急速に回復した。②61年，**東ドイツは東西
両ベルリンの境界に壁をつくり**，東西の対立がふた
たび強まった(**ベルリン危機**)。60年代末には戦後
政治の見直しがはじまり，社会民主党のブラント(在職
1969～74)のもとで，**東方外交**がおこなわれた。

❸フランス
1958年ド=ゴール大統領のもとで**第五共和政**に
かわり，**アルジェリアの独立**を認めたほか，アメリカから距
離をおいた**独自の外交**をすすめた。しかし，1968年パリの
学生・労働者などを中心とした大規模なゼネストをきっかけ
に政治危機におちいり，翌69年ド=ゴールは退陣した。

❹ECの成立
1957年，西欧6か国間で**ローマ条約**が結ばれ，

★19 対外的には，1962
年キューバ危機をきりぬけ
て対ソ共存をおしすすめ，
63年部分的核実験禁止条
約を成立させた。

★20 パリ和平協定とも。

★21 1972年の大統領選
挙の際，ワシントンのウォー
ターゲート=ビルにある民
主党本部に盗聴器を仕掛け
るようニクソンが指示した
事件。ニクソン自身が関与
していたにもかかわらず，
これを否定し，下院の弾劾
決議を前に辞任した。

★22 大統領の権限が大き
いのが特色。

★23 60年の核実験，63
年の部分的核実験禁止条約
への不参加，64年の中華
人民共和国承認，66年の
NATO軍事機構からの離
脱など。

58年，ヨーロッパ経済共同体（EEC）とヨーロッパ原子力共同体（EURATOM）が設立された。これらは，67年にヨーロッパ共同体（EC）に発展し，**西ヨーロッパ統合の基礎**となった。

❺東欧の動き　1956年のソ連でのスターリン批判，1964年**フルシチョフが解任**されてブレジネフ体制にかわったことは，東ヨーロッパの政治情勢に大きな影響を与えた。[25]

①　**ポーランド**　1956年ポズナニで民主化を要求する反ソ暴動がおこった。その後，共産党第一書記**ゴムウカ（ゴムルカ）**のもとで，農業集団化の廃止，ローマ＝カトリック教会との融和，検閲の緩和など，一定の自由化がおこなわれた。しかし，ゴムウカ政権は次第に保守化し，1968年のチェコ事件では，ソ連と行動をともにした。

②　**ハンガリー**　1956年，反ソ暴動がひろがり，ナジ政権ができたが，ソ連軍に鎮圧された（**ハンガリー事件**）。

③　**チェコスロヴァキア**　1968年改革派の**ドプチェク**が**民主化・自由化**をおしすすめる（**プラハの春**）が，ソ連は，ワルシャワ条約機構軍を動かし，これを弾圧した（**チェコ事件**）。[26]

［米ソ両陣営の動向］
　①アメリカ：ケネディ→ジョンソン→ニクソン，公民権運動（キング牧師）
　②西欧：ECの成立　③東欧：ハンガリーで反ソ暴動，プラハの春

⑥ 国際経済体制のゆきづまり

❶ドル＝ショック[27]　ベトナム戦争の戦費支出が重圧となって，アメリカの貿易収支は赤字に転じ，1971年には**ニクソン大統領がドルの金兌換停止**を発表し，世界に衝撃を与えた。ブレトン＝ウッズ体制は崩壊し，世界経済はアメリカ・西ヨーロッパ・日本の三極構造に向かいはじめた。

❷石油危機（オイル＝ショック）　1973年，第4次中東戦争に際し，サウジアラビアなど**石油輸出国機構（OPEC）**は原油価格の値上げや石油輸出制限などの**石油戦略**を発動した。このため，安価な石油を基盤に経済成長をつづけてきた先進工業国は深刻な打撃をうけた。先進資本主義国の高度成長は終わり，「世界同時不況」となった（**第1次石油危機**）。

★24　フランス・西ドイツ・イタリア・ベルギー・オランダ・ルクセンブルク。

★25　1961年，アルバニアが中ソ論争で中国を支持し，ソ連から国交を断絶された。また，ルーマニアは，ソ連優先のワルシャワ条約機構やCOMECONに批判的で，ソ連と距離をおいた独自の外交を展開しはじめた。

参考　**ハンガリーの人名**
ハンガリー語では，人名を姓＝名の順で表記する。ナジ＝イムレの場合はナジが姓，イムレが個人名である。

★26　アルバニアとルーマニアは参加せず，アルバニアはこの事件をきっかけにワルシャワ条約機構を脱退。

★27　ニクソン＝ショックともいう。

▲**石油危機による経済混乱**
日本でも商品の買い占めや売りおしみなどがおこった。

② 冷戦の解消と世界の多極化

1 米ソ冷戦と冷戦体制の崩壊

❶**平和運動**　冷戦下の核兵器開発競争が激化するなか，1950年ストックホルム=アピールがだされ，核兵器使用の絶対禁止を訴えた。ついで，1957年イギリスのバートランド=ラッセルらの提唱で，世界の著名な科学者が参加してパグウォッシュ会議が開かれ，核実験禁止・核兵器廃絶を求めた。この結果，世界に**原水爆禁止運動**がひろがった。★1

❷**核軍縮**　①原水爆禁止の国際世論の高まりのなかで，1963年米・英・ソ3国間で**部分的核実験禁止条約**（**地下を除く核実験禁止条約**）が調印された。その後，フランス・中国が核開発に成功したため★2，68年には米・英・ソ・仏・中国以外の国が核兵器を保有することを防止する目的で，**核拡散防止条約**（**NPT**）が国連で採択された。

②米ソは，1969年から**第1次戦略兵器制限交渉**（**SALT Ⅰ**）をはじめ，79年には**第2次戦略兵器制限交渉**に調印，ついで，82年には**戦略兵器削減交渉**を開始したが，アメリカのレーガン大統領（在職1981～89）のもとで**戦略防衛構想**（**SDI**）による新兵器の研究がおこなわれ，核戦争の危機が高まった。

③ソ連にゴルバチョフ書記長が登場して「**新思考外交**」をすすめ，87年レーガンとのあいだで，**中距離核戦力**（**INF**）全廃条約が調印された。★4

❸**冷戦の終結**　1989年**ベルリンの壁の開放**に象徴される東欧の変革がすすむなか，ゴルバチョフとアメリカのブッシュ大統領（父，在職1989～93）がマルタで会談して**冷戦の終結**を宣言し（**マルタ会談**），91年には**第1次戦略兵器削減条約**（**START Ⅰ**）に調印した。1989～91年に**ソ連・東ヨーロッパの共産党政権が崩壊し**，冷戦体制は完全にくずれ去った。

> 補説　**全欧安全保障協力会議**（**CSCE**）　1975年ヘルシンキでアルバニアを除く全ヨーロッパとアメリカの35か国が参加し，ヨーロッパ各国の平等・基本的自由の尊重を宣言した。1995年，**欧州安全保障協力機構**（**OSCE**）に改称され，常設の国際機関として強化された。冷戦終結後，旧社会主義国も参加し，2023年現在では57か国が加盟している。

★1　1954年アメリカが実施したビキニ環礁での水爆実験で，日本の**第五福竜丸**が放射能被災し，乗組員が死亡した（**第五福竜丸事件**）。核実験の危険性が強く意識され，原水爆禁止運動が爆発的にひろまった。

★2　**地下実験**は禁止していない。1949年ソ連，1952年英，1960年仏，1964年中国が核実験に成功した。

★3　第1次SALTともいう。72年には，互いに相手側の本土を攻撃できる長距離核弾道ミサイルの保有に上限を設けるという協定が結ばれた。通常の意味での軍縮ではなく，あくまでも，米ソ対立という国際秩序の現状維持をはかるものである。

★4　1986年ウクライナのチョルノービリ（チェルノブイリ）原子力発電所で爆発事故がおこり，国境をこえて全ヨーロッパに深刻な放射能被害を与えた。この被害を前にゴルバチョフは，核の危機，環境破壊など全人類的課題について，資本主義・社会主義の対立よりも優先して取り組むべきだと主張した。

2 先進経済地域の動き

❶**先進国首脳会議（サミット）**　1973年に，各国がそれまでの固定相場制から**変動相場制に移行**した後，経済政策の相互協力と調整・協議のため，1975年以降，毎年**先進国首脳会議（サミット）**が開かれるようになった。★5

❷**ヨーロッパ統合**　①1967年にEEC，ECSC，EURATOM（ユーラトム）が統合して発足した**ヨーロッパ共同体（EC）**は，73年イギリス・アイルランド・デンマークが新たに加盟して**拡大EC**となった。さらに81年にギリシア，86年にスペイン・ポルトガルが加盟して巨大な統一市場に発展した。86年には，EC域内の完全市場統合をめざす**単一欧州議定書**★6が調印され，92年までに域内の人・モノ・サービスの移動が自由になる共同市場の設立が定められた。★7　②1989年の東欧革命後，旧東欧諸国が市場経済を導入して自由主義化をすすめると，ECはさらなる拡大にそなえて92年，マーストリヒト条約を調印した。93年，マーストリヒト条約の発効によって，ヨーロッパ諸国間の通貨や安全保障政策の統合を目標とする**ヨーロッパ連合（EU）**が発足した。95年には，オーストリア・スウェーデン・フィンランドが加盟した。また，2002年にはイギリス・スウェーデン・デンマークを除く12か国で統一通貨ユーロ（EURO）を導入（決済通貨としては1999年から使用。またモナコやモンテネグロなど，**EU非加盟でユーロを使用する国もある**）。2004年にバルト3国などの10か国（右図），2007年にブルガリアとルーマニア，2013年にクロアティアが加盟した。★8

★5 米・英・仏・西独・伊・日の6か国ではじまり，のちに，カナダ・EC（現在はEU）も加わるようになった。1997年，ロシアが正式にサミットのメンバーになり，名称も主要国首脳会議に変更された。

★6 1987年発効。92年までに完全な市場統合をめざすことを決定した。

★7 1990年にEC加盟国間での国境検問を廃止するシェンゲン協定が結ばれた。

▲ヨーロッパ連合

★8 2016年，イギリスで国民投票の結果EU離脱が多数を占めたため，20年にイギリスはEUを離脱した。

[ヨーロッパ共同市場の拡大]　ECからEUへ

ECSC ┐
EURATOM ├→ 1967年 ヨーロッパ共同体（EC）→ 1993年 ヨーロッパ連合（EU）
EEC ┘　　市場統合が目標　　　通貨統合などの実現

❸おもなEU諸国の動き

1 **イギリス** ①1980年代，保守党のサッチャー(在職1979～90)首相は，**新保守主義**の立場に基づき，電話会社・ガス会社などの各種国営企業を民営化し，所得税率や法人税率の引き下げや付加価値税の引き上げなどの政策をおこない，経済再建と経済活性化をめざした。82年にはアルゼンチンとの領土をめぐる戦争(⇨p.455)に勝って，外交的にも強硬路線をとったことなどから，サッチャーは「鉄の女」とよばれた。しかし，インフレの進行や国際収支の悪化に加え，ヨーロッパ連合に消極的な姿勢をとったため財界の支持を失い，1990年退陣に追いこまれた。②**メージャー**(在職1990～97)の後，「**第三の道**」をめざした**ブレア**(在職1997～2007)が，約20年ぶりに労働党に政権をうばい返し，失業者に対する就労支援，教育改革，地方分権政策などをすすめた。

2 **ドイツ** ①西ドイツではブラント首相(在職1969～74)の東方外交によって，東ドイツとの関係緩和，ソ連との関係改善に成功し，73年には東ドイツとともに国連に加盟した。②82年にキリスト教民主同盟のコール(在職1982～98)政権が誕生し，ソ連との協力関係が進展した。89年，東欧の変革がすすむなか，東ドイツのホネカーが退陣。ベルリンの壁がくずされ，**90年に東ドイツを吸収するかたちで統一ドイツが誕生**した。③98年，「新しい中道」を主張する社会民主党のシュレーダーが，緑の党と連立を組み，16年ぶりの政権交代を実現した。

3 **フランス** ①1980～90年代，社会党の**ミッテラン**(在職1981～95)政権のもとで，民間企業の国有化や社会保障費の拡大をはじめとする社会主義的政策を推進した。②95年に大統領に就任した**シラク**(在職1995～2007)は，包括的核実験禁止条約(**CTBT**)締結直前に核実験を強行し，国際社会から非難をうけた。

❹南欧の変化 軍事政権・独裁体制→議会制民主主義へ。

1 **ポルトガル** 1974年，軍事クーデタで独裁体制が倒れた(**カーネーション革命**)。新政府は，アンゴラ，モザンビーク，ギニアビサウの独立を承認。1999年，**マカオ**を中国に返還。

★9 1980年代にイギリスのサッチャー政権などがすすめた，「小さな政府」づくりによる自由主義の強化(**新自由主義**)をめざす考え。

★10 労働党がすすめてきた産業の国有化路線を見直す一方，サッチャー政権が推進した市場原理主義政策をとりいれた政治路線。職業訓練などによって労働能力を開発し，新興の情報産業への雇用機会の拡大をはかるなど，公共サービスを重視しつつ，経済改革をはかった。

▲ワルシャワのゲットー跡で謝罪するブラント　東方外交を展開し，ヨーロッパの緊張緩和を推進した。ゲットーはユダヤ人の強制隔離地区。

★11 1974年におこったポルトガルの軍事クーデタ。サラザールによる，20世紀で最も長い独裁体制を終わらせた。ほとんど無血に終わり，カーネーションが革命のシンボルになったのでこの名がある。リスボン革命ともいう。

2 **スペイン**　①1975年にフランコが死去。**ブルボン朝**のフアン＝カルロス1世が即位。78年新憲法で立憲君主政に移行。②スペイン北東部のカタルーニャやバスク地方では，スペインからの独立をめざす動きがある。バスク地方には独自の言語や文化をもつバスク人が住み，一部は「**バスク祖国と自由（ETA）**」を結成して（1959），テロ闘争を展開している。③1996年，社会労働党政権が倒れた後，国民党のアスナールが首相に就任。新自由主義による経済政策をすすめ，財政再建に成功。99年にはユーロを導入した。外交面では対米関係を重視した。

3 **ギリシア**　1974年に軍事政権が倒れ，国民投票で共和政に移行した（**ギリシアの民主政復帰**）。1981年にはヨーロッパ共同体（EC）に加盟した。

❺ **アメリカの経済**　①レーガン（在職1981〜89）政権による軍備増強は「**双子の赤字**」★12を深刻な状況に追いこみ，EC諸国や日本とのあいだにはげしい経済摩擦を引きおこした。1985年には債務国に転落したアメリカを救うために先進5か国の財務相と中央銀行総裁（G5）が会議を開き，**ドル安政策をすすめることで協調した**（プラザ合意）。★13
②1991年，ブッシュ大統領（父，在職1989〜93）は，**湾岸戦争**の勝利でアメリカ国民から圧倒的な支持を得た。ソ連崩壊のなかでアメリカ一極支配体制を確立したが，戦争により経済は悪化した。③92年，カナダ・メキシコと**北米自由貿易協定（NAFTA）**を結んで統一市場をめざし，クリントン大統領（在職1993〜2001）のとき，IT産業の急成長によって景気回復を実現した。

❻ **経済のグローバル化**　関税障壁の撤廃と自由貿易をめざしてきたGATTにかわり，1995年**世界貿易機関（WTO）**が設立され，モノのみならずサービスや知的所有権なども対象にした，自由貿易拡大のためのルールづくりがおこなわれることとなった。

★12　財政赤字と貿易赤字。

★13　ニューヨークのプラザホテルにおけるG5（先進5か国蔵相・中央銀行総裁会議）で発表された，為替レートに関する合意。各国の協力でドル安（ドルとの交換比率を低くすること）をおこなうことが決定された。

³ ソ連・東欧社会主義圏の解体とアジアの社会主義圏の変容

1 ペレストロイカとソ連の解体

❶ブレジネフ時代　1970年代，ブレジネフ政権のもと，経済成長は鈍化して，労働者・農民の働く意欲は低下し，政治指導者層の腐敗もめだつようになった。79年には社会主義政権支援の目的でアフガニスタンに軍事介入したが，ゲリラ側の抵抗や内外の批判をうけ，苦境におちいった。[1]

❷80年代の改革　①1985年，ソ連共産党書記長に就任したゴルバチョフ（在職1985～91）は，グラスノスチ（情報公開）による言論の自由をうちだし，ペレストロイカ（建て直し）をかかげて，複数候補制による自由選挙や市場経済への移行などを実行した。[2]②ゴルバチョフは「新思考外交」を唱えて，88年の新ベオグラード宣言ではソ連の社会主義国家への指導性を否定し，89年アフガニスタンからの撤兵を完了した。さらに，アメリカとのあいだで軍縮をすすめて冷戦の終結を宣言，90年には大統領制を導入して，ソ連の初代大統領に就任した。

補説　ソ連の指導者　ゴルバチョフ以前には，共産党の責任者である書記長（第一書記）が，そのままソ連の最高指導者となっていた。ゴルバチョフは，1990年に大統領制を導入したが，これは，従来の共産党書記長にかえて大統領の地位を設けたということではなく，ソ連共産党が解散する91年まで，書記長の地位も保った。

❸ソ連の解体　1991年，ソ連共産党の保守派がクーデタをおこして失敗すると，バルト3国をはじめ，ウクライナ・アゼルバイジャンなどほとんどの共和国が連邦からの離脱を宣言し，ソ連共産党も解散した。同年12月に，エリツィン（在職1991～99）を大統領とするロシア連邦を中心に独立国家共同体（CIS）が結成され，ソ連は解体した。[3]

❹エリツィン体制　①エリツィンは1993年，第2次戦略兵器削減条約（START II）に調印。同年，大統領に強大な権力を与えるロシア連邦憲法を制定した。ロシア連邦からの独立をめざす

★1　アメリカ・日本などはソ連のアフガニスタン介入を非難し，モスクワでのオリンピック（80年）をボイコットした。

★2　86年のチョルノービリ（チェルノブイリ）原子力発電所の事故で，管理体制や事故対策の欠陥が明らかになり，改革の必要性がひろく認められた。

★3　独立国家共同体の結成時には，ロシア・ウクライナ・ベラルーシ・ウズベキスタン・アゼルバイジャン・タジキスタン・カザフスタン・モルドヴァ・キルギス・トルクメニスタン・アルメニアが参加（ジョージアは1993年参加，2009年脱退）。国連の安全保障理事国の地位はロシア連邦が継承した。

▲独立国家共同体の加盟国

チェチェンに侵攻(第1次チェチェン紛争，1994〜96)したが成果はなく，一方で，急激な市場経済化により市民生活が打撃をうけ，支持率が低下した。②98年，アジア通貨危機の影響をうけてロシアが通貨危機におちいると，エリツィンはプリマコフを首相に任命し，財政危機に対処させた。プリマコフは，国際通貨基金(IMF)から支援をうけ，金融危機を沈静化させた。また，エリツィンとつながりをもつ新興財閥(オリガルヒ)や側近グループの排除に乗りだしたが，99年解任された。

\ TOPICS /

チェチェン紛争

　北カフカス地域に住むイスラーム系の**チェチェン人**は，1991年11月，「ソビエト連邦離脱法」に基づいて，**ドゥダエフ将軍**を初代大統領に選出し，チェチェン共和国のソ連からの離脱を宣言した。これに対し，ロシア共和国大統領**エリツィン**は，「非常事態宣言」をだしてチェチェンに軍事侵攻したが，チェチェン軍の猛反撃をうけ，撤退を余儀なくされた。同年12月にソ連が崩壊すると，ロシアは92年，「ロシア連邦条約」を発して新連邦結成をよびかけたが，チェチェン共和国とタタールスタン共和国は連邦に参加しなかった。しかしその後，94年になってタタールスタン共和国がロシア連邦へ加盟したため，連邦未加盟国はチェチェン共和国のみとなった。

　94年12月，エリツィンはチェチェンの分離独立を阻止するためにロシア軍を投入し，**第1次チェチェン紛争**がはじまった。96年ロシア連邦南西部のダゲスタン共和国の都市ハサブユルトでの和平合意により，チェチェンの独立を5年間凍結し，国家としての地位は2001年に再検討するということで決着した。この間，ドゥダエフ大統領はロシア軍の爆撃で戦死し，97年マスハドフ新大統領とエリツィンとのあいだで「平和と相互関係に関する条約」が結ばれて，戦争は一応終結した。

　99年，イスラーム原理主義勢力がチェチェン国内で勢力をもち，隣接するロシア連邦ダゲスタン共和国に侵攻，ロシア軍との戦闘が再発した。テロ事件がモスクワ市内で続発し，多くの死傷者がでると，エリツィンは全国的な「対テロリズム作戦」開始を宣言してチェチェンに侵攻し，**第2次チェチェン紛争**に突入した。チェチェン武装勢力は，2002年以降，「モスクワ劇場占拠事件」(02年10月)や，「モスクワ地下鉄爆破事件」(04年2月，10年3月)，ロシア連邦北オセチア共和国での「ベスラン学校人質事件」(04年9月)などのテロ事件をおこし，子どもをふくむ，多くの犠牲者をだしている。

▲前線に向かうチェチェン兵

2 東欧社会主義圏の解体

❶東欧社会主義圏の解体 東ヨーロッパでは，1985年ソ連のゴルバチョフの登場でペレストロイカや「新思考外交」がすすめられた結果，ソ連の締めつけがなくなり，経済停滞に苦しむ民衆の不満が爆発して，市場経済導入を求める動きが生まれた。1989年の東欧改革の結果，自由選挙による議会制民主主義・市場経済に移行し，1991年には，

▲ベルリンの壁の開放（壁の向こう側が東ベルリン）

COMECON・ワルシャワ条約機構も解消され，**東欧社会主義圏は完全に解体した**（東欧革命）。

❷東欧社会主義国の動き

1. **ポーランド** 1980年に共産党から独立した自主管理労組「連帯」が，ワレサの指導のもと，政府に改革を求めた。89年6月の自由選挙では，「連帯」が圧勝した。

2. **ハンガリー** 1956年の**ハンガリー事件**いらい，カーダール（在職1956～88）のもとで経済改革がすすめられ，私企業をおこす自由が大幅に認められた。80年代には政治改革にまで波及し，89年「共産党の指導」条項が削除され，複数政党制が導入された。91年には土地私有制が復活した。

3. **東ドイツ** 1989年，一連の東欧民主化の影響で，西側への脱出者が急増した。ホネカー（在職1971～89）が退陣して，11月には**ベルリンの壁が開放**され，翌90年，**東西ドイツが統一**された。

4. **チェコスロヴァキア** 1968年の「プラハの春」以降，「人間の顔をした社会主義」が訴えられ，77年には，知識人らが反体制運動を象徴する「憲章77」を発表した。89年ベルリンの壁が崩壊すると，「プラハの春」の指導者ドプチェクが連邦議会議長になり，新大統領に「憲章77」の起草者でもある**ハヴェル**（在職〔チェコスロヴァキア大統領〕1989～92，〔チェコ大統領〕1993～2003）が就任した。その後，「チェコスロヴァキア社会主義共和国」の国名変更をめぐってチェコとスロヴァキアの議会が対立し，93年，平和的に**チェコ共和国とスロヴァキア共和国に分裂**した（「ビロード離婚」）。

★4 1990年8月，東西ドイツ条約に調印。10月3日正式に統一。国名はドイツ連邦共和国となり，翌91年，ベルリンを首都とすることが決定された。

★5 チェコスロヴァキアの民主化は，ルーマニアのように流血を伴うものではなかったため「ビロード革命」と名づけられた。一方，スロヴァキア語では「静かなる革命」といわれた。

★6 スロヴァキア側は，国名を，第二共和国時代の1938～39年に使われていた「チェコ＝スロヴァキア連邦共和国」にするように主張した。ハヴェルは，一旦，この国名を連邦議会に提案したが，意味的に対等の関係をあらわす「ハイフン」ととらえるスロヴァキア側と，それよりも意味合いの弱い「ダッシュ」ととらえるチェコ側とが対立した。この対立は，「ハイフン戦争」「ダッシュ戦争」といわれる。

⑤ **ルーマニア**　1965年以降，**チャウシェスク**の独裁体制のもとで独自の社会主義路線をとってきた。89年12月，反体制派との銃撃戦後，チャウシェスク夫妻が処刑され，政権は崩壊。

⑥ **ユーゴスラヴィア**　独自の社会主義路線をとってきたユーゴスラヴィアは，**1980年のティトーの死後，内部の民族的・宗教的対立が表面化**。89年東欧諸国の民主化がはじまると，ユーゴスラヴィアでも共産党一党独裁を廃止して自由選挙をおこなうことを決定した。ユーゴスラヴィアを構成する各共和国では，ティトー時代の体制からの脱却_(だっきゃく)をはかり，セルビアの**ミロシェヴィッチ**やクロアティアの**トゥジマン**などの民族主義者が政権をにぎった。1991年スロヴェニアとクロアティアが独立を宣言すると，**ユーゴスラヴィア内戦**に突入した。

<u>補説</u>　**ティトー**　1892～1980年。本名ヨシップ＝ブロズ。第二次世界大戦中に**パルチザン（人民解放軍）**を率いてナチス＝ドイツと戦い，戦後には強力な指導者として，ソ連とは一線を画する独自の社会主義体制をきずいた。ティトーはいわば国家の英雄であり，民族や宗教がいりまじるユーゴスラヴィアが1つの国家としてなりたっていたのは，かれの存在によるところが大きかったといわれる。

▲旧ユーゴスラヴィアの民族分布

現
代
の
世
界

1

史料から読みとく歴史の世界⑥

ユーゴスラヴィアの解体

第二次世界大戦後，ティトーのもとで独自の社会主義国家をつくり上げたユーゴスラヴィアは，1991年にスロヴェニアとクロアティアの独立によって解体し，その後，激しい民族対立を続けた。解体の要因と内戦を激化させた要因を史料から考えてみよう。

史料1 ユーゴスラヴィアの解体（1990〜92年）

1989年の東欧諸国の体制転換と脱社会主義化は，自主管理社会主義路線をとっていたユーゴスラヴィアにも波及し，各共和国は相次いで共産主義者同盟の指導的地位の放棄と複数政党制を承認した。(中略)

1990年には，各共和国で自由選挙が実施され，セルビアとモンテネグロを除いて民族主義政党が勝利を収めた。スロヴェニアとクロアティアの新政権は，民族自決を論拠に国民投票の実施や連邦からの分離手続きを規定するなど自立化の道を歩み始めた。(中略)こうした中，91年6月にスロヴェニアとクロアティアが独立を宣言することとなる。その後マケドニアでは91年11月に，ボスニアでは92年3月に，国民投票の結果を根拠に独立が宣言された。92年2月には，EC(欧州共同体)がスロヴェニアとクロアチアの独立を承認し，4月にはアメリカが，クロアチア，スロヴェニアに加えてボスニアの独立を承認した。この後，ボスニアでは，独立に賛成するムスリム(イスラーム教徒)，クロアチア人と，反対するセルビア人の間の深刻な内戦に陥った。その後セルビアとモンテネグロは，2共和国のみでユーゴスラヴィア連邦共和国の設立を宣言し，ユーゴスラヴィアは名実ともに解体するに至った。

(歴史学研究会編『世界史史料12』岩波書店)

史料2 ボスニア内戦を激化させた要因

ボスニア・ヘルツェゴヴィナのムスリム人，セルビア人，クロアティア人は極めて近い存在であったし，歴史を振り返ってみても宗教の違いによる相互の殺し合いなどなかった。(中略)三者の共存関係をいっきに切り崩すこうした感情(引用者注：「撃たなければ相手に殺される」)を生み出した原因はなんだったのだろうか。(中略)まず民族主義に基礎を置く各勢力指導者の政治戦略であり，これに追随するマスメディアのプロパガンダをあげなければならない。また，主として経済的不満から，……極右民族主義勢力のもとに結集する青年層の存在も重要な要因である。さらに，混住地域という特殊な条件を十分に考慮することなく，民族自決や人権や「正義」を一義的に適用してユーゴの問題に介入した，ECやアメリカの対応のまずさにも原因を求めることができる。国際社会の対応のまずさが，三者の交渉の余地を奪ってしまったのである。このように考えると，三者の対立は歴史的所産だけではなく，政治状況のなかで作られた側面が強いといえるだろう。

(柴宜弘『ユーゴスラヴィア現代史 新版』岩波新書)

○ユーゴスラヴィアという国家

ユーゴスラヴィアは「6つの共和国(スロヴェニア・クロアティア・セルビア・ボスニア=ヘルツェゴヴィナ・モンテネグロ・マケドニア)，5つの民族(スロヴェニア人・クロアティア人・セルビア人・モンテネグロ人・マケドニア人)，4つの言語(スロヴェニア語・セルビア語・クロアティア語・マケドニア語)，

3つの宗教(ギリシア正教・カトリック・イスラーム)，2つの文字(ラテン文字・キリル文字)，1つの連邦国家」といわれるほどの多様性を内包した国家であった。第二次世界大戦中は，ナチス=ドイツの侵略戦争に対して，パルチザン闘争をすすめ，戦後はティトー指導のもとで，国内的には自主管理社会主義と諸民族の「友愛と統一」を路線の中心にすえ，対外的には東西両陣営から距離を置き非同盟運動を主導することで大きな外交的役割を果たした。

○解体に至る国内要因

1980年代末，ソ連のペレストロイカや東欧革命の影響をうけ，ユーゴスラヴィアの各共和国に複数政党制導入の動きがあらわれる。89年，セルビアでミロシェヴィッチが，セルビア人による統一国家建設を主張する民族主義を説いてセルビア共和国幹部会議長に就任，90年にセルビア共和国の大統領に就いた。また，クロアティアでは89年，トゥジマンが極右・排外主義的なクロアティア民主同盟を創設，クロアティア独立運動の指導者として頭角を現す。このように，民族主義者がユーゴスラヴィアの各共和国に登場する(史料1)。

ボスニア内戦でも，ムスリム人・セルビア人・クロアティア人の間で「撃たなければ相手に殺される」という感情を生み出すものとして，民族主義に基礎を置く各勢力指導者の政治戦略やマスメディアのプロパガンダが指摘されている(史料2)。セルビアのミロシェヴィッチ，クロアティアのトゥジマン，ボスニアのイゼトベゴヴィッチなどの民族主義者の登場とその政権による扇動が民族の衝突を生み出したといえる。

○EUの対応

ユーゴスラヴィア紛争に関し，ヨーロッパの安定維持の観点から，ヨーロッパ共同体(EC)諸国はユーゴスラヴィア問題に積極的に関与した。EC内での影響力を強めようとしたドイツは，スロヴェニア，クロアティア両共和国の独立承認とセルビアの制裁の立場をとった。これに対し，イギリスは早急な独立承認はユーゴスラヴィア内の民族対立を激化させるだけだとしてドイツに反対した。ECはこうした見解の違いをかかえつつ，即時停戦とユーゴスラヴィアの一体性を保持することを基本に，緩やかな主権国家連合案を提示した。しかし，連邦の維持に固執するセルビアのミロシェヴィッチ政権はこれに反対し，調停は失敗した。ユーゴスラヴィアの一体性の維持でまとまっていたEC諸国の足並みが乱れ，民族自決権の行使として独立を承認する方針が出され，スロヴェニアとクロアティアの独立承認，ユーゴスラヴィアに対する経済制裁を決定した。これ以降，ユーゴ和平会議の舞台はECから国連に移った。

国連は，23,000人の国連保護軍を派遣する一方で，和平会議を開催した。政治的な解決のために複数の和平案が出されたが，まとまらなかった。国連保護軍の犠牲者数が増えていくと，国際社会には軍事力行使による解決を求める機運がつくられた。アメリカが主導してNATOによるセルビア人勢力への空爆が行われ，95年の8月末から9月中旬にかけて3千数百回におよぶ出撃が繰り返された。これによって，アメリカ主導の和平案(デイトン合意)が合意された。

コソヴォ紛争でも，アメリカはコソヴォのアルバニア人を支援し積極的に関わった。99年2月，フランスのランブイエでおこなわれたセルビアとコソヴォとの和平交渉において，セルビア領内でNATO軍が自由に展開できる内容をふくむ和平案を示し，セルビアがこれを拒否すると，3月24日からベオグラード空爆を78日間つづけた。NATOの空爆は国際連合の承認無くおこなわれ，しかも創設以来初めての，加盟国域外への攻撃であった。

冷戦後最大の紛争であるユーゴスラヴィア紛争は，ユーゴスラヴィア連邦内の民族対立を利用したEC内の主導権争いと国際社会におけるアメリカの単独行動主義に翻弄された結果，20万人以上の死者と350万人以上の難民・避難民を発生させた。

3 アジア社会主義国の変容

❶**中国**　①1976年周恩来と毛沢東が相いで死去すると，77年プロレタリア文化大革命の終結が宣言され[7]，農業・工業・国防・科学技術の「四つの現代化」がすすめられた。81年には鄧小平を中心にした新指導部が成立し，人民公社の解体や農業生産の請負制など経済の開放政策[8]が推進された。しかし，共産党の支配は維持されたままで民主化がすすまないため，学生や知識人のあいだに不満がひろがり，89年，学生・労働者が天安門広場に集まり民主化を要求した。鄧小平は人民解放軍を投入してこの民主化要求を弾圧し(天安門事件)，趙紫陽総書記を解任して，事態の収拾をはかった。②天安門事件は国際的にきびしく非難されたが，**改革開放政策**は順調にすすめられ，90年以降ASEANとの関係を正常化し，92年には韓国と国交を結んだ。97年にイギリスから返還された香港と99年にポルトガルから返還されたマカオは，一国二制度のもと[9]，資本主義体制が返還後50年間つづくことが保証された。97年に鄧小平が死去すると，江沢民がその政策をつぎ，改革路線を推進した。

　1990年代以降，改革開放政策による経済発展の一方で[10]，地域的な経済格差や貧富の差，官僚の汚職などがひろがり，各地でデモや暴動・騒乱がおこった。中国からの独立をめざす東トルキスタン独立運動や，チベット自治区での自治権拡大を求める動き[11]，経済発展のなかで生みだされている食品の品質問題や知的所有権侵害の問題など，さまざまな矛盾が生じた。

❷**ベトナム**　①南北統一後も，**インドシナ難民の発生**，カンボジア侵攻(1978〜89)，**中越戦争**(1979)など，国内は混乱した。1986年から，**ドイモイ(刷新)**[12]政策により市場経済が導入され，89年にはカンボジアから撤兵して，経済は好転した。②91年には中華人民共和国との関係を正常化した。95年にはアメリカとの国交を樹立するとともに，ASEANへの加盟をはたし，98年にアジア太平洋経済協力(APEC)会議に参加した。

❸**カンボジア**　①1978年末，反ポル＝ポト派を支援するベトナムが軍事侵攻をおこなった結果，翌年のはじめにヘン＝サ

★7　毛沢東死後，華国鋒首相は，プロレタリア文化大革命推進派である江青(毛沢東の妻)ら「四人組」を逮捕して，党主席を兼任し，新路線へ転換した。

★8　一連の経済改革を社会主義市場経済化と規定し，外国資本・技術導入による開放政策，国営企業の独立採算制導入などを実施。

★9　中国が自国の一部とする地域に中国本土とは異なる制度を適用すること。

★10　ブラジル・ロシア・インド・南アフリカとともに，経済発展のいちじるしい地域としてBRICSとよばれる。

★11　1959年，中国の支配に対する反乱が武力で鎮圧され(チベット動乱)，チベット仏教の指導者ダライ＝ラマ14世は，インドへの亡命を余儀なくされた。

★12　市場経済の導入と対外経済開放を優先する経済改革。この政策により，食料品や消費物資の生産が飛躍的に向上した。また，安くて豊富な労働力を求めて，日本をはじめ，アジア各国から企業の進出が相つぎ，労働集約型の工業が発達した。

ムリンを元首とする**カンボジア人民共和国**が成立し，ポル＝ポト派とのあいだで内戦となった。89年のベトナム軍撤退後，91年両派で統一政権樹立で合意し，ヘン＝サムリン政権と，ポル＝ポト派など反ベトナム3派が，旧元首シハヌークを首班とする統一政権樹立で合意し，93年**カンボジア王国**が成立，社会主義体制から離脱した。[*13]

②この間，国連が**平和維持活動（PKO）**をおこない，内戦の終結や和平成立に大きな役割をはたした。

★13　98年ポル＝ポトが死去し，ポル＝ポト派が壊滅して内戦は終わった。

参考 その他のアジアの社会主義国　①モンゴル…92年に社会主義体制から離脱した。②**朝鮮民主主義人民共和国**…金日成のもと，独自の社会主義体制を維持した。

POINT!

① 中国：文化大革命の終結→「四つの現代化」
　　　　　　→鄧小平が改革開放政策→天安門事件
② ベトナム：ドイモイ→市場経済導入
③ カンボジアの内戦：平和維持活動（PKO）

SECTION

④ 第三世界の多元化と地域紛争

1 アラブ世界の分裂

❶**パレスチナ問題の展開**　1948年パレスチナ戦争（**第1次中東戦争**）と56年スエズ戦争（**第2次中東戦争**）によりイスラエルが地歩をかためるなかで，イスラエルの占領下にあるパレスチナを解放することを目標に，多くの抵抗組織が，64年に**パレスチナ解放機構（PLO）**を結成し，対イスラエル闘争の中心となる。69年にファタハ党を率いる**アラファト**がPLO議長となった。

１ **第3次中東戦争**　イスラエルは，1967年エジプト・シリアを奇襲攻撃して東エルサレムをふくむヨルダン川西岸地区・ガザ地区・シナイ半島（1982年エジプトに返還）・ゴラン高原を占領した。これが**第3次中東戦争**で，**6日間戦争**ともいわれる。

２ **第4次中東戦争**　1973年，エジプトの**サダト**大統領は，イスラエルに対して反撃したが，まもなく停戦[*1]となった。この**第4次中東戦争**の際，**石油輸出国機構（OPEC）**[*2]は，原油価格の大幅値上げや石油の輸出制限などの**石油戦略**[*3]を発動し，各国にアラブ寄りの外交政策への転換をせまった。このため，先進資本主義国の高度成長は終わり，「世界同時不況」がおこった（**第1次石油危機**）。

３ **国連のPLO承認**　国連は，1974年パレスチナ人の民族自

☐	国連の分割案（1947）によるイスラエル領
▨	第1次・2次中東戦争でのイスラエル占領地
☐	第3次中東戦争でのイスラエル占領地

レバノン
ベイルート
ダマスカス
ゴラン高原
シリア
テルアヴィヴ
地　中　海
ヨルダン川西岸地区
イェルサレム
アンマン
ポートサイド
ガザ地区
死海
スエズ運河
ヨルダン
スエズ
アカバ
シナイ半島（1982年返還）
エジプト
サウジアラビア
0　100km
紅海
──は第1次中東戦争での停戦ライン

▲**イスラエルの変遷**

★1　アラブ側の先制攻撃ではじまったが，アメリカの援助を得たイスラエルが戦況を逆転させて停戦した。

現代の世界

1

決権・独立国家樹立権を承認し，PLOをパレスチナ人の唯一正統な代表権をもつ組織として国連へのオブザーバー参加を認めた。

4 **エジプト=イスラエル平和条約**　1977年エジプトのサダトがイスラエルを訪問，イスラエルとの和解に転じた。78年には，カーター米大統領が仲介して，サダトとイスラエルのベギン首相が米大統領の山荘があるキャンプ=デーヴィッドで会談し，**エジプト・イスラエルの国交正常化とシナイ半島の返還で合意**（キャンプ=デーヴィッド合意）した。79年には**エジプト=イスラエル平和条約**が締結された。しかし，イスラエルとの単独和平は，アラブ諸国やムスリム民衆からの反発をまねき，エジプトはアラブ連盟脱退を発表した。81年にサダトは，対イスラエル和平に不満をもつイスラーム主義のグループ（ジハード団）によって暗殺された。

5 **レバノン侵攻**　1982年アメリカの支援をうけたイスラエル軍が，PLOのテロへの報復としてレバノンを攻撃し，レバノンの首都ベイルートを包囲。PLOは，ベイルートから撤退しチュニジアのチュニスへ拠点を移さざるを得なくなり，パレスチナ解放闘争を直接指導できなくなった。

6 **第1次インティファーダ**　イスラエルの占領をうけていたヨルダン川西岸地区とガザ地区のパレスチナ人住民は1987年末から**インティファーダ**（蜂起・抗議運動）をおこした。運動の中心は若者たちで，自由と独立という目標をかかげ，投石などでイスラエル兵に抵抗した。このインティファーダは，占領地の状況を自分たちの手で変えようとする運動で，これに影響されてPLOも1988年，アルジェでのパレスチナ国民議会で**パレスチナ国家樹立宣言**を発表し，PLOの中東和平国際会議への参加を求める国際世論も高まった。

7 **パレスチナ暫定自治協定（オスロ合意）**　インティファーダがつづくなか，PLOは，ヨルダン川西岸地区とガザ地区を中心にパレスチナ人の独立国家を樹立してイスラエルと平和共存する道を模索するようになった。1993年ノルウェーの仲介で秘密交渉がおこなわれ，イスラエルの**ラビン首相**とPLOの**アラファト議長**が，相互承認とイスラエルの占領地にパレスチナ人の暫定自治を認めることで合意した。

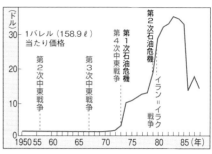

▲石油価格の変化

★2　1960年，イラクのよびかけにより，イラン・クウェート・サウジアラビア・ベネズエラが参加して結成。目的は**メジャー（国際石油資本）**の寡占体制に対抗し，産油国が石油の供給権をにぎることにあった。2023年現在の加盟国は12か国になっている。

　OPECは，1979年にも石油の大幅値上げを実施し，**第2次石油危機**がおこった。

★3　OPECは原油価格をおよそ20%引き上げると発表し，同時に**アラブ石油輸出国機構（OAPEC）**が産油制限や親イスラエル国に対する石油禁輸措置をとったため，先進国を中心に経済が混乱した。

★4　これに先だち，PLO議長アラファトは，アラブ首脳会議でPLOがパレスチナ唯一の代表組織であることを承認させた。

★5　調印式は**クリントン**米大統領の仲介でおこなわれた。ラビンとアラファトはノーベル平和賞を受賞し，パレスチナに平和が訪れるかに思われたが，95年ラビンがユダヤ教急進派に暗殺されると，双方とも武力対立路線に立ち戻った。

❷イラン=イスラーム革命　①イラン国王パフレヴィー2世の指導による近代化・西欧化政策（白色革命）は，貧富の差や社会の矛盾を拡大し，国民の反対運動を活発化させた。その結果，イラン=イスラーム革命がおこり，1979年国王はエジプトをへてアメリカへ亡命した。かわってフランスから宗教指導者ホメイニ[★6]が帰国して，イスラーム教シーア派を国家原理とするイラン=イスラーム共和国が成立した。
②イラン国外では，イラン革命を引き金にしておこった石油減産の結果，原油価格が急騰し，第2次石油危機が発生した。また，国内では，パフレヴィー体制を支援していたアメリカに対する民衆の怒りを背景に，1979年にイスラームの学生がテヘランでアメリカ大使館人質事件をおこした。その後，アメリカのレーガン政権がイランと国交を断絶し，現在もなお両国の対立はつづいている。

❸イラクのフセイン体制　イラクでは西部・北部を中心にスンナ派が人口の約20%，中部・南部を中心にシーア派が約60%，北部にクルド人が約15%を占める。1963年にクーデタをおこしたアラブ民族主義政党のバース党が68年に政権をにぎり，79年サダム=フセインが大統領に就任した。

1 イラン=イラク戦争　フセインは，イラン革命がイラク南部で多数を占めるシーア派のアラブ人に波及することをふせぐとともに，湾岸地域の覇権をにぎることを意図して，1980年，イランに侵攻した。当初は劣勢におちいったイランであったが，イスラエル・シリアの支援をうけて攻勢に転じた[★7]。膠着状態がつづくなか，イランがイラク国内の反政府的なクルド人を支援してイラクの不安定化をねらうと，

★6　1902～89年。イスラーム教シーア派のウラマー（⇨p.126）。イスラーム法に基づく諸政策を実施。対外的には，反米・反ソを明確にし，イスラーム主義がアラブ諸国にひろまると，アラブ諸国とも対立した。

★7　アメリカは，イラン=イスラーム革命がペルシア湾岸諸国に波及すれば，ペルシア湾岸の石油権益が危うくなると考え，イラクに軍事・経済援助をおこなった。
　ソ連は，アフガニスタンに軍事侵攻しており，イラン=イスラーム革命の影響によってソ連邦内にイスラーム革命が波及することを恐れてイラクを支援した。
　一方，イラクの核開発を恐れたイスラエルと，イスラーム重視のシリア・リビアは，イランを支援した。

─\ TOPICS /─

「白色革命」とイラン=イスラーム革命

　パフレヴィー2世が1963年からはじめた一連の改革は，社会主義による「赤色革命」に対して，国王による革命，すなわち「白色革命」とよばれる。その内容は，農業改革，識字率の向上，女性参政権などであったが，イスラームの伝統やイラン社会の実情を重視せず，西欧的な近代国家をめざすものであったため，反対も強かった。しかし国王は，アメリカの援助と石油による利権を背景に，反対派を弾圧しつつ，改革を断行した。その結果，改革の恩恵をうけた層とうけられなかった層とのあいだで社会格差が拡大し，西洋化への文化的反発も深まっていった。

　1979年，イラン=イスラーム革命によってパフレヴィー朝が打倒され，イラン=イスラーム共和国が成立して，イスラーム法（シャリーア）に合致する新憲法もつくられた。これ以前の革命は，社会主義または民族主義によるものが一般的であったため，宗教の復興による革命として，世界を驚かせた。

フセインは，クルド人の多く住むハラブジャで化学兵器を使用した。88年，即時停戦などをよびかける国連決議を両国がうけいれて，9年間におよぶ戦争が終わった。

2 湾岸戦争 ①イラン＝イラク戦争で，イラクには約600億ドルの戦時債務が残った。国内の荒廃を石油生産で回復させようにも，原油価格が低迷し，石油輸出に依存していたイラク経済への影響は深刻であった。さ

▲湾岸戦争

らに，多くの戦死者をだしたため，労働力不足もおこり，戦争で家や畑を破壊された人々の生活は困窮をきわめた。フセインは，この国内の諸問題を解決するため，1990年8月，隣国であるクウェートに侵攻した。

②アメリカはペルシア湾に軍隊を派遣するとともに，ソ連とも共同して，イラク軍の即時無条件撤退を勧告した。これをうけて国連安保理も，即時撤退と経済制裁を決議した。これに対しフセインは，イスラエルがガザ地区とヨルダン川西岸地区から撤退すればクウェートからの撤退に応じると主張して，アラブ諸国に揺さぶりをかけたが，アラブ諸国はこの提案に乗らず，サウジアラビアは国内への米軍駐留を認めた。

③撤退に応じないイラクへの武力行使を容認する国連決議をうけて，91年1月，アメリカ軍を中心とする多国籍軍がイラクを攻撃した（湾岸戦争）。圧倒的な多国籍軍の前に敗走したフセインは，3月，暫定休戦協定をうけいれた。4月，フセインは，クウェートへの賠償や大量破壊兵器の廃棄などを内容とする安保理決議をうけいれたが，その後もフセイン体制は温存された。

④アメリカ軍は，湾岸戦争で劣化ウラン弾を使用したため，イラクの人々に放射線被害がおこった。また，アメリカ主導で国連がおこなった経済制裁では，化学兵器に転用される恐れがあるとして医薬品の輸出を制限したため，多くの子どもたちまでが犠牲になった。

❹アフガニスタン 1989年にソ連軍が撤退すると，ゲリラ各派の内紛で無政府状態になり，治安が悪化した。1996年以降イスラーム主義勢力であるターリバーンが内戦に勝利し，イスラーム主義に基づく支配をおこなった。

★8 国連安全保障理事会はイラク軍の行動を侵略行為と断定し，米・英・仏軍などによる多国籍軍が組織された。湾岸戦争では，殺傷力の強いハイテク新型兵器（クラスター爆弾や巡航ミサイル「トマホーク」など）が使用された。フセインは，イスラエルに向けてスカッド＝ミサイルを撃ちこみ，イスラエルを挑発して戦争にもちこもうとしたが，アメリカや国連の要請でイスラエルは動かず，アラブ民衆の支持を得ようとするフセインのもくろみは失敗した。

2 世界の拡差と第三世界の動き

❶南北問題と南南問題　①発展途上国71か国グループは，旧支配国との経済的従属関係の清算や**南(発展途上国)と北(先進工業国)との経済格差**の解消を求めて，1964年に**国連貿易開発会議(UNCTAD**★9)を設立し，南北問題の解決をめざした。②1974年の国連資源特別総会では，**新国際経済秩序宣言(NIEO**★10)が採択された。しかし，70年代後半になると一次産品価格の低落のため外貨収入がへり，累積債務が急増，発展途上国間においても，新たな経済格差(**南南問題**)が生じた。

❷韓国　①1970年代以降，輸出工業の育成につとめ，急速な経済成長をとげた。しかし，**朴正熙**と**全斗煥**の強権政治★11に対する国民の不満は，労働者のストライキや光州における1980年の反政府民主化運動(**光州事件**)となって表面化した。光州事件を弾圧した軍部を基盤にして全斗煥・盧泰愚と軍人出身の大統領がつづいた。87年の民主化運動で，第六共和国憲法が採択され，盧泰愚が大統領に就任して(1988)，民主政権が樹立された。その後，韓国はソ連(1990)や中国(1992)と国交を回復し，**91年には，朝鮮民主主義人民共和国とともに国際連合に加盟した**。②92年の選挙で**金泳三**が32年ぶりの非軍人大統領となり，民主化がすすんだ。97年には**金大中**が大統領に当選し，北朝鮮を改革・開放に向かわせようとする「**太陽政策**」をかかげて朝鮮民主主義人民共和国の**金正日**との**南北首脳会談**を実現させた(2000)。★12

❸台湾　国民党一党支配のもと，経済的には輸出産業が成長し，**新興工業経済地域(NIES**)の仲間いりをはたした。1988年に**李登輝**が台湾出身者としてはじめて総統に就任して，**台湾本土化運動**を推進★13，アメリカや日本との強固な連携を確立して，台湾独立運動に道を開いた。

❹フィリピン　1965年いらい政権にあった**マルコス大統領**(在職1965〜86)は，86年におこなわれた大統領選挙の不正に抗議する民衆運動によってハワイに亡命した。かわって，民主化運動のリーダーで，83年に暗殺された**ベニグノ=アキノ**の妻**コラソン=アキノ**(在職1986〜92)が大統領に就任し，民主化をすすめた。

❺タイ　①1973年，政治の腐敗に抗議して民主化を求める運動がおこり，全国にひろがった。しかし，76年におこった

★9　先進工業国と発展途上国との貿易拡大，途上国の開発援助を目的とする。

★10　「天然資源を保護するため，いずれの国も国有化および所有権をその国民に移転する権利をふくむ天然資源に対する効果的な管理，および自国の状況にふさわしい手段によりその開発をおこなう権利を有する」と宣言している。

★11　1960年李承晩政権が倒れたあと，61年クーデタで朴正熙が政権をにぎった。79年朴が暗殺され，80年に全斗煥が大統領となった。

★12　2002年9月には，日本の小泉純一郎首相と金正日総書記との会談が実現し，両国の国交正常化交渉がすすめられることになった。しかし，**日本人拉致問題**や北朝鮮の核開発問題で，進展していない。

★13　中華民国が台湾を本土と認識し，将来的には台湾人が主権を有する独立国家になることをめざす運動のこと。

補説　新興工業経済地域(NIES)　1970年代以降，発展途上国のなかで，輸出産業を軸として急速に工業化をとげ，高い経済成長率を達成している国・地域をいう。韓国・台湾・香港・シンガポール・メキシコ・ブラジルなどがこれにあたる。

軍部のクーデタによって民主化運動はおさえられ，軍政が復活した。②80～88年「半分の民主主義」といわれる政治的安定期をむかえた。③80年代後半以降，経済成長がいちじるしくなったが，97年にはバブル経済が崩壊して通貨危機におちいり，これがアジア各国に波及して，急激な通貨下落につながった(アジア通貨危機)。

⑥ **インドネシア** 1965年のクーデタでスカルノが政権を追われた後，政権を掌握したスハルト(⇨p.434)は，97年7月タイよりはじまったアジア通貨危機による経済不振で，98年退陣した。

⑦ **ミャンマー** ①1962年のクーデタで政権についたネ=ウィン将軍は，軍事独裁体制を維持した。②88年に経済政策の失敗から深刻なインフレに不満をもつ民衆の民主化運動が高揚するなか，軍部がクーデタをおこして軍政を維持したのに対し，アウン=サン(⇨p.422)の娘アウン=サン=スー=チーが，国民民主連盟を率いて90年の選挙で大勝した。しかし，軍事政権は政権移譲を拒否し，スー=チーは軍事政権によりたびたび行動制限(自宅軟禁)措置をうけた。

⑧ **インド** ①インディラ=ガンディーとラジヴ=ガンディー両首相の時代に，中央政府の強力な指導で社会主義的政策がすすめられたが，地域の自治・分離要求をかかげる急進的運動のひろがり，スリランカ政策の失敗，ヒンドゥー至上主義の台頭などにより，政治は安定しなかった。②インドは1974年に核実験に成功した。98年にはバジパイ政権が，弾道ミサイルの発射実験をおこなうパキスタンに対抗するために，2度目の核実験をおこない，両国の関係は緊張状態にある。

⑨ **パキスタン** 独立いらいクーデタがくりかえされ，政治は不安定であった。1998年には核実験に成功。99年には無血クーデタで軍人のムシャラフが首相となった。

⑩ **バングラデシュとスリランカ** 1971年，第3次インド=パキスタン戦争(印パ戦争)の結果，東パキスタンがバングラデシュとして独立。スリランカでは，人口の7割を占めるシンハラ人と少数派のタミル人との武装闘争がおこった。

⑪ **アフリカ**

1 **アンゴラの独立** 最後の植民地帝国といわれたポルトガルの革命をきっかけに，1975年，アンゴラが独立を達成。

2 **少数の白人が支配していた国々** ①ローデシアは，80年代

★14 軍部に基盤をもつプレーム政権のもとで，政党活動が承認され，総選挙も実施された。また，外国企業の投資規制を緩和するなど，経済発展への第一歩を踏みだした。

参考 タイでは，1992年，軍のクーデタによって成立したスチンダー政権に対する抗議行動が，武力で制圧される事件がおきた。

★15 1997年，タイでの為替の自由化をきっかけに韓国やインドネシアなどにひろがった通貨の下落のこと。

★16 インディラ=ガンディーは初代首相ネルーの長女，ラジブはその長男である。なお，独立の父ガンディーとの血縁関係はない。

★17 インドとパキスタンは独立段階でカシミール藩王国の帰属問題(カシミール問題)を抱えており，これが原因となって第1次・第2次インド=パキスタン戦争(1947～49, 1965)がおこっている。

★18 このほか，モザンビーク(1975)・ギニアビサウ(1973)などが独立した。

に国名をジンバブエと改称し，黒人主体の国家となった。

②アパルトヘイト政策[★19]を実施していた**南アフリカ共和国**でも，国際世論のはげしい批判とアフリカ民族会議(**ANC**)の抗議行動によって，80年代に人種差別法が徐々に撤廃された。91年にはすべての差別法が廃止され，94年には，平等な選挙の結果，アフリカ民族会議の指導者である黒人のマンデラ(在職1994〜99)が大統領に当選した。

|補説| **エチオピア**　エチオピアでは，1974年，軍部によって**ハイレ＝セラシエ皇帝**の専制が打倒され，社会主義が宣言された。しかし，経済改革の失敗から多くの人が難民となった。91年，エリトリア戦線などの攻撃により，社会主義政権は崩壊，エリトリアが分離独立した。

⓬**ラテンアメリカ**

① **チリ**　1970年に選挙で**アジェンデ政権**が成立し，社会主義政策がとられた。73年には軍人の**ピノチェト**がクーデタをおこし軍事政権となったが，90年に民政に移行した。

② **アルゼンチン**　1982年の戦争でイギリスに敗れ[★20]，翌年，軍政から民政に移行した。

③ **ニカラグア**　1979年に**サンディニスタ民族解放戦線**による革命がおき，**ソモサ**親米政権が倒された[★21]。

★19 アパルトヘイトとは「分離」という意味。**人種隔離政策**ともいう。総人口の80%をこえる有色人種の政治的・社会的権利をうばい，居住区指定をおこなうという差別政策。

★20 **フォークランド(マルビナス)諸島**の領有をめぐる戦争。

★21 サンディニスタ政権に圧力を加えようとするアメリカが，ニカラグアに介入し，1990年に親米政権を樹立するまで内戦がつづいた。しかしサンディニスタ民族解放戦線はその後も勢力を維持した。

── \ TOPICS / ──

ラテンアメリカの新たな変化

　ラテンアメリカでは，21世紀にはいって「アメリカ合衆国ばなれ」がおこり，多くの左派政権が誕生した。合衆国がラテンアメリカに押しつけてきた**新自由主義政策**からの脱却がすすんでいる。

　新自由主義とは，政府の規制を緩和・撤廃し，自由な競争で経済成長を促す政策で，外資の導入，貿易の自由化，国営企業の民営化，公務員の削減などがおもな内容である。

　1970年代に，ラテンアメリカで新自由主義をいち早く採用したのは，チリのピノチェト政権であった。

　80年代には，債務危機のもとで経済の立て直しをはかる**メキシコ**や**ブラジル**に対するIMFの融資条件として，財政・金融の引き締めと為替・貿易の自由化を基調とする新自由主義政策が強要された。

　90年代にはいると，唯一の超大国となった合衆国の圧力により，新自由主義が各国の親米政権にひろげられた。

　新自由主義政策は，財政赤字の削減には成果をあげ，海外の大資本にも利益をもたらしたが，国内の中小企業・地場産業を崩壊させて，失業者を増大させ，貧困人口の増大と格差拡大をもたらした。アルゼンチンが2001年末に経済破綻したのは，このためである。

　90年代末から新自由主義と決別した左派政権が，革命蜂起ではなく選挙によって生まれた。99年の**ガイアナ**のジャグデオ政権と**ベネズエラ**のチャベス政権である。21世紀にはいると，ブラジル・アルゼンチン・ウルグアイ・ボリビア・チリ・ニカラグア・エクアドルに続々と左派政権が誕生し，相互の協力もはかられるようになった。

3 20世紀の地域紛争と新たな国際協力の模索

❶民族紛争・地域紛争　冷戦終結後，地域覇権をめざす民族
紛争や，民族主義や宗教対立によるテロ活動が多くおこって
いる。①1980年代から激化した，ソマリアでの武装勢力間
の戦闘であるソマリア内戦，②湾岸戦争後に活発化した，ト
ルコ・イラン・イラクにまたがって暮らすクルド人の独立運
動，③ルワンダの多数派フツ族がツチ族を大量虐殺したル
ワンダ内戦(90〜94，虐殺は94年)，④97年，旧ザイール
のモブツ長期独裁政権を打倒して成立したカビラ政権に対し
て，コンゴ東部でツチ族系少数民族が武装蜂起し，反政府側
をルワンダやウガンダが，カビラ政権側をジンバブエ・アン
ゴラ・ナミビアが支援して戦われたコンゴ内戦，⑤スーダン
西部のダルフール地方で，アラブ系武装勢力が非アラブ系住
民(アフリカ系黒人)を虐殺したダルフール紛争などがある。

❷さまざまな国際協力　冷戦終結後，国連が民族紛争・地域
紛争解決のために，治安維持や選挙監視，停戦の回復・維持
などのために平和維持活動(PKO)をおこなうことが多くなっ
た。また，難民の救済や医療活動，地雷禁止運動などに，民
間ボランティアや非政府組織(NGO)が重要な働きを担う。

❸多国間の広域協力・経済協力機構　アジアの東南アジア諸
国連合(ASEAN)やアジア太平洋経済協力(APEC)会議，ア
フリカ統一機構(OAU)から発展したアフリカ連合(AU)など
がある。

補説　ソマリアPKO　1992年，国連の主導により，アメリカを中心
とする多国籍軍がソマリアへ派遣され，ソマリアPKOがおこなわ
れた。アメリカからは3万7,000人の兵士が投入されたが，市民
の抵抗にあい，捕虜となったアメリカ兵が無惨に殺される映像が発
表された。アメリカ国民の反発を買うことを恐れたクリントン米大
統領は，94年，ソマリアから撤退した。このPKOは失敗に終わり，
その後，ソマリアは無政府状態におちいった。

補説　植民地支配と部族対立　ルワンダ内戦の原因は，フツ族とツチ
族の対立であるといわれるが，もともとフツとツチとは同じ言語を
用い，両者の違いはあまり認識されていなかったといわれる。しか
し，この地域を植民地化したドイツ・ベルギーは，白人に近い身体
的特徴をもつとされるツチを支配層と位置づけて，さまざまな特権
を授けた。こうして「フツ族」と「ツチ族」とは明確に違うという
考え方がひろめられるとともに，両者は対立するようになっていっ
た。

★22 スーダン政府軍・政
府に支援されたアラブ系民
兵と，ダルフール地方の反
政府勢力とが戦った。
2011年7月，南部での住
民投票の結果をうけて，南
スーダン共和国が独立した。

★23 日本は，1992年国
連平和維持活動協力法
(PKO協力法)を施行し，
カンボジアPKOではじめ
て自衛隊を海外に派遣した。

★24 加盟国はタイ・フィ
リピン・マレーシア・イン
ドネシア・ブルネイ・シン
ガポール・ベトナム・ミャ
ンマー・ラオス・カンボジ
アの10か国(2023年現在)。
1997年のアジア通貨危機
以降，ASEAN＋3(中国・
韓国・日本)の活動もはじ
まった。

★25 環太平洋地域におけ
る多国間経済協力をすすめ
るための非公式なフォーラ
ム。2023年現在，21の国
や地域が参加。

★26 1963年に設立され
たアフリカ統一機構から，
2002年に発展改組して発
足。アフリカ55の国・地
域が加盟する世界最大級の
地域機関(2023年現在。
我が国未承認の「サハラ・
アラブ民主共和国」を含む)。

5 グローバル化する世界と課題

1 国際テロの多発と民族・宗教紛争の激化

❶同時多発テロ事件　①2001年9月11日，テロリストに乗っ取られた旅客機が，アメリカ・ニューヨークの**世界貿易センタービル**（WTC），首都ワシントンの**国防総省**に激突・炎上。実行犯は，イスラーム急進派組織**アル＝カーイダ**の関係者で，組織の指導者**ビン＝ラーディン**の指示によるものとされた。②ブッシュ（子）米大統領は，アフガニスタンに潜伏していたビン＝ラーディン[★1]の引き渡しを要求した。アフガニスタンが引き渡しを拒否すると，アフガニスタンを「**テロ支援国家**」と認定し，先制的自衛権のためとして，米・英軍を中心に空爆し，**ターリバーン**（⇨p.452）政権を倒した（**対テロ戦争**）。③ターリバーン政権崩壊後，国際連合の主導で暫定政権が成立したが，政権内の対立や汚職，ターリバーンの再結成，テロの多発など国内は安定しなかった。事態を打開するため，オバマ米大統領は，09年12月から3万人の米軍部隊を派遣したが，テロ事件がつづき，治安回復はできなかった。[★2]

❷**イスラエルとパレスチナ**　①2001年12月，イスラエル首相シャロン[★3]（在職2001〜06）は，パレスチナ自治政府を「テロ支援体制」と認定し，「テロ撲滅」を旗印に，パレスチナ自治政府のあるラマラや，占領地の難民キャンプに猛烈な攻撃を加えた。イスラエル軍による武力攻撃に対して，重火器をもたないパレスチナ人は，自分の身体に爆弾を巻きつけて爆発させる「**自爆攻撃（自爆テロ）**」で対抗した。②**第1次インティファーダ**（⇨p.450）以降，イスラーム主義組織として武装闘争をすすめる**ハマス**は，難民キャンプでの生活支援や教育・医療活動により，民衆の支持を高めた。04年にアラファトが死去し，ファタハの**アッバース**がPLO議長に選出されたが，パレスチナ自治政府の議会でハマスが第一党となり，ハマスの**ハニヤ**が新首相に選ばれると，パレスチナ自治政府内で，ファタハとハマスの対立が激化した。[★4]一方，武装闘争をすすめるハマスが政権をにぎったことで，米・英などがパレスチナ自治政府への資金援助をとりやめたため，パレスチナの人々はますます孤立感を深め，パレスチナでは暴力の応酬がつづいた。

★1　ソ連のアフガニスタン軍事介入（⇨p.442）の際，世界中からムスリムの青年を戦闘員として募集し，アメリカと協力して武装闘争をすすめた。ソ連の撤退後に故郷サウジアラビアに帰ったが，湾岸戦争で王室が米軍の国内駐留を認めたことに反発，米国との闘いを宣言し，対米テロ作戦を開始した。2011年，米軍により殺された。

★2　2021年8月，バイデン米大統領が米軍のアフガニスタンからの撤退を完了，同時にターリバーンが政権を掌握した。

★3　2000年，イェルサレムにあるイスラームの聖地アル＝アクサ＝モスクに乗りこんで，イスラーム教徒を挑発した。パレスチナ側はこれに強く反発し，第2次インティファーダがはじまった。

★4　ファタハはヨルダン川西岸地区を統治，ハマスはガザを実効支配している。

❸イラク戦争　①2002年1月，ブッシュ米大統領は，テロ支援国家として**イラク・イラン・北朝鮮**をあげ，「**悪の枢軸**」とよんで非難した。9月，大量破壊兵器によるテロ攻撃を事前に防止するためには先制攻撃が許されるとする国家安全保障戦略（**ブッシュ・ドクトリン**）を発表した。11月，国連安保理主導で大量破壊兵器の存在を明らかにするための査察が始まった。②ブッシュは，イギリスとともに，イラクが大量破壊兵器を隠しもっているとして，イラク攻撃を主張したが，フランス・中国・ロシア・ドイツなどは査察継続を主張し，イラク攻撃への国連安保理決議は得られなかった。③03年3月20日，米英は，安保理決議は不要であるとしてイラク戦争を開始，4月末にはイラク軍は敗北し，5月1日ブッシュは戦闘終結宣言を出した。7月，米英連合軍を補佐役にイラク統治評議会が成立，翌年6月暫定政府に移行した。④04年10月，アメリカの調査団が作成した報告書が議会に提出され，イラク戦争前，イラクに大量破壊兵器は存在せず，その開発計画もなかったと結論づけた。この結果，イラク戦争正当化の大前提そのものが覆された。⑤米軍による住民虐殺や捕虜虐待が明らかになり，住民の米軍に対する反発は強まった。テロ組織が入り込み，爆弾テロが繰り返され治安は悪化した。アメリカは占領政策に失敗。⑥05年，アメリカ国内でイラク戦争批判が高まると，06年にはイラク駐留兵力を削減，日本・イギリス・オーストラリアなども相ついでイラクから撤退し，兵力削減方針を発表した。⑦アメリカは，イラク情勢が内戦の様相を呈するなか，06年5月マリキ政権を成立させた。シーア派とスンナ派の対立，武装勢力による爆弾テロなどにより，イラク情勢が混乱をきわめると，ブッシュは，07年1月，ふたたび約2万の兵力を派遣して，治安回復につとめ，マリキ政権へ治安権限を委譲した。⑧2011年，オバマ大統領が**イラク戦争の終結**を正式に宣言した。

❹アメリカの政策と外交　①2000年の大統領選で，接戦の末に民主党のゴアを破って当選した共和党のブッシュ（子，在職2001～09）は，レーガン政権が進めた「小さい政府」を求め，減税と並び民営化と規制緩和を進めた。②ブッシュは，父ブッシュやクリントン政権の多国間主義や国連重視の政策を転換し，アメリカ外交を**単独行動主義**へ急旋回した。具体

★5　2002年11月8日，国連安保理決議第1441号（イラク政府に対する武装解除と査察全面受け入れの要求）が，全会一致で採択された。

★6　サダム＝フセインは，2003年12月，穴蔵に隠れているところを逮捕された。04年6月，イラク暫定政府に引き渡され，「イラク特別法廷」で裁かれて，06年に絞首刑の判決を受け，直後に執行された。

★7　2004年4月には，米軍が拠点を置いたバグダード西方のファルージャでアメリカの民間軍事会社ブラックウォーター社への襲撃事件をきっかけに米軍の報復が始まり，12月までに約6,000人の民間人が殺害された。

★8　2004年4月にはアブグレイブ刑務所で米軍によるイラク人捕虜に対する大規模かつ組織的な虐待が発覚し，アメリカ人に対する憎悪がアラブ世界全域に広がった。

参考　小泉純一郎政権は，9.11直後からブッシュ政権の方針を支持し**テロ対策特別措置法**を制定して，航空自衛隊輸送機による国外輸送，インド洋での海上自衛隊艦艇によるアメリカ海軍艦艇への燃料補給を開始した。イラク戦争に際してもブッシュ政権を支持し，2003年7月**イラク復興支援特別措置法**を成立させて，04年から06年まで，陸上自衛隊をイラク南部のサマワに派遣した。また，航空自衛隊は，08年12月まで，クウェートからバグダードへアメリカ軍の物資輸送任務にあたった。

的な政策では，包括的核実験禁止条約（CTBT）の批准を拒否，弾道弾迎撃ミサイル（ABM）制限条約の廃棄（01年12月），国際刑事裁判所（ICC）参加への署名撤回（02年5月），京都議定書からの離脱（01年3月）などである。③同時多発テロ事件への対応で高い支持を得たブッシュは，アフガン空爆やイラク戦争による莫大な軍事支出と戦争の長期化により，次第に国民の支持を失った。07年に発生したサブプライムローン問題，08年に発生した投資銀行リーマン・ブラザーズの破綻は，アメリカ経済を直撃し，世界金融危機につながっていった。④09年，民主党のオバマ（在職2009〜17）が，アフリカ系アメリカ人として初の大統領に就任。核兵器のない世界の平和と安全を達成するという政策課題を提唱した。15年には，アフガン政府軍の治安能力が不十分だとして，16年に予定されていたアフガニスタン駐留米軍の完全撤退を断念し駐留延長を決定した。オバマ外交の基本には，ブッシュ政権の対テロ戦争を特徴付けていた単独行動主義や先制攻撃論から脱し，国際協調を背景にした外交による紛争解決の方針があった。⑤16年の大統領選挙で当選した共和党のトランプ（在職2017〜21）は，「アメリカ第一主義」を掲げた。大統領の突発的発言で世界各国が振り回された。⑥20年におこなわれた大統領選挙では民主党のバイデン（在職2021〜）が当選。22年に始まったウクライナ戦争では，ウクライナ側に対する軍事支援で主導的な役割を果たしている。

❺**ラテンアメリカ**　①21世紀に入ってラテンアメリカでは左翼政権の成立があいつぎ，アメリカ離れがすすんだ。その象徴が，1999年に成立したベネズエラのチャベス政権である。04年には，ベネズエラとキューバを中心に，米州自由貿易地域（FTAA）に対抗する目的で，米州ボリバル同盟（ALBA）が結成された。また，産油国ベネズエラがカリブ海諸国への優先的な石油供給を約束するペトロカリブ＝エネルギー協定（2005）や，南米7か国が金融面での独立性を高めるための南米銀行開設（2007）も調印された。②2008年の世界金融危機以降，ホンジュラス，パラグアイ，アルゼンチン，ブラジルなどで右派の巻き返しがみられる。

★9　第2次クリントン政権末に財政黒字が実現したが，ブッシュ政権のもとで減税や戦争の長期化によって，2004年会計年度には史上例をみない財政赤字に転落した。

★10　サブプライムとはアメリカ合衆国における低所得者向け住宅ローンのこと。サブプライムローンは，複雑な工学技術を用いて証券化され，米国の内外を問わず，多数の金融機関に購入されていたため，不動産価格が下落し住宅ローンが不良債権化すると，金融不安を引き起こした。2008年9月15日にはついに証券大手のリーマン・ブラザーズが倒産し，世界の金融市場に大打撃を与えた（リーマン＝ショック）。

★11　2009年訪問先のプラハで核兵器を使用した唯一の核保有国の道義的責任として，核廃絶に努力する決意を宣言した。この発言によりノーベル平和賞が贈られた。

★12　2021年，バイデン政権のもとでアフガニスタンから撤退した。

★13　北米自由貿易協定（NAFTA）の再交渉によるアメリカ＝メキシコ＝カナダ協定（USMCA）の発効，環太平洋パートナーズ協定（TPP）からの離脱，対中貿易戦争，北朝鮮の金正恩との会談，気候変動対策の「パリ協定」からの離脱，イラク核合意の破棄など。

★14　アルゼンチン，ブラジル，ベネズエラ，エクアドル，ボリビア，パラグアイ，ウルグアイで結成。

❻EU諸国

① **イギリス**　①2001年のアメリカの同時多発テロ事件が起こると，労働党ブレア首相は，ブッシュ大統領のすすめる「**対テロ戦争**」を積極的に支持，アフガニスタン空爆やイラク戦争に米軍と共に参戦した。しかし，イラク戦争に反対する世論の高まりのなか，対米追随政策を批判され，07年，退陣に追い込まれた。★15 ②2010年に首相の座についた保守党の**キャメロン**は，16年EU離脱か残留かを問う国民投票を実施。EU域内を経てイギリスに来る大量の移民に不満★16をもつ世論を背景にEU離脱が52%を占めたことで辞職。後任の**メイ**首相は，国民投票の結果を受けてEU離脱手続きに入った。19年にEUとまとめた協定案が議会で否決され，メイ首相は退陣。EU離脱は後任の**ジョンソン**首相の★17もとで，20年1月末のEU離脱が決定した。

② **ドイツ**　①同時多発テロ事件以降は，ブッシュ米大統領の「対テロ戦争」を支持し，アフガニスタンでの国際治安支援部隊に軍隊を派遣したが，イラク戦争に際しては国連決議抜きの開戦には反対し軍隊を送らなかった。②2005年の総選挙ではキリスト教民主同盟の**メルケル**が勝利を収め社★18会民主党と大連立を組んで対露・対米積極外交を展開。EU内でも，フランスと協調して重要な役割を果たした。③メルケルは，09年の総選挙で勝利を収め，社会民主党との大連立を解消。11年の**東京電力福島第一原発事故を受けて，全ての原発の閉鎖**を決めた。④15年9月，欧州諸国と事前に十分な協議をしないまま，シリアなどからの約100万人の難民に対して国境を開放し，ドイツでの難民申請を許可した。難民受け入れに反対する勢力が台頭し，極右政党「ドイツのための選択肢」(AfD)がドイツ国内の選挙で躍進した。⑤21年，メルケル退陣を受けて実施された連邦議会選挙後，社会民主党(SPD)**ショルツ**が，緑の党，ドイツ自由党と連立を組み首相に就任。22年2月，ロシアによるウクライナ侵攻を受けて，それまでの政策を転換し，ウクライナへの武器供与，ロシアに対する厳しい経済制裁，防衛費の増額，ロシアへのエネルギー依存からの脱却などに踏み切ることを表明した。

★15 独立調査委員会(チルコット委員会)は，ブレア政権が2003年にイラク戦争に参戦した経緯や侵攻後の占領政策を検証し，「(フセイン政権の)武装解除の平和的な方策を尽くす前に侵攻に参加した。軍事行動は当時，最後の手段ではなかった」「開戦に法的根拠があると決断する状態にはほど遠かった」と報告した。

★16 国民投票で離脱を決めた2016年頃は，EU各国からの移民だけで年間およそ20万人が純増していた。

★17 イギリスのEU離脱をブレグジット(Brexit)というが，これはBritain(イギリス)とExit(出ていく)を合わせた造語。

★18 東ドイツ出身のドイツで初めての女性首相。16年間首相を務めたメルケルは，様々な危機への対応に奔走し，「欧州の火消し役」「危機対応首相」とよばれた。リーマン=ショックにつづく世界金融危機(2008年)，ギリシア債務危機に端を発するユーロ危機(2009年)，ロシアによるクリミア半島併合とウクライナ内戦(2014年)，難民危機(2015年)，英国のEU離脱(ブレグジット，2020年)，新型コロナウイルス危機(2020年)に中心となって対応した。

メルケル▶

3 **フランス** ①21世紀初頭，シラク大統領のもとで，イラク
の大量破壊兵器の査察を継続することを主張し，イラク戦
争に反対した。また，ユーロ導入や東欧諸国のEU加盟に
主導的な役割を果たした。②2007年の大統領選挙で，**サ
ルコジ**(在職2007〜12)が大統領に就任。シラク政権で冷
えこんだ対米関係を改善し，競争を重視する英米型の新自
由主義経済政策をすすめた。③経済雇用対策で成果を上げ
ることができなかった社会党のオランド大統領(在職2012
〜17)が2期目に立候補せず，大統領選挙で**マクロン**が，決
選投票で極右政党国民連合の党首マリーヌ・ル・ペン[20]を破
り，大統領に就任(在職2017〜)。政権下，18年に燃料価
格高騰と燃料税引き上げに反対する全国40万人が参加した
黄色いベスト運動がおこった。④マクロンは，ウクライナ
戦争後，ロシアに対しては米英とは違う対話路線をとろう
としてきた。

4 **ギリシア** 2009年末，巨額の財政赤字を隠していたことが
発覚してギリシア国債が暴落。EU内でメルケル独首相や
サルコジ仏大統領が支援に乗りだしたが，EUにとどまら
ず世界経済を巻きこんだ**金融危機(ユーロ危機)**の引き金に
なった。

5 **ハンガリー** 1999年3月にNATOに加盟，2004年5月に
EUに加盟。2010年首相に返り咲いたフィデス＝ハンガリー
市民同盟のオルバーンは，15年のヨーロッパへの移民・難
民の大量流入に対しては，セルビア及びクロアチアとの国
境にフェンスを設置しEUの移民割当制にも反対した。オ
ルバーンは，メディア統制などの強権政治を実施し独裁色
を強め，ロシア・中国に接近する姿勢を示している。22年
から始まったウクライナ戦争でも，NATOやEUのウクラ
イナ支援とは一線を画している。

6 **ポーランド** 2015年，EUに懐疑的な姿勢を示し，難民受
け入れに反対する保守系野党「法と正義」が圧勝，ハンガ
リーと共にEUの難民政策に反対した。ところがウクライ
ナ戦争では一転してウクライナ支援に回り，約200万人の
難民を受け入れると共に，軍事支援にも積極的である。

1
現代の世界

[19] 2011年におこった
東電福島第一原発事故に際
しては，原子力発電を基軸
にしたエネルギー政策を背
景に，原発推進を主張した。

[20] フランスの代表的な
極右政党である国民連合
(旧：国民戦線)の第2代目
党首。2017年と22年の
大統領選挙でも決選投票に
すすみマクロンに敗れたが，
決戦投票の得票率は17年
の33.90％から，22年に
は41.46％に伸ばした。

参考 **ヨーロッパで台頭す
る右翼ポピュリズム政党**
21世紀に入りヨーロッパ
では右翼ポピュリズム政党
が伸張している。移民・難
民(イスラーム系が大半)の
受け入れ厳格化などを求め
て国家主権の強化を掲げ，
現行のヨーロッパ統合には
批判的な姿勢が特徴。フラ
ンスの国民連合，ドイツの
「ドイツのための選択肢」，
イタリアの「同盟」(メロー
ニ連立内閣を構成)，ハン
ガリーのフィデス＝ハンガ
リー市民同盟，ポーランド
の「法と正義」，スペイン
の「Vox」など。

❼「アラブの春」　2010年から11年にかけて，長期独裁政権
がつづいていたチュニジア・エジプト・リビアなどのアラブ
諸国で，民主化を求める運動がひろがった。

1　チュニジア　2010年12月，販売許可をうけずに路上で果
物などを売っていた失業中の青年が，警官から品物を没収
されたうえに暴行され，抗議の焼身自殺をおこなった。こ
の事件に対して，高い失業率に苦しむ若者たちが抗議デモ
をおこなったことから，全国的な反政府暴動に発展した。
11年1月，ベン＝アリ大統領がサウジアラビアに亡命し，
1987年いらい23年間つづいた独裁政権が倒れた。これは，
ジャスミン革命[★21]といわれ，またたく間にアラブ世界にひろ
まった。

2　エジプト　ジャスミン革命に刺激されて，2011年1月より
100万人におよぶ反政府デモがおこなわれ，2月ムバラク
大統領が退陣，30年にわたった独裁政権が倒れた。

3　リビア　ジャスミン革命などの動きがインターネットなど
で伝わり，反政府デモがよびかけられた。11年2月27日
にはベンガジに暫定政権が樹立されたが，1969年いらい，
40年以上にわたってリビアを支配したカダフィは，傭兵を
使って反政府勢力を武力で弾圧，内戦状態におちいった。3
月にはいると，NATO軍が介入してカダフィ派の拠点を空
爆，10月，カダフィ自身も殺害された。

[補説]　その他のアラブ諸国　イエメンでは，30年以上にわたる独裁政
権に対する民衆の反政府運動が，サーレハ大統領を退陣に追いこん
だ。アルジェリアでは，チュニジアの影響をうけて民主化要求デモ
がひろがり，1992年いらいの非常事態宣言が解除された。バー
レーンでも，市民がエジプトの反政府デモに呼応して民主化要求運
動をすすめたが，湾岸協力会議が軍隊を送りこみ，運動をおさえた。

❽シリア内戦　①2011年1月，「アラブの春」の影響がシリ
アに及び，父親の代から40年続くアサド独裁体制に対して，
政権から虐げられていたスンナ派勢力が抗議活動を開始した。
②シーア派の過激派組織ヒズボラの支援を受けたシーア派を
主とするアサド政府軍と，欧米勢力やサウジアラビアなど近
隣諸国の支援を受けたスンナ派を主とする反体制派の自由シ
リア軍(後にヌスラ戦線が分離)が対立，内戦状態になった。
③内戦が長期化するなか，14年にはスンナ派の過激派組織
が，イラクとの国境をまたいで「イスラーム国」(IS)を樹立し，
急速に勢力を拡大させた。その結果，アサド政権，反政府軍，

★21　ジャスミンは，チュ
ニジアを代表する花とされ
る。

[参考]　イスラム国(IS)　イ
スラーム教スンニ派のア
ル＝カーイダ系過激派組織。
「イラク・シリアのイスラム
国」(ISIS)，「イラク・レ
バントのイスラム国」
(ISIL)などの名称で活動。
2003年のイラク戦争の際
に進駐したアメリカ軍など
に対して，イラク国内に勃
興した武装抵抗運動が起源。
2011年にシリア内戦が勃
発すると拠点をシリア北方
のラッカに移し，14年6
月末，カリフ制(政教一致
の政治制度)の樹立を宣言
した。イラクやシリアの国
家としての統制力が衰える
のに乗じて急速に勢力を拡
大し，両国の3分の1の国
土を支配した。8月末から
アメリカ軍が，9月にはイ
ギリスやフランスなどが参
加して空爆開始されると，
ISは，欧米人や日本人な
ど多国籍部隊を支持する国
の人質を相次いで処刑して
対抗した。17年末までに
両国のほぼすべての支配地
を失い，指導者のバグダ
ディが19年に殺害され勢
力は急速に衰えた。

イスラム国という三つ巴（みどもえ）の戦いが展開されることとなった。④オバマ政権がイラク情勢を安定化させるためにIS対策を優先することでシリア情勢への関与を弱めると，ロシアの**プーチン大統領**がIS掃討を口実に**アサド政権**に対する軍事支援を開始，シリア内戦に直接介入した。16年にはアサド政権軍の背後にいるロシアと反政府勢力の背後にいるトルコが調停して停戦が発効した。⑤17年に登場した**トランプ政権**は，アサド政権打倒という方針を転換，全面的なIS根絶を宣言，18年には駐留米軍をシリアから撤退させた。アメリカは，クルド人勢力を利用してIS根絶に成功した。結果，シリアにはアサド政権と反政府勢力，独立をめざすクルド人勢力が存在している。トルコは国内のクルド人独立運動を抑え込む意図から，シリア北東部のクルド人勢力とたびたび交戦しており，内戦に決着がつく見込みはない。

⑨ 中東情勢

1 **アメリカの中東政策の変化**　①オバマ政権は，中東の戦争に軸足を置いてきた安全保障政策の重点をアジア太平洋に移し，中東外交の重要度は低下した。②トランプ政権の中東外交は，イスラエルの生存権を確保しつつ，イランを封じ込めるために，アメリカ，イスラエル，サウジアラビア，UAE等湾岸諸国の連合をつくり出すことであった。③2018年5月，イラン核合意からの離脱を発表し，対イラン制裁を復活させた。20年9月，イスラエルは，トランプ大統領の後押しでUAEおよびバーレーンとの外交関係を樹立した。ついで，イスラエル・スーダン国交正常化，イスラエル・モロッコ国交樹立が発表された。

2 **中国と中東諸国**　2023年，中国が仲介してサウジアラビアとイランの国交回復が実現した。中東の覇権を争う両国の対立は，イラク，シリア，イエメン，レバノンなど多くの国を巻き込み，「代理戦争」といわれる状況をうみ，中東諸国を分断させてきた。関係正常化が実現すれば，2か国にとどまらず，地域全体の安定と緊張緩和につながると期待されている。

⑩ ロシア・プーチン体制

1 **プーチンの登場**　2000年，エリツィンの後継者として旧ソ連国家保安委員会（KGB）出身のプーチン（在職2000〜08，12〜）が大統領に就任，「強いロシア」の再建をめざした。

参考　**「革命」とインターネット**

チュニジアでの焼身自殺のようすは，インターネットの動画サービスに投稿され，瞬時に多くの人の知るところとなった。これ以降も，各種のSNS（ソーシャル＝ネットワーク＝サービス）などを通じて運動がひろまっていったという点が，それまでにはなかった特色としてあげられる。

参考　一時的に民主化がすすんだアラブの春は，2014年頃を境に再び権威主義体制や絶対君主制に回帰したり，内戦状態がつづいたりして，事実上挫折した。エジプトではムバラク体制を倒した後につくられたムルスィー政権は崩壊し，エルシーシ独裁政権に移行した。イエメンでは，14年に，武装組織も参加する反政府デモがおこるとサウジアラビアが軍事介入。反政府勢力側はイランが支援し，代理戦争の様相を呈した内戦が泥沼化した。

参考　**クルド人**

クルド人はトルコ，イラン，イラク，アルメニアの国境の接する山岳地帯（クルディスタンとよばれる約40万平方km）に居住する民族で，人口は約2千数百万と推定されている。宗教ではイスラーム教のスンナ派が大半（3分の2）を占め，少数がシーア派（3分の1）である。中東ではアラブ人，トルコ人，イラン人につぐ大きな民族であるが，**国家をもたない最大の民族**となっている。

1

現代の世界

プーチンは，エリツィン時代に急速な資本主義化により生じた経済格差を解消するため，新興財閥の不正を摘発し，かれらの所有する石油会社を国有化した。国際的な原油価格高騰(こうとう)に伴って輸出がのび，ロシア経済は安定した。また01年には，上海(シャンハイ)協力機構(SCO)[★22]の設立に参加した。99年に始まる第2次チェチェン紛争では，モスクワ市内でチェチェン武装勢力がおこすテロ事件を武力制圧した。

2 **プーチン独裁へ**　①2004年，プーチンは大統領に再選されたが，強権的・独裁的な政治手法が国際社会から非難されることが多くなった。ロシアよりアメリカ重視の政策をすすめるウクライナやグルジアに対する措置は，その典型である。一方で，アメリカ主導のイラク戦争に反対し，05年にはアメリカとの対抗上，中国との関係強化をねらって共同軍事演習をおこなった。08年には，大統領の地位を第1副首相のメドヴェージェフ(在職2008〜12)に譲り，自らは統一ロシアの党首として首相の地位につき，大規模な軍事改革や警察改革，南オセチア紛争でのロシアの勝利を指揮した[★23]。②12年，大統領に就任。14年にはウクライナへの軍事介入，クリミア半島併合をおこない，国際社会から経済制裁を課され経済が停滞した。また，1997年から正式メンバーとなっていた先進国首脳会議(G8)からロシアが外され，ブリュッセルで略式G7が開かれた。③15年，シリア内戦に介入し，アサド政権を護るためISの拠点に対する空爆をおこなった。④22年2月24日，**ウクライナに軍事侵攻**を始めた。

⓫ウクライナ

1 **親欧米派と新ロ派の対立**　①1991年8月24日，ソビエト連邦からの独立を正式に宣言[★24]。94年，「**ブダペスト覚書**(おぼえがき)」が結ばれ，ウクライナに対し，核兵器放棄を条件に，米・英・露が安全保障を約束する。②2004年の大統領選挙結果に対してオレンジ革命がおき，再選挙の結果，親ロ派を破りEU加盟を主張する親欧米派政権ができた[★25]。③10年の大統領選挙で成立したヤヌコーヴィチ親ロ派政権に対し，13年11月から14年2月，ユーロマイダン革命がおき，欧州連合(EU)との緊密化を望む野党側やウクライナ民族主義者らを中心とした勢力が街頭行動を繰り広げ，親欧米派政権を樹立した[★26]。

★22　2001年設立。中国・ロシア・カザフスタン・キルギス・タジキスタン・ウズベキスタン・インド・パキスタン・イランの9か国による協力機構。加盟国が抱える民族・宗教問題，経済や文化など，ひろい分野での協力をはかっている。

★23　南オセチアにはジョージア帰属に反対する人が多く，ロシアの支援を受けて分離独立の動きを強め，2008年に独立を宣言。それを認めないジョージア軍が侵攻，対抗してロシア軍が南オセチアを支援したため，ジョージア軍が敗れて撤退した。

★24　ウクライナは独立国家共同体(CIS)に当初から加盟した。

★25　EU加盟を主張するユシチェンコが，ロシアとの関係を重視するヤヌコーヴィチを破って大統領に就任した。

★26　街頭行動の拠点はキーウ都心の独立広場。ウクライナ語で広場を「マイダン」という。「脱露入欧」を願う人々が政権打倒のため広場に集結したため，この政変は「ユーロマイダン革命」とよばれる。

2 クリミア併合　①2014年3月，親ロシアのクリミア自治共和国が，ウクライナからの分離とロシアへの併合を問う住民投票を強行し，賛成票が多数となったと発表した（クリミア併合）。4月，ユーロマイダン革命後，親ロ派住民が多いウクライナ東部地域で反乱が相つぐ。ロシアが支援してドネツク人民共和国，ルガンスク人民共和国が建国され，東部地域でウクライナ政府軍とロシアの支援を受けた人民共和国側で戦闘が続いた。②15年，ロシア，ウクライナ，ドイツ，フランスが「ミンスク合意」をまとめ，14年からのウクライナ東部紛争の停戦に合意。

3 ウクライナ戦争　①2022年2月，プーチンが，東部人民共和国側でウクライナ政府によりおこなわれてきたジェノサイドから住民を保護するため，ウクライナの非軍事化と非ナチ化を実現するとして，ウクライナに軍事侵攻を開始し，核兵器の使用までにおわせた。②ウクライナの**ゼレンスキー**大統領が国民に徹底抗戦をよびかけ，NATOを中心とする西側諸国による軍事支援を得て，ロシア軍の進撃をくい止め，戦争は長期化している。③14年ロシアによる一方的なクリミア併合後の調査（15年）では，約150万人の避難民が発生，ウクライナ戦争以降は国内避難民が600万人以上，EUの国々に逃れた難民は800万人以上にのぼる。④欧米諸国による対ロシア経済封鎖に揺さぶりをかけるため，ロシアは黒海を封鎖してウクライナが小麦を輸出できないようにしたため，アフリカなど途上国で食糧危機が発生。

⓬CIS諸国の動向　①ソ連崩壊後，1991年にロシアを中心に11か国で**独立国家共同体（CIS）**が成立。国内に民族対立を抱える国があり，当初から結束力は弱かった。②2003年，ジョージア（グルジア）で議会選挙での不正に対し，市民が非暴力で抗議活動を展開し，大統領を辞任に追い込んだ（バラ革命）。ジョージア国内で分離独立を求める南オセチアやアブハジアをロシアが支持。08年には**南オセチア紛争**にロシアが軍事介入した。③バラ革命の非暴力による市民の抗議運動は，04年ウクライナのオレンジ革命，05年の**キルギス**のチューリップ革命に影響を与えた。④ベラルーシでは，1994年より**ルカシェンコ**大統領が独裁政治をつづけ，ウクライナ戦争ではロシアを支持し，23年より国内にロシアの戦術核を配備している。

★27 加盟各国の領土保全と主権を尊重する国連憲章に違反するとして，国連総会は住民投票の中止を求めた。

★28 ロシアとウクライナ，ドイツ，フランスの首脳が15年2月にベラルーシの首都ミンスクでまとめた。ロシアを後ろ盾とする親ロ派武装勢力とウクライナ軍による戦闘の停止など和平に向けた道筋を示した。大規模な戦闘は止まったものの合意後も断続的に戦闘がつづいた。

★29 ウクライナに侵攻したロシアが黒海を封鎖したため，ウクライナの主要な港があるオデーサなどからのウクライナ産の農産物の輸出が滞り，世界的な食料危機が引きおこされた。2022年7月，国連とトルコの仲介でいったん輸出協定が合意されたが，23年7月ロシアが合意を破棄した。

★30 独立国家共同体の結成時には，ロシア・ウクライナ・ベラルーシ・ウズベキスタン・アゼルバイジャン・タジキスタン・カザフスタン・モルドヴァ・キルギス・トルクメニスタン・アルメニアが参加（ジョージアは1993年参加，2009年脱退）。国連の安全保障理事国の地位はロシア連邦が継承した。

★31 議会選挙に不正があったとして抗議活動をおこなった勢力が，独立以降独裁体制を築き上げてきたアカエフ大統領を退陣に追いやった。

⓭中国

1 **胡錦濤(国家主席, 2003〜13)の時代**　①WTO加盟以降「世界の工場」となり, 急速な経済成長を示した。2010〜11年, 世界第2位の経済大国になった。②中国はアフリカの豊富な天然資源に強い関心をもち, アフリカに対する最も重要な投資国となった。③アジア太平洋経済協力(APEC)会議, 上海協力機構(SCO), BRICSという国際組織の中で, 中核的な役割を担うようになった。④12年, 日本政府が尖閣諸島を国有化したことで, 日中間で尖閣諸島領有権を巡り対立が深まる。

2 **習近平(国家主席, 2013〜)の時代**　①2013年, 習近平が「シルクロード経済ベルト(帯)」と「21世紀海上シルクロード(路)」構想を発表。14年には「一帯一路構想」と表現される。②「一帯一路構想」を実現させるために, 15年, 中国が提唱して, アジア新興国などのインフラ開発のための融資をおこなう金融機関としてアジアインフラ投資銀行(AIIB)を設立。③14年北京で開催されAPEC首脳会議, 16年に開催されたG20杭州サミットを通じて, 米中二極体制づくりを演出。④18年, トランプ米大統領が対中貿易赤字解消のため, 中国からの輸入品に追加関税を課し, 中国がこれに対抗して報復関税を発動したことから米中貿易戦争がはじまる。⑤14年に新疆ウイグル自治区でおきた「爆破テロ事件」をきっかけに新疆地区で少数民族への弾圧をはじめ, 約100万人のウイグル族などのイスラーム教徒が拘束され, さらに数10万人が収監されているといわれる。西側諸国は, チベットもふくめ少数民族に対して中国政府が人道に対する罪を犯していると厳しく非難している。⑥中国が領有を主張する南シナ海の「九段線」の内側に, 7か所の岩礁を埋め立てて人工島をつくり出し, 滑走路やビルなどを建設して軍事拠点化をすすめている。これに対し, 南シナ海の南沙諸島に対し領有権を主張するフィリピンやベトナムとの対立が深まっている。⑦19年, 香港で刑事事件の容疑者を中国に引き渡すことを可能にする逃亡犯条例改正案が提出されたことに対して, 100万人以上の市民が抗議デモをおこなった。習近平政権は, 20年, 香港国家安全維持法を施行して民主化運動を弾圧。⑧19年12月, 新型コロナウイルスの感染者が発生, 世界中に広がった。

★32 ブラジル・ロシア・インド・中国・南アフリカ共和国とともに, 経済発展のいちじるしい地域としてBRICSとよばれ。中国は2000年代には, 安い人件費と広大な市場, レアメタルなどの資源を背景に経済発展をつづけ, 「世界の工場」といわれるようになった。

★33 日米が主導するADB(アジア開発銀行)では賄いきれないほど増大する, アジア地域のインフラ整備のための資金ニーズに応えることを目的としている。2015年に57か国を創設メンバーとして発足し, 2023年1月現在, 加盟国は106か国・地域。

★34 1953年以降中華人民共和国が南シナ海の全域にわたる権利を主張するために地図上に引いている破線である。23年には台湾東側に1本増えて10本となった。

★35 香港が中国に返還されたとき中国政府が約束した「一国二制度」は反故にされた。

\ TOPICS /

習近平の巨大経済圏構想「一帯一路」と「債務の罠」

●「一帯一路」とは

「一帯一路」は，2013年に習近平が提唱した太平洋とバルト海を繋ぐ交通運輸ネットワーク「シルクロード経済ベルト（帯）」と海洋ルートで繋ぐ「21世紀海上シルクロード（路）」よりなる構想である。

●「一帯一路」の地理的範囲

ユーラシアおよびアフリカ大陸を貫くもので，東アジア経済圏とヨーロッパ経済圏，そしてその間にある巨大な経済発展の可能性を持つ広大な地域。シルクロード経済ベルトでは，①中国から中央アジアとロシアを経由してヨーロッパ（バルト海）に至るルート，②中国から中央アジアと西アジアを経由してペルシャ湾や地中海に至るルート，③中国から東南アジアと南アジアを経由してインド洋に至るルートが重要項目と位置づけられる。21世紀海上シルクロードは，①中国沿岸部の港から南シナ海を経てインド洋に至り，ヨーロッパにまで延伸する，②中国沿岸部の港から南シナ海を経て南太平洋に至るという2つの方向が示された。このような巨大経済圏構想を鉄道や海上輸送などの交通インフラと石油・天然ガスのパイプラインや国際的な送電網などのエネルギーインフラを整備して実現しようと考えている。

●「一帯一路」とヨーロッパ

19年4月末現在，中国と「一帯一路」に関する協力文書に署名したヨーロッパの国は，EU加盟国が17，非EU加盟国が9である。中でも，特に積極的だったのはイタリアだ。19年，中国企業がジェノヴァやトリエステの港湾関連事業に関与することになった。また，ギリシアでは，国内最大ピレウス港の経営権を掌握している。中東欧も「一帯一路」と積極的に関連を深めようとしている。それに対して，英独仏は慎重な姿勢をとっている。22年には，ドイツがハンブルク港のコンテナターミナルに中国の海運集団の子会社が出資する是非を巡って一大論争がおきた。ピレニス港のように中国企業によって港湾が支配されてしまうのではないか心配したからだ。そして，23年9月にはイタリアが「一帯一路」からの離脱を決めた。ドイツやイタリアの対応には理由がある。

●スリランカをおそった「債務の罠」

20年にわたりスリランカ政治を支配したラージャパクサ一族が，インド洋津波の復興のため，2007年にハンバントタ港の開発を企画したが，アメリカやインドが出資を拒否したため，中国企業と共同で35年間運営することになった。15年にスリランカで金融危機がおこり，米英から受けた融資の返済に困った政府は，債務不履行（デフォルト）を避けるため，同港の99年の特許経営権と引き換えに中国から融資を受け危機をしのいだ。港湾だけでなくコロンボの埋め立て計画や空港建設など中国からの融資で進めた事業のため巨額の対中債務を抱え，22年債務不履行に陥った。中国は，21世紀海上シルクロードの重要拠点であるスリランカに港湾を確保することになった。スリランカは，中国の「債務の罠」にはまったのだ。

▲シルクロード経済圏構想

⓮アジア諸国

1 **韓国**　①2002年の大統領選挙では盧武鉉（ノムヒョン）が当選し，金大中（キムデジュン）のすすめた民主政治と朝鮮半島の緊張緩和政策を継承した。その後，07年の選挙で選ばれた李明博（イミョンバク）が，それまでの政策を転換し，経済の再生をめざす保守的な政治路線をとった。②13年，韓国史上初の女性大統領となった朴槿恵（パククネ）が，17年，一連の不祥事で弾劾を受けて罷免された。③大統領選挙で中道左派の**文在寅**（ムンジェイン）が登場，18年に北朝鮮の金正恩と11年ぶりの**南北首脳会談**をおこなった。④22年の大統領選挙で野党統一候補として立候補した尹錫悦（ユンソンニョル）が大統領になり，文政権時代に悪化した日韓関係の改善に踏み出した。また，米韓関係を重視し，対北朝鮮強硬（きょうこう）路線をとっている。

2 **朝鮮民主主義人民共和国**　2011年，**金正恩**（キムジョンウン）（金正日（キムジョンイル）の三男）が最高指導者となる。核実験や核ミサイル開発をすすめ，16年に核保有国であることを正式に認めた。18年以降3回にわたってトランプ米大統領と**米朝首脳会談**をおこなったが，非核化は実現しなかった。その後，大陸間弾道ミサイル（ICBM），潜水艦発射弾道ミサイル（SLBM）を装備して，アメリカに対抗している。

3 **台湾**　①2000年の総統選挙では，国民党に属さない**陳水扁**（ちんすいへん）が当選し，独立運動を推進した。②08年の総統選挙では，国民党で中台関係の改善をめざす**馬英九**（ばえいきゅう）が当選した。14年，台中間のサービス分野の市場開放をめざす「サービス貿易協定」に反対する学生らのデモ隊が立法院議場に侵入（**ひまわり学生運動**）した。③16年の総統選挙で民進党の**蔡英文**（さいえいぶん）が当選。蔡は「2つの中国」の立場で，台湾の独立は既定事実の立場をとっており，習近平は軍事的圧力をかけつづけている。これに対し，アメリカのバイデン政権は蔡政権に軍事的な支援を強めている。

4 **フィリピン**　①アロヨ（在職2001〜10），ベグニノ＝アキノ3世（アキノの長男，在職2010〜16）の後，ドゥテルテ（在職2016〜22）が大統領に就任。超法規的な処刑をも辞さない強硬手段で麻薬撲滅運動に取り組み，治安回復をめざした。南シナ海を巡る中国と対立を避け，中国からの投資を求め，一帯一路国際協力サミットにも参加した。②22年の大統領選挙では，マルコス元大統領の子マルコスジュニア

★36　中国は，「1つの中国」の立場をとっており，台湾を「不可分の1つ」「核心的利益」と位置づけ，陳水扁ら台湾独立派の動きを警戒し，軍事侵攻も示唆（しさ）していた。15年，馬英九と習近平は史上初の中台首脳会談を行い，「1つの中国」の原則を確認した。台湾海峡情勢を安定させるため，当局間のホットラインを開設することも合意した。

★37　ウクライナ戦争後，中国が台湾に軍事侵攻するのではないかとの憶測をよび，「台湾有事」という言葉がさかんに使われている。

★38　2016年，国際連合人権高等弁務官事務所は「超法規的な処刑から国民を守るため必要な措置をとることを求める」声明を発表した。

（在職2022～）が当選し，親米反中国の姿勢をとっている。

5　ミャンマー　①2011年，民政に移行した。15年の総選挙で，アウン=サン=スー=チーを党首とする国民民主連盟が圧勝。スー=チーが最高指導者となり政権運営。②少数民族のロヒンギャが17年以降，国軍による武力弾圧を逃れ，70数万人が難民として隣接するバングラデシュに流入。有効な対策をとらないスー=チーは国際社会から非難された。③20年の総選挙で国民民主連盟が前回以上に議席を伸ばしたことに危機感をもった軍部が21年にクーデタをおこし，スー=チーを逮捕。

6　タイ　①アジア通貨危機後の混乱から経済回復に成功したタクシン首相が，2006年の軍事クーデタで政権を追われて以降，タクシン派と反タクシン派の対立がつづいた。②14年軍事クーデタが発生。憲法や議会を停止してプラユット軍事政権が成立。

7　インド　①2004年，それまで政権をとっていたインド人民党を破り，国民会議派が政権をとる。②14年の総選挙でインド人民党が勝利，モディ首相が誕生。「メイク・イン・インディア」政策をかかげ，輸送機械，電子機器，製薬，食品，繊維などの産業振興策を展開，22年には経済規模で米中日独についで第5位に躍り出た。③ロシアのウクライナ侵攻に対しては，米欧が主導するロシアに対する経済制裁には加わらず，逆にロシアからの石油の輸入を急増させた。一方，アメリカ，日本，オーストラリアとインドの枠組み「自由で開かれたインド太平洋」やASEANとの関係強化もはかっている。ウクライナ侵攻後の世界で，グローバルサウスを代表する国としての存在感を示している。

⑮21世紀のアフリカ

1　南スーダン　北部を中心としたイスラーム教徒とキリスト教や伝統宗教を信仰する住民が多い南部の対立（スーダン内戦，1983～2004）を経て，南部が独立。

2　スーダン　2019年，軍がクーデタをおこし，独裁をつづけてきたバシール政権を倒した。21年，軍と民主化勢力の対立が表面化，軍が再びクーデタをおこした。

3　アフリカの経済的成長　2000年以降，アフリカは年5％以上の経済成長率を保ち，豊かな資源が魅力で，近年では中国の進出がめざましい。

1　現代の世界

★39　仏教国ミャンマーの中のイスラーム教徒。ビルマ（ミャンマー）が独立した当時は存在が受容されていたが，1962年ネウィン独裁政権以降，迫害をうけてきた。

★40　ストックホルム国際平和研究所（SIPRI）によると，2021年の軍事費ランキングではアメリカ，中国についで世界第3位になっている。1998年には核実験をおこない，核拡散防止条約（NPT）に加わることなく核保有をする軍事大国でもある。

★41　2023年には国民の4人に3人にあたる940万人が人道援助を必要としており，うち子どもが500万人。国内避難民は220万人で周辺国に230万人が難民として出ている。

参考　ダルフール紛争
スーダン西部のダルフールでは，アラブ系遊牧民族とアフリカ系農耕民族（ともにイスラーム教徒）の間で昔からあった水や牧草地などを巡る抗争を背景に，2003年に政府・アラブ系民兵と，反政府勢力の本格的な武力衝突が勃発した。06年にダルフール和平合意（DPA）が成立したものの争いはおさまらず，死者約30万人，難民・避難民約200万人という人道危機へと発展，「世界最大の人道危機」といわれる。

1 現代文明と科学技術の発達

❶科学技術の進歩と環境問題

1 **20世紀文明の特徴**　科学技術の革新が生活水準の向上をもたらすと同時に環境問題をはじめとする新たな問題がうまれた。

2 **物理学と原子力**　①アインシュタイン(独)は1905年に相対性理論を発表し，物理学に革新をもたらした。原子物理学の発展で原子核エネルギーの利用が可能になり，核兵器の開発がすすめられる一方，原爆の原料生産のための原子炉を原子力の平和利用として**原子力発電**に利用した。②79年には米国のスリーマイル島原子力発電所で放射能漏れ事故が生じた。ついで，86年にソ連・チョルノービリ原子力発電所で，さらに2011年に**東京電力福島第一原子力発電所**で，**メルトダウン(炉心溶融)**と放射性物質の放出をともなう深刻な事故が発生した。③東京電力福島第一原子力発電所の事故後，原子力発電からの撤退や，**再生可能エネルギー**への転換を図る動きが広がっている。

3 **石油化学工業**　石油や天然ガスを原料にナイロンなどの化学繊維やプラスチックなどの人工素材がつくられ，現代先進工業国の基幹産業となっている。

4 **宇宙への挑戦**　①飛行機は，アメリカのライト兄弟が1903年に初飛行に成功していらい，2度の大戦で大いに進歩した。②宇宙開発の分野では，1957年にソ連が人工衛星スプートニク1号の打ち上げに成功し，61年には世界初の有人飛行に成功した。69年，アメリカ合衆国は，アポロ11号により月面着陸に成功した。③宇宙開発は大陸間弾道ミサイル(ICBM)や軍事衛星などの軍事開発と密接に連動している。④アメリカ航空宇宙局(NASA)が1981年から再使用可能なスペースシャトルを運用(2011年終了)。98年から国際宇宙ステーションの建設が始まり，2011年7月に完成した。米国，ロシア，日本，ヨーロッパ，カナダで運用している。他に，23年より中国が運用する宇宙ステーションがある。⑤23年，インドの無人探査機が月の南極に世界で初めて着陸に成功した。

★1　1953年，アイゼンハワー米大統領が国連で"Atoms for Peace"(「平和のための原子」)の演説をおこなった。

★2　東京電力福島第一原子力発電所事故直後，ドイツのメルケル首相は原子力発電からの撤退を宣言した。

▲福島第一原子力発電所事故のようす

★3　第一次世界大戦中には軍用機として使われ，第二次世界大戦中には戦略爆撃機やジェット機開発によって長距離飛行が可能となり，戦後の大量輸送を可能にした。

★4　1957年10月4日のソ連による人類初の人工衛星「スプートニク1号」の打ち上げ成功の報により，アメリカ合衆国をはじめとする西側諸国の政府や社会が強い衝撃を受け，自国の科学技術に危機感をもった。**スプートニク・ショック**といわれた。

★5　ガガーリンが人類初の有人宇宙飛行としてボストーク1号に単身搭乗し成功した。

★6　旧ソ連(1966年)，アメリカ(66年)，中国(2020年)についで4か国目。

⑤ **情報技術**　①第2次世界大戦中のアメリカ合衆国で始まったコンピュータの開発は，1946年に実現した。②集積回路(IC・LSI)や半導体などの発明により，コンピュータや通信機器，家庭電化製品が小型化された。冷戦終結の結果，それまで軍事技術として利用されていた**インターネット**技術が一般産業に解放され，高度情報化社会がうみだされている。③90年代以降，携帯電話の普及なども加わり**情報技術(IT)革命**が急速に進行した。

⑥ **医学・生物学**　①1929年にフレミング(英)はカビから抽出した最初の抗生物質ペニシリンを発見。感染症などの治療に効果を発揮した。②1996年にイギリスで「ドリー」と名付けられたクローン羊が誕生。クローン技術は，様々な分野に応用できる可能性がある一方で，生命倫理の問題を巡る議論もさかんにおこなわれている。③DNAの構造が二重らせんであることが発見され，生化学・バイオテクノロジー分野で研究がすすんだ。2003年にはヒトゲノムの解読が完成し，人間の遺伝子配列が判明した。遺伝子操作技術は遺伝子組み換え食品などに応用され，また，iPS細胞(人工多能性幹細胞)★7の研究開発は，再生医療分野で期待されている。

⑦ **人口問題**　①科学技術と医療の発達は人口の急増をもたらしている。20世紀初頭に約16億人だった世界の人口は，2023年に80億人を突破した。②先進国や一部のアジア諸国では，少子高齢化が進んでおり高齢社会★8となっている。

⑧ **新たな環境問題**　地球温暖化，酸性雨，オゾン層の破壊，砂漠化など地球環境の破壊は近年ますます深刻化しており，環境保護のための国際的協力が望まれる。

❷ **現代思想，文化の動向**

① **哲学**　19世紀いらい，主観主義・非合理主義の傾向が強まり，ディルタイ(独)・ベルグソン(仏)らの生の哲学，ハイデッガー(独)・ヤスパース(独)・サルトル(仏)らの実存主義が大きな影響力をもった。アメリカでは，ジェームズやデューイらのプラグマティズム(実用主義)の哲学がうまれた。人間心理の分析では，フロイトが精神分析学を確立した。

② **社会科学**　20世紀前半…マックス=ヴェーバー(独)は，社会科学の方法を統合した。ケインズ(英)は，経済恐慌を克服するために修正資本主義の理論を樹立，近代経済学を発

参考 2019年12月中国の武漢で新型コロナウイルス感染症が発生してから瞬く間に世界中に感染が広がり，2023年3月までに世界中で約6億8,000万人が感染し，約690万人が死亡した。ワクチン開発が急がれる中，2020年末にはメッセンジャーRNA(mRNA)と呼ばれる遺伝物質を使った新型コロナウイルスワクチンが実用化された。2023年のノーベル生理学・医学賞には，開発に道を開いたカタリン=カリコとドリュー=ワイスマンが選ばれた。

★7 万能細胞とよばれ，神経や筋肉など，人体のさまざまな部分に成長することのできる細胞。実用化されれば，病気やけがの治療に画期的な効果をもたらすとされる。iPS細胞の開発に成功した山中伸弥は，2012年のノーベル生理学・医学賞を受賞した。

★8 一般に，人口に占める65歳以上の割合が7%をこえると高齢化社会，14%をこえると高齢社会，21%をこえると超高齢社会とよばれる。日本は1970年代に高齢化社会，1990年代に高齢社会，21世紀には超高齢社会となった。2020年代の現在，世界最高の超高齢社会は日本である。

展させた。シュペングラー(独)が第一次世界大戦後に発表した『西洋の没落』は大きな反響をよんだ。マルクス主義はレーニンによって発展し，さらに実践思想家の毛沢東，芸術理論のルカーチ(ハンガリー)らがでた。[★9]

3 **芸術**　①20世紀初めにピカソらは，対象を幾何学的な形に還元し，画面に再構成する立体派をおこした。②1916～25年頃に，主にヨーロッパやアメリカでダダイズムとシュルレアリスムが登場した。[★10]③第一次世界大戦後，アメリカ南部でアフリカ系住民が発達させたジャズ，メキシコで先住民文化の影響を受けた壁画運動が台頭した。

4 **合理主義**　①理性と進歩を重んじる近代の合理主義の考え方が19世紀後半以降もヨーロッパで強い影響を持ちつづけた。②ロシア革命後，第二次世界大戦を経てソ連が欧米諸国と対抗する力を持つようになったことで，**社会主義**が広範な影響力をもった。

5 **1970年代以降の新しい動き**　①20世紀後半以降，サイード[★11]などにより，西洋中心主義的な考え方への批判が高まった。また，人間の平等をうたいながらもさまざまな問題をふくんでいた近代国民国家や近代社会そのものに批判の目を向ける，ポスト＝モダニズムの思想もあらわれた。②植民地支配にさらされてきたアジア・アフリカの立場から西欧近代の思想を捉え直す動きポスト＝コロニアリズムが登場した。③各地域の文化は独自の意義を持っており，対等であるとする文化多元主義が打ち出された。④合理主義の再検討にともなって，ポップ＝カルチャー[★12]をはじめとする多様な芸術表現を等しく尊重する動きがすすんだ。

❸**女性の平等化とジェンダー**

1 **フェミニズムとは**　あらゆる性差別からの解放を目的とした運動のこと。狭い意味では，女性人権運動，権利拡張・尊重主義をさす。

2 **20世紀前半：女性参政権獲得のための闘争**　①20世紀初頭まで，人権を行使できるのは男性のみ。女性は自立した市民ではなく，男性に従属する者と考えられ，選挙権をはじめとする一連の権利を奪われていた。②1888年，ロンドンの貧困層と移民が暮らすイースト・エンドのマッチ工場で，1,500人の10代のアイルランド系移民女性が一斉にストライキに入り，労働組合を結成して3週間のストライ

★9　冷戦の終結とともにマルクス主義の影響力は低下し，政府主導の経済政策によって財政赤字をまねいたことへの批判もあり，自由競争を重視する新自由主義が注目された。

★10　ダダイズムは「破壊の芸術」，シュルレアリスムは「創造の芸術」と定義される。

★11　サイード(パレスチナ系アメリカ人)の批評理論「オリエンタリズム」は，オクシデント(西洋)によるオリエント(東洋)への偏見・蔑視の構造を論じ，ポスト＝コロニアリズムの確立にも大きく与った。

★12　観賞に教養や知識を必要とする伝統的・正統的な文化(ハイ＝カルチャー)に対して，一般大衆が愛好する文化をさす。

キで全面勝利を勝ちとった。③1903年，**エメリン゠パンク
ハースト**(1858〜1928)が女性社会政治同盟(WSPU)を設
立し，「言葉ではなく行動を」というスローガンのもと，女
性参政権に反対する議員候補の演説妨害や下院への突入な
どの過激な行動で既成政党と対立した。④第一次世界大戦
中の総動員体制が女性の社会進出を促し，18年にイギリス
の30歳以上の女性が条件付きながら女性参政権を獲得した。

3 **1960年代以降：ウーマン・リブ(女性解放運動)**　①ウーマ
ン・リブとは，女性のために，女性が男性と平等な権利を
求め，男性と対等な地位や自分自身で職業や生き方を選べ
る自由を獲得しようとする社会運動のこと。②「男性は仕
事，女性は家事」というジェンダー観や，性的な自己決定
権を欲求したのが特徴。③1979年，国連総会で**女性差別
撤廃条約**が採択され，85年には日本でも男女雇用機会均等
法が制定された。

4 **1980年代後半〜2000年代**　①生物学的な性とは違い，社
会的・文化的につくられているジェンダーがあるという理
解が広く受け入れられるようになり，性役割分業などの考
え方が見直される。②2000年の国連ミレニアム・サミッ
トで採択された国連ミレニアム宣言を基に，ミレニアム開
発目標(MDGs)がまとめられ，8つの目標の3番目に「ジェ
ンダー平等推進と女性の地位向上」が掲げられた。

5 **ジェンダーギャップ指数**　①各国における男女格差を数値
化したもので，世界経済フォーラム(WEF)が毎年公開して
いる。賃金格差や政治への参加など，複数の観点から男女
格差をはかることで，各国が男女格差を把握し改善するこ
とを目的としている。②2023年の日本のジェンダーギャッ
プ指数は世界146か国中125位。「教育」と「健康」は世
界トップクラスだが，「政治参画」は138位，「経済参画」
は123位であった。

6 **持続可能な開発目標(SDGs)**　2015年に達成年を迎えたミ
レニアム開発目標(MDGs)で残された課題は，15年に採択
された持続可能な開発目標(SDGs)に引き継がれた。SDGs
は，1「貧困をなくそう」，13「気候変動に具体的な対策を」，
16「平和と公正をすべての人に」など17のゴール，169
のターゲット，232の指標により構成される。

★13　若い女性の闘争が非
熟練男性労働者を奮いたた
せ，ガス事業労働者や港湾
労働者の組合が結成され，
ストライキに突入した。イ
ギリスの労働者が急激に組
織化され，1906年には労
働党が誕生した。

★14　女性参政権活動家を
サフラジェットという。

★15　国民代表法によって
21歳以上の男性と戸主で
ある30歳以上の女性のす
べてに投票権が与えられた。

★16　男女の完全な平等の
達成に貢献することを目的
として，女子に対するあら
ゆる差別を撤廃することを
基本理念としている。女性
差別撤廃条約では，政治的，
経済的，社会的，文化的，
市民的その他すべての分野
において，女性の性に基づ
く排除や制限，さらには区
別することも差別にあたる
と定義している。

★17　飢餓を撲滅し，誰も
が安心して飲める水や居住
環境を確保する，人類がす
べからく貧困状態から脱却
し，格差を是正していくと
いう理念の下，南北問題の
克服をめざした。

★18　①男女間の不平等，
②「最貧困層と最富裕層」
「都市部と農村部」におけ
る格差，③気候変動と環境
悪化，④紛争の脅威，⑤飢
餓と貧困の問題の5点。

1

現代の世界

現代の諸課題①

「核兵器のない世界」に向けて

SDGs

16 平和と公正を
すべての人に

◯NPT体制の限界

1945年8月アメリカは広島と長崎に原爆を投下し，12月までに広島で14万人，長崎で7万4,000人が亡くなった。その後，49年にソ連が核実験に成功，50年代米ソが相次いで水爆実験に成功すると，米ソ双方が核開発をすすめ「恐怖の均衡」状態に突きすすんだ。

1960年代，キューバ危機で核戦争の一歩手前まで突きすすんだ米ソ首脳は，イギリス（52年威嚇実験に成功）とともに部分的核実験禁止条約を締結（63年），大気圏内外と水中の核実験は禁止された。しかし，新たにフランス（60年），中国（64年）が核実験に成功して核保有国が5国になると，米ソは核兵器の拡散を防止するために，68年核拡散防止条約（NPT）を締結，70年に発効した。NPT体制は，67年時点で核兵器を保有していた米，ソ，英，仏，中の五大国に核保有を認め，その他の非核保有国にはいかなる目的でも核の開発，製造，入手を禁止するというダブルスタンダードとなっていた。

◯日本及び世界の核廃絶の運動と日本の 原子力政策

1954年3月1日，日本は3度目の被爆を体験した。アメリカによるビキニ環礁で水爆実験に遭遇した第五福竜丸の乗組員23人全員が被曝して14日に焼津に帰還，9月に久保山愛吉さんが「原水爆の被害者はわたしを最後にしてほしい」と言い残して亡くなった。

この事件は，日本国民に広島，長崎の惨禍を思い出させた。5月9日，東京杉並区の婦人団体，福祉協議会，PTA，労働組合などで原水爆禁止署名活動杉並協議会が結成され，全国に原水爆禁止署名運動が広がった。1年後には，国民の3人に1人にあたる3,238万人の署名が集まった。世界全体では6億7,000万の署名が集まり，55年8月6日広島で，第1回原水爆禁止世界大会が開かれた。

世界に原水爆禁止署名運動が広がる中，55年7月9日，ロンドンで世界の著名な科学者11人が署名したラッセル・アインシュタイン宣言が発表され，57年には，10か国22人の科学者がカナダのパグウォッシュに集まり，核兵器の危険性，放射線の危害，科学者の社会的責任について討議した（パグウォッシュ会議）。日本国内や世界で核廃絶を求める運動が広がりを見せるなか，唯一の戦争被爆国日本の原子力政策はどうだったのか。

史料1 **日本の原子力政策**

> ① 「新兵器や，現在製造の過程にある原子兵器をも理解し，またはこれを使用する能力を持つことが先決問題である…」
> 　　　　　　　　　　　（1954年原子力予算提案趣旨演説）
> ② 「現憲法下でも自衛のための核兵器保有は許される」　　　　　（岸信介首相，1957年）
> ③ 「NPTに参加すると否とにかかわらず，当面核兵器は保有しない方針をとるが，核兵器製造の経済的・技術的ポテンシャルは常に保持する」
> 　　　　　　（佐藤栄作内閣，外務省『わが国の外交政策大綱』
> 　　　　　　　　　　　　　　　　　　　　　　　　　1969年）

◯反核運動のうねり

核廃絶を求める市民運動が国際政治をどう変えていったのか。1981年アメリカのレーガン政権は，それまでのデタント路線を否定し「力による平和」戦略に転換した。ソ連がヨーロッパに向けて配備する核弾頭搭載可能な中距離弾道ミサイル（INF）SS20に対抗して，83年から陸上発射巡航ミサイルやパーシングⅡなどINFを西ヨーロッパに実戦配備することが決まると，ヨーロッパでINF配備に反対する数10万規模の反対運動がおこり，82年の国連軍縮特別総会に向けて世界各国で大規模な反核運動に発展した。

81年10月，西ドイツのボンで米ソ軍拡競争に抗議する30万人の市民がデモを行うなど，各地で数10万人規模の反核行動が続けられた。82年には3月21日広島集会(20万人)，5月23日東京行動(40万人)，6月に入ると連日のように数10万人が参加するデモがヨーロッパ各都市でおこり，6月12日にはニューヨークでの100万人集会で最高潮に達した。それは，第2回国連軍縮特別総会(6月7日〜7月10日)に照準を合わせたものであった。特別総会に被爆者の代表として，山口仙二さんが自らのケロイドの顔写真をかざして核廃絶を訴えた。

85年にソ連にゴルバチョフが登場してヨーロッパに配備したINFを一方的に削減する外交方針を明らかにすると，国際世論がゴルバチョフ支持に動いた結果，レーガン政権は政策転換に踏み切り，87年米ソ首脳は**中距離核戦力(INF)全廃条約**に合意した。両国で廃棄された数は全核兵器の数%であったが，歴史上初の核兵器削減条約となった。

○「核兵器のない世界」に向けて

宇宙空間，大気圏内，水中，地下を含むあらゆる場所における核爆発実験およびその他の核爆発を禁止することを定めた**包括的核実験禁止条約**(CTBT，1996年採択)は，核保有国の批准が必要であるため，早期の発効は期待できない。核兵器のない世界実現に向けての現実的な方策は**非核兵器地帯構想**である。現在，南極を含めてラテンアメリカ，南太平洋，東南アジア，アフリカ，中央アジアで非核兵器地帯条約が実現し，世界で最も危険な北東アジアでも非核兵器地帯構想が検討されている。

2017年7月7日，国連本部で核兵器を非合法化する核兵器禁止条約が122か国の賛同を得て採択された(50か国の批准で発効)。核保有国及びその「**核の傘**」に依存する同盟国(日本など)は不参加だった。条約は第1条で禁止事項を明記している。核兵器の開発，実験，生産，製造，取得，保有，貯蔵，核兵器やそ

の管理の移譲，核兵器の使用，使用の威嚇(いかく)，これらの行為の援助，奨励(しょうれい)，勧誘，自国内への配置，設置配備を全面的に禁止している。2021年1月22日，批准国が50か国をこえ，新たな国際法として発効した。日本政府は「核兵器国と持たない国との橋渡し役を務める」として，核兵器国が参加していない核兵器禁止条約の意義を認めない立場である。

史料2 **日本政府が核兵器禁止条約に反対する理由**

> 我が国は，核兵器禁止条約が掲げる核兵器廃絶という目標は共有している。同条約は，……核兵器国のみならず，核の脅威にさらされている非核兵器国からも支持を得られていない。現実の国際社会においては，いまだ核戦力を含む大規模な軍事力が存在しており，……核を含む米国の抑止力に依存することが必要である。
>
> (2021年衆議院における菅義偉(すがよしひで)首相答弁書)

史料3 **核兵器禁止条約**

> 核兵器禁止条約は，核兵器の開発や実験，製造，生産，獲得，保有，貯蔵，移譲や移譲受け入れ，そして使用(核兵器の使用と使用の威嚇(ほうかつ))も包括的に禁じている。冷戦初期から「使用の威嚇」を前提に核抑止論が組み立てられてきたことから，核兵器禁止条約が，「使用の威嚇」を禁じたことは，「核の傘」に依拠しながら半世紀以上続いてきた米国の同盟政策，ひいてはその世界戦略に真正面から倫理上の戦いを挑み，その正統性と正当性を根源から鋭く問い直す英断と断じていい。
>
> (太田昌克「核兵器禁止条約と日米各同盟」『世界』2017年9月号などより作成)

考えてみましょう

日本政府は「核の傘」に依存している現実を踏まえ，核兵器禁止条約には参加していません。この判断についてどう考えますか。

現代の諸課題②

地球温暖化

SDGs 13 気候変動に具体的な対策を

○京都議定書とパリ協定

温暖化対策のための国際合意は，1992年地球サミット(リオデジャネイロ)での「気候変動枠組条約」(⊃ p.16)が最初である。そこでは1990年代末までに温室効果ガスの排出量を1990年の水準に戻すこと，途上国への資金支援や技術援助の実施などが合意された。COP3(毎年開催されている気候変動枠組条約締約国会議。数字は開催回)で法的拘束力がある国際条約として採択されたのが京都議定書(1997年)である。会議では，温暖化対策に積極的なEU諸国と消極的なアメリカ，オーストラリア，カナダ，ロシア，日本など先進国同士の対立と同時に，途上国にも責任を負わせたい先進国と，先進国の責任を問う途上国の主張が真っ向からぶつかった末に合意された。産業革命後，温室効果ガスを排出してきた先進国に重い責任があるとして，温室効果ガスの削減義務は先進国が負う。そして，削減目標(2008年からの5年間で1990年比)は，EU8%，アメリカ7%，日本6%，旧ソ連・東欧諸国0%とし，オーストラリアは8%増に抑えると決められた。また，先進国間の排出量取引や先進国と途上国間でのクリーン開発メカニズムなどが導入された。しかし，当初から排出量の20%を占めるアメリカが参加せず，2005年に京都議定書は発効したものの，カナダや日本，ロシアが抜けてしまい効力は半減した。

気候変動に関する政府間パネル(IPCC)の第4次評価報告書(2007年)は，産業革命以降地球が温暖化しており，現在のまま対策をとらないとすれば今世紀末には平均気温が4℃ほど上昇するとした。この気候危機に対して2011年のCOP17ではすべての国を対象に法的拘束力のある新しい国際条約をつくることが合意され，2015年にパリで開かれたCOP21でパリ協定が締結された。パリ協

定は，翌16年に二酸化炭素(CO₂)排出量第1位，2位の中国とアメリカが同時に批准，EUも批准して発効した。2022年末時点で，締約国・団体(地域)数は194である。パリ協定の目標は，①産業革命前からの平均気温の上昇を2℃未満，できれば1.5℃に抑える，②今世紀後半に温室効果ガスの排出量を「実質ゼロ」にすることである。しかしアメリカのトランプ大統領は2017年6月，パリ協定からの離脱を宣言した(バイデン政権で復帰)。

パリ協定では削減目標達成を義務化するのではなく，すべての国に自国の削減状況を報告させ，お互いにその状況を検証する仕組み「国際的な報告・検証制度」を導入した。また，資金と資金支援について先進国が義務を負うとともに途上国も自主的に貢献することで長年の対立を解消した。他に，京都議定書がつ

史料1 **各国のCO₂削減目標(2022年10月)**

国名	削減目標		今世紀中頃に向けた目標
中国	**2030年**までに	GDPあたりのCO₂排出を**65%**以上削減(2005年比)	**2060年**までにCO₂排出を実質ゼロにする
EU	**2030年**までに	温室効果ガスの排出量を**55%**以上削減(1990年比)	**2050年**までにCO₂排出を実質ゼロにする
インド	**2030年**までに	GDPあたりのCO₂排出を**45%**削減(2005年比)	**2070年**までにCO₂排出を実質ゼロにする
日本	**2030年度**において	GDPあたりのCO₂排出を**46%**削減(2013年比)	**2050年**までにCO₂排出を実質ゼロにする
ロシア	**2030年**までに	温室効果ガスの排出量を**30%**削減(1993年比)	**2060年**までにCO₂排出を実質ゼロにする
アメリカ	**2030年**までに	温室効果ガスの排出量を**50〜52%**削減(2005年比)	**2050年**までにCO₂排出を実質ゼロにする

(UNFCCC資料による)

くり上げた「排出量取引制度」は継続された。

　地球が許容できる限界を超えて負荷をかけ続けるならば，ある限界点（ティッピングポイント）をこえると後戻りできないほどに気候システムが急激に変化する事態に突入すると考えられている。それは2℃から3℃の間と指摘されている。パリ協定締約国が提出している目標が完全に実施されたとしても21世紀末には3℃程度気温が上昇すると予測されており，1.5℃未満に引き下げることが求められている。IPCCの1.5℃特別報告書によると，1.5℃に気温上昇を抑えようとすると，CO_2を2010年度比で2030年までに45％削減，2050年度には排出実質ゼロにする必要があるとしている。

○「たったひとりの学校ストライキ」

　2018年8月20日，スウェーデン，ストックホルムの国会議事堂前で，1人の女子中学生がストライキを始めた。「私は**グレタ・トゥーンベリ**，9年生。選挙当日まで，気候のためのストライキをします」とチラシに書かれていた。取材に訪れたメディアのインタビューも1人でこなし，SNSなどで彼女の主張は拡散された。そのニュースは，たちまち北欧から世界に広まり，若者による温暖化阻止のムーブメントをおこすことになった。グレタはどんな主張をしているのだろう。

史料2　**国連気候行動サミットでのスピーチ**

　私たちは絶滅に差しかかっているのに，あなたたちが話すのは金のことと，永遠の経済成長というおとぎ話だけ。何ということだ。

　10年間で（温室効果ガスの）排出量を半減するというよくある考え方では，（気温上昇を）1.5℃に抑えられる可能性が50％しかなく，人類が制御できない不可逆的な連鎖反応を引きおこす恐れがある。

　あなたたちは50％で満足かもしれない。でもこの数字は（後戻りできない変化が起こる）転換点のほか，（永久凍土がとけることなどで温暖化がすすむ）ほとんどのフィードバック・ループ，有害な大気汚染による温暖化，公平性や気候の正義といった側面を考慮していない。この数字はあなたたちが空気中に出した何千億トンもの二酸化炭素（CO_2）を，私たちの世代が，（現時点で）ほとんど存在していない技術で吸収することを当てにしている。だから，50％の危険性は私たちにはまったく受け入れられない。私たちはその結果と共に生きていかなければならない。

　地球の気温上昇を1.5℃に抑える確率を67％にするには，**気候変動に関する政府間パネル（IPCC, ⇨ p.16）** の最善の見立てでは，2018年1月1日時点で世界に残されたCO_2排出許容量は4,200億トンだった。現在では3,500億トンを下回った。よくも従来通りの取り組みと技術的な解決策で何とかなるなんて装うことができたものだ。現状の排出レベルでは，残されたCO_2排出許容量に8年半もたたずに達してしまう。

（「東京新聞」2019年9月25日）

　グレタは，IPCCが求める**1.5℃目標**や**パリ協定**による温室効果ガス削減に真剣に取り組もうとしない政治家が若者の未来を奪っていると厳しく批判している。それは1987年，国連の「環境と開発に関する世界委員会（ブルントラント委員会）」が定義した「**将来の世代のニーズを満たす能力を損なうことなく，今日の世代のニーズを満たす**」という**持続可能性**に基づく批判である。

考えてみましょう

　気温上昇を1.5℃に抑えるために，日本やフランスのように原子力発電を継続しようとする国がある一方で，ドイツのように全ての原子力発電所を閉鎖した国もあります。原子力発電を継続するかどうか，持続可能性の観点から考えてみましょう。

現代の諸課題③

貧困と格差

○「ウォール街を占拠せよ」

2008年9月15日，サブプライムローン（低所得者層を対象にした高金利の住宅ローン）問題をきっかけに米投資銀行リーマン・ブラザーズが経営破綻し，瞬く間に世界的な金融危機（リーマン・ショック）が発生した（⊃p.459）。2011年までに黒人やヒスパニック系の低所得労働者400万世帯が家を失う一方，ブッシュ政権は大手金融グループゴールドマン・サックスなど大手金融機関に7,000億ドルの公的資金を投入して救済をはかった。金融危機を引きおこしたウォール街の経営者は誰一人起訴されなかった上に，税金が投入されているにもかかわらず，CEO（最高経営責任者）たちは数億ドルものボーナスや退職金を手に入れた。

アラブの春やスペインの「インディグナドス（憤慨する人々）」運動に触発された「ウォール街を占拠（オキュパイ）せよ」のよびかけ（2011年9月）に，家や職を失い，巨額の奨学金ローンを抱えながら仕事がない若者たちがニューヨークマンハッタンに集まった。この運動のキャッチフレーズが"We are the 99%"であり，1％の金融資本や軍産複合体，それに繋がる政治家を排除し，99％の平等を求める市民による民主主義を目指した運動で，「1％の，1％による，1％のためのシステム」（ノーベル賞経済学賞受賞者スティグリッツ）に対抗する運動であった。

○新自由主義がめざす社会

「1％の，1％による，1％のためのシステム」はどのように形成されたのか。スタートは，1980年代のレーガン米政権がすすめた新自由主義政策である。レーガンは「小さい政府」をかかげ，公共事業の民営化，規制緩和，教育・医療・福祉への支出削減，富裕層への大減税，労働者保護廃止などの新自由主義政策を始めた。特に，所得税の累進課税に関しては，1950年代の90％超から，カーター政権の70％を経て，レーガン政権では28％に引き下げられ，資産家や投資家に直接利益をもたらした結果，低所得者が切り捨てられ極端な不平等がつくり出された。

新自由主義は1980年代に途上国の累積債務問題にも取り入れられた。IMFの「構造調整プログラム」は，支援の条件として，通貨の切り下げ，金利引き上げ，公務員削減，教育費や医療費の削減，関税障壁の撤廃，金融システムの自由化，公共サービスの民営化などを求めた。この結果，途上国の民衆の生活は困窮し，テロの温床となり，紛争や戦争が引きおこされた。一方，経済のグローバル化のもとで巨大化した金融資本や軍産複合体は，米国政府に影響力を行使し，冷戦後に引きおこされた湾岸戦争やイラク戦争に関与しながら巨額の利益を得た。

○グローバル化によって何がおきたのか

史料 **エレファント・カーブ（1988〜2008年）**

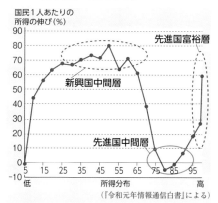

（『令和元年情報通信白書』による）

2012年に経済学者のブランコ・ミラノヴィッチが示した「エレファント・カーブ」は，社会主義国が崩壊し，経済のグローバル

479

化が本格的に始まった1988年以降から2008年までの世界各国の個人所得がどう変化したかを示したものである。

"エレファント"とは何かというと、この世界の所得分布を表しているこの図が鼻の部分を含めた象の形に似ているということで、そうよばれている。

史料からは1988年から2008年までの約20年間の変化がわかる。横軸には、世界120か国、600の家計調査をもとに、全世界の個人所得が低いほうから100分率で表されており、縦軸は所得増加のパーセントを表している。そうすると、一番左の方に最も所得の低い層、真ん中辺りに所得分布の中くらいの層がいて、右に行くほど所得が高いということになる。そして、縦軸では、過去20年間どのくらい所得が伸びたかがわかる。

エレファント・カーブから見えてくるのは次の3点である。①世界の上位1%にあたる先進国の超富裕層が巨額の利益を得ている。②日本を含む豊かな先進国の中間層の所得が増えていない。③中国やインドなどの新興国の中間層に属する個人が、グローバル化の恩恵で所得を伸ばしている。

こういうエレファント・カーブができあがったのはグローバル化と新自由主義経済の影響だといわれる。

○国際的に拡大する貧困・格差の現状

21世紀の世界経済は、情報技術の普及により、パソコン上のクリック1つで巨額の資金を株や債権、デリバティブ(金融派生商品)などに投資して金儲けする投資家や、GAFAといわれる巨大IT企業が巨額の利益を得ており、実体経済から金融経済にシフトしている。世界の貧困問題に取り組む国際NGO「オックスファム」の2017年報告書が世界に衝撃を与えた。「世界で最も裕福な8人が、最も貧困な38億人分と同じ資産を所有している」というのだ。

世界のビリオネア(個人資産が10億ドル以上の金持ち)はリーマン・ショック後の793人(2009年)から2,208人(2018年)に増え、資産総額も2兆8,330億ドルから9兆600億ドルと10年で3.4倍に膨れ上がっている。2018年世界の最も裕福な26人の総資産が、貧しい38億人の総資産と同額であった。上位10%の世帯が保有する資産は全米資産の79%を占める一方で、相対的貧困率(国民の所得の中央値の半分未満の所得しかない人々の割合)は17.8%(2016年)であり米国内での貧富の格差は先進国トップクラスである。

一方、貧しい38億人の側の資産は、2017年と比べて11%も縮小している。世界銀行の推計によると、絶対的貧困の基準額1日1.9ドル未満で暮らす人は7億960万人(2021年)である。そのうち約半数が子どもで、3億5,600万人にのぼる。

○格差是正に向けた動き

オックスファムの2019年報告では「最も裕福な1%があと0.5%だけ多くの税金を支払えば、教育を受けられずにいるすべての子ども2億6,200万人に教育を授け、330万人に医療を提供して命を救ってもまだ余るだけの財源を確保できる」という。

グローバル化のもとですすむ地球環境問題や貧困・格差の拡大、感染症の拡散など地球規模課題に対し、グローバル・タックスの構想がある。グローバル化する世界を1つの「国」と考え、国境を越える経済活動やグローバルな資産に税をかけることで地球社会に悪影響を与える活動を抑えるというアイデアで、2000年以降、国際連帯税構想へと発展した。すでに、2006年にはフランスが「航空券連帯税」を導入し、現在、韓国やチリ、アフリカ諸国9か国が国際線の乗客の代金に上乗せして税を徴収し、国際機関(Unitaid)を通じて感染症(エイズ、結核、マラリア)対策や地球温暖化対策に使っている。

☑ 要点チェック

CHAPTER 1 現代の世界	答
☐ 1　1956年にスターリン批判をおこなったソ連共産党第一書記は誰か。	1　フルシチョフ
☐ 2　1955年，インドネシアのバンドンで29か国が集まって開かれた会議を何というか。	2　アジア=アフリカ会議（バンドン会議）
☐ 3　中国の第2次五カ年計画で目標とされた，工業・農業の急速な発展をめざす政策・スローガンを何というか。	3　大躍進
☐ 4　1966〜76年の約10年間にわたっておこなわれ，中国社会に大混乱をもたらした大衆運動を何というか。	4　プロレタリア文化大革命
☐ 5　キング牧師らの黒人解放運動などをうけて1964年に制定された，人種などによる差別を禁止する法律を何というか。	5　公民権法（市民権法）
☐ 6　1968年，チェコスロヴァキアでドプチェク政権が誕生して，一時自由化・民主化がすすんだ。この自由化期を何というか。	6　プラハの春
☐ 7　原水爆禁止運動は，1954年の何という事件をきっかけに世界的に発展したか。	7　第五福竜丸事件
☐ 8　1987年に，米ソ間ではじめて核兵器の削減に同意した条約を何というか。	8　中距離核戦力（INF）全廃条約
☐ 9　ヨーロッパ共同体（EC）を母体とし，1992年のマーストリヒト条約で成立したヨーロッパの国家間の協力組織を何というか。	9　ヨーロッパ連合（EU）
☐ 10　1986年，ソ連共産党書記長となったゴルバチョフがうちだした改革政策のスローガンを何というか。	10　ペレストロイカ（建て直し）
☐ 11　1989年，冷戦の終結を宣言したブッシュ（父）とゴルバチョフ両首脳の会談を何というか。	11　マルタ会談
☐ 12　ロシアを中心に結成された，旧ソ連邦諸国の協力組織を何というか。	12　独立国家共同体（CIS）
☐ 13　1989年，北京で学生や労働者が民主化を要求しておこした運動に対して，政府が武力で弾圧を加えた事件を何というか。	13　天安門事件
☐ 14　イスラエルにうばわれた土地と権利の回復のため，パレスチナ人が1964年に結成した解放組織を何というか。	14　パレスチナ解放機構（PLO）
☐ 15　2001年の同時多発テロ事件以降，アメリカの報復攻撃をうけた，アフガニスタンのイスラーム主義勢力の政権を何というか。	15　ターリバーン
☐ 16　2010年から11年にかけて，チュニジア・エジプト・リビアなどのアラブ諸国でひろまった民主化を求める運動を何というか。	16　「アラブの春」
☐ 17　中国の国家主席である習近平が掲げる，太平洋とバルト海をつなぐ交通運輸ネットワーク構想を何というか。	17　一帯一路構想
☐ 18　2022年2月プーチン政権が非軍事化と非ナチ化を実現するとして軍事侵攻を開始した国はどこか。	18　ウクライナ

ヨーロッパ人名対照表

ギ…ギリシア語　ラ…ラテン語　西…スペイン語
蘭…オランダ語　露…ロシア語　ポ…ポルトガル語
伊…イタリア語　デ…デンマーク語　慣…日本での慣用

英語	ドイツ語	フランス語	その他	
アレクサンダー Alexander	アレクサンダー Alexander	アレクサンドル Alexandre	(ギ) アレクサンドロス Aleksandros	(露) アレクサンドル Aleksandr
アンセルム Anselm	アンゼルム Anselm	アンセルム Anselme	(ラ) アンセルムス Anselmus	
バーソロミュー Bartholomew	バルトロメーウス Bartholomäus	バルテルミ Barthélemy	(ポ) バルトロメウ Bartolomeu	
シーザー Caesar	ツェーザル，カイザー Cäsar　　Kaiser	セザール César	(ラ) カエサル Caesar	
キャサリン Catharine	カタリーナ Katharina	カトリーヌ Catherine	(露) エカチェリーナ Ekaterina	
チャールズ Charles	カール Carl, Karl	シャルル Charles	(ラ) カロルス Carolus	(西) カルロス Carlos
デーヴィド David	ダーフィ (ヴィト) David	ダヴィド David	(ラ) ダヴィド David	(慣) ダヴィデ
ドミニク Dominic (k)	ドミーニクス Dominikus	ドミニク Dominique	(ラ) ドミニクス Dominicus	(慣) ドミニコ
ユークリッド Euclid	オイクリート Euklid	ユークリッド Euclide	(ギ) エウクレイデス Eukleides	
エリザベス Eliz (s)abeth	エリーザベト (エリザベート) Elisabeth	エリザベート Elisabeth	→イザベルの項	
ファーディナンド Ferdinand	フェルディナント Ferdinand	フェルディナン Ferdinand	(西) フェルナンド Fernando	(慣) フェルディナンド
フランシス Francis	フランツ Franz	フランソワ François	(西) フランシスコ Francisco	(伊) フランチェスコ Francesco
フレデリック Frederic (k)	フリードリヒ Friedrich	フレデリク Frédéric	(ラ) フレデリクス Fredericus	
グレゴリ Gregory	グレゴーリウス Gregorius	グレゴワール Grégoire	(ラ) グレゴリウス Gregorius	(伊) グレゴーリオ Gregorio
ヘンリ Henry	ハインリヒ Heinrich	アンリ Henri	(西) エンリケ Enrique	(ポ) エンリケ Henrique
イノセント Innocent	イノツェンツ Innozenz	イノサン Innocent	(ラ) インノケンティウス Innocentius	
イザベル Isabel イザベラ Isabella	イザベル Isabel イザベラ Isabella	イザベル Isabelle	(西) イサベル Isabel	(伊) イザベッラ Isabella
ジョン John	ハンス Hans	ジャン Jean	(ラ) ヨハネス Johannes (ポ) ジョアン João	(露) イヴァン Ivan (慣) ヨハネ
ル (ー)イス Lewis, Louis	ルートヴィヒ Ludwig	ルイ Louis	(ラ) ルドウィクス Ludovicus	
マーガレット Margaret	マルガレーテ (タ) Margarete (a)	マルグリット Marguerite	(伊) マルゲリータ Margherita	(デ) マルグレーテ Margrete
メアリ Mary	マリア Maria	マリ Marie	(ラ) マリア Maria	(伊) マリーア Maria
ニコラス Nicholas	クラウス Klaus ニコラウス Nikolaus	ニコラ Nicolas ニコル Nicole	(ラ) ニコラウス Nicolaus	(露) ニコライ Nikolai
ポール Paul	パウル Paul	ポール Paul	(ラ) パウルス Paulus	(慣) パウロ
ピーター Peter	ペーター Peter	ピェール Pierre	(ラ) ペトルス Petrus	(露) ピョートル Pëtr (慣) ペテロ
フィリップ Philip	フィーリプ Philipp	フィリップ Philippe	(ギ) フィリッポス Philippos	(西) フェリペ Felipe
テリーザ T (h)eresa	テレーゼ，テレジア Theresa Theresia	テレーズ Thérèse	(西) テレサ Thresa	
ウィリアム William	ヴィルヘルム Wilhelm	ギョーム Guillaume	(蘭) ウィレム Willem	
ゼイヴィアー (エグゼヴィア) Xavier	クサーヴァー Xaver	グザヴィエ Xavier	(ポ) シャヴィエル Xavier	(西) ハビエル Javier (慣) ザビエル

さくいん

ち

ほ

[監修者紹介]

杉本淑彦 （すぎもと・よしひこ）

京都市生まれ。京都市立紫野高等学校を卒業(1973年)。京都大学文学部史学科現代史学専攻を卒業。同文学部助手，静岡大学教養部・情報学部助教授，大阪大学大学院文学研究科助教授・教授(世界史講座)，京都大学大学院文学研究科教授(二十世紀学専修)をへて，2019年に京都大学名誉教授。専門は，西洋中心の近現代史，とくに文化史。おもな著書に，『文明の帝国 ジュール・ヴェルヌとフランス帝国主義文化』(山川出版社)，『ナポレオン伝説とパリ 記憶史への挑戦』(山川出版社)，『大学で学ぶ西洋史[近現代]』(共編，ミネルヴァ書房)，『ナポレオン 最後の専制君主，最初の近代政治家』(岩波書店)，高等学校地理歴史科教科書『新詳 世界史探究』(共著，帝国書院)などがある。

□ 執筆　　　小牧薫　井ノ口貴史

□ 編集協力　㈱オルタナプロ　待井容子　森本亮介

□ 図版作成　㈲デザインスタジオエキス.

□ 写真提供　アフロ(エアフォートサービス/UPI　毎日新聞社　AP　Everett Collection
　　　　　　Robert Capa/International Center of Photography/Magnum Photos)　三井昌志(p.12, スリランカの茶畑)　㈱二宮　colbase　PIXTA(三太郎　杉浦宗規　ツネオMP　Daikegoro　Dayo　gururinpoche　KIMUZI　nishikun　Sanga Park　susan22)

□ 本文デザイン　㈱ライラック

SDGsアイコン：https://www.un.org/sustainabledevelopment/

The content of this publication has not been approved by the United Nations and does not reflect the views of the United Nations or its officials or Member States.

シグマベスト
理解しやすい 世界史

監修者　杉本淑彦
発行者　益井英郎
印刷所　株式会社天理時報社
発行所　株式会社文英堂
　　　　〒601-8121　京都市南区上鳥羽大物町28
　　　　〒162-0832　東京都新宿区岩戸町17
　　　　(代表)03-3269-4231

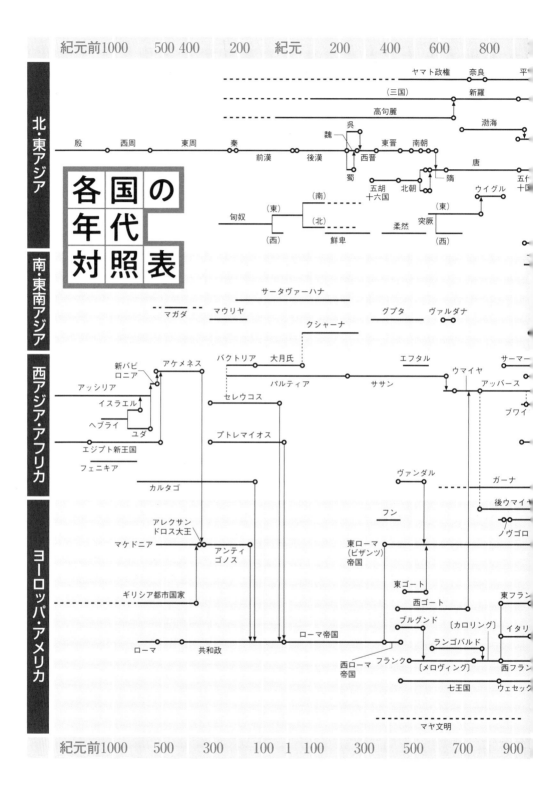

各国の年代対照表